現代ドイツ基本権

第2版

ボード・ピエロート／ベルンハルト・シュリンク
Bodo Pieroth　　　　　　Bernhard Schlink
トルステン・キングレーン／ラルフ・ポッシャー
Thorsten Kingreen　　　　Ralf Poscher

永田秀樹・倉田原志・丸山敦裕 訳

GRUNDRECHTE
STAATSRECHT II

法律文化社

GRUNDRECHTE. STAATSRECHT II, 31. AUFLAGE 2015
By Bodo Pieroth, Bernhard Schlink, Thorsten Kingreen and Ralf Poscher
Copyright© 2015 C.F. Müller GmbH, Waldhofer Straße 100, 69123 Heidelberg

Japanese language translation rights arranged with C. F. Müller GmbH
through Tuttle-Mori Agency, Inc., Tokyo

日本語版への序文

　自由で、法治国家的、民主的な憲法は、国家の組織においてどのような違いがあろうとも、基本権の保障においては互いによく似ている。それは、人および市民の自由と平等を保護する。射程に遠近の差があるものの、そのようなすべての憲法が自由と平等を保護する。それは、国家に対して自由と平等への介入を許容する。許容の要件に広狭の差があるものの、そのようなすべての憲法が介入を許容する。要件の審査のための基準において厳格度の差があるものの、そのようなすべての憲法が基準を満たさない介入を禁止している。この類似性は、相互の交流の賜物であり、ドイツと日本および世界の間の基本権に関する学問の交流も可能にしている。

　私たちは、この教科書の初版を1980年代に構想し、執筆した。当時は、国法学や憲法学の教科書においては、基本権の規定は統治の規定と同じように扱われていた。すなわち、連邦憲法裁判所の判例を使いつつも、1文ごと、1概念ごとに内容を解説するものであった。すべての基本権に共通する構造は、必ずしも可視的に理解できるものではなかった。私たちの目標は、共通する構造を、統一的な解釈学的（教義学的）把握によって解明することだった。すべての基本権には保護領域があり、すべての基本権は介入することができ、すべての介入には、正当化の問題が提起される。私たちは、統一的な解釈学的把握によって、1つには、この教科書の第1部の一般的な基本権理論に到達し、基本権の保護領域をどのように確定するか、保護領域への介入になる国家行為を、保護領域に関係はするものの保護領域への介入にはならない国家行為とどのように区別するか、そして、介入の正当化をどのように審査すべきかを可能にした。それは、介入の正当化のための条文上の要件および解釈学的要件であり、審査のための方法学的基準でもあった。統一的な解釈学的把握は、第2部において、個別的基本権の扱いの統一的構造に引き継がれている。

　一般的基本権理論についても、個別基本権の理論についても、私たちは連邦憲法裁判所の判例の分析的検討を通じて展開した。それはドイツの法学が伝統的に判例と結びつけて解釈学を発展させて来たのと同様である。基本権学が連邦憲法裁判所の判例

の量と意義の増大に伴って、アメリカの法学の伝統である判例法学（Case-law-Wissenschaft）の性格を帯びるようになったのは、事実である。しかし、私たちは個別事件の再現と説明に限定したのでは決してない。私たちはそれを解釈学的（教義学的）に整序し、必要ならば批判的に解釈学的に再構成した。基本権の解釈学的取り扱いと記述にこだわることは、放棄できないように思われた。基本権を方法論的に厳密な解釈学的な取り扱いをすることによってのみ、基本権学および基本権の判例が政治的な誘惑や横どりからその自律性を主張することができる。すなわち、解釈学的に洗練することによってのみ、基本権は学生に理解可能で学習可能なものになる。ドイツの法学は、まさに基本権解釈学によって、基本権学の世界的交流に貢献する。私たちの教科書が日本、ブラジル、ポルトガルで得た関心は、まさに基本権の解釈学的把握と、その把握から得られる基本権事件の、保護領域の認定・介入の認定・正当化という３段階での取り扱いに関するものであり、やがて連邦憲法裁判所の司法にも受け入れられた審査の図式であった。

　私たちの教科書は、学習者にとって教材が明快で把握しやすく、理解しやすいもので、基本権の学習が試練であっても刺激に満ちた課題になることを意図している。国法、憲法においては、そのうえに、学説が自由、法治国家、民主制の価値にとっての意義を強めること、すなわち、自由で、法治国家的で民主的な憲法国家の準則と制度の意味および、それなくしては憲法国家も市民も繁栄しない契機を与えることが求められている。私たちの教科書が教材の提供に成功しているかどうかは、学生の学習の質から読み取ることができる。本書によって憲法国家（立憲主義国家）との結びつきや憲法国家のための取組が促進されることを希望するのみである。自由で、法治国家的で民主的な憲法国家を現出させる圧力が高まる中で、このことはますます重要になっている。

　私たちは、この間に、私たちの教科書を私たちの門下生であるトルステン・キングレーンとラルフ・ポッシャーの手に委ねた。私たちは彼らが上首尾に仕事をやってくれていることを知っている。解釈学、方法論、自由、法治国家および民主制は、彼らにとっても私たちと同様に重要であり、基本権保護のヨーロッパ化や国際化のような基本権解釈学の新たな発展を、基本権保護の多元的制度の手がかりと請求権の説明を含めて取り込んでいる。それは、私たちにとっても常に重要だった事項である。私たちの教科書が、今後は彼らの教科書としても、ドイツと日本の基本権学の学問的交流に貢献するだろう。

2018年7月　ベルリン／ミュンスターにて

ボード・ピエロート

ベルンハルト・シュリンク

第31版序文

　基本法の基本権は、本教科書の初版が刊行されてから、多くの領域と多くの局面において判例、法学および政治によって形成され発展してきた。最も重要な変化の1つは、基本権保護のヨーロッパ化と国際化である。その結果、基本法の基本権は、超国家的ないし国際的な基本権保護との関連で教え、学ばなければならなくなった。したがってこの版でも、欧州司法裁判所と欧州人権裁判所の判例を個別基本権の記述において強化して組み入れた。とりわけ平等権の章で強化したが、その他のところでも大幅に加筆した。

　私たちは、私たちの研究室の助手の精力的な協力に対して感謝する。レーゲンスブルクでは、Martin Achtner, Eva Braese, Paul Keller, Tatjana Linsenmeier, Johannes Thieme, Julia Weitensteiner, Petra Bettingerの諸氏であり、フライブルクではJohannes Buchheim, Mark Buse, Richard Dreßler, Jannik Helbig, Tilman Imm, Lukas Landerer, Pia Rixner, Kathrin Strauß, Kolja Strübing, Laura Wallenfels, Laura Wisser, Sabine Bennemannの諸氏である。

　読者からの指摘や批判を期待する。

　　　　2015年7月　フライブルク／レーゲンスブルクにて
　　　　　　　　　　　　　　　　トルステン・キングレーン
　　　　　　　　　　　　　　　　ラルフ・ポッシャー

目　　次

日本語版への序文
第31版序文
凡　　例

第 **1** 章　序 ……………………………………………………… 1　*1*

　　Ⅰ．本書の概要について ……………………………………… 1　*1*

　　Ⅱ．基本権という素材に伴ういくつかの困難な問題 ……… 4　*1*

　　Ⅲ．基本権に関する事例の解決について ………………… 9　*3*

第 **1** 部　基本権総論

第 **2** 章　基本権の歴史と概念 ……………………………… 18　*9*

　　Ⅰ．序 …………………………………………………………… 18　*9*

　　Ⅱ．北アメリカとフランスの基本権 ……………………… 20　*9*

　　Ⅲ．19世紀のドイツ立憲主義の基本権 ………………… 26　*11*

　　Ⅳ．ワイマール憲法の基本権 ……………………………… 36　*14*

　　Ⅴ．基本法の下での基本権の展開 ………………………… 40　*15*

　　Ⅵ．基本権の概念 …………………………………………… 43　*16*

　　Ⅶ．超国家的な基本権規範 ………………………………… 46　*17*

第 **3** 章　基本権保護の多元的制度 ………………………… 51　*20*

　　Ⅰ．普遍的な国際慣習法 …………………………………… 56　*21*

　　Ⅱ．普遍的な人権条約 ……………………………………… 57　*22*

　　Ⅲ．地域的人権保障——欧州人権条約 …………………… 66　*25*

　　Ⅳ．超国家的な人権保障——欧州連合の基本権 ………… 70　*27*

　　Ⅴ．州憲法の基本権 ………………………………………… 73　*30*

| 第4章 | 基本権の機能 | 80 | 33 |

第4章　基本権の機能 ……………………………………………… 80　*33*

Ⅰ．基本権の古典的な機能 ……………………………………… 80　*33*

1．消極的地位 ……………………………………………… 81　*33*

2．積極的地位 ……………………………………………… 83　*34*

3．能動的地位 ……………………………………………… 89　*35*

4．制度的保障 ……………………………………………… 94　*36*

Ⅱ．基本権の客観法的機能 ……………………………………… 97　*37*

1．消極的権限規範としての基本権 ……………………… 97　*37*

2．客観的な価値決定としての基本権 …………………… 100　*37*

3．自由国家から社会国家へ ……………………………… 101　*38*

4．理論的・解釈学的発展 ………………………………… 103　*38*

Ⅲ．保護機能 ……………………………………………………… 107　*40*

1．基本権適合的解釈 ……………………………………… 107　*40*

2．配分による保護 ………………………………………… 110　*41*

3．危険からの保護 ………………………………………… 116　*43*

第5章　基本権の権利資格と基本権による拘束 …………… 124　*47*

Ⅰ．基本権の権利資格 …………………………………………… 127　*47*

1．すべての人の権利とドイツ人の権利 ………………… 127　*47*

2．出生前の基本権の権利資格と死後の権利資格 ……… 138　*50*

3．基本権上の成年 ………………………………………… 143　*52*

4．基本権の放棄 …………………………………………… 152　*54*

5．集団および組織の基本権資格 ………………………… 163　*56*

Ⅱ．基本権による拘束 …………………………………………… 187　*62*

1．拘束の種類 ……………………………………………… 187　*62*

2．国家に対する基本権の拘束 …………………………… 188　*62*

3．私人に対する基本権の拘束（第三者効力）………… 196　*65*

4．国際的視点からみた基本権拘束 ……………………… 209　*69*

5．基本義務？ ……………………………………………… 217　*71*

第6章　基本権の保障と基本権の制限 ……………………… 220　*74*

Ⅰ．保護領域と保障 ……………………………………………… 220　*74*

Ⅱ．介入、制限その他類似する概念 …………………………… 230　*76*

1．介入、制限、制約、干渉、縮減、限定 ……………… 231　*76*

　　　2．内容形成と具体化 …………………………………… 233　*77*

　　　3．規律 …………………………………………………… 243　*79*

　　　4．侵害（Antastung）…………………………………… 244　*79*

　　　5．侵害（Verletzung）………………………………… 245　*80*

　Ⅲ．保護領域と介入 ………………………………………… 247　*80*

　　　1．保護領域の確定 ……………………………………… 252　*82*

　　　2．介入の確定 …………………………………………… 259　*83*

　Ⅳ．介入に対する憲法上の正当化 ………………………… 271　*85*

　　　1．法律の留保の類型 …………………………………… 271　*85*

　　　2．法律の留保から議会の留保へ ……………………… 279　*86*

　　　3．法律の留保から比例的な法律の留保へ …………… 288　*89*

　　　4．制限に対する制限 …………………………………… 293　*90*

　Ⅴ．衝突と競合 ……………………………………………… 336　*102*

　　　1．衝　　突 ……………………………………………… 336　*102*

　　　2．競　　合 ……………………………………………… 355　*105*

　　　付説　構造図式 ………………………………………… 367　*108*

第**2**部　基本権各論

第**7**章　**人間の尊厳の保護（1条1項）**………………………… 373　*115*

　Ⅰ．概　　観 ………………………………………………… 374　*115*

　Ⅱ．保護領域 ………………………………………………… 378　*116*

　Ⅲ．介　　入 ………………………………………………… 389　*119*

　Ⅳ．憲法上の正当化 ………………………………………… 397　*122*

第**8**章　**人格の自由な発展（2条1項）**………………………… 401　*125*

　Ⅰ．概　　観 ………………………………………………… 402　*125*

　Ⅱ．保護領域 ………………………………………………… 403　*126*

　　　1．一般的行為自由 ……………………………………… 403　*126*

　　　2．一般的人格権 ………………………………………… 408　*127*

Ⅲ．介　　入 ………………………………………………………421　*132*

Ⅳ．憲法上の正当化 ………………………………………………426　*133*

　　1．憲法的秩序 ……………………………………………………427　*133*

　　2．他人の権利 ……………………………………………………429　*134*

　　3．道　徳　律 ……………………………………………………430　*135*

第9章　生命と身体の不可侵性に対する権利（2条2項1文）……435　*137*

Ⅰ．概　　観 ………………………………………………………436　*137*

Ⅱ．2条2項1文の防御権 ………………………………………438　*138*

　　1．保護領域 ………………………………………………………438　*138*

　　2．介　　入 ………………………………………………………440　*139*

　　3．憲法上の正当化 ………………………………………………443　*140*

Ⅲ．2条2項1文の保護義務と保護請求権 …………………454　*142*

　　1．理　　由 ………………………………………………………454　*142*

　　2．履　　行 ………………………………………………………455　*143*

第10章　人身の自由（2条2項2文、104条）……………………460　*146*

Ⅰ．概　　観 ………………………………………………………461　*146*

Ⅱ．保護領域 ………………………………………………………463　*147*

Ⅲ．介　　入 ………………………………………………………466　*148*

Ⅳ．憲法上の正当化 ………………………………………………469　*149*

　　1．104条の法律の留保 …………………………………………469　*149*

　　2．制限に対する制限 ……………………………………………476　*150*

第11章　平等の要請（3条、6条1項・5項、33条1～3項、38条1項1文）…481　*154*

Ⅰ．概　　観 ………………………………………………………482　*154*

Ⅱ．不平等取扱い …………………………………………………485　*156*

　　1．憲法上問題となる不平等取扱い ……………………………485　*156*

　　2．本質的に等しくないものの平等取扱い？ …………………491　*158*

Ⅲ．憲法上の正当化 ………………………………………………493　*158*

　　1．一般的要請 ……………………………………………………493　*158*

　　2．3条2項および3項による特別の要請 ……………………503　*163*

　　3．6条からの特別の要請 ………………………………………518　*169*

viii

4．政治的権利に関する特別の要請 ························ 520　*171*

　　5．公民の権利、義務に関する特別の要請 ················ 530　*174*

　Ⅳ．平等違反の効果 ·· 539　*178*

　　1．法律、法規命令、条例・内部規則による平等違反 ········ 539　*178*

　　2．行政および司法による平等違反 ······················ 553　*182*

　　付説　構造図式 ·· 562　*186*

第12章　宗教、世界観、良心の自由（4条、12a条2項、ワイマール憲法136条1項・3項・4項、137条2項・3項・7項と結びついた140条） ········· 565　*188*

　Ⅰ．概　　　観 ·· 566　*188*

　　1．条文の文言 ·· 566　*188*

　　2．統一的な保護領域？ ······································ 569　*189*

　Ⅱ．保護領域 ·· 572　*190*

　　1．宗教、世界観の自由 ······································ 572　*190*

　　2．良心の自由 ·· 588　*196*

　Ⅲ．介　　　入 ·· 593　*197*

　Ⅳ．憲法上の正当化 ·· 599　*200*

　　1．140条と結びついたワイマール憲法136条1項、3項2文、137条3項1文 ·· 600　*200*

　　2．12a条2項 ·· 604　*201*

　　3．衝突する憲法規定 ·· 605　*201*

第13章　意見、情報、プレス、放送、フィルムの自由（5条1項、2項）··· 610　*205*

　Ⅰ．概　　　観 ·· 611　*205*

　Ⅱ．保護領域 ·· 615　*206*

　　1．意見の自由（5条1項1文前半部）························ 615　*206*

　　2．情報の自由（5条1項1文後半部）························ 627　*210*

　　3．プレスの自由（5条1項2文第1句）······················ 632　*212*

　　4．放送の自由（5条1項2文第2句）························ 639　*214*

　　5．フィルムの自由（5条1項2文第3句）···················· 646　*217*

　Ⅲ．介　　　入 ·· 647　*218*

　　1．意見、プレス、放送およびフィルムの自由 ·············· 647　*218*

　　2．情報の自由 ·· 649　*218*

Ⅳ．憲法上の正当化 ……………………………………………………… 651　*219*

　　1．制　　　限 …………………………………………………… 651　*219*

　　2．検閲の禁止（5条1項3文）………………………………… 674　*227*

第14章　芸術および学問の自由（5条3項）……………………… 679　*230*

　Ⅰ．概　　　観 ……………………………………………………… 680　*230*

　Ⅱ．保護領域 ………………………………………………………… 682　*231*

　　1．芸術の自由 …………………………………………………… 682　*231*

　　2．学問の自由 …………………………………………………… 693　*235*

　Ⅲ．介　　　入 ……………………………………………………… 700　*237*

　Ⅳ．憲法上の正当化 ………………………………………………… 704　*238*

第15章　婚姻・家族の保護（6条）…………………………………… 708　*241*

　Ⅰ．概　　　観 ……………………………………………………… 709　*241*

　Ⅱ．防　御　権 ……………………………………………………… 712　*242*

　　1．保護領域 ……………………………………………………… 712　*242*

　　2．介　　　入 …………………………………………………… 724　*247*

　　3．憲法上の正当化 ……………………………………………… 730　*249*

　Ⅲ．差別禁止、保護請求権および配分請求権 …………………… 743　*253*

第16章　学校に関する基本権および私立学校の自由（7条2〜5項）…… 748　*257*

　Ⅰ．概　　　観 ……………………………………………………… 749　*257*

　Ⅱ．学校に関する基本権（7条2項および3項）………………… 750　*258*

　　1．保護領域 ……………………………………………………… 750　*258*

　　2．介入と憲法上の正当化 ……………………………………… 757　*260*

　Ⅲ．私立学校の自由（7条4項および5項）……………………… 758　*260*

　　1．保護領域 ……………………………………………………… 758　*260*

　　2．介入と憲法上の正当化 ……………………………………… 765　*262*

第17章　集会の自由（8条）…………………………………………… 769　*265*

　Ⅰ．概　　　観 ……………………………………………………… 770　*265*

　Ⅱ．保護領域 ………………………………………………………… 771　*265*

　　1．集会の概念 …………………………………………………… 771　*265*

　　2．平穏かつ武器を持たないこと ……………………………… 778　*268*

　　　　３．閉じられた空間での集会および屋外での集会 ················· 786 *270*
　　　　４．保障の範囲 ·· 788 *271*
　　Ⅲ．介　　　入 ·· 789 *271*
　　Ⅳ．憲法上の正当化 ·· 791 *272*
　　　　１．制　　　限 ·· 791 *272*
　　　　２．届出義務および許可〔を得る〕義務の禁止 ··················· 797 *274*

第18章　結社および団結の自由（9条） ····································· 800 *277*
　　Ⅰ．概　　　観 ·· 801 *277*
　　Ⅱ．保護領域 ·· 804 *278*
　　　　１．一般的結社の自由 ·· 804 *278*
　　　　２．団結の自由 ·· 817 *281*
　　Ⅲ．介　　　入 ·· 824 *284*
　　　　１．一般的結社の自由への介入 ······································ 824 *284*
　　　　２．団結の自由への介入 ·· 826 *284*
　　Ⅳ．憲法上の正当化 ·· 828 *285*
　　　　１．一般的結社の自由 ·· 828 *285*
　　　　２．団結の自由 ·· 838 *287*

第19章　信書・郵便・電気通信の秘密（10条） ····················· 847 *291*
　　Ⅰ．概　　　観 ·· 848 *291*
　　Ⅱ．保護領域 ·· 851 *292*
　　　　１．信書の秘密 ·· 851 *292*
　　　　２．郵便の秘密 ·· 855 *293*
　　　　３．電気通信の秘密 ·· 859 *294*
　　Ⅲ．介　　　入 ·· 862 *295*
　　Ⅳ．憲法上の正当化 ·· 869 *297*
　　　　１．10条2項1文の法律の留保 ······································ 869 *297*
　　　　２．10条2項2文による法律の留保の拡大 ························· 872 *298*

第20章　移転の自由（11条） ·· 876 *301*
　　Ⅰ．概　　　観 ·· 877 *301*

目　次　xi

Ⅱ．保護領域 ･･ 878 *302*

　　1．滞在および居住 ･･････････････････････････････ 878 *302*

　　2．住所変更のための移動 ･･････････････････････ 883 *303*

　　3．入国、国内移住、外国旅行、外国移住 ･･････ 884 *304*

　　4．個人の持ち物の携行 ･･････････････････････ 888 *305*

　　5．消極的移転の自由 ･･････････････････････････ 889 *305*

Ⅲ．介　　入 ･･･ 890 *306*

Ⅳ．憲法上の正当化 ･･････････････････････････････ 892 *306*

　　1．基本法11条2項の法律の留保 ･･････････････ 892 *306*

　　2．その他の介入の正当化 ･････････････････････ 893 *307*

第21章　職業の自由（12条）･･････････････････････ 896 *309*

Ⅰ．概　　観 ･･･ 897 *309*

　　1．条文の文言 ･･････････････････････････････････ 897 *309*

　　2．統一的な保護領域 ･･････････････････････････ 899 *310*

Ⅱ．12条1項の防御権 ･･････････････････････････････ 900 *311*

　　1．保護領域 ･････････････････････････････････････ 900 *311*

　　2．介　　入 ･････････････････････････････････････ 917 *317*

　　3．憲法上の正当化 ･････････････････････････････ 937 *322*

Ⅲ．12条1項の保護請求権と配分請求権 ･･･････････ 956 *328*

Ⅳ．労働強制と強制労働からの自由（12条2項および3項）･･･････ 960 *330*

　　1．保護領域 ･････････････････････････････････････ 960 *330*

　　2．介入と憲法上の正当化 ･････････････････････ 961 *330*

第22章　住居の不可侵（13条）･･････････････････････ 966 *334*

Ⅰ．概　　観 ･･･ 967 *334*

Ⅱ．保護領域 ･･･ 968 *334*

Ⅲ．介　　入 ･･･ 974 *336*

　　1．捜　　索 ･････････････････････････････････････ 975 *337*

　　2．盗聴工作 ･････････････････････････････････････ 977 *338*

　　3．その他の介入 ･････････････････････････････････ 978 *338*

Ⅳ．憲法上の正当化 ･･････････････････････････････ 980 *339*

　　1．捜　　索 ･････････････････････････････････････ 980 *339*

xii

2．盗聴工作 ………………………………………………… 984 *340*

3．その他の介入 …………………………………………… 986 *341*

4．その他の介入の正当化 ………………………………… 990 *342*

第23章　財産権保障（14条、15条）…………………………… 993 *344*

Ⅰ．概　　　観 ……………………………………………… 994 *344*

Ⅱ．保護領域 …………………………………………………… 1000 *346*

1．財産権の概念 …………………………………………… 1000 *346*

2．財産権保護の範囲 ……………………………………… 1013 *350*

3．相　続　権 ……………………………………………… 1020 *351*

Ⅲ．介　　　入 ……………………………………………… 1021 *352*

1．内容・制限規定 ………………………………………… 1021 *352*

2．収　　　用 ……………………………………………… 1023 *353*

3．その他の介入 …………………………………………… 1026 *354*

Ⅳ．憲法上の正当化 ………………………………………… 1029 *355*

1．内容・制限規定 ………………………………………… 1029 *355*

2．収　　　用 ……………………………………………… 1039 *359*

3．その他の介入 …………………………………………… 1049 *362*

Ⅴ．制限に対する制限としての制度保障 ………………… 1055 *365*

Ⅵ．社　会　化 ……………………………………………… 1057 *366*

付説　構造図式 …………………………………………… 1061 *368*

第24章　国籍剥奪および外国への引渡しに対する保護、庇護権
（16条、16a条）………………………………………… 1063 *370*

Ⅰ．概　　　観 ……………………………………………… 1064 *370*

Ⅱ．国籍剥奪からの保護（16条1項）……………………… 1067 *371*

1．保護領域 ………………………………………………… 1067 *371*

2．介　　　入 ……………………………………………… 1068 *372*

3．憲法上の正当化 ………………………………………… 1071 *373*

Ⅲ．外国への引渡しの禁止（16条2項）…………………… 1075 *374*

1．保護領域 ………………………………………………… 1075 *374*

2．介　　　入 ……………………………………………… 1076 *374*

3．憲法上の正当化 ………………………………………… 1079 *375*

目　次　xiii

Ⅳ．庇護権（16 a 条）‥‥‥‥‥‥‥‥‥‥‥‥‥‥ 1080 *375*

　　1．保護領域 ‥‥‥‥‥‥‥‥‥‥‥‥‥‥‥‥ 1080 *375*

　　2．介　　入 ‥‥‥‥‥‥‥‥‥‥‥‥‥‥‥‥ 1097 *382*

　　3．憲法上の正当化 ‥‥‥‥‥‥‥‥‥‥‥‥ 1098 *383*

第25章　請願権（17条）‥‥‥‥‥‥‥‥‥‥‥ 1107 *388*

Ⅰ．概　　　観 ‥‥‥‥‥‥‥‥‥‥‥‥‥‥‥‥ 1108 *388*

Ⅱ．保護領域 ‥‥‥‥‥‥‥‥‥‥‥‥‥‥‥‥‥ 1109 *388*

　　1．請願の概念 ‥‥‥‥‥‥‥‥‥‥‥‥‥‥ 1109 *388*

　　2．請願の名宛人 ‥‥‥‥‥‥‥‥‥‥‥‥‥ 1111 *389*

　　3．内容に関する許容条件 ‥‥‥‥‥‥‥‥ 1112 *389*

　　4．実質的な回答を求める請求権 ‥‥‥‥ 1115 *390*

Ⅲ．介入および憲法上の正当化 ‥‥‥‥‥‥‥ 1116 *391*

第26章　権利保護保障（19条 4 項）‥‥‥‥‥ 1120 *393*

Ⅰ．概　　　観 ‥‥‥‥‥‥‥‥‥‥‥‥‥‥‥‥ 1121 *393*

Ⅱ．保護領域 ‥‥‥‥‥‥‥‥‥‥‥‥‥‥‥‥‥ 1123 *394*

　　1．公　権　力 ‥‥‥‥‥‥‥‥‥‥‥‥‥‥ 1123 *394*

　　2．権利侵害 ‥‥‥‥‥‥‥‥‥‥‥‥‥‥‥ 1127 *396*

　　3．出訴手段の提供 ‥‥‥‥‥‥‥‥‥‥‥ 1134 *397*

Ⅲ．介　　入 ‥‥‥‥‥‥‥‥‥‥‥‥‥‥‥‥‥ 1139 *400*

Ⅳ．憲法上の正当化 ‥‥‥‥‥‥‥‥‥‥‥‥‥ 1141 *401*

第27章　抵抗権（20条 4 項）‥‥‥‥‥‥‥‥‥ 1144 *403*

第28章　職業官吏制の伝統的諸原則への配慮（33条 5 項）‥‥‥‥‥ 1151 *406*

Ⅰ．概　　　観 ‥‥‥‥‥‥‥‥‥‥‥‥‥‥‥‥ 1152 *406*

Ⅱ．保護領域 ‥‥‥‥‥‥‥‥‥‥‥‥‥‥‥‥‥ 1153 *406*

Ⅲ．介入と憲法上の正当化 ‥‥‥‥‥‥‥‥‥‥ 1156 *408*

第29章　選挙権（38条）‥‥‥‥‥‥‥‥‥‥‥ 1159 *410*

Ⅰ．概　　　観 ‥‥‥‥‥‥‥‥‥‥‥‥‥‥‥‥ 1160 *410*

Ⅱ．直接選挙、自由選挙、秘密選挙の権利 ‥ 1161 *411*

　　1．保護領域 ‥‥‥‥‥‥‥‥‥‥‥‥‥‥‥ 1162 *411*

2．介　　入 ……………………………………………… 1172　*415*

　　3．憲法上の正当化 ……………………………………… 1180　*417*

第30章　法律の定める裁判官の裁判を受ける権利 (101条1項2文) … 1183　*419*

　Ⅰ．概　　観 …………………………………………………… 1184　*419*

　Ⅱ．保護領域 …………………………………………………… 1185　*420*

　　1．裁判官の法律上の権限 ……………………………… 1185　*420*

　　2．裁判官の独立 ………………………………………… 1189　*421*

　Ⅲ．介　　入 …………………………………………………… 1191　*421*

　　1．立法府による剥奪 …………………………………… 1192　*422*

　　2．執行府による剥奪 …………………………………… 1194　*422*

　　3．司法府による剥奪 …………………………………… 1195　*423*

　Ⅳ．憲法上の正当化 …………………………………………… 1199　*424*

第31章　法的審問を請求する権利 (103条1項) ……………… 1202　*427*

　Ⅰ．概　　観 …………………………………………………… 1203　*427*

　Ⅱ．保護領域 …………………………………………………… 1204　*427*

　　1．法的審問 ……………………………………………… 1204　*427*

　　2．裁判所において ……………………………………… 1208　*429*

　Ⅲ．介　　入 …………………………………………………… 1209　*430*

　Ⅳ．憲法上の正当化 …………………………………………… 1210　*430*

第32章　罪刑法定主義 (103条2項) ……………………………… 1213　*432*

　Ⅰ．概　　観 …………………………………………………… 1214　*432*

　Ⅱ．保護領域 …………………………………………………… 1215　*433*

　　1．可罰性の概念 ………………………………………… 1215　*433*

　　2．行為主義 ……………………………………………… 1219　*434*

　　3．法律主義 ……………………………………………… 1220　*434*

　　4．明確性原則 …………………………………………… 1221　*435*

　　5．遡及効の禁止 ………………………………………… 1225　*436*

　Ⅲ．介　　入 …………………………………………………… 1227　*436*

　Ⅳ．憲法上の正当化 …………………………………………… 1228　*437*

目　次　xv

第**33**章　二重処罰の禁止（103条3項）……………………………… 1231　*439*

　Ⅰ．概　　観 ……………………………………………………… 1232　*439*

　Ⅱ．保護領域 ……………………………………………………… 1235　*440*

　　　1．同一の行為 ………………………………………………… 1235　*440*

　　　2．一般的刑法 ………………………………………………… 1239　*441*

　　　3．一度限りの刑事訴追 ……………………………………… 1244　*442*

　Ⅲ．介入と憲法上の正当化 ……………………………………… 1246　*443*

第**3**部　憲法訴願

第**34**章　憲法訴願についての一般論 …………………………… 1249　*447*

第**35**章　憲法訴願の適法性（訴訟要件）………………………… 1254　*449*

　Ⅰ．訴願提起者 …………………………………………………… 1255　*449*

　　　1．訴願能力 …………………………………………………… 1255　*449*

　　　2．訴訟能力 …………………………………………………… 1256　*449*

　Ⅱ．訴願の対象 …………………………………………………… 1258　*450*

　Ⅲ．訴願の当事者適格 …………………………………………… 1261　*451*

　　　1．基本権侵害の可能性 ……………………………………… 1262　*451*

　　　2．自己の苦痛 ………………………………………………… 1270　*453*

　　　3．現在の苦痛 ………………………………………………… 1276　*454*

　　　4．直接の苦痛 ………………………………………………… 1279　*455*

　Ⅳ．権利保護の必要性 …………………………………………… 1281　*456*

　　　1．出訴手段の完遂 …………………………………………… 1282　*456*

　　　2．補　充　性 ………………………………………………… 1288　*457*

　　　3．出訴手段の完遂および補充性原則の例外 ……………… 1289　*458*

　Ⅴ．既判力による訴願阻止 ……………………………………… 1293　*459*

　Ⅵ．訴願の形式的適法性 ………………………………………… 1295　*460*

　　　1．形　　式 …………………………………………………… 1295　*460*

　　　2．出訴期間 …………………………………………………… 1296　*460*

3．撤　　回 ……………………………………………………… 1297 *461*

第36章　憲法訴願の認容理由 …………………………………… 1298 *462*

Ⅰ．基　　準 ……………………………………………………… 1298 *462*

Ⅱ．特別な憲法侵害への審査範囲の制限 ……………………… 1304 *463*

1．問　　題 …………………………………………………… 1304 *463*

2．解　　決 …………………………………………………… 1307 *464*

ドイツ連邦共和国基本法（抄）　　*469*

連邦憲法裁判所法　　*488*

訳者あとがき　　*519*

邦語事項索引　　*523*

独語事項索引　　*547*

凡　　例

(1) 訳出にあたっては、学術用語として定着している訳語についてはそれを尊重しつつも、できる限り平易な日本語となるように心がけた。必要だと思われる場合、原著にない言葉も訳者が〔　〕を用いて補った。

(2) 類似の概念が複数存在し、訳語だけでは正確な理解が困難だと思われる場合などに限り、訳語に続けて対応するドイツ語を補った。専門用語の日独の対応関係については、巻末に両言語による索引を用意したので、それを利用されたい。

(3) 原著では、検索に便利なように本文に欄外番号 Randnummer という通し番号が付してある。本書もこれにならい、左頁の左端と右頁の右端に欄外番号を付した。巻末の索引の数字も頁ではなく欄外番号である。

(4) 原著では a) や aa) などに見出しが付けられていない場合が多いが、訳書では読者の便宜を考えて可能な限り適当な見出しを補った。

(5) 原著において独立した段落としては扱われていないものの、ハイフンなどで小段落に区切られている場合、①、②、③…と丸数字を補って、小段落の区切りを明確にした。

(6) Artikel（あるいは Paragraph）, Absatz, Satz は、旧版では、条・項・段と訳していたが、新版では条・項・文の訳語を採用した。文の中が分かれている場合、1. Halbsatz は、前段または前半部、2. Halbsatz は後段または後半部と訳した。また、1. Variante は第 1 句とした。

(7) 人名を除き、原著でイタリック体で表記されている語は、訳文では**太字体**で表記した。また原著でボールド体で表記されている語はゴシック体で表記した。

(8) 保護領域―制限―正当化という 3 段階審査の「制限」にあたるドイツ語は Eingriff であるが、本書では「介入」と訳している。介入 (Eingriff) は、制限 (Schranke)、制約 (Beschränkung, Einschränkung)、干渉 (Beeinträchtung)、縮減 (Verkürzung) 等の包括的概念である。日本の文脈で考察するときには、適宜、「制限」に置き換えて理解されたい。

(9) Verfassungsbeschwerde は、憲法異議と訳されることも多いが、本書では憲法訴願と訳した。仮命令に対する異議（連邦憲法裁判所法32条）や選挙訴願における異議（同48条）などとの混同を避けるためである。ちなみに韓国の憲法裁判所も憲法訴願という用語を使用している。

(10) einfaches Recht, einfaches Gesetz は単純法、単純法律と訳した。憲法との対比で用いられ、法改正において憲法改正手続を必要としない通常の法ないし法律という意味である。

(11)本文中の引用および各章末に掲げてある参考文献については、著者名、書名、雑誌名、
判例集名は訳さずに、略語も含めて原文のままとした。著者名は原文同様イタリック体
にしてある。

(12)本書でしばしば引用されている主要な教科書、参考書、ハンドブック、コンメンター
ル、判例集とその省略形は以下の通りである。

AK	Kommentar zum Grundgesetz für die Bundesrepublik Deutschland (Reihe Alternativkommentare), 3 Bände (Loseblatt), Stand: August 2002
BK	Kommentar zum Bonner Grundgesetz (Bonner Kommentar), 17 Bände (Loseblatt), Stand: Dezember 2014
Degenhart, StR I	*C. Degenhart*, Staatsrecht I, 31. Aufl. 2015
DR	*H. Dreier* (Hrsg.), Grundgesetz. Kommentar, Bd. I, 3. Aufl. 2013, Bd. II, 2. Aufl. 2006, Bd. III, 2. Aufl. 2008
E	Amtliche Sammlung der Entscheidungen des Bundesverfassungsgerichts
EH	*V. Epping/C. Hillgruber* (Hrsg.), Grundgesetz. Kommentar, 2. Aufl. 2013
FH	*K.H. Friauf/W. Höfling* (Hrsg.), Berliner Kommentar zum Grundgesetz, 4 Bände (Loseblatt), Stand: August 2013
Hdb. GR	*D. Merten/H.-J. Papier* (Hrsg.), Handbuch der Grundrechte in Deutschland und Europa, bisher 5 Bände und 4 Teilbände, 2004–2014
Hdb. StR	*J. Isensee/P. Kirchhof* (Hrsg.), Handbuch des Staatsrechts der Bundesrepublik Deutschland, 1. Aufl. 10 Bände, 1987–2000; 2. Aufl. materiell unverändert; 3. Aufl., bisher 11 Bände, 2003–2013
Hesse, VerfR	*K. Hesse*, Grundzüge des Verfassungsrechts der Bundesrepublik Deutschland, 20. Aufl. 1999
Hufen, StR II	*F. Hufen*, Staatsrecht II, Grundrechte, 4. Aufl. 2014
JK	Juristische Ausbildung Karteikarten (Monat/Jahr)
JP	*H.D. Jarass/B. Pieroth*, Grundgesetz für die Bundesrepublik Deutschland. Kommentar, 13. Aufl. 2014
Kloepfer, VerfR	*M. Kloepfer*, Verfassungsrecht, 2 Bände, 2010/2011
Manssen	*G. Manssen*, Staatsrecht II. Grundrechte, 12. Aufl. 2015

Maurer, Allg. VwR	*H. Maurer*, Allgemeines Verwaltungsrecht, 18. Aufl. 2011
Maurer, StR	*H. Maurer*, Staatsrecht I, 6. Aufl. 2010
MD	*T. Maunz/G. Dürig* (Begr.), Grundgesetz. Kommentar, 7 Bände (Loseblatt), Stand: Juli 2014
Michael/Morlok, GR	*L. Michael/M. Morlok*, Grundrechte, 4. Aufl. 2014
MKS	*H. v. Mangoldt/F. Klein/C. Starck* (Begr./Hrsg.), Das Bonner Grundgesetz. Kommentar, 3 Bände, 6. Aufl. 2010
MüK	*I. v. Münch/P. Kunig* (Hrsg.), Grundgesetz-Kommentar, 2 Bände, 6. Aufl. 2012
SA	*M. Sachs* (Hrsg.), Grundgesetz. Kommentar, 7. Aufl. 2014
Sachs, VerfR II	*M. Sachs*, Verfassungsrecht II, Grundrechte, 2. Aufl. 2003
Schlaich/Korioth, BVerfG	*K. Schlaich/S. Korioth*, Das Bundesverfassungsgericht. Stellung, Verfahren, Entscheidungen, 9. Aufl. 2012
Stern, StR	*K. Stern*, Das Staatsrecht der Bundesrepublik Deutschland, 5 Bände, 1./ 2. Aufl. 1980-2011
StudK	*C. Gröpl/K. Windthorst/C. von Coelln*, Grundgesetz. Studienkommentar, 2013
UC	*D.C. Umbach/T. Clemens* (Hrsg.), Grundgesetz. Mitarbeiterkommentar und Handbuch, 2 Bände, 2002

⒀判例の用例は次の通りである。

　①BVerfGE 86, 288/317または単にE 86, 288/317とあるのは、連邦憲法裁判所判例集（Entscheidungen des Bundesverfassungsgerichts）86巻288頁、該当個所317頁、を意味する。連邦憲法裁判所判例集は、連憲判と省略形で訳している場合もある。

　②BVerwGE 70, 310/314 ffとあるのは、連邦行政裁判所判例集（Entscheidungen des Bundesverwaltungsgerichts）70巻310頁、該当個所314頁以下、を意味する。連邦行政裁判所判例集は、連行判と省略形で訳している場合もある。

　③BVerfG, NJW 1990, 1783とあるのは、連邦憲法裁判所の判決で、雑誌Neue Juristische Wochenschriftの1990年版の1783頁に掲載されていることを意味する。

⒁連邦憲法裁判所の重要判例のうち、ドイツ憲法判例研究会編の『ドイツの憲法判例（第2版）』（信山社、2003年）、『ドイツの憲法判例Ⅱ（第2版）』（信山社、2006年）、『ドイツの憲法判例Ⅲ』（信山社、2008年）、『ドイツの憲法判例Ⅳ』（信山社、2018年）に掲載されているものについては、通称の事件名ならびに掲載番号を付した。同一の判例が繰り返し登場するときには、事件名を省略した場合もある。上記の判例集には、事実・判旨・解説が日本語で詳しく書かれている。『ドイツの憲法判例（第2版）』をⅠ、『ドイツの憲

法判例Ⅱ（第2版）』をⅡ、『ドイツの憲法判例Ⅲ』をⅢ、『ドイツの憲法判例Ⅳ』をⅣとした。たとえば、薬局判決Ⅰ・44とあるのは、薬局判決が『ドイツの憲法判例（第2版）』の44番目の判例として掲載されていることを示している。

第1章　序

Ⅰ．本書の概要について

本書は、法学徒が最初に立ち向かう試験が対象としている範囲と水準において、基本権を解説するものである。本書は、研究や実務での問題解決に重要な基本権総論のすべてのテーマ（第1部）、すべての個別基本権（第2部）ならびに憲法訴願およびその手続法（第3部）を扱う。本書の叙述は、連邦憲法裁判所の判例に準拠しているが、既存の判例に存在しない事例を自分で解くための方法的・教義学（解釈学）的手段の提供もめざしている。

基本権は、たいてい最初に学習される。したがって叙述は**初学者**をも対象とし、とくに通覧性に配慮している。ただし、基本権の素材は複雑でそれを扱うにはいくつもの条件が前提とされている。すなわち、単純法（個別法）の理解が必要となり、単純法と関連させてはじめて基本権の完全な理解に到達できることがしばしばである。

各章の末尾の**参考文献**は、意識的に少なくしてある。論文・著書のうち、基本的なもの、最新のもの、学習にとくに適したものに限定した（単行本に関していえば、一度出てきたものについては、著者名のみを、すなわち本の表題を省いて載せている）。包括的な参考文献は、大型の基本法のコンメンタールや、国法学や憲法学、基本権論のハンドブックに掲載されている。そこに掲げられている著作と最近の国法学の教科書は、参考文献のところで一々取り上げない。

Ⅱ．基本権という素材に伴ういくつかの困難な問題

法規範は、解釈作業においてタイプによって異なる労力を必要とする。一方では、一義的に表現された期間、形式、手続に関する規定が存在する。しかし、他方では、法学と判例（判例法）によって徐々に取扱いが可能になる多義的な一般条項が存在する。基本権の中には、104条のような形式的・手続的規定もいくつか存在するが、大部分の規定は、簡潔で漠然と表現されており（たとえば「芸術および学問は…自由であ

る」「財産権は…保障する」）、**一般条項と同じように機能する**。そのため判例法とそれを普及・発展させる基本権の教義学（解釈学）が重要な役割を演じることになる。

5 　基本権は、憲法の一部であり、法律および行政による法（法規命令、条例・内部規則）ならびに執行権・司法権のすべての個別行為より**優位にある**。すなわち、憲法より下位のすべての法およびそれに基づく個別行為は、憲法を基準として審査されなければならない。もしも、それが憲法規範、なかんずく基本権規範と適合しないときは憲法違反となり、通例は、無効である。しかし、その場合、基本権の内容自体が憲法より下位の法によって形作られることがあるという点に、難しい問題がある。これを法的ないし規範的具体化を必要とする基本権という。

6 　**例**　立法者は財産権の憲法上の保障（14条1項1文）に拘束されている（1条3項）。しかし、財産権とは何であるかということについては、立法者によってはじめて規定される。そもそも、14条1項2文は、立法者に財産権の内容を規定することを授権さえしている。この場合、それでもなお、どのようにして立法者を憲法によって拘束することができるのか。公権力による権利侵害に対する出訴の道が市民に開かれているならば（19条4項）、それは、裁判所制度を前提にしているが、しかし、この制度も、立法者の活動をまってはじめて可能になる。

7 　これに加えて、基本権は、歴史的にも現在も、**政治との距離**が特別に**近い**ということがある。基本権は、政治的に獲得されなければならず、かつその解釈と適用もたえず政治的な争いに巻き込まれる。国勢調査、妊娠中絶、公立学校における十字架像、大学・学校改革、デモ行進の権利、企業の共同決定、庇護権、盗聴、オンライン調査をめぐる大きな論争はそのことを証明している。このことは、ときに、憲法解釈とりわけ基本権解釈は政治にほかならず、連邦憲法裁判所は、本来の意味での司法を推し進めていないという誤った評価を生む。しかし、近時の憲法国家（立憲主義国家）の最大の成果は、支配のよって立つところを民主化したことのほかに、支配の行使を法化したということがある。個人と国家との関係においては、基本権を通じて法が拘束力ある基準として妥当している。

8 　この基準は、法の解釈が確固とした**方法論的準則**に従うことを前提としており、それについては、一般の合意がみられる。しかし、憲法でも法一般でもまさに方法論の問題については、いろいろと争われている。どのような確定的準則によって解釈を方法論的に導くべきかということについて、合意がみられるのは、出発点の部分だけで

ある¹⁾。それによれば、いわゆる古典的な解釈視点に永続的な意味が与えられる。すなわち、文法（規定の文言）的解釈視点、体系（規定の関連性）的解釈視点、歴史（規定の成立史および旧規定）的解釈視点、目的（規定の目的）的解釈視点がそれである。連邦憲法裁判所に対して、憲法の解釈と発展について相当程度の自由を与えることについても合意がみられる。連邦憲法裁判所は、個別の事件を扱い、個別の事件を通じてみずからの基本権解釈を発展させる。学習者にとっても、連邦憲法裁判所の片言隻語を全体との関係から切り離して一般化してはならないということ、判決理由と結論はたえず方法的な吟味を必要とし、その後に、そしてときには修正や訂正を行ってから、問題解決の基礎とすべきであるということがいえる。

Ⅲ．基本権に関する事例の解決について

基本権に関する事例の核心は、たいていの場合、各人が避けようとする一定の国家措置がある基本権と適合するかどうか、ないしある基本権に違反するかどうかという問題である。この核心問題は、2つの部分問題に分けることができる。その国家措置が基本権に介入したか。答えがノーならば、違反は存在しない。イエスならば、さらに次のことが問われなければならない。その介入は憲法上正当化できるか。イエスならば違反は存在しない。ノーならば違反が存在する。第1の問題については、さらに細かく保護領域の問題と保護領域への介入の問題と2つに分けた方がしばしば合目的である。かくして広く認められている²⁾3段階審査Drei-Schritt-Prüfungが生じるが、これについては第6章で詳しく論じる。また、第2部では3段階審査は、すべての基本権の体系的叙述の基礎になっている。つまり①保護領域にかかわるものであり、②国家の介入によるものであり、かつ③それが憲法上正当化されない場合に、はじめて基本権違反が存在する。

この核心問題は、次の2つの場合修正が必要となる。1つは**平等権**の場合で、この場合は保護領域への介入は問題にならず、国家の側からの不平等扱いが正当化される

1） *Alexy*, Theorie der juristischen Argumentation, 3. Aufl. 1996; *Engisch*, Einführung in das juristische Denken, 11. Aufl. 2010; *Larenz／Canaris*, Methodenlehre der Rechtswissenschaft, 5. Aufl. 2008; *F. Müller／R. Christensen*, Juristische Methodik, Bd. I, 10. Aufl. 2009; *Schlink*, Staat 1980, 73; *Schmalz*, Methodenlehre für das juristische Studium, 4. Aufl. 1998; *J. Vogel*, Juristische Methodik, 1998参照。

2） *Volkmann*, JZ 2005, 261.

かどうかという問題が重要である。[3]したがってこの場合、2段階審査になる。①不平等扱いが存在するかどうか。ノーならば違反は存在しない。イエスならば、さらに②その不平等扱いは、憲法上正当化されるか、ということが問われなければならない。イエスならば違反は存在しない。ノーならば、一般的平等原則（3条1項）、または個別の平等権規定（3条2項および3項、6条5項、33条1〜3項、38条1項1文）に違反する。

11　第2の修正は、各人が自由権や平等権への介入を防止しようとするのではないとき、あるいは、防止しようとするだけでなく、国家によって一定の作為が**講じられる**ことを実現しようとするとき、必要となる場合がある。いくつかの基本権は、明文で保護請求権として規定されている。たとえば6条4項は、共同社会の保護と扶助を求める母の請求権について規定し、103条1項は、法的審問を求める請求権について規定している。その他の基本権でも同様の解釈がなされることがある（110以下参照）。この場合も3段階審査が必要になるが、①保護が求められている行為・態度が保護領域に該当するかどうか、②その行為・態度の保護義務が国家にあるかどうか、③その保護義務が国家によって充足されていないかどうかが問われる。

12　基本権適合性審査の核心問題は、とりわけ**規範が階層をなしている**ということによって複雑なものになる。法律が問題となっているときは、基本権適合性審査は直接的な形で行われ、その法律が基本権と適合するか否かということが問われる。これに対して法律に基づく法規命令や条例・内部規則が問題となったり、あるいは法律や法規命令、条例・内部規則に基づいて行われる執行権の個別行為や司法権の個別行為が問題となるときは、すべての段階の規範階層で基本権適合性審査が考えられる。すなわち、法律に関する審査、法律に基づく法規命令や条例・内部規則に関する審査、1または複数の法規範に基づく個別行為に関する審査である。しかし、基本権適合性審査は、しばしば、実質的に基本権介入が含まれている段階の審査に集中する。

13　**例**　ある司法修習法で、前科のある学生は、第1次司法試験を受けられないという規定が新しく挿入されたとしよう（BayVerfGH, BayGVBl. 1973, 151参照）。今後は、前科のある学生は、司法試験局の決定により受験が許可されない。この場合、基本権介入は、とりあえず司法試験局の決定にあるといえる。しかし、その決定は、基本権介入を性質上最初から含んでいる法律を執行したにすぎない。その法律を12条1項（職業の自由・養成の自由）に照らして審査するだけでよい。行政に裁量が認められる場

3）　*Manssen*, Rn 35 f.

合、たとえば前科のある学生は第1次司法試験を受験させないことができるというように規定されている場合は、違ってくる。この場合は、司法試験局のとる措置に、法律とは別の独自の基本権介入が存在するので、行政行為の12条1項との適合性が法律の合憲性と並行して審査されなければならない。

規範の階層制は、さらに2つ目の理由から複雑な問題を引き起こす。ある法律の**合法性**が問われるとき、その合法性は単に合憲性を意味する。法規命令や条例・内部規則、執行権・司法権の個別行為の場合はこれと異なり、第1に下位の規範が正しく適用されたかどうかが審査される。下位の規範によっても、すでに、行政行為や法規命令の違法性が明らかになるときは、——そのことを問題とするほかに——上位規範の合憲性を審査する必要がない。上位規範の合憲性審査は、問題となる措置が下位の規範によって正当化されるときにはじめて問題となる。

例 警察規則で、違反に対しては過料を科すことになっている照明義務が順守されているかどうかを調べるために賃貸住宅の戸口の玄関に入る警察官の行為の合法性が問題となる。この場合、第1に警察・秩序法における授権の根拠を検討しなければならない。授権の根拠があり、警察官の行為がその範囲内であるときにはじめて、この授権の根拠が合憲であるかどうか、すなわち住居の不可侵（13条）に違反していないかどうかが問題となる。

最後に、基本権適合性審査は、しばしば**訴訟上の問題設定**によって拡大される。そこでは、内容上の合法性・合憲性と同時に、1または複数の法的救済が認められるどうかも問われる。問題が、法的救済の——ここではとりわけ憲法訴願が関係するが——、認容の見込みがあるかどうかの解答を求められているときは、内容上の問題設定と訴訟上の問題設定は結びついている。しかし、通常、練習問題や試験問題の重点は、内容上の合法性・合憲性に置かれる。

参考文献 「公法の研究技法」は*Butzer/Epping*, 3. Aufl. 2006が扱っている。「法律学的研究技法と学問的研究」については*Möllers*, 6. Aufl. 2012が教示してくれる。事例研究の入門については、*Schwerdtfeger/Schwerdtfeger*, Öffentliches Recht in der Fallbearbeitung, 14. Aufl. 2012, S. 315 ff. 事例問題集は、*Degenhart*, Klausurenkurs im Staatsrecht I, 3. Aufl. 2013, Klausurenkurs im Staatsrecht II, 7. Aufl. 2014 および *Pieroth* (Hrsg.), Hausarbeit im Staatsrecht, 2. Aufl. 2011をとくに挙げておきたい。後者は本教科書に準拠している。基本権の事例と解決を含むものは、そのほかに *Brinktrine/Sarcevic*, Fallsammlung zum Staatsrecht, 2. Aufl. 2014; *Höfling*, Fälle zu den Grundrechten, 2. Aufl. 2014; *Haug*,

第1章 序 *5*

Fallbearbeitung im Staats- und Verwaltungsrecht, 2013; *Heimann/Kirchhof/Waldhoff*, Verfassungsrecht und Verfassungsprozessrecht, 2. Aufl. 2009; *Kilian/Eiselstein*, Grundfälle im Staatsrecht, 5. Aufl. 2011; *Lücke/Kugelmann*, Fälle mit Lösungen für Anfänger im Öffentlichen Recht, 2004; *Schmalz*, Verfassungsrecht, 3. Aufl. 2003; *Schmidt-Jortzig/Schliesky*, 40 Klausuren aus dem Staats-und Völkerrecht, 6. Aufl. 2002; *Schoch*, Übungen im Öffentlichen Recht I, 2000; *Volkmann*, Staatsrecht II. Grundrechte, 2. Aufl. 2011; *Weiß*, Grundrechte in der Fallbearbeitung, 2007. 模範解答付きの数多くの事例問題は学生教育用の雑誌であるJuS、JuraおよびJAならびに各州の行政雑誌に掲載されている。

第1部　基本権総論

第2章 基本権の歴史と概念

I. 序

　法は、歴史的に成立したものであり、法の歴史を抜きにして法を理解することはで
きない。法的な規律は、それが長期的な社会・経済状態に依拠したり、長期的な人間
の基本問題に解答を与えるならば、自己の成立基盤たる政治的秩序よりも長生きする
ことがある。もちろん、法的な規律は、政治的秩序と運命を共にすることもある。基
本権は、国法や憲法の一部であるから政治的法であり、政治的秩序の変遷に従う。同
時に基本権は、個人の自由と政治的秩序との関係についての長期的な問題に対する解
答でもある。

　基本権の形成は、北アメリカとフランスの革命によって最初の完成をみた、**近代の
市民的憲法国家**と関係がある。しかし、この法の発展は、ドイツの国法学には、直接
の影響を与えなかった。1848年においても、基本権によって基礎づけられた憲法国家
を永続的に建設するには機が熟していなかった。それは、1918年のドイツ革命によっ
て初めて実現され、1933年から1945年までの反動期を経た後、ドイツ連邦共和国の基
本法の形でようやく安定をみた。

II. 北アメリカとフランスの基本権

　近代的な意味での基本権を、最初に全体的かつ憲法的に実定法化したのはヴァージ
ニア**権利章典**（1776年）である。その1条1項では、すべての人は「生来ひとしく自由
かつ独立しており、一定の自己内在的権利をもっている。それは、人が国家社会を形
成してその一員となっても、子孫からいかなる契約によっても奪い取ることができな
い権利である。その権利とは生命と自由の享受であり、所有と財産を獲得する手段お
よび幸福と安全を追求・獲得する手段を伴う」と定められている。8条から11条まで
に含まれている手続法上の規範は、刑事訴訟での被告人の権利を守るためのものであ
る。12条は、出版の自由を「自由の最大の砦」だと宣言している。16条は、すべての

人が等しく良心の命ずるところにより自由に宗教活動を行う権利があると規定してい
る。

21　このヴァージニア権利章典は、その他一連の北アメリカ諸州の**権利宣言**の直接の模
範となった。その大半の州では、より詳細な権利宣言が行われている。ヴァージニア
の権利章典は、憲法と併存する形で立てられたのに対して、ペンシルベニアの権利宣
言（1776年）は、「政府の組織」という節と併せて「ペンシルベニア共和国憲法」の中に
一体化された。したがって、ペンシルベニア共和国憲法は、基本権の部分と統治機構
の部分とで構成される、最初の近代的な意味の憲法であった。その後の合衆国の憲法
の発展にとって最も重要となったものは、連邦憲法の修正10箇条の基本権（1791年）
である。それは、「連邦の権利章典」とも呼ばれた。

22　個人の権利の実定憲法化と関係して、法律の違憲性という結果をもたらす**憲法の優
位**の制度が初めて整備される。そこには、植民地が母国イギリスとの間で経験してき
たこと、すなわち議会といえども不正をなすことがあるという経験が生かされてい
る。このようにみれば、権利章典は政府に対する制限を意味するだけでなく、主権を
有する国民の単純多数に対する制限をも意味する。さらに、立法者の憲法へのこの拘
束は、18世紀末の諸州の裁判所によって最初に主張され、その後1803年の連邦最高裁
判所によっても主張された司法審査権によって確実なものとなった。[1]

23　1789年の**人および市民の権利の宣言**は、基本権の歴史における最重要の事件であ
る。1770年頃に成立した「基本的権利（droits fondamentaux）」すなわち基本権の概念
は、たしかに普遍性をもっているが、当時、社会的および経済的勢力として発展しつ
つあった市民階級の政治的要求とも一致するものであった。市民階級の潜在能力、国
王の専制に対するその敵対心の強まり、そして最後に北アメリカ革命がつくった先行
モデルについての熱狂が、フランス革命の基礎およびその出発点である人権宣言を準
備した。

24　その1条は1文で、人間は、**自由かつ権利において平等に**生まれかつ生存するとい
うことを確認する。2条は、自然で不可欠の人権の維持がすべての政治的統一体の最
終目的であると宣言する。その権利とは、自由、財産、安全、抑圧に対する抵抗であ
る。4条および5条によれば、自由は、他人を害しないすべてのことをなしうること
のうちに存する。限界は、社会の他の構成員にも同じ権利の享受を確保しようとする
ことのうちにのみ存し、法律によってのみ規定することができる。10条は、法律に

---

1)　*Kingreen*, Hdb. StR³ XII, § 263 Rn 11 ff 参照。

よって作られた公序の範囲内で信教および良心の自由を宣言する。11条は、思想および意見表明の自由を「人の最も貴重な権利の1つ」として保障し、この自由の濫用の責任に対する留保は、法律の規定する場合に限られる。16条は「権利の保障が確保されず、権力の分立が確立していないすべての社会は、憲法をもたない」と規定する。最後の17条によれば、財産権は神聖不可侵の権利であり、法律で規定する公共の必要性がある場合にのみ、かつ事前の正当な補償を条件としてのみ侵害することが許される。

　この宣言は、1791年憲法の構成部分となった。しかし、この憲法では、その他の「自然権および市民の権利」も保障された。すなわち、移転の自由・集会・請願の権利ならびに意見表明および信仰の自由は、人権宣言の10条、11条よりも厳密に保障された。さらに詳細なのは、1793年の憲法（ジャコバン憲法）に前置された権利宣言である。その中には社会権も含まれていた。すなわち、自由な職業・労働の選択、労働の権利あるいは労働能力を欠く場合の援護を求める権利、教育を受ける権利がそれである。ただし、1793年の憲法は、施行されなかった。新しい段階のものは、権利宣言を伴った1795年の憲法にみられる。旧身分制的特権的秩序が除去された後は、今や確立した市民的秩序を正当化するという新しい機能が人権に加わった。したがって、生まれながらにして不可欠の人権の表明ではなく、社会内部の諸権利について語られている。人は自由かつ同じ権利をもつものとして生まれたという条文は、法律の前の形式的平等に置き換えられた。法治国家による裁判手続の保障は、強化されている。社会に対する義務がこれに付け加えられた。その後の大陸ヨーロッパの基本権の発展にとって重要なものは、フランスの1815年の憲法（Charte Constitutionelle）と、基本権カタログをもった1831年のベルギー憲法である。

Ⅲ．19世紀のドイツ立憲主義の基本権

　19世紀のドイツでは、1848年になってはじめて、これまで述べてきた西側世界の基本権の発展を継承する段階に到達する。**フランクフルト憲法集会**Paulskirchenversammlungで可決されたドイツ国民の基本権は、国民主権の思想に立脚し、前述の民主的憲法思想の伝統を受け継いでいた。しかし、それは、政治状況が許さなかったために、非常に短期間しか実効性をもたなかった。1848年の政治的自由の要求は、1918年の革命によってはじめて完全な形で日の目をみた。したがって、基本権の重要な成立史は、1848年からひとっ飛びにワイマール憲法の基本権へとつながっている。

27   19世紀のドイツのその他の基本権保障は、異質のものである。**南ドイツ諸州の憲法**は、19世紀の最初の3分の1世紀の間に、公民の権利を保障していたが、基本権は、どこでも問題とされていなかった。たとえば、その最初のものである1818年のバイエルン憲法は、「一般的な権利義務」と題する第4章で、個人の安全と財産権を保障していた（8条）。そのほかに、公務就任の平等（5条）、良心の自由（9条）、出版および図書販売の自由（11条）が保障されていた。ただし、後者の権利は、それについて制定された特別の勅令の規定によってのみ保障されるとされていた。同様の規定は、バーデンの憲法（1818年）やヴュルテンベルクの憲法（1819年）にもみられる。

28   そこでは、国家に先立って存在する基本権ではなく、臣民の権利のみが保障されていた。ここには、明らかに、自由は国家によって保障されるものとしてのみ観念される古いドイツの伝統が残っていた。臣民の権利は、**立憲君主制**の中に埋め込まれていた。憲法は、君主によって一方的に制定されるか、君主と（身分制）代表機関との間で合意されたものであった。国家権力は、国民によって正当化されるのではなく、神の恩寵に基づく君主によって正当化されていた。立法と課税に対する身分制議会の影響力の行使は、命脈を保っている君主の権能と**並立する**ものでしかなかった。

29   その際、君主制を**市民階級の経済的要求**に適合させることが行われた。ドイツでも、この時代には、法的平等と解放のために身分制的な生活秩序を解体すること、権利の平等と稼得の自由を実現する一般的な市民的権利によって、身分と結びついた権利を解消することが重要な課題となっていた。しかし、ドイツでは、この過程は革命の所産ではなく、君主による改革の成果として生じた。法学は、これに関して「既得権」を市民の財産権に移し変えることなどによって一定の寄与を行った。[2]

30   **基本権の法効果**は非常に限定されたものでしかなかった。基本権と対立する法は無効ということはなかった。法秩序全体の基本権への適合ならびに、基本権の実現は、（新しい）法律の制定をまたなければならなかった。基本権は立法に対して法的な拘束力が認められなかった。たとえば、平等原則は、法律の前の平等を意味するにすぎなかった。したがって、貴族の法律によって認められた特権やユダヤ人に対する法律上の差別は、残存しつづけた。同様に、基本権は行政に対しても、もっぱら法律適合性を保障するものでしかなかった。ただし、政治過程においては、基本権が全く機能しないというわけではなかった。すなわち、基本権には、「指導的・方向指示的機能」

2）*Lübbe-Wolff*, Sav. ZRG germ. Abt. 1986, 104.

が与えられた。[3] 基本権の中に、法秩序・社会秩序の将来の発展のプログラムが書き込まれた。

1848年の革命の挫折とフランクフルト憲法集会の基本権の廃止の後に起きた反動は、基本権の発展を押しとどめた。なるほど、1918年まで効力をもった1850年のプロイセンの憲法典を例に挙げれば、その第2章（「プロイセン人の権利」）に包括的な権利カタログが含まれていた。それは、学問と教授の自由のような、1848年のいくつかの未来志向的な基本権規定さえ受け継いでいた（20条）。意見表明の自由、出版の自由、結社・集会の自由のような政治的権利もみられる。しかし、第2章の最初の条文である第3条は「プロイセン人の資格および公民の権利の取得、行使および喪失の要件は、憲法および法律で定める」となっていた。そのうえ、個々の自由保障は、大部分、法律による詳細な規定や内容形成に委ねられているとされていた。しかも、その法律は、国王、上院ならびに「3級選挙法」に基づいて構成された下院によって作られた。総じて1850年以降のこの反動の時代は、政治的自由が抑圧され、他方で経済的自由が促進されたと特徴づけることができる。

1867年の北ドイツ同盟憲法ないし1871年の帝国憲法は、基本権カタログを用意することを放棄した。居住および営業の自由のみが保障された（3条）。相当数の古典的な自由権保障は、帝国法の規定によって実現された。たとえば、70年代の**帝国裁判関係法律**によって、遡及効の禁止や裁判所の独立、通常の出訴手段の保障、法律の定める裁判官の裁判を受ける権利、住居の不可侵、人身の自由などが承認された。他方で、法律の前の平等、財産権の保障、宗教団体の自律権、学問の自由など一連の古典的権利の保障が欠けていた。そのうえに、文化闘争法や社会主義者鎮圧法が自由権によって制限されなかった。

基本権のこの制限的意味は、立憲〔君主〕制の政治システムの存続から説明できる。プロイセンの憲法争議（1861年–1865年）は、2つの権限の担い手のうち疑義がある場合には王権が議会に優先するということを実証していた。19世紀後半のドイツでは、国民主権の思想、あるいはそこまでいかなくても、王権に対抗しても保障される包括的な政治的自由というものが認められる余地が全くなかった。とくにナショナリズムを背景にして、市民階級の大部分と君主制国家は仲良く折り合いを付けていた。

19世紀の中頃に身分的・封建的権利の除去がある程度進捗した後は、**自由主義的な経済・社会秩序**の完成という課題が時代の前面に立ち現れてきた。君主による行政が

3）　*Wahl*, Staat 1979, 321/333.

市民の経済社会・流通社会に介入することを防止することがとくに重要であった。立法者に抗して基本権を守るということも、すでに考えられていたが、市民階級がみずから立法府に代表を送っていた限りでは、それは、切迫した課題にはならなかった。したがって、介入の権利は立法者に留保し、行政にはそれを与えないということが重要であった。法律なくして自由および財産権への介入なし。基本権に関するこの標語の下で、**法律の留保**は、市民階級が王権およびその行政との闘争の中で獲得した法的成果となった。

35   これに対応して、**後期立憲君主制の国法学**では、国家からの自由の領域として国家に対する消極的自由ということが説かれたが、それは前国家的な自由権の意味ではなく、国家によって保障された自由な1つの領域の意味で理解された。基本権は、国家を構成する原理ではなく、むしろ国家によって組織された原理であった。

Ⅳ. ワイマール憲法の基本権

36   第1次世界大戦のドイツ帝国の敗北と1918年の革命の後、**ワイマール憲法**によって最初のドイツ共和国が設立された。この1919年憲法の第2編は、「ドイツ人の基本権および基本義務」との表題が付けられており、109条から165条に及んでいる。それは、1848年のドイツ国民の基本権を受け継ぐと同時に、新しい社会問題にも対応している。つまり、この基本権と基本義務は**民主的、法治国家的、社会国家的共和国**のプログラムを表明したものである。

37   5つの章（個人、共同生活、宗教および宗教団体、教育および学校、経済生活）のうち、最初の2章は主として古典的・自由主義的、市民的自由権を含んでいた。すなわち、平等原則、移転の自由、外国移住の自由、人身の自由、居住の不可侵、通信の秘密、意見表明・集会・結社の自由、請願権である。3章では、信仰・良心の自由のほか、国家と教会との関係を規律する規定が設けられた。それは、一方で伝統を断ち切りながらも（「国教会は存在しない」という137条1項の規定）、他方で一定の妥協的な特徴（公法人としての宗教団体、教会の課税高権、宗教団体への国家による給付）をもっていた。先行する章でも個々に関係する規定がみられるが、4章および5章では、さらに豊富に新しい**社会的・経済的次元**の基本権が登場している。ここでは、形成者としての国家が、憲法によって義務を課せられている。労働者も社会の進歩に適切に参加したり、自由権を実際に享受したりできるような状況になるように、国家が市民社会を持続的に発展させていくことがめざされている。その例としては、社会保険、失業

者に対する援助の保障、学校教育および職業学校教育の無償に関する規定、財産権の制限に関する規律がある。

総じていえば、これは、基本権カタログを**時代に合わせて発展させた**注目すべき試みであった。基本権は、市民階級の利益になる現状を守るためだけでなく、同時に、規制のない発展によって生じた、労働者階級にとって不利な不平等と支配関係を取り除こうとするものであった。この二重の意図により、ワイマール憲法は、まさしく基本権の部分において「階級和解[4]」を試みたものだといえるが、しかし、基本権の判例と学説はそれを深化させなかった。個人の自由な立場を内容とする基本権規範は、次第に承認されるようになっていた司法審査権richterliches Prüfungsrechtを通じて強力な効力が認められたのに対して[5]、経済的・社会的権利は、大部分が単なるプログラム規定に引き下げられた。このようになった理由の１つが、憲法の条文から説明されるのは確かである。リベラルな自由権は、長い伝統と確立した解釈論をもっているので、新種の規定よりも、厳密な把握が可能であり、あるいは問題なく適用することができたからである。新種の規定の方は、このような条件を欠いていたために宣言的な規定として機能した。しかし、それだけでなく、判例も学説も、この憲法規定を適切に組み替えるためのより大きな努力を払わなかったということが理由としてある。最後に、憲法より下位の一団の法が圧倒的に現状変更を拒否するように働いたことも理由に挙げられる。

ワイマール憲法は、1933年のナチスの権力掌握によって事実上失効した。ドイツの国家・憲法の1945年以後の再出発には、この経験が影響を与えている。国家組織法の問題では、ワイマールはいろいろな意味で否定的なモデルを提供したのに対して、ワイマール憲法の基本権は、州の憲法を条文化する際や、後には基本法制定会議においても受け継がれた。ただし、社会的・経済的権利を基本法の基本権部分に取り入れることは意識的に断念された。その限りでは、ここでもワイマールは否定的なモデルとして人々の目に映ったのである。

Ⅴ．基本法の下での基本権の展開

憲法訴願の確立（**1249**以下参照）ならびに情報自己決定権のような基本権まで基本

---

4 ） *Anschütz*, Drei Leitdanken der Weimarer Reichsverfassung, 1923, S. 26.

5 ） *Gusy*, Richterliches Prüfungsrecht, 1985.

権カタログに取り込んだ（**414**参照）連邦憲法裁判所の大胆な判例によって、基本法の基本権は**巨大な意義**を獲得した。それは、立法と司法ならびに法のあらゆる分野の理論と実践に影響を与えている。ワイマール憲法下と違い私法分野にさえも影響を与えている。それは、ドイツ連邦共和国の国家と社会の自由化に決定的な貢献をしてきた。

41　　これまで可決された52回の**憲法改正**のうち、基本権に関するものはわずかであった[6]。1956年の再軍備のための改正と1968年のいわゆる緊急事態憲法によって、兵役・代替役務における基本権の制限ならびに、憲法擁護庁や情報局の、一定の不可欠とみなされた活動を可能にするための基本権の制限が導入された。1993年には、制約のなかった16条2項2文に代えて16a条が導入され、政治的迫害者に対する庇護権がかなり制限された。1998年には、居住に関する基本権が改正され、刑事訴追のためのいわゆる大規模な盗聴工作が可能になった。2000年には、ヨーロッパと国際刑事法における司法共助を促進するために外国への引渡しの禁止が特別の法律の留保の下で認められることになった。憲法改正によって基本権の構成部分の拡大が行われたのは、3条2項2文、3条3項2文、9条3項3文および20条4項の改正である。

42　　**社会的経済的基本権**が、ドイツの統一の過程の1990年の円卓会議憲法草案によって再びテーマとなったのは事実である。しかし、統一条約5条は、生じうる憲法改正の作成のための勧告の中で、国家目標規定を基本法に採り入れることを挙げていた。その後設置された合同憲法委員会は、1993年11月に社会的経済的権利の導入を拒否し、国家目標規定として、環境保護だけを謙抑的な形で基本法に採用することを勧告した[7]。立法機関がこの勧告に従い、1994年末に20a条が規範化された。

VI. 基本権の概念

43　　基本権の概念に関しては、歴史の展開からして2つの流れが認められる。1つの流れは、基本権を**国家に先立って存在する**個人の（人間の）権利として把握する。そこでは、個人の自由と平等は、国家成立の正当化の条件であり、自由権と平等権は国家権力の行使を義務づけたり制限したりする。もう1つの流れは、ドイツで展開されたが、基本権を人間としての個人でなく国家の一員としての個人に属する権利、国家に先んじて存在するのではなく、**国家によってはじめて保障される**権利も含めて理解す

---

6)　*Bauer/Jestaedt*, Das Grundgesetz im Wortlaut, 1997, S. 66 ff.

7)　BT-Drucks. 12/6000, S. 75 ff 参照。

る。後者においても、基本権は個人の権利であり、国家権力の行使に関して、自己拘
束の枠を超えて、基本権による義務づけが行われる。すなわち、国家が自由と財産に
介入するときには、法律による正当化が必要とされる。

　2つの流れの共通点と相違点をさらに厳密に規定してみよう。社会と国家に先立っ　**44**
て存在する自由と平等という自然法的観念も、社会と国家なくして人間は生きられな
いということは承知しているので、基本権の先行性の意図するところは、基本権の**制
約には正当化が必要であるということ**である。基本権の行使については、国家に対し
ての正当性は示される必要はないが、国家が基本権を制限するについてはその正当性
が示されなければならないというのが、前国家的な基本権の考え方である（「実定法化
された自然権」[8]）。ドイツは、この原理を最終的に完全に承認したが、しかし、その展
開は遅く、国家権力が正当化の要請に服する範囲を徐々にしか拡大してこなかった。
北アメリカとフランスが国家の成立を（国民主権）、そして北アメリカは立法をもこの
要請に合わせようとした（憲法の優位）のに対し、ドイツは、長らく行政だけしか正
当化の要請に服せしめなかった（法律の留保　**34**参照）。基本権は1条2項および3項
によってはじめてあらゆる国家権力行使の根拠と基準を与えることができた[9]。

　同時に、基本権の**共通の概念**も理解できる。すなわち基本権は、個人の権利であ　**45**
り、国家を義務づけるということである。それは、国家に正当化を要求するので、そ
の限りでは国家に先立って存在する。

Ⅶ．超国家的な基本権規範

　人権の発展の流れ（**43**参照）は、第2次世界大戦の終結後、国家次元を超える基本　**46**
権の規範化へとつながっていった。はじめは**国際法**を根拠として、次には**超国家的な
根拠**に基づいて行われた。衝撃は国連から始まった。国連総会は「人権の否定と軽
視」が内外に及ぶ国家社会主義の恐怖の原因であると認識して、1948年12月10日に一
般的な国連人権宣言を布告した。その後、2つの人権規約（市民的、政治的権利に関す
る規約と経済的、社会的、文化的権利に関する規約）が加わった。ヨーロッパでは、新
しい国際組織が諸国民の平和的な共同生活を基本権の保障によっても永続的に確保し
ようとした。

8）　*Dreier*, DR, Vorb Rn 69.

9）　*Isensee*, Hdb. GR Ⅱ, § 26 Rn 103参照。

47　1949年に設立された欧州審議会の任務の１つは人権の保護のために国際法的な条約を作成することだった。[10] そのような条約として、とりわけ1953年に発効した人権と基本的自由の保護ための欧州人権条約（EMRK）がある。それは、（基本的）権利と自由に関するカタログを有すると同時に、ストラスブールに欧州人権裁判所（EGMR）を設置することによって、すべての加盟国を拘束し、基本権を国際法的に実現するための機関を設立したのである。

48　1957年に欧州経済共同体として設立され、１次的には経済的な協力を目的としている**欧州連合**は、条約の基礎である第１次法おいて、成文の基本権カタログをもっていなかった。ただし、その諸機関が発出する命令や指針などの法である第２次法から加盟国の市民に対する拘束力が生じ、国家に匹敵する高権も大きくなっていった。そこから欧州連合の権力に対して国家権力に匹敵する制限や正当化の必要性も生まれた。ルクセンブルクにある欧州司法裁判所（EuGH）は、加盟国の共通する憲法の伝統や人権に関する国際条約、とくに欧州人権条約から持続的な法形成を通じて、超国家的な連合の基本権を展開した。このようにして保障される超国家的な基本権保護は、時間の経過とともに、基本法の基本権の水準に本質的に匹敵するとみなされるレベルに到達した（205以下参照）。欧州連合が1992年に欧州人権条約と加盟国の共通する憲法伝統を尊重することを義務づけられてからはますますそうである。

49　2009年12月１日のリスボン条約が発効してから**欧州連合人権憲章**がEUの第１次法になった。これは独自の基本権カタログをもっているだけでなく、憲章52条３項１文によれば、欧州人権条約を最低限度と定めており、EUの機関が憲章の適用においてそれよりも後退することを禁じている。

50　**参考文献**　*G. Birtsch* (Hrsg.), Grund-und Freiheitsrechte im Wandel von Gesellschaft und Geschichte, 1981; *ders.* (Hrsg.), Grund-und Freiheitsrechte von der ständischen zur spätbürgerlichen Gesellschaft, 1987; *C. Gusy*, Die Grundrechte in der Weimarer Republik, Zeitschrift für neuere Rechtsgeschichte 1993, 163; *J. Hilker*, Grundrechte im deutschen Frühkonstitutionalismus, 2005; *H. Hofmann*, Zur Herkunft der Menschenrechtserklärungen, JuS 1988, 841; *ders.*, Die Grundrechte 1789-1949-1989, NJW 1989, 3177; *F. Hufen*, Entstehung und Entwicklung der Grundrechte, NJW 1999, 1504; *J.-D. Kühne*, Die französische Menschen-und Bürgerrechtserklärung im Rechtsvergleich mit den Vereinigten Staaten und Deutschland, JöR 1990, 1; *G. Oestreich*, Geschichte der

---

10)　*Walter*, in: Ehlers, Europäische Grundrechte und Grundfreiheiten, § 1 Rn 5.

Menschenrechte und Grundfreiheiten im Umriss, 2. Aufl. 1978; *B. Pieroth*, Die Grundrechte des Grundgesetzes in der Verfassungstradition, Hdb. GR II, § 25; *K. Stern*, Idee der Menschenrechte und Positivität der Grundrechte, Hdb. StR[3] IX, § 184; *R. Suppé*, Die Grund-und Menschenrechte in der deutschen Staatslehre des 19. Jahrhunderts, 2004; *R. Wahl*, Der Vorrang der Verfassung, Staat 1981, 485; *C. Walter*, Geschichte und Entwicklung der Europäischen Grundrechte und Grundfreiheiten, in: D. Ehlers (Hrsg.), Europäische Grundrechte und Grundfreiheiten, 4. Aufl. 2014, § 1; *C. E. Wolgast*, Geschichte der Menschen-und Bürgerrechte, 2009.

第**3**章　基本権保護の多元的制度

51

事例1　養育の権利をめぐる争い（連邦憲法裁判所判例集111巻307頁より）

Gは婚外子の父である。子の母は、Gに子の出生を知らせず、養子縁組をしないで養父母に預けた。Gはこのことを知って子どもを養育する権利を譲渡するように異議を申し立てた。区裁判所は訴えを認めたが上級地方裁判所によって破棄された。これに対してGは欧州人権条約34条により個人訴願の訴えを欧州人権裁判所に提起した。欧州人権裁判所は、上級地方裁判所の養育権判決が欧州人権条約8条に違反していると判示した。条約締結国は、8条により、肉親が子と巡り会えるように働きかける義務があり、Gが少なくとも子と交流することができるようにする義務を負うという。この後、区裁判所は、Gに単独の親の養育権を譲渡し、少なくとも養育権の訴訟が確定するまでの間、息子との交流を認める仮命令を発出した。この交流命令が上級地方裁判所によって破棄されたので、Gはそれに対して憲法訴願を提起した。→**76**

52

事例2　共同生活者の分離（連邦財政裁判所　BFH/NV 2007. 663より）

Lは登録した共同生活者のパートナーである。Lは、所得税が共同生活者のパートナーと併せて課せられるように申告した。その方が個別に課税されるよりも両者にとって有利だからである。財務当局は、所得税法26条、26b条が結婚している夫婦のみ合同課税を認めていて、登録している共同生活者は対象外であることを理由に拒否した。財政裁判所は、所得税法26条、26b条の共同生活者への類推適用は考えられないとして訴えをしりぞけた。Lはこれに対して連邦財政裁判所に控訴した。Lは、財政裁判所の判決がヨーロッパ法の差別禁止、とりわけ欧州連合設立条約の旧13条1項（＝EU運営条約19条1項）に基づく、就職と職業における平等取扱いの実現のための2000年11月27日の指針2000/78/EGに違反していると主張した。

応用問題　Lは、加盟国に対して結婚している夫婦と同性の共同生活者の税法上の平等取扱いを義務づけている（適法と仮定する）欧州連合の指令に違反すると主張する。→**77**

> **事例 3** バイエルン（105条）、ブランデンブルク（18条）、ヘッセン（7条2文）、ラインラント＝プファルツ（16条2項）、ザールラント（11条2項）の州憲法では包括的な庇護権が保障されている。欧州連合の加盟国から移住してきた難民申請者が、これらの州において、州の庇護権を援用することができるか。**→78**

53

　本書の叙述は基本法の基本権に限定している。基本法の基本権のみが直接連邦憲法裁判所の審査基準となる。したがって、国際的な人権や州憲法の基本権はそれ自体扱われない。しかし、それらは、基本法の基本権とともに多元的な制度を形成しており、多様な階層をなす規則が組み合わさっている。

54

　歴史的に基本権保護は国際的な多元的制度として発達してきた（46〜50）。この制度の個別次元の基本権保障は、保障において共通の核心的構成要素を有しているが、基本権保護のいくつかの局面の内容形成においては相互に著しく異なっており、実現のための制度メカニズムを異にしている。加えて国際的人権が国内法へ作用する仕方がさまざまであり、とくに基本法の基本権の解釈と適用においてどういう意義をもつかがさまざまに異なっている。

55

Ⅰ．普遍的な国際慣習法

　最も基本的な人権保障は普遍的な国際慣習法にある。一般的な国際慣習法は、国際条約上の義務と無関係に国際法共同体の国家を拘束する。国際慣習法によって認められている人権には、とくに奴隷制度の禁止や人種差別の禁止などの基本的保障が含まれる[1]。相当数の著者は、社会的人権の核心的内容も国際慣習法によって認められていると考えている[2]。国際法は慣習法上認められる人権の実現のために特別のメカニズムを用意していない。ただし、国家が国際司法裁判所の管轄に服する限り、一般的な国際慣習法として認められている人権に関しては、その侵害がどの国家も国際司法裁判所で主張できる対世的な権利として理解されるという理由から、ある国家が別の国家を国際司法裁判所に訴えるということは考えられる[3]。基本法25条によれば、一

56

1）　IGH, Urteil vom 5.2.1970, Barcelona Traction, ICJ Rep. 1970, 3, § 34.
2）　たとえば教育を求める権利について *S. C. de la Vega*, Harv. BlackLetter Law J., 1994, 37/44 ff.
3）　IGH, Urteil vom 5.2.1970, Barcelona Traction, ICJ Rep. 1970, 3, § 33 f.

般的な国際慣習法として認められている人権は「国際法の一般的原則」として直接、連邦法の構成部分をなし、単純な連邦法律に優先する。ただし、一般的な国際慣習法で認められている人権は最低水準を保護するだけなので、より広い保護を与えている基本法で規定されている基本権に関しては重要な意味をもたない。国際慣習法にすでに社会権が含まれているとしても、極端な例外的事例でなければ重要でない。というのは、ドイツでは単純法が通常、国際慣習法上の保護を上回っているので最も基本的な需要に関してのみ適用されるからである。

II. 普遍的な人権条約

57 　普遍的な国際条約法には、人権の保護を実現しようとする一連の条約が存在する。多くの人権条約の内容上の基礎は1948年の普遍的な世界人権宣言（AEMR）にある。世界人権宣言は、国連総会の決定によるものである。大多数の見解によれば、総会は国連憲章10条、13条1ｂ項により、勧告の権限しかもたないので人権宣言に法的拘束力はない。[4] 世界人権宣言に続いたのが市民的・政治的権利に関する人権規約（IPbpR）と経済的・社会的・文化的権利に関する人権規約（IPwskR）であり、それらは1966年に国連総会で採択され1976年に発効した。これらの一般的で普遍的な人権条約とならんで一連の個別分野の人権保護を目的とする条約が存在する。古くは、あらゆる形態の人種差別の撤廃のための国際条約があり、近時は子どもの権利や、女性の権利、拷問禁止に関する条約などが加わった。普遍的人権条約を補完する最近の注目すべきものとして、2006年に採択され2008年に発効した障害者の権利条約がある。

58 　人権の最低限度の水準を保障する普遍的な国際慣習法と異なり、市民的・政治的権利規約（IPbpR＝自由権規約）と経済的・社会的・文化的権利規約（IPwskR＝社会権規約）は、包括的な人権カタログをもっており、古典的でリベラルな自由権・平等権だけでなく、一部踏み込んだ内容の社会的・文化的人権も含んでいる。基本法の基本権にとって、普遍的な条約による保障は、それと異なるコンセプトを追求しているということに1つの意義がある。もう1つは、経済的・社会的・文化的権利に関しては、

---

4) *Kempen/Hillgruber*, Völkerrecht, 2007, § 50, Rn 20; *Schweisfurth*, Völkerrecht, 2006, Rn 172; *Warg*, Universeller Menschenrechtsschutz in der Allgemeinen Erklärung und den beiden UN-Pakten, in: ZEuS, 2002, 607/619; 別見解としてたとえば*Humphrey*, in: Ramcharan, Thirty Years after the Universal Declaration of Human Rights, 1979, 21.

部分的に基本法の基本権より進んでいるということである。

例　たとえば、人種差別撤廃条約は、単なる人種差別的発言に対しても国家が何ら　**59**
かの行動をとることを要求する。しかし、基本法5条2項によれば意見表明について
の国家の介入には中立性が求められ（659）、両者の一致は非常に困難である。

国連の人権委員会は、市民的・政治的権利規約17条から秘密情報機関の大量データ
収集に対して高度の要件を課すことを導いた（420）。経済的・社会的・文化的権利
は、たとえば6条で労働を求める権利を、11条で適切な生活水準を求める権利を、24
条で教育を求める権利を保障する。

ただし、社会的・文化的人権に関しては、義務の次元と種別に応じて多様に区別さ　**60**
れる。人権の保障は、多様な次元の義務が割り当てられている。国内法化されると、
尊重義務、保護義務、実施義務（duties to respect, to protect, to fulfil）に区別される。
ドイツの基本権解釈学では、自由権の防御、保護、給付の次元に対応する（80以下）。
尊重義務においては、締約国は人権を自ら侵害してはならないことが求められるのに
対して、保護義務においては、第三者による侵害からの保護も締約国に求められ、実
施義務においては、国家が人権の実現を促進するための、規制力のある、制度的、実
体的な手段を提供することが求められる。実施義務に関しては、さらに直接的に実
現される人権と漸進的に実現される人権に区別される。とりわけ社会的、文化的人権
にはしばしば目標が漸進的にのみ実現されうるものが含まれている。

例　たとえば、社会権規約の2条2項は、締約国に対して「立法措置その他のすべ　**61**
ての適当な方法によりこの規約において認められる権利の完全な実現を**漸進的に**達成
するため、自国における利用可能な手段を最大限に用いること」を義務づけている。
社会権規約13条2項c号は高等教育機関への無償入学の保障を義務づけているが、だ
からといって締約国は授業料を直ちに廃止することを義務づけられているわけではな
い。無償の高等教育をめざして前進することが義務づけられているにすぎない。締約
国には、高度の教育水準など規約の他の目標との関係でどのような段階を踏んで進む
かの裁量の余地が認められる。したがって、授業料の再導入も社会権規約13条2項c
号違反になるとは限らない。

国際的な場面では多くの人権条約が、1つには、締約国が代表を送っている国連人　**62**

5）　立法者に対する意味についてたとえば E 132, 134/161 f（庇護申請者の生活保護に関する
　　違憲判決Ⅳ・54）.
6）　BVerwGE 134, 1/19 ff; これについて auch BVerfG NJW, 2013, 2498/2499 f.

権理事会のような組織によって監視され発展させられる。もう1つは専門家で占められる人権委員会や報告制度によって保障される。自由権規約と社会権規約によれば、締約国は自国の人権の発展について定期的に報告しなければならない。委員会は報告に基づいて、さらに——非政府組織によるいわゆる影の報告によって取得した情報に基づいて勧告を行うことができる。いくつかの条約の選択議定書では、個人が人権委員会に訴願を申し立てたり、差し迫った人権侵害を防止するために人権委員会が一部、暫定的な措置をとることを勧告することができることが規定されている（例として社会権規約選択議定書5条）。さらに選択議定書は、委員会の権限を一部拡大し、大規模かつ重大な人権侵害が存在するとの信頼できる通報があるときは、締約国の同意を得てその主権的領域を含めて調査手続を実施することができるとしている（例として社会権規約選択議定書11条）。締約国は委員会の勧告に配慮しなければならないが、それを超えて締約国を国際法上拘束はしない[7]。ただし、締約国の人権侵害を対象とする確認や勧告は著しい政治的効果をもちうる（非難と屈辱が待ち受けている）。

63　　ドイツの法秩序では一般的な人権条約は、国際法の一般原則と異なり、直ちに効力を発揮せず、基本法59条2項の同意法律により批准されると連邦立法者が立法権限を有している限りで単純な連邦法律のランクで国内法に取り入れられる。人権法による義務が、学校教育のように州の立法権限に関係するときは、条約の国内法化によって諸州が拘束される。しかし、国内法に取り入れられた人権法による義務は行政と裁判所においては、それが「直接適用可能」な限りで主張することができる。国際法的保障の直接適用可能性は、「それが文言、目的、内容において、国内法規定が法的効果を発揮するのと同程度に適合的で十分に規定されていること、すなわちそれ以上の規範的充填を必要としないこと」[8]を要件とする。直接適用可能性の基準は、国際法の変型の際の権力分立の維持に寄与する。もしも、法を適用する権力機関が、十分に明確でない国際法上の義務を適用することが義務づけられるならば、法適用機関は、国際法の目標の変型という政治的な判断に委ねられていることがらを決定することになろう。しかし、それは立法者の権限に属することである。このことは、とりわけ立法者の漸進的変型にかかる社会的、文化的実施義務の場合に当てはまる。法律による具体化をまってはじめて、行政に対してあるいは裁判所において主張することが可能にな

---

7 ）　*Keller/Ulfstein*, in: dies, UN Human Rights Treaty Bodies, 2012, 1/4参照。*Ulfstein*, ebd 73/94 ff, 115.

8 ）　BVerwGE 87, 11/13,; E 29, 348/360も参照。

24　第1部　基本権総論

る。

例 障害者権利条約24条2項は、包括的な学校制度の設立を義務づけている。しか 64
し、障害をもった生徒が特別の学校で教育を受けないことを求める請求権が生じるわ
けではない。州の立法者が、障害者権利条約24条2項の国際法上の義務を履行するた
めの包括的な授業を受ける権利を認めてはじめて訴えることが可能になる[9]。

普遍的な国際法の人権による義務が直ちに適用できないとしても、国際法的拘束力 65
とは別に、国内法上の適用において意味がないわけではない。むしろ、基本法は国際
法に友好的な法秩序と理解されており、原則として、基本法の規範は国際法に適合的
な解釈と適用が要求されている[10]。法適用機関は、段階的にのみ履行される国際法上
の義務を転換するために政治的な形成的決定を行ってはならない。しかし、立法者が
すでに形成的決定を行っているときには、法適用機関は、方法論的に主張しうるもの
である限り、ドイツ国の国際法的義務と適合するように立法者の決定を解釈すること
ができる。このことは基本法の基本権についてもあてはまる。連邦憲法裁判所は、障
害者の人権の共通性に関して、「国連障害者権利条約が…基本権の内容と射程の確定
において解釈の補助として参考になる」という見解を示した[11]。

Ⅲ．地域的人権保障──欧州人権条約

普遍的な人権条約とならんでアフリカ、アメリカ、アラブ地域、欧州の地域的な人 66
権条約がある。それは通例、国際法次元で人権を保障しようとする個別の内容と特別
の制度的措置を用意している。基本法の基本権の解釈にとって最も重要なのは欧州人
権条約である。欧州人権条約の第11選択議定書によれば、その完全実施のために、欧
州人権裁判所が用意され、締約国のすべての市民が個人的な訴願手続により訴えるこ
とができる。その判決は勧告的性格をもつだけでなく欧州人権条約46条1項により締
約国に対して国際法上の拘束力をもつ。欧州人権裁判所は、人権侵害の確認にとどま
らず、欧州人権条約41条によって、締約国に対して損害賠償の支払いを命じることも
できる。したがって、欧州人権条約の実施のための国際法的なメカニズムは普遍的な
人権条約の報告、勧告の制度をはるかに上回るものである。

---

9) BVerwG, B. v. 18.1.2010-6 B 52. 09, Rn 8.

10) E 58, 1/34; 59, 63/89.

11) BVerfG, NJW 2011, 2113/2115.

第3章 基本権保護の多元的制度 25

67　1952年8月7日の同意法律により、欧州人権条約は国内法的には**単純な連邦法律の**
ランクに位置している。[12]欧州人権条約は、20条3項により単純な連邦法律として執
行権と司法権を拘束するが（**188**以下参照）、立法権を拘束しない。欧州人権条約の単
なる単純法というランクが**問題**となった。1つは、欧州人権条約は、連邦の特別法や
事後法に対抗することができなかったということである。しかし、それは人権の伝統
および、そこに由来する、多くのヨーロッパの法秩序で承認されている人権の優位と
は適合しがたい。もう1つは、欧州人権条約と欧州人権裁判所の判決がドイツの裁判
所の判例においてしばしば全く顧みられない、あるいは躊躇を伴ってしか顧みられな
いということである。そこで、連邦共和国は国際法上の義務にどのように従い、個別
事件においてドイツの基本権の保護を超える欧州人権条約の基本権の保護を国内法的
にどのように実現し、確保することができるかということが問われる。

68　連邦憲法裁判所は、基本法の国際法友好的態度に関する一般原則に従い（**55**）、と
くに1条2項で保障されている国際人権の核心部分の保護を59条2項1文と結びつけ
て、ドイツの基本権の適用においては基本権の内容と射程の確定において欧州人権条
約を解釈の補助手段として参照するだけでなく、単純法を欧州人権条約に適合するよ
うに解釈することを強調した。[13]連邦憲法裁判所は、これにより、欧州人権条約を司
法と執行権に対して直接の**審査基準**として用い、また立法に対して間接的な基準とし
て用いており、法の階層において単純法の上に位置づけている。連邦憲法裁判所は、
さらに、国内法に変型された法律から、法適用において、具体的に決定すべき事件を
超えて欧州人権裁判所の判例について考慮する義務を導き出している。欧州人権裁判
所の判例には、「少なくとも事実上の指示的・指導的機能がある」[14]という。したがっ
て、国際法分野で下される欧州人権裁判所の判決は、欧州人権条約の内容を具体化
し、持続的に形成することによって国内法的にも重要な意味をもつ。[15]ただし、連邦
憲法裁判所は、「基本法の文言と欧州人権条約の文言を図式的に並べて比較対照す

---

12)　E 111, 307/315, 317（欧州人権裁判所との調整Ⅲ・37）; 128, 326/367（保安拘禁に関する規
　　定の遡及適用Ⅳ・18）.

13)　E 111, 307/329（欧州人権裁判所との調整Ⅲ・37）; 128, 326/367 ff（保安拘禁に関する規定
　　の遡及適用Ⅳ・18）.

14)　E 128, 326/368（Ⅳ・18）.

15)　*Michael/Morlok*, GR, Rn 116.

26　第1部　基本権総論

る」のではなく、国際法違反を回避する「結論志向的な」解釈を要求する[17]。それによって、欧州人権条約の要求する人権水準が個別事件においてそれよりも下回っていないとしても、文言上は一致しない基本権の適用領域が区別される（1216）ことを意味する。したがって、欧州人権裁判所による欧州人権条約の基本権の解釈は連邦憲法裁判所による比例原則の審査において重要な役割を果たす（477、586、669、719、843、889、1216）。連邦憲法裁判所は、欧州人権条約53条を引用して、欧州人権条約と欧州人権裁判所の判例を考慮したために、基本法の基本権水準を下回ることがないように自らの権利を留保している。連邦憲法裁判所は、この危険が、一方の基本権の担い手にとって自由の「増大」が他方の基本権の担い手にとって自由の「減少」を意味するような多極的な基本権関係において生じると考えている[18]。

欧州人権条約の考慮は、ドイツの公権力の客観法的な義務であるだけにとどまらない。訴訟法上も追行できる主観法的な請求権が含まれている。「連邦憲法裁判所は、訴願提起者が、関連する基本権に依拠して、国家機関が条約の規定または欧州人権裁判所の判決を軽視もしくは無視したということを**憲法訴願**によって提起することができるようにしなければならないと考える。」[19]欧州人権条約を考慮しない法適用は、国内（憲）法の解釈において欧州人権条約を考慮しなければならないという憲法上の義務に違反するからであるというのがその理由である[20]。

Ⅳ．超国家的な人権保障——欧州連合の基本権

欧州連合の基本権の法源は、欧州連合憲章（基本権憲章、欧州連合条約6条1項）である。1957年に締結された旧欧州共同体の設立条約は119条の特例（今日のEU運営条約157条）を除き基本権を含んでいなかった。創設時の国家は、当時の理解によれば加盟国に権利を付与し義務を課す条約を締結することを意図していて、市民に対して直接の法的効果をもたらすことは意図していなかった。基本権保護に対する危険は、加盟国から生じるものとされていて、それが当時の観念であった。しかし、欧州共同体

---

16) E 128, 326/366（Ⅳ・18）; 131, 268/295; NVwZ 2014, 211/225（= *Kingreen*, JK 5/2014）.

17) E 128, 326/370（Ⅳ・18）.

18) BVerfG, DÖV 2015, 240/246, ただし、欧州人権条約の衡量基準を連邦憲法裁判所が受容した例として669を見よ。

19) BVerfG, NVwZ 2007, 808/811.

20) E 111, 307/328 f（欧州人権裁判所との調整Ⅲ・37）参照。

設立後すぐに欧州司法裁判所は、ヨーロッパ法が国内法に優先し、市民に直接権利[21]を与え義務を課すことができるという判決を下した。[22]それによって欧州共同体の法的行為に対する基本権保護の必要も生じた。加盟国の憲法の基本権による保護は考慮されなかった。というのも、仮に国内の裁判所がヨーロッパ法を基本権違反を理由に加盟国において適用できないと宣告したとしても、（当時の）共同体法の統一的な適用が問題となっただろうからである。したがって、欧州司法裁判所は基本権を「共同体の法秩序の一般的法原則」[23]として承認し、それを判例法のレベルで発展させた。その際の重要な法源は加盟国の憲法の基本権とともに欧州人権条約（**56**以下）であった。欧州人権条約は、その限りで、連邦憲法裁判所によるヨーロッパ法の原則的承認（**214**以下）とも相まって、共同体の法的行為に対する唯一の拘束力ある基準として、基本法の基本権をも押しのけていった。欧州人権条約の基本権は、超国家法として法的効力を国際法レベルの基本権保障にまで拡張していった。判例法によって展開されたヨーロッパの基本権カタログを発展させる重要な動機は、**加盟国において直接妥当する共同体法の統一的な適用**を確保することであった。

71　　2000年に宣言され2009年から法的拘束力をもって妥当している基本権憲章は、それまでの判例法上の基本権カタログを法典化したものである。基本権憲章51条1項によれば、EUの基本権は常にEUの機関を拘束するが、加盟国に対してはEU法の「実施」においてのみ拘束する。したがって、加盟国は少なくとも1次的、2次的EU法を変型し適用するときにはEUの基本権に拘束される。すなわち、もしも、加盟国の裁判所がEU法を実施するための法規範を、加盟国の基本権に違反しているために適用できないと宣告するならば、EU法の優先的適用および統一的効力が問題となるだろう。そのとき、EU法が加盟国に対して強制的な措置をとれない場合は加盟国の基本権が妥当する（**216**）。しかし、このとき、EUの基本権に付加的に拘束されるかどうかについて争いがある。欧州司法裁判所は、基本指針やヨーロッパの基本的自由[24]（EU運営条約34条、45条、49条、56条、63条）[25]が加盟国に形成の自由を認めていても、

21）　EuGH, Rs. 6/64, Slg. 1964, 1251/1269 (Costa/ENEL).

22）　EuGH, Rs. 26/62, Slg. 1963, 1/25 (van Gend & Loos).

23）　EuGH, Rs. 29/69, Slg. 1969, 419, Rn 7 (Stauder).

24）　EuGH, Rs. C-540/03, Slg. 2006, I-5769, Rn 104 f (Parlament/Rat).

25）　EuGH, Rs. C-260/89, Slg. 1991, I-2925, Rn 43 (ERT); Rs. C-368/95, Slg. 1997, 3689, Rn 24 (Familiapress).

EUの基本権が適用されると述べている。[26] 欧州司法裁判所は、そのような国内法を「EU法の実施」(憲章51条) とさえみなしている。そのEU法は、EUの法的行為によってテーマとしては把握されていないが、一般的な国内の手続法的、執行法的、制裁法的周辺分野を形成している。[27] これに対して、連邦憲法裁判所は欧州司法裁判所に明確に反論し、憲章51条1項の意味で「実施」といえるためには、「規律が実質的にEU法の単に抽象的な適用領域に関係している」というだけでは十分でないということを述べた。[28] EUの基本権がEU法の統一性を確保するための機能を有していること (**62**) についてはその通りであるが、だからといって国内裁判所との関係で統一的な作用をもたらすものではないだろう。そのうえ、EUの基本権の射程の拡大によって、基本権の衝突の場合に重大でかつ不必要な問題を生じさせる「二重の拘束力」を生む。[29] したがって、EUの基本権に関しては、依然としてその統一的な解釈に必要な限りでのみ加盟国を拘束するといえる。

例 欧州司法裁判所によってその後、基本権違反と宣告されたストレージへのデータ保存に関するEUの指針 (**419**) は、重大な犯罪の調査、確認、訴追のためにデータが使えるようにするために、加盟国に対して特定の通信データをストレージに確実に保存することを義務づけていた。しかし、訴追のために、保存されたデータを利用することが許される犯罪行為の規定およびデータの保存期間などに関する規律の自由を加盟国に認めていた。ドイツの変型法は、指針の強制的措置を変型する限りでは、基本法の基本権に照らして審査されることはなかった。しかし、連邦憲法裁判所 (E 121, 1/15; 125, 260/306通信履歴保存義務と通信の秘密 (Ⅳ・41)) は、変型法が指針の裁量を利用する限りにおいて (関係する構成要件の規定、保存義務の拡大)、基本法との適合性を審査することができた。さらに、欧州司法裁判所の見解によれば、指針によって確定されていない分野においてもEUの基本権が適用されうる。

スウェーデンの漁師が付加価値税の徴収の際に報告義務に従わなかった。初めに税務当局が課徴金の決定を行う。次に漁師が刑事裁判所に起訴されると有罪判決は、す

---

26) 意見の位置づけについて *Kingreen*, in: Calliess/Ruffert, EUV/AEUV, 4. Aufl. 2011, Art. 51 GRC, Rn 8 f.

27) EuGH, Urt. v. 26.2.2013, Rs. C-617/10, Rn 24 ff (Fransson); それ以前のEuGH, Rs. C-276/01, Slg. 2003, I-3735, Rn 71 (Steffensen) も参照。

28) BVerfG, NJW 2013, 1499, Rn 97.

29) *Kingreen*, JZ 2013, 801/802 ff; 他にたとえば*Frenzel*, Staat 2014, 1 ff; *Ohler*, NVwZ 2013, 1433/1437 f; *Thym*, NVwZ 2013, 889/891 ff.

でになされた課徴金の手続と重なるために二重処罰の禁止（基本権憲章50条）に違反するのではないかという問題が提起される。EU法はたしかに付加価値税の徴収を確保し、納税詐欺に対しては処分するように加盟国に義務づけている。しかし、スウェーデンがその義務に従ったのは疑いがないので制裁手続の対象にはならず、二重処罰の禁止が刑罰と税法上の制裁との間でも妥当するかどうかという憲法上、刑法上の問題（103条1項に関しては否定されることについて**1242**）が問われた。EU法が直接関係していないにもかかわらず、欧州司法裁判所（v. 26.2.2013, Rn 24 ff-Fransson）は、EU法の一般的な税法規定を橋渡しとして、スウェーデンの刑法を「EU法の実施」（基本権憲章51条1項）とみなした。

V. 州憲法の基本権

73　州憲法の基本権も、連邦憲法裁判所の基準とはならない。それは、当該州の中でのみ効力を有する。ただし、それは、体系的解釈の手法によって、基本法の基本権解釈に参照されることがある。

74　**例**　すべての人は法律の前に平等であるという規定（3条1項参照）は、以前は、立法者自身は平等原則に拘束されないというように理解された。今日では、それと正反対の理解が示されているが、連邦憲法裁判所は、そのために8州の憲法の規定を参考にした（E 2, 237/262）。

75　州の基本権と基本法の基本権との関係については次のことがいえる。142条は、「州憲法の規定は、それがこの基本法の1条から18条までの規定に適合して基本権を保障する限りで効力（を有する）」としている。基本法の連邦国家においては、28条1項によれば、完全な一致ではなく同質性が要請されているので「適合」とは矛盾が存在してはならないということを意味する[30]。したがって、内容が基本法の基本権と同一の保護を保障するだけでなく、それを上回る保護や下回る保護を保障する州の基本権も効力を有する。なぜならば、両方とも州の基本権は基本法の基本権と矛盾しないからである。というのも、1つには、州の国家権力は市民に対してより強く拘束されることが許されるからであり、もう1つは、州の基本権の保護が小さくても、州の国家権力を拘束する連邦の基本権によってそれを上回る保護を与えることが排除されないからである。ただし、142条は、権限ある機関が制定した連邦法がそれと衝突する州の

30）　E 96, 345/365.

基本権に対して優先されることを禁止していない。それが正当化されるのは、通説ではそれを31条に対する特別法とみなす権限配分規定にある。[31]

事例1（51）についての解答の概略 州上級裁判所の裁判によって、Gは6条およびそれと関連する20条3項の基本権を侵害された。なぜならば、州上級裁判所は、欧州人権条約8条を欧州人権裁判所の解釈を参照して、自らの事件に適用する義務があったにもかかわらず、裁判において欧州人権条約と欧州人権裁判所の判決を十分考慮しなかったからである。そのためには、州上級裁判所は、欧州人権裁判所が判決において考慮した要素を自己の（憲）法的評価とりわけ比例原則の審査において取り入れなければならなかっただろう。そして、Gが息子と交流する権利について明らかに関係する6条の裁判において、欧州人権条約8条上のドイツ連邦共和国の義務に即応する形で6条を解釈し適用することができるかどうかを審査しなければならなかっただろう。それゆえ、Gの憲法訴願は勝訴した。

76

事例2（52）についての解答の概略 登録している共同生活者への所得税法26条、26b条の類推適用を必要とするような、計画に反する規則不備が存在しているということはない。なぜならば、立法者は、登録している共同生活者に対する合同課税を意識的に認めていないからである。そこには、指針2000/78/EGに対する違反もない。この指針はEU基本条約13条に基づいている。それによれば、理事会はEUに委譲された権限の範囲内で、差別を克服するための措置を講じることが許される。しかしながら、所得税の規定に関する権限はEUに委譲されていないので、指針は所得税法の創設や変型において考慮されるべきでない。したがって、所得税法26条、26b条の創設と適用において、欧州基本権憲章51条1項の意味におけるEU法の実施は存在しないので、その限りでドイツの公権力は欧州基本権憲章に拘束されない。したがって、この訴えは認められない。

応用問題 指令は、加盟国において直接妥当する法である。その適用は、EU法の実施にあたる。したがって、加盟国は、その適用に関して欧州基本権憲章51条1項により欧州基本権憲章に拘束される。当該指令は、税法上の平等取扱いの達成すべき結果に関していかなる裁量も認めていない。その限りで登録している共同生活者と夫婦の平等取扱いに関して可能な限り対立する国内（憲）法は適用さ

77

---

31) *Pieroth*, JP, Art. 31 Rn 3参照。

第3章　基本権保護の多元的制度　*31*

れてはならず、したがって、国内基本権もこの場合適用されない。Lの訴えは認められる。

78 **事例3 (53) についての解答の概略** 挙げられている州の基本権は相当する基本法の基本権16a条を上回る保護を保障しているが、142条によれば効力を有する可能性がある。しかし、EUの加盟国から移動してきた庇護申請者は16a条2項1文によって、庇護権を援用することはできない。その限りで矛盾が生じるので、州の基本権は142条により効力を有することはない。ただし、それらの州の基本権が全体として適用されないとか全く効力がないということではなく、16a条に違反する内容に関してのみである (Clemens, UC, Art. 31 Rn 106参照)。

79 **参考文献** *W. Frenz*, Handbuch Europarecht Bd. 4: Europäische Grundrechte, 2009; *C. Grabenwarter* (Hrsg.), Enzyklopädie Europarecht Bd. 2: Europäischer Grundrechteschutz, 2014; *T. Kingreen*, Die Unionsgrundrechte, Jura 2014, 295; *ders.*, Die Grundrechte des Grundgesetzes im europäischen Grundrechtsföderalismus, JZ 2013, 801; *J. Masing*, Einheit und Vielfalt des Europäischen Grundrechtsschutzes, JZ 2015, 477; *R. Uerpmann-Wittzack*, Die Bedeutung der EMRK für den deutschen und unionalen Grundrechtsschutz, Jura 2014, 916; *A. Zimmermann*, Grundrechtsschutz zwischen Karlsruhe und Straßburg, 2012.

32 第1部 基本権総論

第4章　基本権の機能

I．基本権の古典的な機能

個人と国家との関係における基本権の古典的な機能を、ゲオルク・イェリネク[1]は、消極的地位、積極的地位、能動的地位の概念によって分類した。この場合の地位とは、いろいろな基本権によって形成され、確保されるところの、そのときどきの各人の国家に対する状態を表す。ある種の基本権を制度的保障として理解するのも古典的である。　　　　　80

1．消極的地位

これは、各人が国家からの自由を有し、個人の問題を国家なしに解決し、社会の共同生活の規則を国家なしに決め、自分の仕事を国家なしに展開することができる状態である。この状態は、基本権が防御権として、一定の自由、自由領域、自由権、あるいは各人の自由裁量に任された法益を、国家の介入・制約・制限・侵害から守るときに、その限りで、基本権によって形成され、確保される。防御の観点からすると、発生した介入は排除すること、発生する前であればやめるように要求することができる[2]。19世紀の国法学は、基本権のこの機能について、基本権は自由と財産への介入を防ぐ、と定式化した。　　　　　81

例　基本法の大半の基本権は、条文において防御権として認識することができる。それは、侵害から保護したり（たとえば4条1項、10条1項、13条1項）あるいは、それなくしては国家が個人の法的地位を制約したり制限したりすることが許されない要件（5条2項、8条2項、10条2項、11条2項、13条7項、14条1項2文、17a条1項）や介入することも許されない要件（2条2項3文、13条7項）を定める。侵害や制限、制約、介入と明示されていなくても、それに関係する場合がある。たとえば、子どもを　　　　　82

---

1 ）　System der subjektiven öffentlichen Rechte, 2. Aufl. 1919, S. 87, 94 ff.

2 ）　*Laubinger*, VerwArch 1989, 261/299参照。

33

両親の意思に反して引き離すことは、親権に対する介入である（6条3項）。

2．積極的地位

83　これは、**国家**なくしては各人がみずからの**自由**をもちえず、自己の自由な存在の創出と維持を国家の措置に依存するような状態である。この状態は、基本権が、**請求権**Anspruchsrecht、**保護請求権**Schutzrecht、**配分請求権**Teilhaberecht、**給付請求権**Leistungsrecht、**手続的権利**Verfahrensrechtであるとき、その限りで基本権において形成され、確保される。ところで、多様な呼称は必ずしも権利の性質の違いを示していない。保護請求権についていえば、給付請求権の意味で国家の給付による保護を意味していたり、手続的権利の意味で国家の手続による保護を意味していたりする。配分請求権についても、国家の保護を求める権利であったり、国家の給付を求める権利であったり国家の手続を求める権利であったりする。積極的地位の権利においては、既存の国家措置に関係しているか、それとも国家措置の創出に向けられているか、すなわち各人に既存の制度、給付、手続による保護を保障しているか、それともそれを準備することを請求する権利を保障しているかで、客観的に決定的な違いがある。これに関係して、ときに、既存のものから導かれる**派生的**な権利と、いまだ存在しないものを生み出す**本源的**な権利とが区別されることがある。[3]

84　**例**　基本法の条文の中でこのような権利として認識することができる基本権は、極めて少ない。6条4項は、共同社会の保護と扶助を求める母親の請求権を定め、19条4項は、出訴による裁判手続と判決を求める権利を認め、それは、101条1項2文の、法律の定める裁判官の裁判を受ける権利および103条1項の、法的審問を求める請求権によって補強されている。イェリネク（aao, S.124）にとっては、法的保護を求める請求権は、「最重要の、いわば積極的地位の中心から生じる請求権」である。このほか3条は、平等権によって国家の措置の平等な配分請求権を保障する。それは、積極的地位の古典的派生的権利である（**110**以下参照）。ただし、そのことは、国家が給付を配分する等の場合には、各個人や集団を恣意的に排除してはならないということであり、それ以上の意味はない。また、国家は3条2項2文の基準に従って活動しなければならない。さらに、人間の尊厳を保護すべき国家の義務（1条1項2文）および人間の尊厳に値する最低限度の生存の保障の義務から、それに対応する各人の保護を求める権利が導かれる（**388**、**393**参照）。6条1項についても同様のことが考えら

3）　*Kloepfer*, VerfR II, § 48 Rn 22 ff 参照。

34　第1部　基本権総論

れる（744参照）。最後に、請願を申し立てる権利（17条）により、請願に対する決定を求める権利も保障されているとみなされる（1115参照）。

ときに、ある基本権が、実際には**防御権の法的効果**にすぎないにもかかわらず、給付請求権を与えるようにみえるときがある。基本権の制限として禁止され、行政による審査・監督手続の実施後に、その禁止が解除され、基本権上の活動に対する許可や免除が与えられるならば、また禁止が具体的手続において、正当化されないということが証明されたときは、当事者は、防御権から許可や免除の交付請求権を有することになる。 85

例　原則として、公共の利益のために制限に服する営業の自由（12条1項）が存在する。営業許可交付の手続において、制限が当該事例に妥当するかどうか、すなわち、営業を行おうとする者が、信頼に値するかどうかが審査される。営業許可なしに営業を開始することをとりあえず禁止することは、営業許可交付手続の実施を保障することを目的としている。この手続において、営業許可交付の要件が存在することが証明されるならば、営業を行おうとする者は、営業許可交付の請求権を有する。 86

基本権によって根拠づけられる国家に対する妨害排除請求権や補償請求権も、その基礎は自由権的・平等権的防御権としての基本権にある。違法な介入や適法な特別の犠牲者に対する負担を放置しない、または放置できないならば、自由と平等を守る防御権が不作為から妨害排除請求権・補償請求権に転化する。[4] 証拠の使用禁止の根拠もここに求められる。 87

例　違法な捜査は重大な手続違反においては証拠の使用禁止を導く（E 113, 29/61; 125, 260/339 f（通信履歴保存義務と通信の秘密Ⅳ・41）; BVerfG, 7.12.2011, Rn 123; BVerwGE 132, 100/106 f; krit. *Schwabenbauer*, AöR 2012, 1/35 ff）。脱税の最初の嫌疑が外国で違法に捏造されたデータを根拠とすることは許される（BVerfG, NJW 2011, 2417/2419 f）。 88

3．能動的地位

これは、各人が**国家の中であるいは国家のために自由を行使し、国家をともに形成し国家に参加する状態**である。[5] それは、公民権によって形成され確保される。 89

例　基本法では、公民権は、選挙人、被選挙人としての権利、公職に就く権利、公 90

4）　*Röder*, Die Haftungsfunktion der Grundrechte, 2002, S. 199 ff; *Sachs*, Hdb. GR II, § 39 Rn 38 ff; これを批判するものとして *Haack*, DVBl. 2010, 1475参照。

5）　*Starck*, Hdb. GR II, § 41 Rn 1 ff 参照。

務の遂行における権利が保障されている（33条1項ないし3項および5項、38条1項1
文）。

91　各人が**公民権**を行使するとき、二重の意味がある。各人の自由は、公務の中に入り
込む。同時に国家は、各人が自己の自由を行使する場となる。個人の自由と国家秩序
は機能において相互に関係し合う。

92　ここでも、基本法にしたためられている**条文は貧弱**なので、現代の基本権理解に
とって、ときに適切でないようにみえる。民主的国家の市民は、能動的地位において
だけでなく消極的地位においても、意見表明により、新聞の読者・発行者として、団
体・政党のメンバーとして、あるいは集会やデモ行進によって民主的国家をともに支
え、ともに形成するので、関係する消極的地位の基本権についても、**解釈**においてそ
の基本権行使のもつ客観的・民主的な機能が考慮されなければならない。

93　すべての基本権に共通しているのは、**各人の自由に関係している**ということであ
る。さまざまな基本権における違いは、各人の自由のために有している**機能**の違いで
ある。基本権が形成し、保障する地位の違いにより、**介入からの防御**、**保護**、および
共同形成を通じて基本権は自由を保障する。

4．制度的保障

94　いくつかの基本権は、主観的権利を保障するだけでなく客観的制度をも保障する。
それは、市民権を得たカール・シュミットの用語法に従えば、いわゆる**制度保障**
Institutsgarantien として私法上の制度を保障し、また、いわゆる**制度的な保障**
institutionelle Garantien として公法上の制度を保障し、それによって立法者から裁量
権を奪う。制度保障や制度的保障の概念への依拠はときとして1条3項や19条2項か
ら導かれる。[7]

95　**例**　立法者は、結婚と家族（6条1項）、私立学校（7条4項）、財産権と相続権（14
条1項）および職業官吏（33条5項）の制度を廃止してはならない。しかし、同時に、
上に挙げた条項は、結婚して家族をつくり、財産を所有し、相続させ、私立学校を設
立する主観的権利をも保障している。

96　いくつかの条項では、それが主観的権利のほかに客観的制度を保障しているかどう
かに関して**争いがある**。たとえば、ときに5条1項で、自由な出版の制度またはその

6）　Verfassungsrechtliche Aufsätze, 2. Aufl. 1973, S. 140 ff.

7）　*Maurer*, StR, § 6 Rn 21; *Obermeyer*, KritV 2003, 142/162.

制度的な独立が保障されているとみなされる[8]。しかし、自由な出版は、社会の所産であり私法上の制度でも公法上の制度でもない。

Ⅱ．基本権の客観法的機能

1．消極的権限規範としての基本権

基本権が客観法的な機能をもつのは、1つには、基本権が国家の行動・決定の裁量 **97**
の範囲を限定することによる。国家は、立法権、行政権、司法権を恣意的に行使することはできず、基本権が許容する行使のみが認められる。それは、権限の限界ないしは否定であり、その限りで、それは消極的な権限規範である[9]。

例　連邦は、郵便制度と電気通信制度の規律に関する大綱的権限をもっている（73 **98**
条1項7号）。その権限は、信書・郵便・電気通信の秘密の制限が10条2項と適合しないところには及ばない。

しかし、基本権が各人の主観的権利であることに変わりはない。**視点が変わるだけ** **99**
である。すなわち、基本権が各人に決定・行動の自由に関して与えるところのものは、基本権が国家から奪いとったものであり、しかもそれは、つまり、各人がそれを主張するかどうか、あるいは単に知覚するかどうかにかかわらず、客観的に、国家から奪いとったものである。

2．客観的な価値決定としての基本権

基本法の客観法的機能という場合、少し違う意味でも使われる。それは、基本法で **100**
規定されている権利が、それより進んだ積極的地位の権利によって、かつても今も補完されるところの指導概念である。現に存在する条文は積極的地位に関して不足しており、早くからあまりにも不足していると感じられてきた。基本権の伝統的で防御権的な圏域が、現代の請求権的、保護請求権的、配分請求権的、給付請求権的、手続的権利的機能によって均衡を保つことが要請されてきたし現在も要請されている。基本権は、それが消極的地位として規定されていても、防御権としての主観的自由権だけでなく、客観的価値決定、価値尺度、原則規範ないし原理を含んでいると正しく理解

---

8)　*Degenhart*, BK, Art. 5 Abs. 1 u. 2 Rn 11, 55 ff 参照。

9)　*Hesse*, VerfR, Rn 291; *Kloepfer*, VerfR II, § 48 Rn 37; これを批判するものとして *Gärditz*,
　　Hdb. StR[3] IX, § 189 Rn 23 ff.

された。基本法は、基本権によって、身体と生命、意見の多様性、芸術と学問、職業活動、財産権の行使等々が各人の利益を超えて、それぞれの自由への介入を禁止するところに意味があると認識ができる。客観的には、共同体の価値秩序ないし価値体系として意味があり、国家はそれに対して責任を負っている。この責任から、防御権を超える、付加的な基本権の機能を認識することができる。

3．自由国家から社会国家へ

101　　基本権理解の拡大の基礎には、国家理論の変遷がある。19世紀および20世紀初めの国家理論では、個人は、財産と教養をもち、市民社会の一員として自立し、自足しているという観念が支配的であった。その自由は国家からの自由である。経済的文化的問題は、社会が自分で配慮し、国家は、内外の危険の除去のために軍隊、警察、裁判所などとしてのみ必要であるという観念である。この観念は、19世紀および20世紀初頭にはすでに実態に合っておらず、全面的に承認されているというわけでもなかった。2つの世界大戦の戦中・戦後の社会では、この観念への信頼はひどく損なわれた。2度にわたって、個人は国家の措置と制度、分配と再配分に基本的に依存しており、個人の自由は、みずから保障しえない社会的国家的条件をもっているということが明らかになった。市民社会の自律的個人というフィクションに代わって、社会的共同体の中で援助を必要とし、かつ同時に責任も有する個人像が登場した。法治国家は、自由主義的であるべきで、各人の自由にできるだけ介入すべきでないという観念は、法治国家は社会的であるべきで、何よりもまず、**自由の条件をつくり、確保**しなければならないという観念によって補完された。

102　　ワイマール憲法では、この観念は、初歩的で不十分な形をとって現れた。数多くの詳細な社会的保障を能力の限度を超えて約束したため、単なるプログラム規定になってしまった（**36**以下参照）。したがって、基本法では、社会的な保障は極度に少なく抑えられている。基本法は、連邦共和国を**社会的連邦国家**（20条1項）ないし**社会的法治国家**（28条1項1文）として特徴づけるにとどめた。しかし、それによっては、自由への介入を排除するよりも先に、自由のための条件がつくられ確保されなければならないという問題は当然、解決されない。

4．理論的・解釈学的発展

103　　基本法の憲法理論は、さまざまな方法でこの問題に取り組んだ。ベッケンフェル

デによれば、**現代の基本権理論**は、制度的、価値体系的、民主主義機能的、社会国家的基本権理論に分けることができる。それぞれ、自由の条件の創造と確保のために、法の形成・解釈・適用を指導する価値の基準として基本権を理解したり、制度の要請として理解したり、民主主義を機能させることに利用価値があると理解したり、あるいは社会的正義の実現に役割があると理解したりしている。ベッケンフェルデの基本権理論の整理以後は、とくにズールとアレクシーが新しい基本権理論の構想を展開した。ズールは、友好的で責任ある相互の関係の自由としての自由理解から出発しアレクシーは、アングロサクソンの考え方に感化されて、原理としての基本権理解から出発する。これらの基本権理論の概念すべてに共通するのは、自由主義的法治国家から社会的法治国家への発展に表現を与えているということであり、基本権の中に防御権としての主観的自由権のみならず、それを超える客観的法形態を見出しているということである。

それにもかかわらず、介入の禁止によって自由を保護することが重要であるという**自由主義的な基本権理解**が打ち捨てられたわけではない。連邦憲法裁判所も、基本権は、「…第１次的に、具体的で個別に脅かされている人間的自由の領域の保護を対象とする個別的権利、人権および市民の権利」として理解していて、ときに「基本権の機能を客観的原理として、本来の核心から切り離し、客観的な規範構造に組み入れて自立させ、基本権の本来的でかつ今も変わらない意味を後退させること」については明確な警告を発する。

同時に**連邦憲法裁判所**も基本権の客観法的機能の展開を強力に推し進めた。連邦憲法裁判所は、初期の判例であるリュート判決において、個別の基本権を客観的価値決定として、基本権全体を客観的価値秩序として理解することによって、単純法とそれに含まれる私法も基本権的自由への介入を行ってはならず、解釈と適用において基本権的自由を浸透させなければならないという理論を展開した。連邦憲法裁判所はそ

---

10) NJW 1974, 1529.

11) Gleiche Freiheit, 1988.

12) Theorie der Grundrechte, 3. Aufl. 1996; *Cousinet*, JuS 2009, 603; これを批判するものとして *Klement*, JZ 2008, 756; *Poscher*, RW 2010, 349.

13) *Poscher*, Grundrechte als Abwehrrechte, 2003; *Isensee*, Hdb. StR³ IX, § 191 Rn 16 ff; *Schlink*, EuGRZ 1984, 457参照。

14) E 50, 290/337（共同決定判決Ⅰ・49）.

15) E 7, 198（リュート判決Ⅰ・24）; *Schulze-Fielitz*, Jura 2008, 52参照。

れによって、基本権適合的解釈（107以下参照）と私法における基本権の間接的第三者効力（196以下参照）を基礎づけた。連邦憲法裁判所は、さらにその後の判例の展開において、基本権を単純法の解釈適用だけでなく、単純法の形成に関しても客観法的理解を及ぼした。すなわち立法者は、国家の制度への適正な配分や給付手続を可能にしなければならず、そうでなくても単純法の創造において基本権の保護を義務づけられていることを明らかにした。いったん、客観法的に制定されたものは、最終的に主観法的に適用される。このようにして、保護義務から保護請求権が、また、制度の配分形成、給付、手続の基準から配分請求権が生じる。連邦憲法裁判所の判例ならびに学説の展開を振り返るならば、基本権の客観法的機能が新しい主観的権利の助産師であることを証明している。

106 　連邦憲法裁判所の判例ならびに学説の展開を振り返るならば、さらに、解釈学上、後に現実化された国家の**保護義務**と市民の**保護請求権**としての基本権機能は、早期に現実化された付加的な基本権機能を自己のうちに取り込んでいったという事実を認めることができる。その基礎には、単純法の基本権適合的な解釈・適用や国家制度の適正な配分、給付、手続が基本権の保護を保障するという洞察がある。基本権の保護機能においては、配分請求権の保護と危険からの保護を振り分ける基本権適合的解釈がますます重要となっている。というのは、それらにはそれぞれ特殊な問題が結びついているからである。

Ⅲ．保護機能

1．基本権適合的解釈

107 　基本権は、**基本権適合的解釈**の要請により、単純法の司法・行政の解釈・適用に影響を及ぼす。単純法の規定の解釈については、どんなに方法論的に正しい解釈に努めても、複数の異なる解釈がたえず生じる。なぜならば、一般条項や不確定な法概念の場合、司法と行政は、解釈・適用における裁量権が認められているからである。ただし、その場合、基本権による拘束により（1条3項）、いずれの解釈をとるかの決定は、基本権によって方向づけられるということが要求される。その決定は、基本権を実効あらしめなければならない。すなわち、その決定は、単純法に関して基本権を保護するように、自由を尊重し、促進するように解釈しなければならない。

108 　**例**　①だれかが、公共の場所でのビラ配布について、特別の使用許可が必要であるにもかかわらず許可を受けていないという理由で拒否されたとする。このような道路

40　第1部　基本権総論

法規の解釈は、5条1項に違反する。なぜならば、公共の場所でのビラ配布については、5条1項の趣旨を生かして、公共の場所が提供される交通を、移動のための交通だけでなくコミュニケーションのための交通（＝交流）も含むと理解することにより、許可がなくても認められる、という解釈も可能であるからである（BVerfG, NVerwZ 1992, 53; *Enders*, VerwArch 1992, 527527; *Dietz*, AöR 2008, 556; 公共の場所における新聞の販売について BVerfG, NVwZ 2007, 1306参照）。

　②社会法における家族共同体の構成要件の指標は、子と、別居している片親に対しては否定される。しかし、6条1項および2項に照らして解釈すれば、別居している片親が定期的に比較的長い時間、子と交流しており、子もその親といるときにくつろいでいるのであれば、肯定されるべきである（E 127, 263/286 ff）。同様に民事執行法上の手続規定の適用において、民事執行裁判所は、住居の明け渡しによってもたらされる債務者の生命・健康を考慮しなければならない（BVerfGE 52, 210/220 f; NJW 2013, 290/290 f）。

　この基本権適合的解釈は、複数の可能な解釈のうち憲法により適合する方の解釈を優先させるという、いわゆる**憲法適合的な解釈**の下位概念である。両者に共通することとして、解釈によって当該規定の規範内容を根本的に新しく規定し直すことは許されない。基本権の基準が根本的に条文の再規定を要求するならば、その条文は違憲として排斥されなければならず、「立法者には、違憲の規定を合憲的なものに置き換えようとするかどうかの判断が留保されている」。[16]

２．配分による保護

　国家が基本権の行使を容易にし、または実現しやすくする制度や助成・給付のシステムをつくった場合は、保護ではなく、配分 Teilhabe が問題となる。配分については、とくに3条が問題となる。各人が欲するものは、通常、請求内容の平等、**機会均等で能力に応じた配分**である。その際、平等な配分請求権は、しばしば手続的権利にもなる。平等な機会の容認と能力の公正な評価・考慮は、複数の利害関係者がいる場合、手続においてしかなしえない。この手続は、公正でなければならず、重要度が高いときには、法規によって規律され、手続において各人の地位が保障されなければならない。

　例　①12条1項は、公証人の任命に際してすべての潜在的能力のある応募者のうち

---

16)　E 8, 71/79; 54, 277/299 f; *Lüdemann*, JuS 2004, 27.

で、法律の要請に最も適する者を選ぶようにすることを要求している。そのうちには、公証人の公募の義務も含まれる（E 73, 280/296）。

　②学生定員の割当における配分請求権および手続的権利の構成は複雑である。**957**参照。

112　ときに、連邦憲法裁判所は、配分請求権が既存の制度に関してのみでなく、つくられるべき制度に関しても存在しうるか、すなわち本源的な**制度創設請求権**が認められるかどうかということを考察してきた。定員条項判決では、連邦憲法裁判所は、まず「基本権の価値決定から…さまざまな研究分野について十分な学生収容能力を用意すべきだという客観的社会国家的憲法委託を導くことができるかどうか」ということを問い、次に、「この憲法委託から、特別の条件下で、学生定員の創出を求めて訴えることのできる公民の個人的請求権が導き出せるかどうか[17]」を問う。しかし、連邦憲法裁判所は、定員条項判決でこの2つの問題について答えなかった。その後の裁判でも、その他の裁判所と同じく謙抑的であった[18]。

113　**例**　連邦憲法裁判所は、「自由な芸術生活を維持し助成する」国家の客観法的義務を打ち出したが、しかし、5条3項から芸術助成を求める請求権を導き出すことはしなかった（E 36, 321/331 f; 81, 108/116; BVerfG, NJW 2005, 2843; krit. *Geißler*, Staatliche Kunstförderung nach Grundgesetz und Recht der EG, 1995, S. 46 ff）。同じく連邦行政裁判所も劇場への補助金の請求権を認めていない（NJW 1980, 718）。5条1項2文1句の出版の自由は、国家に対して客観法的に情報の提供を義務づけるが、個別ケースにおいて情報を請求する権利が存在するかどうか、どのような条件があれば存在するかについて規定していない（BVerwGE 70, 310/314）。

114　連邦憲法裁判所は、定員条項判決で本源的な請求権は、「各人が理性的に社会に要求しうるものという意味で、**可能な範囲でという留保**[19]」が付されていることを明言した。これには憂慮すべき点がないではない。なぜならば、基本権のもつ規範力がこのような相対化によって脅かされるおそれがあるからである。しかし、基本権の客観法的促進も、その限界は違法な自由の行使においてはじめて生じるにもかかわらず、多少ともその自由が有意義で促進する価値があると判断するならば、それが逆に基本権の規範力を脅かすおそれもある。

---

17)　E 33, 303/333（第1次入学定数制判決Ⅰ・46）.

18)　Zust. *Dreier*, Verwaltung 2003, 105/115 ff.

19)　E 33, 303/333（第1次入学定数制判決Ⅰ・46）.

42　第1部　基本権総論

例 　国家が芸術をその質と水準に応じて助成しようとするならば、芸術の自由は、　115
芸術に対する国家の裁判官を認めないにもかかわらず、国家は、自ら芸術の裁判官に
飛躍することになる（*v. Arnauld*, Hdb. StR[3] VII, § 167 Rn 8, 80; OVG Münster, NWVBl.
1992, 279/282参照）。

3. 危険からの保護

連邦憲法裁判所は、国家に対して危険からの保護を義務づけ、かつ各人に対してこ　116
の保護を求める権利を認める必要性をいろいろな関係で認めている。

　①人間の生命と人間の健康が、何によってであれ脅かされているとき、基本権の高
い価値が国家に対して保護的措置を講じることを義務づける。

　②科学技術の発展が、だれによって始められ促進されたものであれ、新しい生産物
とプロセスによって発展自体同様にコントロールの利かないような新たな危険をつく
り出すときは、国家が技術の進歩をコントロールし、関係する基本権を保護するよう
な措置をとらなければならない。

　③国家制度が対外的には重要な社会的機能を果たし、かつ、対内的には、基本権上
保護される当事者の対立、衝突する利益と共存させなければならないとき、国家は、
関係する基本権が保護され同時に制度の機能も確保されるように基本権に配慮する義
務が生じる。

　④その成立が基本権を前提とし、かつまた、その存続が基本権によって保護される
ような社会制度が自らの力では存続しえないような場合、しかも、個別のケースにお
いてだけでなく普遍的に制度全体が存続しえないような場合、国家にはその保護が義
務づけられる。

　⑤私法上の争いにおいて、一方が基本権で保護された利益をもってしても、他方に
対してそれを実現するチャンスがないくらい不平等であるとき、国家には、チャンス
がない基本権に対して保護の義務が生じる。

　例 　①妊娠中絶（E 39, 1/42; 88, 203/251 ff）やテロによる脅迫（E 46, 160; BVerwGE　117
128, 118/124）の際の、生命を守るための保護義務

　②原子力による危険（E 49, 89/140 ff; 53, 30/57 ff; BVerfG, NVwZ 2010, 702）や電磁気
による危険（BVerfG, NVwZ 2007, 805）、航空・道路交通騒音（E 56, 54; 79, 174/201 f;
BVerfG, NVwZ 2009, 1494 ff）、大気・森林の化学的汚染・損傷（BVerfG, NJW 1996,
651; 1998, 3264）において、技術の発展に対する保護義務

　③大学など、その機能を確保し、および国家制度上の基本権を保護するための保護

第4章　基本権の機能　*43*

義務（E 35, 79/120 ff; 47, 327/370; 111, 333/353 ff）

　④私立学校における社会的な制度の存続の確保のための保護義務（E 75, 40/62 ff）および宗教活動に対する国家の支援請求権が存在しないときの宗教活動における保護義務（（E 93, 1/16; BVerfG, NVwZ 2001, 908）

　⑤私法上の争いで12条1項や14条1項（E 114, 1/37 ff）などチャンスのない基本権に対する保護義務（E 81, 242/255; 92, 26/46）

118　　これらの保護義務は、互いに**補完しあいかつ交錯している**。科学技術の発展は生命と健康を脅かし、メディアは、国家と社会が協力して責任を果たすことを目的とする領域を形成している。連邦憲法裁判所は、私法上の争いにおいてチャンスのない基本権に対する保護義務を、関係する私法上の規定の解釈、すなわち基本権適合的な解釈において認めた。

119　　どのようにして保護義務を履行するかという問題について、連邦憲法裁判所は、立法者に対して原則として**相当程度の決定の自由**を認めている。その決定は、迫っている危険の種類、切迫度および規模、関係する国家の利益および私的利益の種類と程度、ならびにすでに存在する規制およびすでにとられた措置など、さまざまな要素によって決まる。[20]国家の保護義務と結びついている基本権上の保護請求権が侵害されるのは、「公権力が保護措置をそもそも講じないか、または、とられた規制や措置が必要な保護目的を達成するのに全く不適当もしくは極めて不十分である、もしくは著しくかけ離れているとき」[21]のみである。技術の発展に対する保護義務においても、技術は一面において全く安全ではありえないこと、他面で、だからといって放棄することもできないことを前提とせざるをえないので、技術の利用については、専門的に決められる危険閾以下であれば、ある程度の限定的危険は認めざるをえない。[22]立法者は、基本権に対する危険性および保護可能性を評価するのに重要な要素をすべて自分で挙げ、評価し、転換する必要はない。むしろ、立法者は、具体的決定に際して、行政機関、当事者および、関係者が諸要素を持ち寄り、専門的な決定を行うことができるような、手続法的な規定を定めることができる。ただし、保護義務の履行が第三者の基本権に介入する場合、立法者は、議会留保[23]の要請に応えなければならない。

20）　E 49, 89/142（カルカー決定Ⅰ・61）; 56, 54/78参照。

21）　E 92, 26/46; BVerfG, NVwZ 2010, 702.

22）　E 56, 54/80 ff（航空機騒音決定Ⅰ・10）.

23）　BVerwGE 109, 29/38; *Kloepfer*, in: FS Lerche, 1993, S. 755; *Wahl/Masing*, JZ 1990, 553

保護義務概念は、それがひるがえって、侵害を予防的に排除する基本権の古典的機　120
能と結びつくときには、はっきりとした輪郭を示す。この機能は、次の場合に、基本
権の危険に対して保護するように対処することを国家に対して要求する。

　①基本権の危険から進行するおそれがある基本権侵害が**回復不可能**であるとき、ま
たは

　②基本権の危険から基本権侵害をもたらすおそれがある進行を**克服できない**とき、
または

　③個人間で相争う抗争や衝突が起きていて、基本権侵害が発生しうる可能性がある
にもかかわらず、当事者間で**自律的に規制できない**場合

　いずれの場合も、基本権侵害が生じた後に基本権保護を発動しても遅きにすぎて、
効果がないであろう。これらの条件が最もよく満たされると考えられるのは、人の生
命や健康に回復不可能な損害が発生した場合や、克服できない技術の発展や、大学や
メディアのように十分自律的に規制できない領域の場合である。国家の保護的介入な
くしては予防的に排除できない侵害の場合もこれと同一視しうる。保護が侵害の予防
的排除のためであるよりも、基本権行使の促進的確保のために発動されればされるほ
ど、輪郭は不鮮明になってくる。なぜならば、促進的な確保には限界が設定されない
からである。

　しかしながら、国家が保護を与える法的内容は、刑法による妊娠中絶の禁止から給　121
付の制度と保障の創設にまで及んでいる。[24] 保護は、しばしば、**手続上の地位の強化**
を意味する。それは、各人に、大学の構成員としてあるいは科学技術施設の利用を認
可された当事者として、基本権によって保護された自己の利益を公正な手続において
主張し、実現し、あるいは、侵害が急迫しているときに適時に、多大な労力を要しな
いで排除できる機会を与える。これに関係するものとしては、19条4項の手続的基本
権を伴う保護請求権および、101条、103条、104条の基本権同様の権利、ならびに連
邦憲法裁判所が2条1項の一般的な手続的基本権から導き出した、公正な手続faires
Verfahren[25]の要請である。後者は、個別の基本権の手続的保障でカバーされないすべ
ての制限に対する審査基準となる。

　参照。

24)　E 88, 203/255 ff（第2次堕胎判決Ⅱ・7）.

25)　E 109, 13/34; 113, 29/47; BVerfG, 7.12.2011, Rn 110 ff; *Hartmann/Apfel*, Jura 2008, 495;
　　Schmidt-Aßmann, Hdb. GR II, § 45 Rn 46 ff 参照。

第4章　基本権の機能　*45*

122　　**例**　①2条2項1文は、生命と健康の保護のために (**116**以下参照)、原子力法の認可手続において対応する手続的整備を要求する (E 53, 30/60 ff; *Kloepfer*, VerfR II, § 57 Rn 25, 31)。

②2条1項から導き出される、情報の自己決定を求める権利 (**414**参照) は、立法者に対して情報開示・提供・削除義務と利用禁止を義務づける (E 113, 29/58; **981**も参照)。

③4条1項および2項は、宗教的・世界観的共同体を禁止する前に、事態の包括的な解明や共同体への聴聞などの効果的な手続的措置を講じることを命じている (BVerfG, EuGRZ 2003, 746/748参照)。

④14条1項は、強制執行法上の手続規定が、債務者に対して「その土地財産の法外な投げ売りに対抗して権利保護を求める可能性が残される」ように解釈されなければならないということを要求する (E 46, 325/334 fまたE 51, 150/156 ffも参照)。

⑤一般的な手続的な基本権は、裁判手続の適切な迅速性を含む (E 63, 45/69; BVerfG, EuGRZ 2009, 695; *Pieroth/Hartmann*, StV 2008, 276)。

123　　**参考文献**　*R. Alexy*, Grundrechte als subjektive Rechte und als objektive Normen, Staat 1990, 49; *E.-W. Böckenförde*, Grundrechtstheorie und Grundrechtsinterpretation, NJW 1974, 1529; *M. Borowski*, Grundrechte als Prinzipien, 2. Aufl. 2007; *C. Bumke*, Der Grundrechtsvorbehalt, 1998; *W. Cremer*, Freiheitsgrundrechte, 2003; *E. Denninger*, Staatliche Hilfe zur Grundrechtsausübung durch Verfahren, Organisation und Finanzierung, Hdb. StR[3] IX, § 193; *J. Dietlein*, Die Lehre von den grundrechtlichen Schutzpflichten, 2. Aufl. 2005; *H. Dreier*, Subjektiv-und objektiv-rechtliche Grundrechtsgehalte, Jura 1994, 505; *K.-E. Hain*, Ockham's Razor-ein Instrument zur Rationalisierung der Grundrechtsdogmatik?, JZ 2002, 1036; *J. Isensee*, Das Grundrecht als Abwehrrecht und als staatliche Schutzpflicht, Hdb. StR[3] IX, § 191; *H.D. Jarass*, Funktionen und Dimensionen der Grundrechte, Hdb. GR II, § 38; *W. Kahl*, Neuere Entwicklung der Grundrechtsdogmatik, AöR 2006, 579; *W. Krebs*, Rechtliche und reale Freiheit, Hdb. GR II, § 31; *K.-H. Ladeur*, Die objektiv-rechtliche Dimension der wirtschaftlichen Grundrechte, DÖV 2007, 1; *U. Mager*, Einrichtungsgarantien, 2003; *C. Möllers*, Wandel der Grundrechtsjudikatur, NJW 2005, 1973; *D. Murswiek*, Grundrechte als Teilhaberechte, soziale Grundrechte, Hdb. StR[3] IX, § 192; *W. Rüfner*, Leistungsrechte, Hdb. GR II, § 40; *B. Schlink*, Freiheit durch Eingriffsabwehr-Rekonstruktion der klassischen Grundrechtsfunktion, EuGRZ 1984, 457.

第5章　基本権の権利資格と基本権による拘束

主観的権利としての基本権は、原則として、その権利資格を認められた者が、それ 124
によって義務の生じる者に対して、不作為を、場合によっては行為や受忍を要求する
法的な力をもつことを認める。基本権の効果に関するこの一般的説明は、次の問題を
投げかける。すなわち、だれが基本権の**権利資格を有し**、だれが**義務を有するのか**。
基本権の権利資格 Grundrechtsberechtigung と同じ意味で基本権の権利能力
Grundrechtsfähigkeit とか基本権の享有主体 Grundrechtsträgerschaft という概念も用
いられる。基本法は「義務」の代わりに「拘束」という言葉を用いている（1条3項参
照）。

問題解決のための技術的ヒント　基本権の権利資格と基本権による拘束の問題は、 125
実体的な憲法の問題である。したがって、憲法訴願の審査の場面では、それは、当然
のことながら理由づけに関する問題になる。基本権の権利資格の問題は、実体的な保
護領域と異なり人的な保護領域にかかわり、基本権による拘束の問題は、介入に関係
する。しかし、その問題はそれだけでなく、憲法訴願の適法性にとっても重要とな
る。憲法訴願は、基本権の権利資格をもった者のみが提起することができ（**1255**以下
参照）、かつ、基本権に関して義務を負う者の行為に対してのみ提起することができ
る（**1258**参照）。

基本権は極めて個人的なものである。自らの行使あるいは代理行使のために第三者 126
に基本権を委譲することはできない[1]。憲法訴願における代表訴訟の原則的排除はこ
れに対応するものである（**1270**以下参照）。

I．基本権の権利資格

1．すべての人の権利とドイツ人の権利

すべての人の権利とは、人的な観点においてどのような資格の制限も設けられてい 127
ない基本権、つまりすべての人に属する基本権のことである。このような基本権に

---

1)　E 16, 147/158参照。

47

は、たとえば「何人 Jeder も…権利を有する」（2条1項および2項1文、5条1項1文）、「何人 Jedermann も…権利を有する」（17条、さらに103条1項も参照）、「すべての人は…」（3条1項）、「何人も…してはならない」（3条3項、4条3項1文、12条2項、101条1項2文、103条3項）といったものがある。同じことは、人的な限定のない自由が保障されている場合、たとえば、4条1項および2項、5項、5条3項、6条1項および2項、10条1項、13条1項、14条1項1文、104条の場合にもいえる。

128　ドイツ人の権利とは、ドイツ人にのみ属する権利のことである。それには次のようなものがある。8条、9条、11条、12条1項、16条、20条4項、33条1項等。普通、直接、自由、平等かつ秘密の選挙に関する基本権（38条1項1文）も、ドイツ人の権利である。これは、明文で規定されていないが、20条2項から導かれる。選挙は、民主制原理と国民主権の表明であるので、ドイツ連邦共和国の国民Staatsvolkの権利である。ところで、この国民は、ドイツ人のみを含み、外国人および無国籍者は含まない。したがって、38条1項1文の基本権の資格を有するのもドイツ人だけである。したがって、連邦憲法裁判所は、外国人に選挙権を認めることは20条2項に反して憲法違反であると宣言し、この判断を、28条1項1文および2文の同質性の要請を理由にその他の国民代表の選挙権にまで拡大した。[2]しかし、自治体（郡および市町村）の選挙については、28条1項3文により、EUの市民にも選挙権資格が与えられている。

129　ドイツ人の**概念**は、116条1項が規定している。116条1項は、ドイツ民族に属する亡命者もしくは難民で、いわゆる身分的ドイツ人Status-Deutscheでありながら、戦争中および戦後の混乱で不明瞭になったために、ドイツ国籍をもたずかつ外国人としての資格ももたない者も含めて拘束力を有している。ドイツ民主共和国の市民は、ドイツ民主共和国の公民権を有するにもかかわらず、ドイツ国籍を有していた。[3]身分的ドイツ人は、国籍規律法6条1項により帰化の請求権を有する。

130　1条3項は包括的にドイツの公権力を基本権に拘束するから、**外国人は外国にお**いてもドイツの公権力に立ち向かうときには、すべての人に与えられている権利を援用することができる（**211**以下参照）。しかし、すべての人に与えられている権利を援用しても、入国、滞在の権利は保障されない。外国人が入国滞在の権利を有するのは、特別に庇護権を援用することができる場合のみである（**1097**以下参照）。外国人に対し

2）　E 83, 37（市町村の外国人選挙権Ⅱ・58）および E 83, 60（区議会外国人選挙権Ⅱ・51）; 別見解*Meyer*, Hdb. StR³ Ⅲ, § 46 Rn 7 ff.

3）　E 36, 1/30 f（基本条約判決Ⅰ・69）; 77, 137/149参照。

48　第1部　基本権総論

て基本権が効力を有することと、単純法のそれとは区別しなければならない。

例 欧州人権条約11条ならびに集会法1条1項、結社法1条によれば、外国人も集 **131**
会・結社の自由を有する。しかし、その保障は法律のレベルにとどまる。したがっ
て、結社法14条、15条が外国人の結社および外国の結社に対して、9条2項の制限を
超えて禁止理由を規定しても、それが9条1項に違反しないことはありうる（BVerfG,
DVBl. 2000, 1515/1516.）。外国人滞在法47条では、外国人に対して、ドイツ人に対す
るよりも厳しく集会の自由が制限されているが、この場合も同様である（*Kaltenborn*,
DÖV 2001, 55参照）。

　ドイツ人の権利を外国人に認めないことは、しばしば**不十分だと感じられる**ので、 **132**
それは否定される[4]。1つには、1条1項および2項、19条2項が援用される[5]。ドイ
ツ人の権利を含めてすべての基本権が人間の尊厳と人の権利を内容としてもち、それ
は、1条1項および2項によって保護され、加えて本質的内容として19条2項によっ
て不可侵であると宣言されているのであるから、外国人も、ドイツ人の権利が人間の
尊厳と人の権利の内容、本質的内容の部分において、常に利用できるだろう。もう1
つは、3条1項を持ち出すことが考えられる[6]。人の権利として平等原則は、ドイツ
人と外国人とを不平等に取り扱う場合には常に、正当化を必要とする。ドイツ人の権
利の実質的な保護領域において問題のある不平等扱いを行って、そのために外国人が
不利になることが許されるという正当化は、人の権利としての平等原則の立場からは
認めることができない。

　しかし、両方の場合とも、そのようにしても、ドイツ人の権利からすべての人の権 **133**
利が生じるわけではない。1条1項および3条1項を通じての保護は、ドイツ人の権
利の保護と個々の点では接触したり重なり合うかもしれないが、その完全な保護には
程遠いところにとどまる。

　外国人の保護については、**2条1項のすべての人の権利**も考慮する必要がある。人 **134**
格の自由な発展は、今日、一般的行為自由として理解され、また2条1項は、自由を
一般的に保護する、すなわち、個別の自由権の保護領域に該当しないときにも常に保
護するところの包括的な基本権として理解されている（**403**以下参照）。多数説によれ

4） *Sachs*, BayVBl. 1990, 385参照。

5） *Dürig*, MD, Erstbearbeitung Art. 1 Abs. II Rn 85, Art. 2 Abs. I Rn 66.

6） *Ruppel*, Der Grundrechtsschutz der Ausländer im deutschen Verfassungsrecht, 1968, S.
　　43 ff.

第5章　基本権の権利資格と基本権による拘束　*49*

ば、2条1項は、その包括的な効果を外国人のためにも発揮する[7]。連邦憲法裁判所の見解でも、「移転の自由の基本権をドイツ人および連邦領域に制限すること（基本法11条）は、人の連邦共和国での滞在に、基本法2条1項を適用することを排除しない[8]」としている。しかし、その際、連邦憲法裁判所は、このように外国人も享受する移転の自由の保護は、11条2項の特別の法律の留保ではなく2条1項の単純な法律の留保に服する。

135 　2条1項を通じて、外国人は、公権力が**客観的憲法**の全規範を自分たちに対しても守るようにせよという基本権上の請求権を有する。したがって、外国人も2条1項を持ち出して、法治国家原理や具体化された個別原則（法律の留保、比例原則、信頼保護）の侵害に対して、憲法訴願によって訴えることができる[9]。

136 　**例**　滞在許可の延長を求める外国人にとって、何度も無制約・無条件に滞在許可が更新されてきたために信頼関係がつくられていたような場合、滞在許可に期限を付して、延長を拒否することは許されない（E 49, 168/185）。

137 　EUの他の構成国から来た外国人に対しては、学説では、さらに進んだ基本権保護が求められている。一般的な差別の禁止（EU運営条約18条1項）、またEUの基本的自由（EU運営条約34条、45条、49条、56条、63条）は、EUの市民とドイツ人との同権を要求しているので、EU法に適合する解釈においては、すべてのドイツ人の権利がEUの外国人にも開放されなければならず[10]、あるいは、2条1項が、EUの外国人に対してドイツ人の権利と同価値をもつ保護を保障するように解釈されなければならない[11]。

2．出生前の基本権の権利資格と死後の権利資格

138 　自然人が基本権の資格を有するとき、生きている者を指すのは自明である。単純法も、「人の権利能力は、出生の完了とともに始まる」（民法典1条）と定めていることからもなおさら自明である。人の権利能力は、原則として死とともに終了する。死と

---

7 ）*Kloepfer*, VerfR II, § 49 Rn 20; *Stern*, StR III/1, S. 1041; 別見解*Schwabe*, NJW 1974, 1044 f.

8 ）E 35, 382/399（退去強制即時執行違憲決定 I・57）; E 78, 179/196 f（治療師法施行令違憲決定 I・47）; 104, 337/346（屠殺判決III・48）; BVerfG, NVwZ 2011, 486/488.

9 ）E 35, 382/400（I・57）; 78, 179/197（I・47）; BVerfG, NJW 2008, 1369参照。

10 ）*Ehlers*, JZ 1996, 776/781; *Wernsmann*, Jura 2000, 657.

11 ）*Bauer/Kahl*, JZ 1995, 1077/1085; *Dreier*, DR, Vorb. Rn 116.

は、医学および立法者（臓器移植法3条2項2号参照）により、脳が回復不可能なほど機能しなくなったときと考えられている。[12]

基本権が生きている者にしか資格が与えられないという理由はたくさんある。出生していない者や死者は意見を表明すること（5条1項）、集会すること（8条）、結社を創ること（9条1項）、職業に就くこと（12条1項）等々ができない。 **139**

しかし、それでも、連邦憲法裁判所は、各基本権の実質的内容に鑑みて2つの方向で**例外**を認めている。人間の尊厳に対する攻撃に対して各人の保護を義務づけることを死を以て終了させないものの、死者に対するそれ以上の基本権保護や2条1項による一般的人格権の保護を拒否する。[13] **140**

時間とともに減少していく1条1項による死後のこの「持続効果」は、死者の**臓器摘出**の許容性の問題にとっても重要だと考えられている。[14] 臓器移植法は、この問題についてまだ生きている者の決定、それを欠く場合には近親者の決定が重要であるという解決を示した。生きている者によってなされた臓器摘出に関する不承諾が死後尊重されるならば、人間の尊厳よりもむしろ2条1項の決定の自由が考慮され、またもしその決定が信仰または良心に導かれるものであるならば、4条1項、2項が考慮されることになろう。[15] **141**

まだ生まれていない人（胚子、胎児）に対して、連邦憲法裁判所は、はじめは2条2項1文を適用し、[16] 後には、1条1項を適用した。[17] その際、連邦憲法裁判所は、「医学的人間学の認識が明らかにしているように、人間の生命は（着床によってはじめて成立するのか、それとも）すでに、卵子と精子の融合によって成立するのかどうか」[18] については、判断を下していない。しかし、この場合「胎児が基本権の担い手なの **142**

---

12) *Anderheiden*, Staat 2000, 509; 別見解*Höfling*, FS-Stern, 2012, 1403/1412 ff; *Rixen*, Lebensschutz am Lebensende, 1999, S. 247 ff.

13) E 30, 173/194; BVerfG, NVwZ 2008, 549/550.

14) *Herdegen*, MD, Art. 1 Abs. 1 Rn 54参照。

15) *Kübler*, Verfassungsrechtliche Aspekte der Organentnahme zu Transplantationszwecken, 1977, S. 42 f, 66 ff; *Maurer*, DÖV 1980, 7参照。

16) E 39, 1/36 f; これを批判するものとして *Hoerster*, JuS 1989, 172.

17) E 88, 203/251 f; これを批判するものとして *Dreier*, DR, Art. 1 I Rn 66 ff; *Michael/Morlok*, GR, Rn 155, 162.

18) E 88, 203/251; 融合の成立について *Herdegen*, MD, Art. 1 Abs. 1 Rn 61 f; *Schulze-Fielitz*, DR, Art. 2 II Rn 29; 着床による成立を認めるものとして *Anderheiden*, KritV 2001, 353/380; 着床後の個体化による成立を認めるものとして *Heun*, JZ 2002, 517/520.

か、それとも、権利能力・基本権能力を欠くので憲法の客観的規範によって『のみ』生命の権利が保護されるのか」について判示しなかった。[19]

3．基本権上の成年

143 　基本法は、12a条1項と38条2項においてのみ、年齢に関する基本権の差別的取扱いを行っている。児童と青少年についてのその他の年齢制限は、単純法で規定されている。民法典106条によれば、限定的な行為能力は、満7歳から始まる。子どもの宗教教育に関する法律5条2文によれば、満12歳以後は、本人の意思に反してそれまでの宗教と異なる宗教によって子どもを教育することはできない。子どもの宗教教育に関する法律5条1文によれば、満14歳以上の子どもには、どの宗教を選ぶかを決定する権利が認められる。

144 　基本権上の成年の問題として、未成年者が、一般的に基本権の享有と行使を制限されるかどうか、制限されるとすればいつまでかという問題が議論されている。これについては、2つの可能性が議論されている。当該の具体的な個人の洞察・決定能力を基準にするか（可動的年齢制限）、あるいは立法者が確定した制限か（固定的年齢制限）である。後者は、人間の実存それ自体と結びついている基本権（1条、2条2項1文および2文、104条）においては、いつでも基本権上の成年に達しているということになる。その行使が、私法の法律行為と結びついている基本権（12条1項、14条1項）においては、基本権上の成年は、民法典の行為能力についての年齢制限を準用する。4条1項および2項、5条1項1文の基本権においては、子どもの宗教教育に関する法律の年齢制限に従い、最後に、一定の年齢と結びついた状況においてのみ重要となる基本権（4条3項、6条1項、12a条）の場合の成年は、それに対応する年齢制限（国防義務法1条1項および民法典1303条1項、2項）に従う。

145 　基本権上の成年に関する議論では、3つの異なった具体的問題が混在している。すなわち、未成年者の公権力に対する直接的関係、未成年者の権利と両親の教育権との衝突、憲法訴願の枠内での未成年者による基本権の訴えの問題である。

146 　a）学校や施設など未成年者の公権力に対する直接的関係においては、基本権の資

---

19) E 39, 1/41; 胎児の基本権資格について *Herdegen*, MD, Art. 1 Abs. 1 Rn 59, 61; *Kloepfer*, VerfR II, § 49 Rn 6; これに反して*J. Ipsen*, JZ 2001, 989; *Hartleb*, Grundrechtsschutz in der Petrischale, 2006.

格について一般的に年齢制限を設けることには規範的な根拠がない。[20] 一般的な基準による介入は許される。青少年の保護は、5条2項、11条2項、13条7項で特別の介入の授権として明記されている。これは、明らかに未成年者に基本権の資格があることおよび不当な介入に対しては保護されることを示している。

b）公権力との関係よりも両親との関係のほうがより重要である。**両親の教育権**（6条2項）が未成年者の自立の増進と衝突しうる。その場合、6条2項のうちに、ストレートに未成年者の基本権に対する介入の授権を見て取ることはできない。というのは、両親は子どもに対して公権力の担い手ではないからである。しかし、**立法者**は、そのような対立が生じた場合の規律を定めているし、また法律の留保によっても、定めなければならない（**279**以下参照）。子どもの宗教教育に関する法律5条においては、未成年者による宗旨替えについて、民法典1626条以下では両親の監護権の享有と行使等について定めている。その限りで、立法者は子どもの基本権に対しても、両親の教育権に対しても正しく対応したかどうかという問題がある。

147

この場合、両親の教育権の特殊性に注意しなければならない。子どもの利益のために存在する両親の主観的権利の問題である。その権利は、一面で裁量権を伴う決定権限を含み、他面では、時間的・内容的な制限がある。時間的には、個別具体的な問題において、子どもが自己決定の能力を身につけるまでという限定があり、内容的には、教育上有効な手段に限定される（**725**、**736**参照）。これに照らして考えるとき、子どもの宗教教育に関する法律5条1文が、14歳の子どもに対して宗旨替えの単独の決定権を認めているのは問題がない。これに反してその他すべての問題は、原則として、両親の監護権（民法典1626条以下）から出てくる両親の決定権が妥当するが、しかし、それは、住所の決定や職業選択のような、より重要な問題の場合には、児童の福祉を脅かすような両親の決定は、家庭裁判所によって変更されうるという制限がある。

148

例 両親の教育権と前述の単純法律の規定から、13歳の児童が教会を辞めてサッカー団体に入会することを両親が禁止したり、生徒新聞に記事を公表することを両親が禁止することは認められる。しかし、担任教師が生徒に対して同様の禁止を行うことは、正当化されない。

149

c）a）およびb）で挙げた実体法的問題は、憲法訴願を含む裁判手続における未成年者による基本権の**手続的**主張とは区別される。後者は、訴訟能力の適法性の要件が関係してくる（**1256**参照）。ここでは、秩序ある司法のために一定の年齢制限は避

150

---

20) *Hesse*, VerfR, Rn 285; *Hohm*, NJW 1986, 3107; E 47, 46/74; 75, 201/215も参照。

第5章　基本権の権利資格と基本権による拘束　*53*

けられない。ここでも、児童の福祉を脅かすような両親の決定は家庭裁判所によって変更されうる。

151 　基本権上の未成年という概念を広義でとらえるか狭義でとらえるかの違いがあるにせよ、3つの場面の**違い**を混同してはならない。基本権上の成年という概念は、訴訟能力の場合にのみ使用するのが有意義であろう[21]。

4．基本権の放棄

152 　基本権の資格を個人が自由に処分してよいかどうか、あるいはどの程度自由に処分してよいか、ないし当事者の了解を得て、基本権の保護領域に国家介入を許すことがどのような意味をもつか、ということが問題になる。この問題は、基本権の放棄という概念の下で議論されている。

153 　**例**　ある人が、警察に対して裁判官の捜索命令（13条2項参照）なしに住居の捜索を認める。1人で取り調べを受けている被逮捕者が、逮捕されていることを知人に知らせたくないと思い、そのために104条4項で規定されている通知の権利を放棄する。健康な被逮捕者が、施設の病院での医学的検査を受け入れる（2条2項1文参照）。選挙人が投票用紙に秘密ではなく公然と記入する（38条1項1文参照）。

154 　権利資格のある者が、**事実上**基本権を行使しないとき、たとえば集会に参加せず（8条）あるいは結社に加入しない（9条）、あるいは出訴手段をとらない（19条4項）ときは、基本権の放棄という問題は起きない。法的拘束力をもって集会の参加、結社への加入、出訴手段を放棄するときは事情が異なる。この場合は基本権の放棄にあたる。

155 　基本権の放棄と認められても、それによって**法効果が生じるわけではない**。すなわち、放棄は、必ずしも常に国家措置を合憲にしないし、他面、当事者の了解は、全く重要でないというわけでもない。基本法の条文が基本権の放棄の問題について手掛かりを与えている事例は少ないが、そこでも、あるときは許容され、あるときは許容されないということが分かる。

　①16条1項においては、この基本権の保護効果は、明らかに市民の意思に任せている。なぜならば、ドイツ国籍の喪失は、2文から明らかなように、国籍をもつ者の意思によらなければならないからである。この種の事例はそのほか、6条3項および7条3項3文にみられる。

---

21)　さしあたり *Dreier*, DR, Vorb. Rn 114.

54　第1部　基本権総論

②9条3項2文において、団体結成の自由の基本権を妨げる取り決めは無効であると宣言されている。したがって、9条3項1文の権利資格を有する者は、契約で基本権の地位を処分ないし放棄することはできない。

しかし、ほとんどのケースにおいては、基本法の条文は、基本権の放棄の許否についての手掛かりを与えていない。この場合、問題になっている個別の基本権を含めて、**基本権の機能**の一般的考察に立ち返るよりほかない。古典的な基本権理解は、基本権を市民の国家に対する主観的な自由権であるととらえ（詳しくは**80**以下参照）、基本権の地位の放棄を自由行使の行為とみなす。つまり、基本権上の地位の放棄は、基本権の行使である。[22] これに対して、近時の基本権理解は、基本権のもつ客観的な機能（**100**以下参照）から出発する。それによれば、市民が自由に処分したり放棄したりすることはできない。[23]

156

連邦憲法裁判所の判例は、基本権の両方の機能について論じ、基本権の処分・放棄の不可能性を認めると同時に、各人が了解ないし同意の表明によって国家の活動に影響を与える可能性も認める。その基準となるものは、個々の基本権の機能でなければならない。しかし、基本権の放棄の認容の**前提条件**は、必ず、それが明確に認識でき、かつ自由意思によって行われること、すなわち、圧力や欺罔によって成立したものではないことである。[24]

157

基本権が、主に人格の発展の自由のためのものである場合には、放棄の認容の推定が働く。これに反して、基本権が政治的意思形成のプロセスにとって重要であるときには、放棄は認められない可能性が高くなる。1条1項の人間の尊厳および人間の尊厳の内容を含むその他の基本権（**377**）については放棄することができない。

158

例 ①職業の自由と財産の自由の領域においては、市民と公権力との調整が広範に認められる（行政手続法54条以下参照）。そしてこの関係では、この基本権から生じる一定の保護機能の放棄も認められる（BVerfGE 30, 65; 42, 331参照）。住居・郵便・電気通信の秘密の基本権による保護および個人データの保護も原則として放棄することが許される（E 85, 386/398（迷惑電話逆探知事件Ⅱ・38）; 106, 28/44 ff（傍聴装置事件Ⅲ・7）; krit. *Hoffmann-Riem*, AöR 2009, 513/529 f 参照）。

159

②これに対して、市民が秘密投票を放棄することは許されない（OVG Lünenburg,

---

22) *Dürig*, AöR 1956, 117/152; *Merten*, in: FS Schmitt Glaeser, 2003, S. 53/60参照。

23) *Sturm*, in: FS Geiger, 1974, S. 173/192 ff 参照。

24) *Stern*, StR III/2, S. 912 ff 参照。

第5章 基本権の権利資格と基本権による拘束 *55*

DÖV 1964, 355; OVG Münster, OVGE 14, 257)。

160 　基本権の放棄の許否の判断のためには他の視点の追加が必要となることもある。すなわち、侵害の程度と期間、放棄の濫用の危険、放棄する者に多少とも強制力が働いている状態である。さらに、自由に撤回しうる基本権放棄のケースと将来を拘束する基本権放棄といった稀なケースは区別しなければならない。[25]

161 　例　①法的救済と出訴手段の放棄は、当該決定がなされたときや、あるいは少なくとも具体的な決定内容が予測できる場合には許されるとされている（E 9, 194/199）。これに対して将来の決定に対する法的救済の包括的な放棄は許されない。

　②警察の保護検束を自由意思によって要求することは、許されるとみなしていいだろう。理由がある場合の、104条4項の通知の放棄（*Rüping*, BK, Art. 104 Rn 87 f; 別見解 *Dürig*, MD, Art. 104 Rn 43）も同様である。

　③治療を受けることについては基本権の放棄が許されるのに対し、健康な被逮捕者が施設の病院の医学検査に身を委ねることについては、判断が異なってこよう（*Piezcker*, Staat 1978, 527/550参照）。

162 　**問題解決のための技術的ヒント**　基本権適合性の審査図式（保護領域―介入―憲法上の正当化、**367**以下参照）では、基本権の放棄の問題は、通常、介入の審査の際に論じられている。すなわち、当事者の了解を得て行われた許される国家措置は、基本権への介入にはならない。

5．集団および組織の基本権資格

163 　基本権資格を有する者は、第1次的に自然人である（「何人」、「すべての人」、「すべてのドイツ人」、「男女」等々）。彼らは、集団や組織をつくって集まるときも、依然として基本権資格を有する。団体の活動が公権力の措置によって干渉を受けるとき、団体のすべての構成員が憲法訴願を提起することができる。しかし、団体自身が憲法訴願を提起することができないかどうか、すなわち、基本権資格を有するかどうかは、問題である。あらゆる種類の集団や組織についてこの問題が生じる。答えは、19条3項が与えている。この規定は、**内国法人に対しても基本権効力があること**を宣言することにより、基本権資格についても約束している。その条件として、それは、その基本権が本質上内国法人に適用しうること、すなわち、そのときに考察の対象となっている基本権が、その機能から考えてそのときに問題になっている内国法人に適用せざ

---

25) *Sachs*, VerwArch 1985, 398/422 ff 参照。

るをえないことを要求する。

a) **法人**の概念は、単純法が具体化している。それは、私法または公法が、法人格 **164**
および権利能力すなわち権利義務の担い手たる能力を認めた集団および組織（私法人
ないし公法人）を指す。それは、訴えたり訴えられたりする能力（当事者能力）も含む。

例 私法人は、権利能力のある社団、有限会社、株式会社、合資会社、協同組合、 **165**
相互保険会社、権利能力のある財団などである。公法人は、連邦、州、市町村、教
会、放送局、大学、プロシア文化財財団などである。

単純法は、団体や組織に対して、権利能力を包括的に承認するのではなく、特定の **166**
法領域や法規範に限って承認することがある。この場合は、単純法により完全な権利
能力ではなく、いわゆる**部分的な権利能力**が設定される[26]。

例 民法典54条および民事訴訟法50条2項は権利能力なき社団や会社に対しても一 **167**
定の権利と義務を認めている。（権利能力なき社団として組織されているものには、政党
や労働組合がある）。従業員代表委員会は、経営組織法の領域において部分的な権利能
力を有している。公法は、たとえば大学の学部を部分的な権利能力のある行政単位と
して認めている。

19条3項は、**完全なまたは部分的な権利能力を有する**すべての集団に基本権資格を **168**
認めている[27]。したがって憲法における法人概念は、単純法におけるそれよりも広
い。19条3項は、単純法の権利能力を基本権資格へと強化する機能を有しているの
で、「単なる」個人の集合すなわち、食事会や弦楽四重奏団のように何らの権利能力
ももたないものには適用されない。

b) 19条3項の意味での法人が**内国**の法人か外国の法人にあたるかは、自らが選ん **169**
だ**実際の活動拠点**すなわち「住所」によって決まる[28]。それは、必ずしも定款上の本社
住所と一致する必要はない[29]。EUの他の加盟国に住所を有する法人は、19条3項の適
用拡大によって、内国法人と同視される[30]（**137**も参照）。また、結合している人たちの
国籍は問題ではない。外国法人の内国法人扱いに関する国際条約も重要ではない。

連邦憲法裁判所は、101条1項2文および103条1項の**手続的基本権を外国法人**にも **170**

---

26) Grundlegend *Bachof*, AöR 1958, 208.
27) *Dreier*, DR, Art. 19 III Rn 44 ff; *Jarass*, JP, Art. 19 Rn 16; *Remmert*, MD, Art. 19 Abs. 3
    Rn 37 ff.
28) E 21, 207/209; BVerfG, NJW 2002, 1485参照。
29) *Dreier*, DR, Art. 19 III Rn 79.
30) E 129, 78/94 ff（ル・コルビュジェ決定Ⅳ・49）.

第5章 基本権の権利資格と基本権による拘束 *57*

認めた。なぜならば、それは「すべての裁判所の手続に妥当し、したがって何人にも利用しうる手続原則」を含んでいるからである。[31]

171　c) **本質上適用可能であるかどうかの問題には複数の側面がある。**

172　aa) ここで考察される基本権を、法人に欠けている**人間の自然的性質**と結びつけてはならない。基本権が、特定の法人のみが有するような性質と結びついているときには、その法人に関してのみ本質上適用することができる。

173　**例**　①法人には人間の尊厳が欠けている。法人は生命も健康ももたず、結婚せず子どももつくらない。これに対して株式会社や有限会社の経済的活動、職業、財産権は、2条1項、12条および14条1項1文によって保護されており、少なくとも自己の名称、言葉、肖像の権利や情報の自己決定権（**414以下参照**）などいくつかの場面では一般的な人格権ももっている（E 106, 28/42 f（傍聴装置事件Ⅲ・7）; BVerfG, NJW 2005, 883 f; これを批判するものとして*Siekmann*, ZIP 1994, 651/652）。法人は、その目的が宗教的あるいは世界観的であれば（**583以下参照**）、4条1項および2項の保護領域においてさえも活動することができる。

②連憲判19巻206頁は、バーデンの教会税法によって教会税を課せられた合名会社の憲法訴願を対象とするものであった。合名会社は、それ自体当然ながら信条や良心をもちえないにもかかわらず4条1項を援用した。連邦憲法裁判所は、4条1項ではないが、2条1項と3条1項に基づいてその憲法訴願が適法であるとしただけでなく、請求についても認めた（BVerfG, NJW 1990, 241も参照）。

174　bb) 連邦憲法裁判所は、さらに進んだ視点を展開し、「法人を基本権の保護領域に組み入れることが正当化できるのは、その形成と活動が自然人の自由な発展の表出である場合のみであり、とくに法人の背後にいる自然人に『手をさしのべること』が有意義で必要があると思われる場合である」[32]と述べている。学説では、この**人的な基盤**という要請については批判がある。それは、19条3項は法人に対して独自の基本権資格を付与しているから、その保護は自然人の基本権保護を超えており、法人の背後にいる自然人の権利保護に還元することは許されない、というものである。重要なのは法人の人的な基盤ではなくて「**基本権を典型的に脅かす状態**」である。すなわち、

31）E 21, 362/373; 64, 1/11; 別見解*Merten*, Hdb. GR III, § 56 Rn 100; *Zuck*, EuGRZ 2008, 680参照。

32）E 21, 362/369; 同じく*Krebs*, MüK, Art. 19 Rn 43 ff; *Remmert*, MD, Art. 19 Abs. 3 Rn 30 ff.

法人の状態が、自由を脅かす国家に対して基本権の保護を享受している自然人のそれに比肩しうるかどうかである。連邦憲法裁判所は基本権を典型的に脅かす状態の概念を採用したこともあるが、人的な基盤を欠くときには、基本権を典型的に脅かす状態というのは全く問題にならないという用い方をした。判例において人的な基盤という視点は首尾一貫してはいない。

例　財団は権利能力を認められた財産の集合であるが人的な基盤はもたない。にもかかわらず、連憲判46巻73頁（該当箇所83頁）および連邦行政裁判所判例集40巻347頁は、財団の基本権資格を認めた。両判例は人的な基盤の欠如ということについて全く問題にしなかった。おそらく成立史が教えるように財団は19条3項の保障を受けるからなのであろう（JöR 1951, 183）。 **175**

cc）連邦憲法裁判所は、**公法人**については人的な基盤の要請に特に強く固執した。 **176**
確立した判例によれば、基本権は原則として公法人には適用されない。なぜならば、公法人の背後には自然人は存在せず、常に国家が存在するだけだからである。国家の諸機能の担い手は、個々にみれば一体としての国家権力の個別現象形態にすぎず、同時に基本権上の義務を負いかつ権利の主体であることはないからである（いわゆる混然一体論。基本権の権利資格と基本権による拘束は固定的なものではなく交替可能であるとする議論）。国家の諸機能の担い手との関係における「介入および干渉」は、「広義での権限争議」にすぎない。「公法人の基本権の権利能力を承認すると、国家の課題遂行のための有意義な秩序と国家組織を絶えざる経済的社会的文化的発展の必要に合わせて変えていくことが著しく困難となる」だろう。その際、公法人が公的な課題を高権的に遂行しているかそれとも高権的な行為をしていないか、あるいはそれが国家行政の中で多少とも自立しているかどうかは重要ではない。さらに、私法人であっても、それが生存配慮の課題を遂行し、かつそれが公権力の担い手の監督下にあるときは、基本権の保護が与えられない。

例　市町村は、14条1項を援用することはできない（E 61, 82（ザスバッハ決定Ⅰ・ **177**

33）　*v. Mutius*, BK, Art. 19 Abs. 3 Rn 114参照。

34）　E 45, 63/79; 61, 82/103 f, 105.

35）　E 21, 362/369 ff（社会保険保険者事件Ⅰ・55）; 68, 193/205 ff; 同じく *Krebs*, MüK, Art. 19 Rn 47 ff; *Remmert*, MD, Art. 19 Abs. 3 Rn 45 ff.

36）　E 21, 362/368 ff（社会保険保険者事件Ⅰ・55）; E 61, 82/100 ff（ザスバッハ決定Ⅰ・56）も参照。

37）　E 61, 82/103 f, 105（ザスバッハ決定Ⅰ・56）.

56); これについて*Schmidt-Aßmann*, NVwZ 1983, 11参照。 これを批判するものとして*Hufen*, StR II, § 38 Rn 18)。生存配慮の課題を遂行する株式会社は、その唯一の（E 45, 63/80）または、多数派の株主が公法人である場合（BVerfG, NJW 1990, 1783; これを批判するものとして*Pieroth*, NWVBl 1992, 85）、株主の公法人同様、個人の基本権を援用することはできない（別見解*Lang*, NJW 2004, 3601）。これに対し、公法人がその企業の遂行に支配的な影響を及ぼさないときの株式会社は基本権の権利資格がある（E 115, 205/227 f）。

178 　連邦憲法裁判所は、**101条1項2文および103条1項**の保護を外国法人（**170**参照）に対して与えるのと同じように、公法人に対しても拡大している。

179 　**例** 一般的な地域健康保険組合（E 39, 302/312）、保険医師団体（E 62, 354/369）、および公法人の貯蓄銀行は、「少なくとも、101条1項2文および103条1項の基本権同様の権利を援用することはできる」（E 75, 192/200）。

180 　ときに、連邦憲法裁判所は、**公法人についても人的な基盤**が与えられているとみなす。「国家の制度が…国家から独立した領域において基本権を擁護するならば」、それは「直接的に基本権によって保護された生活領域の中に位置づけることができる」[38]。ここでは、公法人も、「各人が自己の基本権を行使する際の『代理人』」として語られている[39]。

181 　**例** 大学および学部は学問の自由（E 15, 256/262）を援用し、公法上の放送局は放送の自由（E 59, 231/255; 78, 101/102 f）、それと機能的に結びついた電気通信の秘密（E 107, 299/310）およびこれら基本権を守る司法審査のために19条4項（E 107, 299/310 f）を援用することができるが、しかし、それぞれ、それのみにしか依拠することはできない。宗教団体は、公法上の社団としてのその特別の地位（**587**以下参照）により、包括的に基本権資格を認められている。

182 　**学説**では[40]、連邦憲法裁判所による公法人の基本権資格の否定に対して、人的な基盤の必要性への疑問が提起されているだけではない。公法人と私法人とを区別していない19条3項の文言が対置される。さらに、成立史からは、公法人への基本権資格付与を原則として排除しようとしていなかったということが解明の手がかりとして示さ

---

38) E 31, 314/322; 39, 302/314.

39) E 61, 82/103 （ザスバッハ決定 I・56）.

40) *Broß*, VerwArch 1986, 65/72 ff; *Stern*, StR III/1, S. 1149 ff; 別見解*Roellecke*, UC, Art. 19 I-III Rn 125 ff 参照。

60 第1部 基本権総論

れる[41]。また、市民は一枚岩の一体としての国家権力に対峙し、国家の担い手が同時に基本権について義務を負い、かつ権利を有するということはありえないという議論は、説得的でない。連邦憲法裁判所は、一面で国家からの基本権保護を認めている放送局が他面で、市民に対して基本権上の義務を負っていると考えている[42]。

ただし、公法人の基本権の権利能力の承認に際しては、以下のことに注意しなければ　**183**
ならない。諸個人の自律的な決定によって成立し、存続し、消滅する民事法の個人の集団──そこでの法秩序は法形式のみを支配している──と異なり、公法人は、その存在において国家の決定に依存している。公法上の社団、施設、財団は、もっぱら国家の組織行為に依存し、存立し、国家によって割り当てられた機能・任務領域の中でのみ行動することを許され、国家行為によって再び解散されることもある。そこから、基本権資格の公法人への拡大は、**割り当てられた機能・任務領域**に関してのみであるということが導かれる[43]。

この範囲で、そのつど問題となる公法人の行為・態度は、実際にはそのつど問題と　**184**
なる基本権の保護領域に該当せざるをえない。そのために、それは、いわゆる**内部的法関係と区別される意味での外部的法関係**[44]に属することになる。法人は、その行為・態度によって法的に独立した権利主体たる国家と対立せざるをえない。そして、法人は国家の指示に従わなければならないが、それ以上に進んで、完全に国家組織と一体になることは許されない。その限りでのみ、基本権を典型的に脅かす状態についても語りうる。その限りで、人的な基盤の、おおざっぱな理解による必要性についても肯定することができる。なぜならば、法人が指示から独立することによって、法人の背後にいる人、利益、行為への視点が生じてくるからである。

例　一般政治的な発言は行わず、逆に大学政策に関する発言によって法律上の任務　**185**
領域を守ろうとする、法人となっている学生自治会は、大学政策に関する発言において専門の監督ではなく法的な監督にのみ服し、その限りで法的に自立して国家に対峙する（別見解BerlVerfGH, NVwZ 2000, 549）。同様のことは、自治団体の発言や自治事務についての市町村の態度についてもあてはまる。市町村は、その財産を守るために連憲判61

41）　JöR 1951, 182 f.

42）　E 14, 121/130 f.

43）　*v. Mutius*, BK, Art. 19 Abs. 3 Rn 43 f, 69 f, 105, 111 ff; *Pieroth*, Störung, Streik und Aussperrung an der Hochschule, 1976, S. 197 ff; *Frenz*, VerwArch 1994, 22も参照。

44）　*Maurer*, Allg. VwR, § 21 Rn 26 ff.参照。

第5章　基本権の権利資格と基本権による拘束　*61*

巻82頁（177参照）に反して14条を援用することができる（非高権的な任務遂行に限られるが判例も同じ立場に立つ。BVerwGE 132, 261/264参照。*Englisch*, Die verfassungsrechtliche Gewährleistung kommunalen Eigentums im Geltungskonflikt von Bundes- und Landesverfassung, 1994, S. 31 ff）。

186 　公法人の権利資格の問題と、そこで活動している公務担当者の権利保護の問題は区別しなければならない。公務担当者は公務の正当化のために自己の基本権を援用することはできない。ただし、公務担当者が公務遂行の枠内において基本権の担い手として関係するときは基本権の保護を享受する。しかし、公務上の立場と結びついている基本権制限は甘受しなければならない。たとえば、検事と弁護士は訴訟の報告において、仮に人格的権利が関係していたとしても、氏名の挙示を受忍しなければならない。しかし、このことは、情報に関する利害関係のない記録担当の官吏には妥当しない（513、605も参照[45]）。

II 基本権による拘束

1. 拘束の種類

187 　基本権は、**直接妥当する法**として立法、執行権および司法を拘束する（1条3項）。これは、ワイマール憲法からの意識的な方向転換である。ワイマール憲法においては、基本権は、行政のみを拘束し、立法を拘束しなかった（30以下参照）。また多くの基本権がそもそも拘束力のないプログラム規定としてしかみなされず、プログラム規定違反に対しては、法や裁判によるサンクションがなかった[46]。基本法の下では、どの基本権もプログラム規定として相対化することは許されず、いかなる基本権侵害に対してもサンクションがある。

2. 国家に対する基本権の拘束

188 　1条3項は、立法、執行権、司法を義務づける。この三権は単に国家、「国家権力」（1条1項2文）または「公権力」（93条1項4a号）とも称される。基本権が立法と司法を拘束することは、問題がない。これに対して執行権に対する基本権の拘束につい

---

45) BVerwG, NJW 2015, 807/809 f.

46) *Anschütz*, Die Verfassung des Deutschen Reichs, 14. Aufl. 1933, S. 505 ff; *Thoma*, in: Grundrechte und Grundpflichten der Reichsverfassung, Bd. I, 1929, S. 1 ff 参照。

ては、任務、組織形態、行動形態の多様性のゆえに、**限界問題**を投げかけている。

例 公立学校が生徒に高校卒業資格証明ならびに大学入学資格を付与しない場合、 189
学校は、12条1項の養成所の自由な選択を求める生徒の基本権に介入している。これ
は、私法上の権利主体であって執行権の機関ではないところの私立学校が問題になっ
ているときにも成り立つであろうか。住民への飲料水の供給が、権利能力のない公法
上の施設の法形式をとる市の水道局によって運営されているか、それとも市が参加す
る株式会社によって運営されているかによって違いがあるであろうか。市の施設によ
る水道の供給の場合、水道料金が市の条例によって課せられているか、それとも利用
者との間に私法上の契約が結ばれるかという問題も重要であろうか。行政は、民法典
631条以下で建設企業と行政の建物の建設について請負契約を結ぶ際に、委託者が私
人であればそのようなことはないのに、基本権に拘束されるであろうか。独自の企業
活動を展開している公権力の担い手、たとえばビールの醸造を行っていたり、株式会
社の株を保有している公権力の担い手は基本権に拘束されるであろうか。

a）1条3項は、無条件にかつ包括的に規定されているので、執行権が**だれを通じて** 190
その任務を遂行しているかということは問題にならない。執行権が自らの機関によら
ないでその任務を遂行するときも基本権保護が必要となる。したがって、私的な権利
主体もそれが「**受託者**」である限り、すなわち、それが行政的任務を高権的に自己の
名前で遂行することを委任されているとき、基本権に拘束される。この限りで、私人
も間接的な国家行政の担い手となり、1条3項の意味での「執行権」の概念に該当す
る。[47]

例 私立学校が、「公立学校と同じ効力をもって通知表を発行する」（ノルトライン 191
＝ヴェストファーレン学校組織法100条4項1文）権限を行使するとき、私立学校は、生
徒の基本権に拘束される。同様のことは、狩猟監督者、食肉検査員、建築物の安定性
検査技師、地区煙突清掃員などの受託者にもあてはまる。

b）基本権の拘束力は、包括的で無条件であるから、執行権が**どのような組織形** 192
式・行動形式で活動しているかということは問題でない。ただし、私法形式で活動し
ている行政については一部異なる評価を受ける。この場合、私法的に行動する国家
を、君主と並ぶ独立した私法主体として構成し、これに対しては、君主と異なり裁判

---

47) *Kunig*, MüK, Art. 1 Rn 60; 別見解*Rupp*, Privateigentum an Staatsfunktionen?, 1963, S.
24 ff 参照。

所に訴えることを認める、18世紀に展開された国庫理論が現在でも有効に機能する。[48]

193 今日、行政による私法の適用は、3つの領域において現れる。[49]

①真正の行政任務の遂行（いわゆる**行政私法**）。とりわけ生存配慮の給付、補助金支出については、行政は、公法、私法において選択的に活動し、選択の自由は、制度の組織形式や給付・利用関係の内容形成に関係する。

②**需要の充足** 物資から建物まで、行政に必要な資財の調達は、私法上の契約によって行われる。

③**営利的活動** ときに国家権力の担い手は独自の企業的活動を展開したり全面的あるいは部分的に企業に参加する。

194 行政私法の領域に基本権が妥当することについては争いがない。[50] これに反し、他の2領域については、連邦通常裁判所の判例で私法的に活動したり私企業に参加したりする公権力の担い手に対する基本権の拘束力（**基本権の対国庫効力**）は否定されている。[51] それによれば、行政に対しては、3条1項の拘束力が及ばず、私人と契約を結ぶ権利が与えられるという。しかし、これについては根拠がない。3条1項は、行政に対して、もし必要であるならばあらゆる合理的差別の可能性を認めている。したがって、基本権の対国庫効力は肯定できる。[52] ただし、3つすべての領域において、私法上の企業は、公権力の担い手が過半数の持ち分を有している場合にのみ、基本権拘束に服するということが妥当する。[53] そうでない場合は、基本権による拘束は、公権力の担い手に対して、私法上の企業が基本権侵害を引き起こさないように法的な影響力を行使する、ということを意味するにすぎない。[54] それが単純法で禁止されているならば、公権力の担い手は、持ち分を売却しなければならない。[55]

195 **例** もしも、官庁が事務資料の購入に際して（需要の充足）、あるいは国営企業（営利活動）が売り手や買い手に対して、不当に優遇したり不利益を与えたりするならば、連邦通常裁判所の判例では3条1項違反にはならないが、ここで主張している見

---

48) *Burmeister*, DÖV 1975, 695参照。

49) *Maurer*, Allg. VwR, § 3 Rn 18 ff.

50) BGHZ 52, 325/327 ff; DVBl. 2003, 942参照。

51) BGHZ 154, 146/150参照。

52) *Rüfner*, Hdb. StR³ IX, § 197 Rn 68 ff; *Stern*, StR III/1, S. 1411 ff 参照。

53) E 128, 226/244 ff（フラポート判決IV・38）.

54) *Höfling*, SA, Art. 1 Rn 104; *Herdegen*, MD, Art. 1 Abs. 3 Rn 96.

55) *Kersten/Meinel*, JZ 2007, 1127/1130.

解によれば、3条1項違反になる。

3．私人に対する基本権の拘束（第三者効力）

もしも、1条3項によって**国家のみ**が基本権によって拘束され、——「受託者」として自ら公権力を一時的に行使する場合を除いて——私的な権利主体は、基本権によって拘束されないならば、これは、基本権の「第三者効力」に明確に反対する説ということになる。第三者効力というのは、個人と国家との間の古典的な二者関係を超えて個人と（第三者としての）他の個人との関係においても妥当する基本権の効力と理解されている。

基本権が他の市民に対する1市民の行為・態度に関して、国家を拘束するのと同じように拘束する、いわゆる**直接的な第三者効力**は、早くから連邦労働裁判所によって必要だとされてきた。自由主義的な国家から社会的な法治国家への発展（101参照）に伴う基本権の意味の変遷により「基本権規定が直接的な私法的効力をもつことが必要であり、その効力は、自由で社会的な共同体における権利主体相互の交流にとって不可欠である」。[56]

直接的な第三者効力に対しては次のような有力な反対意見が存在する。すなわち、1条3項の**文言**は、公権力のみを挙げている。**成立史**からは、「むしろ参加者は、その任務を旧来の古典的な基本権の意味での基本権を形成することにあると考えた…。したがって、基本権においては、各人の国家に対する関係を規律し、国家の全能に対して制限を設けることが意図された」。[57]事実、基本権の**歴史**は、それが各人の国家に対する防御権として成立し、そのようなものとして戦い取られてきたということを示している（80以下参照）。**体系的解釈**からは、基本権あるいは基本権同様の権利の効果が私人ないし私法関係に拡大されている箇所はほとんどない（9条3項2文、20条4項、38条1項1文およびこれと関連して48条2項参照）ということが証明される。これから明らかにされることは、これが普通であるということ、つまり他のすべての基本権の場合にはそうではないということである。万人の万人に対する基本権の拘束力は、結果的に基本権の**意義と目的**を反対物に転化させるおそれがある。公権力に対する権利がすべての同胞に対する義務になるだろう。その結果、自由の広範な制限が不

---

56)　BAGE 1, 185/193 f; BAGE 48, 122/138 f 参照。

57)　Anlage zum stenographischen Bericht der 9. Sitzung des Parlamentarischen Rates am 6.5.1949, S. 6.

第5章　基本権の権利資格と基本権による拘束　65

可避になるだろう。

199 　ただし、私人間の争いでは、通常の裁判所が市民法的争訟について裁判する（裁判所構成法13条参照）。司法は、1条3項により基本権拘束に服する。すなわち、司法は、93条1項4a号の意味での公権力にも含まれるので、裁判所の決定に対しては、連邦憲法裁判所法90条の条件の下で憲法訴願を提起することができる。そうなると、市民法的な争訟において他方の市民に対立する一方の市民が、この法的争訟に対して基本権を基準として用いることを、主張することができないのであろうか。さらに、市民のすべての私法上の「しなければならない」ことや、他方の市民の、すべての私法上の「してもいい」ことは、国家の法的権原に依存していると論ずることができるだろうか。これについては、3つの問題領域を**区別**しなければならない。

200 　①他の法律に対しても妥当することが市民法的**法律**に対しても妥当する。すなわち、法律は、1条3項により、基本権と適合しなければならない。その際、任意法規と強行法規とが区別されなければならない。各人が自由に行使することができる任意法規は、基本権の自由に対する介入をもたらさない。介入は、強行法規のうちに存する。たとえば、借家法の規定は、家主の財産権を侵害する可能性があり、家族法の規定は、親の教育権を侵害する可能性がある。

201 　②司法において、本案についての決定すなわち市民法上の権利関係についての決定と、とくに訴訟法上や裁判所構成法上で定められている、公権力の行使たる司法に向けられた要請とを区別しなければならない。後者の法律は、もっぱら公権力の担い手に権利を与えあるいは義務を課するがゆえに、公法ともみなされる。その限りで連邦憲法裁判所は、正当にも次のように確認した。「裁判手続において、裁判官は訴訟当事者に対して、形式的にも、また、国家の高権を直接行使することでも対立する。したがって、裁判官は、1条3項により判決するに当たって基本権という基準にその限りで拘束され、法治国家的手続をとることを義務づけられる」。しかし、裁判官を拘束するのは、もっぱら、19条4項、101条および103条のような手続的基本権だけではない。刑事司法においては、本案の裁判基準と組織的・手続的要請における裁判基準の間の境界画定問題が生じるが、行政裁判所や社会裁判所、財政裁判所において

---

58) たとえば*Schwabe*, Die sogenannte Drittwirkung der Grundrechte, 1971; *Bleckmann*, DVBl. 1988, 938も参照。

59) *Maurer*, Allg. VwR, § 3 Rn 13参照。

60) E 52, 203/207.

66 第1部 基本権総論

は、そのような問題は生じない。というのは、後者の場合、本案における決定は疑いもなく公権力の行使であり、したがって基本権拘束に服するからである。

③私人間の関係を規律する市民法的法律において、一方での**個別の規範**と、他方での一般条項や「適法な」、「違法な」、「良俗に反する」とかいった白紙概念とを区別しなければならない。個別規範においては、たいていの場合、その規範の合憲性や違憲性が問題となるだけである。これに対して、一般条項や白紙概念においては、基本権適合的解釈かそれとも基本権に適合しない解釈かといった問題がしばしば決定的な役割を演じる（**107**以下参照）。

判例および通説にとっての適切な手がかりは、**間接的な第三者効力**である。それによれば、基本権は、直接私法において効果を及ぼさず、市民法上の訴訟を直接解決しない。しかし、基本権の客観法的機能は、「すべての法領域において妥当し私法にも影響を及ぼす。このとき、基本権の法内容は個別の法領域を直接支配する規定を媒介として、とりわけ一般条項やその他の解釈を必要とする概念を媒介として影響を与え、それらは、基本権の法内容の意味で解釈されなければならない[61]」。それゆえ、一般条項や不確定概念は、基本権の市民法への「進入口」と呼ばれる。

例 ①ハンブルクのプレスクラブの代表だったエーリッヒ・リュートは、1950年に、第3帝国の時代に「ユダヤ人ズュース」という反ユダヤ主義の映画を撮影したファイト・ハーランの映画「永遠の恋人」のボイコットを呼びかけた。映画「永遠の恋人」の制作・配給会社は、これに対して、リュートのボイコット呼びかけの差止めを求めて、民法典826条に基づいて訴えた。連邦憲法裁判所は民法典のこの規定は、5条1項1文の「精神において」解釈されなければならないとしてリュートのボイコット呼びかけは適法だとした（E 7, 198/205 ff（リュート判決Ⅰ・24））。

②薬品会社の会社員が良心に基づいて、核戦争における兵士の戦闘能力を高めるための薬品の販売に協力することを拒否した。使用者は、4条1項により、会社員を他の仕事に従事させるように義務を負うことがある（BAGE62, 59参照）。

間接的な第三者効力の**意義**は、とりわけ、現代の高度に複雑な産業社会の条件の下でも、それが自由と平等を維持するのに役立つということにある。すなわち、自由と平等は、歴史的な理解（**26**以下参照）によれば、すべての市民が自らの利益の追求と実現のための平等の機会を有する、**事実上の対称性**を前提としている。しかし、事実上の対称性は、今日、国家権力によってだけでなく、私的な経済的社会的権力によっ

---

61) E 73, 261/269.

てもしばしば排除されたり、脅かされている。たしかに一定程度の力の行使は、基本法自身が保障している（契約の自由や財産権の自由）。その他の場合でも、民主的立法者は、憲法の枠内で、社会関係を非対称的に形成することも、それによって特権をつくり出したり、市民を無防備に放置したりしない限り正当化されている。したがって、賃借人と賃貸人の利害の配分を法律によってさまざまに変えることができる。司法は、この法律に拘束される。しかしながら、一般条項や白紙条項のように拘束されない場合は、基本権は、事実上の対称性の創出によって機会均等を維持するように求める[62]。そこでは、保護的効果が働く。第三者効力の解釈学は保護機能（**107**以下参照）の具体的な現れだといえる[63]。

206　　例　小新聞「ブリンクフュア」は、1961年8月13日のベルリンの壁建設後も、ドイツ民主共和国の放送番組を出版した。そのことで、この新聞は、大出版社の「シュプリンガー出版」からボイコットを呼びかけられた。シュプリンガー出版は、すべての雑誌販売店に対して回状を送りつけ、今後ブリンクフュアの販売を継続するならば、取引をしないと脅した。ブリンクフュアの売り上げは著しく低下した。ブリンクフュアのシュプリンガー出版に対する損害賠償請求訴訟は、連邦通常裁判所において原告敗訴となった。連憲判25巻256頁は、連邦通常裁判所の判決を5条1項違反で破棄した。経済的事情を考慮すれば、シュプリンガー出版は、意見の競争においてそのように振る舞うことは許されない。さまざまな意見が精神的武器を持って争わなければならず、精神的機能の機会均等が維持されなければならないと、判決は述べている。

207　　連邦憲法裁判所は、基本権の間接的な第三者効力や放射効果を、たしかにその客観法的意義から導き出しているが（**100**以下参照）、しかし、同時に当初から**主観法的効果**をそれに付与することも決して躊躇していない。裁判官が、市民法的な規範に対する憲法の影響を無視するならば、「（客観法規範としての）基本権規範の内容を見誤っているという点で客観的憲法に違反するだけでなく、公権力の担い手として自らの判決によって基本権を侵害することになる。市民は、司法権も基本権を尊重することを憲

---

62)　E 81, 242/261 ff（代理商決定 II・40）; 89, 214/232 f（連帯保証契約決定 II・6）; 103, 89/100 f（扶養放棄契約判決 III・40）; これについて *Hermes*, NJW 1990, 1764; *Hillgruber*, AcP 1991, 69; さらに *Hesse*, VerfR, Rn 357; *Schlink*, Abwägung im Verfassungsrecht, 1976, S. 214 ff 参照。

63)　BVerfG, NJW 2013, 3086/3087（JK2/2014）; *Herdegen*, MD, Art. 1 Abs. 3 Rn 64 f; *Floren*, Grundrechtsdogmatik im Vertragsrecht, 1999参照。これを批判するものとして *Müller-Franken*, in: FS Bethge, 2009, 223/245 ff.

法上請求しうるからである」[64]。

間接的な第三者効力の問題は、基本権で保護されている権利が単純法でも保障され 208
ている場合、とりわけ差別禁止領域においては、提起されない（503以下）。この場合
は、一般的な平等取扱法（AGG）の私人に直接向けられた規定が、人種や性を理由と
する差別を禁止している（AGG1条、19条）。したがって、AGGの適用領域において
は、間接的な第三者効力を媒介しての基本権の適用は不要である。しかし、AGGが
不平等取扱いを把握していない場合には依然として意義がある[65]。

4．国際的視点からみた基本権拘束

a）1条3項の基本権拘束の規定において国家権力というとき、それは**ドイツの国家** 209
権力を意味すると理解される。外国の国家権力の行為は基本権によって拘束されな
い。ただし、それが基本権の侵害をもたらすような場合は、ドイツの国家権力がそれ
を代行したり、間接的に執行したりしてはならない。だからといって、外国権力に由
来するドイツ人に対する基本権侵害行為に対して、ドイツの国家権力がその補償を行
う義務を負うことを意味しない。

例 民法典導入法6条2文によれば、ドイツの司法によって、基本権に違反して外 210
国の法規範を適用してはならない（*Stern*, StR Ⅲ/1, S. 1238 ff 参照）。ドイツの国家権力
は、14条に拘束されるからといってソビエト占領軍による財産の収用を原状回復した
り、補償したりする必要はない（1014参照）。

b）ドイツの国家権力が基本権に包括的に拘束されるということは、**どこでも適用** 211
されるということも意味する。ドイツの国家権力が基本権に拘束されるという場合、
それがどこにおいて行使されるかとか、その影響が国内で生じるかそれとも国外で生
じるかということは問わない[66]。ただし、連邦憲法裁判所は、国際的な関係が強く働
くような事態において、そうしなければなおいっそう基本権の実現が難しくなるとき
には、「基本権水準の低下をあえて引き受けること」も認める[67]。憲法ランクに匹敵す

64）　E 7, 198/206 f（リュート判決Ⅰ・24）; 89, 214/229 f（連帯保証契約決定Ⅱ・6）; 別見解 *H. Klein*, Staat 1971, 145/172; *Merten*, NJW 1972, 1799.

65）　BGH, NJW 2012, 1725/1726 f, *Lehner*, NVwZ 2012, 86も参照。

66）　E 6, 290/295; E 57, 9/23; 100, 313/362 ff（第1次遠隔通信監視判決Ⅲ・42）; *Röben*, Außenverfassungsrecht, 2007も参照。

67）　E 92, 26/42.

る国際法の拘束があるというのがその理由である[68]。

212 **例** ①ドイツの大使館が、ドイツ人および外国人に対して、ドイツ人の権利および
すべての人の権利による拘束を受けるのは、国内における外国人局と同様である。

②連邦国防軍は、外国への派遣に際しても原則として基本権に拘束される (*Werner,
Die Grundrechtsbindung der Bundeswehr bei Auslandseinsätzen*, 2006参照)。

③ドイツの国旗を掲げているが外国人の船員を乗せた船舶においては、立法者は基
本権の水準を引き下げることが許される。というのは、ドイツの船主は、外国の国旗
の下ではさらに低い水準の基本権で船を走らせるからである (E 92, 26/42; 公海上の海
賊の逮捕に関する裁判官の留保について VG Köln, JZ 2012, 366)。

213 c) 連邦共和国が23条、24条により主権的高権の及ぶ地域への主権的高権を委譲し
た超国家的な組織であったとしても高権には拘束される。しかし、基本法はこれらの
場合に、基本権保護が連邦憲法裁判所によって保障されることを要求しない。むし
ろ、連邦憲法裁判所は、国際的な協力のための原則的開放性のゆえに、超国家的な次
元で基本法に匹敵する保護が保障されるようであれば、その権限を行使しない[69]。こ
れはとりわけEUの法的行為に対してあてはまり、以下のような区別がある。

214 aa) **EU法自身**は、原則として基本権を含むドイツ法より優先して適用される。し
かし、ドイツの立法者がドイツの国家権力を行使するについて、EUの条約の基礎お
よび改正 (第1次EU法) に協力するときは、基本権によって拘束される。この拘束は
もちろん、23条1項3文により79条3項による拘束も及ぶ。ドイツの国家権力を行使
すると同時にEUの機関の担い手でもある閣僚理事会のドイツ代表は、第2次EU法
の立法に関して基本権に拘束される。ただし、その統合政策的行為の裁量は、79条3
項によってのみ制限されるとみなされている[70]。

215 連邦憲法裁判所は、ドイツ法に対する第2次EU法の優先的適用を基本法の不可譲
の基本権水準を維持する場合にのみ認める[71]。ただし、連邦憲法裁判所は、第2次EU
法が基本法の基本権に拘束される事態について、EUすなわち欧州司法裁判所による
基本権の保護ということを考慮すれば、いずれにしても現実には生じないと考えてい
る。なぜならば、連邦憲法裁判所は、EUの権限領域におけるこの基本権保護を「概

---

68) *Herdegen*, MD, Art. 1 Abs. 3 Rn 74 ff.

69) BVerfG, NJW 2001, 2705/2705 f.

70) *Dreier*, DR, Art. 1 III, Rn 17 ff 参照。

71) E 37, 271/279 f; 73, 339/375 f; 89, 155/174 f (マーストリヒト判決 I・71；II・62).

70 第1部 基本権総論

念、内容、効力からして基本法の基本権の水準と本質的に同じである」と考えている
からである。[72] 連邦憲法裁判所は、現状が続く限り、第2次EU法についての裁判権
は行使せず、したがって基本法の基本権拘束についても審査しようとはしない。[73] 連
邦憲法裁判所は、自ら欧州司法裁判所と「協力関係」にあると考えており、個別事件
の基本権保護は、欧州司法裁判所に任せ、**不可譲の基本権水準**の一般的保障につい
てのみ自らの権利を行使する。[74] 内容的には、この水準は、79条3項によって設定され
る基本権水準と一致するであろう。ただし、連邦憲法裁判所は、このいわゆる権限外
の審査において、EU権力の明白かつ重要な権限違反の行為に限定する。[75]

bb）EUの措置の**変型**と**執行**に関しては、ドイツの国家権力の1条3項による基本　**216**
権拘束が問題となる。ただし、EU法に基づいてEU法を執行し変型する義務を、第
2次EU法の変型・執行行為が基本権を基準として審査されるということに置き換え
てはならない。EU法が加盟国に強制的な措置を命じている場合には、基本法の基本
権によって審査してはならず、[76] 基本権拘束の範囲は、国内法秩序の開放性からして
EUの権力に有利なように設定されなければならず、79条3項によってのみ確定され
る。これに対して、EU法が、ドイツの国家機関に対して、第1次EU法の方針の変
型に際してあるいは授権の範囲内で裁量を認めている場合には、ドイツの措置はもは
やEU法によっては決定されない。したがって、この場合は、1条3項の基準に基づ
いてそれ以下の基本権の無条件の基本権拘束が及ぶが、この場合にもEUの基本権が
適用されるかどうかについては争われている（63以下）。

5．基本義務？

基本権を取り扱うときには、基本義務についても考察される。[77] これについては5　**217**
条3項2文や14条2項が手がかりを与えている。憲法忠誠条項によって大学教員に義

72）　E 73, 339/378.

73）　E 73, 339/387; 102, 147/162 f; 118, 79/95（排出量取引事件Ⅳ・60）.

74）　E 89, 155/175（マーストリヒト判決Ⅰ・71；Ⅱ・62）; 123, 267/353 f（リスボン条約判決
　　　Ⅳ・61）.

75）　E 126, 286/303 ff（Honeywell事件Ⅳ・62）.

76）　E 118, 79/95 ff（排出量取引事件Ⅳ・60）; 125, 260/306（通信履歴保存義務と通信の秘密
　　　Ⅳ・41）; BVerfG, 19.7.2011, Rn 53 f.

77）　*Hofmann*, Hdb. StR³ IX, § 195; *Kloepfer*, VerfR II, § 53 Rn 1 ff; *Randelzhofer*, Hdb. GR
　　　II, § 37.

務が課され、公共の福祉規定によって所有権者に義務が課されることがある。しかし、これらの義務は、国家の行為によってはじめて**現実化され**かつ法的な効果を発生させる。6条2項1文による子どもの監護および教育についての両親の義務について連邦憲法裁判所は、子どもに対して両親が負う「直接の」義務について述べている（**723**参照）。しかし、この義務も、単純法の現実化によって展開される。ときに基本義務として挙げられる納税義務、就学義務は、憲法の条文上根拠がない。たしかに、ドイツ連邦共和国は、それらの義務の存在に依拠しているということはいえるが、それを導入し、内容を形成するための立法者を必要とする。立法者が立法した後もこれらの義務は、基本権と並ぶような基本義務ではなく、法律によって課される他のすべての義務と同様に介入になる。

218 ときに、**服従義務**ということが語られることがある。これは、すべての法律で課される義務の基礎にあるとされる。[78] 義務を履行するための義務という観念は、権利を行使するための権利、意欲のための決心、できるための能力という観念と同じく奇妙である。基本義務によって義務の二重化を行うことも、新しい法認識をもたらすものではない。

219 **参考文献**　Iについて*P.M. Huber*, Natürliche Personen als Grundrechtsträger, Hdb. GR II, § 49; *W. Rüfner*, Grundrechtsträger, Hdb. StR³ IX, § 196.

I. 1.について*J. Gundel*, Der grundrechtliche Status der Ausländer, Hdb. StR³ IX, § 198; *A. Siehr*, Die Deutschenrechte des GG, 2001.

I. 2.について *W. Brohm*, Humanbiotechnik, Eigentum und Menschenwürde, JuS 1998, 197; *E. Iliadou*, Forschungsfreiheit und Embryonenschutz, 1999; *I. Klinge*, Todesbegriff, Totenschutz und Verfassung, 1996.

I. 3.について*W. Roth*, Die Grundrechte Minderjähriger im Spannungsfeld selbstständiger Grundrechtsausübung, elterlichen Erziehungsrechts und staatlicher Grundrechtsbindung, 2003; *D.C. Umbach*, Grundrechts-und Religionsmündigkeit im Spannungsfeld zwischen Kindes-und Elternrecht, in: FS Geiger, 1989, S. 359.

I. 4.について*P.S. Fischinger*, Der Grundrechtsverzicht, JuS 2007, 808; *D. Merten*, Grundrechtsverzicht, Hdb. GR III, § 73; *G. Robbers*, Der Grundrechtsverzicht, JuS 1985, 925.

I. 5.について*D. Krausnick*, Grundfälle zu Art. 19 III GG, JuS 2008, 869, 965; *J. Isensee*,

---

78)　*Isensee*, DÖV 1982, 609/612 ff.

Anwendung der Grundrechte auf juristische Personen, Hdb. StR^3 IX, § 199; *F. Schnapp*, Zur Grundrechtsberechtigung juristischer Personen des öffentlichen Rechts, Hdb. GR II, § 52; *F. Schoch*, Grundrechtsfähigkeit juristischer Personen, Jura 2001, 201; *S. Tonikidis*, Die Grundrechtsfähigkeit juristischer Personen nach Art. 19 III GG, Jura 2012, 517.

Ⅱについて*C.D. Classen*, Die Drittwirkung der Grundrechte in der Rspr des BVerfG, AöR 1997, 65; *H.-D. Horn*, Die Grundrechtsbindung der Verwaltung, in: FS Stern, 2012, 353; *G. Hager*, Von der Konstitutionalisierung des Zivilrechts zur Zivilisierung der Konstitutionalisierung, JuS 2006, 769; *K. Hesse*, Verfassungsrecht und Privatrecht, 1988; *W. Höfling*, Die Grundrechtsbindung der Staatsgewalt, JA 1995, 431; *J. Pietzcker*, Drittwirkung-Schutzpflicht-Eingriff, in: FS Dürig, 1990, S. 345; *H.C. Röhl*, Verwaltung und Privatrecht-Verwaltungsprivatrecht?, VerwArch 1995, 531; *W. Rüfner*, Grundrechtsadressaten, Hdb. StR^3 IX, § 197; *F. Schnapp/M. Kaltenborn*, Grundrechtsbindung nichtstaatlicher Institutionen, JuS 2000, 937; *D. Suhr*, Die Freiheit vom staatlichen Eingriff als Freiheit zum privaten Eingriff?, JZ 1980, 166; *H. de Wall/R. Wagner*, Die sogenannte Drittwirkung der Grundrechte, JA 2011, 734.

第6章　基本権の保障と基本権の制限

I. 保護領域と保障

220　さまざまな基本権がさまざまな**生活領域**に適用される。基本権は、あるときは狭い生活領域において、あるときは広い生活領域において各人を国家の介入から守る。国家に対して介入の正当化の負担を課すことによって、各人の行為・態度全体を保護する場合もあれば特定の行為・態度のみを保護する場合もある。

221　**例**　4条は各人の宗教的確信またはその他の深遠な確信から生じる生活に適用され、5条は情報伝達と意見表明を通じてのコミュニケーションに適用される。6条は結婚と家族、8条は平和的で武器を持たない集会、9条は結社に適用される。

222　これが基本権で保護されている生活領域であり、基本権の**保護領域**である。それはときに、基本権の**規範領域**と呼ばれることもある。すなわち、基本権規範が現実生活のうちで保護の対象として切り取った領域である[1]。**規律領域**という場合は、保護領域のことではなく、基本権が適用される生活領域を意味している。生活領域の中で保護領域を規定するものは基本権であり、基本権によってはじめて規定される。

223　**例**　8条1項の規律領域は、すべての集会に及ぶ。これに対して、その保護領域は、平和的で武器を持たない集会に限られる。

224　基本権の保護領域における行為・態度は、**基本権の利用**とか**基本権の行使**と呼ばれる。ここで、基本権の保護領域における行為・態度という場合、可能な限り広義に理解することを意図している。作為（いわゆる積極的自由）だけでなく、不作為（いわゆる消極的自由）[2]やとりわけ単なる状態Sich-Befindenも意味する。条文において行為（「自己の意見を発表する」、「知る」、「集会する」等々）について規定している基本権の保護領域だけでなく、行為というよりはむしろ事態を規定している基本権（「芸術および学問…は、自由である」）の保護領域における行為・態度も意味している。

---

1)　*Hesse*, VerfR, Rn 46, 69.

2)　批判的見解として*Hellermann*, Die sogenannte negative Seite der Freiheitsrechte, 1993.

例　14条1項は、財産権を保障するが、それによって固有の物および権利の存在およよび利用を保護領域に置く。13条は、住居の不可侵を規定するが、それによって、住居を保護領域として定義している。各人はその保護領域において居住し、だれが入ってきてもよいかを決定する。2条2項1文は、各人に生命に対する権利を保障することで、単に生きている状態だけでなく、呼吸すること、栄養を摂取すること、運動することを保障する。そうでなければ生命はないからである。

基本権がその保護領域において各人に提供する保護は、さしあたり、**主観的権利**の形をとる。いくつかの基本権においては、主観的権利のほかに制度的保障（**94**参照）も存在する。また、すべての基本権に対して、連邦憲法裁判所と通説は、主観的権利としての意義だけでなく**客観法的意義**を承認している（**97**以下参照）。しかし、それによって、主観的権利としての意義が制限されるのではなく、強化されるだけのことである。たとえば、介入を排除する主観的権利は、保護請求権、配分請求権、あるいは手続的権利に拡大される。

これらの保護機能は、基本権の保障である。**用語的**には次のような区別がある。基本権は、自らの保護領域をもっており、その保護領域において主観的権利（防御権、保護請求権）や制度的保障（〔私法上の〕制度保障や〔公法上の〕制度的な保障）、あるいは単純法律の基本権適合的解釈・適用等々を保障する。簡略化して、単純に基本権は、自由や給付、配分、手続、制度、価値、原理等々を保障するという用語法も一般に使われており、また基本権の保障内容という言い方も行われている。[3] 重要なことは、基本権の保障やそれに類似した概念は、法的に整備された基本権の保護機能に関係しているのに対して、基本権が有する保護領域という概念は、**保護対象としての生活の現実**を指しているということである。[4]

例　12条1項は、保護領域としては、職業生活と養成制度をもち、この保護領域において、防御権、場合によっては保護請求権や配分請求権や給付請求権をも保障する。3条は特定の生活領域に適用されるのではなく、ただ単に平等を要求している。したがって3条においては、保護領域ではなく、保障のみが問題である。2条1項の一般的行為自由においても、保護領域の積極的確定は不要である。他の基本権によって個別に保護されているために一般的行為自由の一般的保護に該当しないものとの区

3）　*Böckenförde*, Staat 2003, 165/174 f; *Hoffmann-Riem*, Staat 2004, 203/226 f.

4）　*Volkmann*, JZ 2005, 261/265 ff; *Rusteberg*, Der grundrechtliche Gewährleistungsgehalt, 2009, S. 232 f も参照。

第6章　基本権の保障と基本権の制限　*75*

別をすることだけが消極的に必要である。

229 **問題解決のための技術的ヒント** 事例研究においては、保護領域の確定が重要となる。自己の行為・態度への国家の介入を禁じたり、自己の行為・態度に対する国家の保護（107以下参照）を求めようとするとき、どの基本権に依拠することができるかは、その行為・態度がどの基本権にあたるかにかかっている。ときに連邦憲法裁判所においてもみられる2つないし複数の基本権の合同の審査（「保護領域の強化」*Spielmann,* JuS 2004, 371参照、「基本権の結合」*E. Hofmann,* Jura 2008, 667参照）は、事例問題では考慮されない（別見解*Michael/Morlok,* GR, Rn 58）。次に事例は個別の基本権の保障を要求する。各人が要求していることがそれに含まれるか。たとえば、だれかが12条1項を根拠にして高等職業教育の国家による支援を求めることができるためには、高等職業教育も12条1項の保護領域に該当するということだけでは不十分である。そうではなくて、12条1項が、対応する防御権とともに給付請求権をも保障していなければならない。

II. 介入、制限その他類似する概念

230 基本権資格を有する者が、ある程度荒っぽく自由権を行使すると**抗争**を引き起こすだろう。すなわち公共の利益との抗争や他の基本権資格を有する者の自由権行使との抗争である。そのために基本権への介入が生じ、基本権行使が制限される。国家がいつ介入を行い制限を課すことが許されるか、いつ基本権資格を有する者が、国家の介入・制限が憲法上の正当化を欠くために排除することができるかについては後ほど問題にする（271以下参照）。はじめに、基本法で使われている概念および基本法では使われていないが、判例や学説で使われている関連する概念を明らかにする。それらの概念は、同じことを意味している場合もあれば、違うことを意味している場合もある。

1. 介入、制限、制約、干渉、縮減、限定

231 国家の側からの介入Eingriffや制限Beschränkung、制約Einschränkung、干渉Beeinträchtigung、縮減Verkürzung、限定Begrenzungは、各人が基本権の保護領域に属する行為・態度をとることを国家によって阻まれるときに常に存在する。介入は、**個別的に**（行政行為、判決）または**一般的に**（法律、法規命令、条例・内部規則）に行われる。それは、法律によってのみ実現されることもある。たとえば、法律が行政に対して、各人のあれこれの行為・態度を禁止することを授権するとき、法律は、各

人にどのような介入をなしうるかをすでに決定してはいるが、行政はまだそれを行ってはいない。

さまざまな概念が使われているが、**同義である**。ただし、ときに、制限Schranke **232**
および限定Begrenzungという概念は、限界Grenzeという用語とは別の意味で理解
されることもある。その場合、限界は、基本法で保護されている生活現実と基本法で
保護されていない生活現実とを区別したり、保護領域と規律領域（**222**以下参照）ある
いは衝突する他者の保護領域（**343**参照）を区別する意味で使われる。

2. 内容形成と具体化

基本権の内容形成または具体化は、基本権の保護領域が無傷のままで保全される場 **233**
合、すなわち前項の意味で干渉されたり制限・制約されたり縮減されたりしない場合
には、常に存在する。この場合、国家は保護領域に属する行為・態度を禁止しようと
しない。むしろ国家は、各人の基本権の行使が可能になるように、行為・態度の可能
性を開いておこうとする。このような内容形成や具体化はいわゆる**立法ないし規範化**
を必要とする保護領域において必要である。そこでは、各人は、自己の性質や自然の
交友関係によってではなく、法秩序によってはじめて基本権行使が可能になる[5]。

例 生きること（2条2項1文）やあちこちに滞在すること（11条1項）は、各人の **234**
性質に属する。意見を交換したり（5条1項1文）集会すること（8条1項）は、各人
の自然の交友関係に属する。これに対して、何らかの男女の共同生活が婚姻（6条1
項）となるのも、手にしている何物かが財産権（14条1項）となるのも、法秩序によっ
てはじめて可能となる。基本法は、財産権および相続権について、制限規定だけでは
なく、内容規定をも容認すること（14条1項2文）によって、**立法ないし規範化が必**
要であることを語っている。

片方に法的・規範的具体化を必要とする保護領域が存在し、もう片方に法的・規範 **235**
的創造を必要としない領域が存在するというのではない。すべての基本権が**部分的に**
立法ないし規範化を必要とする保護領域をもっている。

例 9条1項は、何らかの形で結集したり仲間をつくったりする権利を保障するだ **236**
けでなく、団体や組合などの法的組織を形成したり、その他法秩序によってつくられ
るタイプの結社、すなわち合資会社や株式会社、協同組合などを形成する権利を保障
する。2条1項は、契約の自由により（**405**以下参照）、法秩序によって規定され保障

5）*Degenhart*, Hdb. GR III, § 61 Rn 19 ff.

第6章　基本権の保障と基本権の制限　*77*

された法的拘束力のある形成を行う自由を保障する。(*Höfling*, Vertragsfreiheit, 1991, S. 20 ff; *Pieroth/Hartmann*, WM 2009, 677)

237　とくに制度的保障をも保障するような法律による具体化を必要とする保護領域をもつ基本権においては、常に次のような**問題**が起きてくる。それらの基本権は、一方で内容形成されることを条件としつつ、他方で国家に先行し、国家に義務を課そうとする。立法者が基本権の内容を形成しなければならないということは、必ずしも立法者が基本権を自由に扱うことができるということを意味しない。したがって立法者には限界が画されなければならず、立法者は、それを超える場合は**内容形成する**のではなく、保護領域に介入し保護領域に制限を設けるということになる。歴史は、人間の自然的な交流を正確に叙述しているので、求められる限界の基準は、とりわけ歴史が提供してくれる。[6]**伝統と切り離された規律は、原則として保護領域の内容形成とはいえない。**

238　**例**　①有責原理を破綻原理に置き換えた離婚改革は、一夫一婦制、合意に基づく結婚、原則として生涯続く結婚の伝統は変更しないで、新しい内容形成を図った。しかし、すべての結婚を 5 年後に解消させ、結婚の継続のためには改めて理由を要求するような婚姻法がつくられれば、それは、国家による介入となる。

　　②財産権の概念には伝統的に私的利用というメルクマールがある。もしも私的利用がいろいろと制限されても、それは、伝統的状況と同様であるがゆえに内容形成ないし、14条 1 項 2 文が規定するような内容規定にとどまる。しかし、所有権者が自己の財産についての処分権や利用権を全く禁止されてしまい、権利だけが裸の形で残されるとすれば、それはもはや内容形成や内容規定ではなく、介入ということになろう。

239　保護領域が、法律による具体化を必要とせず、そのために内容形成や具体化を必要としないところでも、法秩序は当然に**基本権行使を容易にしたり促進したりする場合**がある。

240　**例**　集会の自由についていえば、たしかに、しばしばいかなる国家の手助けあるいは法秩序による容易化や促進に依拠することなく、権利を行使することが可能である。これに対して、8 条 1 項が 5 条 1 項 1 文と結びつくことで保護しているデモ行進は、場合によっては、警察が道を確保したり、交通を止めたり、迂回させたりすることに依存している。したがって、デモ行進の届出（集会法14条 1 項参照）は、状況によっては、デモ行進者にとっての利益になることもある。

---

6 ）　*Kloepfer*, Hdb. GR II, § 43 Rn 34参照。

このような場合、ときに**具体化**Konkretesierungという概念が使われ、法律による　241
具体化を必要とする保護領域の場合だけ内容形成Ausgestaltungといわれることがあ
る[7]。重要なことは、実質的な区別である。法律による具体化を必要とする保護領域
においては、法秩序によって必ず規定される道筋が行為・態度に先行し、行為・態度
はこの道筋の中でのみ自由でありうる。したがって行動より先に道筋を設定すること
は、いまだ保護領域への介入を意味しない。これに対して、法律による具体化を必要
としない保護領域において一定の道筋をつけることは介入になる。

例　①特定のメディアにおける言葉、文字、映像（読者の手紙、掲示板、演説コー　242
ナー）での自由な意見表明・伝達に道を開きながら、他のものを排除するのは、5条
1項1文の具体化というにとどまらず、介入になるだろう。具体化といえるのは、メ
ディアが各人に開かれているにもかかわらず、国家が、それに追加して掲示板や演説
コーナーを提供する場合であろう。しかし、この場合、特別の概念を必要としない。

②240に挙げた例の場合、警察の安全確保措置だけでなく、デモ行進の届出義務や
集会法全体が集会の自由の具体化であると理解するのは誤りだろう。仮に届出義務や
集会法がデモ行進者にとって利益になるとしても、それは、公共の利益や、デモ行進
を行わない者の権利や基本権にとっては介入や制限になる。

3．規律（Regelung）

基本法は、規律という概念を、基本権および基本権同様の権利において、とくに立　243
法者に対してもっぱら「詳細」を規律もしくは規定することを委ねる場合に用いてい
る（4条3項2文、12a条2項3文、104条2項4文、また38条3項も参照）。それは、立
法者が、それぞれの保障を様態、形式、手続を通じて扱いやすいようにしながらも、
その内容に**変更を加えたり、縮減したり**してはならないことを意図している。詳細な
規律というこの概念と結びつけて、規律のための授権だけが規定されているとき（12
条1項2文）でも、特別の慎重な活動が要請されるだろう。連邦憲法裁判所は以前の
判例ではそうしていたが、比較的新しい判例ではそうしなかった。現在は、あらゆる
種類の制限・制約を12条1項2文の規律として認識している（**899**参照）。

4．侵害（Antastung）

基本法は、**人間の尊厳**ならびに基本権の**本質的内容**は、不可侵であると宣言してい　244

7）　*Hesse*, VerfR, Rn 303 ff.

第6章　基本権の保障と基本権の制限　*79*

る（1条1項1文、19条2項）。基本法は、侵害Antastungという概念を、この禁止的な意味でのみ、かつ、国家の裁量権を強く排除する基本権保障の場合にのみ用いている。それは、たしかに、憲法上の正当性があるときに国家が裁量で行うことができるような、その他の基本権保障の侵害に関して、この用語を用いたとしても、文法的にも解釈学的にも誤りではない。しかし、その場合は、その他の概念が十分使えるので、侵害Antastungという概念は、1条1項1文および19条2項のためにとっておくことが望ましい。

5．侵害（Verletzung）

245 　基本権への介入Eingriffは、許される場合と許されない場合がある。基本権の侵害Verletzungは常に許されない。侵害は、基本権の**許されざる介入**である。基本法は、人身の自由（2条2項2文）の不可侵、信仰・良心・信仰告白の自由の不可侵（4条1項）、信書・郵便・電気通信の秘密の不可侵（10条1項）、住居の不可侵（13条1項）について規定する。基本法は、同時に、これらの基本権のうちの3つについては介入かつ制限、介入または制限を授権し（2条2項3文、10条2項、13条2項〜7項）、この授権によって正当化されない介入のみが侵害となるようにしている。4条においては、いかなる介入等も授権されていない。ここでは、他の人権と衝突（**336以下参照**）する場合をのぞき、すべての介入が侵害となる。

246 　**問題解決のための技術的ヒント**　事例研究は、しばしば必ずしも正確な術語を使わず、介入の代わりに侵害について語り、その憲法上の正当化を問題とする。しかし、侵害とは、まさに憲法上正当化されず、したがって許されない介入である。したがって、基本権が侵害されたかどうかは、審査の結果明らかになる。

Ⅲ．保護領域と介入

247 　保護領域と介入という2つの概念は、それぞれの類義語も含めてそうだが、**互いに関係している**。基本権の保護領域が広い射程で理解されれば、国家行為が介入として現れる範囲も大きくなり、基本権の保護領域が狭く理解されれば、国家が基本権と衝突する可能性も小さくなる。

248 　**例**　警察が、芸術家が十字路で実験芸術を行うことを禁じることが芸術の自由に対する介入になるかどうかは、禁止が介入であるかどうか、あるいは友好的に強制を伴わず差し迫った危険を指摘することによってそれが行われるならば介入にはならない

80　第1部　基本権総論

かという問題であるにとどまらない。そもそも、実験芸術、十字路で行う実験芸術、交通量の多い十字路で行う実験芸術が、芸術の自由の保護領域に該当するのかどうかが問題である。狭い芸術・芸術の自由理解は、広い芸術・芸術の自由理解よりも、警察により大きな行動の余地を与える。

国家が、介入を行おうとすれば、憲法上の正当化を必要とするので、自由主義的な国家理解に立てば、保護領域を広くとらなければならず（「疑わしきは自由に有利に[8]」）、介入概念も広くとらなければならないと思われるかもしれない。国家がその行為をより多く釈明しなければならず、憲法上の正当化の要請により広くより強く服するほど、その国家はより自由主義的ではないのか。しかし、ここでは２つのことが見落とされている。基本権に照らしての憲法上の正当化は、国家行為の唯一の正当化ではなく、民主的な政治過程に支えられているその他の正当化と並ぶ１つにすぎない。もう１つは、基本権に対する過剰な要求や過剰な拡大は、憲法上の正当化を自明とされているような領域にまでしばしば要求するようになり、その結果、基準が安価な小銭に堕してしまうだろう。

例　広義の良心や広義の良心の自由概念は、確固とした確信に基づくすべての行為に４条１項の保護を与える可能性がある。４条１項には介入等の規定が存在しないので、確固とした確信に基づいて行動する者に対して制限を課すことは、どのような制限であれ、本来良心の自由に対する侵害になる。しかし、このようなことはありえないし認められない。赤信号で通りを渡る者は、交通がいつ危険でいつ危険でないかを各人が判断できるという確信に基づいて行動しているかもしれない。そうなると、無限に多くの状況において４条１項に規定されていない介入の正当化を考え出さなければならなくなる。そうなれば判例と学説が、条文上規定されていない、最後のかつ慎重に扱うべき可能性としての介入および正当化として展開してきた、相互に衝突する憲法規定から生じる正当化（**343**以下参照）がその例外的性格を失い、基本権の階層的な制限体系が壊されてしまうことになろう。

したがって、保護領域を**広くとる方向で推定すること**には賛成できない。また、**狭くとる方向で推定すること**にも賛成できない。どの個別の基本権についてもその保護領域は、その条文、歴史、成立、体系の中での地位から通常の法律解釈手段により、単純に正しく規定されなければならない[9]。介入の概念も、何らかの推定ではなく基

---

8 ）　*Höfling*, Offene Grundrechtsinterpretation, 1987.

9 ）　*Hoffmann-Riem*, Staat 2004, 203/229; *Merten*, Hdb. GR III, § 56 Rn 80; *Volkmann*, JZ

本権の機能と概念から規定しなければならない。

1. 保護領域の確定

252　a）領域という用語に惑わされて、**誤った空間的思考を導いてはならない**。それは、さまざまな行為・態度が同一の保護領域に結合しているような1つの空間である必要はない。そうではなくて、同じ機能、同じ役割、同じテーマが、保護領域の同一の内容を形作っている。

253　**例**　たしかに、住居という概念は1つの空間を指している。しかし、13条は、住居という空間をそこで行われるすべての行為・態度から切り離してはいない。それは、2項ないし5項および7項で一定の介入や制限を明文で規定しているからというだけではない。むしろ、13条は、もう1つ別の保護領域をもっている。13条は、その機能において各人に個人的な行為・態度のためにあるいは場合によっては職業的な行為・態度のために屋根を提供したり、遮蔽したり引っ込むことができる居場所および可能性を提供してくれる住居を保護する。この行為・態度自体が、いつ合法でいつ違法であるかは、13条に照らしてではなく他の基本権規定に照らして審査しなければならない。たとえば、他の基本権と適合する刑事法規範や民事法規範は、住居の外でも中でも適用される。13条に照らして審査されるのは、国家の住居への侵入だけである。

254　b）基本権の保護領域は、その基本権だけを取り出してみていてもしばしば確定することはできず、他の基本権やその他の憲法規定との**体系的な全体観察においてのみ**確定することができる。

255　**例**　4条1項と5条1項を並べてみると、信仰告白は単なる宗教的な意見表明とは理解されないということが分かる（**341**以下も参照）。基本権と国家組織法を並べて考えれば、議員の連邦議会での討論における発言は、5条1項の保護領域から外れることになる。

256　重要なことは次の2つのことは違うということである。

　①保護領域を他の基本権やその他の憲法規定と照らし合わせて体系的な全体観察を行ったときに認識できる保護領域の範囲

　②他の基本権やその他の憲法的価値との衝突により生じる国家の保護領域への介入の正当化（**336**下参照）

　衝突によってそのときどき生じる介入の正当化と異なり、保護領域の範囲は一般的

2005, 261/267参照。

に確定される。

c）保護領域と介入は相互に関係し合っているので、保護領域は、ときに前もって **介入を考慮して**確定されざるをえない。すなわち、何に対して基本権は守られるのかということが問題となる。　257

例　8条1項は、条文自体において、集会の自由がとりわけ届出義務や許可義務に対して保護されるべきであることを明らかにしている。1条1項の保護領域は、通常はもっぱら人間の尊厳への介入の側面から確定される（**385**以下参照）。　258

2．介入の確定

古典的な介入概念は4つの条件をもっている。それは、介入というものが　259

①目的的であり、単に、全く別の目的に向けられた国家行為で意図しなかったにもかかわらず生じたような結果ではないこと、

②直接的であり、単に、国家行為の、意図的ではあったが、しかし、間接的な結果として現れたようなものではないこと、

③法的行為であり、単に事実上の効果でなく法的効果をもつこと、

④命令または強制をもって命じられ、あるいは執行されること[10]、

である。

現代の基本権理解は、古典的な介入概念を**狭すぎる**として、これを否定する。現代の介入概念の拡大には、**自由主義的な法治国家から社会的な法治国家への展開と同じ**ものがその基礎にある。それは、基本権の主観的権利としての保障内容を拡大し、客観法的な保障内容を補充してきたところのものでもある（**101**以下参照）。生活状態が国家に依存するようになればなるほど、各人は、生活状態において、社会国家の作為についてさえも生存を確保するものではなく生存を脅かすものとして、自由促進的なものではなく自由干渉的なものとして感じるようになる。国家と個人が接触する点が増えるほど両者の間の抗争の可能性も増える。基本権が組織、手続、配分、給付に対してもつ意味が増えるほど、組織の行為、手続の形成、配分・給付の規律の介入の質について多くの問題が提起されることになる。　260

現代の介入の概念は、連邦憲法裁判所はときに干渉の概念（**231**参照）について留保しつつも[11]、4つの古典的な基準のすべてを拡大する。介入とは、**各人に対して基本**　261

---

10)　E 105, 279/300（オショー決定Ⅲ・20）参照。

11)　E 105, 279/301（オショー決定Ⅲ・20）.

第6章　基本権の保障と基本権の制限　*83*

権の保護領域に属する行為・態度や法益の享受を全体的または部分的に不可能にするあらゆる国家行為であり、この効果が、目的的であるかそれとも意図的でないか、直接的であるかそれとも間接的であるか、法的であるかそれとも事実上（実際の、非公式）のものであるか、命令や強制を伴うものであるかそうでないかは問わない[12]。行為・態度や法益の享受が誘導的課金のように負担となる法効果と結びついているときには介入が存在する[13]。

262 　**例**　意図しない事実上の介入とは、逃亡中の容疑者を撃とうとした警察官の弾丸が誤って無関係の通行人に命中した場合あるいは、母親が子どもの義務的な予防接種の際に自ら感染したような場合である。命令や強制のない事実上の介入とは、電話の会話の傍受やその他の情報介入の場合に起こる。

263 　**問題解決のための技術的ヒント**　現代の介入概念は今日一般的に認められているので、古典的な介入概念について論じなければならないのは、事例が対応する指摘を含んでいる場合だけである（別見解 *Michael/Morlok*, GR, Rn 500）。

264 　拡大は一連の問題を引き起こす。1つは、すべての事実上の効果を含めると、国家の行為が基本権の行使を困難にする領域と、実際上不可能にする領域との境界の画定が問題となる。もう1つは、意図しない間接の効果を含めると、介入は国家の行為が向けられている各人（いわゆる**名宛人**）に対してのみ存在するのではなくて、国家がそれに対して行為することを状況によっては意図してもいなければ意識してもいなかったような第三者に対して生じる（いわゆる**第三者的当事者**）[14]。2つの問題は**同時に起こ**りうる。これは、技術的設備に関してとくに原子力発電所の場合にあてはまる。

265 　介入概念の拡大がもたらす一連の問題は、即決の公式で解くことはできない。基本権行使を不可能ならしめることと単に困難ならしめることとの区別や、第三者の重要な関わりと重要でない関わりとの間の区別を立てても、いずれも干渉と迷惑との限界が問題となる。しかし、この限界線を引くことは**難しい**。

266 　基本権上各人に保護が与えられている行為・態度が、国家によって禁止されたり、個人の行為・態度が国家の制裁のためのきっかけとされたりする場合には、常に介入が存在するというのは確かである。行政手段として重要性を増している国家の否定的な公的発言や指摘、警告も、それを準備した観察も、基本権によって保護されている

---

12) *Kloepfer*, VerfR II, § 51 Rn 31; *Peine*, Hdb. GR III, § 57 Rn 29 ff 参照。

13) E 98, 106/117.

14) *Koch*, Der Grundrechtsschutz des Drittbetroffenen, 2000, S. 211 ff 参照。

行為・態度を間接的・事実上、全体的または部分的に不可能にするものは介入とな
る。さらに国家的目標を推進するために行われる私的活動も、介入となる。[15]

　例　国家による公的警告や国家的目標を推進するための私的施設による公的な警告　267
は、とくに危険あるいは危険とみなされる生産物やセクト的な団体に対して発せられ
るが、それらは職業の自由（906参照）や宗教・世界観の自由（593参照）に介入するお
それがある。同じことは、禁止と同様の効果をもつ法的状態の指示についても妥当す
る（OVG Münster, NVwZ 2013, 1562/1563 f.）。

　ちなみに、単なる些細なもめ事や日常の煩わしさ、主観的な不快感においては、干　268
渉や介入とまではいうことができない。[16]

　例　アウトバーンに対する警察の規制は、規制を受ける者にとっては介入となる　269
が、そのために交通渋滞に巻き込まれる者は、日常の煩わしさの１つにすぎない。連
邦国防軍の宣伝行動により干渉されていると考える平和主義者の主観的な不快感は、
考慮されない。

　たとえば煩わしさが限界が踏み越えて干渉になるのはいつかについて、**立法者**が限　270
界値を設定することにより、みずからあらかじめ**基準**を示せるかどうかという問題が
ある。それは、立法者が、基本権を自由に取り扱うことができることを意味するの
で、立法者が基本権によって拘束されること（1条3項）と矛盾することになろう。

Ⅳ．介入に対する憲法上の正当化

1．法律の留保の類型

　介入や制限、制約等の概念（**230**以下参照）は、実体において意味の区別がない。し　271
かし、介入等々が規定する種別と範囲により、基本権は３つのタイプに分類すること
ができる。

　①単純な法律の留保を伴う基本権
　②特別の法律の留保を伴う基本権
　③法律の留保を伴わない基本権

　a）基本法が、介入が、法律によってまたは法律に基づいて行われることを要求す　272

---

15)　E 105, 252/273; 105, 279/300 f.; 113, 63/76 f.（ユンゲ・フライハイト決定Ⅳ・28）; *Gusy*,
　　 NJW 2000, 977/982 f.; *Murswiek*, NVwZ 2003, 1参照。

16)　*Kloepfer*, VerfR Ⅱ, § 51 Rn 36; 別見解*Stern*, StR Ⅲ/2, S. 204 ff.

第6章　基本権の保障と基本権の制限　*85*

る場合、その基本権は、**単純な法律の留保**をもつ。単純な法律の留保は、介入する法律に対して特別のことを要求しない。

273　　**例**　2条2項は、身体の不可侵を求める基本権について、単純に「法律によってまたは法律の根拠に基づいてのみ制限する」ことができると定めている。10条2項1文は、信書、郵便、電気通信の秘密の基本権について、「制限は、法律の根拠に基づいてのみ行う（ことができる）」と定めている。

274　　b）基本権が**特別の法律の留保**をもつのは、基本法が、介入が法律によってまたは法律の根拠に基づいて行われることを要求するだけでなく、法律が、特定の状況と結びついていること、あるいは、特定の目的に資するものであること、あるいは、特定の手段を利用することを要求する場合である。

275　　**例**　11条2項は、移転の自由が「法律によってまたは法律の根拠に基づいてのみ、かつ、十分な生活の基礎がなく、そのために公衆に特別の負担が生ずる場合、…差し迫った危険を防止するために必要な場合、…制限する（ことができる）」と定めている。

276　　c）**法律の留保を伴わない基本権**に関しては、基本法は、法律による介入、または法律の根拠に基づく介入を全く規定していない。

277　　**例**　5条3項1文は、芸術、学問、研究、教授の自由を、法律によってまたは法律の根拠に基づいて制限・制約することや介入・規律する可能性を認めない形で保障している。

278　　たしかに、法律の留保を伴わない基本権についても、荒っぽい自由の行使は、**抗争の危険**を内包しているということがいえる。しかし、法律の留保の欠如は、立法者がこの危険を判断し克服する自由をもたないということを示している。単純な法律の留保を伴う基本権の場合、この自由は最大で、特別の法律の留保を伴う基本権の場合、その自由は小さく、法律の留保を伴わない基本権の場合、立法者の権限をもってしても基本権の保護領域の範囲の限界を超えて限界線を引くことはできない（351以下参照）。

2．法律の留保から議会の留保へ

279　　法律の留保は、行政の基本権介入に対して法律による授権を必要とする。その**歴史的機能**は、19世紀に、市民社会を君主の執行権から守ることにあった。[17]しかし、行政権を母体とする君主制原理と立法権を元に展開される民主制原理との対立が消失し

---

17)　*Böckenförde*, Gesetz und gesetzgebende Gewalt, 2. Aufl. 1981参照。

た後も、行政は独自の強力な生命を維持し、巨大な独自の力を保有するので、基本権介入に法律による授権の必要性を結びつけることは、引き続き意義がある。連邦憲法裁判所の司法は、この結合をその本来の意味を超えて**拡大した**。

法律の留保は、**本来は**、法律による授権が存在することだけを要求しており、法律による授権がどのように行われるかということについてまでは要求していなかった。立法者が、基本権に介入する行政行為について詳細に規律することも可能であった。しかし、また、立法者が基本権介入に関して、行政が独自に規律するようにおおざっぱな授権を行政に対して行うことも可能であった。後者の場合でも、行政の基本権介入に対する法律による授権は存在したのであり、法律の留保は守られていたのである。しかし、後者の場合は、立法者は自らの責任を免除している。

基本法も、明文で法律の留保において法律による授権が存在することだけを要求する。「法律によってまたは法律の根拠に基づいて」とか または単に「法律の根拠に基づいて」介入を認める。その場合、ここでいう法律とは、その他の類似する用法も含めて基本法ではすべて同じだが、議会が議決した**形式的法律**を指す。この形式的法律が行政に対して、独自に規律することを授権することが許されるということは、立法と行政との間の関係の性質に存するだけでなく、法律に基づく介入それ自体の許容性によって承認される。法律による授権がなければ介入は認められないということは、いかなる介入も、その根拠を慣習法だけに見出すことはできないということを意味する[18]が、それはまた、いかなる介入も、法規命令や条例・内部規則などの中間的な媒体のうちに、このいわゆる**実質的法律**がその根拠を形式的法律のうちにもつ限りで根拠を見出すことができることを意味する。法律の留保に特別の条件が付されるのであれば、授権された実質的法律たる中間的な媒体による条件だけでなく、授権を与える形式的法律による条件も満たされなければならない。基本法が中間的な媒体を例外的に排除しようとする場合は、そのことについて明文で指示を与えている。たとえば、13条2項または104条1項1文によれば、捜索や自由権の制限においては、形式的法律自体においてそれを行う機関と守られるべき形式が定められなければならない。しかし、その他の場合は、基本法の法律の留保は、立法者に対し行政におおざっぱな授権を行うことで自己の責任を免除される可能性を認めている。

立法者の責任を確認している第1のものは、80条の任務である。法規命令制定の授権については、法律で内容・目的・程度が規定されなければならない。しかし、内

---

18) *Jarass*, JP, Vorb. Rn 43参照。

容・目的・程度があまりにも広範に設定されると、基本権介入の条件について独自の決定が、授権された行政に委ねられるおそれがある。[19]そこで連邦憲法裁判所は、いわゆる本質性理論でこれを禁止する。それによれば、立法者は、「基本的な規範領域とりわけ基本権行使の領域においては、基本権行使を国家的な規律に服せしめようとする限り、本質的決定はすべて自ら行わなければならない」[20]。すなわち、立法者は、それを行政に下請けさせてはならない。法律の留保は、その限りで**議会の留保**へと強化される。「それ（議会の留保）は、許容される基本権行使と許容されない基本権行使の境界線、許容される基本権制約と許容されない基本権制約の境界線を恣意的な官庁や裁判所の恣意的な評価によって事件ごとに引くのではなく、第1次的に——一般的な法律形式において——立法者が引くことを確保する」[21]

283　　基本権行使の領域において、何が本質的かという問題が残る。この問題は、連邦憲法裁判所が、本質性理論で法律の留保ないし議会の留保を「時代遅れの文句（自由および財産への介入）」[22]から切り離そうとするときに難しくなる。本質性理論は、一方で〔法律の留保ないし議会の留保の〕**拡大**をもたらす。それは、最近の基本権理論の発展（**97**以下参照）に従うものであり、立法者に対して、保護の保障、組織、手続、配分についての規律をも要求する。しかし、他面では、本質的な介入と非本質的な介入との間に区別が設けられ、本質的な場合にだけ立法者の規律が求められるようになると、逆に**制約**と理解されるおそれもある。これは**拒否しなければならない**。本質性理論は、基本権保護を縮小することはできず、強化することだけができる。

284　　したがって**本質性理論**とは以下のことを意味する。

　　①介入は、従来通り、法律によってまたは法律の根拠に基づいてのみ行うことが許される。

　　②さらに、介入の要件、状況、結果についての本質的な決定については立法者が自ら行わなければならず、行政に下請けさせてはならない。

　　③決定すべき本質的なことは、関係する基本権への介入の強度によって測られる。

285　　**例**　ある基本権の保護領域に該当する複数の行為・態度を不可能にする介入は、とくに強度の介入になる。ある行為・態度を短期間だけでなく長期間禁じるような介入

---

19)　別見解として *Ramsauer*, AK, Art. 80 Rn 28 f.

20)　E 61, 260/275; 88, 103/116.

21)　BVerfG, 20.2.2013, Rn 53 (FamRZ 2013, 767).

22)　E 47, 46/79（性教育決定Ⅰ・39）; *Lerche*, Hdb. GR Ⅲ, § 62 Rn 26 ff.

88　第1部　基本権総論

や基本権行使を各人が充足できる主観的条件に依存せしめるだけでなく、客観的な、各人が影響を及ぼすことができないような条件に依存せしめるような介入は強度の介入になる（313以下参照）。

さらに、判例と学説は法律の留保の範囲だけではなく、**法律の規律の密度**の要請を 286 本質性の理論を手がかりに判断する。基本権への介入が強いほど法律は厳密にきめ細かく規定されていなければならない[23]。このように、本質性は同時に法治国家の明白性と明確性の基準にもなりうる（332以下参照）[24]。

連邦憲法裁判所は、本質性理論を立法者と**司法**との関係においても発展させた。立 287 法者は、同等の立場の基本権主体間の民事法上の紛争は別として、基本権行使の領域における本質的決定を司法に委ねてはならない[25]。

3．法律の留保から比例的な法律の留保へ

基本権は、基本権に介入する行政行為を法律に基づいてのみ認めているということ 288 は、基本権が行政を法律の留保によって拘束しているということである。しかし、1 条3項によれば基本権は、**立法**をも拘束している。問題は、この拘束が何を意味するかということである。これまで基本権は、法律の留保によって、法律が存在する**ということ**ないし、何らかの法律の根拠が十分存在するのはどういうときか（法律の留保）、あるいは本質的な決定を行う法律上の根拠が必要なのはどういうときか（議会の留保）**ということ**だけを要求してきた。その法律がどうなっているか、どのような内容を指示すべきか、どれだけの自由を各人から奪うことが許されるか、どれだけの自由を各人に認めなければならないかということについて法律の留保は、これまで答えてこなかった。しかし、立法の基本権への拘束は、まさに**内容上の要請**において示されなければならない。

基本権の法律に対する内容上の要請がどのようなものであるかは、**特別の法律の留** 289 **保**の場合に明確となる。それは、個別の基本権において、個別の状況に応じて、特定の目的や特定の手段を命じたりあるいは禁止したりすることによって立法者を拘束する。

例　一般法でない法律は、青少年の保護と名誉の保護を目的として、意見表明の自 290

23）　E 49, 168/181; 59, 104/114; 86, 288/311; *Maurer*, StR, § 8 Rn 21 f 参照。

24）　*Jarass*, JP, Art. 20 Rn 57参照。

25）　E 88, 103/115 ff.

由および出版の自由を制限することが許される（5条2項）。子どもの放置を防ぐ目的でのみ、法律は家族を引き離す措置を講じることができる（6条3項）。移転の自由は、十分な生活の基礎がなく一般公衆に負担をかけるときは、公衆の負担を免除するために制限することが許される（11条2項）。

291　その場合の拘束は、命じられあるいは禁止されるのは、一方で**目的**であり他方で**手段**であるということに存する。目的と手段に関して特別の法律の留保は、目的と手段との関連性を、すなわち、法律が立法者の追求する目的の達成のための手段であることを要求する。それによって、特別の法律の留保がない場合でも、立法が基本権によって拘束されるということが何を意味するかということが分かる。特別の法律の留保がない場合でも、立法者は目的を追求しそのための手段を講じる。特定の目的および特定の手段の命令・禁止がない場合でも、**調和のとれた目的・手段関係**の要請は残る。連邦憲法裁判所は、立法の基本権による拘束を一貫して、主として法律の**比例性** Verhältnismäßigkeitの審査の中に具現化してきた。なぜならば、比例性は、立法者にとってはまさしく次のことを意味するからである。基本権に介入する法律的規律と授権は、そのつど個別に追求される、憲法上正当な目的の達成のために適合的かつ必要なものでなければならない。

292　比例原則の**実定憲法上の根拠**としては、法治国家原理がしばしば挙げられる。しかし、立法の基本権による拘束の下においては、基本権の法律の留保は、基本権の比例的法律の留保となっている。[26) 基本権は、法律の留保によって法律の根拠のない基本権介入的行政作用を禁止してきたし、今も禁止しているが、比例的法律の留保によれば比例的でない基本権介入的法律を禁止する。

4．制限に対する制限

293　法律の留保は、立法者に対して自ら基本権に介入し、あるいは基本権介入の授権を行政に与えることを認める。法律の留保は、それによって基本権行使に対して**制限**を設定する。**制限に対する制限の概念**は、立法者が基本権行使に制限を設定する際に**立法者に対して課する**制限を表している。

294　a) 制限に対する制限は、**基本権自体**に含まれている。本来の基本権のようにみえる基本権の保障も、〔基本権の〕制限に対する制限になりうる。たとえば、104条1項2文は、身体の不可侵（**445**参照）の権利にとっての制限に対する制限であり、5条1

---

26)　*Schlink*, EuGRZ 1984, 457/459 f 参照。

90　第1部　基本権総論

項3文は5条1項1文および2文の基本権についての制限に対する制限であり、12条2項および3項は、一般的行為自由（960参照）についての制限に対する制限であり、16条2項は移転の自由についての制限に対する制限である（1064参照）。この保障が憲法訴願によって主張される場合、基本権の解釈学に従えば上述の保障と関連させて2条2項や2条1項、11条の主張が重要になる。本来の基本権のようにみえない制限に対する制限は、集会が届出や許可なしに行うことができるとする8条の保障に含まれている（797参照）。

特別の法律の留保の条件や制度的保障も、基本権の解釈学においては、制限に対する制限として理解することが可能である。前者は、立法者が基本権の保護領域に介入しようとする場合に、特定の目的と特定の手段を立法者に義務づけることによって立法者を制限する。後者は、特定の制度については立法者の裁量を全く認めない。

b）議会の留保も制限に対する制限として理解できる。それは、行政に介入を授権しようとする立法者に対して、本質的決定は下請けさせてはならず、自ら行わなければならないという制限を加える。さらに、基本法の立法権限と立法手続に関する規則も介入する立法者に対する制限として理解することができるが、通常は制限に対する制限とは称されず、その前に形式的合憲性という標語の下で論じられる（367参照）。

c）連邦憲法裁判所の判例で最も重要な制限に対する制限は、比例原則（過剰制約の禁止）である。比例原則は、具体的にはまず、次のことを要求する。

①国家の追求する目的が、それ自体追求することが許されるものであること。

②国家の講じる手段が、それ自体講じることが許されるものであること。

③講じる手段が目的達成のために適合的な geeignet ものであること。

④講じる手段が目的達成のために必要な erforderlich（不可欠な notwendig）ものであること。

このことは、介入する行政に対しても、介入したりあるいは介入の授権を行政に与える立法者に対しても妥当する。しかし、立法者は、どのような目的を追求し、どのような手段を講じることが許されるかという問題において、行政よりもはるかに自由があるという点で違いがある。立法者には、基本法においてのみ、とくに基本権において特定された目的や手段がそれ自体として命じられ、あるいは禁止されている。立法者には、多様な憲法上正当な目的や手段が残されている。行政には多様性が減じられる。さらに行政に対しては、法律が目的や手段に関して多くの義務や禁止を課している。

例　5条2項は特別の法律の留保を含んでいて、立法者に対して5条1項の介入の

295

296

297

298

299

第6章　基本権の保障と基本権の制限　*91*

場合にとりわけ青少年保護の目的を義務づけている。立法者が青少年保護の目的をどのような方法で追求するか、どのような手段を講じるかは、立法者の広範な自由に任されている。検閲という手段は 5 条 1 項 3 文によって明文で禁止されている。そのほか基本法自身が禁じている手段に死刑がある（102条）。

300 　適合性と必要性の基準についても、立法と行政では異なった意味をもつ。立法者は、行政に対して優先的評価権をもっており、介入の手段によってつくられる状態と、その目的が達成される状態との間の複雑な経験的関係のしばしば難しい判断において、ある程度優先的信頼を享受する。そして、適合性と必要性の基準は、まさにこの複雑な関係に関連している。

301 　aa) **適合性**は、国家が介入の手段によってつくり出す状態と、追求される目的が実現されたとみなされる状態が、現実についての実証済みの仮説によって媒介される関係を有するということを意味する。その際、手段は目的を達成しなければならないわけではないが促進しなければならない。

302 　**例**　森の死滅を止める、または延命をはかる目的で行う速度制限は、適合性の観点からは、実証済みの仮説が有害物質の排出量の減少（介入の手段によってつくられる状態）と森の構造の改善（目的が実現されたとみなされる状態）との関係を明らかにする場合にのみ比例性があるといえる。

303 　bb) **必要性**とは、国家が大きな費用をかけないでつくり出すことができる状態で、市民にとってより負担が少なく、かつ、追求されている目的が実現されたとみなされる状態と、現実に関する実証済みの仮説によって媒介される関係を有するような他の別の状態が存在しないということを意味する。別言すれば、同じ効果をもつが負担の少ない手段によってその目的を達成できるようであってはならない、ということである。

304 　**例**　いずれにしても行われるであろう植林が、一定の樹種に有効に働き、一定の森の景観をつくり出し、実証済みの仮説が、この森の景観（国家が大きな費用をかけないでつくり出すことができる別の状態で、かつ、市民にとってより負担が少ない状態）と森の構造の改善（目的が実現されたとみなされる状態）との関係を明らかにするならば、速度制限は、必要性の観点から比例性がないといえる。

305 　森林の死滅の条件は、よく知られているように複雑であり、経験的関係において何が決定的かの判断は難しい。この場合、疑わしきは立法者の有利にという**立法者の優先的評価権**が意味をもつ。これに対して、行政は、法律で危険の防止を授権されているときにのみ、これには常に不確実な要素がつきまとうが、疑問のある場合、各人の

負担になるように行動することが許される。[27]

適合性の基準と必要性の基準の**重要度は同じではない**。適合的なもののみが必要で 306
もありうる。必要なものは、不適合ではありえない。体系的に適合性の審査は必要性
の審査に劣後する。必要性の審査の結果が積極であれば、適合性の審査の結果も積極
でしかありえない。必要性の審査の結果が消極であれば、適合性の審査の結果が積極
であっても、もはや比例性を満たすことはできない。にもかかわらず、適合性の審査
は、戦略的に重要である。それは、経験的な関係を解明し、必要性の審査の導入部と
なるからである。

cc) 判例と通説は、比例原則に、**狭義の比例性**の概念の下に最後の基準を付け加 307
え、介入ないし各人にとっての介入を意味する干渉と、介入によって追求される目的
とが相互に正確に査定され均衡のとれた関係（比例性Proportionalität、適切性
Angemessenheit、期待可能性Zumutbarkeitともいう）[28]に立たなければならないという
ことを要求する。ときに基本権は、自ら介入と介入目的との関係を明らかにしてお
り、それは重要度評価Gewichtungと比較衡量Abwägungに相当するものと理解する
ことができる。その際、複数の、それ自体は適切な介入が累積的、付加的な効果に
よって不適切な介入になることがあるということである。[29]

例 6条3項は、家族が一体であることに子どもの教育よりも高い価値を与え、子 308
どもの放置の回避よりは低い価値を与えているし、5条2項は、自由な意見表明およ
び出版に青少年保護および名誉の保護より低い価値を与え、国家のプロパガンダによ
る自己宣伝などより高い価値を与えている。

しかし、判例と通説は、基本法に定められているこのような重要度評価と比較衡量 309
に従おうとしない。それは、そのつど問題になる公益や私益の**独自の重要度評価と比
較衡量**を要求する。その場合、たとえば、絶対的な、超越的な、特別重要な、あるい
は重要な共同体の利益とか動機の純粋な、正規の正しい自由権行使とか、自由権の優
越、自由で民主的な基本秩序の意義などが語られる。

例 リュート判決と薬局判決から引用する。「意見表明の権利は、他のより高次元 310
の保護すべき利益が、意見の自由な行使によって侵害されるときには、後退しなけれ

---

27) 詳細は *Ossenbühl*, in: FS BVerfG, 1. Bd., 1976, S. 458; vertiefend *Raabe*, Grundrechte und
Erkenntnis, 1998参照。

28) *Stern*, StR III/2, S. 782 ff 参照。

29) E 130, 372/392.

第6章　基本権の保障と基本権の制限　*93*

ばならない」(E 7, 198/210 (リュート判決 I・24))。「職業活動の許可を一定の条件の充足にかからしめ、それによって職業選択の自由に抵触する規律は、各人の自由に優先する超越的な共同体の利益がそれによって保護される場合に限って正当化される」(E 7, 377/406 (薬局判決 I・44))。

311　このような重要度評価と比較衡量は、連邦憲法裁判所でも「曲芸」[30]だといわれ合理的で拘束力ある規準が欠けている[31]。基本権や基本法の価値秩序を持ち出しても、それは 1 つの規準を主張するだけでそれを証明することはできない。したがって、狭義の比例性の審査においては合理性のためのあらゆる努力にもかかわらず、審査する者の主観的判断と予断を押し通す危険が常につきまとう。審査を行う連邦憲法裁判所が、自己の主観的判断を審査される立法者の主観的判断の上に置くことは正当化されない。主観的判断しかなされえないところでは、逆に政治の領域と政治の正当化が始まる。狭義の比例性は、行政における場合と行政を審査する司法の場合とでは全く意味合いが違ってくる。立法者は、合理性のためのあらゆる努力にもかかわらず、最終的には主観的な重要度評価と比較衡量を行政に授権する自由があるが、司法も、自己の主観的判断を行政のそれの上に置くことが自由だということになる。

312　狭義の比例性の審査のもつ危険を回避するためには、1 つの事件の問題を可能な限り他の審査の視点からも洗い出す必要がある。連邦憲法裁判所においても狭義の比例性の審査は、理論的には大きな役割を果たしているが、実際には小さな役割しか果たしていない。比例性の審査は、実際には、とりわけ必要性の審査になっている。公共善や公共の利益が現実に基本権介入という大きな犠牲を払ってのみあがなうことができるならば、その高度な価値の証明は、まさにそのことの中にみてとることができよう。比例性の審査は、**調和性審査**の意味をもっている。事例の解決策が全くナンセンスだと思われるときには、まず取りかかるべきは、あらゆる他の審査の視点を再度洗い直すこと、そして何よりも必要性の審査を再度慎重に行うことである。それでもナンセンスの印象が残る場合は、是正のために例外的に狭義の比例性の問題が提起されるかもしれない。

---

30)　*Hoffmann-Riem*, EuGRZ 2006, 492/495.

31)　*Schlink*, in: FS 50 Jahre BVerfG, 2001, Bd. II, S. 445/460 ff; *Groß*, DÖV 2006, 856/858 f 参照。さらに一貫した基準を示して定式化する試みとして*Alexy*, in: GS Sonnenschein, 2003, 771/777 ff があり、公益の重要度評価として、たとえば*Kluckert*, Jus 2015, 116がある。

比例原則の必要性の規準も、いくつかの**解釈学**においては詳細に完成されている。　313
必要性の規準は、複数の同じように適合的な介入のうちで最も軽度で緩やかなものを
選択することを要求する。したがって、介入の程度がランクづけられる場合は、比例
原則は、立法者がその目的をより厳しくない介入の段階で達成できない場合に、はじ
めてより厳しい介入の段階に進むことを要求する。

　したがって、基本権行使の制限を**行うかどうか**と、**どのような制限を行うか**という　314
２つの制限の間では違いがあり、また行う場合でも、**影響のない制限**と**影響のある制**
限との間では違いがあり、それに応じて介入の強度の違いも生じる。連邦憲法裁判所
は、この違いを12条１項に関してはじめて展開した（**939**以下参照）。さまざまな介入
の強度のうち、解除の留保付き、または例外的承認の留保付きの抑圧的禁止や、許可
の留保付きの予防的禁止について連邦憲法裁判所は、２条１項に関してはじめて解明
した。[32]抑圧的禁止は、禁止された行為・態度を可能な限り許さず例外的にのみ許可
する目的をもっている。予防的禁止は、行為・態度が原則的には許容されるが違法の
誤った行為・態度については再審査されるような統制目的をもっている。

　dd）連邦憲法裁判所の司法[33]も憲法学[34]も過剰制約の禁止Übermaßverbotから**過少保**　315
護の禁止Untermaßverbotにまで進んでいる。国家は防御権として基本権を過剰に介
入しないことによって尊重するように、過少の保護で満足しないことによって保護義
務としての基本権を尊重する。しかし、それを下回ってはならない基準は、それを上
回ってはならない基準と同じではない。防御権の基準は、適合的で必要かつ狭義の比
例的な介入であるのに対して、適合的でない保護措置は決して保護措置ではない。す
なわち、適合的でない保護措置はそもそも保護措置ではない。

　同様に保護措置を必要なものとしてとらえるのも誤った見方である。基本権、より　316
正確には基本権の行使を保護することは常に多くの可能性があり（**110**以下参照）、そ
のために連邦憲法裁判所は相当程度の決定の自由を認めている（**119**以下参照）。保護
義務は、国家が保護的に活動することを要求するがどのように活動するかまでは要求
しない。多くの保護措置のうち１つを講じることは必要であるが、それは特定の唯一
の保護措置ではない。実際には想定しがたい状況であるが、保護が唯一の措置によっ

---

32)　E 20, 150.

33)　E 88, 203/254（第２次堕胎判決Ⅱ・７）.

34)　*Merten*, in: Gedächtnisschrift Burmeister, 2005, S. 227/238 ff; *Klein*, JuS 2006, 960;
　　Calliess, in: FS Starck, 2007, S. 201.

第６章　基本権の保障と基本権の制限　*95*

て実効化されるのであれば、この保護措置を中身に関係なく必要といってもいいだろう。すなわち、不可欠の保護措置とはただ単に唯一の保護措置のことを指す。

317 かくして狭義の比例性のみが基準として残る。[35]**連邦憲法裁判所**は、実効性のない保護措置は保護措置ではないという理由で保護措置の実効性を要求するとともに過少の禁止を持ち出して、対立する法的利益を考慮しつつ、適切な…保護が達成されること（過少保護の禁止）を要求する。[36]過少保護禁止を持ち出すと、審査する者の主観的判断や偏見が再び入り込む。

318 **例** ①妊娠中絶訴訟第2次判決において、多数意見の裁判官は、保護任務は「基本的 elemenntar」であり（E 88, 203/257 f, 270 ff（第2次堕胎判決Ⅱ・7））、過少の禁止から、胎児の保護のために刑法の発動や妊婦への勧告の条件が要求されるとしたが、少数意見の裁判官は、保護義務の基本的性格を認めないでこれを争い、それらを要求しなかった（E 88, 203/248 ff（第2次堕胎判決Ⅱ・7））。子どもに対する扶養義務を損害とみなすことが憲法上許されるかという問題をめぐる争いについて、連邦憲法裁判所の第2法廷は、この見解は過少保護の禁止から認められないとした（E 96, 409/412 f）が、第1法廷はこれと異なる見解をとった（E 96, 375/399 ff（「損害としての子」事件Ⅲ・1））。バイエルンの妊婦援助補充法に関する判決では、多数派の裁判官が過少保護の禁止に違反していることを「強く求めている」と少数意見の裁判官が考える（E 98, 265/355 f（バイエルン州妊婦援助補充法Ⅲ・47））のに対して、多数派の裁判官はそうは考えていない。

②連邦憲法裁判所は、胎児の保護というような情動的になりやすい問題を除けば、多数意見も少数意見も過少保護の禁止の侵害に焦点を当てて論じることはない。

319 d）**本質的内容**（19条2項）による制限に対する制限は、個別の基本権ごとに別々に確定されなければならない。[37]ここでは、本質的内容を確定する場合、何を問題とし、何を調べるべきかということのみを述べる。

320 しばしば主張されている**相対的本質的内容の理論**によれば、[38]本質的内容は、各基本権ごとにだけでなく各事件ごとに確定されなければならない。個別の事件において

35） *Schlink*, in: FS 50 Jahre BVerfG, 2001, Bd. II, S. 445/462 ff 参照。

36） E 88, 203/254（第2次堕胎判決Ⅱ・7）.

37） E 22, 180/219（青少年援助判決Ⅰ・60）; 109, 133/156（終身の保安拘禁判決Ⅲ・3）; *Krebs*, MüK, Art. 19 Rn 23.

38） *Häberle*, S. 234 ff.

関係する公私の財および利益の重要度評価および比較衡量を行った後にはじめて本質的内容を侵害したかどうかが確認できる。基本権が「具体的に決定すべき問題に対して比較的軽い扱いを受けるべき」[39]場合、侵害は問題にならず、具体的に決定すべき問題に対してより重く扱われるべきであるにもかかわらず、干渉がある場合、侵害があると考えなければならない。それによって比例原則、しかも、問題の多い狭義の比例性の規準が繰り返されることになる。

これに対して、**絶対的本質的内容の理論**[40]は、本質的内容を、固定的で、個々の事件や具体的問題から独立したものとして理解する。それは、本質的核心とか基本権の核心、基本的実体、最小限内容、最小限の地位等々の概念で、曖昧にのみ示唆される。何がずばり抵触してはならないものかについては、これまで、それ以上厳密に規定される必要もなかった。なぜならば、ある基本権で決して犠牲にされてはならないものは何かということが問題になるのは、基本権への介入が厳しすぎて、基本権が犠牲にされる危険がある場合に生じるからである。しかし、介入は、極度に厳しいものでなければならないというわけではない。成長、福祉、政治的妥協の時代には、厳しい介入によってしか解決できなかったような深刻な社会的紛争は生じなかったし、国家は基本権介入に代わる手段に資金を提供し、給付や配分を認めることで基本権介入を緩和することができた。 **321**

したがって、**連邦憲法裁判所の判例**からは、19条2項について基本権にはどのような介入を受けても維持しなければならないものがあるということ以外の確認は得られない。だれに対して維持されなければならないかについても明らかでない。連邦憲法裁判所は、「19条2項は、個別事件において基本権の核心を乱暴に剥奪することを禁止しているのか、それとも基本権の本質的核心自体が、基本法に根拠を有し公衆一般に与えられている保障が実際に与えられないことによって侵害されることを防止しようとしているだけなのか」[41]を問題にした。あるときは、1人ひとりが基本権を行使することができることが重要であり、またあるときは、そもそも一般的に基本権を行使することができることが重要となろう。 **322**

例 警察の意図的な射殺は、当事者の生命を無慈悲に奪う。しかし、それによって一般的に保障されている生命の権利（2条2項1文）が侵害されるわけではない。 **323**

---

39) BVerwGE 47, 330/358.

40) *Stern*, StR III/2, S. 865 ff.

41) E 2, 266/285.

324　19条2項は、この問題について解答を与えていない。たしかに、それは、基本権の本質的内容が「決していかなる場合にも」侵害されてはならないことを宣言している。しかし、そのことは、種々の基本権の事例や、さまざまな個人やさまざまな状況の事例を意味しうる。

325　**例**　①2条2項3文は、生命に対する権利への介入についても規定している。生命への介入は常に生命の剥奪を意味するので、2条2項1文の本質的内容は、いかなる個人も生命を奪われてはならないというように理解することはできない。したがって、この場合の本質的内容は、一般的な保障のうちに求めなければならない。

　　②身体の不可侵性に対する権利の場合は、生命に対する権利の場合と異なり、完全に介入できるか全く介入できないかというだけではなく、介入の程度の違いも認められる。したがって、身体の不可侵性に対する権利の場合は、本質的内容を一般的な保障のうちに求めなければならない理由はない。

326　本質的内容の保障がどちらか疑わしい場合は、一般的な保障のうちにではなく、**各人に対する保障**のうちに求めなければならない。基本権は各人に保障されているものであり、1人が自己の基本権を行使することができなければ、他人がそれを行使できても役に立たないからである。

327　ときに、基本権の本質的内容は、**人間の尊厳の内容**（377参照）と同一であると主張されることがある。しかし、もしそうならば19条2項が機能しなくなるだろうということを考えてみればその誤りは明らかである。なぜならば、人間の尊厳の内容の保護効果は、79条3項に完全に含まれているからである。さらに、すべての基本権が必ずしも人間の尊厳と関係があるわけでないからである。ただし、基本権が人間の尊厳の内容をもつ場合には、その内容は、当該基本権の本質的内容としばしば一致することがあってもいいだろう。[42]

328　e）19条1項1文は、**制限的な個別事件的法律**Einzellfallgesetzの禁止を定めている。それによれば、（基本権を）制限する法律は、それが個別事件に対してではなく、一般的に適用される場合のみ憲法上正当化されうる。これは、1つには、立法者が行政の領域に介入して、本来行政の仕事であるような個別具体的な活動を法律の形式で行うことを禁止するねらいがある。19条1項1文は、その限りで権力・機能分立の学説と関係がある。[43]もう1つは、基本権の制限があれこれ違う方向で例外をなし、そ

---

42)　*Brenner*, Staat 1993, 493/499 ff; *Remmert*, MD, Art. 19 Abs. 2 Rn 44参照。

43)　*Stern*, StR III/2, S. 731; これを批判するものとして *Remmert*, MD, Art. 19 Abs. 1 Rn 15.

の結果、基本権の特権化や基本権の差別化が創り出されることを禁止するねらいがある。

これによって、19条1項1文が立法者の基本権制限を制限しようとしていることは、3条がすでに制限していることと**変わりがない**。3条も、基本権の特権化や基本権の差別化を禁止しているからである。19条1項1文によれば、もちろん一定の条件を満たした上でのことであるが、法律の憲法的正当性は3条の場合よりも**簡単**に否認されうる。

①1または複数の名宛人を特定した制限法律または

②抽象的一般的には名宛人を特定していないが、排他的に特定の個人の範囲を確定している、または確定しようとしている制限法律（偽装的な個別事件的法律）[44]においては、3条に関する考察は必要ではない。ただし、立法の事情から規律の不可欠性の正当化理由が導き出せる場合には19条1項1文に違反しない[45]。

f）19条1項2文の**挙示義務**によれば、法律は、制限しようとする基本権の条文を**挙示**する場合のみ正当化される。この制限に対する制限は、立法者に対して警告・自覚促進機能をもち、法律の解釈適用機関に対して明確化の機能をもつことをねらっている。すなわち、立法者に対して法律の基本権への影響を考慮せしめ、法律の解釈適用機関に対しては、法律による介入が授権されているのはどの基本権に対してかということを知らしめるわけである。

連邦憲法裁判所は、確立した判例で19条1項2文を狭く解釈し、挙示義務は「立法者の仕事を不必要に妨げる[46]」ものではないとしている。**狭義の解釈**の根拠としては、「法律によって、または法律の根拠に基づいて基本権を制限することができる」場合にのみ挙示が要求されているという、文言が挙げられている。法律の留保がない基本権については、制限的法律については何も触れられておらず、また、2条1項、3条、5条2項、12条、14条1項および3項2文は、それが「法律によって、または法律の根拠に基づいて制限される」ということが少なくとも明示的には規定されていない。連邦憲法裁判所は、法律の留保を欠いていたり19条1項2文に書かれているのとは違う形で規定されているすべての基本権について、挙示義務の尊重を断念した[47]。その

---

44) E 99, 367/400; *Kloepfer*, VerfR II, § 51 Rn 75; *Lege*, Hdb. GR III, § 66 Rn 116参照。

45) BVerfG, NJW 2013, 3151/3161 (JK 1/2014).

46) E 35, 185/188.

47) *Dreier*, DR, Art. 19 I Rn 21 ff; これを批判するものとして *Axer*, Hdb. GR III, § 67 Rn

ほか、挙示義務は、ある介入が、他の名宛人に対して向けられたあるいは他の名宛人を目的とした、ないし意図した介入の反射にすぎないときは適用されない。[48] 連邦憲法裁判所は、さらに、法律が〔基本法制定前の〕前憲法的な法律にも挙示義務は適用されないとした。さらに、ある法律が基本権制限を変更しないで、あるいはわずかな変更を行って継続している場合にも適用しなかった。[49] しかし、連邦憲法裁判所は、変更が基本権の新たな制限をもたらすならば、[50] 変更される前の法律に基本権が挙示されていても、変更法律にも基本権挙示義務を要求する。

332　　g）構成要件と法効果において明白かつ明確に作成された法律という法治国家の要請（**明確性の要請**）は、103条2項（**1215**以下参照）の特別規定の場合以外にも、制限に対する制限に関する独立の項目として成り立つかどうか疑いをもつ人がいるかもしれない。なぜならば、不明確な法律は立法目的の実現に必要以上の介入に道を開き、その結果、比例原則を侵害するからである。しかし、法治国家的明白性・明確性の要請は、それが**各人のパースペクティブ**、すなわち各人が予見し予測することができるものをめざしている限りにおいて、独自の価値を示している。法律が法治国家的明確性の要請に照らしてあまりにも不明瞭で不明確なものであるならば、比例原則を用いなくても無効となりうる。

333　　**例**　①1983年の国勢調査法9条1項1文は、市町村に対して課税資料の一定の記述を申告台帳と照合し、照会に利用し、他の部署に回付することを認めていた。したがって、選別された個人データが統計目的だけでなく、具体的な本来の目的から外れた行政執行のために使用することができた。これは、「規律全体の不可解性」を導き、「情報提供義務のある市民がこの規定の波及効果を予見し得ないという結果をもたらす」（E 65, 1/65（国勢調査判決 I・7））。使用目的の変更も「十分規範的に明白な」法律の根拠を必要とする（E 100, 313/360（第1次遠隔通信監視判決Ⅲ・42））。

　　②有罪判決を受けた犯罪者は、特定の場合に改善と安全のための処置として裁判所が指導監督を命じることができる。それに基づいて、極右または国家社会主義的思想の宣伝のための5年間の出版禁止は、「不明確であり、かつそれゆえに比例性に反す

---

　　25 f 参照。

48)　BVerfG, NJW 1999, 3399/3400.

49)　E 130, 1 (39)（違法収集個人情報の刑事裁判における証拠利用Ⅳ・57); 基本法施行前の法律についてはすでに E 35, 185/189; 61, 82/113.

50)　E 113, 348/366 f; 129, 208/237.

る」(BVerfG, EuGRZ 2011, 88/89)。

　h）103条2項(**1215**以下参照)は、そこから**遡及効の禁止**が引き出せるという点で、より一般的な制限に対する制限を命じている[51]。20条3項から導かれる法治国家の一般的な遡及効禁止は、信頼保護に由来する。それによれば、各人は、自らの行動を基礎づけている法状態が遡って変更されないことを原則として信頼できる。基本権として保護されている法的地位を不当に遡って変更する法律は、当該基本権をも侵害している。新規律が既存の完結した生活状態に介入し、その施行前の時点に遡って法的な効力を発生させようとするときには**真性の遡及効**が存在する。それは、原則として許されない。例外は、その法状態に対する信頼が保護されないような場合のみである。たとえば、規律の変更がすでに予見可能であったとか、法状態が混乱していた場合がそうである。これに対して些細な迷惑は遡及効禁止は妥当しない。そのほか、公共の福祉によるやむをえない理由は、真性の遡及を正当化することができる[52]。これに対して、法律の施行前に開始されていた完結していない単なる事実上の生活状態に結びついているとき、**不真正の遡及効**が存在する。不真正の遡及効は、原則として立法者に禁じられていない。しかし、比例性の枠内で信頼保護が考慮されなければならず、とくに、投資を伴う、保護に値する信頼を裏切る場合は、規律の目的に照らして必要かつ適切であることを示さなければならない[53]。不真正の遡及効が真性の遡及効に近づくときには、比例性の枠内での信頼保護が特別の意味を持つ[54]。法治国家による一般的な遡及効禁止は、何よりも立法にのみ関係する。判例の変更への拡大は、これまでのところ、文献でしか考慮されていない[55]（103条2項に関して**1227**参照）。

　例　所得税法の改正で、改正法の施行前の徴収期間の納税を重くするのは、真性の遡及となり遡及禁止原則に反する（E 72, 200/249 ff（所得税法決定Ⅰ・62））。これに対して過去に住所を外国に移したことと結びついて、将来にのみ課税を高めるのは不真正の遡及であって、原則として憲法上許される（E 72, 200/241 ff（所得税法決定Ⅰ・62））。立法者による法状態の「明確化」は、遡及効禁止原則によって審査される。なぜならば、解釈による別の選択の可能性がなく、規範の状態が遡って変更されるから

51）*Möller/Rührmair*, NJW 1999, 908/910 f. zum Verhältnis von Grundrechten und Rückwirkungsverbot.

52）E 11, 139/145 f; 30, 367/387; 72, 200/249 ff（確立した判例）.

53）E 95, 64/86; 101, 239/263; 122, 374/394 f（確立した判例）.

54）E 132, 302/319 f-Änderung des Steuerrechts für laufenden Veranlagungszeitraum.

55）*Grzeszick*, MD, Art. 20 und die allgemeine Rechtsstaatlichkeit, Rn 101 ff.

である（E 131, 20/37 f（官吏恩給法の法律解釈の遡及的変更IV・58）; *Buchheim/Lassahn*, NVwZ 2014, 562 ff）。しかし、連邦憲法裁判所は、一連の社会法に関する事件で、不明瞭な規範の状態は、確立した判例にはなっていない最高の裁判所の裁判において十分な信頼の基礎を提供しないということを明らかにした（E 126, 369/394 ff; 131, 20/41 ff（IV・58））。裁判所は税法に関して、この要件を明らかに立法者の負担になるように帰着させたように思われる（E 135, 1/23 ff）。そこでは、規範の状態の明瞭性への信頼にとどまらず、有利な法解釈の基礎としての規範の状態への信頼も保護されている（これを批判する E 135, 1/29 ff の反対意見; *Lepsius*, JZ 2014, 488 ff）。

V.　衝突と競合

1.　衝　突

336　衝突 Kollision は、まず第1に、荒っぽい自由権行使によって生じる抗争である。それを介入によって抑止することは、立法者に法律の留保として授権されている。法律の留保が**留保なき**基本権のために欠けているときには、立法者は衝突を抑止する自由を欠いている。しかし、だからといって衝突の危険が地上から消え去るわけではない。この問題の解決のためにさまざまな手がかりがある。

337　a）留保なき基本権における衝突の問題は、ときに、基本権の**制限を移植すること**によって解決が図られてきた。

338　**例**　それによれば、5条3項は5条2項の制限に服する。一般的権利すなわち「母基本権」たる2条1項の「…の限りで」という制限3項目は、個別的権利すなわち「娘基本権」に対しても妥当し、したがって留保なき基本権にも妥当する（たとえば *Lücke*, DÖV 2002, 93参照）。

339　しかし、これは**拒否しなければならない**。それは、個別基本権の保障の意味や特別法一般の意味をないがしろにする。連邦憲法裁判所も判例で「芸術の自由が2条1項後半部に従い、他人の権利や憲法的秩序または道徳律によって制限されるという見解は…拒否しなければならない[56]」と主張している。連邦憲法裁判所は、4条1項、2項についても同じ判断を示している。[57]

340　b）**体系的解釈**においては、保護領域の範囲が、衝突する荒っぽい自由権行使と重

---

56)　E 30, 173/192（メフィスト決定I・30）.

57)　E 32, 98/107（福音主義兄弟団事件I・17）.

102　第1部　基本権総論

ならないということが指摘されることがある。

例　留保なく保障されている良心の自由を広く解して、確固とした確信に基づく行　341
動をすべてその中に含めて理解すると、4条1項は、他の公益・私益と衝突する事例
が多数出てくるだろう。しかし、5条1項を視野に入れて体系的に解釈するならば、
広義の理解は正しくないということが分かる。確固たる確信は、さしあたり単なる見
解にすぎず、それに義務感を伴う宗教的道徳的性質が加わることによってはじめて良
心が形成される（*Mager*, MüK, Art. 4 Rn 23参照）。

このように、基本権の保護領域にそもそも該当しないものは、基本権への介入に　342
よって他の利益や他の基本権、憲法上の利益との衝突を防止する必要もないだろう。
個別問題の解決においては、留保のない基本権においても、いやその場合こそ介入や
その憲法上の正当化の問題より前に、**保護領域の慎重な確定**を行わなければならない。

c）体系的な解釈は、一般に広まっている理解によれば、留保なき基本権の保護領　343
域は、衝突する他の基本権や憲法上の利益との実際的調和の意味における調整に[58]
によってそのつど認められる範囲であるという結論を導いている（**保護領域の限界と
しての衝突する憲法規定**）。

例　兵役の遂行において、自らの良心が武器をもってする戦争・国防役務を禁ずる　344
ことがある。しかし、支障のない役務の遂行ということを考慮すれば、戦争・国防役
務の拒否の権利には、絶対的な承認までは認められない（E 28, 243参照）。このことは、
4条3項の保護領域は、これと衝突する連邦国防の機能という憲法上の利益によって
限界づけられるということによって正当化される（*Erichsen*, Jura Extra: Studium und
Examen, 2. Aufl. 1983, S. 214/234）。

この例が、この論理の**第1の欠陥**を示している。基本権の特別の形態が、傾向的に　345
その**機能を奪われている**。兵役拒否権を与えないことが、立法者に詳細を規律するこ
とを委ねていること（4条3項2文）によって可能なのかどうかということが全く問
題にされていない。兵役拒否が保護領域から外れるならば、そのことを問題にする必
要は全くない。この論理によれば、その他のどの基本権でも、ある法律が他の基本権
や憲法上の利益の保護を目的としているかどうか、そして、基本権との衝突を回避ま
たは調整しようとしているかどうかということを最初に問うことが本来正しい。これ
を行うことで保護領域が確定される。これを行わないときにのみ、法律の留保がその
機能を果たすことになる。さらにこの説で問題となるのは、立法者が保護領域を定義

58）　*Hesse*, VerfR, Rn 72参照。

第6章　基本権の保障と基本権の制限　*103*

する必要性がそもそもどこから生じるのか、また、なぜ行政が保護領域の外部に位置するときに法律の授権がなければ行動することが許されないのか、ということである。

346　この論理の第2の欠陥は、保護領域の範囲の**明確性の喪失**にある。衝突は多種多様であり、その解決は各事件の具体的状況を考慮しなければならず、それは連邦憲法裁判所の判例においても同様なので、保護領域の範囲が衝突する憲法規定によって限界づけられるならば、その範囲はケースバイケースということになる。それは、もはや一般的には決められず、事件別にその場限りでしか決められない。この2つの理由により、この見解は説得力をもちえない。[59]

347　d）同じく支配的と称されているこれに類似した見解は、衝突する憲法規定（基本権および憲法上の利益）を（内在的）制限として理解し、留保なしに保障されている基本権への介入は、それが他の基本権や憲法上の利益との衝突を実際的調和の意味で調整する場合のみ正当であるとみなしている（**介入正当化としての衝突する憲法規定**）。

348　具体的な衝突の解決においてこの論理は、先に述べた論理と同じである。この論理の長所は、衝突する憲法規定によって保護領域の範囲を確定するのではなく、保護領域への介入を憲法上正当化するところにある。したがって、それは、**保護領域の範囲の明確性**を保障する。

349　しかし、この場合も法律の留保の機能が**危ういものとなる**。なぜならば、衝突する憲法規定による制限が、留保なしの基本権の場合だけ前提とされているのか、それともその他の基本権の場合にも前提とされているのか、また立法者だけが使えるのかそれとも司法や行政も使えるのか、十分明らかにしていないからである。

350　一方で留保なしの基本権においても、衝突の阻止の可能性を認めようとし、他方で、基本法が留保なしの保障をもって基本権に承認している特別の価値、ならびに法律の留保の意義および体系を放棄しないようにしようと思えば、**具体的な衝突問題の解決**にあたっては次の点に注意しなければならない。

351　①基本法が**法律の留保**を含んでいるところでは、基本法は、衝突の危険性を認め、介入の可能性をつくり、介入の必要性も肯定している。法律の留保を伴う基本権においては、衝突する憲法について考察する契機は存在しない。[60]

---

59)　*Lege*, DVBl. 1999, 569/571も参照。

60)　別見解としてE 66, 116/136; 111, 147/157（NPDの集会禁止Ⅲ・41）; BVerwGE 87, 37/45 f;
これを批判するものとして*Schoch*, DVBl. 1991, 667/671 ff; またそれと異なるものとして
Michael/Morlok, GR, Rn 712 ff.

104　第1部　基本権総論

②基本法が法律の留保を含んでいないところでは、基本法は衝突の危険性を認めて　352
いない。介入の必要性も認めなかったので介入の可能性もつくらなかった。全状況か
らして、衝突を排除するような保護領域の観念が基礎とされていることが分かる。し
たがって衝突問題の解決は、衝突する事態がそもそも保護領域に該当するかどうかと
いう問題、ないしは**保護領域の範囲の厳密な確定**から始めなければならない。留保な
しの基本権という**単数**の問題は存在せず、さまざまな留保なしの基本権の多様でかつ
多様な解決を求められている問題が存在するがゆえになおさらそうである。

③基本法が介入の可能性をつくり出そうとしたところでは、法律による、または法　353
律に基づく介入を規定している。基本法が必要性を認めず、その可能性をつくってい
ないところでも介入を可能にしようとするならば、必要性を認め可能性をつくり出し
ているところよりも、**少ない条件の下では認められない**。法律や法律の根拠に基づい
て行われるわけではない、留保なしの基本権への介入は、憲法上正当化することはで
きない。[61]

④基本法は、留保なしの基本権においては介入を規定していないので、介入は少な　354
くとも**例外**にとどまらねばならない。したがって、衝突する憲法規定に依拠する正当
化のために、基本法が、日常の憲法生活のために立法権限や行政権限として挙げてい
るようなもの[62]は、ときに連邦憲法裁判所の司法[63]において持ち出される傾向があると
はいうものの、必ずしも有効ではない。それゆえ、権限として挙げられるものは憲法
上の利益ではない。

2．競　　合

a）競合 Konkurrenz は、1 人の基本権主体の行為・態度が、外見上、**複数の基本権**　355
によって保護されるときに存在する。

例　編集者は出版を職業としており、原則として 5 条の保護と同時に 12 条 1 項の保　356
護も受ける。彼が仕事を妨害された場合、とりあえず 2 つの基本権が関係してくるよ

61）　E 107, 104/120; *Böckenförde*, Zur Lage der Grundrechtsdogmatik nach 40 Jahren
　　　Grundgesetz, 1989, S. 21参照。

62）　E 53, 30/56（ミュールハイム＝ケルリッヒ原発判決 I・9）; 105, 279/301 ff（オショー決
　　　定 III・20）; これを批判するものとして *Lege*, DVBl. 1999, 569.

63）　E 69, 57/58 ff の少数意見; *Bamberger*, Verfassungswerte als Schranken vorbehaltloser
　　　Freiheitsgrundrechte, 1999, S. 145 ff; *Gärditz*, Hdb. StR^3 IX, § 189 Rn 18 ff; *Kloepfer*,
　　　VerfR II, § 51 Rn 65参照。

第 6 章　基本権の保障と基本権の制限　*105*

うに思われる。しかし、妨害が出版に特殊なものか職業に特殊なものか、たとえばある調査がその内容のために困難となっているのか、それとも、裁判官が職業規制的な作用として認め、かつ意図した運転禁止の処分によって困難となっているのか、しばしば区別することができるし、また区別しなければならない。

357　　b）とくに自由権と平等権は、外見上しばしば相互に関係し合っている。ある基本権主体の自由への介入があるとき、介入がない他の基本権主体に対して不平等に取り扱われている。しかし、その自由への介入がある基本権主体にとって、他の基本権主体との平等取扱いは問題ではない。自分だけではなくて他人の自由への介入によっても平等取り扱いが実現される可能性がある。基本権主体はそれをめざしているのではなく、自らの自由への介入が正当化されないとしてそれを排除しようとしており、かつ介入が自分だけでなく他の基本権主体に行われているときにも介入を排除しようとする。

358　　自由への介入が正当化されるときにのみ平等取扱いだけが問題となりうる。すなわち、自らの自由への介入と同じ正当化によって他人への介入ができるにもかかわらず、他人への介入がなされなかったときである。この場合も他人と同様に介入を受けないことによって平等取扱いが実現できるだけでなく、自分と同様に他人が介入を受けることによっても実現できる。しかし、彼はこのリスクを負わなければならない。このリスクは平等取扱いが自分に有利なように実現される期待よりも大きい。多くの場合、期待は失望に変わる。特別な自由権侵害の正当化はたいてい非常に特殊であり、他の基本権主体に対する不平等取り扱いの正当化もそこに重なるからである。

359　　例　連邦憲法裁判所は、麻薬のカンナビスの取り扱いを刑罰をもって禁じることを2条1項に違反しないとして正当化した後、刑事罰のあるカンナビスと刑事罰のないアルコールの不平等取扱いが3条1項に照らして許されるかを審査したが（E 90, 145/195 ff（ハシシ決定Ⅱ・4））、同様に正当化されるとした（E 89, 69/82 ff も参照）。

360　　c）ある行為・態度が、両者の間に一般・特別の関係が存在するような2つの自由権の保護領域に該当するとき、その保護は、**個別基本権**によってのみ決定される。このことは、一般に、特別法の規範が一般法の規範に対して優先されるということから導かれる。

361　　例　①集会もしくは結社に対する介入または住居への侵入の憲法上の許容性は、8条、9条1項および2項ならびに13条によって判定される。2条1項にはよらない。団結に対する国家の扱いは、9条1項によってではなくもっぱら9条3項によって判断される。

②特別の平等原則と一般的平等原則の関係については、562以下を参照。

一般的行為自由は、ある行為・態度がある基本権の規律領域には該当するが、保護 **362**
領域に該当しないとき（222参照）に関係してくる。[64]別の見解によれば、その行為・
態度がある特別の基本権の規律領域に該当する場合には、それだけで、2条1項の適
用は排除される。[65]しかし、この見解は、2条1項を一般的行為自由として広く理解
する立場や連邦憲法裁判所の判例と一致しない。

　例　非平和的な集会は、8条1項の規律領域には該当するが8条1項の保護領域に **363**
は該当しない。それは、2条1項によって保護される。

　d）ある行為・態度が、両者の間に一般・特別の関係が存在しないような2つの基 **364**
本権の保護領域に該当するとき（いわゆる観念的競合）、その保護は、**両方の基本権**に
よって決定される。2つの基本権の保護効果の強さが違うとき、より強い保護をもっ
た基本権に照らして正当化される場合にのみ介入は正当化されるという二重の保護が
与えられる。[66]

　例　屋外での祝祭行列は、留保なしの基本権である信仰の自由と法律の留保に服す **365**
る集会の自由を現実化する。それが、特定の宗教的伝統に根ざす道をとるならば、進
路に対する介入は、8条2項だけでなく4条2項によっても判断されなければならな
い。そうでないときは、進路とその制限は8条に基づいてのみ判断される。

参考文献　*A. v. Arnauld*, Die Freiheitsrechte und ihre Schranken, 1999; *H. Bethge*, **366**
Mittelbare Grundrechtsbeeinträchtigungen, Hdb. GR III, § 58; *C. Drews*, Die
Wesensgehaltsgarantie des Art. 19 II GG, 2005; *P. Häberle*, Die Wesensgehaltgarantie des
Art. 19 Abs. 2 GG, 3. Aufl. 1983; *H. Hanau*, Der Grundsatz der Verhältnismäßigkeit als
Schranke privater Gestaltungsmacht, 2004; *G. Hermes*, Grundrechtsbeschränkungen auf
Grund von Gesetzesvorbehalten, Hdb. GR III, § 63; *C. Hillgruber*, Grundrechtlicher
Schutzbereich, Grundrechtsausgestaltung und Grundrechtseingriff, Hdb. StR³ IX, § 200;
D. Krausnick, Grundfälle zu Art. 19 I und II GG, JuS 2007, 991, 1088; *K.-H. Ladeur/T.
Gostomzyk*, Der Gesetzesvorbehalt im Gewährleistungsstaat, Verwaltung 2003, 141; *J.
Lege*, Verbot des Einzelfallgesetzes, Hdb. GR III, § 66; *F. Müller*, Die Positivität der
Grundrechte, 2. Aufl. 1990; *D. Murswiek*, Grundrechtsdogmatik am Wendepunkt, Staat

---

64)　*Lorenz*, BK, Art. 2 Abs. 1, Rn 74.

65)　*Krebs*, Vorbehalt des Gesetzes und Grundrechte, 1975, S. 38 ff.

66)　*Berg*, Hdb. GR III, § 71 Rn 47.

第6章　基本権の保障と基本権の制限　*107*

2006, 473; *H.-J. Papier*, Vorbehaltlos gewährleistete Grundrechte, Hdb. GR III, § 64; *B. Schlink*, Abwägung im Verfassungsrecht, 1976; *J. Schwabe*, Probleme der Grundrechtsdogmatik, 1977; *T. Schwarz*, Die Zitiergebote im Grundgesetz, 2002; *K. Stern*, Die Grundrechte und ihre Schranken, in: FS 50 Jahre BVerfG, 2001, Bd. II, S. 1; *L.P. Störring*, Das Untermaßverbot in der Diskussion, 2009; *M. Winkler*, Kollisionen verfassungsrechtlicher Schutznormen, 2000.

付説　構造図式

367 　基本権保障と基本権制限の以下の体系は、事例問題の解決とくに演習問題の解決のために構造図式の形で示したものである。その構造は、最初に、ある人が基本権を侵害されているかどうか（第1類型）、あるいはある法律が合憲かどうか（第2類型）が問われる演習の事例問題のためのものである。第1類型では、事例問題は、基本権の審査基準に関係する。すなわち基本権を基準として構成される構造（＝**構造図式Ⅰ**）が基礎におかれる。構造図式Ⅰは、憲法訴願（**1298**）の枠内での理由づけの審査に対応する。第2類型では全体的な憲法適合性が問われる。そこでは形式的、実体的憲法適合性が問題となる（＝**構造図式Ⅱ**）。訴訟上、この問題は多くの場合規範統制（93条1項2号、100条1項）と結びついている。実体的合憲性の中では、基本権の審査が行われるが、憲法上の正当化の枠内で改めて形式的審査が行われないのはいうまでもない。内容上両者の審査は重なり合う。すなわち、構造が異なるのは単にもとの事例問題の違いによるものである。

　2つの構造図式は防御権としての自由権に関係する。すなわち、すべての自由権について参照することができる。これに対して、ある行為・態度を危険から保護する国家の義務が問題となるときは、**構造図式Ⅲ**が妥当する。国家の配分による保護義務が問題となる事例においては、通例、平等も問題となるので平等基本権の審査についての**構造図式Ⅳ**（**562**参照）が妥当する。**構造図式Ⅴ**は、財産権の自由に関するものである。それは、他のすべての自由権と同じように審査できるが、しかし、介入の正当化の領域においては特別の要請が妥当する（**1061**以下）。

368 ■**構造図式Ⅰ**
　事例問題　基本権の担い手がみずからの基本権を侵害されているか。
Ⅰ．保護領域
　1．事物的保護領域
　①保護法益の名称（たとえば、信仰の自由〔4条1項、2項〕、意見表明の自由〔5

条1項1文〕)

②保護される行為・態度の挙示(たとえば、思考すること、表明すること、信仰の内容にしたがって行動すること〔4条1項、2項〕、言葉、文字、画像で表明し、広めること〔5条1項1文〕)

2．人的保護領域

事態がそのための契機を与えているときに必要な限りで、基本権資格の審査(127-185)

Ⅱ．介　　入

介入の定義〔261〕(ただし、審査される措置の介入の性質が問題とされているときに限られる)

Ⅲ．憲法上の正当化

1．基本法における介入の授権

a）議会の留保

注意：法律自体だけでなく法律に基づく個別行為も審査の対象となっているときの審査である。法律の憲法適合性のみが問題となっているときは、2．のみが審査される。

b）介入の授権についての実体的要請

①単純な法律の留保を伴う基本権 (たとえば2条2項3文) はそれ以上の要請はないので2．に進む。

②特別の法律の留保を伴う基本権 (たとえば11条2項) のときはその条件が審査される。ことがらの性質上、特別の法律の留保は、しばしば正当あるいは不当な目的・手段への言及を含む。法律が特別な法律の留保に挙げられていない目的・手段を追及するときは、比例原則の枠内で審査される。

③明文での法律の留保を欠く基本権 (たとえば4条1項) は、衝突する他の憲法上の利益を保護する目的を追求する場合にのみ許される。このときは他の憲法上の利益を挙示しなければならない。

2．介入を授権する法律の憲法適合性

a）形式的合憲性

aa) 立法権限、とくに70条ないし74条

bb) 正規の立法手続〔76条ないし79条、82条1項〕

b）実体的合憲性

aa) 比例原則

第6章　基本権の保障と基本権の制限　*109*

(1)目的と手段の正当性

憲法上禁止されていないすべての目的(禁止される目的の例としては26条の侵略戦争)および手段(禁止される手段の例としては精神的または肉体的虐待〔104条1項2文〕)は正当である。

(2)適合性

(3)必要性

(4)狭義の比例性

bb) その他の制限に対する制限

明確性の要請、個別事件的法律の禁止(19条1項1文)、条項挙示の要請、(19条1項2文)本質的内容の保障(19条2項)

3. 個別行為の合憲性

裁判および行政処分(上記1.)に対してのみであるが、2.で審査された法律の基本権適合的適用。ただし特別の憲法違反の審査のみを行い、単純法違反の審査は行わない(**1310**)。

369 **■構造図式Ⅱ**

事例問題　法律は合憲か。

Ⅰ. 形式的合憲性

1. 立法権限とくに70条ないし74条

2. 正規の立法手続〔76条ないし79条、82条1項〕

Ⅱ. 実体的合憲性

ここではとくに構造図式Ⅰの基準による基本権違反の審査

ただし、憲法上の正当化の枠内においては実体的問題とくに比例性のみを審査する(したがって、形式的合憲性は改めて審査しない)。

370 **■構造図式Ⅲ**

国家権力による**基本権保護請求権**が存在するかどうかという問題は、以下の段階を踏んで審査される。

Ⅰ. 保護領域

保護が求められている行為・態度が基本権の保護領域に該当するか。

Ⅱ．保護義務の存在

国家権力がその行為・態度を危険から保護する義務が存在するか。

1．基本権がその義務を明示的に要求しているか。

2．その行為・態度の自由が実際に危険な状態にあるか。

3．その危険が求められている保護によって除去ないし軽減されるか。

4．国家権力に求められている保護が事実上かつ法的に可能か。

Ⅲ．保護義務違反

国家権力は、求められている方法以外の方法で義務を充足することができるか。

1．国家権力がそもそもその行為・態度の保護のために活動することができるか。

2．国家の保護が、憲法上の最低水準を満たしているか。

第**2**部　基本権各論

371 　　基本法の第1章は、「基本権」という章題をもつ。したがって、基本権は第1に1
条から19条までの位置を占め、これらの条に含まれている権利は、基本権について語
られている限り、93条1項4a号にも関係する。そのほかに、その構造と歴史からし
て1条ないし19条と等置される規範が第2章、第3章、第9章に存在する。等置につ
いて基本法も、93条1項4a号で次のように述べている。憲法訴願は、20条4項、33
条、38条、101条、103条、104条に含まれている権利に依拠して提起することができ
る。これらの権利は**基本権と同様の権利**と呼ばれている。

372 　　第1章が基本権の場所だからといって、第1章のすべての規範が基本権だというわ
けではない。基本権と、基本権に関する規範のほかに、各人に**主観的権利を認めない**
組織法的な規範も存在する。たとえば、国家の学校監督について規律する7条1項が
そうである。それらの規範は、基本権とテーマ上の関係があるだけである。93条1項
4a号で基本権と並べられている条文についても、基本権と同様の権利だけでなく、
組織法的な規範も含んでいる。

第**7**章　人間の尊厳の保護（1条1項）

事例4　誘拐事件　　　　　　　　　　　　　　　　　　　　　　　373

　AとBが心臓に病気をもつ工場経営者Iを誘拐したとする。彼らはIの親族に対して高額の身代金を要求している。Iはいつもの薬を飲むことができないため、極度の生命の危機に瀕している。たとえ誘拐者の要求に応じたとしても、身代金の引渡しや釈放の手続には時間がかかることを考えると、薬による助命はすでに手遅れかもしれない。そうこうしているうちにBが逮捕された。BはAがIを監禁している場所を知っているが、これを明かすことを拒絶している。Iの生命を助けるために、警察は拷問によってBの口を割らせようとしている。これは1条1項違反だろうか。→**399**。

Ⅰ. 概　　観

　ナチスの暴力犯罪を目の当たりにした基本法制定会議は、基本権の冒頭に人間の尊　　374
厳への信奉をおいた。この位置づけに対応して、かつ憲法改正も1条に「抵触する」
ことが許されないこと（79条3項）に鑑み、連邦憲法裁判所は次のように定式化している。すなわち、「自由な民主制においては人間の尊厳が最高価値である[1]」。

　宣言条項的な不明確性および、1条3項に定められた公権力が「以下の」基本権に　　375
拘束されるという規定、そうでなくても基本権の保護に欠けるところはないという理由から、1条1項はそれ自体、基本権ではないという見解が主張されている[2]。しかし、体系性からみても（第1章の表題参照）、基本法成立史からいっても、1条1項は基本権に属している。宣言条項的な不明確性は他の基本権にもみられるところであり、かつ、体系的に見ても、1条1項は、第1章の章題および142条から明らかなように**基本権**に含まれる。連邦憲法裁判所は最初から1条1項は1個の基本権であるこ

---

1)　E 5, 85/204 (KPD 判決Ⅰ・68).
2)　*Enders*, FH, Art. 1 Rn 60 ff 参照。

115

とを明らかにしており、最近も、1条1項が「基本権として、すべての個人の尊厳を保護する[3]」ということを再び明らかにした。

376　　大半の基本権の場合と違って、人間の尊厳保障の法的効果は独特の文で定式化されている。すなわち、1条1項2文はすべての国家権力に対して、人間の尊厳を**尊重し保護**するように義務づけている。尊重義務は防御権を保障するのに対して、例外的（**83**以下参照）、明示的に課せられる保護義務は、1個の給付請求権を保障する。[4]

377　　その他の基本権も、人間の尊厳の保護内容をさらに具体化している。とはいえ、それによって、他の基本権が全体として79条3項の憲法改正禁止の保障を受けるわけではない。しかし、その保護領域が、いわゆる人間の尊厳の内容をもつ限り、すなわち1条1項の保護領域と重なる限り、1条1項の憲法改正不可能性から、その改廃によっても——1条1項の観点から——なにがしかのものが生き残ることが保障される。[5]

Ⅱ．保護領域

378　　人間の尊厳の保護領域を規定するのは、2つの点で**困難**である。1つには、人間の尊厳の概念が、2500年の精神史を背負っていて、さまざまな神学的、哲学的、社会学的解釈があり、それが今日、現在もさまざまな法律的解釈が存在することの理由にもなっているということである。もう1つには、人間の実存にとってとくに危険なものは何か、よりどころとなるものは何か、侵されてはならないものは何かという観念は、社会の政治的、経済的、文化的状況によって条件づけられ、変化するということである。

379　　1条1項の保護領域を何と規定するかについて、とくに次の3つの見解がある。いわゆる**天賦理論**Mitgifttheorieによれば、人間を人間として際立たせるもの、すなわち、神に似せて造られた存在、理性を授けられたもの、意思・決定の自由などである。この見解はキリスト教と啓蒙思想に由来するものであるが、**カント哲学**に流入している。「自律が…尊厳の基礎である」すなわち、人間は、自由で理性的な自己規律の能力を天から与えられ、また、それを義務づけられており、主体である。自分自身

3）　E 125, 175/223（ハルツⅣ判決Ⅳ・53）; 1, 332/343.

4）　E 125, 175/222 f（ハルツⅣ判決Ⅳ・53）.

5）　E 109, 279/310（大盗聴判決Ⅲ・53）参照。

が目的として生きている。決して客体、すなわち、国家であれ他人であれ、他者のために使われる手段として生きてはいない。[6)]

いわゆる能力理論 Leistungstheorie によると、理性使用の天賦や義務との説明をもってよしとしない。それは、人間の尊厳を決定づけるものはアイデンティティ形成と自己実現の能力に基づいて、かつそれを基準として人間に尊厳を与える。「人間のみが人間とは何かを規定することができる。[7)]」その際、1条1項は人間に国家からの保護を与える。この理論の提唱者であるルーマンは、1条1項は国家との関係で人間に保護を与えると考えており、他人との交流において保護を与えるとは考えない。人間間の交流は、広い法的限界内において自由であり、成功の機会と同時に、自己形成と自己実現が失敗したときのリスクをも提供する。

380

いわゆる承認理論Anerkennungstheorieによれば、尊厳の根拠は、人間が自由かつ平等な存在として相互に責任を負い、認め合う承認にあり、その承認により承認・連帯共同体としての国家的共同体に自らをつなぎ止める。天賦理論によれば尊厳は人間存在の前提となっており（「実体概念」）、また能力理論によれば人間によってはじめて獲得される（「能力概念」）のに対して、承認理論では尊厳は「コミュニケーション概念」であり、共同体においてつくり出される。[8)]

381

3者いずれの見解も、人間の尊厳の概念の下で、不可侵なものとして堅持されるべきことに資する中心的な局面を取り上げている。それは連邦憲法裁判所の判例においても堅持される。最初の見解は、十分な意思能力、行為能力を伴っていなくても、人間を人間たらしめているものを尊厳としてみることを教えてくれる。第2の見解は、自らの尊厳が生み出すものは、その個人のみが決定することができ、その個人に尊厳の実現や具現化を押しつけることはできないということを明らかにする。[9)]第3の見解は、尊厳は承認にかかっていることにこだわる。尊厳が不可侵であり、尊重し保護されなければならないという1条1項の文言からして、次のように理解することが示唆されている。すなわち、それは不可侵の尊厳から帰結される、尊重と保護を必要とする不可侵の請求権、つまり承認請求権であるということである。[10)]

382

---

6) *Seelmann*, in: Brudermüller/Seelmann, Menschenwürde, 2008, S. 67 ff 参照。

7) *Luhmann*, Grundrechte als Institution, 1965, S. 53 ff 参照。

8) *Hofmann*, AöR 1993, 353/364 ff; *Kloepfer*, VerfR II, § 55 Rn 8 f.

9) E 87, 209/228（「悪魔の舞踏」事件II・23）; *Podlech*, AK, Art. 1 Abs. 1 Rn 46参照。

10) E 109, 133/150（終身の保安拘禁判決III・3）。

383　　例　「肉体的、精神的状態が原因で意識的に行動することができない」者も人間の尊厳を有する（E 109, 133/150（終身の保安拘禁判決Ⅲ・3））。のぞき部屋 peep show の女性や小人投げの小人の場合のように、意図的に協力する場合、人間の尊厳を理由にそれを禁止することはできない（Dreier, DR, Art. 1 I Rn 152参照）。だれかの自由が奪われ、あるいは制裁が課されるとき、その者は、そこで行われる種別と態様により人間の尊厳が認められていると考えなければならない。そこからとくに刑事法の手続のための措置がとられる（394参照）。

384　　3つの見解ともに、保護領域に3つの部分領域が属しているということについては一致をみている。

　　①人間の主体性とりわけ肉体的、精神的同一性および統合性。

　　②人間が原則として法的に平等であること。

　　③最低限度の生存の保障。

385　　人間の尊厳を尊重しかつ保護するという国家の義務は、この3つの部分領域において、異なる作用をする。主体性と平等という基本的な請求権は国家の価値づけないし評価よりも先行する。ときとして保護領域の探求は、これらの部分領域において状況依存的、脈絡依存的で衡量的判断に任されているといわれる。

386　　例　〔そのような相対化論によれば〕、犯罪者として被害者の尊厳を侵した者は、被害者を救うことに資する警察による拷問をみずから覚悟しなければならない。自らの尊厳の侵害として防御することができないとされる。また、テロリストに乗っ取られ、原子力発電所の方向に向けられている飛行機の乗客は、生命の幅と尊厳の範囲が縮減されており、そのため、飛行機の撃墜が尊厳を侵害しない、とされる。

387　　しかし、保護領域の相対化は、そもそもあらゆる基本権の機能と確定性とも適合しないものであるが、人間の尊厳の不可侵性、特別の尊重、特別の保護とは全くもって適合しない。一般的に人間の尊厳の保護領域として形成されたものは、具体的事例においても堅持されなければならない。連邦憲法裁判所は、そもそも人間の尊厳の保護領域について語らず、侵害について語り、尊厳を「一般的にではなく具体的事件の判断においてのみ」確定している。[11]

388　　これに対して人間の最低限の生存は、個人の必要状況によって異なる積極的な国家的保護を要求する。「自らの稼得活動、財産あるいは第三者の寄付によっても維持す

---

11)　E 30, 1/25（盗聴判決 1・42）.

ることができないがゆえに必要な物資が不足する[12]」ときは、社会国家的給付制度に依存しなければならない。たしかに給付請求権は１条１項から直接生じるが、その範囲は憲法から直接導き出すことはできない。連邦憲法裁判所は、それによって、**人間の尊厳に値する最低限の生存の保障の基本権**を独自のものとして、絶対的に機能する１条１項と並列に置き、１条１項だけをその根拠とせず、給付の範囲に関して国家の形成に委任することを根拠づける20条１項にも根拠を求めている[13]。

Ⅲ. 介　　入

連邦憲法裁判所は、当初、人間の尊厳に対する介入があるかどうかの確定に関して、いわゆる**客体定式**を使っていた。これによると、人間は主体としての尊厳を有する。すなわち、人間を「国家の単なる客体」にすることは、人間の尊厳と矛盾する[14]。 　　389

客体定式の問題は明らかである。それはいくつかの問題を未解決のままにしている。連邦憲法裁判所は、盗聴判決において客体定式を**精緻化**しようと試みた。すなわち、人間の尊厳に対する介入とは、「自己の主体性を原理的に問題視したり、〔あるいはそれによって〕人間の尊厳を恣意的に無視する取扱いに人間をさらしたりすることである。そのような人間の取扱いは、人間存在 Personsein ゆえに人間が当然にもっている価値の軽視を表すことになり、その意味で『侮蔑的取扱い verächtliche Behandlung』〔とならざるを得ない〕」と特徴づけた[15]。 　　390

しかし、この精緻化の試みは、それ以上あまり役に立たない。許すことのできない「人間の尊厳の恣意的無視」の他に、許される、恣意的でない人間の尊厳の無視があるだろうか。取扱いが人間性の「侮蔑の表現」でなければならないとする要求はどのような態度に照準を合わせているのか、なぜ作用ではなく態度が重要なのか。盗聴判決の反対意見もこれに反対し、人間は**絶対**に「非人間的に取り扱われてはならず、物のように取り扱われてはならない。たとえそれが人間価値の無視からではなく、『良き意図』からそうする場合であっても許されない[16]」と述べた。連邦憲法裁判所は、最 　　391

---

12)　E 125, 175/222（ハルツⅣ判決Ⅳ・53）.
13)　E 125, 175/222 ff（Ⅳ・53）.
14)　E 87, 209/228; 109, 133/149 f; 115, 118/153（航空安全法判決Ⅳ・16）.
15)　E 30, 1/26（盗聴判決１・42）; E 109, 279/312 fも参照。
16)　E 30, 1/39 f（盗聴判決１・42）.

近、反対意見と似たような表現をした。「人間の主体性、権利主体としての地位を、すべての人間が人格的存在であるということから自己目的的に有する価値の尊重を損なわせるような形で根底的に問題とするような、公権力による人間の取り扱いはすべて、完全に禁止される[17]」。

392 いずれにしても、客体定式は、人間を客体や道具として扱うための目的は含まれないことを**明確**にする。最善、最高の目的であっても取扱いによっては人間の尊厳と合致しない。したがって人間の尊厳においては、目的と手段との関係や、比較衡量や比例原則は問題にはならず、客体や道具としての取扱いの禁止それ自体が問題となる。そのうえ、取扱いの前提のための同意、参加あるいは透明性が増大すればするほど、人間は主体として尊重されるようになり、客体としての扱いは少なくなる。

393 人間の尊厳に関する多様な見解は、保護領域に属する3つの部分領域に関する一致と同様に、**部分領域への典型的な介入**についても一致をみている[18]。

①身体的・精神的同一性および統合性への介入は、とくに拷問、薬物や催眠術を用いての意思破壊、調査・馴致目的のための秘密のもしくは強制的な医療操作あるいは人間的親密性の破壊によって引き起こされる。

②原則的な法の平等への介入は、奴隷制、農奴制、人身売買、その他の制度的差別、凌辱、奴隷扱いによって引き起こされる。

③最低限度の生存の保障への介入は、自らの必要を自ら満たす最低限度のものが与えられない可能性、あるいは、必要な物質的・文化的資源が拒否されることによって引き起こされる。

394 **例** 人間の生命を生殖医療や遺伝子工学が取り扱うことが、1条1項から生じる同一性保護と統合性保護の問題なのかそれとも2条から生じる生命、健康、人格の保護の問題なのかは、1つの問題である (*Dreier*, DR, Art. 1 I Rn 80 ff; *Lorenz*, JZ 2005, 1121; *Middel*, Verfassungsrechtliche Fragen der Präimplantationsdiagnostik und des therapeutischen Klonens, 2006; 臓器移植については Rn 135, 423参照)。不妊手術の失敗あるいは妊娠に関する間違った助言の結果、生まれた子どもの生活費をその医者に負担させることは、その子どもの人間の尊厳に合致するのか、あるいは人間にふさわしくない「人間存在の商業化」であるのかについて、連邦憲法裁判所の法廷間で判断が異なっている (E 96, 375/400 f (「損害としての子」事件Ⅲ・1); 96, 409/412 f)。

---

17) E 115, 118/153 (航空安全法判決Ⅳ・16); *Enders*, JöR 2011, 245/251 ff も参照。

18) *Windthorst*, StudK, Art. 1 Rn 26 ff.

連邦憲法裁判所は、いわゆる乗っ取られた飛行機の撃墜は、乗員、乗客の尊厳への介入にあたるとした。その理由は、その殺害を他人の救済の手段として利用しているからというものであった（E 115, 118/ 154（航空安全法判決Ⅳ・16）；これについて *Merkel*, JZ 2007, 373; *Lindner*, DÖV 2006, 577）。

連邦憲法裁判所は、嘘発見器の使用を人間の尊厳の問題としてではなく、一般的人格権の問題としてしかみなさなかった（NJW 1982, 375; NJW 1998, 1938 も参照）。これに対して連邦憲法裁判所は、大規模盗聴については住居の基本権への介入だけでなく、私的な生活形成の核心部分が侵害されている場合、人間の尊厳への介入にもなるとする（E 109, 279/314 ff）。

刑事司法については、1条1項から、犯罪者は単に犯罪撲滅のための客体としてはならないということが導かれる（E 131, 268）。受刑者が、執行の後再び自由になって社会復帰する可能性がない場合（E 109, 133/150 f）には介入がある。2人で約8㎡の部屋に収用された場合（EuGRZ 2011, 177/180 f）、部屋が糞尿で汚れている場合には介入がある（NJW 1993, 3190 f, EuGRZ 2010, 531/533）。連邦憲法裁判所は、刑事手続における人間の尊厳を保護するために、被疑者には「手続に参加し、自己に向けられた非難に対して自ら意見を述べ、自己に有利な事情を陳述し、包括的・徹底的な審査と場合によっては配慮を受けられる可能性が与えられなければならない」（E 63, 332/337 f）ことを要求する。

人間の最低限の生存の保護のために、十分な自分の資産と第三者からの寄付が不如意な者は、「自己の肉体的生存と、社会的・文化的・政治的生活への最小限度の参加にとって不可欠な物質的な前提条件」（E 125, 175（ハルツⅣ判決Ⅳ・53））を求める請求権を有する。国家の側も、最低限度の生存の維持のために必要な、個人の獲得した収入を奪ったり課税してはならない（E 82, 60/85; 99, 246/259 ff（非課税の生活最低限決定Ⅱ・31）; 120, 125/155 f）。たしかに、立法者は、他の参加領域と異なり、20条1項と結びついた1条1項の基準に従って（**388**）、履行する形成の自由を有している。しかし、立法者は、「生存に必要な費用を首尾一貫して透明かつ適切な手続において、実際の需要に基づいてすなわち現実に公正に測定し」なければならず、かつこの手続を継続的に再審査し、発展させていかなければならない（一般的な基本的保障の権利についてはE 125, 175/225（ハルツⅣ判決Ⅳ・53）; BVerfG, NJW 2014, 3425/3426；庇護請求者の権利については、庇護請求者の給付請求権に関するE 132, 134/ 162（庇護申請者の生活保護に関する違憲判決Ⅳ・54）も参照）。

人間の尊厳は日常的な言葉遣いでは「ますます些細な社会事象」と結びつけられる

ため、連邦憲法裁判所に対しても人間の尊厳侵害とはとてもいえないような国家措置が、しばしば人間の尊厳を引き合いに出して訴えられる。そのため、連邦憲法裁判所は、人間の尊厳侵害を訴えた憲法訴願をしばしば**明らかに理由がない**ものとして却下している。

396 　**例**　秩序罰法規違反の手続での過料の支払い（E 9, 167/171）、交通安全講習への呼び出し（E 22, 21/28）、捜査手続における死体解剖（BVerfG, NJW 1994, 783/784）、骨壺の墓地強制（E 50, 256/262）。

Ⅳ．憲法上の正当化

397 　　1条1項は法律の留保に服さない。1条1項は79条3項により、憲法改正によっても抵触することは許されず、他の実定憲法に優先する。したがって、他の憲法規定との**衝突**を理由とする介入の正当化は最初から排除されている（E 93, 266/293（「兵士は殺人者だ」事件Ⅱ・47））。介入の正当化が考えられるとすれば、79条3項によって同様に憲法改正ができない憲法原則との衝突であろう。しかし、国家権力は人間の尊厳のために存在し、これを尊重し保護しなければならないことからして、20条にしたためられている国家権力の形成についての原則も、介入を正当化することはできないと考えられる。

398 　　ある人の人間の尊厳に対して、他者の人間の尊厳を保護するために介入することが許されるかという問題が残されている。とくに不法な行為の被害を受けている者の人間の尊厳を保護するために、不法な行為を行っている者の人間の尊厳に対する介入は許されるか。たしかに国家は、1条1項から、人間の尊厳の尊重だけでなく保護も義務づけられている。しかし、国家が保護義務をどのように履行するかは基本法によって前もって指示されているわけではなく、「原則として自らの責任において決定しなければならない」。

　　そして、人間の尊厳を保護する義務は、すでに法律とその執行、とりわけ警察と裁

19）　*Podlech*, AK, Art. 1 Abs. 1 Rn 12.

20）　E 93, 266/293; 107, 275/284.

21）　E 75, 369/380参照。

22）　たとえば*Starck*, MKS, Art. 1 Rn 47; *Wittreck*, DÖV 2003, 873/879 f.

23）　E 46, 160/164 f.

判所によって履行している。一般的な法律による保護が個別の執行のケースにおいて
うまくいかないおそれがあるということは、あらゆる一般的な法律的保護の本質に属
する。それに対して、国家がどのように尊重義務を履行するかは一義的に定められて
いる。それは、国家が人間の尊厳を侵害する取扱いをしないようにしなければならな
いということである。防御権と保護請求権は、常に機能するが、しかし直接性は同じ
ではなく、絶対性も同じではない[24]。人間の尊厳への介入は正当化することはできな
いので、いかなる介入も同時に尊厳の侵害となる[25]。

事例4（373）についての解答の概略　　　　　　　　　　　　　399

　Ⅰ．人間の尊厳の保護領域の本質的部分は、身体および精神の両方の観点にお
いて、人間の同一性（アイデンティティー）と統合性（インテグリティー）を保護す
ることにある。それゆえ、警察を含むあらゆる国家権力に対して拷問は禁止され
ている。Bは「拘束されている」ので、この禁止はここでは同時に104条1項2文
からも導かれる。

　Ⅱ．そういうわけで警察は人間の尊厳に介入している。

　Ⅲ．警察の行為を憲法的に正当化するのにⅠの保護を持ち出すことはできな
い。ここでBの人間の尊厳とⅠの人間の尊厳の間に衝突があると仮定するのも、
また、Bが不法をなし、Ⅰが不法の被害を受けているからという理由で、Bの人間
の尊厳をⅠの人間の尊厳のために犠牲にするというのも間違っているだろう。た
しかに、国家には2条2項1文と結びついた1条1項から生命を保護する義務が
課せられている。しかし、Bの攻撃からⅠの尊厳を保護するための義務を、国家
は、Bの攻撃を禁止する刑法および刑法に実効性を与える警察と裁判所によって
すでに履行している。警察や裁判所が完全な実効性を創出することはできない。
なぜならば、法治国家は目的達成のためにいかなる手段を用いることもできるわ
けではないからである。したがって、Bの尊厳を侵害しないようにする国家の無
条件の義務は、拷問をも無条件に禁じている（*Poscher*, JZ 2004, 756; vgl. EGMR,
NJW 2010, 3145. 欧州人権条約3条について、拷問の許容性を結論づける反対意見につ

---

24)　*Goos*, S. 186 ff 参照。
25)　*Kunig*, MüK, Art. 1 Rn 4; *Michael/Morlok*, GR, Rn 147; *Denninger*, in: FS von Brünneck,
　　2011, S. 397/409 ff; *Classen*, DÖV 2009, 689/694 f; 別見解*Kloepfer*, VerfR II, § 55 Rn 76;
　　Baldus, AöR 2011, 529.

いて*Brugger*, Staat 1996, 67; *Starck*, MKS, Art. 1 Rn 79; *Hörnle*, in: Pieper/
Brudermüller [Hrsg.], Grenzen staatlicher Gewalt, 2012; 71; *Lenzen* [Hrsg.], Ist
Folter erlaubt?, 2006も参照）。

400 　　参考文献　*T. Aubel*, Das Gewährleistungsrecht auf ein menschenwürdiges
Existenzminimum, in: S. Emmenegger/A. Wiedmann (Hrsg.), Linien der Rechtsprechung
des Bundesverfassungsgerichts, 2. Bd., 2011, S. 273; *H.G. Dederer*, Die Garantie der
Menschenwürde (Art. 1 Abs. 1 GG), JöR 2009, 89; *G. Dürig*, Der Grundrechtssatz von der
Menschenwürde, AöR 1956, 117; *C. Enders*, Die Menschenwürde in der
Verfassungsordnung, 1997; *C. Goos*, Innere Freiheit. Eine Rekonstruktion des
grundgesetzlichen Würdebegriffs, 2011; *P. Häberle*, Die Menschenwürde als Grundlage
der staatlichen Gemeinschaft, Hdb. StR[3] II, § 22; *H. Hofmann*, Die versprochene
Menschenwürde, AöR 1993, 353; *F. Hufen*, Die Menschenwürde, Art. 1 I GG, JuS 2010, 1;
T. Mayen, Das Grundrecht auf Gewährleistung eines menschenwürdigen
Existenzminimums, in: FS Stern, 2012, S. 1451; *M. Nettesheim*, Die Garantie der
Menschenwürde zwischen metaphysischer Erhöhung und bloßem Abwägungstopos, AöR
2005, 71; *R. Poscher*, „Die Würde des Menschen ist unantastbar", JZ 2004, 756; *B. Schlink*,
Aktuelle Fragen des pränatalen Lebensschutzes, 2002; *P. Tiedemann*, Menschenwürde
als Rechtsbegriff, 2. Aufl. 2010.

第8章　人格の自由な発展（2条1項）

> **事例5　森林での乗馬**（E 80, 137（森林での乗馬II・2）より）
>
> ノルトライン＝ヴェストファーレン州法は森林での乗馬を原則として、乗馬道
> と記された道でしか許していない。これによって乗馬者の人格の自由な発展は侵
> 害されるだろうか。→**433**。

401

I. 概　観

　2条1項は人格の自由な発展の権利を保障しているが、この権利は同じ条文で、他
者の権利、憲法的秩序、道徳律の3つの制限（「制限3項目Schrankentrias」）に服する
とされている。この基本権の保護領域は、当初、いわゆる人格的核心理論により、特
定の限定された生活領域として理解され、「人格的なるものの核心領域」に関連づけ
られた[1]。しかし、エルフェス判決以来[2]、連邦憲法裁判所は別の道を歩んでいる。そ
して、判例・学説のほとんどがその路線に従っている。それは、一面では、2条1項
の基本権が成立史において一般的行為自由 allgemeine Handlungsfreiheit と理解され
ていたことによるものであり、他面では、人格的核心理論の問題関心が1条1項に補
完的に支えられて一般的人格権allgemeines Persönlichkeitsrecht として理解されるよ
うになったことが受け入れられたことによる。

402

　民法典の立法者が現在も否定している一般的人格権は、基本権の判例の影響を受け
て、民法典823条1項の意味において、他の権利として確立されるに至った[3]。

1）　*Peters*, Das Recht auf freie Entfaltung der Persönlichkeit in der höchstrichterlichen
　　Rechtsprechung, 1963, S. 49; *Hesse*, VerfR, Rn 428も参照。E 80, 137/169（森林での乗馬の
　　自由II・2）の少数意見。

2）　E 6, 32（エルフェス事件I・4）.

3）　E 34, 269/280 ff.

125

Ⅱ. 保護領域

1. 一般的行為自由

403　一般的行為自由として2条1項は、特定の限定された生活領域ではなく、人間のあらゆる行為・態度を保護している。それは「形式的・実質的に憲法適合的な規定に基づいてのみ、不利益を課すことのできる市民の基本権[4]」である。その広範な保護領域ゆえに、一般的行為自由に対しては、とりわけ保護領域の法倫理的な限界が求められる。「法的健全性juristischen Hygiene」(*Starck*, in: MKS, Art. 2 Abs. 1 Rn 13) という理由から、刑法の核心部分によって禁止されている行為・態度の保護領域からの排除が求められる。あるいは一般的な「穏当な留保Friedlichkeitsvorbehalt」(*Isensee*, in: FS Sendler, 1991, S. 39/56 f) が求められる。とはいっても、保護領域を制限すれば、国家による民主主義的・手続的な負担の正当化（**280**以下）や基本権の実体的負担の正当化（**285**以下）による自由制限を自由に行わせる危険が常につきまとう。実際、殺人や放火、凌辱の自由に関する限り、これについて議論することは実務上も重要でなく無駄なようにみえる。仮に、それが構成的に保護領域として把握されたとしても、対応する禁止や犯罪の構成要件の正当化は、一方の立場から自明であろうし、それは、他方の立場から保護領域からの排除が自明であるのと同じであるというわけである。しかし、この自明性の彼岸に基本権の正当化の要請はとらえられなければならない。国家による自由制限の基本権上の正当化の問題が真摯に設定されるところでは、必ず、一般的行為自由の保護領域の問題が生じる。これは、行為・態度が刑法によって禁止されているかどうかとか、不穏当だとみなされるかどうかとは無関係に妥当する。基本権が不穏当だからという理由で保護領域の限界だとみなされるところでは、基本権はそのように規定されている（**8**条1項参照）。保護領域の広範性のゆえに、2条1項は一般条項と称されているのであるが、とりわけ次の2つの帰結が導かれる。

a) 補充的基本権

404　2条1項は個別の基本権に対する**補充的基本権** Auffanggrundrecht であり、個別的基本権の保護領域が及ぶ場合は後景に退く（補完性Subsidiarität **362**以下参照）。どの個別的基本権の保護領域も関係してこないときにのみ、2条1項の保護領域が意味を

---

4)　E 29, 402/408; 103, 29/45.

126　第2部　基本権各論

もつ。

例 私法上の契約の締結あるいは非締結（E 8, 274/328; 95, 267/303; 103, 197/215）。 **405**
ただし、財産に関連し、職業に関係するような相続契約、婚姻契約は除く。というの
はその場合は対応する基本権が関係してくるからである（*Höfling*, Vertragsfreiheit,
1991, S. 14 ff）。サニールームの訪問（BVerfG, NJW 2012, 1062参照）。安全ベルトなし
の自動車の運転（BVerfG, NJW 1987, 180）。アルコールやニコチン、ハッシシュを楽し
むこと（E 90, 145/171（ハシシ決定Ⅱ・4）; これについて*Kniesel*, ZRP 1994, 352）。個人が
自由時間を作ったり気晴らしをすること（E 54, 143/146; 55, 159/165参照; *Burgi*,
Erholung in freier Natur, 1993）。収集品の展示（E 20, 150/154）。犯罪的な行為・態度も
保護領域に含まれる（別見解*Kloepfer*, VerfR Ⅱ, § 56 Rn 10）。さらに、不作為の自由
や義務を履行しない自由（消極的自由）もしばしば、個別の基本権によっては保護さ
れない。たとえば港の使用料支払い義務（E 91, 207/221）、法人の教会税納税義務（E
19, 206/215）、農業従事者の夫婦に対する保険加入義務（E 109, 96/109）、私的な団体
のつくった規範に非構成員を服させること（E 64, 208/214）である。

問題解決のための技術的ヒント 演習問題を解く際にまず取り組まなければならな **406**
いのは、1つあるいは複数の個別的基本権の保護領域がかかわっているかどうかであ
る。2条1項は個別的基本権がかかわっていないときにしか審査されない。その際、
たしかにある基本権の保護領域がかかわっているが、それに対する介入はない、ある
いは介入は正当化できるという理由で、その基本権は侵害されていないと分かった場
合でも、その基本権との関わりが否定されることはない。ここで述べたことは、事項
的保護領域に関するものである。人的保護領域については、**127**以下参照。

b）憲法訴願

2条1項は、19条4項の意味での「権利」であるということを媒介として、一般条 **407**
項的な広範性によって**権利保護**を拡大する。そして、それは93条1項4a号に挙げら
れた基本権の1つであるので、**憲法訴願**が提起される可能性を拡大する。この保護領
域を拡大することは、権利保護の拡大と憲法訴願の適用領域を拡大するという結果を
生む。個別の基本権侵害が主張できない場合は、いつも2条1項侵害が主張される可
能性がある。

2．一般的人格権

一般的人格権は、連邦憲法裁判所により、**1条1項と結びついた2条1項**によって **408**

展開されてきた。この基本権は2条1項に根源を有している。というのも、それは一般的行為自由と同様、特定の生活領域に限定されておらず、あらゆる生活領域に関連するからである。この基本権は1条1項と結びついている。というのも、それは人間の尊厳と同様、個人の行為・態度よりもむしろ個人の自律的な主体性と結びついているからである。基本法が保護する自由は単に恣意的な自由ではなく、主体形成を背景として合理的な決定を行う能力という意味での自己規律である。連邦憲法裁判所の判例が生み出してきた一般的人格権のさまざまな具体的内容は、さまざまな生活領域に妥当するものではなく、主体形成のさまざまな局面に妥当する。それは自己決定 Selbstbestimmung、自己保全 Selbstbewahrung、自己表現 Selbstdarstellung である。

a）自己決定の権利

409 そこで一般的人格権は、**自己決定の権利**として、各人に対して自己の同一性（アイデンティティ）を自ら決定する権利を保障する。その中には、自己の同一性を確認する権利や、自己の同一性の形成・主張に大規模に干渉するような負荷をかけられない自由も含まれている。

410 **例** 個人は、自己の出自を知ることを妨げられてはならず（E 79, 255/268 f; 90, 263/270 f; 96, 56/63（父子関係情報決定Ⅲ・8）; OLG Hamm, NJW 2013, 1167/1169）、自己の名前を保持することを禁止してはならない（E 78, 38/49（夫婦同氏決定Ⅰ・35）; 109, 256/266 f（再婚時の夫婦氏の選択制限Ⅲ・10）; 115, 1/14）。またその性的指向（E 47, 46/73（性教育決定Ⅰ・39）; 121, 175/190; 128, 109/124）、相応の人格的身分（E 49, 286/298; E 60, 123/134 も参照）、自己の生殖（堕胎については E 88, 203/254（第2次堕胎判決Ⅱ・7）、不妊手術については、BGH, NJW 1995, 2407/2409、近親相姦については E 120, 224/238 f および EGMR, NJW 2013, 215/216）を決定することを禁止してはならない。ある男性が自分の法的な子が実際上も血のつながりのある子であるかどうかを知ろうとすることを禁止してはならない（E 117, 202/225 ff; vgl *Gröschner*, Jura 2008, 132）。人間は「再生 Neubeginn」の権利も有する（*Britz*, S. 74）すなわち、未成年者は債務のない状態で成年になる権利を有する（E 72, 155/170 ff）。それは、未成年者に財政的負担のない生活で自らの居場所を見いだし、決定することを可能にする。犯罪者は罪責にふさわしい刑罰を求める権利があるだけでなく（E 95, 96/140; EuGRZ 2013, 212/220 ff）、メディアが刑罰のあと無制限に人格やプライベートな領域につきまとうならば、自己の社会的統合の保護を求める権利も有する（E 35, 202/235 f（レーバッハ判決Ⅰ・29）; E 64, 261/276 f; BVerfG, EuGRZ 2007, 738/742 も参照）。そればかりか、欧州人権裁判所（NJW 2014, 2257 ff）は、

欧州人権条約 8 条からインターネット上の情報に対して「忘れられる権利」を導き出し、そこから検索エンジンの運営者に対して情報の削除を求める請求権が生じるとした。裁判所は、その際、人格権が経済的利益に優先するだけでなく、公衆の情報取得の利益に対しても優先すると考えた。再生の権利（**393**）のデジタル世界への延長的展開が原則的に開始されたというのと異なり、人格権を優先させるという要請は、人格的自由とコミュニケーションの自由の関係についての基本法上の規定からは乖離している。というのは、基本法の規定において、ある自由が原則として優先するということはないからである（**661**参照）。

b）自己保全の権利

　自己保全の権利として一般的人格権が個人に保障しているのは、退避して自らを遮蔽し、一人でいる権利である。一般的人格権によって自己保全の権利として保護される退避と遮蔽は、とりわけ社会的でもあるが空間的なものとしても理解しなければならない。 　**411**

　例　ここで保護されているのは、医者と患者の信頼の基づく接触から得られた病歴記録（E 32, 373/379; BVerfG, NJW 2006, 1116）や、遺伝データ（E 103, 21/32 f; BVerfG, EuGRZ 2001, 249; *Hal'asz*, Das Recht auf bio-materielle Selbstbestimmung, 2004参照）、さらには健康状態（BVerfG, NJW 2013, 3086/3087= JK 2/2014）、精神状態、性格（E 89, 69/82 f）、個人の財産状態（BVerfG, NJW 2008, 1435参照）である。遮蔽の権利として保護されるのは身体的な差恥の感情（vgl. BVerfG, NJW 2013, 3291/3292 = JK 9/2014）、日記の内密性（E 80, 367/373 ff（日記決定Ⅱ・1））自分の子どもとの交流の拒絶（E 121, 69/90 ff）、隔絶した場所への退避や、のぞき見ができない庭園レストランの静かな一角への退避（E 101, 361/383 f）がある。 　**412**

　退避と遮蔽の分野において連邦憲法裁判所は**領域理論**を展開している。この理論によると、公権力にはそもそも閉ざされている内密領域Intimsphäreと比例原則を厳格に遵守すれば介入することの許される私的領域 Privatsphäreが区別される。その際、連邦憲法裁判所は、内密領域を私的な生活形成の核心領域としてとらえる。それは、1条1項から導かれ、人間の尊厳の内容として、すべての基本権に固有のものであるという（**327**、**377**、**984**参照）。しかしながら、内密領域と私的領域はいくぶんか 　**413**

---

5 ）　E 6, 32/41（エルフェス事件Ⅰ・4 ）; 38, 312/320.

6 ）　E 109, 279/310 f（大盗聴判決Ⅲ・53）; 113, 348/391; 119, 1/29 f（エスラ決定Ⅳ・34）; 124,

不明確なところもある。その保護領域は「これまでに知られていない人格の危険が生じたときのために開かれている[7]」とされており、各人がどこへどのように退避し遮蔽するかは自由であり、また私的領域をどこでどのように見つけ作り出すかも自由である。ただし、家族の私的領域の保護と子どもの保護は6条1項および2項によって特別強力である。また、個人が大勢の人間の中にいたり、商業的理由で自らの私的領域を公にするときは、私的領域保護の条件が欠けている[8]。この権利は、公務員の場合、私生活に対してのみ保障され、公務遂行については保障されない[9]。

c）自己表現の権利

414 　自己表現の権利として一般的人格権が個人に保障しているのは、自己を誹謗し、改変し、歪曲する形で、かつ勝手に公の場で表現されたり、また勝手にこっそりと自己を利用されたりすることから身を守ることができる権利である。

415 　例　服装や装飾によって自分の外観を自ら形成すること（BVerfG, NJW 2000, 1399）。個人のイメージを公の場で貶めるように作用することを目的とした発言からの保護を含む、個人の名誉の保護（E 99, 185/193 f（サイエントロジーⅢ・24）; 114, 339/346）、秘密の盗聴や録音からの保護を含む、自己の呼称、映像、言葉に対する権利（E 35, 202/220（レーバッハ判決Ⅰ・29）; 101, 361/380（第2次モナコ王女事件Ⅲ・27））。公の場所におけるビデオによる監視からの保護。電気通信の接続後の個人に関係する接続データへのアクセスや技術的操作からの保護（E 115, 166/187 ff）。対抗的表現（E 63, 131/142 f）および訂正（E 97, 125/148 f（第1次モナコ王女事件Ⅲ・28））を求める権利、刑事手続やそれに類似する手続において自ら責任を負わせられない権利（自己負罪拒否の原則; E 56, 37/41 ff; 95, 220/241）職業生活において個人的な生活事情を告白させられない権利（E 96, 171/181）。

416 　一般的な人格権の重要な具体化の1つは**個人に関係するデータの保護**を求める権利である。連邦憲法裁判所は、早くも1983年の国勢調査判決において、1条1項と結びついた2条1項から包括的な**情報自己決定権** informationelles Selbstbestimmungsrecht

---

　　43/69 f（電子メールの押収と通信の秘密Ⅳ・40）.

7 ）　E 95, 220/241.

8 ）　E 101, 361/385 f（第2次モナコ王女事件Ⅲ・27）; 120, 180/199（カロリーヌ第3事件Ⅳ・30）.

9 ）　E 101, 361/383（Ⅲ・27）; しかし、BVerwGE 121, 115/125 f も参照。さらに、これを批判するものとして *Lege*, Jura 2005, 616.

130　第2部　基本権各論

を導き出した。それは「個人的な生活状態をいつ、いかなる限界内において打ち明けるかについて、原則として自ら決定する[10]」ことを個人の権能として認める。その限りで個人に関する情報は、それが出てきた領域から完全に独立しており、センシティブなもので保護を必要とする。なぜならば、それ自体を見れば重要でないとみられるデータも、デジタルな加工と結合によって「『重要でない』とはいえないデータ[11]」になるからである。情報自己決定権すなわち国家によるデータ取得と加工からの防御を求めると同時にそれを知る権利[12]は、既存の個別の権利を排斥するものではない。個別の権利を補充する権利となったのである。それは国家の市民に対する情報に関する対応に関して広く正当化を義務づける契機となりその結果、包括的な情報・データ保護法が制定され、それは次第に市民相互の関係をもとらえつつある。[13]

連邦憲法裁判所は、人間関係や社会的接触、利用者の活動が豊富に蓄積されているパソコンからインターネットまでの情報技術システムは、情報自己決定権によって保護されないと考えている。情報自己決定権は、いくつかのデータ取得、システムへの秘密の侵入に対してのみ保護する。総じて「**情報技術システムの信頼性と統合性の保障を求める基本権**[14]」を保護するという。情報技術システムは、住居を想起させる。たしかに住居は至るところで利用されるものだから、13条の保護の下にはないが、個人的な生活空間と類似する意味をもち、類似の保護措置を必要とする（**428**参照）。 **417**

欧州連合法は、人格権（基本権憲章７条）と並べて基本権憲章８条において個人的なデータの保護を求める独自の基本権をもっている。両者の保障は欧州人権条約に由来するものであるが[15]、それをみると、欧州人権裁判所は、これまでのところ完全に一体的に審理し厳密な区別をしないで審理してきたということがわかる。2つの基本権は連合法において、基本権憲章の他の基本権と比較しても重要な意味をもつ。 **418**

例 農業の補助金受給者のインターネット上での公表（EuGH, Rs. C-92/09 und 93/09, Slg. 2010, I-11063, Rn 46 ff-Schecke/Land Hessen）や電気通信のプロバイダーに向けられたストレージ保存の根拠のない義務づけ（EuGH, Rs. C-293/12 und C-594/12 v. **419**

---

10) E 65, 1/42 f（国勢調査判決Ⅰ・7）; 113, 29/47; 118, 168/183 ff.

11) E 65, 1/45（Ⅰ・7）.

12) E 120, 351/360 f.

13) *Hoffmann-Riem*, AöR 1998, 513; *Gurlit*, NJW 2010, 1035参照。

14) E 120, 274/302; *Volkmann*, DVBl. 2008, 590; *Rudolf*, Hdb. GR IV, § 90 Rn 73 ff.

15) *Britz*, EuGRZ 2009, 1.

16) Kritisch *Kühling/Klar*, Jura 2011, 771/73.

8.4.2014, Rn 24 ff-Digital Rights Ireland, JK 8/2014) は、基本権憲章 7 条、8 条に違反する。これに反して、個人証明の書類における指紋の保存の義務づけはこれらの基本権への正当化される介入である（EuGH, Rs. C-291/12, NVwZ 2014, 435, Rn 23 ff-Schwarz/Stadt Bochum, JK 3/2014）。8 条から導かれる忘れられる権利については**410**を見よ。

420 　　国際連合の人権委員会は、自由権規約の17条からプライバシーの権利を導き出したが、それは国家のデータ取得に対する要求を含むものであった。それゆえ、委員会は2013年のアメリカ合衆国の人権報告の記述において、自由権規約17条を根拠にして、NSA（国家安全保障局）の大規模なデータ収集に対して、とりわけ厳正で比例的で公衆がアクセスできる法的措置、実効的なモニタリングおよび権利保護手続、ならびに第三者に対するストレージ保存義務の放棄を要求した。[17]

Ⅲ．介　　入

421 　　一般的行為自由の意味における 2 条 1 項の保護領域は広範であるということや、古典的な介入概念が崩壊した（**259**以下参照）結果、あらゆる干渉が介入を意味することになったという理由により、**憲法訴願を提起する可能性が度を超して多くなる**という問題が生じている。この問題は今日なお満足な解決をみていない。[18]

422 　　**考慮に値する**解決へのアプローチは次のようなものである。すなわち、**古典的介入概念**の崩壊があてはまるのは、個別的基本権および 2 条 1 項の個々の保障だけであって、一般的行為自由にはあてはまらないとすることである。[19] これを理由づけるために引き合いに出されるのは、連邦憲法裁判所の判例が目的志向的で名宛人のある不利益だけを対象にしていることである。それによると、一般的行為自由への介入は、次の 2 つの要件下でのみ観念できるという。すなわち、

　　① （事実上の措置と区別される）法的措置が問題となっていなければならない。

　　② （第三者とは区別される）当該個人に対してなされた措置が問題になっていなければならない。

---

17)　CCPR/C/SR/3061, 110 Sitzung, 26.3.2014, Ziff. 22; これについて*Fischer-Lescano*, JZ 2014, 965/967 ff.

18)　*Di Fabio*, MD, Art. 2 Abs. 1 Rn 48 ff; *Cornils*, Hdb. StR³ VII, § 168 Rn 37 ff 参照。

19)　*Pietzcker*, in: FS Bachof, 1984, S 131; *Höfling*, FH, Art. 2 Rn 62参照。　別見解*Kahl*, Staat 2004, 167/187.

例 自治体における庇護申請者のための収容施設は、その自治体の住民には侵害的 **423**
であると受け取られるかもしれないが、それは事実上の措置であって一般的行為自由
への介入ではない。自動車を許可することは、歩行者や自転車利用者の一般的行為自
由を制限するかもしれないが、彼らの2条1項への介入を意味するものではない。し
かし、事情によっては、介入としての性格を別に評価しなければならない場合があ
る。たとえば、庇護申請者のための収容施設によって付近住民の土地が侵害されたと
みられる場合（14条）、あるいは大気汚染に関する排出物数値の国家による設定が健
康を危険にさらす場合（2条2項1文）がそうである。

情報自己決定権への介入となるのは、国勢調査のように、個人的な生活実態に適用 **424**
される情報やデータの取得・加工といったすべての国家行為である。これに対して
データが、特定の目的がなく技術的条件によってとりあえず収集され、収集後は直接
的に再び匿名とされ、追跡不可能で、個人的関係が明らかにされる可能性を伴わない
で除去される場合には、介入はない。[20]

例 自動車の標識の自動的な把握に際しては、ビデオカメラで視覚的にとらえられ **425**
た標識が、警察の捜査データと照合され、該当しないものは自動的に削除される。該
当事例に関して記録されたときにはじめて介入となる（E 120, 378/399）。クレジット
カード企業が検察の求めに応じて実施する、特定のクレジットカードに関して、特定
の期間、特定の金額を特定の銀行で行われた支払い事実の機械的な調査は、その事実
が検察に転送されたときにはじめて介入となる（BVerfG, NJW 2009, 1405）。

Ⅳ．憲法上の正当化

2条1項の制限は一般的行為自由に対しても、一般的人格権に対しても妥当す **426**
る。[21]最も重要なのは憲法的秩序による制限だけである。

1．憲法的秩序

連邦憲法裁判所の判例は、エルフェス判決以来、この概念を憲法と形式的・実質的 **427**
に合致する規範全体であると理解している、[22]すなわち、**単なる法律の留保として理**

---

20) E 100, 313/366（第1次遠隔通信監視判決Ⅲ・42）; 115, 320/343; 120, 378/399.

21) E 65, 1/43 f（国勢調査判決Ⅰ・7）; *Jarass*, JP, Art. 2 Rn 58.

22) E 6, 32/38 ff（エルフェス事件Ⅰ・4）; 80, 137/153（森林での乗馬Ⅱ・2）.

第8章 人格の自由な発展 *133*

解している。このような制限の拡大は保護領域拡大の結果である（**403**以下参照）。

428 　２条１項に照らしてなされる審査の重点は、多くの場合、制限に対する制限の審査、すなわち**比例原則の審査**に置かれている。過剰制約の禁止の結果として、連邦憲法裁判所は以下のような衡量命令を打ち立てている。「法律による介入が行われる場合、それが人間の行為自由の基本的な表出形式に抵触すればするほど、市民の原則的な自由の要求に対抗して持ち出される正当化理由はいっそう入念に衡量されなければならない[23)]」。これは、一般的行為自由に対しても、一般的人格権に対しても妥当する。すなわち、とくに私的生活領域への介入は、当事者の想定外の介入、あるいは逃れることができなかったり知覚することができない介入と同様に、特別に慎重な衡量を必要とする[24)]。情報の自己決定権への介入は、それを授権する法律が取得するデータの目的限定ならびに提供・訂正・削除義務が規定されている場合にのみ許される[25)]。連邦憲法裁判所は、情報機関と警察のデータのやりとりについては、その上に、比例原則から情報の分離原則を引き出している。それは、例外的な場合にのみ回避することができる[26)]。情報技術システムによる秘密裏の侵入は、特別に強力な介入である。それは、非常に重要な法益に対する具体的な危険あるいは少なくとも具体的になりつつある危険が存在するときにのみ行うことが許され、かつ住居の捜索（**980**参照）と同様に原則として裁判官の令状に基づいてのみ行うことができる[27)]。

２．他人の権利

429 　この概念は、単なる利益を排除した、**すべての主観的権利**を含むものである。しかし、それらはすでに完全に憲法的秩序に包含されている。

---

23)　E 17, 306/314.

24)　DNA分析についてE 103, 21/33（DNA鑑定と情報自己決定権Ⅲ・9）参照。VGH Mannheim, NJW 2001, 1082/1085; GPS監視についてE 112, 304/318 ff（自動車位置監視システムⅢ・62); コンピューターの差押えについてE 113, 29/52 ff; 網目スクリーン犯罪捜査についてE 115, 320/345 ff.

25)　E 61, 1/46.

26)　BVerfG v. 24.4.2013, Rn 129 (NJW 2013, 1499).

27)　E 120, 274/326, 331; *Voßkuhle*, in: FS Wahl, 2011, 443 も参照。

3．道 徳 律

しばしばこの概念は歴史的伝統的な道徳観念と同視されている[28]。しかし、そのよ　　**430**
うな考え方は2条1項の自由保全的機能と矛盾する。

　例　1957年、連邦憲法裁判所は「同性愛行為は明らかに道徳律に違反する」と述べ　　**431**
た（E 6, 389/434）。このことは、それに対応する「一般の承認」によって根拠づけられ
ていて、しかもその「一般の承認」については、刑法上の制裁（刑法典旧175条）が「拠
り所」を提供しているとされた。1954年、カールスルーエの上級地方裁判所は婚姻に
よらない生活共同体を道徳律に違反するものとみなした（FamRZ 1955, 117）。今日で
は逆に、それは2条1項によって保護されていると考えられている（716参照）。

　道徳律とは、正しくは、「定評のある実用的法概念」である**善良な風俗、信義誠実**　　**432**
の意味で理解されなければならない[29]。これは実定化されている（民法典138、242、826
条参照）。それゆえ道徳律の制限もまた、憲法的秩序のそれと並立するような独自の
意義を有するものではない[30]。

　事例5（401）についての解答の概略　　　　　　　　　　　　　　　　**433**
　Ⅰ．森林での乗馬は個別的基本権によって保護されていない。したがって、2
条1項の保護のみが考慮される。保護されるかどうかは、ある行為・態度が「人
格の発展にとって他の基本権と比較できるような価値の高い重要性をもってい
る」（E 80, 137/165（森林での乗馬Ⅱ・2）における少数意見はそう述べる）かどうかに
あるとすれば、森林での乗馬が2条1項の保護領域にあるというのは難しいだろ
う。それは判例・学説が展開してきた一般的人格権の特別の具体化にもあたらな
い。それにもかかわらず、連邦憲法裁判所および、それに従う判例・学説による
と、森林での乗馬は2条1項によって保護されるという。というのも、人格の自
由な発展でもって把握されているのは一般的行為自由であり「人格の発展にとっ
てその活動にいかなる意義があるかを問うことなく、あらゆる形式の人間の行
為」が含まれるからというのである（E 80, 137/152（森林での乗馬Ⅱ・2））。
　Ⅱ．ノルトライン＝ヴェストファーレン州法の規律によって、乗馬者は不利益

---

28)　たとえば*Starck*, in: FS Geiger, 1974, S. 259/276; heute noch *Kahl*, in: FS Merten, 2007, S.
　　57.

29)　*Dürig*, MD, Erstbearbeitung Art. 2 Abs I Rn 16.

30)　*Lorenz*, BK, Art. 2 Abs. 1, Rn 134.

を受けている。というのも、彼はすべての道ではなく、乗馬道と記された道しか利用してはならないからである。

Ⅲ．その不利益は、憲法的秩序にかなっている場合、すなわち憲法と形式的・実質的に合致している場合に正当化される。審査されなければならないのは、過剰制約の禁止違反である。規律の目的は、保養に来ているハイカーたちが馬と出会うことから生じる危険や、乗馬が原因で生まれる森林の土壌の損壊を避けることである。乗馬者に特別道に行くよう指示することは、これに適合的な手段である。それはまた必要なことでもある。たしかに、規律の目的を達成するために、森林道全体のうち乗馬道を指定するのではなく、ハイキング道を指定してもよいかもしれない。しかし、このやり方はより制限的でない手段 milderes Mittel とはいえないだろう。乗馬者同様、ハイカーもまた2条1項を引き合いに出すことができる。ハイカーの数は乗馬者の数を上回っているのに、ハイカーにより重い負担を課すことが、より制限的でない手段ということになってしまうのである。連憲判80巻137頁（該当個所160頁以下）は、ここでハイカーと乗馬者の間で「立法者に委託された適切な利益調整」を狭義の比例性という標語の下でテーマ化し受容している。

434　**参考文献**　*M. Albers*, Grundrechtsschutz der Privatheit, DVBl. 2010, 1061; *G. Britz*, Freie Entfaltung durch Selbstdarstellung, 2007; *H.P. Bull*, Informationelle Selbstbestimmung-Vision oder Illusion?, 2009; *I. Dammann*, Der Kernbereich der privaten Lebensgestaltung, 2011; *M. Germann*, Das Allgemeine Persönlichkeitsrecht, Jura 2010, 734; *W. Kahl*, Grundfälle zu Art. 2 I GG, JuS 2008, 499, 595; *ders./L. Ohlendorf*, Grundfälle zu Art. 2 I iVm Art. 1 I GG, JuS 2008, 682; *H. Kube*, Persönlichkeitsrecht, Hdb. StR³ VII, § 148; *J. Lege*, Die allgemeine Handlungsfreiheit gem. Art. 2 I GG, Jura 2002, 753; *M. Martini*, Das allgemeine Persönlichkeitsrecht im Spiegel der jüngeren Rspr. des BVerfG, JA 2009, 839; *R. Poscher*, Menschenwürde und Kernbereichsschutz, JZ 2009, 269; *B. Schlink*, Das Recht der informationellen Selbstbestimmung, Staat 1986, 233; *F. Schoch*, Das Recht auf informationelle Selbstbestimmung, Jura 2008, 352; *D. Suhr*, Entfaltung der Menschen durch die Menschen, 1976.

第**9**章　生命と身体の不可侵性に対する権利（2条2項1文）

事例6　学生に対するレントゲン強制（マンハイム行政裁判所 DÖV 1979, 338より）　　**435**
　ある州の大学法によると、学生の健康状態が所定の学修を妨げる場合は、その学生を除籍することができると定められている。その法律は、除籍の詳細規律を大学の学則に授権している。ある大学では、レントゲンの照射は危険であり、結核病は稀であるにもかかわらず、学生が4セメスターすべてにおいて一度もレントゲン検診を受けなかったときは、除籍することができると規定している。この学則規定は2条2項1文に違反するだろうか。**→458**

I. 概　　観

　生命と身体の不可侵性に対する権利はドイツ憲法史において前身となるモデルがない。それはナチス期の犯罪（「ユダヤ人問題の最終解決」、「人種的に価値のない」あるいは「生きる価値のない」生命の抹殺、強制不妊手術、強制的な生体実験、拷問）に対する反省なのである。　　**436**

　生命と身体の不可侵性に対する権利は、1つには、国家に対する防御権である。連憲判1巻97頁（104頁以下）も、その機能を明確に「生命と身体の不可侵性に対する権利を**消極的に**確立することに限定し、とくに国家による組織的殺人や強制的に行われる人体実験を排除することにある」としていた。これに対して連邦憲法裁判所は、連憲判39巻1頁（41頁）（第1次堕胎判決I・8）以降、2条2項1文から生命を保護する国家の義務をも導き出している。このために1条1項との体系的連関が指摘されるかもしれない。というのも、生命と身体の不可侵性に対する権利は、人間の同一性と統合性を尊重し保護する（**392**以下参照）という1条1項の要請と親和的だからである。いいかえると、2条2項1文は人間の尊厳の内容が特別に可視化されたものであり、それはまた104条1項2文にも表現されている（**399**参照）。　　**437**

Ⅱ. 2条2項1文の防御権

1. 保護領域

a) 生 命

438　生命に対する権利というのは生きる権利のことである。生命は身体的存在である。生命に対する権利は出生前にすでに始まっており（142参照）、死とともに終わる（138参照）。それは死に対する権利をも包含する。消極的自由の保護という意味で、生命に対する権利は自己殺害（自殺）の権利も含んでおり、自己の意思に反する延命治療を受けたり、延命治療を継続したりしないことを求める権利をも含んでいる。[1]さらに、人たるに値する尊厳ある死を拒絶したり、妨げたりする場合、および国家施設において強制的な栄養補給措置がとられる場合は、人間の尊厳がかかわってくる。[2]

b) 身体の不可侵性

439　**身体の不可侵性**とは、1つには、生物学的・生理学的意味での健康を意味する。もう1つ、精神的領域における健康もまた保護法益である。[3]このことは2条2項1文と人間の尊厳の関連性から導かれる。人間の尊厳は同一性と統合性の保持を肉体的領域に限定していないからである（392以下参照）。また、制定史からも導かれる。というのも、ナチス期の犯罪の中には、心理的恐怖や精神的拷問、あるいはそれと同類の尋問法があったからである。健康はまた苦痛からの自由も含んでいる。[4]これに対して、身体の不可侵性に含まれないのが、社会的健全性[5]あるいは不快感のない状態で

---

1) *Fink*, Hdb. GRIV, § 88 Rn 48; *Kämpfer*, Die Selbstbestimmung Sterbewilliger, 2005, S. 177 ff; *Michael/Morlok*, GR, Rn 46, 160; 通説はこれとは別の見方をしており、これを引用するが論理が一貫していない。自殺をしばしば一般的行為自由の保護領域の中に位置づけている。*Stern*, StR Ⅳ/1, S. 148 f; *Lindner*, JZ 2006, 373/377参照。または、一般的人格権の中に位置づけている。*Möller*, Krit Ⅴ 2005, 230参照。

2) *Podlech*, AK, Art. 1 Abs. 1 Rn 55参照。

3) 批判的見解として*Kloepfer*, VerfR Ⅱ, § 57 Rn 8.

4) E 56, 54/75.

5) *Schmidt-Aßmann*, AöR 1981, 205/210; E 56, 54/74 ffは、この問題を未解決のままにしている。

ある。さらに、消極的な自由の保護の意味では、2条2項1文から病気になる自由
もあるので、各人は緊急に必要な治療行為を拒否することもできる。[7]

2. 介　入

a) 生命に対する介入

　生命に対する介入となるのは、死刑の宣告・執行、警察による射殺、連邦国防・警　**440**
察・消防・災害救助において隊員が公法上の勤務関係から生命・健康を犠牲にする義
務を負うことがある。[8] ナチス期において国家的に組織された殺戮として実践された
安楽死Euthanasieもまた、生命に対する介入に数えられる。これと区別されなけれ
ばならないのが、生命を縮めることなく死の苦痛を緩和することや、患者の意思に
従って生命を短縮することである（**438**参照）。治療の見込みがなく激痛に苦しんでい
る患者で、生命の終焉を望む者の意思に配慮する医師に対して許可を与える法律をつ
くるとすれば、その法律の規定は、実際に患者の意思に合致し、何らの介入も生じな
いことが保障されるように、実体的要件および手続的要件が厳格に規定されなければ
ならないだろう。[9]

b) 身体の不可侵性に対する介入

　身体の不可侵性に対する介入が存在するのは、苦痛が加えられたり感じられたりす　**441**
る場合だけではない。そこには健康を阻害したり危険にさらしたりすることも含まれ
る。[10] 当事者の承認を得て行われる医者の治療行為は介入ではない。[11] 身体の不可侵性
に対する干渉の強度が小さくても介入であることに変わりはない。強度の問題は憲法
上の正当化の枠内で考慮されなければならない。

　例　人体実験、強制去勢、強制不妊手術、強制的医療（E 128, 282/300 ff（保安処分　**442**
執行中の強制治療Ⅳ・17）; 129, 269/280 ff）、体刑および体罰、強制接種（BVerwGE 9,
78/79）および、生きている臓器提供者による臓器摘出を親族および近縁者に制限す

6）　別見解BVerwG, NJW 1995, 2648/2649.

7）　E 128, 282/304（保安処分執行中の強制治療Ⅳ・17）.

8）　*Sachs*, BayVBl. 1983, 460, 489; *Baldus*, NJW 1995, 1134参照。

9）　*Höfling*, JuS 2000, 111; *Lorenz*, JZ 2009, 57参照。

10）　E 66, 39/57 f; BVerfG, NJW 1998, 295.

11）　E 128, 282/301（保安処分執行中の強制治療Ⅳ・17）; *Di Fabio*, MD, Art. 2 Abs. 2 Rn 69.

第9章　生命と身体の不可侵性に対する権利　*139*

ること（BVerfG, NJW 1999, 3399/3401）、採血のような刑事手続上の介入（BVerfG, NJW 1996, 771/772）、髄液採取（E 16, 194/198）、脳内空気注入（E 17, 108/115）、髪型・ひげ型の強制的変更（E 47, 239/248 f）は介入になる。ただし、連邦行政裁判所判例集125巻85頁（88頁）は、これに反して、頭髪裁断の命令は 2 条 1 項の介入にしかならないという。

3．憲法上の正当化

a）法律の留保

443　生命および身体の不可侵性の基本権は、2 条 2 項 3 文の**法律の留保**の下にある。2条 2 項 1 文の保護領域に対する国家介入が有しうる強度のために、本質性理論（**282**以下参照）から明らかなのは、生命に対する介入、通常は身体の不可侵性に対する介入も、議会の法律によって規律されなければならないということである。実質的法律に依拠してもよいのは、単に非本質的な身体の不可侵性への干渉だけである。

444　例　刑事手続における捜査目的のための身体介入は、議会の法律によって規律されなければならなかった（刑事訴訟法81 a条）。教師による体罰は苦痛と結びついており、まさにそれと結びつけられるべきものである。体罰は非本質的干渉には含まれないので、議会の法律による規律を必要とする（*Kunig*, MüK, Art. 2 Rn 83）。

b）制限に対する制限

445　**制限に対する制限**としてまず第 1 に作用するのが104条 1 項 2 文および102条の**特別規範**である。104条 1 項 2 文に従うと、拘束された人は精神的にも身体的にも虐待されてはならない。ここで虐待は広義で理解されなければならない。[12]　そうでなければ、この規範は 1 条 1 項と並べるときに意味をなさないだろう（**392**以下とくに**399**参照）。人間の尊厳違反の強さを有しない虐待は、身体の不可侵性に対する介入として、原則として、2 条 2 項 3 文の法律の留保によって正当化することができるが、拘束された人に対しては、それは最初から排除されている。

446　例　警察官の警棒使用は身体への虐待につながる。警棒は直接的な強制力として、適法な警察処分を執行するために使用が許されることがあるが、拘束された人に対し

---

12)　*Jarass*, JP, Art. 104 Rn 7 f; *Kloepfer*, VerfR II, § 57 Rn 70; *Kunig*, MüK, Art. 104 Rn 14 f.

てはいかなる場合であっても正当化できない。

102条により死刑が廃止されると同時に、単純な法律による再導入も禁止されている。問題なのは、102条を憲法改正によって廃止し、その後に法律によって死刑の再導入を図ることが可能かどうかである。これを肯定する見解によると、102条は79条3項により憲法改正を禁じられていないとされる。[13] これを否定する見解によると、1条1項に抵触する可能性があり、79条3項により102条の改正は禁じられているという。その根拠として、死刑の宣告と執行は人間性を侵害するような仕方で身体を単なる客体にするからだという。[14] さらに詳述して、事象として人間の尊厳の尊重を保障するような死刑執行の形式は存在しないのだから、「この事象に関与する者にとって、死刑執行は国家が尊厳に値しない行為・態度を強いること」を意味するというのである。[15] さらに、生命に対する国家の保護義務を挙げることができる。というのも、国家の保護義務は回復不可能な損害が発生する場合に特別の効力を発揮するからである（**120**および**454**参照）。それから、間違った判決というのは、そもそも避けられないものであるが、死刑の場合は回復不可能な介入となるためである。

争いがあるのは、**外国人の引渡し**が要求されていて、かつ、それを要求している国家では死刑になるような犯罪行為が問題のときである。[16] 連邦憲法裁判所はこれについて態度を保留した。[17] その後、このような事例については、刑事事項国際的共助法（IRG）8条によって引渡しが禁じられた。

さらに、**一般的な制限に対する制限**、すなわち比例原則の正当化要求が、ここではとくに慎重に尊重されなければならない。というのも、身体の不可侵性に対する基本権は特別にセンシティブだからである。

例 強制的医療行為は、個人の自己決定権があるので、疾病のために弁識能力を欠く場合に限られる。精神病患者に対しては、そのうえ当事者を再び放免することができるだけの収容目的がある場合にのみ正当化される（E 128, 282/304 ff（保安処分執行中の強制治療Ⅳ・17）; E 129, 269）。

身体の不可侵性の基本権は、とくに可視的な**人間の尊厳の内容**の１つであると同時

447

448

449

450

451

---

13) *Tettinger*, JZ 1978, 128/131.

14) *Gusy*, MKS, Art. 102 Rn 33; *Degenhart*, SA, Art. 102 Rn 8.

15) *Podlech*, AK, Art. 1 Abs. 1 Rn 43.

16) *Di Fabio*, MD, Art. 2 Abs. 2 Rn 38参照。

17) E 60, 348/354.

第9章　生命と身体の不可侵性に対する権利　*141*

に19条2項の意味での本質的内容としても理解される（327参照）。人間の尊厳内容が及ぶ限りにおいて、生命と身体の不可侵性はいかなる場合においても侵害されてはならず、かつ、79条3項により憲法改正権者が自由にこれを奪うことも許されない。

452 　しかし、その場合、生命が同時にその固有の本質的内容、あるいは人間の尊厳の内容であるというのではない。**生命の剥奪**は生命にもはや何も残さないにもかかわらず、生命の剥奪それ自体は19条2項に矛盾するわけでなく、また1条1項にも矛盾しない。というのも、2条2項3文はまさに生命に対する介入をも許容しているからであり、生命に対する介入には、第1にその剥奪が含まれるからである。したがって、19条2項が基本権には常に何かが残っていなければならないと要求するとき（322参照）、このことは個別的意味ではなく、集合的・一般的意味においてしか考えられないのである。

453 　**例**　警察による意図的な銃殺が許されるのは、直接に差し迫った生命の危険から人質を救出するために、最終かつ最後の手段として使われる場合だけである。すなわち、人質をとった者が人質を解放すれば発砲が避けられる可能性のある場合に限られるのである（*Lerche*, in: FS v.d. Heydte, 1977, S. 1033参照）。こういう前提条件があれば、死がやむをえず受忍される場合のみならず、意欲される場合であっても、発砲することが許されるのである（*Schöne/Klaes*, DÖV 1996, 992; *Correll*, AK, Art. 2 Abs. 2 Rn 62参照）。場合によっては、人質の生命を助けることができるならば、発砲がまさに意欲されなければならないこともある。

Ⅲ．2条2項1文の保護義務と保護請求権

1．理　由

454 　連邦憲法裁判所が基本権の客観法的機能から国家の保護義務を導き出し定式化したのは、確かに一般的に定式化したものであった。しかし、そのきっかけとなったのは特に、生命と身体の不可侵性の基本権が危殆に瀕することからの保護が問題となった事件であった（117参照）。生命に対する権利においてこそ、保護義務が肯定されなければならないということは分かりやすい。というのも、この場合、基本権の危殆化から生じるおそれのある基本権侵害は**常に回復不可能**であろうと思われるからである。他の基本権の場合は事情が違う。また、身体の不可侵性の場合も生命の場合と比べて保護義務は弱い。というのも、基本権侵害が同じような終極性をもっているとは限らないからである。保護請求権は、国家給付を求める権利と区別されなければならな

い。すなわち、国家が基本権が脅かされる段階ですでに基本権侵害を防ぎ、しかも国家自身による介入のみならず、個人による介入からも守らなければならないということは、社会扶助や医療扶助の保障とはやや違うからである（生存の最低限度の保障については、388、393）。ただし、2条2項1文は、標準的な医療処置が存在しない、生命の危険のある疾病において、医療保険法上の給付請求権として、治療学的な効果が不確かな措置をも請求できる根拠となる。ただし、この場合の給付請求権は、保険の義務がないために被保険者の自律的決定に基づくものである（E 115, 25/45 f; これを批判する *Huster*, JZ 2006, 466 ff; *Kingreen*, NJW 2006, 877 ff）。

2．履　行

保護が実行されうるかどうか、また、どのように実行されうるかについては、多く **455**
の要素によって決まる（119参照）。したがって、国家は保護義務の履行に際して**大き
な裁量を有している**[18]。

　例　拘束されている刑事犯の釈放を求めるための誘拐事件において、誘拐された人 **456**
物の生命に対する保護義務と、国家が誘拐犯のいうことに従えば、その結果テロリストにとって想定可能なテロによって、脅かされるかもしれない他のすべての人の生命に対する保護義務の間でどちらを選ぶか、その決定は原則として国家機関の義務である（E 46, 160/165）。国家はスポーツ用の武具の濫用から基本権を保護しなければならないが、その使用を禁止しなければならないわけではない（BVerfG, 2 BvR 1645/10 v. 23.1.2013, Rn 7 ff）。

　それ以外の点については、国家の手続が相矛盾する保護法益を調整し得るように内容形成することで保護義務を履行する。たとえば、環境法・経済行政法によって、生命と身体の不可侵性を危険にさらす産業の営業許可規定がそうである（E 53, 30/55 ff（ミュールハイム＝ケルリッヒ原発判決Ⅰ・9）; 56, 54/73 ff（航空機騒音決定Ⅰ・10）参照）。

　刑法規範の制定・適用の際の保護義務は重要である。連邦憲法裁判所は妊娠中絶に **457**
関する第1次判決において、最初の3箇月間は刑罰を科さないという措置を、胎児の生命を十分に保護していないという理由で退け、期限による規律に代えて事由の規律を要求した[19]。これに対して第2次妊娠中絶判決では、「未出生の生命を保護するために、保護構想を転換して、妊娠の葛藤の中にある妊娠初期段階で子どもを臨月まで懐

---

18)　E 77, 170/214.

19)　E 39, 1（第1次堕胎判決Ⅰ・8）.

第9章　生命と身体の不可侵性に対する権利　*143*

胎するように妊婦に助言を与えるようにすることに重点を移し、事由による刑罰による威嚇を断念する[20]」ことは、立法者に禁じられていないとした。実際、妊娠中絶の場合のように、刑法上の制裁が生命の保護にとって必要でないことが証明されているときは、保護義務が刑法上の制裁を命じることはできない。生命や身体の不可侵性のような基本的な法益を保護するための刑法の実効的適用義務も保護義務から生じる。とりわけ、犯罪が公務員によるものである場合や、国家が犠牲者に対して特別の配慮義務を負っている場合はそうである。たしかに、犯罪の犠牲者は、刑罰を訴求する基本権上の請求権を有するものではないが、事態が解明され、捜査の経過が文書で知らされ、解決の決定に理由が付されることを請求することができる[21]。

事例6（435）についての解答の概略

Ⅰ．身体の不可侵性の**保護領域**はレントゲン検査によって影響を受けている。というのも、放射線は生理学的変化を引き起こす可能性があるからである。

Ⅱ．検査を拒絶したときの法的効果は除籍であるが、それは、学生からすれば、教育の自由の基本権（12条1項）に介入するものである。この制裁を回避するためには、どの学生もレントゲン検査による身体の不可侵性への干渉を甘受しなければならない。その限りにおいて2条1項1文の保護領域の要素は、国家による干渉的措置と接点をもつといえる。介入は12条1項のみならず、2条2項1文にもある（別見解として、VGH Mannheim, DÖV 1979, 338）。

Ⅲ．レントゲン検査は全く危険がないというものではないし、したがって非本質的というわけでもないから、その根拠には議会の法律がなければならない。大学法は確かに正規の履修を保証する健康状態を要求する。しかし本質的なのは、どのようにして健康状態を証明しなければならないかであり、その証明のためにレントゲン検査の介入を要求できるかどうかである。これについて大学法は沈黙しており、それゆえ、介入の根拠としては役に立たない。学則だけでは、2条2項3文によって必要とされる法律上の根拠にはならない（別見解として、v. Olshausen, DÖV 1979, 340/341 f）。2条2項3文における法律の留保を比較的おおざっぱに理解する場合でも、この学則には憲法上の問題が残っている。というの

---

20) E 88, 203/264（第2次堕胎判決Ⅱ・7）; E 98, 265/302 ff（バイエルン州妊婦援助補充法Ⅲ・47）も参照。

21) BVerfG, NJW 2015, 150/150 f; ferner EGMR, NJW 2001, 1989/1989 f.

144 第2部 基本権各論

も、仮に学則を2条2項3文の意味での法律としてみても、さらに、レントゲン検査の要求が**反比例的**でないかどうかが問われなければならないからである。これに対して肯定的に作用する要素は、これまで行われてきたレントゲン検査、レントゲン照射の危険性、結核罹患の稀少性といったことである（兵士についての別見解として、BVerwGE 83, 191/195）。

参考文献 *M. Anderheiden*, „Leben" im Grundgesetz, KritV 2001, 353; *I. Augsberg*, Grundfälle zu Art. 2 II 1 GG, JuS 2011, 28, 128; *H. Dreier*, Grenzen des Tötungsverbotes, JZ 2007, 261, 317; *G. Hermes*, Das Grundrecht auf Schutz von Leben und Gesundheit, 1987; *M. Kloepfer*, Leben und Würde des Menschen, in: FS 50 Jahre BVerfG, 2001, Bd. II, S. 77; *J.F. Lindner*, Die Würde des Menschen und sein Leben, DÖV 2006, 577; *R. Müller-Terpitz*, Recht auf Leben und körperliche Unversehrtheit, Hdb. StR³ VII, § 147; *B. Rütsche*, Rechte von Ungeborenen auf Leben und Integrität, 2009.

第10章　人身の自由（2条2項2文、104条）

460

> **事例7　路上放浪者の逮捕**（ミュンスター上級行政裁判所 DVBl 1979, 733 より）
> 　無届けのデモが行われたため、いく人かの警察官が動員された日、市民Bが長い間、警察本部前に立っていた。Bが他の無届けデモの組織を幇助するために、警察の動向を偵察していると考えた警察官PはBを逮捕した。これについてPはノルトライン＝ヴェストファーレン州警察法35条1項2号により自分にはその権限があると考えている。その規定によると、公共に対して重大な意味のある犯罪行為や秩序違反が、直接差し迫っているか継続中であるとき、これを防止するのに不可欠である場合は、警察官は実力を行使することができるとされている。Pに対してBは、自分は無害な路上放浪者にすぎないと言い張っている。しかし、PはBをその後5時間も拘束した。果たしてPは適法に行動したといえるのだろうか。→479

I．概　　観

461
　2条2項2文と104条は同じ保護領域をもっている。それは人身の自由である。その限りにおいて104条は、もともと余計な二重保障になっている。しかし104条は、2条2項3文の単純な法律の留保に対する特別法 lex specialis である特別の法律の留保をもっており、これにより独自の意義を獲得している。2条2項3文が、生命と身体の不可侵性の保護領域とならんで、人身の自由の保護領域にかかわる場合は、104条によって排除されるのである。

462
　2条2項2文と104条が基本法の内部で互いに遠くに引き離されているのは、単に制定史上の理由にすぎない。104条は、まず第1に、イギリス憲法史において発展してきた**ヘイビアス・コーパス** habeas corpus（人身保護令状）の制度を継受している。[1]これは逮捕その他の公権力による自由の制限に対する法治国家的基準にかかわるもの

1）　*Amelung*, Jura 2005, 447参照。

146

であり、とりわけ裁判官によって保障されなければならないものである。それゆえ、基本法制定会議は、司法に関する章の中にそれを位置づけたのである。

Ⅱ．保護領域

人身の自由は**身体的な活動の自由**を意味する。この基本権に含まれるのは、（積極的に）任意の近いあるいは遠い場所を訪れたり、（消極的に）任意の場所を避けたりする権利である。その保護領域には、自分がとどまりたくない場所にはとどまる必要はないということも含まれる。人身の自由は、規範的創造を必要としない他の自由と同様、一般的な法秩序の枠内でのみ保護されているわけではない。[2]   **463**

通説によれば、人身の自由とは歴史的沿革から、身体的な活動の自由を**身体的な干渉**からのみ保護することだとされる。特定の場所からの退去を禁止することは、特定の場所への出頭を命じることと同様に、直接的な強制や威迫を伴う場合にのみ介入になるとされる。[3]しかし、身体活動の自由を身体的な干渉からの自由に狭隘化することは歴史的理由からは十分に説明できない。直接的な強制や威迫は、今日では国家による権力の独占が完全なものになっているので、退去禁止や出頭命令のための特別の条件ではなく、あらゆる国家の禁止や命令と同様に後景に退いている。[4]   **464**

他面で、身体的な活動の自由は、身体的な活動のいかなる義務からの自由でもない。それゆえ、特定の場所への出頭命令については**場合分け**をしなければならない。特定の時間までに特定の場所で何か特定のことをしなければならない義務は、当事者に対して、いつ自分がその義務を履行しようとするかの自由を残している。この義務はまだ人身の自由に抵触するものではない。というのも、その保護領域は身体的活動の自由そのものであって、身体的活動と結びつくあらゆる行動義務からの自由ではないからである。しかし、義務が付加的に特定の時間と結びつけられれば、人身の自由と消極的内容において抵触する。   **465**

2） *Kloepfer*, VerfR II, § 58 Rn 4; 別見解 E 94, 166/198; 96, 10/21.

3） *Di Fabio*, MD, Art. 2 Abs. 2 Rn 32; *Kunig*, MüK, Art. 2 Rn 76; *Schulze-Fielitz*, DR, Art. 2 II Rn 104.

4） *Gusy*, MKS, Art. 104 Rn 18参照。

Ⅲ. 介　入

466　人身の自由への介入は、だれであっても、命令または禁止によってある場所を訪問したりある場所にとどまることを妨げられたり、そうすることを特定の時点において義務づけられるときに存在する[5]。それは、召喚から短期間の逮捕、そして終身の自由刑にまで及ぶ。身体的活動の自由は、その他、たとえば国防義務や就学義務によっても制限される[6]。人身の自由の介入に属するものとして、実施のためになされる執行行為、とくに直接強制がある。

467　　**例**　自由刑の科刑に関する刑事裁判所の判決は、行為者の逮捕や施設における刑罰の執行と区別されなければならない。この3つの措置は別個に人身の自由に対する介入になる（E 14, 174/186も参照）。執行猶予のための刑の執行の中断の撤回も介入になる（BVerfG, NJW 2013, 2414/2415）。これに対して、執行猶予のために中断された自由刑における金銭の賦課は人身の自由の介入にはならない（BVerfG, NJW2011, 3508）。

468　人身の自由に対する介入の特に厳しい制限として、104条2項ないし4項は**自由剥奪**を強調している。自由剥奪とは、身体の活動の自由の「あらゆる方向」[7]での否定を意味する。したがって、狭く限られた場所[8]での（命令または・および執行による）拘束すなわち、あらゆる種類の逮捕、拘置、拘禁、自由刑、収容がここに含まれる。滞在制限的・監督的な措置、召喚は、自由剥奪ではなく、単なる自由制限にすぎない。これに対して召喚の強制的執行としての引致は、警察の車両における拘束および狭く限られた場所における拘束によって、自由剥奪と称される[9]。刑の執行においては自由剥奪を超えて必然的に他の自由への干渉が関係してくる。すなわち、それは自由剥奪として把握・正当化することはできず、他の基本権への介入となり、それに応じての独自の正当化を必要とする[10]。

---

5 ）　E 105, 239/248参照。

6 ）　別見解 *Gusy*, MKS, Art. 104 Rn 18; *Stern*, StR Ⅳ/1, S. 1097 f.

7 ）　E 105, 239/248; BVerfG, DVBl. 2011, 623/624.

8 ）　BVerwGE 62, 325/328; BGHZ 82, 261/267; *Dürig*, MD, Art. 104 Rn 6.

9 ）　別見解BVerwGE 62, 325/327; 82, 243/245; BGHZ 82, 261/267.

10）　E 33, 1/9 f（行刑法事件Ⅰ・43）; 116, 69/80 f（少年行刑の特殊性と法律の根拠の必要性Ⅳ・39）.

Ⅳ．憲法上の正当化

1．104条の法律の留保

104条は、人身の自由に対する介入の許容性について、さまざまな**形式的・手続的要請**を行っているが、これはさまざまな介入の種類や状況に合わせてアレンジされている。それは特別規律・例外規律として複雑に入り組んでいる。2項ないし4項は、自由剥奪に関する規定であるが、自由制限を扱う1項の特別法である。2項2文・3文および3項は2項1文のルールに対する例外を規定している。それによると、自由剥奪のためには裁判官による事前の決定が必要とされる。その際、2項3文および3項が再び2項2文の特別規定となっている。これはだれかが警察によって、かつ犯罪の嫌疑ゆえに、拘置ないし逮捕されたという特別の状況に適用される。

a）自由制限

104条1項1文により、すべての**自由制限**に妥当するのは、それが

①形式を守って発出されなければならず、かつ

②法規命令や条例・内部規則、慣習法ではなく、正式の法律によって規律されなければならない、ということである。[11]

104条1項は、法律の形式規定の順守を憲法義務としているので、その形式規定に違反したとすれば、それはすでに憲法違反となる。その際、104条1項が形式に言及するとき念頭にあるのは、形式的適法性という意味での自由制限の形式・手続・権限である。本質性理論により（282以下参照）、自由制限の要件として、議会の立法者自身が本質的規律を行わなければならないということが妥当する。

b）自由剥奪

自由剥奪の憲法的許容性に対する**付加的**な要請は、まず第1に、**事前に裁判官が決定していなければならない**という点にある（104条2項1文）。裁判所は、裁判官がそうできるように組織的に保障しなければならない。[12] 104条2項2文、3文および3項は例外的に裁判官の事前の決定なしの自由剥奪も許容している。しかし、その場合は

11）　E 29, 183/195 f; 109, 133/188（終身の保安拘禁判決Ⅲ・3）．

12）　E 105, 239/248; Rn 980も参照。

遅滞なく裁判官の決定を求めなければならない（2文）。**迅速性**の要請からは次のことが導かれる。すなわち、裁判官の事前決定がなくてもよいのは、「逮捕に際して裁判官の決定が先行しなければならないとすると、憲法上許された目的が達成できないという場合で、かつ自由剥奪をもってすればその目的を追求できるという場合[13]」だけである。裁判官の決定は、警察が陳述した理由が説得力を有するかどうかの審査に限定されてはならず、拘置が必要不可欠かどうかを自ら審査しなければならない。[14] そして、その際、逮捕された者の言い分を直接聞かなければならない。[15] 場合によっては通訳をつけなければならない。[16]

472　　2項3文および3項は、裁判官の事前決定なしに行われる自由剥奪が**警察**によってなされる場合ないし、犯罪行為の嫌疑があるため一時逮捕の方法によってなされる場合について、さらに特別の要件を課している。

473　　自由剥奪の憲法的許容性に対するさらに付加的な要請は4項の**通知義務**である。それは逮捕された人にだけ通知を求める主観的権利を与えるものである。親族や親しい友人の場合でも、そのような権利が与えられるわけではない。[17] ただし、この権利は放棄可能である（**161**参照）。

474　　**法律**は104条の形式要請を詳細に内容形成し、場合によっては強化さえしている。

475　　**例**　精神病患者の収容に関する州法は、医療施設における強制入院および拘束に対する要件と手続を規律している。それは区裁判所の決定を要求しており、これによって単に裁判官にしか言及していない104条2項を具体化している。さらに付加的に、区裁判所に対して原則として患者の口頭による聴聞を要求している。それによって州法は104条1項1文を具体化している。違反に対しては憲法訴願によって訴えることができる（E 58, 208/220 f; 66, 191/195 ff 参照）。

2．制限に対する制限

476　　自由制限、その中でもとりわけ自由剥奪においては、厳格な比例原則の要請が妥当する。とくに**終身自由刑**は特別に厳しい介入として特別に厳格な審査を必要とする。

---

13)　E 22, 311/317; BVerfG, NVwZ 2009, 1033.

14)　E 83, 24/33.

15)　*Degenhart*, SA, Art. 104 Rn 22 f.

16)　BVerfG, NVwZ 2007, 1045.

17)　E 16, 119/122; BVerwG, NJW 1985, 339参照。

150　第2部　基本権各論

連邦憲法裁判所が終身自由刑を正当化できると考えているのは次のような場合だけである。すなわち、有罪とされた者が法律では規律されない恩赦を期待することが許されているだけでなく、終身自由刑の執行が停止できる要件と、その際、適用される手続が法律上規律されている場合である。受刑者の持続的な危険性を理由とする終身自由刑の持続的な執行においては、それが長引けば長引くほど、正当化のための実体的・手続的要件も厳しくなる。

程度に比例して審査を変えるという要請は、刑事裁判で科せられた禁固刑に服役した後も公共に危険を及ぼす可能性のある犯罪者からの保護を目的とした**保安拘禁**（刑法典66条以下）に対しても妥当する。連邦憲法裁判所は当初、ドイツの立法者が、1998年まで存在していた、この時点までに有罪判決を受けた者に対する最高10年の執行期間を廃止したことは、2条2項2文に違反にあたらないとしていた。これに対して**欧州人権裁判所**の見解では、自由剥奪は有罪の言渡しの帰結である。したがって、自由を求める権利（欧州人権条約5条1項2文a）に違反すると認めた。連邦憲法裁判所は、それを踏襲して、厳格な比例性の審査を強調し、保安拘禁の規定が2条2項2文に違反することを認めた。特別の要請が保安拘禁の執行にも妥当する。それは、自由指向的でセラピー的であり（いわゆる隔離の要請）、精神病患者の収用と同様である点で刑の執行と区別される。

未決勾留Untersuchungshaftの正当化の場合は、それに加えて法治国家的な無罪の推定が尊重されなければならない。それゆえ一方において、被疑者を有罪判決を受けた者と同じ扱いにすること（刑罰の先取りの禁止）や、他方において、実質的な理由なしに被疑者を非被疑者と異なった扱いにすることは禁じられる。未決勾留が正当

---

18) E 45, 187/242 ff（終身自由刑判決Ⅰ・1）; 72, 105/113; 113, 154/164 ff; 欧州人権条約3条ならびに欧州人権裁判所についてNJOZ 2014, 1582/1584.

19) E 117, 71/94 ff; BVerfG, NJW 2009, 1941/1942.

20) E 109, 133/187 f（終身の保安拘禁判決Ⅲ・3）.

21) EGMR, NJW 2010, 2495/2496 f; 刑法の遡及効禁止違反について**1216**.

22) BVerfGE 128, 326/366 ff（保安拘禁に関する規定の遡及適用Ⅳ・18）.

23) E 128, 326/374 ff（Ⅳ・18）; NJW 2013, 3151/3155 f（JK 1/2014）; *Payandeh/Sauer*, Jura 2012, 289; *Volkmann*, JZ 2011, 835参照。隔離の要請の変更について*Renzikowski*, NJW 2013, 1638/1639 ff.

24) BVerfG, NJW 2013, 3228/3230; EGMR 2013, 1791/1793 ff.

25) E 74, 358/370 ff; 82, 106/144 f（ヒットラー TシャツⅡ・28）; 110, 1/23.

26) *Stuckenberg*, Untersuchungen zur Unschuldsvermutung, 1998, S. 530 ff 参照。

第10章　人身の自由　*151*

化されるのは、逃亡や証拠隠滅の危険を理由とする勾留の場合は、より制限的でない手段が存在しないときであり、再犯の危険を理由とする勾留の場合は、重大な犯罪の防止が問題となるときである。[27]未決勾留に類似する公判拘留も手続的保障のためにのみ許される。[28]比例原則はさらに次のことを要求している。すなわち、手続は管轄権のある訴追機関によって可及的速やかに行われなければならず、かつ未決勾留は最大期間を超えてはならないということである。[29][30]

479

事例4（460）についての解答の概略 Bの逮捕の適法性とその他の拘束の適法性は区別されなければならない。

Ⅰ．ノルトライン＝ヴェストファーレン州警察法35条1項2号は人身の自由に対する介入を授権している。この規定は正規の法律として104条1項1文によって守られている。104条2項2文はまた裁判官の命令に依拠しない自由剥奪を許容している。本件においてこの規定の適用が適法だったかどうかは、「直接差し迫っていた」というメルクマールと「公共に対して重大な意味のある」というメルクマールに鑑みると、疑わしいといわなければならない。しかし、事実関係の詳細な記述が欠けているため、この点はおいておくことにしよう。

Ⅱ．Bのその他の拘束の適法性は、104条2項2文に合致するノルトライン＝ヴェストファーレン州警察法36条1項1文によって評価される。ここでは遅滞なく裁判官の決定がなされたとはいえない。しかし問題なのは、警察が104条2項3文に挙げられた期間を使い尽くしてもよいかどうかである。この規定が104条2項2文の排他的特別法であるとすれば、それは許されるだろう。しかしながらこの期間は、警察による自由剥奪という例外的性格から生じるのであるが、**付加的な制限**であることを意味している。したがって、裁判官の決定が遅滞なく行われなければならないとする要請は、依然として影響を受けないで維持されている（E 105, 239/249）。それゆえミュンスター上級行政裁判所DVBl. 1979, 733は、通常の場合だと、裁判官の決定を求めるのに2時間から3時間が妥当であり、Bを5時間も拘束したのは違法であったと判決したのである。

---

27) *Di Fabio*, MD, Art. 2 Abs. 2 Rn 49 ff; *Schulze-Fielitz*, DR, Art. 2 II Rn 109.

28) BVerfG, NJW 2001, 426; *Hellmann*, NJW 1997, 2145.

29) E 19, 342/347 f; 53, 152/158 f; BVerfG, EuGRZ 2009, 414/416.

30) *Gropp*, JZ 1991, 804/808 f.

152 第2部 基本権各論

参考文献 *C. Gusy*, Freiheit der Person, Hdb. GR IV, § 93; *P. Hantel*, Das Grundrecht **480**
der Freiheit der Person nach Art. 2 II 2, 104 GG, JuS 1990, 865; *H.-H. Jescheck/O.*
Triffterer (Hrsg.), Ist die lebenslange Freiheitsstrafe verfassungsmäßig?, 1978; *V.*
Neumann, Freiheitssicherung und Fürsorge im Unterbringungsrecht, NJW 1982, 2588; *A.*
Schieder, Die richterliche Bestätigung polizeilich veranlasster Freiheitsentziehungen,
KritV 2000, 218; *A. Tiemann*, Der Schutzbereich des Art. 2 II 2 GG, NVwZ 1987, 10; *F.*
Wittreck, Freiheit der Person, Hdb. StR^3 VII, § 151.

第11章　平等の要請（3条、6条1項・5項、33条1〜3項、38条1項1文）

481
> **事例8　家庭の収入による幼稚園の授業料の段階づけ**（E 97, 332 より）
>
> 　ある市は、市立幼稚園に通っている子どもの親から、授業料を徴収している。当該条例は、その授業料を家庭の収入によって段階づけている。Eは、市によって最高額を徴収されている親であり、この最高額は最低額の2倍以上であるが、しかし、これでもなお実際に子どもに必要なコストをまかなえない。Eは、この授業料の段階づけは、3条1項違反であると考えている。これは正しいか。→560

I．概　　観

482 　基本法は、さまざまな場所で、さまざまなアクセントをつけて平等を保障している。3条1項は、一般的な平等原則である。つまり、それは一般的に**法適用の平等**（法律の前の平等）と**法定立の平等**（法律の平等）を要求する。たしかに、法定立の平等という要請は、3条1項の文言からは出てこないが、1条3項（立法の基本権への拘束）と3条1項との連関から出てくる。3条2項1文と3項1文は、一定の属性を優遇および不利益扱いの理由とすることを禁止している。したがって、これらは、3条1項が必ずしも完全な平等取扱いを要求するわけではなく、あらゆる優遇および不利益扱いを禁止するわけでもないことを認識させる。もし、これが、3条1項の内容だとしたら、3条2項1文と3項1文は必要ではないことになろう。それらが必要なのは、3条1項は、理由のない不平等取扱いを禁じているだけだからである。つまり、3条1項は不平等取扱いに正当化理由を要求し、3条2項1文と3項1文は、どのような属性が、不平等取扱いの正当化理由と全くなりえないかを規定している。

　6条1項および5項、38条1項1文および33条1項ないし3項における、特別の平等の要請と差別禁止も、3条2項1文および3項と同様に特定の正当化理由を許さないか、あるいは33条2項と同様に特定の正当化理由だけを許すかのどちらかによって、不平等取扱いの正当化理由に特別の条件を設定している。3条2項2文は、国家に女性と男性の同権を確立し貫徹することを課す点において、特別なものである。

欧州人権条約（66-69）は、たしかに、一般的な平等原則を含んでいないが、14条に　　**483**
おいて、基本法 3 条 3 項のそれと広範に一致する理由による差別の禁止を含んでい
る。基本法 3 条 3 項と同様に、欧州人権条約は、これらの理由に基づく差別を部分的
に無条件に排除している（EGMR, NVwZ 2008, 533/534）。しかし、他の標識の場合に
は、欧州人権条約は、不平等取扱いを「事物に即した、筋の通った理由」によるもの
は許している（EGMR, NJW 2002, 2851/2855）。

　さらに、平等はEU法の中心的なテーマであり、まずは域内市場の平等に専念し、
これがその後1992年に政治的連合に移行したあとで一般的な平等の基本権に拡大され
た。差別禁止（EU運営条約18条 1 項）および基本的自由（EU運営条約34条・45条・49
条・56条・63条）は、域内市場の実現にとって根本的なすべての連合市民の平等取扱
いをその国籍とは無関係に保障する（504）。連合法は、それとならんで、特別に、労
働生活における女性と男性の平等取扱いをまず第 1 に促進する。すでに1957年に発効
したヨーロッパ経済共同体条約（48）は、競争の平等という理由から、すべての加盟
国において妥当するべき、それに対応する平等取扱いの要請を含んでいた。この個人
権的というよりは、むしろ域内市場の機能に理由づけられた特別のレジームは、2009
年以来法的拘束力を有する欧州基本権憲章（70）が平等保護をそれを超えて一般化
し、平等に固有の章を割いているにもかかわらず、依然として存在している（今では
EU運営条約157条）。一般的な平等原則（基本権憲章20条）は、基本法 3 条 3 項のメル
クマール以外にも、たとえば性的指向や年齢を原則として禁じられた区別の標識と
して挙げる、差別の否定の要請（基本権憲章21条）によって補完されている。連合法は、
このことで、長い間、ほとんど役割を果たさなかった（性的指向については503）、あ
るいは年齢のように（498）自由権の文脈でおいてのみ（925・931）役割を果たした、平
等法上の標識の範囲を広げている。この第 1 次法の保障は、第 2 次法の、もっぱら
EU運営条約19条 1 項に依拠する保障によって補完され[1]、とくに労働生活における差
別の場合に、重要な役割を果たしている。

　平等と自由との関係は複雑である。できるだけ多くの社会的自由を求める**政治的要**　　**484**
求と、できるだけ多くの社会的平等を求める政治的要求は、**対立する**。つまり、社会
的自由は、強者の行動の自由でもあり、社会的平等は、まさに弱者の機会の平等であ
るからである。それに対して、自由と平等の**基本権としての**保障は、お互いに**対立す**

---

1 ） *Kingreen*, in: Ehlers（Hrsg.）, Europäische Grundrechte und Grundfreiheiten, 4. Aufl.
　2014, § 21 Rn 22.

第11章　平等の要請　*155*

るわけではない。基本権としての保障は、どれぐらいの余地を強者に残すか、どれく
らいの保護を弱者に与えるか、つまりどのように対立する政治的要求を満足させるか
を立法者に広範に委ねる。基本権としての保障は、その際、立法者に両方の側から、
ただ一定の限界を設定するだけである。自由の保障と平等の保障による限界設定に共
通しているのは、自由の制限も不平等取扱いも、**根拠なくなされてはならない**という
ことである。しかし、保障の**法的技術**は異なる。自由権の場合には、保護領域として
個々の生活領域あるいは行為そのものがあり、その保護領域への介入がある。それか
ら、介入の確認、その憲法上の正当化の問題が続く。それに対して、平等権の場合に
は、保護領域は存在せず、したがって、保護領域への介入もない。[2]この場合、基本
権侵害の審査は、2つの**段階**でなされる。この審査は、不平等取扱いの確認と憲法上
の正当化の問題から構成される（**562**）。

II．不平等取扱い

1．憲法上問題となる不平等取扱い

485　憲法上問題となる、つまり憲法上の正当化が必要であるのは、「本質的に等しいも
の」の不平等取扱いだけである。[3]このことが意味することの1つは、同じ法定立権
力による不平等取扱いが生じていなければならないことである。ある州の市民が州法
によって、対応しない、ないしは異なった州法が制定されている他の州の市民と異
なって扱われても、はじめから本質的な同等性が欠けている。同様のことは、連邦法
と州法との間、さまざまな市町村の条例、大学の規則などとの間の関係においても妥
当する。[4]他方、人は他人と全く同じではありえないし、ある状況が他の状況と全く
同じでもないことも認められる。したがって、本質的平等は、人、人のグループある
いは状況が比較可能であるということを意味することができるにすぎない。比較可能
性は、まず、ある**連結点**（比較の第3項 tertium comparationis）を必要とする。

486　例　乗用車を運転する人には、道路交通法が適用され、居酒屋の経営者には、飲
食・旅館業法が適用される。この場合、たしかに、この異なる人のグループは、法的

2）　*Heun*, Hdb. GR II, § 34 Rn 40 ff; 別見解*Blome*, JA 2011, 486; *Huster*, FH, Art. 3 Rn 79
ff.

3）　確立した判例、たとえば E 49, 148/165。

4）　E 33, 224/231; *Huster*, FH, Art. 3 Rn 47参照。

156　第2部　基本権各論

に異なって扱われているが、問題のある、つまり憲法上の正当化を必要とする不平等取扱いについて論じる余地のある比較の連結点がない。それに対して、乗用車の運転者とトラックおよびバイクの運転者、居酒屋の経営と飲食店経営およびホテル経営は、比較可能である。連結点は、一方では、モーター付の乗り物に乗っていることに、他方では、食堂を経営していることに存在する。

この連結点は、**共通の上位概念**（最近類 genus proximum）であり、その下で、法的 **487**
に異なって扱われる異なった人、人のグループあるいは状況が含まれる。この下に、
1つの区別のメルクマール（種差 differentia specifica）によって異なる人、人のグループあるいは状況が完全にかつ確定的に明らかにならなければならない。そうでないと、不平等取扱いの内容、程度、それを可能とする理由も明らかにならないのである。

例　もし、立法者ないしは規則制定者が、1人で子どもを育てている母親に、幼稚 **488**
園の入園を優先的に認めたり、あるいは子どもの病気に際して、追加の休暇請求権を与えたりしたら、この優遇は、2人で子どもを育てている親に対しては理由があるかもしれないが、1人で子どもを育てている父親に対しては理由がない。このことは、1人で子どもを育てている人ということを最も近い共通の上位概念とみなし、親という上位概念には焦点を合わせていない場合にだけ明らかになる。親という概念は、1人で子どもを育てている人々（母親と父親）が、2人で子どもを育てているカップルと異なって扱われた場合にのみ、最も近い共通の上位概念となる。

問題解決のための技術的ヒント　3条の意味が見誤られるのは、それ自体合理的に **489**
存在する共通の上位概念が、性別の相違が指摘されることによって（あるいは2項および3項に挙げられている他の標識が指摘されることによって）否定される場合であり、たとえば、共通の上位概念の下にある、刑務所の男性と女性の受刑者が性別の違いによって過度に異なって評価される場合である。2項ないしは3項のメルクマールによる区別は正当化のレベルで（特別の憲法上の要請によって）検討されるべきであり、共通の上位概念の否定に至ってはならない。

したがって、憲法上の正当化を必要とする不平等取扱いが**存在する**のは、 **490**

①ある人、人のグループあるいは状況が特定のやり方で、介入ないしは給付によって、参加ないしは手続において、法的に扱われており、

②別の人、人のグループあるいは状況が特定の別のやり方で法的に扱われており、かつ、

③この両方の人、人のグループあるいは状況が、それ以外の人、人のグループあるいは状況を排除する共通の上位概念の下でとらえることができる場合である。

第11章　平等の要請　*157*

2．本質的に等しくないものの平等取扱い？

491　連邦憲法裁判所の確立した判例によれば、平等原則は、「本質的に等しいものを恣意的に不平等に扱う」ことだけではなく、「本質的に等しくないものを恣意的に平等に扱うこと」も禁じている[5]。それによって、憲法上の正当化を必要とする不平等取扱いと同様に、憲法上の正当化を必要とする平等取扱いも存在することになるだろう。多くの法的な不平等取扱いからと同様に、多くの法的平等取扱いからも、まず最初に、問題となり憲法上正当化を必要とする平等取扱いを抽出しなければならないであろう。しかし、この抽出をどの程度正確に行わなければならないかは、未決定であろう。というのは、平等取扱いの問題が、常に、不平等取扱いの問題としても把握されるからである。正しい比較グループが選ばれなければならないということだけはいえる[6]。

492　**例**　①閉店時間法によれば、駅構内の販売店の通常の閉店時間に関しては広範な例外が存在し、薬局に関しては例外の範囲が狭い例外規定が存在する。駅構内の薬局には、この法律により後者が妥当する。したがって、駅構内の薬局は、駅構内の他の売店と比べると不平等に取り扱われるが、他の薬局とは平等に取り扱われる（E 13, 225⁄228 f 参照）。

②庇護申請者給付法によれば、給付を受ける権利をもつ庇護申請者は、この法律による給付を得るに先立ち、自らの収入と財産を使い果たさなければならない。庇護申請者が得た慰謝料も使い果たすべき収入とみなされたとき、その庇護申請者は本質的に等しくないものを不当に等しく扱われていると考えた。つまり、生きる喜びの損失の補償のために定められた慰謝料は、生存の保障に役立つ収入および財産とはおよそ異なるというのである。連邦憲法裁判所は、その庇護申請者が不当に不平等に扱われているとみなした、つまり、この庇護申請者は、給付を庇護申請者給付法によってではなく、社会法典によって得ている庇護申請者とは異なるので、慰謝料は使い尽くすべき収入とはみなされるべきではないとしたのである（E 116, 229⁄236, 238 ff参照）。

III．憲法上の正当化

1．一般的要請

493　不平等取扱いの憲法上の正当化の審査には、「その内容と限界は、抽象的にではな

---

5 ）　E 49, 148⁄165; 98, 365⁄385.

6 ）　*Podlech*, S. 53 ff; *Rüfner*, in: FS Kriele, 1997, S. 271.

く、そのつど関係する多様な事物領域および規律領域に基づいてのみ定められうる、無段階の、比例原則を指向した憲法上の審査基準[7]」が妥当する。これによって、連邦憲法裁判所は、当該取扱いが恣意的であったかどうかに審査を限定する単なる明白性の審査[8]と、その頃、新定式と名づけられた、とくに人格に関連する不平等取扱いに関する比例性審査[9]との間の、これまでのカテゴリカルにみえた区別を放棄し、さまざまな審査密度を伴うものの、統一的な比例性審査を優先させるようにした[10]。しかし、比例原則のこの部分要素が、自由権の場合に比べて明確に際立たされることはむしろ稀となり[11]、連邦憲法裁判所は、不平等取扱いの目的と程度が、お互いに「適切な関係に」あるかどうかだけを問うことがしばしばである[12]。

a）目的の正当性

　不平等取扱いの**正当な目的**は、原則として明文で禁止されていないすべてのことである。したがって、禁止されているのは、とくに、基本法3条3項1文で挙げられた標識に結びついたすべての不平等取扱いである（**503**以下）。しかも、たとえば、基本法33条2項の下での適性、能力、専門的技量といった、特定の標識は許されることがときどきある。連邦憲法裁判所は、場合によっては、不平等取扱いが正当なのは、2つのグループの間に「不平等な取扱いを正当化するような種類の、およびそのような重要性を有する違いが**存在する**」場合だけであると誤解を招きやすいように定式化するけれども[13]、国家は、不平等取扱いを正当化するような差異をすでに見出す場合にのみ、不平等に扱うことが許されるだけではない。規律し形成する国家は、差異を一番最初につくり出す自由がある。つまり、そのとき国家は、すでに見出された差異に関して問題となる、学説にいう内在的目的と異なる、いわゆる外在的目的を追求するのである[14]。

494

　例　立法者が公勤務に関して、官吏Beamteを、職員Angestellteや現業労働者

495

7）　E 129, 49/69; 130, 131/142.

8）　E 17, 122/130.

9）　E 55, 72/88.

10）　*Britz*, NJW 2014, 346/347.

11）　*Jarass*, JP, Art. 3 Rn 22.

12）　E 102, 68/87; 129, 49/68.

13）　E 55, 72/88; 105, 73/110; 107, 205/214.

14）　*Huster*, S. 165 ff 参照。

Arbeiterと異なって規律するならば、立法者はこの不平等取扱いによって、この差異をつくり出し、その種類と重要性も規定する。その場合に、その正当化もその差異自身の中にありうるのではなく、立法者がこの不平等取扱いで追求する目的の中にだけありうる。つまり、国家は、異なった公勤務法によって、たとえば、異なった国家機能が適切に執行されることを保障しようとしている。

b）区別の正当性

496　その不平等取扱いが原則として正当な目的を追求するならば、その区別が目的の達成のために**比例的**かどうかが審査されなければならない。このことにとって決定的なのは、連邦憲法裁判所が立法者ないしは場合によっては行政および裁判官に与えた評価の余地および形成の余地がどれくらい大きいかである。その限りでは、とくに不平等取扱いが当事者を侵害する程度が決定的である。この程度は、

　①不平等取扱いの標識が3条3項によって禁止されている標識に近ければ近いほど、

　②当事者が不平等取扱いの標識に影響を与える可能性が少なければ少ないほど、

　③不平等取扱いが基本権として保護されている自由を妨げれば妨げるほど、

大きくなる。

497　この程度とともに、比例性の要請も大きくなる。不平等取扱いは、まさに追求された目的を達成するために適合し必要でなければならず、この目的を超えるものに達することも許されない。その際、とくに審査されなければならないのは、この区別が、不平等に取り扱われた事実の相違と事実上関連のある十分な理由Sachgrundによって支持されているかである。[15] さらに、不平等取扱いの程度は、類型化の許容性に影響を与える、すなわち、この区別がより大きな的確性をもって、この目的が支持する事例だけを把握しなければならない。[16] さらに、追求された目的は、不平等取扱いの程度と適切な関係になければならない。連邦憲法裁判所は、この適切性を、たいてい独立に審査するのではなく、しばしばすでに正当な目的の枠内で検討している。[17]

498　**例**　①承継的養子（＝パートナーがすでに養子にした子どもを自らの養子にすること）を夫婦に制限することは、子どもが養子によって家族から家族へと引き渡されないと

　15）　*Britz*, NJW 2014, 346/350.

　16）　E 133, 377/413.

　17）　*Britz*, NJW 2014, 346/350.

いう、原則として正当な目的が追求されている。しかし、この目的によって、生活
パートナーを承継的養子から排除することは支持されない、というのは、登録してい
る共同生活者がその親権を、共通の子どもに対して、夫婦よりも、合意したうえで少
なくしか行使できないであろうということに関する徴候はないからである（E 133,
59/88（生活パートナーシップ関係の下での継養子の可否IV・24）；さらに、E 133, 377/412 f
参照）。

②欧州司法裁判所も、定年に関する判例において、不平等に扱う規定自体が首尾一
貫していなければならないことを要求し、区別の目的と区別の理由の間の関係を取り
上げている。したがって、欧州司法裁判所は、たとえば、患者の健康を契約歯科医の
能力低下から保護することを理由として、契約歯科医の定年を68歳とすることを是認
しなかった。というのは、この定年は、契約歯科医制度の外にある歯科医には適用され
ないからである（EuGH, Slg. 2010, I-47, Rn 83 [Petersen]; *Dombert*, Jura 2015, 938/943）。

比例性の審査が、平等原則の場合に、自由権の場合よりも、少ない役割しか果たさ
ないのは、国家が援助目的の追求において不平等な取扱いをするときである[18]。すな
わち、国家が「消極的にnegativ」ではなく、「積極的にpositiv」差別する場合である。
立法者による規律と内容形成は、とくに租税法と社会法においては[19]、自由の制限を
伴わずにはおかないだけではなく、不平等取扱いを伴わずには全く困難である。とい
うのは、通常、ある人のグループを援助するためには、可能性は多数あり、国家が選
ぶ援助可能性に対応して代替手段も多数あるので、より穏やかで、緩やかな代替手段
がないことの証明はめったに成功しないからである。この場合、国家に同様かより少
ない負担しか課さず、援助目的をよりよく追求し、同時に、援助されず、他の人のグ
ループへの援助によって不利に扱われる人のグループをより穏やかでかつ緩やかに扱
う代替手段は明白ではないということで十分でなければならない。したがって、立法
者は不平等取扱いに関して、傾向として、**広範な形成および評価の余地を必要とする**
ということである。憲法上ないしは憲法裁判上、「（この余地の）限界 äußerster
Grenzenを超えることだけが異議を唱えられ」、「立法者がそのつど最も適正で、最も
目的に適した規律をし」たかどうかは問題とはされえない[20]。しかし、税法上の規律
も、一般的な標識（**496**）によれば強い不平等取扱いをもたらす場合には、厳格な比例

---

18) E 99, 165/178参照。
19) E 113, 167/227 ff.
20) 確立した判例。E 64, 158/168 f; 66, 84/95参照。

性審査に服さなければならない。とくに、立法者の自由が「税の免除によってもたらされる不平等取扱いの程度によって、およびこの税の平等にそった徴収へのその作用によって、総じて制限され[21]」うる場合である。さらに、この裁量の余地は、社会国家原理（基本法20条1項）を考慮すると、税法の規定が社会の機会の平等に影響を有する場合にも、小さくなる[22]。国家が援助以外の目的を追求しているとしても、必要性の要請は、〔審査基準としての〕統制力を保持する。

500 　例　①立法者がタクシー業者に、一定の義務を課し、一定の特典を与える。その際、立法者は、税法上もレンタカー業者より有利に扱う。その目的は、「すべての人が、タクシー運輸によって、個々の運行に関し、契約の締結強制のもとにある公共交通手段を、固定された運賃表で自由に利用できる」ことである。この目的は、「売上税法がレンタカー業者よりもタクシー営業に有利な大綱的な条件を与えることによっても、実現されうる。」——連邦憲法裁判所は適合性と必要性についてもはや語らず、語ることもできない。連邦憲法裁判所は、それに続けてもっぱら適切性だけを審査し、それを肯定している（E 85, 238/246）。

　②それに対して、生活費の計算の際に、学生の身分の夫または妻と別居している配偶者の収入や財産が少なく見積もられることについては、連邦憲法裁判所は、適合性および必要性について詳しく審査し、夫婦という利益共同体ないし責任共同体を考慮するという目的に関しては、生活費を少なくするという配慮は適合的ではないとし、濫用を防止するという他の目的に関しては、濫用の場合は他の方法で対処可能であるから、必要性はないとしている（E 91, 389/402）。相続税法における事業資産の無償の取得の特権化も、連邦憲法裁判所は、詳細にその適合性および必要性を審査する、というのは、相続税は、そうでなければ私有財産がわずかの人の手に過度に集中することの調整を可能にするからである（BVerfG, NJW 2015, 303/306, 327）。

501 　〔これまで〕挙げた区別は、原則として、行政と司法の措置にも妥当する。行政は、例外的に存在する判断の余地ならびにその裁量を適正に行使しなければならないし、裁判所は、単純法を少なくとも正当化できるように解釈しなければならない[23]（554以下）。しかし、法律の拘束性に基づいて、これらの余地は立法者と比較すれば小さい。すなわち、そのような判断からもたらされる侵害は、それゆえ、しばしば基

---

21)　BVerfG, NJW 2015, 303/307.

22)　BVerfG, NJW 2015, 303/327 fの反対意見; 批判として Sachs, NJW 2015, 601/602 ff.

23)　E 109, 38/59.

162 第2部　基本権各論

準となる法律に帰せられうるのであり、なされる行政の判断あるいは裁判所の判断に帰せられうるものではない。

例　①3条1項に対する違反を連邦憲法裁判所は、次の法律の場合に認めた。同じ審級の異なる裁判権に属する裁判官の異なる給料（E 26, 100/110 f）。性転換者に関するファーストネームの変更の拒否（E 88, 87/97 ff; 116, 243/259 ff）。同じ公勤務の使用者の下での、異なった老齢生活保障のための支給額を平等扱いすること（E 98, 365/384 ff）。租税法においては他の法領域とは異なって法律相談扶助Beratungshilfeを排除すること（E 122, 39/53 ff）。喫煙室を除く喫煙禁止をレストランには許容せず、居酒屋だけに許容すること（BVerfG, NVwZ-RR 2012, 257/258 ff）、および権利請求権者の個人的な事情を考慮せずに訴訟費用扶助を許容すること（BVerfG, NJW 2011, 2039 f、いわゆる権利保護の平等）。連邦就労促進法の公布を考慮して、ローンの弁済に関して、新州の大学生を旧州の大学生に対して不平等取扱いすること（E 129, 49/68 ff）。相続税法における私的財産に対する事業財産の必要とは無関係の特権化（BVerfG, NJW 2015, 303/306, 327）。

②連邦憲法裁判所は、次の法律については、3条1項に対する違反を認めなかった。法律上の疾病保険により、結婚している夫婦には人工授精費用を支払うが、結婚していない夫婦には支払わないこと（E 117, 316/325 ff）。所与の状況にマッチしており、合理的であるとみなすことのできる期日Stichtagの定め（E 13, 31/38; 87, 1/43 f）。小企業における緩和された解雇制限（E 97, 169/181 ff）。刑事訴訟法53条1項による証言拒否権をソーシャルワーカーおよび獣医へ拡張しないこと（E 33, 367/382; 38, 312/323 f）。一定の額に満たない委託発注決定Vergabeentscheidungenに対する緩和された権利保護（E 116, 135/159 ff）。

2．3条2項および3項による特別の要請

高められた正当化の要請が妥当するのは、3条2項および3項に挙げられたメルクマールと結びつけられる場合である。3条3項における「性別」というメルクマールは、3条2項における男性と女性の区別と内容としては同じである。これは性的指向というメルクマールを含まない。[24]「血統」Abstammungは、先祖との生物学的関係に関連する。「出身地」Heimatは、生まれあるいは定住に基づき人が感情的に有する場

---

24)　BVerfG, NJW 2008, 209/210.

所的な門地Herkunftを意味し[25]、もともとはとりわけドイツの亡命者と難民の平等取扱いを目的としていた。「門地」は血統の社会的で階層に固有な側面を意味する。「人種」Rasseは、一定の遺伝的特徴をもつグループを含む。「宗教的意見」は「信仰」Glauben（**542**参照）と同じである。「言語」および「政治的意見」というメルクマールはこの場合、自明である。「障害」とは、一時的ではない身体的、精神的、心的機能の損傷である[26]。

504 　3条3項のメルクマールのどれにも該当しないとしても、連邦憲法裁判所は、当該区別を導く人に関連するメルクマールが、3条3項のどれかのメルクマールに類似する程度によって正当化の要請を高めており、たとえば、「出身地」および「門地」というメルクマールに近い国籍の場合がそうである[27]。EU市民との関係では、国籍への関連づけは、連合法の基準に基づけば、すでに通常は不要である（**137**、**483**参照）。しかも、憲法上、外国人の不平等取扱いの場合、とくに社会給付へのアクセスの場合には、正当化の要請は高度である[28]。最近では、連邦憲法裁判所は、高められた正当化審査に必要な3条3項のメルクマールへの近さを、次のようにして一般化している。つまり、高められた要請は、少数者の差別の場合には常に妥当し、たとえば、性的指向の場合にも妥当し、このことで婚姻に対して生活パートナーシップを不平等に取り扱う規定は失敗に終わった（**518**）。3条3項は、このことで、国内の立法者が婚姻と生活パートナーを原則として同様の制度として予定している場合には、この不利益を正当化しない欧州司法裁判所の対応する判例をも受け入れている[29]。

505 　3条2項と3項は、裁量あるいは形成の自由に確固たるfest限界を設定する[30]。以前は、この限界は、判例によって広く引かれていた。つまり、差別禁止は、明白な不利益あるいは優遇だけ、および意図された不利益あるいは優遇だけを禁じるものとされたのである（直接差別[31]）。もっとも、欧州司法裁判所は、今日のEU運営条約157条（**483**）およびそれに基づく第2次法を、メルクマールとしては中立的に定式化されるが、結果として圧倒的に、あるメルクマールグループの一員に該当しうる、間接的差

---

25) E 102, 41/53.

26) E 99, 341/356 f; *Neumann*, NVwZ 2003, 897参照。

27) E 111, 160/169 ff; 111, 176/183 ff; E 130, 240/255 ff; BVerfG, NVwZ 2012, 825/826 ff.

28) E 111, 160/169 ff; 111, 176/183 ff; E 130, 240/255 ff; BVerfG, NVwZ 2012, 825/826 ff.

29) EuGH, Slg. 2008, I-1757, Rn 68 ff (Maruko); Slg 2011, I-3591, Rn 42 ff (Römer).

30) 確立した判例。たとえば E 37, 217/244 f 参照。

31) E 75, 40/70; BVewGE 75, 86/96.

別をも含むものとして、すでに何度も解釈してきた。連邦憲法裁判所もそのような[32]間接差別を、そうこうするうちに、重要とみなし、3条2項に述べられている男性と女性の区別、3条3項1文に挙げられているメルクマールは、不平等取扱いを正当[33]化する標識および理由としては役に立たないこと、および、不平等取扱いはそれに[34]「帰され」てはならないことを要求している。上述の審査枠組みおよび理由づけの枠[35]組みにおいては、これは次のように作用する。

a）目的の正当性

男性と女性の違い、および、3条3項1文のメルクマールにしたがって、優遇したり不利益に扱うことは、公権力が追求してはならない**目的**である。もっとも、3条3項2文によれば、障害者を優遇するという目的、および、特別の平等化を行う給付や発達のための資金を付与することによって社会的排除を妨げるという目的は追求され[36]てよい。

506

例 立法者は、女性と男性をその伝統的な役割に固定すること、あるいはそれから追い出すことを目的としてはならない。立法者は、ある人種を育成しzüchtenてはならないし、特定の言語的あるいは宗教的少数者を同化あるいは維持しようとしてはならないし、特定の宗教的ないしは政治的意見の援助ないしは弾圧に取り組んではならない。

507

立法者が文化的・宗教的・政治的生活、言語的・地域的多様性を全体として促進する場合は、この3条2項・3項によって禁じられた目的設定から区別されなければならない。3条2項2文によって、明文上、女性と男性の同権の招来と実現も許されると宣言されている。ときどき、3条3項1文は、異なる血統、人種などに属する人[37]

508

---

32) EuGH, Slg. 1986, 1607, Rn 29 (Bilka); Slg. 1996, I-243, Rn 28 (Lewark); Slg. 1997, I-5253, Rn 30 (Gerster).

33) これについては、*Richter*, Hdb. GR V, § 126 Rn 71 ff; *Sachs*, Hdb. StR³ VIII, § 182 Rn 91 ffはこれを拒否するが、その限りでは、3条1項が関係するとみなしている。

34) E 85, 191/206 f; 89, 276/288 f; *Heun*, DR, Art. 3 Rn 124 f 参照。

35) E 104, 373/393; 121, 241/254 f; 126, 29/53.

36) E 96, 288/302 f; BVerfG, NJW 2005, 737; *Straßmair*, Der besondere Gleichheitssatz aus Art. 3 Abs. 3 Satz 2 GG, 2002, S. 178 ff 参照。

37) E 92, 91/109; 109, 64/89; 113, 1/15.

間の同権の招来と実現のために、それに対応する国家委託と理解される。[38]

509　　**例**　連邦選挙法6条6項2号によれば、5％条項は、「民族的少数者の政党によっ
てつくられたリストには適用されない」。この場合には、血統、言語、出身地を理由と
する優遇はない、というのは、民族的少数者という概念はこれらのメルクマールのど
れかに還元されえないからである。現在、類似の規定は、シュレスヴィヒ＝ホルシュ
タインの州議会選挙においてデンマーク人に意味をもつだけとなっている（E 5, 77/83,
BVerfG, NVwZ 2015, 205/207も参照）。これに対して、基本法3条3項2文は、投票用
紙上に「男性と女性は同権である」という刷り込み、地方議会における現在の性別の
割合の情報ならびに候補者の性別および公認候補者名簿の性別の割合を掲載しなけれ
ばならないとした州法の規律を保護しない（VerfGH RhPf, NVwZ 2014, 1089/1093）。

510　　ポスト（公勤務における、あるいは監査役会のような経済活動での幹部の地位におけ
る）の一定の割合を女性が占めることを要求し、適性をもつ男性の応募者が、適性が[39]
劣る女性の応募者にくらべて不利に扱われるという「逆差別」になる、女性を優遇す
る**割当制**による反差別立法は、3条2項1文の前では、3条2項2文の援助の委託に
よってどうにか正当化されることができる。[40]しかし、基本法3条2項2文は、体系
的な理由から、性別ではなく能力に焦点を当てる基本法33条2項に対する例外を含ま
ない。連邦憲法裁判所は、割当制については、これまでまだ発言してはいないが、連
邦憲法裁判所の判例は、男性と女性の応募者が同じ適性をもつ場合には、女性によっ
てポストの一定の割合を占めるまで、女性の雇用を要求する、いわゆる適性に基づい
た割当制の認容に向けて進行中であるように理解されることがしばしばである。[41]EU
法も、積極的な援助措置の権限を明文で与えている（EU運営条約157条4項、基本権憲
章23条）。もっとも、欧州司法裁判所の見解によれば、女性が地位を争う男性との特
別な局面に入っていないのに、自動的に女性を優先する厳格な割当制は、許されな
い。[42]それに対し、割当制が個別化された開放条項を含んでいるのであれば、それは
許される。[43]しかし、その場合でも、能力が劣る志願者が優遇されることは妨げられ

---

38)　*Frowein*, in: FS Zacher, 1998, S. 157.

39)　*Sachs*, ZG 2012, 52/61 ff.

40)　*Jarass*, JP, Art. 3 Rn 97, 106.

41)　*Kokott*, NJW 1995, 1049/1051; *Langenfeld*, DVBl. 2010, 1019/1025; *Osterloh*, SA, Art. 3
　　Rn 289.

42)　EuGH, Slg. 1995, I-3051, Rn 22 (Kalanke).

43)　EuGH, Slg. 1997, I-6363, Rn 32 f (Marschall).

なければならない。さらに、積極的な援助措置は、常に目的通りかを基準として（**496**）測られうる。たとえば、家族生活と職業生活（基本権憲章33条2項）の調和が改善されるべきであれば、女性ではなく、子どもを育てている人が援助されなければならない。[45]

女性が性別を理由として、雇用されない、ないし賃金を低くされることがないよう　**511**
にすることを保障するコントロールないし制裁は、3条2項・3項とはじめから対立するわけではない。連邦憲法裁判所は、3条2項2文から立法者が、さらにそのようなコントロール規定ないし制裁規定を制定すること、および、その際、それらから生じる事実上の差別をも、できるだけ回避することを義務づけられると判断している。[46]

b) 適合性と必要性

正当な目的を達成するための不平等取扱いの**適合性**Geeignetheitと**必要性**　**512**
Erforderlichkeitは、標識として男性と女性の違い、ないしは3条3項のメルクマールに焦点を当てることなく、理由づけられなければならない。そのような理由づけに成功しない場合には、不平等取扱いは、3条によれば行ってはならない。しかし、理由づけが成功すれば、その不平等取扱いは、一方での男性と他方での女性による異なった法的取扱い、異なった言語あるいは門地、異なった宗教的あるいは世界観的意見をもつ人々による異なった法的取扱いを導いても、3条の下でも維持される。「人のその他の相違あるいは生活状態の相違に基づく区別は、区別禁止には抵触しない」。[47]

例　あるノルトライン＝ヴェストファーレン州法は、自分の世帯をもつ女性に対し　**513**
て、有給で労働から免除される平日（家事労働日）を請求する権利を与えていた。連憲判52巻369頁（家事労働日州法違憲決定I・15）は、同じ状態にある男性には同じ請求をする権利を与えていないので、3条2項と相容れないと宣言した。この規定は、「家事をするのは女性であるという伝統的な観念にもっぱら」（376頁）基づくものであるとした。伝統的な役割における男性と女性の違いに焦点を当てない他の理由づけは、明らかではない。同じことは、次のような規定について妥当する。つまり、女性現業労働者は男性現業労働者と異なって夜間に労働してはならない（E 85, 191/207 ff）、少女

---

44) EuGH, Slg. 2000, I-5539, Rn 52（Abrahamsson）.
45) *Kingreen*, in: Calliess/Ruffert（Hrsg.）, EUV/AEUV, 4. Aufl. 2011, Art 33 GRCh Rn 6参照。
46) E 109, 64/89 ff; これについて*Aubel*, RdA 2004, 141.
47) E 3, 225/241; 57, 335/342 f. E 128, 138/156 fも参照。

だけが手芸科目の義務教育を受ける（VGH München, NJW 1988, 1045）、男性だけが消防の義務を負う（E 92, 91/109）、および、女性に刑の執行の際に化粧品の購入において特権を与える（BVerfG, EuGRZ 2008, 763/765）規定である。これに対して、連邦国防軍の服務規律における、女性ではなく、男性だけが短髪としなければならなないという規定は、許されるとされる。連邦行政裁判所（NVwZ-RR 2014, 767/770 f = JK 6/2015）は、軍隊における男性の場合には、形成されてきた伝統と、この規定は連邦国防軍における女性の勤務を妨げうるということで、この規定を正当化した。しかし、これに反対して、基本法3条2項はまさに性別に固有の伝統を打ち破るものであることが語られる。

514　連邦憲法裁判所は、男性と女性に関する異なった規定を「客観的生物学的相違」によっても正当化している。つまり、この相違によって、「その性質からして、男性か女性かどちらかの場合しか生じない」問題が解決されるとするのである。[48]これは、父母の異なった法的取扱いに関して意味をもち、妊娠、出産、授乳の負担を考慮する限りにおいて、父親に対する母親の特権化を許す。客観的生物学的相違よりも、6条4項とそれによる母親の保護の義務づけに焦点を当てた方がより説得的である。父親が母親の機能を引き受ける場合には、3条2項から父親についても同等の扱いを行う義務が生じる。[49]

515　3条2項は、男性と女性の間の区別についてのみ語り、3条3項は、特定のメルクマールについてのみ語っている。この区別ないしこのメルクマールから生じる行為・態度については語られていない。そのような行為・態度の許容性は、3条に基づいてではなく、その行為・態度がその保護領域に入る他の基本権に基づいて判断される。ただし、ある行為・態度が他の基本権を基準として許され、かつ3条2項・3項に挙げられている事由のある意味では当然の結果である場合には、その行為・態度は、この事由自体と同様にわずかの場合しか、不平等取扱いの根拠づけのために引き合いに出されてはならない。したがって、不平等取扱いは、発言によっては言語によってと同様に、社会階層に固有の行為によっては門地によるものと同様に、政治的意見の表明および活動によってはそれをもつことによってと同様に、わずかの場合にしか根拠づけられることは許されない。

516　例　公務員への平等な就任が、ある応募者は、憲法敵対的な政治的意見をもってい

---

48)　E 85, 191/207.

49)　*Sacksofsky*, UC, Art. 3 II, III 1 Rn 299. E 114, 357/367 ff も参照。

るだけではなく、それを表明し活動もしたという理由づけで直ちに拒否されることはできない。決定的なのは、憲法敵対的とみなされる意見の表明と活動が、5、8、9条および2条1項、とくに5条によってカバーされ、かつ、ある法律、とくに5条2項に基づく一般法律によって許される方法で制限されているかどうかである。今挙げた自由権の基準にしたがって、この表明および活動が自由であるならば、不平等取扱いの理由ともされてはならない。連邦憲法裁判所にあっては、これが違うように聞こえる。つまり、「基本法3条3項の禁止を、ある政治的確信を単に『もっていること』だけではなく、この政治的意見を表明し活動することにも関連づけることは適当ではない」(E 39, 334/368) としている。しかし、連邦憲法裁判所は、このことで、3条3項の禁止は、政治的意見の表明・活動を自由権に照らして許される方法で制限する立法者の「邪魔にはならない」ことを明らかにしようとしているだけである (公務員への平等な就任について、**533**以下参照)。

c) 例 外

最後に顧慮すべきは、2項・3項の要請から、特別の憲法規範によって**例外**が許されるということである。たとえば、117条1項は、3条2項に対立する権利 (とりわけ、子どもの教育について親の意見が一致しない場合の父親の最終決定権、夫婦の姓・家族の姓としての男性の姓といったドイツ民法典の規定) に過渡期の間、「しかし1953年3月31日まで」効力を与えた。今日まだアクチュアルなのは、それによれば男性だけが武器を持ってする役務を義務づけられうる12a条4項2文である。[50]

517

3. 6条からの特別の要請

6条1項は、独身者に対する既婚者[51]、子どもをもたない人に対する親[52]、他の生活共同体・教育共同体に対する婚姻と家族のよりよい地位[53]を要請していないが、不利な地位を禁じている。6条1項と3条1項を結びつけることによって、連邦憲法裁判所は、とくに、社会法および租税法の領域において家族を強化している[54]。それに対

518

---

50) BVerfG, DVBl. 2002, 772.

51) E 76, 126/128 f; 87, 234/259.

52) E 87, 1/37; 103, 242/263 ff; 112, 268/279.

53) E 67, 186/196; 99, 216/232; 107, 205/215; 批判として、*Kingreen*, Jura 1997, 401/406 f.

54) *Kingreen*, JZ 2004, 938 ff.

第11章 平等の要請 *169*

して、連邦憲法裁判所が他の生活共同体に対する婚姻の特権化を受け入れているの
は、たとえば、具体的な生活領域に関してまさに婚姻の法的構造Verfasstheitが問題
となるような、相当な合理的理由Sachgrundがなおある場合だけである。しかし、
この区別は、しばしば伝統によってのみ理由づけられたので、合理的理由はそもそも
見つかったとしても、極めて稀である。この区別が生活パートナーシップの不利益扱
いを伴うならば、さらに厳しくされた正当化の要請が妥当する、というのは、そのよ
うな規律は性的指向に結びつけられ、したがって厳しくされた正当化の要請に服する
からである（**504**）。したがって、連邦憲法裁判所は、婚姻に対する生活パートナー
シップの不利益扱いは、6条1項によって正当化されえない3条1項に対する介入で
あると判断している。同様に、**6条4項**に基づく共同社会Gemeinschaftの保護と給
付を求める母の請求権の中に、母を母でないものに対して不利な立場に置くことの禁
止が存在している。

519　　**6条5項**も立法者への委託だけではなく、特別の平等原則をも含む。連邦憲法裁判
所がこの基本権の直接の適用可能性を認めて以来、結婚している両親の子どもとし
ての出生かそれとも結婚していない両親の子どもとしての出生かについて、男性か女
性かという特性（3条2項）および3条3項のメルクマールに関するのと同様のこと
が妥当する。つまり、これらは、不平等取扱いを正当化する理由としては役立たな
い。この間、立法者は、お互いに結婚している両親の子どもと、お互いに結婚してい
ない両親の子どもの間の法的地位における区別を最終的になくした。それには、連
邦憲法裁判所によって要求されているように、結婚している親の一方と結婚していな
い親の一方の、子どもの世話に役立つ生活費の支払い請求は、もはや区別されない
ことも含まれる。

---

55)　E 105, 313/348 ff; 117, 316/325 ff.

56)　E 124, 199/226（遺族扶助における生活パートナーの排除と一般的平等原則Ⅳ・23); 131,
239/260; 132, 179/191 f; E 133, 59/88（生活パートナーシップ関係の下での継養子の可否
Ⅳ・24); E 133, 377/412 f.

57)　E 44, 211/215; *Aubel*, Der verfassungsrechtliche Mutterschutz, 2003; *Seiler*, BK, Art. 6
Abs. 4 Rn 45 ff 参照。

58)　E 25, 167/178 ff（非嫡出子決定Ⅰ・37)。

59)　E 74, 33/38; 85, 80/87 f 参照。

60)　E 118, 45/62 ff.

4．政治的権利に関する特別の要請

a）普通選挙と平等選挙

38条1項1文は、ドイツ連邦議会議員選挙に関して、とくに**普通選挙と平等選挙**を　　**520**
規定している（38条1項1文の他の要請とその適用領域について、**1161**以下参照）。

普通選挙は、すべてのドイツ人（**128**参照）の選挙し、選挙される平等な**資格**を意味　　**521**
する。したがって、普通選挙は、選挙の平等の特別の場合である。選挙の平等は、さ
らに、積極的選挙権に関して平等な数的価値（「1人1票」）と平等な**結果価値**（すべて
の票は、議席配分の際の票の換算において平等な配慮が求められる）、受動的選挙権に関
して、すべての立候補者に対する**機会の平等**を意味する（E 71, 81/94）。さらに、立候
補者に関しと同様、有権者に関しては、選挙の平等は、選挙審査手続を求める権利
を意味する[61]。

連邦憲法裁判所は、38条1項1文の選挙法上の平等原則を長い間「一般的平等原則　　**522**
の適用事例」と理解してきた。この間、連邦憲法裁判所は、その中に基本法によって
3条1項において一般的に保障されている市民の平等が特別法的に規範化された規定
であるとみなし、したがって、3条1項にたちもどることは、必要でもなく、可能で
さえもないとしている[62]。その結果は、28条1項2文およびその州法上の特別の規定
における選挙法上の平等原則違反に対して、連邦憲法裁判所はもはや3条1項を引き
合いに出すことができないことである。選挙法上の平等原則は、**計算上の形式的平等
取扱い**を変わることなく要求し、立法者に「区別に関して狭い裁量の余地だけを許す
…。このことは、その正当化のためには、この場合常にやむをえない理由を必要とす
る」[63]。

この立法者および当然のことながら、同様に行政の裁量の余地が狭いということ　　**523**
は、**正当化の負担ないし理由づけの負担の強化**を意味する。この強化は、上述の審査
枠組みと理由づけ枠組みにおいて、

①わずかに追求されうる目的への限定、かつ

②適合性と必要性の厳格な基準

として作用する。

61）　E 85, 148/158 f.

62）　E 99, 1/10.

63）　E 82, 322/338; 95, 408/418 f; 129, 300/320（5％阻止条項事件Ⅳ・59）。

524　　**例**　①**普通選挙**は、選挙区における居住の要件によって否定される（連邦選挙法12条1項2号）。外国に住むドイツ人については、たしかに、連邦共和国の政治問題に関する一定の熟知Vertrautheitを要求される。しかし、任意の時点までの3箇月の滞在の必要（連邦選挙法12条2項1文）は、この目的を達成するためには適合しない。というのは、一方でこの熟知がもはや保障されえない人（たとえば、未成年としてドイツにいただけの人）が含まれるが、他方で3箇月の滞在をしていなくても必要な熟知から出発することが許される人、たとえば、頻繁に国境を往来する人が排除されるからである（E 132, 39/51 ff; *Felten*, DÖV 2013, 466; *Germelmann*, Jura 2014, 310）。

②**選挙の平等**は、5％の阻止条項（たとえば連邦選挙法6条6項）によって否定される。5％阻止条項によって配慮されない政党に投じられた票は、その他の票と同じ結果価値をもたない。この不平等取扱いが正当化されるのは、この不平等取扱いが、少数政党の伸長に有利である比例選挙の条件の下で、議会の機能性の確保のために無条件に必要であるということによる（E 51, 222/235 ff; 95, 408/419 f 参照; 批判として *Meyer*, Hdb. StR³ III, § 46 Rn 36 ff; 自治体の選挙について異なる見解として E 120, 82/110 ff; *Krajewski*, DÖV 2008, 345参照）。これに対して、欧州議会の選挙については、3％条項は憲法違反とされる（E 129, 300/324 ff（5％阻止条項事件Ⅳ・59）; 135, 259/293 ff）、というのは、欧州議会は、阻止条項なしでも機能において損なわれないからである（この判決が欧州議会の民主的機能の過少評価に基づいている限りにおいて、正当な批判として *Geerlings/Hamacher*, DÖV 2012, 671/677; *Grzeszick*, NVwZ 2014, 537/539 f; *Schönberger*, JZ 2012, 80/82 ff; *Wernsmann*, JZ 2014, 23 ff）。

③**多数決選挙制度**と結びついているであろう死票の結果価値の不平等な重みを、連邦憲法裁判所は、立法者には多数決選挙制度と比例選挙制度との間の決定が委ねられているという前提（38条3項の「詳細は」の規定 *Degenhart*, StR, Rn 69 ff 参照）に基づき、原則として正当であるとみなしている（E 95, 335/349 f; 批判として *Morlok*, DR, Art. 38 Rn 101）。連邦憲法裁判所は、**基本議席条項**（E 95, 408/420 ff（基本議席条項判決Ⅲ・70）; 批判として *Roth*, UC, Art.38 Rn.72, 98 ff）を承認しているが、超過議席規定は、「比例選挙の概念」の範囲内にとどまっている場合にのみ承認している。このことは、院内会派を構成するのに必要な議員数の半分を超えて超過議席が発生した場合には、もはやあてはまらない（E 131, 316/356 ff（連邦選挙法6条1項一部違憲無効判決Ⅳ・78））。立法者は、超過議席ができるだけ回避されるように選挙区を設定することも義務づけられる（E 130, 212/226（人口比例に基づく議席配分規定の合憲性Ⅳ・75））。選挙人の第2票が票の分配の際に投票された政党の負担として作用する負の投票価値

negatives Stimmgewicht の効果は憲法違反である（E 121, 266/294 ff；さらに、負の投票価値の効果を調整したとされる、いわゆる残票の活用の違憲性に関する E 131, 316/354 ff（連邦選挙法 6 条 1 項一部違憲無効判決Ⅳ・78））。

特別の要請からの**例外**は、また特定の憲法規範によって許されている。たとえば、38条 2 項は、普通選挙を破ることを予定し、それによれば、選挙権は18歳に達してはじめて生じる。他の例外を、137条 1 項は、公務員に関して予定している。[64]

525

b）政治的意見形成の平等と政党の機会均等

連邦憲法裁判所は、選挙権についての憲法上の正当化に関するこの特別の要請を政治的意思形成の権利として、「**政治的意見形成**という前領域」にまでも拡張し、一般的に「自由な民主制における政治的権利の行使を支配する形式的平等の原則」について語っている。[65]しかし、この数的に形式的な平等取扱いの要請は、選挙準備および政治的意見形成の際には、機会、放送時間、ポスターの大きさ、税の優遇が数的にも均等配分されうる場合にのみ妥当する。しかし、そうだとしても修正を被らなければならない。つまり、38条 1 項 1 文は、選挙という国家機関的行為の際には、すべての票に同じ重さを与える。それに対して選挙準備と政治的意思形成は、社会で行われ、この場合、この自由権は、市民、グループ、政党が異なる強度で聴衆に訴え、効果をつくり出すことを許す。国家が、平均化された介入の意味で形式的平等取扱いを実行するならば、この自由の成果を奪い、この自由権の意味を奪うことになるだろう。

526

連邦憲法裁判所は、**政党の機会の平等**に関する包括的な判例において、政党の機会の平等をさらに 3 条 1 項に根拠があると判断し、[66]このことに一貫して配慮してきた。たしかに、連邦憲法裁判所はこれらの不平等取扱いには特別な「やむをえない」zwingend 理由を要求している。[67]同様に、連邦憲法裁判所は、その限りで形式的・図式的平等を要求してはいない。連邦憲法裁判所は、「段階づけられた」平等、「比例的な」平等で満足している。

527

例　政党法 5 条 1 項は、選挙宣伝のための放送時間の配分の際にはとくに、公法上の放送施設によってすべての政党が平等に扱われる「べきである」と定める。しか

528

---

64)　E 98, 145/160 ff 参照。

65)　E 8, 51/68 f（第 1 次政党財政援助判決Ⅰ・12）; 69, 92/107; 82, 322/337 ff; 120, 82/104.

66)　E 99, 69/79; 121, 108/121参照。

67)　E 82, 322/338; 111, 382/398; 121, 108/122.

第11章　平等の要請　*173*

し、この配分は、「政党の重要性によって段階づけることができる。政党の重要性は
とくに、前の国民代表の選挙の結果にしたがってもはかられる」。この規定は、結果
として連邦憲法裁判所の判例に対応する（E 14, 121/134 ff；別見解 *Lipphardt, Die
Gleichheit der politischen Parteien vor der öffentlichen Gewalt*, 1975）。これについて形
式的に平等な取扱いを行えば、政党が自ら社会において勝ち取った意味を奪うことに
なるだろう。

529　　3条1項における政党の機会の平等の規範的保障は、連邦憲法裁判所の判例によれ
ば、さらに訴訟上の理由にもなる。つまり、それ自身は基本権でも基本権同様の権利
でもない、21条に対する公権力の違反は、このようにして、政党によって憲法訴願の
手続で連邦憲法裁判所に持ち出されることができる。それに対して、ある政党が、そ
の特別で他の社会グループや団体には与えられない役割において国家意思形成に共同
し、憲法機関と争いに至った場合には、連邦憲法裁判所は、その政党を93条1項4a
号の意味における各人としてではなく、準憲法機関とみなし、その政党に機関争訟
（93条1項1号）における当事者適格を認める。[68]

5．公民の権利、義務に関する特別の要請

530　　a）33条1項

　　33条1項は、3条に対して、2つの点で特別である。33条1項は、平等一般ではな
く、平等な公民の権利と義務を保障し、同項は、その権利と義務をすべての人ではな
くドイツ人に保障する。その際、ドイツ人の概念は、116条に従って定まり、公民の
権利および義務の概念は広い意味で理解され、選挙権から納税義務、役務給付義務ま
で「国家に対する公民の権利関係全体」を含む。[69]役務給付義務に関して、12条2項は
特別法である（**960**以下参照）。他方また、33条1項に対する例外として、より特別の
36条が顧慮されなければならない。

531　　33条1項は、3条2項・3項を排除するものではなく、それらを補完するものであ
る。この補完は、3条2項・3項による理由づけ禁止と正当化禁止とならんでより広
い理由づけ禁止と正当化禁止が生じる点にある。つまり、あるドイツ人がある州の住
民であることは、他の州において、そのドイツ人をその州の州民と異なって扱う理由

---

68)　E 84, 290/298; *Maurer*, JuS 1992, 296.

69)　*Badura*, MD, Art. 33 Rn 6, 9.

とはなりえない。また、あるドイツ人がドイツ連邦共和国外の出身者であるとき、そのことは、ドイツ連邦共和国出身の人とそのドイツ人を異なって扱う理由とはなりえない。しかし、また他方、このことで、ある規定が異なるドイツ人を異なった方法で取り扱うことは排除されていない（512参照）。これに対して、ある州の州民であるという属性Eigenschaftを何が構成するべきかは、異なって判断される。歴史的には、ワイマール憲法110条２項における関連規定に関して、州の所属が考慮された。形式的な州の所属は今日ではもはや存在しないので、この規定は、狭い理解によって処理されている[70]。広い理解によれば、ある州の州民であるという属性に関しては、たとえば出生、住所あるいは職業教育Ausbildungのような事実上の連結点が考慮される[71]。

例　州に居住することを州議会選挙権の前提とすること（たとえばノルトライン＝　**532**
ヴェストファーレン州選挙法１条３号参照）は、その州内で選挙の直前に引っ越した人は選挙でき、他方、選挙の直前に州外から引っ越して来た人は選挙できないということになる。この選挙権の拒否は、ふつう州民を傷つけず、州民でない人に関係するにもかかわらず、許される（別見解 *Sachs*, AöR 1983, 68/89）。居住してはじめて、ある州の政治問題に関する必要な知識を得ることができ、政治的権利の意味のある行使が可能になる（524参照）という理由づけは、州民の特性に焦点を当てたものではない。それならば、選挙の直前に州外から引っ越してきた比較の対象となるグループには、州を以前に去った州民も含まれるからである。

b）33条２項

33条２項は、理由づけ禁止と正当化禁止をもう１度、追加的に含む。**公職**の付与　**533**
に際しては、３条２項・３項の事由も、応募者が州民であるか、ドイツ連邦共和国出身者であるかどうかも——ドイツ連邦共和国外のドイツ人は異なる——考慮してはならないだけではない。任用に際しては、応募者の適性、能力、専門的技量以外を問題にしてはならない（いわゆる最優秀者選抜の原則Grundsatz der Bestenauslese）。公職に関する定年は、仕事の能力Leistungsfähigkeitの典型的な評価に役立つ限りにおい

---

70)　*J. Masing*, DR, Art. 33 Rn. 27 ff. 州の住所による学費の差異を基本法33条１項ではなく３条１項と結びついた12条で審査している BVerfG, NJW 2013, 2498/2499参照。

71)　*Jarass*, JP, Art. 33 Rn.

て、このことおよびヨーロッパ反差別法とも一致する。[72] その際、この理由づけの禁止、正当化の禁止は、並置されるのではなく、相互に関連し合う。適性、能力、専門的技量は、3条2項・3項に基づき、および33条1項に基づき厳禁されている視点自体あるいは基本権としての自由の保護と相容れない視点自体によって、理由づけられてはならない。[73] このことは専門知識・専門的力量・専門的実績に関連する専門的技量という概念、および才能・一般知識・人生経験を意味する能力という概念に関しては、考えられない。しかし、その身体的・心的・性格的特性によって全人格を把握する適性という概念に関しては、考えられる。[75]

534 **例** ①連邦憲法裁判所と通説は、各人が憲法敵対的な政党に属している場合には欠けるとされる憲法忠誠も適性に入れている（E 39, 334/348 ff（過激派決定Ⅰ・78）; BVerfG, NVwZ 2002, 848）。その際、憲法敵対性は、憲法違反とはおよそ異なるものを意味する。憲法違反については、21条2項2文によれば連邦憲法裁判所だけが決定することができ、憲法敵対性については、雇用官庁ないしは雇用官庁の決定を審査する裁判所が判断することができるものとされている。政治的意見によって差別することを禁じる3条3項と、この適性ないしは憲法忠誠の理解は、相容れない。連邦憲法裁判所が21条2項2文に基づき決定しない限り、基本法上、すべての政党がこの自由を享受する。連邦憲法裁判所が決定してはじめて、政党の政治的地位ないしはそれに対応する市民の政治的意見に対して否定的な法的効果を与えることが可能になる。しかし、連邦憲法裁判所と通説は、33条4・5項および戦うstreitbareないし闘争能力にすぐれたwehrhafte民主制の解釈学的図式を援用して、この結論に反する帰結を導こうとしている。昔から、忠誠関係としての官吏関係は、官吏と国家および憲法との特別の同一化を要求しているというのである。このことは、まず、基本法の戦う民主制にあてはまる。しかし、忠誠関係としての官吏関係の理解は、歴史のなかで揺れ動いており、また民主制の戦闘性は、21条2項2文において連邦憲法裁判所の決定の独占によってまさに限定されている（詳細については *Pieroth/Schlink*, JuS 1984, 345; *Schlink*, Staat 1976, 335 とそこに挙げられている文献参照）。

②かつてのドイツ民主共和国の公務員の特別解雇についての連邦憲法裁判所の最近

---

72) BVerfG, NVwZ 2013, 1540/1541 f (JK 2/2014).

73) *Masing*, DR, Art. 33 Rn 46.

74) E 108, 282/296, 307（スカーフ判決Ⅲ・21）.

75) E 92, 140/151（座りこみデモⅡ判決・72）; BVerfG, NVwZ 2009, 389.

の判決は、もはや憲法忠誠については語らず、慎重に、「憲法の原則に基づき公務を確保する、とくに市民の自由権を守り、法治国家的規律を保持する、能力と内面的覚悟」について語っている（E 96, 152/163；これについては *Will*, NJ 1997, 513参照）。

　さらに、理由づけおよび正当化の禁止は、女性の代わりに男性が、外国にいるドイツ人の代わりに国内にいるドイツ人が、カトリックではなくプロテスタントが公職に就くことによって、侵害されてはならないということが妥当する。決定的なのは、この場合はまさに理由がないということである。連邦憲法裁判所は、たとえば、ある女学校の指導機能は、女性によって執行されるということは「明白である」とする。[76]しかし、それは明白ではない。この学校が女学校であり、応募者が女性であるという理由から、その官職は、彼女に与えられるというのではなく、指導する任務がまさに彼女によって教育上および規律上、特別にうまく充足されうる場合にのみそうなのである。ある男性がそれをよりよく充足するならば、彼が優先される。[77]　**535**

　通説によれば、昔から社会国家原理、今日の3条3項2文は、障害者に関して**例外**を要求する。[78]しかし、これは問題であるように思える。障害者が多くの援助を受け、特定の機能に関し適性、能力、専門的技量において、障害をもたない志願者と同じほど優れていると評価されることは、社会国家原理ないしは3条3項2文および33条2項に合致するからである。[79]これに対して、政治的官吏がいつでも一時的に退職させられうることは、議院内閣制 parlamentarische Regierungssystem においては、官吏のトップの政治的意見はその適性の一部であるということによって正当化される。[80]　**536**

c）33条3項

　33条3項は、すでに論じた理由づけおよび正当化の禁止をくりかえし、また、それは、部分的にもう1度、ワイマール憲法136条2項と結びついた140条においてくりかえされている。〔宗教を理由とする〕差別禁止は、歴史的および体系的理由から33条に採用されたものである。すなわち歴史的に特に争いを生じやすい宗教・宗派の違いを無視することが、公民の権利・義務の設定の体系的関係において、再び明らかに　**537**

76）　E 39, 334/368（過激派決定I・78）.

77）　*Höfling*, BK, Art. 33 Abs. 1-3 Rn 328も同旨。

78）　*Jarass*, JP, Art. 33 Rn 17; *Masing*, DR, Art. 33 Rn 54参照。

79）　*Schmidt-Aßmann*, NJW 1980, 16参照。

80）　BVerfG, NVwZ 1994, 477; *Bracher*, DVBl. 2001, 19参照。

確立されなければならず、公勤務における宗派のえこひいきおよび宗派による役職の配分の禁止を特別に強調する意図が込められていた。たしかに、33条3項は、他の理由づけおよび正当化の禁止とならんでは、もともと不必要であるが、しかし、この規定は、他の理由づけおよび正当化の禁止と比べて、**より特別**である。したがって、関連する事例および問題は、まず、この規定に基づいて審査されなければならない。[81]

538 　**例**　①教皇とバイエルン自由国との間の政教条約に基づき、バイエルン自由国は、いくつかの大学で、哲学、社会学、教育学に関するいわゆる政教条約講座を維持し、「講座保有者の有するカトリック教会についての見解に関して、講座保有者に対して異議を申し立てることはできない」。その際、管轄の司教区の司教は、同意権限をもっている。その公職の志望者が、カトリック教会についての自分の見解に関して異議を申し立てられたことを理由として許可が拒否された場合、33条3項が、3条3項および33条2項に対する特別法としての効力をもつ。この場合、宗教的信条を理由とする不平等取扱いが存在し、憲法上の正当化は認められない（*F. Müller*, DuR 1976, 175; *Korioth*, MD, Art. 140 Art. 136 WRV Rn 70; 別見解 *v. Campenhausen/Unruh*, MKS, Art. 140 iVm Art. 136 WRV Rn 25 ff; *Höfling*, BK, Art. 33 Abs. 1–3 Rn 416 f）。

　②宗派混合学校の教師の雇い入れの際に、生徒の宗派所属によって、志願者の宗派所属が考慮されることになってはならない（BVerwGE 81, 22/24 f）。

Ⅳ．平等違反の効果

1．法律、法規命令、条例・内部規則による平等違反

a）一般論

539 　憲法違反の不平等取扱いは自由権への憲法違反の介入とは**異なる**効果を有する。自由権への介入は、単純に排除されなければならない。市民は、介入されないことで、再び自由を享受しなければならない。それに対して、2つのグループの不平等取扱いは、さまざまに排除されることができる。一方のグループを他方のグループと同様に扱うこともできるし、他方のグループを一方のグループと同様に扱うこともできるし、両者を新たな第3の方法で扱うこともできる。

540 　不平等取扱いを排除するこのさまざまな可能性は、ある市民が他人に比べて不平等

---

81) *Jachmann*, MKS, Art. 33 Rn 24.

178 第2部　基本権各論

な負担に反論する場合にも、他人に比べて不平等にも与えられない優遇を追求する場合にも存在する。しかしながら、ある市民が負担に反論するか、あるいは優遇を追求するかでは違いが生じる。この違いは、立法と司法との共働に依存している。

①ある市民が、ある法規における、その市民ないしはそのグループに関する、平等原則に反する負担に反論するならば、司法はこの法規を廃止し、そのことによって負担が排除される。

541

②ある市民が、ある法規における、その市民ないしはそのグループに関する、平等原則に反する優遇を追求するならば、司法は、この法規を廃止することによって優遇をつくり出すことはできない。この法規が廃止されれば、たしかに、他のグループはこの優遇を得られないが、この市民ももらえない。ただ、例外的に、ある法規がすべての市民にこの優遇を与え、他の法規がある市民のグループを優遇から除外しているならば、後者の法規の廃止によって、市民のこのグループは優遇を得ることができる。[82]

542

たしかに、司法は、基本法の現在の権力分立構造においては、立法に対して、基本的に破棄的に活動し、形成的に活動するものではない。そして、破棄的に活動することができる場合でさえ——通常は、負担を課す規定の場合であり優遇の排除規定の場合は例外的であるが——、連邦憲法裁判所の判例は、抑制的である。というのは、破棄は常に形成的要素を持っているからである。破棄は、他の可能性も存在するにもかかわらず、この不平等取扱いを排除するという1つの可能性を現実化する。連邦憲法裁判所が抑制しないのは、裁判所がそのきっかけを与えたと判断する法律の新規定までの間の過渡的規律を自ら定める場合であり、そうしなければ、耐えられない法的不安定性が生じるであろう場合である。[83]

543

b) 不平等に除外される優遇

連邦憲法裁判所が、ある法規があるグループにのみ与えている優遇を他のグループに拡張しようとするのはよほどの場合である。この特別の抑制はその拡大に内在している特別の形成的要素に対応している。優遇を拡大する連邦憲法裁判所は、「法の欠缺」を埋め、[84]立法者があえて形成しなかったところにおいて、形成する。そのよう

544

---

82) E 22, 349/360.
83) E 84, 9/20 f（婚氏事件Ⅱ・12）参照。
84) E 22, 349/360.

第11章　平等の要請　*179*

な法の欠缺を埋めることを、連邦憲法裁判所は、次の2つの前提の下でのみ正当とみなしている。

545 　①ある憲法委託ないし他の憲法規定が市民の一定の優遇を要求しているにもかかわらず、立法者が市民のあるグループに対してこの優遇を平等に反して行わなかった場合、優遇は、市民のこのグループに拡張されてよい[85]。もっとも、これは、憲法委託ないしはその他の憲法規定からして直接生じる。

546 　②立法者が、たとえば、官吏法・社会法のように、複雑な規律体系をつくり出し、立法者は明白にそれを維持するつもりであり、かつこの規律体系は、優遇が見逃されたグループに拡張される場合にのみ首尾一貫するならば、この拡張は連邦憲法裁判所が行うことも許される[86]。

547 　優遇の拡張に関するこの前提が存在しない場合には、連邦憲法裁判所は、この規範の無効を宣言することなく優遇からの排除の違憲性をただ確認するだけである[87]。同時に連邦憲法裁判所は、立法者に明示的ないし黙示的に、憲法適合的な法状態を確立することを要求する。さらにその一部について連邦憲法裁判所は立法者に対して憲法違反の法状態を解消しなければならない期間を設定する[88]。

548 　例　家事労働日についてのノルトライン＝ヴェストファーレン州法について（513参照）、連邦憲法裁判所は、「家事労働日が世帯主である独身の女性の労働者に保障され、独身の男性労働者に保障されない限りでこの法律は、基本法3条2項と適合しない」（E 52, 369/370（家事労働日州法違憲決定Ⅰ・15））と判決主文で述べている。憲法違反の規定に基づく労働裁判所の判決は、連邦憲法裁判所によって破棄差戻された。つまり、「（この労働裁判所が）手続を中断すれば、場合によっては、立法者による家事労働日を求める権利の拡大に与かる機会が訴願提起者に開かれる」（同上）。

549 　連邦憲法裁判所が優遇の拡張の際に遵守する同じ抑制を、連邦憲法裁判所は、**優遇からの排除の破棄**の場合にも適当であるとみなしている。というのは、立法者の同じ意思は、それぞれの場合に、ただ違った法技術的表現をとるだけだからである。両方の場合、そもそも同じ法の欠缺が存在する[89]。

---

85)　E 22, 349/361; *Dürig*, MD, Art. 3 Abs. I Rn 374.

86)　E 103, 225/238 ff. BVerwGE 101, 113/118 f（産卵鶏のゲージ内飼育Ⅲ・77）も参照。

87)　この判決手法についての詳細は、*Schlaich*, BVerfG, Rn 394 ff 参照。

88)　E 82, 126/155（ヒトラー・Tシャツ事件Ⅱ・28）参照。

89)　E 22, 349/360 f.

180　第2部　基本権各論

c) 不平等に課される負担

連邦憲法裁判所は、その判例の最初以来、不平等に負担を課す法規も、「立法者が　**550**
その法律の他の規定を憲法違反の部分がなくても保持するであろうことに疑いがな
い[90]」場合にのみ無効としてきた。それとならんで、この場合にも、連邦憲法裁判所
によって挙げられてはいないが、優遇の拡張のための2つの前提のうちの第1の前提
が関連する。憲法規定がまさにこの負担を禁じている場合の不平等取扱いは、無効と
して破棄することが許される。

破棄のためのこの諸前提が存在しない場合は、憲法違反の確認も排除される。とい　**551**
うのは、違憲確認は結果として破棄に匹敵するからである。いずれにせよ、負担は市
民にもはや課されてはならないことになろう。不平等な優遇の際には、事情は異な
る。つまり、不平等取扱いが無効として破棄されたならば、市民はもはやだれもそれ
を享受することができない。あるグループが優遇から排除されている場合に、ただそ
の憲法違反が確認されれば、他のグループは、その優遇を引き続き保障される。とい
うのは、他のグループもその優遇をもはや保障されないという結果は、憲法違反の確
認の代わりに無効の宣告によって直ちに達成されるからである[91]。かくして、連邦憲
法裁判所がその不平等な負担を無効として破棄することができない場合は、連邦憲法
裁判所は、規定全体の無効を宣告する[92]。

d) まとめ

平等の要請が市民を不平等に取り扱う法規から保護することに関して、次のような　**552**
状況と効果が区別されなければならない。

①市民は、平等の要請に違反する負担を課せられない。負担を課す規定の一部また
は全体は無効である。

②平等の要請に違反してある市民に排除されている優遇にこの市民が与かることが
できるのは、対応する憲法原則ないしは規律対象および規律意思の体系がこれを要求
している場合である。

③同じく平等の要請に違反してある市民に排除されている優遇であっても、その拡

---

90)　E 4, 219/250.

91)　別見解*Heußner*, NJW 1982, 257/258; BAGE 37, 352/355. *Schlaich/Korioth*, BVerfG, Rn
　　417 ff も参照。

92)　E 9, 291/302参照。

第11章　平等の要請　*181*

張を憲法原則や規律対象および規律意思の体系が要求しない場合には、この市民は優遇に与かることができない。この市民は、憲法違反の確認、拒絶する判決の取消、進行中の訴訟手続の中断を達成することができるだけである。

2. 行政および司法による平等違反

a) 一般論

553　行政と司法が、平等ないしは不平等に扱う可能性を有するのは、それらが**行為の余地**Handlungsspielraum をもっている場合だけである。ある法規が行為の余地を許さず、一定の条件がある場合には、一定の法的結果の設定を規定しているならば、行政と司法が、すでにある条件の下で法的結果を適用しないとすると、行政と司法は、市民をたしかに不平等に扱う。しかし、この不平等取扱いは、法規の単なる不当な適用であり、それ自体が訴訟の対象となり、専門裁判所によって修正される。行為の余地を行政は裁量 Ermessen の領域で有し、ならびに行政と司法は、**不確定な法概念**の解釈および適用の際に有する。

b) 行政による平等違反

554　裁量の領域、および原則として判断の余地（1137以下参照）の領域においても、自己拘束として平等の要請に拘束されるのは、行政が、

　　①それによって行政自身が裁量の行使を制御する行政規則

　　②行政自身が裁量の行使の際に繰り返してきた確立した行政実務

から、正当な理由なく逸脱してはいけないということによる[93]。

555　この自己拘束に対する違反の際には、市民は３条１項から負担を拒否することも、優遇を得ることもできる。法規によって除外された優遇の拡張に反対する疑念は、この場合、あたらない。執行の際の形成の自由は、立法の際の形成の自由より少なく、司法と行政の共同によって、破棄するだけではなく、**形成する**判断が、正当な位置づけを与えられる。

556　**例**　社会扶助担当者が、社会扶助受取人にクリスマスのお祝いのためにクリスマス補助金を支給した。しかしホームレスは、クリスマス補助金をもらえなかった。というのは、ホームレスは、宿がないので、そもそもクリスマスを祝うことができないか

---

93)　自己拘束について *Ossenbühl*, DVBl. 1981, 857; *Pietzcker*, NJW 1981, 2087参照。

らである。マンハイム憲法裁判所 VGH Manheim, NVwZ 1983, 427 は、単刀直入に
ホームレスにもクリスマス補助金の請求権を認めた。社会扶助担当者によって挙げら
れている理由は差別的で、社会国家原則とも相容れないというのがその理由であった。

　行政規定あるいは行政実務が法律と矛盾していて、行政がある市民に関しては、法 **557**
律に適合した行政実務に移行する場合でも、これは、平等の要請に矛盾するわけでは
ない。市民は、法律の優位のゆえに（20条3項）**平等な不法**を享受しないし、誤りの
反復を求める請求権をもたない。[94] もっとも、ある法律が実体的な規律において達成
するつもりの平等な負担が、手続的な規律において、一般的に誤っている場合には、
市民は、負担を課されないことを要求することができる。手続と手続規定の平等違反
は、この場合、実体的規定に波及効果を及ぼす。[95]

c）司法による平等違反

　確立した行政実務による自己拘束と対応する確立した判例による自己拘束について **558**
は、連邦憲法裁判所はただ**ためらいがちに**認めており、学説も慎重である。連邦憲法
裁判所は、一方では、平等の要請によって法の発展および法の継続形成が妨げられて
はならないということを述べ、他方で、「いくつかの判決は判例の有機的な継続形成
の道から大きく離れ恣意的とみなさざるをえない」ということはありうるとみなして
いる。[96] 学説も法の発展と法の継続形成を妨げるつもりはないが、同時に、自己拘束
が保持されるとみている。[97]

　連邦憲法裁判所は、平等の要請を**公正さ審査**のためにも使い、連邦憲法裁判所はそ **559**
れによって、全く支持できず、恣意的であると自ら考える単純法律の不正な適用に対
処している。[98] このことは、超上告審ではないという連邦憲法裁判所の要求と調和さ
せるのは難しい。[99]

---

94)　通説。*Huster*, FH, Art. 3 Rn 114 ff 参照。

95)　E 84, 239/268 ff, 284（資本収益税判決Ⅱ・9）; 110, 94/112 ff.

96)　E 18, 224/240.

97)　*Riggert*, Die Selbstbindung der Rechtsprechung durch den allgemeinen Gleichheitssatz
　　（Art. 3 I GG), 1993; *Dürig*, MD, Art. 3 Abs. I Rn 402 ff は、警告判決による判例変更の予
　　告を要求している。

98)　E 70, 93/97; 86, 59/62 f.

99)　*Heun*, DR, Art. 3 Rn 61 もまたこれを批判する。

事例8（481）についての解答の概略

Ⅰ．条例制定者は、授業料を段階づけることによって**本質的に等しいものを不平等に扱った**といわざるをえない。Eのように市により多く支払う親と、より少なく支払う親は、その子どもが市立幼稚園に通うことによって結びつけられている。親たちは、市から平等な、出費AufwandにおいてもコストKostenにおいても同価値の給付、すなわち子どもの世話を受ける。このことによって、親たちは比較可能な状況に置かれる。したがって、条例制定者は授業料を段階づけることによって本質的に等しいものを不平等に扱っている。

Ⅱ．これに関して、条例制定者は**憲法上の正当化を必要とする**。条例制定者は、世話費としてコストに見合う支払いBeteiligungを要求しているわけではなく、したがって、援助の際に、「積極的にpositiv」差別をしている。これはただ恣意的であってはならないという程度の低い不平等取扱いである可能性もあるだろう。しかし、この家庭の収入は個人に関連した基準であるので、条例制定者によるこの不平等取扱いは著しい程度であり、これが正当化されるのは、この不平等取扱いが正当なlegitim目的を追求し、この目的達成に適合し必要であり、かつ、この目的の価値と適切な関係にもある場合だけである。

　1．条例制定者は、明らかにいわゆる**内在的目的**を追求している。つまり、条例制定者が家庭の収入に焦点を合わせているのは、いわゆる新定式の意味における、異なった家庭の収入の中に不平等取扱いによって考慮されうるような種類でかつ重要性をもつ相違をみてとっているからである。**正当な目的**の推定に反対して、憲法によって見出される料金Gebührenの概念は、料金は税とは異なり個別に責任を生じさせる公的給付を根拠として徴収され、そのコストをカバーすべきことを要求することが語られうるだろう。しかし、料金の概念から生じるのは、料金は実際のコストとは無関係には確定されてはならないということだけである。憲法から、カバーしすぎも、カバーしないことも全く禁じられるわけではない。それゆえ、条例制定者は、異なった家庭の収入において、および子どもの生活可能性と教育可能性のために当然必要とする機会の平等において、相違を見出すことが許されたのであり、より悪い機会しかもたない家族をよりよくする目的を正当化するのである。

　2．より高い家庭収入の親からより高い料金の徴収は、この目的の達成のために**適合している**、というのは、この徴収は、市が、独自に集める額が一定の場合には、より低い家庭収入の親からより低い料金を徴収することを可能とするから

である。これらの親たちにとっては、市立幼稚園の世話の提供を受け取ることが容易となる。つまり、それらの子どもには、重要な基礎的知識と能力の獲得のより大きい機会が開かれる。

　3．より低い家庭収入の家族のこの機会は、いろいろなやり方で援助されうるので、より高い家族収入の親からより高い料金を徴収することがこの目的の達成のために**必要**でもあるかどうかが問題となる。独自に集める額が一定の場合には、市は、より低い家族収入の親に負担を軽減することができるのは、市がより高い家族収入の親に負担をかけるときだけである。これらのより多く負担する親をより大事に扱うこと、つまり、より少なく負担させることは、より少なく負担している親に負担をかけること、および、このことで援助目的に負担をかけることにつながるだろう。

　4．より高い家族収入の親のこの不平等取扱いの**適切性**は、そのより高額の料金もその子どものために実際にかかるコストをカバーしないことで明らかになる。この親たちも市によって、ただわずかな程度にすぎないが、援助されている。Eは、料金の段階づけが３条１項を侵害すると考えたが、それは正しくはない。

参考文献　①*M. Albers*, Gleichheit und Verhältnismäßigkeit, JuS 2008, 945; *G. Britz*, **561** Der allgemeine Gleichheitssatz in der Rechtsprechung des BVerfG, NJW 2014, 346; *K. Hesse*, Der Gleichheitssatz in der neueren deutschen Verfassungsentwicklung, AöR 1984, 174; *S. Huster*, Rechte und Ziele, 1993; *A. Podlech*, Gehalt und Funktionen des allgemeinen verfassungsrechtlichen Gleichheitssatzes, 1971; *K.-A. Schwarz*, Grundfälle zu Art. 3 GG, JuS 2009, 315, 417; *R. Wendt*, Die Weiterentwicklung der „Neuen Formel" bei der Gleichheitsprüfung des Bundesverfassungsgerichts, in: FS Stern, 2012, 1553.

　②とくに３条２項について: *U. Di Fabio*, Die Gleichberechtigung von Mann und Frau, AöR 1997, 404; *I. Ebsen*, 15 Jahre Fördergebot des Art. 3 Abs. 2 S. 2 GG − zur praktischen Bedeutung einer Verfassungsänderung − , in: FS Jaeger, 2011, S. 401; *S. Huster*, Frauenförderung zwischen individueller Gerechtigkeit und Gruppenparität, AöR 1993, 109; *S. Kempny/P. Reimer*, Die Gleichheitssätze, 2012; *J. Kokott*, Gleichheitsschutz und Diskriminierungsverbote in der Rspr des BVerfG, in: FS 50 Jahre BVerfG, 2001, Bd. II, S. 127; *M. Sachs*, Quotenregelungen für Frauen im staatlichen und im gesellschaftlichen Bereich, ZG 2013, 52; *U. Sacksofsky*, Das Grundrecht auf Gleichberechtigung, 2. Aufl. 1996; *K. Schweizer*, Der Gleichberechtigungssatz-neue Form, alter Inhalt?, 1998.

③とくに 3 条 3 項について: *G. Beaucamp*, Das Behindertengrundrecht（Art. 3 Abs. 3 Satz 2 GG）im System der Grundrechtsdogmatik, DVBl. 2002, 997; *M. Sachs*, Besondere Gleichheitsgarantien, Hdb. StR³ VIII, § 182.

④とくに38条 1 項 1 文については、**1182**を見よ。

付説　構造図式

■構造図式Ⅳ：平等権

Ⅰ. 本質的に平等なものの不平等取扱い

　不平等な取扱いを受けている比較グループの構成

　(1)一方が他方と異なる取扱いを受けている少なくとも 2 人（ 2 グループ）を構成する。

　(2)不平等取扱いをする規則の目的を基準として、共通する上位概念を構成する。

Ⅱ. 憲法上の正当化

　注意：一般的平等原則の領域における議会の留保（**288**以下）の妥当性については争いがある。少なくとも、平等原則に関してはそれ以上の問題がないためにその審査を断念するときには十分に主張しうる。というのも多くの場合、平等原則とならんで通例優先して審査すべき自由権が問題となることが多いからである。自由権はどちらにしても議会の留保は主張できる。

　1. 不平等取扱いをする法律の合憲性

　（法律による不平等取扱いが行われているとき。そうでないときは2. による）

　a) 形式的合憲性

　　aa) 立法権限、とくに70条ないし74条

　　bb) 正規の立法手続〔76条ないし79条、82条 1 項〕

　b) 実体的合憲性

　不平等取扱いの程度を基準として比例原則の審査をする（**494**以下）。

　　aa) 正当な目的

　　禁止されるのは

　　①3 条 3 項が禁止する差別の標識への連結

　　②明文で許された差別の標識以外の使用（33条 2 項）

　　bb) 比例性

　　正当化の要求度合いは

①差別の標識が禁じられた標識（とくに3条2項、3項1文）に類似する度合いが高いほど、ないし事実上の効果において同じになる度合いが高いほど、

②当事者が標識に影響を与える可能性が低いほど、および

③不平等扱いが自由権の行使を困難にする度合いが高いほど、

高くなる。

2．不平等取扱いをする個別行為の合憲性

執行権および立法権の行為に対しては1.b）と同様の審査だけを行い、単純法との適合性の審査は行わない（**1310**）。

Ⅲ．違反の法的効果

自由権の場合と異なり、通例、破棄されず不適合が宣告されるだけで、不平等取扱いをどのように除去するかは立法者の選択に任される（**539**以下）。

この**構造図式Ⅳ**は、事例問題が基本権侵害に向けられている（＝**構造図式Ⅰ**、**368**） 563 のではなく、法律の合憲性に向けられている（＝**構造図式Ⅱ**、**369**）場合には、自由権の構造図式に対応して変わりうる。しかし、一般的な平等原則と個別の平等原則との関係については特殊なことが妥当する。つまり、平等原則は保護領域をもたず、正当化の要請を提起するので、個別の自由権と一般的行為自由（**404**以下参照）の間の関係におけるのと異なり、個別の平等原則が一般的な平等原則を排除するということはない。すなわち、不平等取扱いが個別の平等原則に反していなくても、つねに一般的平等原則に照らして審査されなければならない。

例 法律によって、一定の女性のスポーツ種目は、平均以上の事故率があるという 564 理由で禁止される。この法律は、男性と女性の違いに基づくものではなく、このスポーツ種目の高い危険に基づくものであるから3条2項違反ではない。しかし、さらに、3条1項が侵害されていないかどうかが問われなければならない。というのは、同様に平均以上の事故率をもつ他のスポーツ種目は許されているからである。

第11章　平等の要請　*187*

第**12**章　宗教、世界観、良心の自由（4条、12a条2項、ワイマール憲法136条1項・3項・4項、137条2項・3項・7項と結びついた140条）

565

> **事例9　良心を理由とする納税拒否？**（BVerfG, NJW 1993, 455 より）
>
> 　平和主義者Pは、長年、自分が支払った所得税を軍備に使ってほしくないことを財務行政に申請してきた。官庁に、所得税の税額からそのつど軍備に引き渡されるパーセンテージ分を彼の所得税債務から引いてほしいというのである。Pは、補助的に、彼の税債務のこの部分を平和基金ができるまで、封鎖預金口座に預けることの許可を求めた。この訴えは、財務行政機関によって退けられ、裁判上の権利保護も成功しなかった。Pは、憲法訴願を提起し、戦争目的のための間接的な分担金としての税金を支払うことは、自分の良心が禁じると主張している。彼は、自分の良心を援用することができるか？→**608**

I．概　　観

1．条文の文言

566

　4条は、偏見をもたずに理解すれば、さまざまな保護領域を提供している。[1] 1項は、信仰Glaubenおよび良心Gewissenの自由によって、**思考**、すなわち宗教的確信（信仰）および道徳的確信（良心）といういわゆる内心領域forum internumを、並びに、信仰および世界観の告白の自由によって、宗教的および非宗教的な意味付与および意義づけの**表明**を保護している。2項と3項は、信仰や良心に導かれた**行為**を保護するが、もっともそれは完全にではなく、国家社会主義の背景の前で特別に保護に値する2つの領域においてである。つまり、教会と国家との間の闘争Kirchenkampfに応じて、妨害されない宗教的活動が、戦争による道徳的破滅に応じて、良心的理由からの兵役拒否が保障されるべきものとされた。

567

　140条によって基本法の構成部分とされているワイマール憲法136条、137条、138条、139条および141条もこの条文の文言の一部である。これらの編入された条項は、

1）　*Herzog*, MD, Art. 4 Rn 2, 6 ff 参照。

188

「ドイツ連邦共和国の完全な効力を有する現行憲法になっており、基本法の他の条項に対して、およそ1ランク低いレベルにあるものではない[2]」。

4条は、介入の授権を含んでいない。ただ、良心的兵役拒否権に関しては、3項2文に詳細についての規律の留保がある。その他の点では、4条は、**留保なき基本権**である。それに対して、140条と結びついたワイマール憲法136条1項と3項2文、137条3項1文は、いくつかの制限規定を含んでいる。

568

2．統一的な保護領域？

上述の異なる保護領域の谷間に、保護の欠缺が認められる。良心的兵役拒否とならんで確信に導かれた行為のうち、宗教的活動だけが保護されるならば、宗教は、他の良心や世界観に比べて特権化されていないだろうか。このことは、4条1項、33条3項2文、およびワイマール憲法137条2項および7項における宗教と世界観の同等扱いに適合するのだろうか。また、このことは良心および世界観が宗教同様に達するところ、つまり、深い確信から正しいと感じられることに基づく活動を妨げないのだろうか。これらのことから、上述の文言上の違いは、連邦憲法裁判所の判例においては厳密には受け取られていないことが説明されうる。つまり、4条1項と2項は、**統一的な領域**として把握され、信仰、良心、宗教および世界観を形成、保持、表明し、それに従って行動する自由を保護する。その際、一方で宗教・世界観の自由、他方で良心の自由が分離された保護領域として扱われることがあっても、そのことは、保障される保護のそれぞれの強さにおける違いを意味しない。保護は、両方とも、思考から表明、そして行為にまで及ぶ。

569

この統一化は、たしかに**首尾一貫性の問題**を生む。まず、4条2項とワイマール憲法から編入された条項のほとんどの特別の保障も余計なものとして4条1項の背後に隠れ、このことで、ワイマール憲法の制限規定も4条1項に留保がないことによって「上書きされた[3]」ものとして4条1項の背後に隠れる。他方、保護領域がすべての信仰・良心・宗教・世界観から導かれる行為に拡大されることによって、紛争の可能性が増加する。なにしろ4条は対応する明文の授権を含んでいないので、それによって、介入を正当化する不可欠性と困難性が増加する。4条は、衝突する憲法規定の留保の下に置かれなければならない。

570

2）　E 19, 206/219.

3）　E 33, 23/31.

571 それにもかかわらず、この統一的理解は、信仰や良心に導かれた行為・態度が、よく知っているキリスト教の大小の教会の、紛争および衝突の少ない行為・態度の範囲を守った限りにおいて、まったく支配的になっている。もっとも、ドイツ連邦共和国の社会Gesellschaftに、新たに、異質で、紛争および衝突の可能性をもって接する宗教および宗派Sektが登場して以来、批判は増えている。連邦憲法裁判所がその理解を固く保持するかどうかは、開かれたままである。連邦憲法裁判所は、これまでの判例においては、新たで異質な宗教や宗派およびそれらにかかわる紛争や衝突については、単にほとんどかかわり合ってこなかったにすぎない。以下の叙述では、連邦憲法裁判所の判例を引き合いに出すが、その際、表明された批判にそって統一的な保護領域をより明確化する。

II. 保護領域

1. 宗教、世界観の自由

a) 個人の宗教、世界観の自由

572 ここでの保護領域は、信仰あるいは世界観（世界および人間についての宗教的ないしは非宗教的意味付与[5]）を形成し、保持し、表明し、それに応じて行為する自由を含む。

573 保護領域は、とくに行為に関しては、より詳細に定められなければならない。4条2項の文面（「妨害されることのない宗教的活動」）および信仰の自由の歴史的発展は、シンボルおよび儀式、祈り、祭式、礼典、行列、鐘の音、ムエツィーンの合図などによる伝統的（家庭内的および公的）な信仰内容の宣明への限定を推測させる[6]。

574 連邦憲法裁判所は、それよりも先に進んでいる。連邦憲法裁判所は、それ以上のことを求める教会、宗教団体、世界観団体の自己理解に従い、自己理解に対して、保護領域の画定にとっての重要な意味を認めていた[7]。上述の礼拝行為や宗教的しきたりだけではなく、社会奉仕活動、慈善活動、「宗教教育、自由信仰および無神論の祭

---

4) *Kloepfer*, VerfR II, § 60 Rn 11, 92; *Muckel*, FH, Art. 4 Rn 5 ff; *Mückl*, BK, Art. 4 Rn 53 ff; *Schoch*, in: FS Hollerbach, 2001, S. 149.

5) BVerwGE 89, 368/370参照。

6) *Preuß*, AK, Art. 4 Abs. 1, 2 Rn 25 f; *Waldhoff*, Verh. 68. DJT 2010, D 73 fも参照。

7) E 24, 236/247 f; 批判として、*Mückl*, BK, Art. 4 Rn 84 ff.

典、ならびに宗教的および世界観的生活の他の表明」[8]、ワイマール憲法139条と結びついた140条の日曜日の安息（「関連保障」Konnexgarantie）の享受[9]、最後に、「すべての行為を自己の信じる教義に合わせ、内的な信仰の確信に従って行動する個人の権利」[10]も保護される。

連邦憲法裁判所は、その以前の言明、すなわち、基本法は、「今日の文化的諸国民の間で、一定の一致する道徳的基本観念に基づき、歴史的な発展の中で確立された」[11]信仰の活動だけを保護するという言明をのちに取り消した[12]。また、宗教結社が数量的に強大であるかどうか、社会的に重要であるかどうかは問題ではない[13]。信仰の自由は、大教会の構成員にも小さな教会団体・宗教団体の構成員にも同じように保障される。われわれの文化圏にとっては新しく、それには異質な、ないしはそれを認めない宗教や宗派の構成員も、信仰の自由を援用することができる[14]。教会および宗教団体の公式な教えとは異なる、個別に主張される信仰の確信も4条1項・2項によって保護される[15]。

このように広範な解釈を行うと、保護領域の**輪郭がぼやけてくる危険**がある。連邦憲法裁判所は、「事実上、精神的内容および外面的現象形態に照らし、宗教と宗教団体にかかわる問題で」[16]なければならないということを要求することによって、この危険を回避しようとしている。各人が自分の行為を信仰に導かれた、ないしは信仰に

575

576

8） E 24, 236/246.

9） E 125, 39/80 （ベルリン・アドヴェント日曜日判決Ⅳ・84）; *v. Lucius*, KritV 2010, 190/207 f 参照。

10） E 32, 98/106 （福音主義兄弟団事件Ⅰ・17）; 93, 1/15; 108, 282/297; 支持するものとして、*Borowski*, S. 381 ff; 批判するものして、*Herzog*, MD, Art. 4 Rn 103 ff; *Muckel*, FH, Art. 4 Rn 5 ff; *Vosgerau*, S. 178 ff.

11） E 12, 1/4.

12） E 41, 29/50 （宗派混合学校事件Ⅰ・19）.

13） E 32, 98/106 （福音主義兄弟団事件Ⅰ・17）.

14） E 105, 279/293; *Diringer*, BayVBl. 2005, 97; 限定的に認めるものとして*Starck*, MKS, Art. 4 Rn 60 f 参照。

15） E 33, 23/28 f; 批判として、*Augsberg*, Staat 2009, 239; *Classen*, Religionsfreiheit und Staatskirchenrecht in der Grundrechtsordnung, 2003, S. 54 ff; *Mückl*, BK, Art. 4 Rn 92によれば、個別に主張される信仰の確信は、宗教の自由の活動としてではなく、良心の自由の活動として保護される。

16） E 83, 341/353.

第12章　宗教、世界観、良心の自由　*191*

よって義務づけられたと主張するだけでは十分ではない。その主張は説得的なもの plausibelでなければならない。

577 対立する行為が信仰に導かれたものであることが説得的でないとされた**例**。学問的認識の社会的結果を熟考しなければならない大学の構成員および所属員の義務 (E 47, 327/385)。骨壷の埋葬の場合の墓地の強制 (E 50, 256/262)。信仰および良心に反して税金が利用される場合の納税義務 (BVerfGE, NJW 1993, 455参照)。

578 連邦行政裁判所の判例と学説においては、このことは、次のように厳密化され、補足されている。つまり、この行為は、宗教的あるいは世界観的使命Auftragにとって不可欠でなければならず、かつ、次のことと対応する組織的および実質的な関連がなければないない[17]。すなわち、この行為が宗教的および世界観的行為とただ外見的な関連しかない場合、ないしは、何かの折にだけ行われる場合には不十分であること[18]であり、および、もともともっぱら経済的あるいは政治的行為は宗教的な覆いによって宗教的行為にならないことである[19]。ときどき、学説は、さらに進んで、他人を傷つける行為・態度を、宗教・世界観の自由の保護領域から排除する[20]。

579 **例** たしかに、信者と司牧者との間の接触は保護されるが、信者のための司牧者のあらゆる助けが保護されるわけではない (BVerfG, NJW 2007, 1865)。たしかに、信仰のための宣伝は4条によって保護されるが、宣伝のすべての手段、たとえば、強制状態 (E 12, 1/4 f)、あるいは従属関係 (BVerwGE 15, 134/136) の利用は保護されない。たしかに、他の宗教団体への改宗は保護されるが、この改宗の機会の際のすべての行為・態度が保護されるわけではない (E 17, 302/305)。たしかに、宗教的行事は保護されるが、参加者への料理、飲み物の販売 (E 19, 129/133) ないし通常は構成員であることと無関係にも提供される他の有料のサービスの提供は保護されない (BVerwGE 105, 313/321)。

580 結局、個人は自分の行為・態度全体を自分の信仰に基づいて方向づけることが許されなければならないという連邦憲法裁判所の考慮も、4条の意味から厳密化されうる。その人の宗教・世界観、信仰および良心によっても、その人の自己同一性が保護

---

17) *Badura*, Der Schutz von Religion und Weltanschauung durch das Grundgesetz, 1989, S. 54.

18) *Müller*, Die Positivität der Grundrechte, 2. Aufl. 1990, S. 99 f.

19) BVerwGE 90, 112/118; *Mückl*, BK, Art. 4 Rn 75; *Poscher*, Staat 2000, 49.

20) *Merten*, Hdb. GR III, § 56 Rn 60; *Muckel*, Hdb. GR IV, § 96 Rn 80 f; *Zähle*, AöR 2009, 434.

される。人は、国家の要請と、その信仰および良心の要請との間の葛藤の中に置かれてはならないし、場合によってはその葛藤で心が折れるようなことがあってはならない。したがって、信者がたしかに動機づけられているが、義務づけられているとはみなさない、つまり、信者がそれをすることもしないことも期待できる宗教行為は保護されない[21]。その人の宗教・世界観、信仰および良心で保護されるべきである、その人の自己同一性は、この場合危険にさらされているわけではない[22]。

例 重婚は、ある宗教が一夫多妻制をただ許容しているだけの場合は、保護されないし、ベールをかぶることは、ある宗教がそれを自由にまかせている場合には、保護されない。しかし、この場合も、拘束力が説得的に主張されなければならないことがあてはまる。これに成功すれば、この拘束力を、期待できない選択肢を示すことによって疑うことは、国家の官庁および裁判所の任務ではなくなる。したがって、畜殺業者による畜殺は、だれも肉の消費を義務づけられているわけではないという理由づけによって、保護領域から排除されることはできない（E 104, 337/350 f; BVerwGE 127, 183/185 f; 別見解としてなおBVerfGE 99, 1/7 f; Trute, Jura 1996, 462）。

581

宗教・世界観の自由は、対応する思考、発言、行為の否認も保障しなければ、不完全な保障になるであろう。したがって、保護領域には、ここでしばしば明文で積極的なものとして述べられている信仰、信仰告白および行為の自由とならんで、消極的な自由、つまり、信じない、信仰ないしは世界観を告白しない、つまり、沈黙する、および、教会ないしは世界観団体から退会する[23]、信仰に導かれた行為をしない[24]、その行為とシンボルをもった特定の信仰の影響から距離を置く[25]、といったことも含まれる。消極的宗教の自由、消極的世界観の自由の一部は、7条2項・3項3文、ワイマール憲法136条3項1文・4項および141条と結びついた140条に規定されている。

582

b) 集団的な宗教および世界観の自由

これは、ある宗教的ないし世界観的結社それ自体に属する自由である。この自由

583

---

21) *Hufen*, StR II, § 22 Rn 9, 13も同旨。
22) さしあたり*Michael/Morlok*, GR, Rn 195; *Fischer/Groß*, DÖV 2003, 932/938 f.
23) BVerfG, NJW 2008, 2978; *Stuhlfauth*, DÖV 2009, 225.
24) E 49, 375/376; 52, 223/238（学校祈祷事件Ⅰ・20）; 65, 1/39（国勢調査法一部違憲判決Ⅰ・7）参照。
25) E 93, 1/16；批判として*J. Ipsen*, in: FS Kriele, 1997, S. 301.

第12章　宗教、世界観、良心の自由　*193*

は、宗教的、世界観的結社を結成する個人の自由と区別されうるもので、19条3項[26]に従っている。[27]さらに、集団的自由の特別の側面は、140条と結びついたワイマール憲法137条2項2文によって実定化されている。

584 　例　基本権をもつのは、公法上の団体としておよび私法上の形態で組織された教会、宗教団体および世界観団体（E 105, 279/293（オショー決定Ⅲ・20））とならんで、とりわけ教会から自立した結社、たとえば権利能力のないカトリック青年団（E 24, 236/247）、私法上組織された宗派病院（E 46, 73/85 ff; 53, 366/391 f）、公法上の団体として設置されている教育施設（E 70, 138/162 f（忠誠義務事件Ⅰ・21））である。

585 　140条と結びついたワイマール憲法137条3項による宗教団体の**自己決定権**によって、連邦憲法裁判所によって再び広く解釈された宗教、世界観の自由の制度的および組織的前提は保障される。それにはとくに、宗教団体からの退会方法にとって特別の意味を有する構成員資格を規律する権利が含まれる。[28]連邦憲法裁判所による4条1項、2項の広い解釈の結果、ワイマール憲法137条3項の自己決定権も4条1項、2項の保護領域に追加される可能性が生じる。しかし、連邦憲法裁判所は、ワイマール憲法137条3項を「教会および宗教団体の宗教的生活および活動の自由に、この任務の確保のために不可欠な組織、規範定立、運営の決定の自由をつけ加える、法的に自立した保障」として理解している。[29]もちろん、憲法訴願における法的に自立した保障の主張は、4条1項・2項を通じて生じる、というのは、140条は基本権ないしは基本権同様の権利ではないからである。[30]

586 　例　この自己決定権には、労働条件を労働協約の締結によってではなく、労働法上の委員会や仲裁委員会において取り決める権利も含まれる（いわゆる第三の道、BAG, NZA 2013, 448/460, *Grzeszick*, NZA 2013, 1377/1379 f; **843**を見よ）。さらに、教会の労働者に、生活態度に関しても特別の忠誠義務が課されることも許され（BVerfGE 70, 138/164 ff. EGMR, NZA 2012, 199/201およびEGMR, Nr. 56030/07, Rn 137によって原則として是認されている）、その内容は、国家の裁判所によって、その説得力と79条3項との適合性についてのみ、審査されることが許される（BVerfG, DÖV 2015, 240/245＝JK

---

26) E 105, 279/293 f.

27) E 46, 73/83; 53, 366/386; 70, 138/16（忠誠義務決定Ⅰ・21）; *v. Campenhausen*, Hdb. StR³ VII, § 157 Rn 103; *Mückl*, BK, Art. 4 Rn 65 ff 参照。

28) BVerwGE 144, 171/174 ff; *Augsberg*, AöR 2013, 493.

29) E 53, 366/401; 72, 278/289; 83, 341/357（バハイ教団事件Ⅱ・17）.

30) E 19, 129/135; 42, 312/322 f; 99, 100/119 f（バイエルン州自治体選挙決定Ⅲ・67）.

5/2015)。しかし、この忠誠義務の違反と結びついた制裁（たとえばとくに解雇）は、労働者の人格権と衝突するので、とくに当事者の生活状態、義務違反の重さ（ならびに場合によっては、その公的な影響）および教会施設における当事者の地位がそれに関して決定的かについて、厳格な比例性の審査が必要となる（不倫行為を理由とする解雇について、一方では、EGMR, NZA 2011, 277/278, および他方ではNZA 2011, 279/282。同性愛を理由とする許されない解雇については、*Pallasch*, NZA 2013, 1176）。さらに、再雇用の見込みが重要な役割を果たす（EGMR, Nr.5603/07, Rn 144）。したがって、解雇は、宗教団体が——たとえば、社会福祉領域およびヘルスケアにおいて——重要な使用者であり、さらに、その施設がもっぱら公費で維持されている場合には、とくに問題である。その他に保護されるのは、国家の権利保護の前に存在し、内容的にそれを制限する、固有の教会裁判権（BVerfG, NJW 2009, 1195; BVerwG, DVBl. 2014, 993/995 ff; BGH, JZ 2000, 1111. これを批判するものとして、*H.Weber*, NJW 2009, 1179）、神学のカリキュラムの制度（BVerwGE 101, 309/311；これについては *Morlok/Müller*, JZ 1997, 549）、神学部での講義と研究が当該教会の見解と一致しているかどうかの監督（BVerwGE 124, 310/315）、国家によって、自分が属していない上部団体の一部として扱われない市町村の権利（E 123, 148/180）、学説のある見解によれば教会庇護（*Fessler*, NWVBl.1999, 449; *Görisch*, Kirchenasyl und staatliches Recht, 2000）も含まれる、しかし、「この場合任意の他の市場参加者のように法関係および経済関係」で行動する、教会の病院の調達制度は含まれない（BVerfG, NJW 1995, 1606/1607）。

　集団的宗教、世界観の自由は、**公法上の団体**（140条と結びついたワイマール憲法137条5項）としての宗教団体にも関係する。それは、4条のために、普通の公法上の団体ではない。[31] これらの宗教団体は、公権力の機関ではなく、間接的な国家行政にも属さず、[32] 国家に対する特別の忠誠を含まないが、憲法忠誠と法への忠誠を含む、[33] 特別の性質を有しているにもかかわらず、「すべての人と同様に国家に『対立』」している。[34] もっとも、これらの宗教団体が、一定の部分領域で、とくにワイマール憲法137条6項と結びついた140条による教会税徴収において、公権力を自ら行使する場合に[35]

---

31)　*Stern*, StR IV/2, S. 976 f, 1035参照。

32)　E 66, 1/19 f.

33)　E 102, 370/390 ff; これについては、*Wilms*, NJW 2003, 1083.

34)　E 42, 312/322.

35)　E 73, 388/399 f; BVerfG, DVBl. 2002, 1625参照。

は、この宗教団体も、特権を与えられた私的な法主体と同様に（**190**参照）基本権に拘束される。[36]

2．良心の自由

a）概　念

588　良心は、人間であることの人格的同一性を構成し、具体的な状況において一定の行動を「よい」ないしは「正しい」として行わせる、あるいは「悪い」ないしは「不正」として断念させることを主観的に拘束力をもって命じる、道徳的な考え方である。したがって、「美しい／醜い」ないしは「真実／虚偽」という範疇に関する評価の際には、良心の判断は存在しない。連邦憲法裁判所は、次のように正しく定義している。つまり、「したがって良心の決定とは、あらゆる真剣な倫理的、すなわち『善』『悪』という範疇に方向づけられた決定であり、個人が特定の状況において自ら拘束されていると感じ、無条件に義務づけられていると内的に感じる決定で、その結果、個人は、その決定に反しては、真剣な良心の苦しみなしには行動できないところのものである」。良心の概念は、4条1項・3項においては同一である。[37]

589　不十分な良心の決定の例。自分の子どもに義務的なオリエンテーション段階で教育を受けさせない決定（E 34, 165/195）、医師の救急業務に参加しない決定（BVerwGE 41, 261/268）、弁護士として法廷で何の役割も果たさないという決定（E 28, 21/36）。

b）保護領域の射程

590　569で述べたように、連邦憲法裁判所の判例においては、一方での宗教・世界観の自由と、他方の良心の自由との間に、保護の強さに関して区別はない。この場合も、保護は、**思考**から**表明**を通じて**行為**にまで及ぶ。良心の自由が、内的領域（forum internum）に限定されず、外部領域つまり良心によって引き起こされ、規定されるような行為（forum externum）も含みうるということに、良心の決定は通常そもそも対応する行為によってはじめて社会の紛争になるということが、プラスの材料を提供する。それについて規律することが4条の任務である。社会的に影響のない良心の決定にとっては、良心の自由の基本権は実際上、必要でないであろう。この場合も、良心

36）　*Stern*, StR III/1, S. 1210 ff 参照。

37）　E 12, 45/55.

は、要請あるいは禁止をともなって語らなければならないこと、つまり、問題とされる行為は自由に任されているものであってはならないこと、および、この行為についての良心の決定は、説得的でなければならないことが妥当する。それに対して集団的ないしは団体の良心の自由は存在しない。[38]

c）4条3項による良心を理由とした兵役拒否

連邦憲法裁判所による4条1項の拡張解釈に従えば、この良心によって導かれる行　**591**
為のすべては、すでに4条1項によって包括されるので、4条3項には独自の意味を認めないということになろう。しかし、連邦憲法裁判所は、この結論を引き出してはいない。むしろ、連邦憲法裁判所は、4条3項を1項に対する**特別法**とみなしており、4条3項は、兵役義務の領域において良心の自由の効果を、兵役義務がある場合には、完結的に規律している。[39]

武器を持ってする戦争の役務とは、個人が自ら武器を用いなければならないか、他の　**592**
人の武器使用を直接援助しなければならないかのどちらかの役務である。武器を持ってする役務には、戦争時のそれだけではなく、平和時における武器を持ってする役務、すなわち武器に関する訓練も含まれる。このことは、12a条2項との体系的関係から生じる。というのは、この場合その導入が立法者に授権されている代替役務は、まさに平和時に兵役の代わりのものとして予定されているからである。代替役務は、4条3項を引き合いに出しても、4条1項を引き合いに出しても拒否されることはできない。いわゆる完全拒否者Totalverweigererは、良心の自由の保護を享受しない。[40]

Ⅲ．介　入

ここでは、再度、条文の文言によって推測される、思考、表明Reden、行為という　**593**
3つの領域に結びつけることが推奨される。国家が宗教的、世界観的、道徳的確信の形成と存続に思想注入的に影響を与えれば**思考への介入**となる。[41] **表明への介入**は、

38）　BVerfG, NJW 1990, 241参照。
39）　E 19, 135/138; 23, 127/132.
40）　BVerfG, NJW 2000, 3269; *Franke*, AöR 1989, 7/28 ff; *Mückl*, BK, Art. 4 Rn 190参照。別
　　　見解として、*Kempen*, AK, Art. 4 Abs. 3 Rn 26; *Mager*, MüK, Art. 4 Rn 80.
41）　*Mager*, MüK, Art. 4 Rn 18; シンボルによる影響について、*Heckmann*, JZ 1996, 880;
　　　Filmer, S. 222 ff 参照。

第12章　宗教、世界観、良心の自由　*197*

沈黙の義務づけに関しては積極的自由が、公開の義務づけに関しては消極的自由が関係しうる。**行為**に関する介入は、宗教団体ないしは世界観団体に対する、国家による警告、ないしは国家の後押しによる警告が行われるときに始まる。連邦憲法裁判所は、その際、介入にはあたらない客観的な sachlich 情報〔提供〕と、介入にあたる、偽造され、差別的で、侮辱的な叙述とを区別しようとしているが、疑問である[42]。行為に関する介入は、とくに、個人の、場合によっては団体の、信仰、世界観、良心の要請に抵触する行為または不作為を義務づける場合に存在する。

594 　法秩序は、命令ないしは禁止において、**代替手段**を可能とすることによって、介入を避けることができる。たとえば、法秩序は、宗教的な誓いを伴った宣誓も、宗教的誓いなしの宣誓も許し、連邦憲法裁判所は、宣誓に匹敵する誓約という代替手段を認めないのは4条への介入にあたるとした[43]。その人の確信によればある行為が命じられたり禁止される人に、**その人の側で代替手段**を可能とすること、および、その責任を他人に委ねることを期待したり、要求したりすることも可能である。

595 　**例**　①現代の医学的、薬学的研究の成果の利用を悪魔の仕事として禁じる信仰団体の構成員に、重篤の子どもがいる。医師は治療のために抗生物質を処方し、父親に処方箋を与えた。たしかに、父親に対して、自己の確信に反して、子どもに薬を調達し、投与することを要求することはできない (BVerwG, DVBl. 2002, 1645)。しかし、子どもに薬を飲ませる覚悟がないことを医師に告げたので、医師は、子どもを病院に移す責任を医師が引き受けることを父親に要求することができ、また、父親が子どもに薬が与えられるチューブを切断しないようにも要求することができる。これに伴う義務は、4条への介入ではない。

　②所定の動物実験ないしは意図的に動物を殺す演習への参加を良心が禁止する生物学専攻の女子学生に対しては、自ら等価値と考える、他の制度で手に入れることができる教授・学習方法を示し、場合によっては等価値の成果を提供することを要求することができる (BVerfG, NVwZ 2000, 909; BVerwGE 105, 73/87; 批判として *Caspar*, NVwZ 1998, 814)。

　③郵便局の職員は、サイエントロジー教団の郵便物を、宗教ないしは良心を理由として、配達する代わりに破棄する前に、上司に相談することを要求されることができ

---

42)　E 105, 279/294 (オショー決定Ⅲ・20); BVerfG, NJW 2002, 3459; 批判として、*Kloepfer*, VerfR II, § 60 Rn 54.

43)　E 33, 23/32 f; 79, 69/76 f.

る（BVerwGE 111, 361/363）。

顧慮されるべきは、思考、表明、行為の異なった行使方法の間、ならびに積極的・消極的自由行使の間の一定の**相互作用**である。国家の行為義務ないしは作為義務に対して、対立する宗教・良心の立場を援用する人は、同時に、自分の宗教・良心の立場を沈黙する権利を主張することはできない。したがって憲法は、「拒否権の行使のために、まさに確信を公にすることを」前提にしている。[44]

596

①個人の宗教・世界観の自由への介入の**例**。宗派学校における就学義務（E 6, 309/339 fに対するE 41, 29/48（宗派混合学校事件Ⅰ・19））。十字架ないしはキリスト十字架像をかかげた教室における就学義務（E 93, 1/16（十字架決定Ⅱ・16）; BVerwGE 109, 40/43; *Nolte*, NVwZ 2000, 891参照）および自らのイスラム教のためにスカーフを着用する女性教員のもとでの就学義務（E 108, 282/297（スカーフ判決Ⅲ・21））。イスラム教の服装規定と相容れない場合の、水泳ないしは体育教育への参加義務（BVerwGE 94, 82/89 ff ; BVerwG, NVwZ 2014, 81 =JK 4/2014）。学校における祈りの禁止（BVerwGE 141, 223/226 ; *Rubin*, Jura 2012, 718 ; *Schäfer*, VerwArch 2012, 136）。宣誓のような宗教・良心の立場と相容れない手続法上の義務（E 33, 23/29 f）およびキリスト十字架像のもとでの裁判（E 35, 366/375 f（法廷十字架事件Ⅰ・18）; 別見解*Starck*, MKS, Art.4 Rn 25）。ある宗教団体への強制加入に基づく教会税支払い義務（E 30, 415/423 f; E 44, 37/50 ff; BVerwGE 144, 171/179 も参照）。割礼の禁止（LG Köln, NJW 2012, 2128/2129; *Zähle*, AöR 2009, 434; **723**を見よ）。祭式のいけにえのために宗教上要請される畜殺の禁止（BVerwGE 112, 227/234参照; 肉を食べるための畜殺については、**581**参照）。

597

②団体の宗教・世界観の自由への介入の例。慈善募金を説教壇から呼びかけることの禁止（E 24, 236/251 f）。教会の鐘を礼拝に関して鳴らすことの禁止（BVerwGE 68, 62/66 f; 90, 163; *Haass*, Jura 1993, 302 も参照）。ムエツィーンMuezzinによる礼拝の呼びかけの禁止（*Sarcevic*, DVBl. 2000, 519）。**自己決定権**に関して特別なものとして、教会の病院における従業員代表委員会選挙の実施（E 46, 73/94 ff）、教会職員の解雇制限（E 70, 138/165 ff（忠誠義務事件Ⅰ・21）。

4条3項については特別に、良心的兵役拒否を承認する行政手続がこの基本権への介入ではないかという問題が頻繁に論じられている。良心の決定は、一定の道徳的ないしは倫理的な価値理念と関係せざるをえないので、説得性の審査の枠組みで、そのような理念が問題となっているかどうか（および政治的、経済的あるいはこれらに匹敵

598

---

44) E 52, 223/246（学校祈祷事件Ⅰ・20）.

第12章　宗教、世界観、良心の自由　*199*

する理念がおよそ問題となっていないかどうか）を事後審査することは許される。[45]

Ⅳ．憲法上の正当化

599　　4条は、法律の留保を含んでいない。4条3項2文の規律の留保も良心的兵役拒否者の良心の自由への介入を正当化しない。[46]たしかに、4条の他に、特別の介入の授権が存在する。もっとも、これらが使われない限り、依然として衝突する憲法規定に依拠することになるだけである。

1．140条と結びついたワイマール憲法136条1項、3項2文、137条3項1文

600　　宗教的活動の制限、すなわち4条の統一的な理解の結果として、それによって保護されるすべての宗教、世界観、良心に導かれた行為の制限の一つは、ワイマール憲法136条1項である。この規定は、私法上、公法上の義務は、宗教、世界観、良心にかかわりなく、要求され、貫徹されることを正当化する。したがって、この規定は、まさに単純な法律の留保を含んでいる。これについて連邦憲法裁判所は、4条の留保がないことと適合しないと考えている。連邦憲法裁判所は、ワイマール憲法136条1項は4条によって「上書きされる」とみている。[47]その際、判例と学説は、だんだんとそれに従うことをやめている。[48]編入されたワイマール憲法136条1項は、「完全に有効な憲法に…なり、…基本法の他の規定に対しておよそ1ランク低いレベルにあるものではない」（**567**参照）のであり、基本法の他の規定によって上書きされることはできない。しかし重大なことに、この上書き理論に賛成して遺伝的な所見が出されており、それによれば、宗教の自由は単純な法律の留保による広範な介入可能性には服すべきではないというものである。[49]

---

45)　E 69, 1/34（兵役拒否新規制法事件Ⅰ・23); *Böckenförde*, VVDStRL 28, 1970, 33/70 f 参照。批判として *Kempen*, AK, Art. 4 Abs. 3 Rn 18 ff.

46)　E 12, 45/53（第1次良心的兵役拒否事件Ⅰ・22); 69, 1/23（兵役拒否新規制法事件Ⅰ・23). Rn243参照。

47)　E 33, 23/31.

48)　BVerwGE 112, 227/231; NJW 2006, 77/103; *Muckel*, FH, Art. 4 Rn 52; *Schoch*, in: FS Hollerbach, 2001, S. 149/163.

49)　*Borowski*, S. 487 ff; *Kloepfer*, VerfR Ⅱ, § 60 Rn 57; *Korioth*, MD, Art. 140 Art. 136 WRV Rn 54; *Maurer*, ZevKR 2004, 311; *Mückl*, BK, Art. 4 Rn 162.

200　第2部　基本権各論

ワイマール憲法の規定の制限規律のうち、136条3項2文だけが、連邦憲法裁判所の判例において意味を獲得している。これによって、消極的**宗教・世界観の自由**への介入は正当化される。

例 連憲判46巻266頁（該当箇所267頁）は、公立病院への受け入れの際に、宗派への所属を質問することは、許されるとみなしている。ただし、それに関係する権利・義務については触れず、むしろ、ワイマール憲法141条における病院での魂への配慮の制度的保障を考慮している。市民の宗教所属を所得税台帳に記入することは、ワイマール憲法137条6項のゆえに、市民に教会税納税義務がある場合は、許される（E 49, 375 ff）。宗教団体の所属、非所属の統計調査は、ワイマール憲法136条3項2文に明文上、予定されている（E 65, 1/38 f（国勢調査判決I・7）参照）。

さらに、ワイマール憲法137条3項1文は、「すべての人に適用される法律」による制限も含んでいる。しかし、この制限は、**固有の事務についての処理**Ordnungおよび**管理**Verwaltungの保護領域に関してのみ適用され、その限りで、連邦憲法裁判所によって宗教および世界観団体の自己理解を可能な限り尊重する利益衡量に押し下げられている。[50] 政教条約および教会条約は、介入を正当化することができない。つまり、これらの条約において教会が自己処理権、自己管理権の特定の行使を約束する限りにおいて、このことは基本権の放棄（**152**以下参照）として許される。[51]

2．12a条2項

12a条2項1文は、**介入の授権**ではあるが、この介入の授権は現在は利用されていない。これが利用される場合には、4条3項によって基本権としての保護を享受する良心の決定を、代替役務の負担を課す規定に関する連結点とすることが、憲法上正当化される。12a条2項2文・3文は、そのとき、**制限に対する制限**である。

3．衝突する憲法規定

4条はたしかに留保なく保障されている。しかし、その要求は、宗教的および世界観的多元主義の条件の下では、他の基本権や憲法上の利益との多様な紛争に至る。したがって、連邦憲法裁判所が、4条についての諸判決において、留保なき基本権への

---

50) E 53, 366/399 ff; 72, 278/289；BVerfG, JZ 2015, 188/189 f; 批判として *Wieland*, Staat 1986, 321/328 ff.

51) *Ehlers*, SA, Art. 140 Rn 8; Art. 140 iVm Art. 137 WRV Rn 6参照。

介入は、衝突する基本権や他の憲法上の利益によって憲法上正当化されうるという[52]確立した判例を根拠づけていることは不思議なことではない。この判例が扱わなければならなかった衝突は、とくに学校が舞台となったものである。基本となるのは、州法の規定に基づいて、子どもをキリスト教の信仰に基づき授業・教育をするものとされているsollenキリスト教の宗派混合学校Gemienschaftsschuleに関する連邦憲法裁判所の諸判決である。連邦憲法裁判所は、この中で、一方では、4条によって保護されている、他の信仰をもつあるいは信仰をもたない親・子どもの消極的信仰の自由と、他方では、国家の学校高権（7条1項）ならびにキリスト教徒の子ども・親の積極的な宗教の自由の衝突をみて、州法の規定の憲法適合的解釈を通じて実際的調和の原則に従ってこれを解決した[53]。その際、生徒の宗教の自由と親の宗教的教育権は、宗教的教化から保護されるだけではなく、その宗教的要請と対立するような授業内容に対しても有効に働く。しかし、この憲法上の調整においては、授業の免除を例外的な場合のみ要求する、義務教育学校の統合機能が相当重視されている[54]。

606　　例　①イスラム教の服装規定は、イスラム教徒の女子生徒が、男子生徒といっしょに水泳の授業に参加することを許さない。したがって、女子生徒は、通常は水泳の授業の免除を願い出る。学校当局がこの授業の免除を拒否するならば、学校当局は、女子生徒の、および場合によっては彼女らの親の宗教の自由に介入するが、このために、授業の内容を定め、その外形的方式、たとえば、男女一緒かあるいは男女別々かの形態での実施の問題を規定することを国家に授権する7条1項を引き合いに出すことができる。それにもかかわらず、連邦行政裁判所（E 94, 82/90 f）は、女子生徒のスティグマ化の危険をみたので、授業の免除を、まずは、比例的でないとみなした。しかし、後に、連邦行政裁判所は、この判例を、ブルキニBurkiniの着用の可能性を指摘して放棄した。というのは、「自分の宗教的確信の完全な転換を学校の授業で押しつけられ、この点で学校による配慮を要求する人は、その人の側で、このことによって、一定の、他人にとっては明白に際立つ特別の役割を果たしうることを、原則として受け入れなければならない」からである（BVerwG, NVwZ 2014, 81/85=JK 5/2014, *Uhle*, NVwZ 2014, 541/542 ff 参照）。授業において顔を覆うベールの着用の禁止につい

52）　E 28, 243/261.

53）　E 41, 29/44 ff（宗派混合学校事件Ⅰ・19）; 41, 65/77 ff; *Huster*, Die ethische Neutralität des Staates, 2002, S. 182 ff.

54）　BVerfG, NJW 2014, 804/807 f.

202　第2部　基本権各論

ては、バイエルン行政裁判所、BayVBl. 2014, 233 f＝JK 10/2014.

②キリスト教およびイスラム教の学校礼拝の際の相応の妥協による解決の問題について、連憲判52巻223頁（該当箇所235頁以下）（学校祈祷事件Ⅰ・20）（これについては、*Böckenförde*, DÖV 1980, 323）および学校におけるイスラム教の礼拝については、連行判141巻223頁。教室におけるキリスト十字架像の場合の相応の妥協による解決の拒否について597参照。学校におけるイスラム教徒の女性教員がスカーフを着用することについての判決である連憲判108巻282頁（該当箇所309頁以下）が、立法者の学校政策的な判断に委ねたあとで、今や連邦憲法裁判所は2015年1月27日〔決定〕欄外番号85以下において、その規制の余地を学校の平和に関する具体的な危険の防御に限定した。

4条においてと異なり、欧州人権条約9条2項における宗教の自由・世界観の自由は、より広範な法律の留保の下にある。欧州人権条約によれば、法律の留保により、社会における共同生活の最低限の要求の維持に役立つ規制も許されるものとされている。このことで、法律の留保は、公的な空間におけるブルカの着用の禁止を正当化するが、それは、ブルカの着用が人の間のコミュニケーションを妨げるからである。[55] 4条で留保なく保障されたこの基本権は、そのような留保を認めず、いずれにせよ、連邦憲法裁判所は、欧州人権条約53条における有利原則（68）の連邦憲法裁判所の解釈に基づき、そのような留保を認めることを条約上も義務づけられていない。

607

事例9（565）についての解答の概略

Ⅰ．対応するパーセンテージ分の所得税は軍備のために払わないというPの決定に関しては、良心の自由の**保護領域**が関係してこざるをえないだろう。Pが自ら義務づけられていると感じる「善」「悪」の範疇に向けられた真剣な決定が問題とならなければならない。連邦憲法裁判所は、この決定が、Pの平和主義的確信に根ざすものであり、Pはその貫徹のために何度も法的手段で追求し、彼の所得税債務の相当する部分を平和を促進するために使う用意があることから、この良心の決定を肯定した。

Ⅱ．しかし、連邦憲法裁判所は、納税義務の中に良心の自由への**介入**を見出さなかった。連邦憲法裁判所は、税徴収と財政法上の支出決定との厳格な国家組織法的な分離に焦点を当てる。納税者としての市民は、支出決定には影響を与えず、したがって、支出決定にも責任をもたない。市民の個人の税債務は支出目的

608

---

55) EGMR, NJW 2014, 2925/2931; 批判として、EGMR, NJW 2014, 2932の反対意見。

> とは無関係である。支出目的は、もっぱら有権者に対して責任を負う議会の手に
> ある。
> 　この連邦憲法裁判所の考慮は、この保護領域への介入をはじめから排除するの
> か、あるいはすでに保護領域との関連性を排除しているわけではないのかどうか
> は疑問とされうるとしても、説得的である（同旨、*Starck*, MKS, Art.4 Rn 69）。

609　　**参考文献**　*T. Barczak*, Die Glaubens-und Gewissensfreiheit des Grundgesetzes, Jura 2015, 463; *H. Bethge*, Gewissensfreiheit, Hdb. StR³ VII, § 158; *M. Borowski*, Die Glaubens-und Gewissensfreiheit des Grundgesetzes, 2006; *H.M. Heinig／C. Walter* (Hrsg.), Staatskirchenrecht oder Religionsverfassungsrecht?, 2007; *P. Hoffmann*, Die Weltanschauungsfreiheit, 2012; *S. Korioth*, Freiheit der Kirchen und Religionsgemeinschaften, Hdb. GR IV, § 97; *S. Magen*, Körperschaftsstatus und Religionsfreiheit, 2004; *S. Muckel*, Religiöse Freiheit und staatliche Letztentscheidung, 1997; *G. Neureither*, Grundfälle zu Art. 4 I, II GG, JuS 2006, 1067; 2007, 20; *B. Pieroth／C. Görisch*, Was ist eine „Religionsgemeinschaft"?, JuS 2002, 937; *R. Poscher*, Vereinsverbote gegen Religionsgemeinschaften?, KritV 2002, 298; *B. Schlink*, Die Angelegenheiten der Religionsgemeinschaften, JZ 2013, 209; *U. Vosgerau*, Freiheit des Glaubens und Systematik des Grundgesetzes, 2007; *A. Voßkuhle*, Religionsfreiheit und Religionskritik-Zur Verrechtlichung religiöser Konflikte, EuGRZ 2010, 537.

第13章　意見、情報、プレス、放送、フィルムの自由
（5条1項、2項）

事例10 官吏である教師による勤務中のバッジ着用（BVerwGE 84, 292 より）

Lは、公立学校の官吏としての教師である。彼は、授業中に「原子力？　要りません」と書かれた目立つピン止めバッジをつける。権限のある学校当局は、Lに学校内でこのバッジをつけることを、州官吏法の関係規定を根拠に禁止する。この規定は、連邦官吏法53条に対応するもので「官吏は、政治活動の際には、全体に対する自己の立場および自己の職務の義務への配慮から生じる穏当性、謙抑性を保持しなければならない」というものである。この禁止処分は、Lの意見の自由に違反するか。→677

610

I．概　観

意見の自由の基本権は、近代の憲法国家の形成の中心に位置する。正当にも、このことを、連邦憲法裁判所は、1789年の人権および市民権の宣言の言葉（「人の最も貴重な権利の1つ」）および有名なアメリカの法学者であるカードーゾの言葉（「ほとんどすべての他の形態の自由の基盤であり、不可欠の条件」）とともにその価値を認めた。[1]

611

5条1項は、全体で5つの基本権を含んでいる。

612

①自分の意見を言語、文書、図画で自由に表明し、流布する権利としての意見の自由（1文前半部）のほかに、さらに

②一般的に近づくことのできる情報源から妨げられることなく知る権利としての情報の自由（1文後半部）

③プレスの自由（2文第1句）

④放送報道の自由（2文第2句）

⑤フィルム報道の自由（2文第3句）。

すべての5つの基本権を一体のコミュニケーションの自由としてまとめても、ある

---

1 ）　E 7, 198/208.

205

いは、最後の３つの基本権を一体のメディアの自由とまとめても、個々の基本権を超えた規範的効果を展開させることができるわけではない。[2]

613　この基本権のいくつかは、基本権の権利資格（「各人は、…の権利を有する」）についてではなく、保護領域から（「プレスの自由は…」）定式化している。同様に、これらはまた主観的権利を保障している。プレスの自由に関して連邦憲法裁判所は、主観的権利の機能と客観法的機能（96以下参照）との間の関係を正しく次のように規定している。つまり、「まず——規定の体系的位置とその伝統的な関係に対応して——主観的基本権」が保障され、この規定は「同時に客観法的側面も」もつというものである。[3]客観法的側面から、連邦憲法裁判所はプレスに関する国家の保護義務を導き、ならびにプレスの援助のための意見に中立的な国家の措置が原則的に許容されることを導いている。[4]

614　５条１項３文の規定（「検閲は、行わない」）は、独自の基本権ではなく、５条１項の基本権に適用される制限に対する制限にすぎない。その他、42条３項も制限に対する制限を含む。

II．保護領域

1．意見の自由（５条１項１文前半部）

a）概　念

615　意見表明は、まず第１に、**価値判断**であり、それが何を対象としているか、どのような内容を含んでいるかには無関係である。意見表明は、政治的・非政治的事項に関することもあれば、公的・私的な事項に関することもあり、理性的・非理性的なものもあれば、意味のあるもの・意味のないものもある。[5]さらにそれは、５条２項の「個人的名誉権」という制限から逆推理されうるような侮辱的なものもありうる。

616　判例からの**例**は、国家社会主義の監督、ファイト・ハーランの映画をもはや上映しないようにおよび見に行かないようにというボイコットの呼びかけ（E 7, 198/217

2）　*Degenhart*, BK, Art. 5 Abs. 1 u. 2 Rn 20; *Jestaedt*, Hdb. GR IV, § 102 Rn 27.

3）　E 20, 162/175（シュピーゲル判決Ｉ・25）.

4）　E 80, 124/133 f.

5）　E 61, 1/8；65, 1/416（国勢調査判決Ｉ・7）.

（リュート判決Ⅰ・24）；**204**参照）、近くに計画されている原子力発電所の建設に反対する、営舎の敷地での兵役従事者の署名集め（E 44, 197/202 f（軍人法違反事件Ⅰ・53））、施設の長についての侮辱的な意見の書かれた受刑者の手紙（E 33, 1/14 f（行刑法事件Ⅰ・43））、ある弁護士を「極右」と呼ぶこと（BVerfG, NJW 2012, 3712/3713 f）、グリーンピースのシンボルが書かれた封筒の配布（BVerwGE 72, 183/185 f）、少なくとも意見形成に役立つ場合の商業的な経済宣伝（E 71, 162/175; 102, 347/359 f（ベネトン・ショック広告事件Ⅲ・22); 107, 275/280; さらには、*Hufen*, StR Ⅱ, § 25 Rn 9; 批判として、*Hochhuth*, S. 311 ff）。

　昔から、**事実の申立て**Tatsachenbehauptungenも意見表明にあたるかどうかが議論されている。両者は、お互いに明確に区別しうる。事実の申立ては、真実か虚偽かで、意見表明は真実でも虚偽でもない。刑法も侮辱的不法行為（刑法186条以下）の場合と、詐欺の構成要件（刑法263条）の場合とではそれが意見表明か事実の申立てかという違いによって、異なった法的効果を表明に結びつけており、州プレス法は、事実の申立てがある場合にのみ、反論請求権を保障している。したがって、場合によっては、事実の申立ては5条1項1文の保護領域から除外されると主張される[6]。

617

　しかし、事実の申立ては、通常（少なくとも暗黙のうちに）、主張者のある価値判断と結びついている。いつ、どこで、どのようにある事実が申し立てられるかという判断はすでに、価値的な性質を有している。放送について、連邦憲法裁判所は、すべてのプログラムが「放送内容の選択・形成を通じて、一定の傾向を有しており、とくに、何が送られるべきではないか、聴取者は何に関心をもっていないか、公の意見形成にとって何を無視しても害がないか、放送することがらをどのような形として伝えるべきかについての判断が問題になるときはそうである」と詳述している[7]。学説においても、一部では、事実の申立てと価値判断を一般的に区別することは不可能であるとみなされている[8]。

618

　連邦憲法裁判所は、広い意見概念を用いることによって、中間の道を行っている。それによれば、「態度、立場の要素によって特徴づけ」られる表明は、「これらの要素が、しばしばあるように、事実の伝達や事実の申立ての要素と結びついていたり混在

619

---

6)　*Huster*, NJW 1996, 487参照。
7)　E 12, 205/260（第1次放送判決Ⅰ・77）.
8)　*Herzog*, MD, Art. 5 Abs. I, II Rn 51; *Schulze-Fielitz*, DR, Art. 5 I, II Rn 65.

第13章　意見、情報、プレス、放送、フィルムの自由　*207*

している」場合にも、5条1項1項の保護領域に入る[9]。結合と混在は、とくに、事実の申立てが「意見形成の前提[10]」であることによって生じる。価値判断と結びつかず、意見形成にも関係ない、単なる事実の申立ては、5条1項1文前半部には含まれない。たとえば、統計調査の範囲内における申告がそうである[11]。

620 　連邦憲法裁判所は、「正しくないことが明らかな、あるいは意図的に正しくない事実の申立ては、5条1項1項の保護を受けない」つまり「正しくない情報は、保護に値しない利益である[12]」とみなしている。このことについては、表明者の意見を再現していない意図的な真実の歪曲は、その意見表明としても保護されえないということは正しい。しかし、さらに進んで保護領域に関しては、真実の証明、つまり事実の客観的正しさは問題にならない。意見表明の自由は、いつも**誤謬の自由**でもあるからである[13]。——質問も、それが修辞的な質問であっても、真の質問と同様に保護される[14]。

b）言語、文書、図画による表明と流布

621 　この保護領域のメルクマールによって、意見が他の人に伝達される形態が語られている。言語、文書、図画による表明と流布という伝達モデルに関しては、例示としての列挙にすぎないということが重要である。表明と流布は、一方では、そもそも確固たる構成要件メルクマールの意味において厳格にお互い分離されうるものではなく[15]、他方で、再三再四、新しい方法でなされる。原則として、インターネットにおけるコミュニケーションも、不特定の受取人集団のためのテキスト情報のまとめを超える場合には、保護される。さらに、アメリカ合衆国の議論に依拠して、検索エンジンが、検索アルゴリズムに基づいて評価的な態度表明を含む場合には、検索エンジン

---

9) E 61, 1/9 ; 90, 241/247（アウシュヴィッツの嘘II・24）; BVerfG, NJW 2011, 47/48.

10) E 85, 1/15（バイヤー社株主事件II・19）.

11) E 65, 1/41（国勢調査判決I・7）.

12) E 61, 1/8 ; 85, 1/15（バイヤー社株主事件II・19）; 99, 185/187（ヘルンバイン決定III・24）; 別見解 *Jestaedt*, Hdb. GR IV, § 102 Rn 36 ff; *Kloepfer*, VerfR II, § 61 Rn 9.

13) *Schmalenbach*, JA 2005, 749参照。いわゆるアウシュビッツの嘘に関する別見解E 90, 241/249（アウシュヴィッツの嘘II・24）。*Wandres*, Die Strafbarkeit des Auschwitz-Leugnens, 2000, S. 276 ff 参照。

14) E 85, 23/31 ff; BVerfG, NJW 2003, 661.

15) *Wendt*, MüK, Art. 5 Rn 17.

208 第2部　基本権各論

も包括されるべきことが主張される[16]。インターネットにおける意見表明は、意見形成を評価する番組の構成要素として役立つ場合には放送の自由の下にあり（639）、しかも、内容が重点としてテキストに基づく場合（たとえば、オンライン新聞）には、プレスの自由の下にありうる[17]。意見伝達とともに、その場所、時間の選択も保護される[18]。

例外は、意見が他人に**強制**されるべき場合にのみ生じる。連邦憲法裁判所は、意見 **622**
の自由の基本権の意味と本質は、自由で民主的な国家秩序の基本的な根本条件とみなされる「意見の**精神的闘争**」を保障するところにあると再三いっている[19]。したがって、5条1項1文前半部の保護領域は、精神的議論の領域を離れ、意見形成のための議論に代わって強圧的手段がとられた場合には終わる（**206**参照）。

意見の表明、流布には、表明者、流布者がそれを果たすことだけが含まれるのでは **623**
ない。意見が**受け手**に届き受け入れられることも保護されうる。したがって、受刑者の郵便物の非転送は、5条1項・2項によって審査される[20]。ただし、この保護は、もっぱら意見を表明し流布した人に有利に働く。受け手にとっては、受け取る権利は5条1項1文前半部によってではなく、5条1項1文後半部の情報の自由によってのみ保障されるが、それは、一般的に近づくことのできる情報源が問題になっている限りにおいてである。

c）消極的意見の自由

さらに5条1項1文前半部は、意見を表明せず、流布しない権利を保障し[21]、その **624**
ことで同時に他人の意見を自分のものとして表明・流布しなければならないことから保護している。連邦憲法裁判所が消極的意見の自由の保障から価値的態度の要素を含まない、統計調査に対する申告、事実の申立て、事実伝達を除外しようとするのは理解できる。というのは、それらを含ませることは、多くの、特に経済法上および営業法上の照会義務および届出義務が、消極的意見の自由に対する介入となることを意味するからである。

---

16) *Milstein/Lippold*, NVwZ 2013, 182/185.

17) *Jarass*, J/P, Art. 5 Rn 101; *Kube*, Hdb. StR³ IV, § 91 Rn 12 ff.

18) E 93, 266/289（「兵士は殺人者だ」事件 II・25）.

19) E 25, 256/265（ブリンクフューワ決定 I・26）.

20) E 35, 35/39; BVerfG, NJW 2005, 1341.

21) E 65, 1/40（国勢調査判決 I・7）参照; 批判として、*Jestaedt*, Hdb. GR, § 102 Rn 42.

625 　例　消極的意見の自由は、国家によって組織されるあいさつメッセージや忠誠メッセージに参加する義務から保護する。国家によって命令された製品表示義務、たとえば、「喫煙は健康に害があります」という表示に関しては、これは商品生産者の意見ではないことが認識できる。しがって、このような、他人のものと認識できる意見を伝達することの義務づけは、たしかに12条1項に対する干渉となるが、5条1項1文前半部に対する干渉とはならない（E 95, 173/182; *Hardach/Ludwigs*, DÖV 2007, 288参照）。

626 　消極的意見の自由の保障は、さらに5条1項と10条1項の保護領域の間の**境界画定**を必要とする。というのは、意見がその相手に達することが積極的意見の自由に属するのと同様、表明者・流布者が伝達したくない人に意見が達しないのは消極的意見の自由に属するからである。しかし、このことは、手紙、電話および同様の手段の場合には10条1項も保障する。これらは、それが向けられる人以外の人に達するべきでない。その限りで10条1項は、特別法である。

2．情報の自由（5条1項1文後半部）

627 　情報源とは、一方では、情報の考えられる限りの**所有者**であり、他方では、情報の**対象**自体である[22]。

628 　例　新聞、ラジオ放送、テレビ放送、文書、手紙、口頭での回答。交通事故、自然災害。新聞読者ないしは放送の視聴契約者は、プレスおよび放送の自由ではなく情報の自由において保護を見出す（BVerfG, JZ 1989, 339）。

629 　情報源に**一般に近づくことのできる**のは、情報源が「一般の人、つまり個別に特定されない範囲の人が、情報を手に入れるのに技術的に適していて、かつ特定できる場合である[23]」。その際、一般性をもつ情報についてのこの適性と特定性は、事実上のもので、あるいは、連邦憲法裁判所がかつて定式化したように、技術的なものでなければならない。というのは、そうでなければ、国家は法的規律ないしは措置によって情報源への一般的な接近について決定することができるであろうし、「一般に近づくことのできる情報源」という概念を先取りして狭くすることによって、5条2項の制限の裏をかくことができるであろうからである[24]。この間、連邦憲法裁判所が、国家は

---

22)　*Herzog*, MD, Art. 5 Abs. I, II Rn 87; *Wendt*, MüK, Art. 5 Rn 22.

23)　E 27, 71/83; 90, 27/32; 103, 44/60（法廷内でのテレビ撮影判決III・30）.

24)　E 27, 71/83 ff.

「国家の責任領域に存在する情報源」への接近を法的に定めかつ制限することが許され、これは介入として5条2項で審査されなければならないわけではないことを、国家に認めていること[25]は、この正しい見解に、根拠なく、反するものである。接近の方式だけが法律で内容形成されることができる（649以下参照）。

例　郵便によって定期購読者に届けられる新聞は、発行部数の全部が一般に近づく **630** ことができるので、一般に近づくことのできる情報源である。郵便によって配達される個々の新聞がすべての人に届くわけではないという事実は、この点について変更を加えるものではない（E 27, 71/85）。とくに、プレス、放送、テレビ、フィルムというマスコミの手段は、たとえ、外国からのものであっても、原則として一般に近づきうる（E 90, 27/32）。近代の憲法国家においては、このことは、裁判所の審理（E 91, 125/143; 別見解 E 103, 44/62 fは、「法廷の公開」だけを認める）および土地登記簿（BVerfG, EuGRZ 2000, 484参照）にも妥当する。それに対して、一般に近づくことのできる情報源でないものは、民間の出版社の編集事務（E 66, 116/137）および警察の無線電信である。官庁の文書は、法的に近づくことのできないものであるという理由により、一般に近づくことのできる情報源ではない（BVerfG, NJW 1986, 1243; BVerWG, NJW 2014, 1126/1127）というすでに再三疑問視されてきた見解は、連邦といくつかの州の情報自由法によって、時代遅れとなっている（*Schoch*, Jura 2008, 25/30; *Wegener*, in: FS Bartlsperger, 2006, S. 165）。

積極的に保護されるのは、一般に近づくことのできる情報源からの情報入手、すな **631** わち、受動的な受領ならびに必要な条件を使っての能動的な入手[26]、その例としてはパラボラアンテナの設置[27]がある。もっとも、国家も公法上の放送施設も、市民に利用できる情報を入手させ、提供する義務を負わない[28]。ここでも、積極的な自由とならんで、**消極的な**自由も認められうる。それは、逃れることのできない押しつけられる情報からの保護の中に存在する[29]。

---

25)　E 103, 44/60（法廷内でのテレビ撮影判決Ⅲ・30）; それに対し、さらに *Dörr*, Hdb. GR IV, § 103 Rn 30 f, 42 ff.

26)　E 27, 71/82 f.

27)　E 90, 27/36 f.

28)　VGH München, NJW 1992, 929/930; *Dörr*, Hdb. GR IV, § 103 Rn 75 ff.

29)　*Dörr*, Hdb. GR IV, § 103 Rn 63 ff; *Kloepfer*, VerfR II, § 61 Rn 45.

第13章　意見、情報、プレス、放送、フィルムの自由　*211*

3．プレスの自由（5条1項2文第1句）

a）概　念

632　プレスは、伝統的に、流布に適し、それを予定するすべての印刷物を含む。**定期的に発行される印刷物**だけではなく、**一度だけ印刷されるもの**、また、**一般に近づくことのできる出版物**だけではなく、**グループ内の出版物**もプレスに属する。さらに、州プレス法は、この間、音声記録媒体、映像記録媒体も出版物と定義している。これは、このことで、プレスの自由の保護領域にとっても意味のある技術的・社会的変化を考慮にいれたものである[30]。

633　**例**　定期的に発行される新聞、雑誌、また、生徒新聞（公立の学校が責任をもっている学校新聞と区別されるもの。*Hufen*, StR II, § 27 Rn 5参照）および、職場新聞（E 95, 28/35）、一度だけ印刷される本、ビラ、パンフレット、ステッカー、ポスター、カセットテープ、ビデオカセット、CDおよびDVDならびに新聞のオンライン・ライブラリー（BVerfG, NJW 2012, 755）。

b）保障の範囲

634　プレスの自由の保護は、**積極的**には、「情報の入手から報道・意見の流布にまで」及び[31]、「その中心にはプレス事業の創設と形成の自由がある[32]」。この保護は、プレスの機能に重要な補助的活動も含むが、しかし、これはプレスに内在する、すなわち、プレス企業に組織的に組み込まれている補助的活動だけである。プレス外在的な補助的活動については、他の基本権、とくに12条1項の保護の下にある[33]。**消極的な**プレスの自由は、国家の声明、警報および公報を私的な出版物として公刊することの義務づけから保護する[34]。

635　**例**　ある新聞の編集方針の策定と実現（E 52, 283/296）、第一面の内容および形式の形成（E 97, 125/144 f（カロリーヌ第1次事件Ⅲ・28））、出版物卸売商による新聞販売（E 77, 346/354 f）。

---

30)　*Bullinger*, Hdb. StR³ VII, § 163 Rn 2; *Schulze-Fielitz*, DR, Art. 5 I, II Rn 90.

31)　E 20, 162/176（シュピーゲル判決Ⅰ・25）.

32)　E 97, 125/144（カロリーヌ第1次事件Ⅲ・28）.

33)　E 77, 346/356；批判として、*Wendt*, MüK, Art. 5 Rn 33.

34)　*Kloepfer*, VerfR II, § 61 Rn 62参照。

基本権の権利資格を有するのは、すべての「プレス制度で活動している人および企　**636**
業である[35]」。発行者、編集責任者、編集者、記者とならんで、プレス企業における簿
記係[36]、および広告部における担当係[37]も、基本権の権利資格を有する。プレスの自由
が発行者だけでなく編集者、記者にもあるということから、困難な第三者効力の問題
が生じうる。発行者は編集者に、あるいは編集者は記者に、特定の事件について報告
しないように、あるいは特定のやり方でのみ報告するように命じることは許されるだ
ろうか。この問題は、内的なプレスの自由という標題の下で論じられる[38]。

c）5条1項1文の基本権との関係

　プレスの自由は、意見の自由の特別の場合ではない。意見表明の保護にとっては、　**637**
意見がプレスとして発表されても、5条1項1文前半部の基準があてはまる[39]。プレ
スの自由の特別の保護領域は、「プレス制度においてその機能を行使して活動してい
る人々、プレス事業それ自体、制度的・組織的前提と枠組み条件、自由なプレスとい
う制度がそもそも問題になる[40]」ことと関係している。プレスの自由は、情報の自由
の特別の場合でもない。というのは、プレスの自由は、一般に近づくことのできる情
報源からだけではなく、特別の調査、観察、インタビューなどによる情報の入手も含
み、その際、さらに情報の保護および情報提供者の保護、すなわち、情報源の秘密を
保持し、私人である情報提供者との信頼関係の保護も要求するからである[41]。しか
し、プレスの自由は、公の機関に対して照会を求める請求権を保障するものではな
く[42]、いわんやフィルム記録やテープ録音を請求する権利を保障するものではない[43]。
そのような請求権は、州プレス法によってのみ生じうる。プレスの自由は意見の自由
の特別の場合ではないが、しかし、この自由と、境界画定の問題およびその解決基準

---

35)　E 20, 162/175（シュピーゲル判決Ⅰ・25）.

36)　E 25, 296/304.

37)　E 64, 108/114 f.

38)　*Liesegang*, JuS 1975, 215; *Starck*, M/K, Art. 5 Abs. 1, 2 Rn 90以下参照。

39)　BVerfG, NJW 2003, 1110参照；批判として、*Trute*, Hdb. GR Ⅳ, § 104 Rn 19.

40)　E 85, 1/12 f（バイヤー社株主事件Ⅱ・19）; 113, 63/75（ユンゲ・フライハイト決定Ⅳ・28）;
　　批判として、*Heselhaus*, NVwZ 1992, 740.

41)　E 36, 193/204; 107, 299/329 f; 117, 244/265 ff（キケロ判決Ⅳ・31）.

42)　BVerwGE 70, 310/315；別見解として *Groß*, DÖV 1997, 133/134 f.

43)　BVerwGE 85, 283/285.

第13章　意見、情報、プレス、放送、フィルムの自由　*213*

をも共有する。

638 **例** 意見概念にとってその内容が問題とならないのと同様、プレスの概念にとって
も、公表が一定の水準をもっているか——娯楽週刊誌のように——もっていないか
は、何の役割も演じない（E 34, 269/283（ソラヤ決定 I・63）; 66, 116/134; 101, 361/389 f
（カロリーヌ第 2 事件Ⅲ・27））。5 条 1 項 1 文前半部の保護への単なる事実の申立ての
取り込みと同様、掲載するプレス企業の価値的態度の要素がほとんど完全に事実の再
現の背後に隠れる広告部分を、プレスの自由の保護領域に取り込むことについては問
題となった。連邦憲法裁判所はこのことを肯定し（E 21, 271/278 f; 64, 108/114）、この
保護は、連邦通常裁判所民事判例集116巻47頁（該当箇所54頁）によって、編集部分の
ない広告紙にも拡大されるならば、新聞にはさみこまれているだけの宣伝物もその保
護の下になければならない（*Hufen*, StR II, § 27 Rn 4）。

4．放送の自由（5 条 1 項 2 文第 2 句）

a）概 念

639 放送は、——日常語においてただ放送Rundfunkとして呼ばれる——ラジオ放送
Hörfunkとならんで、テレビ放送も含む（「ラジオ放送およびテレビ放送[44]」）。放送は、
不特定多数の人に向けられた無線ないしは有線による物理波を通じたあらゆる思想内
容の伝達である。したがって、ケーブルラジオ放送およびケーブルテレビ放送も放送
の自由に包摂されるが、個人の電話とファックスは、不特定多数の人に向けられてい
ないので、包摂されない[45]。この区別は、メディア、ネット、サービスの統合（いわゆ
るメディアの収束）が進むにつれて、薄れてきている。編集活動も存在する場合にお
いてだけその限りで、放送にかかわる問題となる[46]。

b）保障の範囲

640 プレスの自由と同様に、放送の自由も、情報の入手から報道・意見の流布まで及
ぶ。放送の自由は、メディアに必要で、特有の装置にも及ぶ[47]。「報道」という狭い言

---

44) E 12, 205/226（第 1 次放送判決 I・77）; 31, 314/315.

45) *Herzog*, MD, Art. 5 Abs. I, II Rn 194 f.

46) *Holznagel*, ZUM 1996, 16; *Jarass*, AfP 1998, 133/135; *Kloepfer*, VerfR II, § 61 Rn 86 f.

47) E 91, 125/134 f（ホーネッカー事件Ⅱ・22）; 119, 309/318 f（法廷でのテレビカメラ取材制

葉に対して、連邦憲法裁判所は、この内容的多様性は、プレスの自由の場合よりも小さくなく、「情報と意見は、ニュースや政治解説によってと同様に、テレビ劇や音楽放送によっても伝える（ことができる）」と判決の中で明らかにしている。意見の自由[48]との関係は、プレスの自由の場合と同様に定めることができる（**637**参照）。

　この基本権の権利資格を有するのは、伝統的に、**公法上の放送施設**である。たしかに、それは、公法上の法人であり、連邦憲法裁判所は原則として公法上の法人の基本権資格を否定している。しかし、連邦憲法裁判所は、「例外的に公法上の当該法人が直接、この基本権によって保護される生活領域に組み込まれている場合には」この原則は妥当しないとしている。放送施設は、放送の自由という基本権を自ら請求する[49]ことができる。というのは、放送施設には、5条1項2文第2句から生じる放送の国家からの自由の要請が妥当するからである。これにより、放送施設は、基本権の権[50]利主体でありながら同時に、1条3項の意味での執行権の構成部分として基本権上の義務を負うという特殊性が生じる。このことは、連邦憲法裁判所によって、政党への放送時間の付与に関して認められた。これに対応することは、州のメディア施設に[51]もあてはまらなければならない。[52]

641

　放送を行う**私人**も、基本権の権利資格を有する。放送の自由は、公法か私法かという法規範、商業か非商業かという活動を考慮することなく、放送を行っている人、あるいははじめて行おうとする意思がありかつ必要な放送免許を得ようと努めているすべての人の権利である。その他の点では、この基本権の権利資格は、プレスの自由[53]の場合（**636**参照）と同様に定められうる。放送の視聴契約者は、基本権の権利資格[54]を有しない。[55]

642

　　限と放送の自由Ⅳ・32).

48)　E 35, 202/222（第1次レーバッハ判決Ⅰ・29); 同旨 *Herzog*, MD, Art. 5 Abs. I, II Rn 200 ff; 批判として、*Hochhuth*, S. 308 f.

49)　E 31, 314/322; **180**以下参照。

50)　確立した判例。E 83, 238/322（第6次放送判決Ⅱ・20）参照。

51)　E 7, 99/103 f; 14, 121/133.

52)　*Bumke*, Die öffentliche Aufgabe der Landesmedienanstalten, 1995, S. 197 ff; *Nolte*, in: Symposion Grimm, 2000, S. 161. BayVerfGH, NVwZ 2006, 82も参照; 別見解として、*Bethge*, NJW 1995, 557.

53)　E 95, 220/234; 97, 298/311 f.

54)　*Bethge*, DÖV 2002, 673/674.

55)　BVerfG, NJW 1990, 311.

643　放送についての連邦憲法裁判所の判例は、プレスについてのものと比較してその特別な状況を引き合いに出している。80年代のはじめまで、この**特別の状況**は、利用できる周波数の希少性と放送事業にかかる異常に高価な財政的費用から生じた。最近も、この状況はなくなってはいない。すなわちこの状況は、放送番組の制作と流布の技術的条件が、最近のメディアの発展によって改善されたこと、およびヨーロッパさらにはヨーロッパを超える放送市場が成立したことによってのみ、変化を被っている[56]。依然として、憲法判例は、放送の自由の保護領域を、世論形成の媒体およびフォーラムとしての放送の機能を基準として規定している。それによれば、放送の自由は、自由なコミュニケーション過程を保障するための、すなわち、現存の多様な意見が放送において広く、完全に表現されることを確保するための、実体的、組織的、手続的規律による法律上の内容形成を要求する。その限りで、連邦憲法裁判所は、放送の自由を規範的具体化を必要とする基本権と理解している。

644　今日の二元的システム[57]においては、公法上の放送施設には、放送によって、民主的秩序と文化生活にとって不可欠な市民への「基本的なサービスの供給」という任務が付与されている。というのは、その地上〔波〕の番組はほぼ住民全体に達し、住民は内容的に包括的な番組提供の恩恵に浴するからである[58]。しかし、インターネットでさらに進んだサービスおよび番組を提供する公法上の放送施設の権利は、公的な資金でまかなわれているわけではないプレス企業と競争関係にたち、ますます争われている[59]。というのは、基本的なサービス供給の確保を、連邦憲法裁判所の見解によれば、国家は財政的にも保障しなければならないからである。このことで、公法上の放送施設は、政党（21条1項）に匹敵し、社会の自律と国家への依存との間の緊張の場に存在している。必要な国家からの遠さ（641）を保障するために、独立の委員会（KEF）が受信料を確定する。その提案から、諸州は、例外的な場合だけ逸脱することが許される（一般的放送立法と受信料の確定の分離）[60]。国家からの遠さの原則は、さらに、放送施設の諸委員会のメンバーに関係する。監査委員会には、「公共体のすべての分野からの、可能な限り異なった視点と経験範囲をもつ人が含まれていなければ

---

56)　E 73, 118/121 ff.

57)　*Stock*, JZ 1997, 583参照。

58)　E 73, 118/158 f; 87, 181/198 ff（第7次放送判決Ⅱ・21）.

59)　これについては、たとえば、*Korte*, AöR 2014, 384/399 ff.

60)　E 119, 181/220 ff（第2次放送受信料判決Ⅳ・33）.

216　第2部　基本権各論

ならない。」さらに、国家および国家に近い関係者の影響は限定されなければならない。[61]

私的な事業者に関して、連邦憲法裁判所は、(州の) 立法者に、意見の多様性を多 **645**
くの事業者を認めることで確保する (外的多元主義) か、それとも意見の多様性を事
業者に組織的、内容的に要求することを通じて確保する (内的多元主義) かの自由な
決定を原則として委ねるだけにしている。私的な事業者に対するこれらの要求は、た
しかに、公法上の放送におけるのと同様に高いものである必要はないが、より低いも
のでなければならないということもない。[62] 重要なのは、国家との近さ、ある政党の
決定的な影響力、および、その他、支配的な意見形成力の発生も防止することであ
り、[63] それは地方および地域の番組の場合においても同様である。[64] 連邦憲法裁判所
は、(州の) 立法者に以下の内容の規律を求めている、すなわち、

①情報の独占を防止すること、

②内容的バランス、客観性および相互の配慮に関する最低基準を保障すること、

③官民共同運営の場合は、公的な番組を放送するという任務が空洞化されることを
防止すること、

④ (州による) 限定された国家監督を予定すること、および

⑤私的な放送送信の提供に関して平等に門戸を開くこと、[65] である。

5．フィルムの自由 (5条1項2文第3句)

フィルムは、映写のためにつくられている一連の画像による思想内容の伝達と理解 **646**
される。[66] 放送と異なり、フィルムは、再生の場所で、公衆に向けられている。[67] 放送
の自由に対応して (**699**参照)、フィルムの自由は、記録フィルムだけでなく、劇の
フィルム映像および他のすべてのフィルムによる意見表明を含む。[68]

---

61) BVerfG, NVwZ 2014, 867/869 ff; これについては *Starck*, JZ 2014, 552.

62) E 83, 238/316 (第6次放送判決Ⅱ・20).

63) E 121, 30/51 ff.

64) BVerfG, NVwZ 2006, 201/203 f.

65) E 83, 238/296 f (第6次放送判決Ⅱ・20); 97, 228/257 f (短時間ニュース報道権事件Ⅲ・
29); *Schultz-Fielitz*, DR, Art. 5 I, II Rn 253 ff.

66) *Herzog*, MD, Art. 5 Abs. I, II Rn 198.

67) *Degenhart*, BK, Art. 5 I, II Rn 902; *Trute*, Hdb. GR IV, § 104 Rn 72.

68) *Jarass*, JP, Art. 5 Rn 51; *Kloepfer*, VerfR II, § 61 Rn 116; 別見解として、*Reupert*,

第13章 意見、情報、プレス、放送、フィルムの自由 *217*

Ⅲ. 介　入

1. 意見、プレス、放送およびフィルムの自由

647　　意見を表明し流布することの禁止、禁止に制裁を付すこと、意見表明・流布の事実上の妨害・阻止、プレス企業と放送事業者がその任務の遂行のために創出した技術的・組織的・制度的前提条件への干渉、ならびにプレス経営、放送経営への干渉が、介入にあたる。放送事業者と放送事業への要求が放送の自由を保障する限り、放送の自由への介入は存在しない。その限りでは、規範的具体化を必要とする（**233**以下参照）基本権の内容形成が問題である。[69]

648　　**介入の例**　①通信販売を通じて青少年に害のある文書を販売することの禁止（E 30, 336/347）。法廷でのテレビ撮影と法廷からの報道の禁止（E 91, 125/135（第1次法廷内テレビ撮影Ⅱ・22）; 119, 309/318 ff（法廷でのテレビカメラ取材制限と放送の自由Ⅳ・32）; 批判として*Pfeifle*, ZG 2010, 283）。憲法擁護庁報告の中である雑誌をとりあげること（E 113, 63/77 f（ユンゲ・フライハイト事件Ⅳ・28））。ジャーナリストからの事情聴取、編集室の捜索、プレス・放送・フィルム素材の押収（E 20, 162/185 ff（シュピーゲル判決Ⅰ・25）; 77, 65/77 ff; 117, 244/265 ff（キケロ判決Ⅳ・31）; BVerfG, NJW 2011, 1860, 1846; *Schmidt-De Caluwe*, NVwZ 2007, 640参照）。プレス事業者および放送事業者の電話通信についてのデータの収集（E 107, 99/330 f）。放送監督のためにその放送を記録し、州メディア局に提出する民間の放送事業者の義務（E 95, 220/235 f）。

　　②それに対して、短時間報道権は、介入ではなく、規範的具体化を必要とする基本権の内容形成である（E 97, 228/267（短時間ニュース報道権事件Ⅲ・29）; *Bethge*, DÖV 2002, 673/680）。

2. 情報の自由

649　　情報の自由への介入は、情報への接近が最終的に妨害された場合、あるいは、時間的に遅らされただけの場合にも存在する。[70] また、市民が利用する情報源が国家によって把握され登録されることも、介入である。そのようなすべての措置は、一般に

NVwZ 1994, 1155.

69)　E 95, 220/235; 97, 228/266 f（短時間ニュース報道権事件Ⅲ・29）参照。

70)　E 27, 88/98 f.

218　第2部　基本権各論

近づくことのできるすべての情報源が関係する場合にはじめて介入になるのではなく、ただ1つの情報源に妥当するだけでも介入になる。その限りで、5条1項1文後半部は、複数の利用できる情報源の中から選択する権利を含んでいる。ある情報源に近づく方法が定められるが、近づくことが完全にできなくなるわけではない場合には、情報の自由への介入は存在しない。その限りで、情報の自由は、規範的具体化を必要とする。[71]

例 原則として公開の裁判審理は、一般に近づくことのできる情報源であり、継続してあるいは一時的に公開をやめることは介入である。未決拘留の者に対して、新聞をとるのは自由であるという理由で放送の受信を禁止すること（E 15, 288/295 f）、および、受刑者宛の刑の執行における権利についてのパンフレットを差し押さえること（BVerfG, NJW 2005, 1341）は、介入になる。国立の公文書館、図書館および博物館において、開館時間を定め、および入場料を徴収することは、介入ではない。

650

IV. 憲法上の正当化

1. 制 限

5条1項の基本権の最も重要な制限は、5条2項に規範化されている。その最も重要なものは、一般法律による制限である。それとならんで、17a条には、意見の自由に適用される法律の留保が見出される。9条2項、18条、21条2項における介入の授権も、5条1項の基本権にとっては重要である。

651

a）5条2項の制限は、形式的法律によってなされ、その法律は、法規命令や条例による制限を授権することもできる。これらの法律は、すべて5条2項の意味における**一般的なもの**でなければならない（281参照）。

652

aa）法律が抽象的・全般的に定められているならば、そのような法律は、それだけですでに**一般的**であるわけではない。もしそうであれば、一般性の必要は19条1項1文における個別事件的法律の禁止と完全に重なるであろうし、それとならんでは余計なものであろう。5条2項における一般法律の概念は、一定の内容的特質を意味するということには一致がある。[72]

653

すでに、その限りで同じ内容をもつワイマール憲法118条1項2文に関して、いわ

654

---

71) *Schoch*, Jura 2008, 25/29.

72) *Herzog*, MD, Art. 5 Abs. I, II Rn 252 ff; *Starck*, MaK, Art. 5 Abs. 1, 2 Rn 197.

第13章 意見、情報、プレス、放送、フィルムの自由 *219*

ゆる**特別法理論**が主張された。それは、一般的ではない法律、つまり特別法律のメルクマールを「それ自体は許されている行為を、ただその精神的目標設定とそれによって呼び起こされる有害な精神的作用のゆえに、禁止または制限する」ということに認めた。[73]この特別法理論は、一般法律とは、ある意見それ自体を禁止するのではない、また意見表明それ自体に向けられるのでない法律であると定式化された。[74]その際、「それ自体」〔という言葉〕で示されている意見とその表明の特殊性は、まさに精神的目標設定および精神的作用と理解されうる。したがって、特別法理論は、特別法律を「意見の自由に反する特別法」と把握した。[75]

655 **例** 特別法律の例として、ワイマール国法学においては、「共産主義的・ファシズム的・無神論的・聖書に反する学説の流布を禁じる法律」が挙げられ（*Anschütz*, Die Verfassung des Deutschen Reichs, 14, Aufl. 1933, Art. 118 Anm. 3）、一般法律の例として、大半の刑法、一般的警察法が挙げられた。

656 この特別法理論は、**精神の自由**を保障する。この理論は、「説得の領域が破綻して直接的行為の領域がとってかわら」ない限り、意見交換と論争の自由な過程を社会に認めかつ期待する。[76]

657 しかし、すでにワイマール憲法の下で、この特別法理論は、形式主義的であり、その一般法律の概念は形式的であると批判され、一般法律の**実質的な概念**が要求された。それによれば、118条によって保護される社会的利益は、意見の自由よりも重要であるから、118条より優位にある」すべての法律が一般法律とみなされるというのである。[77]この意味において、それは、たとえば、「基本権法益に対する刑法の実質的価値優位であり刑法を優先させる」という。[78]したがって、ある法律が一般的であるかどうかの認定は衡量の結果であり、**スメント**自身が、「このような衡量状態は変動しうる」とみていた。[79]

---

73) *Häntzschel*, in: Anschütz/Thoma, Handbuch des Deutschen Staatsrechts II, 1932, S. 651/659 f.

74) *Anschütz*, VVDStRL 4, 1928, 74/75.

75) *Häntzschel*, 前掲。

76) *Häntzschel*, 前掲。

77) *Smend*, VVDStRL 4, 1928, 44/51.

78) *Smend*, 同上。

79) 前掲・S. 53.

220 第2部 基本権各論

連邦憲法裁判所は、リュート判決ではじめて一般法律の概念と取り組んだとき、　658
支配的な特別法理論と衡量理論の間のワイマールの競争に決着をつけた。連邦憲法裁
判所は、それ以来、単純にこの２つの理論を結合し、確立した判例において、一般法
律を、特定の意見それ自体に向けられておらず、自由な意見形成の過程に対する特別
法でもない法律、「特定の意見を考慮することなく、保護されるべき法益の保護に直
接役立ち、意見の自由の活動に優越するような共同体の価値の保護に役立つ」法律で
あると理解している。この定式は、一般法律によって恣意的な目的ではなく、特別
に価値のある目的だけを追求することが許されるという付加的な要請によって特別法
理論の自由保障的機能を強化しようとするだけである。その際、連邦憲法裁判所は、
特別法理論の個々の観点を、一般性の審査の枠組みにおいてだけではなく、法律の比
例性の枠組みにおいても取り上げている。

　連邦憲法裁判所が特別法理論の維持において要求していることは、――１つの中心　659
概念Leitbegriffにまとめると――一般法律の意見の中立性である。意見の中立性が意
味するのは、ある法律は、特定の意見内容に改めさせたり、特定の意見内容を変更さ
せたりしてはならないこと（転向奨励の禁止）、および意見内容の無価値性ないしは有
害性を介入の構成要件の前提としてはならないこと（意見の差別の禁止）である。連邦
憲法裁判所にとって、このことで、法律が意見の内容に結びつけられることは排除さ
れないが、言論戦において具体的な立場に結びつけることは排除される。同様に、3
条３項１文第９句は、一般法律による制限を、特定の見解に対する差別から保護すべ
きものである。意見の中立性は、比例性審査においても役割を演じ、国家の介入の
目的設定が意見表明の純粋な精神的作用に向けられてはならないことを要求する。と
いうのは、このように向けられることは、意見の自由の原理を廃棄するからであ
り、この原理は、意見の争いの精神性――よりよい論証がもつ強制なき強制――に

80）　E 7, 198（リュート判決Ⅰ・24）.

81）　E 95, 220/235 f 参照。

82）　E 7, 198/209 f（リュート判決Ⅰ・24）.

83）　E 124, 300/326（ヴンジーデル決定Ⅳ・29）.

84）　E 124, 300/332（ヴンジーデル決定Ⅳ・29）. *Hong*, DVBl. 2010, 1267; *Schlink*, Staat 1976, 335/353 ff も参照。

85）　E 25, 256/264（ブリンクフューワ決定Ⅰ・26）参照。

86）　*Habermas*, in: Habermas/Luhmann, Theorie der Gesellschaft oder Sozialtechnologie, 1971, S. 101/137.

第13章　意見、情報、プレス、放送、フィルムの自由　*221*

基づく。国家は、その限りで、「外面的な領域[87]」における法益の危殆化から保護することに限定されている。もっとも、この法益は、意見表明が第三者との関係で阻止閾を下げること、あるいは、関係者を萎縮させることによってもすでに危殆化されるはずである。国家の介入に対する意見の中立性の要請によって、基本法の下での意見表明の自由の保護は、国際法上の保護を超えている。通常、たとえば欧州人権条約17条のような人権条約は、その内容が条約の精神に反するだけの意見表明の禁止をすでに許容している[88]。それに対応する制限を——欧州人権条約とは異なり——許容するだけではなく、要求する条約との緊張関係が生じる。かくして、たとえば、人種差別撤廃条約の4条a号は、「人種的優越あるいは人種的憎悪に基づく**思想のあらゆる流布を**…法律により処罰可能な行為と宣言すること」を要求している。意見の中立性の構想を追求する他の諸国と異なり、ドイツは、対応する諸規定に対して留保を宣言しなかった。

660 　衡量理論による補完は、その際、他の分野での**狭義の比例性**（307以下参照）と同じ意味をもつ。法律の目的の追求および意見の自由の活動がいかに価値があるか、ならびに法律目的および意見の自由との間の序列関係がつり合いがとれているかどうかの審査は、先行する審査段階の結果を考慮する調和性審査であり、もしそれが不十分であれば、まず、再度の先行する審査段階の審査を要求し、最終手段としてのみ、衡量関係を参考にして修正を認めるものである[89]。

661 　連邦憲法裁判所は、その他の基本権の場合に問題となる、介入の正当化のもう1つの局面を、5条2項に関して、概念的に独立させている。連邦憲法裁判所は、「『一般法律』はたしかに、言葉からすると基本権を制限するが、法律の側でも…基本権を限界づける効果自体において、また制限されなければならないという意味において、相互作用」を要求している[90]。いわゆるこの**相互作用理論**は、揶揄的にブランコ理論とも呼ばれるが、この場合、これには、さらに**憲法適合的解釈**の原則がもつ意味と同じ意味が与えられる[91]。これは、一般法律の解釈を「自由な発言許容の推定」の下に服せしめる[92]。

87）　E 124, 300/333（ヴンジーデル決定Ⅳ・29）。

88）　EGMR, Glimmerveen and Hagenbeek v. Netherlands, No. 8406/78; 最近の判決では、たとえば、EGMR, Norwood v. United Kingdom, No. 23131/03を見よ。欧州人権条約10条2項に基づく EGMR, Vejdeland v. Sweden, No. 1813/07も参照。

89）　*Starck*, MKS, Art. 5 Rn 200 f も参照。

90）　E 7, 198/208 f（リュート判決Ⅰ・24）。E 71, 206/214 も参照。

91）　*Herzog*, MD, Art. 5 Abs. I, II Rn 264.

92）　E 54, 129/137; 93, 266/294; 別見解として、*Maurer*, StR, § 9 Rn 65.

この推定は、一般法律の解釈 Interpretation に関するいわゆる**解釈レベル**　　**662**
Auslegungsebeneにおいてだけではなく、意見表明の解釈に関するいわゆる**意味理解**
レベルDeutungsebene においても、意見表明の制限が問題となる場合には、意味を
有する。その際、この推定は、さまざまに意味が理解される公的な表明を法的に評価
する際、表明者の観点や受け手の観点ではなく、客観的な観点において、原則として、
他の法益と衝突しないような意味理解を基礎に置くことを要求する。少なくとも、こ[93]
の争いから免れている意味理解のバリエーションは、十分な理由をもって、争われる
可能性をもつ意味理解のバリエーションに有利に拒否される前に、専門裁判所によっ
て認識されていなければならない。もっとも、好意的な意味理解というこの原則[94]
は、表明において価値的要素が事実的要素の背後に退くほど、いっそう弱く働く。[95]
連邦憲法裁判所は、この原則を、このことは説得力を持ちえないのだが、将来の意見
表明の場合には、過去の意見表明の場合よりも、弱く作用させるつもりである。[96]

　問題解決のための技術的ヒント　憲法適合的解釈の特別の場合としての相互作用理　　**663**
論は、5条1項がある法律によって侵害されているかどうかの審査の際に、顧慮され
なければならない。その法律の複数の可能な解釈のうちから、自由な発言を最も少な
く制限する解釈だけが必要であり、このことで比例的である。それに対して、解明レ
ベルでの自由な発言の許容性に関する推定は、5条1項が執行権あるいは司法権の措
置によって侵害されているかどうかの審査の際に顧慮されなければならない。意見表
明の複数の可能な解明のうちから、執行権および司法権は、その法律の適用に至らな
い解明を根拠としなければならず、その場合だけその措置は比例的である。

　一般法律の概念にはとくに、人間の精神作用だけではなく、人間の具体的で行動的　　**664**
な作用をも規律する多くの法律が含まれる。

　例　①たとえば、秩序・警察法上の一般条項（BVerwGE 84, 247/256）、刑法、刑事　　**665**
訴訟法、行刑法の大部分の規定（E 71, 206/214 f および NJW 2014, 2777/2778 zu §
353d Nr. 3 StGB 参照）、道路交通法、建築法、営業法の規定、ドイツ民法典のうち823
条、1004条による結果除去請求権類似のものも同様に意見中立的である（BVerfG,
NJW 1997, 2589）。メディアにおける法律相談の実施をも制限している法律である法

---

93)　E 82, 43/52 f 参照。

94)　E 94, 1/ 9（ドイツ人間死協会事件Ⅲ・23）.

95)　E 85, 1/16 f（バイヤー社株主事件Ⅱ・19）.

96)　E 114, 339/350 f; 批判として、*Teubel*, AfP 2006, 20; *Meskouris*, Staat 2009, 355 も。

第13章　意見、情報、プレス、放送、フィルムの自由　*223*

的サービス法までも意見中立的である（*Ricker*, NJW 1999, 449/452参照）。

②連邦憲法裁判所は、ある規定に一般法律の性質をはじめて全く認めなかった。それは、外国における労働者の雇用に関する求人の公開に関する同意義務である（E 21, 271/280; しかし、E 74, 297/342参照）。

666 　ただし、**政治的刑法**および**官吏法**のいくつかの規定は自由で民主的な基本秩序の擁護のために一定の意見表明および意見に基づく行動を禁止している。意見の表明および意見に基づく行動をただ控えめにし抑制する要請に服させる官吏法の規定（**677**参照）、および、意見が表明され行動がなされる侮辱的な方法にだけ適用される刑法の規定（刑法90条以下）は、5条2項に違反しないが、それは、これらは意見の内容の内容的価値あるいは精神的作用によって理由づけられなければならないのではなく、その表明・行動の**方法**によって、すなわち、しばしばただ明確化するのが難しく、判例において場合によっては誤っても明確化されるが、全体としては、形態と内容に関する明確で伝統豊かな区別によって理由づけられなければならないからである。

667 　もっとも、連邦憲法裁判所は、意見を制限する法律についての一般性の要請の不可解な例外をつくろうとしており、「歴史的な現実として国家社会主義体制の肯定的な評価をテーマとする意見表明」に関して、特別法を許すつもりである。[97] なぜならば、この意見表明は、国家社会主義の過去を考慮すれば、「他の意見表明と比較できるものではなく」、「外国で大きな不安を呼び起こす」おそれがあるからだという。これに関して、明記されていない例外をつくり特別法を認めることが必要だと連邦憲法裁判所は考える。というのは、「基本法の成立ならびに施行に参加したすべての勢力の歴史的な中心的関心事がそれを要求している」[98]からであるという。――これは、あたかも、この勢力は、この中心的な関心事を明文で基本法に書くことができなくても書いたかのごとくである。

668 　**例**　特別法として連邦憲法裁判所（E 124, 300（ヴンジーデル決定Ⅳ・29））は、刑法130条4項と、「ルドルフ・ヘスについて考える」というテーマで、かつ「名誉は彼にとっては自由よりも重要だった」というモットーのもとでの集会は禁じられうるとい

97）E 124, 300/331（ヴンジーデル決定Ⅳ・29）; 批判として、*Barczak*, StudZR 2010, 309/314; *Enders*, in: FS Wahl, 2011, S. 283/301; *Höfling/Augsberg*, JZ 2010, 1088; *Hong*, DVBl. 2010, 1267/1271; *Jestaedt*, Hdb. GR IV, § 102 Rn 68; *Lepsius*, Jura 2010, 527/533; *Manssen*, Rn 391; *Martini*, JöR 2011, 279, *Rusteberg*, StudZR 2010, 159/166 ff.

98）E 124, 300/328 f（ヴンジーデル決定Ⅳ・29）.

うその解釈を受け入れている。連邦憲法裁判所によれば、この規定とこの解釈は比例原則にも適合する。これに対して、刑法130条2項1a号、3項および5項が、2人の人の間での文書の単なる交換だけがすでに、民衆を扇動する文書に関連づけられた「流布」というメルクマールに該当すると解釈されるのであれば、意見の自由に比例的にではなく介入する（BVerfG, NJW 2012, 1498/1499 f）。

bb）個人的名誉と少年保護の権利が関係する際にも、立法と行政は、「この制限されている基本権を見失ってはならず、意見の自由の過度の制限を避けなければならない」。まさに、個人的名誉権との衝突の際には、自由な発言の許容性の推定が妥当する。この推定が限界を見出すのは、意見表明が一般的、公的な意義をもたないテーマを対象とし、人間の尊厳を侵害し、形式的侮辱ないしは虚偽の批判となる場合であり、反撃ではなく先制攻撃である場合、違法に得られた情報に基づく場合、あるいは、その事実内容が正しくない、および慎重に検討されていない場合である。プレスの自由は、言葉による公表の場合よりもむしろ写真の場合の方がそうだが、個人的名誉権に対して、後退する。このことは、欧州人権裁判所がかつての判例で行った批判と関連して、公的生活の人物が公的な意見形成になんの貢献もしない場合には、公的生活の人物にもあてはまる。もっとも、自ら公の政治的議論に参加している人は、私的な環境においては、意見の自由に有利に、自らの人格権のより大きな制限を甘受しなければならない。この規定の体系に反して、連邦憲法裁判所によれば、法律の一般性の要請も、名誉保護および少年保護のための制限に妥当するべきものである。このように明文で列挙することは、対応する規律がさらにも許されることをただ確保するべきものであった。このことが、よく保持されうるのは、未成年の社会的な配慮請求

---

99) E 93, 266/290（「兵士は殺人者だ」事件II・25）。BVerfG, NJW 2008, 1654; 2010, 2193; 2012, 1273も参照。

100) *Lenski*, Personenbezogene Massenkommunikation als verfassungsrechtliches Problem, 2007, S. 209 ff; *Seyfarth*, NJW 1999, 1287参照。

101) BVerfG, NJW 2011, 740; 2012, 756.

102) EGMR, NJW 2004, 2647.

103) BVerfGE 101, 361.

104) BVerfGE 120, 180/200 ff（カロリーヌ第3事件IV・30）; EGMR; NJW 2012, 1053で承認されている。

105) EGMR, NJW 2014, 3501/3502（JK 5/2015）.

106) E 124, 300, 327（ヴンジーデル決定IV・29）.

権および妨げられない発展への影響において、意見の純粋な精神的作用の保護が軟化している下で、「外面的な領域」における法益の危殆化がみられる場合だけである。

670　　例　①「兵士は殺人者だ」という命題は、連邦軍の兵士の（可罰的な）集団的侮辱としてのみならず、単に軍隊と傭兵に反対する（基本権として保護された）表明としても理解されうる（E 93, 266/298（「兵士は殺人者だ」事件Ⅱ・25）；これについて*Mager*, Jura 1996, 405参照）。兵士は、「刑法211条の殺人のメルクマールの１つを現実化する、故意の殺害に責任を負う犯罪者」であるという意味にとる必要もない（BVerfG, NJW 1994, 2943）。

②真実でない表明を禁止する名誉の保護のための民法および刑法上の規定は、意見表明の自由という基本権の一般的な利用に対して抑止的な効果を与えるほどの高度な説明責任を表明者に負わせる意味において理解されてはならない（E 85, 23/24）。たとえば、反駁されていない報道の援用は十分なものとされなければならない（E 85, 1/21 f（バイヤー社株主事件Ⅱ・19））が、その虚偽性が、攻撃されている者によって実質的に示され、証明されていない限りにおいてである（E 99, 185/199）、また、検察官を「気が違っている」と呼ぶことは、確かな証拠があり中傷として役立つだけではない場合には、許される（BVerfG, NJW 2009, 3016; NJW 2014, 764）。

③他人についての表明が真実であれば、その人格的利益は通常は後景に退き、それに加えてその表明が表明者の人格の発展にとって重要であるならば、特別そうあらねばならない（E 97, 391/401 ff（虐待避難決定Ⅲ・26））。少年についての表明の場合には、たしかに、その特別の保護の必要性が配慮されなければならない（E 101, 361/385（カロリーヌ第２事件Ⅲ・27））。しかし、公衆の情報の利益が匿名の利益に対して後退しなければならないという推定ルールが存在するわけではない（BVerfG, NJW 2012, 1500/1502）。

④少年保護がポルノのテレビフィルムの放映の禁止をカバーするのは、未成年がそのフィルムを見ることが実際にも妨げられる場合だけである（BVewGE 116, 5/23 ff）。

⑤裁判手続、それも特に刑事手続における人格権保護が高められた意義をもつのは、この場合、被告人は自発的ではなく公衆の前に身を置かれなければならないからである（E 103, 44/68（法廷内でのテレビ撮影Ⅲ・30）; NJW 2012, 2178）。

671　　b）9条２項の法律の留保（829参照）と21条２項・３項による違憲の宣言についての規律の留保は、結社の禁止と政党の禁止およびこのことで結社および政党による、自由で民主的な基本秩序に対して向けられた意見の表明と行動の禁止を正当化する。この結社および政党の禁止法（結社法３条以下、政党法32条以下）は、一般法ではなく、その特別の留保のゆえに、そうある必要もない。これは、この禁止の執行に役立つ刑法の規定（刑法84条以下）と同様に、この留保によって正当化される特別法であ

226　第２部　基本権各論

る。自由で民主的な基本秩序に向けられた意見の表明および活動に対してこれを超え
てなされる措置は、5条2項によって無効となる特別法である。

　例　「その内容によれば、当時の国家社会主義の組織の努力を継続するために定めら　**672**
れた宣伝手段」の流布の処罰は、それが占領法によって生じた国家社会主義ドイツ労働
者党の禁止の執行に限定されない限り、およびある意見の内容的な価値に結びつく限
りにおいて、憲法違反である (*v. Dewitz*, NS-Gedankengut und Strafrecht, 2006, S. 240 ff;
Hamdan, Jura 2008, 169/171)。

　c）軍隊の保護のために、制限する法律も一般的なものである必要はない。17a条　**673**
1項は、単純な法律の留保[107]の意味で、兵士の意見の自由の法律による制限を可能と
する。

2．検閲の禁止 (5条1項3文)

　5条1項、2項に関しては、一般的に、すべての基本権介入の際にあてはまる、制　**674**
限に対する制限に加えて、検閲の禁止による特別の制限に対する制限が付け加わる。
これは、その体系的な位置からして、原則として1項のすべての基本権にあてはま
る。それに対して、連邦憲法裁判所は、情報の自由にこの規定を適用しようとしな
い。検閲の禁止は、「事物の本性からして」精神作品の制作者だけを保護するが、そ
の関係者や読者を保護しないというのである。[108]

　5条1項3文の意味における検閲は、「〔公開の〕完了の前に、ある作品が公開され　**675**
ることを許さない」予防的手続である。[109]これには、その結果が予防的手続と事実上
同じとなる、1項の基本権への介入も含まれる。[110]該当するのは、いわゆる事前検閲
ないしは予防検閲だけである。[111]それに対して、事後的なコントロール措置・抑止措
置 (事後検閲 Nachzensur) は、5条2項の上述の制限の枠内にある限り、許される。

　制限に対する制限としての検閲禁止の解釈学的位置づけから、検閲禁止自身は、5　**676**
条2項の制限に服しえないことが導かれる。したがって、たとえば、検閲が少年・名

---

107)　*Ipsen*, BK, Art. 17a Rn 21 ff.

108)　E 27, 88/102; 33, 52/65 ff; *Herzog*, MD, Art. 5 Abs. I, II Rn 297参照; 別見解として
　　　Deumeland, KUR 2001, 121/123.

109)　E 87, 209/230 (「悪魔の舞踏」事件Ⅱ・23).

110)　*Bethge*, SA, Art. 5 Rn 135b. E 87, 209/232 f. は不明確である。

111)　*Jarass*, JP, Art. 5 Rn 63; *Stern*, StR IV/1, S. 1480 ff; 別見解として、*Hoffmann-Riem*, AK,
　　　Art. 5 Rn 93.

第13章　意見、情報、プレス、放送、フィルムの自由　*227*

誉保護のための規定によって許されるとみなす見解は、退けなければならない。[112)]

677　**事例10（610）についての解答の概略**

　Ⅰ．「原子力？　要りません」という内容のピン止めバッジをつけることは、意見表明であるから、5条1項1文前半部の**保護領域**が関係する。

　Ⅱ．禁止処分は、自己の意見を一定のやり方で、つまり、Lがバッジを学校内でつけることによって表明することを禁止することを内容としているので、**介入**にあたる。

　Ⅲ．挙げられている規範に基づく禁止処分は、その規定が5条2項の制限によってカバーされる、またはその適用が具体的な場合に意見の自由に抵触しない場合には、**憲法上正当化される**。

　1．連邦官吏法53条とそれに対応する州法の規定は、5条2項の意味での「**一般法律**」でなければならない。衡量理論と特別法理論との間の対立に関しては、原則として後者を優先させるべきである。官吏の穏当義務・謙抑義務についての挙げられている規範は、転向奨励の介入目的を追求しているわけではない。これらの規範は、個人に、特定の意見内容に改めさせたり、ないしは特定の意見内容を変更させたりすることを目的としていないからである。これらの規範は、意見内容の無価値性ないしは有害性を介入の構成要件的条件にしているわけではないから、差別的介入手段でもない。それから、これらの規範は、正当な目的の達成のために適合的で必要であると理由づけられなければならないが、この理由づけは、意見内容の内容的価値、精神的作用を問題とするものであってはならない。これらの規定の目的は、1つには職務運営を妨げる政治的対立を避けること、もう1つは、職務遂行の政治的中立性に対する公共の信頼を損なわないことによって官吏制度の機能性を確保することである。これは、33条5項の意味における伝統的な職業官吏制度の原則として（**1154**参照）正当な目的である。しかし、精神的作用を問題とすることなく、穏当義務・謙抑義務の適合性・必要性が理由づけられるかどうかは疑問の余地がある。というのは、職務運営において懸念される障害は、手でつかめるものではなく、精神的なものであり、その有無が問題とされる住民の信頼は精神的な現象だからである。正当化は、形式と内容の違いに着目して、官吏はすべての意見内容を表明することができるが、表明の形態において

---

112)　E 33, 52/72.

228　第2部　基本権各論

のみ穏当さと謙抑さを確保しなければならないということがめざされている場合にのみ成功する。この義務が全体として不適切であるとは、認められない。

2．Lへのこの規定の適用は、5条1項1文前半部を侵害する可能性がある。とくに、比例的でない可能性がある。穏当義務、謙抑義務の目的の実現は、とくに、2つの要素に依存する。意見表明が職務の中でなされたか、外でなされたか、および官吏がどのような具体的な職務に就いているかである。官吏としての教師の職務遂行に関する規範的要求は、一般的な官吏法上の義務とならんで、公立学校の教育任務についての州法の規定と、親と生徒の基本権によって規定される。そのことから、教師の穏当・謙抑義務の内容として、とくに、生徒を洗脳してはならない、つまり、権威主義的で、一面的で、道理に反する形で影響を与えてはならないことが生じる。バッジをつけることは、公立学校に要請される、争いのある政治的、世界観的問題に関する合理的な議論や論証的な討論を意味せず、その限りで官吏法上の穏当・謙抑義務に対する違反と評価される（BVerwGE 84, 292/296 ff）。これに反対する見解は（たとえば VG Berlin, NJW 1979, 2629/2630）、バッジをつけることによる一面的な影響の危険は、授業における教師のその他の意見表明よりも大きいわけではないと主張する。しかしその際、その他の意見表明もいずれにせよ一面的に影響を与えるものであってはならないことが見落とされている。禁止処分は、Lの意見の自由を侵害するものではない。

参考文献　*H. Bethge*, Die Freiheit des privaten Rundfunks, DÖV 2002, 673; *M.* **678** *Bullinger*, Freiheit von Presse, Rundfunk, Film, Hdb. StR³ VII, § 163; *D. Dörr*, Informationsfreiheit, Hdb. GR IV, § 103; *M. Eifert*, Die Rundfunkfreiheit, Jura 2015, 356; *V. Epping/S. Lenz*, Das Grundrecht der Meinungsfreiheit（Art. 5 I 1 GG), Jura 2007, 881; *C. Fiedler*, Die formale Seite der Äußerungsfreiheit, 1999; *B. Geier*, Grundlagen rechtsstaatlicher Demokratie im Bereich der Medien, Jura 2004, 182; *M. Hochhuth*, Die Meinungsfreiheit im System des Grundgesetzes, 2007; *W. Hoffmann-Riem*, Regelungsstrukturen für öffentliche Kommunikation im Internet, AöR 2012, 509; *M. Jestaedt*, Meinungsfreiheit, Hdb. GR IV, § 102; *A. Koreng*, Zensur im Internet, 2010; *S. Korte*, Die dienende Funktion der Rundfunkfreiheit in Zeiten medialer Konvergenz, AöR 2014, 384; *M. Nolte/C. J. Tams*, Grundfälle zu Art. 5 I 1 GG, JuS 2004, 111, 199, 294; *F. Schoch*, Das Grundrecht der Informationsfreiheit, Jura 2008, 25; *H. Wolter*, Meinung-Tatsache-Einstufung-Deutung, Staat 1997, 426; *R. Zimmermann*, Die Meinungsfreiheit in der neueren Rechtsprechung des Bundesverfassungsgerichts, NJ 2011, 145.

第13章　意見、情報、プレス、放送、フィルムの自由　*229*

第14章　芸術および学問の自由（5条3項）

679

> **事例11　スプレー芸術家**（BVerfG, NJW 1984, 1293 より）
>
> 　Sは、スプレー芸術を行っており、ひそかに事務所や会社の正面に、風変わり
> だが、見る人によっては全く芸術家的であると強く感じられるものを吹きつけ
> る。持ち主は、それによって、自分の事務所や会社が傷つけられたとみなす。S
> はとうとう逮捕され、器物損壊で自由刑の判決を受ける。この有罪判決は彼の芸
> 術の自由という基本権を侵害するだろうか。→706

Ⅰ．概　　観

680
　5条3項1文は、2つの基本権、つまり、芸術の自由と学問の自由を含み、その
際、学問は、研究と教授の共通の上位概念である。[1] 5条3項2文は、教授の自由
は、憲法に対する忠誠を免除するものではないことを規範化している。つまり、これ
は、保護領域の限定である。芸術および学問の自由は、法律の留保に服さない。

681
　5条3項1文について、連邦憲法裁判所は、それは「まず、客観的な…価値決定的
原則規範を含む。同時に、この規定は、この領域で活動するすべての人に、個人の自
由権を保障する」[2] ことを認めている。このことは、文言によって要求されず、体系
ないしは伝統とも折り合いのつかないものではあるが、主観的権利としての基本権の
機能に対して客観法的機能を優位させるものである。芸術・学問の自由も、プレスの
自由（**96**、**613**参照）と同様、第1次的に主観的権利である。[3]

---

1)　E 35, 79/113（大学判決Ⅰ・32）.
2)　E 30, 173/188（メフィスト決定Ⅰ・30）; 35, 79/112（大学判決Ⅰ・32）も参照。
3)　*Hufen*, Hdb. GR Ⅳ, § 101 Rn 36; *Löwer*, Hdb. GR Ⅳ, § 99 Rn 40参照。

230

Ⅱ．保護領域

1．芸術の自由

a）定　義

　一般的に妥当する**芸術の定義**を展開しようという判例、学説における努力は、これ　**682**
まで、成功していない。そのような定義は、全く**不可能である**という見解もいっそう
説得力をもっている。

　連邦憲法裁判所は、まだ、メフィスト決定においては、芸術の定義可能性から出発　**683**
した。つまり、「芸術家の活動の本質は、芸術家の印象、経験、体験を、特定の形式
をとった表現方法を媒介として、直接に観照させる自由で創造的な形成である」とい
う。しかし最近では、連邦憲法裁判所は、「芸術を一般的に定義することの不可能
性」を強調している。連邦憲法裁判所は、並行して同時に複数の芸術概念を用いて
いる。つまり、

　①連邦憲法裁判所が実質的芸術概念と呼んでいるメフィスト決定の芸術概念、

　②連邦憲法裁判所が形式的芸術概念と名づけている芸術概念で、「芸術作品の本
質」を、一定の作品類型（絵、彫刻、詩、演劇など）に分類されうることの中に見出す
もの、

　③いわば開かれた芸術概念で、「芸術家の表現を特徴づけるメルクマールを、その
表現内容の多様性を根拠として、継続的解釈という方法で作品から常にさらに豊かな
意味を引き出すことが可能で、その結果、実際には汲み尽くせず、何段階もの情報伝
達がなされることの中に見出す」ものである。

　ベルトルト・ブレヒトの詩の演劇的表現である時代錯誤の行列を、**連邦憲法裁判所**　**684**
は、この３つの芸術概念すべての下で総括している。異なる芸術概念がお互いに衝突
する場合に、連邦憲法裁判所が芸術のどの定義に従うのかを、連邦憲法裁判所は開か
れたままにしている。ともかく、連邦憲法裁判所は、判決理由を展開する中で、再
三、時代錯誤の行列についての解釈能力、解釈の必要性、多様な解釈可能性を問題に

4）　E 30, 173/188 f（メフィスト決定Ⅰ・30）.
5）　E 67, 213/225.
6）　E 67, 213/226 f.

第14章　芸術および学問の自由　*231*

し、したがって、**開かれた芸術概念**に近い立場をとっている。[7] その利点は、とくに、この概念が、芸術の自由が留保なしで保障されていることを内在的にも正当化することにある。つまり、芸術は多様な解釈が可能であるから、芸術を、他の権利、法益および利益と抵触させ、制限することを要求するであろう一義的なメッセージおよび目標設定 Aussage- und Stoßrichtung が芸術にはしばしば欠けるのである。

685　学説においては、3つの芸術概念のそれぞれに、支持者がいる。[8] さらに、いわゆる第三者の承認の基準に従い、その対象が芸術作品であるかどうかという問題は、芸術問題を専門とする第三者がその対象を芸術作品とみなすことを認めるかどうかに委ねるという見解がある。[9] 結局、芸術の自由は、コミュニケーションの過程である芸術に、国家が正しく、本物で、よいと考える芸術の観念をおしつけることを国家に禁止する定義禁止としても理解される。[10] 芸術概念の多様性に照らして、学説においても、芸術の自由の保障は、開かれたものとして理解されなければならないこと、および、非日常的で意外な表現形態（ハプニング、風刺ステッカー、ポルノグラフィーによる挑発、香りづけ Duftereignis、スプレー画など）も含むことができることについては、広範な一致がみられる。

b) 保障の範囲

686　個人は、芸術家と認められる必要はないし、芸術を職業とする必要も、自分の作品を公表・展示したり、その他のやり方でさらに公にする必要もない。もっとも、個人が、自分の作品を公にするならば、芸術の自由によって保護される（**創作領域** Werkbereich と異なる**作用領域** Wirkbereich）。[11] 作品の準備行為、たとえば練習も保護される。[12] 連邦憲法裁判所は、芸術の自由の保護を芸術家だけではなく、芸術家と公衆との間で「不可欠の媒介機能」を果たす人にまで及ぼしている。[13] それに対して、も

7）　E 67, 213/228 ff. E 81, 278/291 ff; *v. Arnauld*, Hdb. StR³ VII, § 167 Rn 11 も参照。

8）　E 67, 213/226 f の摘示参照。

9）　*Scholz*, MD, Art. 5 Abs. III Rn 25 f; *Wendt*, MüK, Art. 5 Rn 92.

10）　*Kneis*, Schranken der Kunstfreiheit als verfassungsrechtliches Problem, 1967, S. 214 ff; *Hoffmann*, NJW 1985, 237.

11）　*Müller*, S. 97 ff に依拠した E 30, 173/189（メフィスト決定 I・30）.

12）　*v. Arnauld*, Hdb. StR³ VII, § 167 Rn 45.

13）　E 30, 173/191（メフィスト決定 I・30）; *Hufen*, Hdb. GR IV, § 101 Rn 41 ff; 別見解として *Müller*, S. 101; *Scholz*, MD, Art. 5 Abs. III Rn 13.

はや単なる芸術の消費は保障されていない[14]。

例 芸術の自由の保護は、小説の出版（E 30, 173/191（メフィスト決定 I・30）; 119, **687**
1/20 f（エスラ決定 IV・34））、芸術作品の宣伝（E 77, 240/251; 批判として、*Hufen*, StR,
§33 Rn 13）およびレコードの制作（E 36, 321/331）に及ぶが、レコード製造企業によ
る商業的利益の貫徹（BVerfG, NJW 2006, 596/597）あるいは劇場における駐車場・レ
ストランおよびクロークのサービス（別見解*Michael/Morlok*, GR, Rn 240）には及ばない。

介入の正当化の問題を伴う留保のない保障は、特別に**慎重な保護領域の画定**を必要 **688**
とする。連邦憲法裁判所は、これをその他の判例で繰り返すことや深めることなく、
芸術の自由と財産の自由との間の衝突を顧慮して、一度だけ、詳しく述べた。つま
り、「しかし、この射程は、はじめから、芸術家の展開のために（それが芸術の創作領
域・作用領域のどちらにおいてであろうと）、他人の財産を自分勝手に利用ないし侵害
することには及ばない[15]」。このことは、他人の肉体・生命、他人の名誉・自由の**自分
勝手な侵害**の際にも同様にあてはまらなければならない。「他人の財産を侵害するこ
となく、芸術は展開することができる」。──「できる」という言葉において「しなけ
ればならない」をも意味するこの命題は、結果として、財産を超えるものである
（665、最後の文）。

保護領域の射程がそのように画定されるならば、芸術の自由の保障は、**その他の許** **689**
される行為・態度をも、それが芸術をつくり出し提供するのであれば、保護するとい
うことに注意力を集中する。職業の自由が、その他の禁止行為を、職業としてなされ
るのであれば、およそ保護するのではなく、その他の許される行為・態度を職業に束
ねることに関係する（**901**参照）ように、芸術の自由も、特別に芸術家特有の活動とし
て許される行為・態度に関係する。このことは、そうでなくてもすでに許されている
ことを不必要に付加的に許可するということでは決してない。それは、表現内容が多
様である芸術に潜んでいることのある、特有の不快さと挑発性を保護する。開かれた
芸術概念と関係して、芸術の自由は、特徴的な意味において、芸術作品について可能
な複数の解釈を法的に評価する際には、その芸術作品が他人の権利を**侵害していない**

---

14) BVerfG, NJW 1985, 263 f; *Starck*, MKS, Art. 5 Rn 323参照; 別見解として*v. Arnauld*,
Hdb. StR³ VII, § 167 Rn 49.

15) BVerfG, NJW 1984, 1293/1294; 同旨 BVerwG, NJW 1995, 2648/2649; *Henschel*,
Kunstfreiheit als Grundrecht, 1993, S. 22 f; *Murswiek*, Staat 2006, 473/496 f; 批判として、
Kloepfer, VerfR II, § 62 Rn 13 および *Wittreck*, DR, Art. 5 III (Kunstfreiheit) Rn 49.

第14章 芸術および学問の自由 *233*

という評価が基礎となっていなければならないことを意味するからである。[16] 芸術作品の評価においてある解釈が許されるならば、その芸術作品の作成、提供も許される行為・態度である。つまり、同様に可能で、場合によっては不快で挑発的な広い解釈も、許される行為・態度としての特別な芸術家の活動の結果にすぎず、芸術の自由の保護を享受する。たとえ芸術の自由の保護がはじめから一般に許容された行為・態度に限定されていないとしても、第三者の権利は、通常一般的な法秩序に合致する、有効な保護を受ける。[17]

690　　**例**　堕落を示すとしてある芸術を禁止すること、ポルノグラフィーという内容ゆえに芸術性を否認すること（E 83, 130/138 f（ムッツェンバッハ事件Ⅱ・29））、道路交通を利用した他の形態の情報伝達手段は許可が不要なのに、道路芸術に特別の利用許可を要求すること（VGH Mannheim, NJW 1989, 1299；より限定的なものとして BVerwGE 84, 71/73 f）、建築計画・建築安全法上許される建物を芸術家がつくる場合に条件をつけること、これらだけが許されないわけではないだろう。また、ある文学的なテキストを現実の模写として素朴に受け取り、その否定的な人物像の中に、実在のモデルについての人格権を侵害する人物描写を見出すことも、許されないであろう。文学的なテキストの専門家的な判断の際には、そのフィクション性の推定が妥当する（E 119, 1/28（エスラ決定Ⅳ・34）; NVwZ 2008, 549/550）。さらに、他の象徴的で隠喩的な解釈も存在する場合に、芸術家の風刺と皮肉にこめられた深い意味を自称健全な人の理解を解釈尺度として測り、名誉保護・人格保護ないしはさらに国家保護の侵害があったと認めることも、とくに許されないであろう。ある男が兵士の誓約式に際して拡げられた連邦国旗に放尿するコラージュは、国家と憲法的秩序を攻撃するものであるとは限らず、風刺としてただ兵役と軍隊制度に向けられているものでもありうる（E 81, 278/294）。ドイツ国歌の風刺的な替え歌は、ドイツ国歌を笑い物にするものであるとは限らず、要求と現実との矛盾を弾劾する意図のものでありうるし、その際ドイツ国歌の理想にまさに義務づけられていることもありえる（E 81, 298/306 f）。連邦憲法裁判所が連憲判75巻369頁（該当箇所377頁以下）以来、風刺とカリカチュアについて表現の核心とその緩和された表現Einkliedungとを区別し、両方に異った基準を適用することは誤りである。芸術がどんなものであろうとも、いずれにせよ芸術は、形式と内容の統一である（*Nolte*, EuGRZ 1988, 253; *Gärtner*, Was die Satire darf, 2009 も参照）。

---

16)　E 67, 213/230; 81, 298/307.

17)　E 119, 1/23（エスラ決定Ⅳ・34）.

234　第2部　基本権各論

上述のような連邦憲法裁判所が行っている芸術の自由の保護領域の射程の画定は、**691**
芸術特有の行為・態度を、単に芸術家の活動の**折**になされるにすぎないことを除外す
ることによって画定しようと試みる、以前の画定と合致するところがあるが、それと
はただ外見上関連しているにすぎない。[18]

例　①大理石を盗んだ彫刻家および楽器を盗んだ楽士は、それを自分の芸術家とし **692**
ての活動と関係して行っただけである。13歳の自分のモデルを誘惑した画家は、ただ
芸術創造の折に行動しただけである。

②もっとも、踏切遮断機を壊すことによってハプニングを実施し、そのことによっ
て電車とバスを衝突させた人は、この意味において、芸術家としての創造の折にない
しは、それと関係して行動しただけではない。そのようなハプニングは、芸術の自由
についての連邦憲法裁判所の理解に従う場合だけ、保護領域に含まれないことになる。

2．学問の自由

a）概　念

連邦憲法裁判所の定義によれば、学問は、「内容と形式からして、真理の獲得のた **693**
めの真摯で計画的な追求とみなすことのできる」すべての活動である。[19] この定式が
前提とするのは、

①「真摯な」というメルクマールは、学問が常に一定の知識状態を前提とし発展さ
せることの真価を発揮させるもので、

②「計画的」というメルクマールは、方法的に整序された思考の意味に理解され、

③真理の獲得は本質的に、認識が公の論議に供され、[20] そこで批判的に問題とされ
ることにかかっている、ということである。

したがって、**学問**は、方法的に整序され、批判的に熟考された思考による、真摯 **694**
で、一定の知識状態に基づく、真の認識の獲得の試みである。[21] その際、真理の獲得
とその方法、批判それ自体がまた学問の対象であり、変化しうることに注意されなけ
ればならない。学問の過程も再三、非日常的で驚くべき内容と形態を獲得し、学問の

---

18)　*Müller*, S. 104 ff. *Stern*, StR IV/2, S. 695も参照。

19)　E 35, 79/113（大学判決Ⅰ・32）；47, 327/367; 90, 1/12（青少年有害図書Ⅱ・30）.

20)　E 111, 333/354; 122, 89/105 f（リューデマン決定Ⅳ・35）.

21)　*Scholz*, MD, Art. 5 Abs. III Rn 91; *Stern*, StR IV/2, S. 747参照。

概念もその限りで開かれたものである。それに対して、学問の概念は、研究結果の偽造および操作のような学問的な誠実さのルールを無視すること、および精神的財産の侵害に対しては、開かれていない。学問の営みの信頼を損なうことになるこのような誤った行為・態度は、当然ながら、この基本権の保護領域に含まれない。[22]

b) 保障の範囲

695 「学問、研究、教授に従事する各人は、——5条3項2文による忠誠義務を留保して——学問的認識の獲得、伝達の過程に対するあらゆる国家の影響に対する防御権を有する」[23]。このことから、保護領域は、大学における学問的活動に限定されないことが明らかになる。もっとも、この場合、学問的活動の重点が存在する。その際、学問の自由は、**大学教員、助手**、さらに**学生**が有する[24]が、もっとも、機能に応じて異なり、大学の類型やそこでの任務に焦点を当てた範囲内においてである[25]。それに対して、学問に関係しない大学の職員は含まれない。**国立大学**とその学部自体も、公法人として5条3項の基本権の権利資格をもつ（**180**以下）。同じことは、**私立大学**に妥当しなければならない[26]。

696 **大学の外の**、一般教育の学校での授業は、5条3項によって包括されず、しかもその授業がより高度なレベルにおいて学問としての特色をもっている場合でもそうである。というのは、7条1項は、その限りで特別法とみなされうるからである（**743**以下参照）。つまり、教育の自由は、単純法律による保障に基づいてのみ存在しうる[27]。それに対して、公立・私立の研究施設の研究者は、ある部局の研究施設から化学大企業の実験室、環境保護論者のエコロジー施設まで、個々の民間の学者と同様に、基本権の保護を享受する[28]。

697 学問の自由の場合にも、保障に留保がないことによって、特別に慎重に保護領域を画定することが必要となる。というのは、5条3項2文は、保護領域の射程を**教授**という部分領域に関してだけに限定するが、その限りでもおよそ制限的な意味をもつか

---

22) BVerwG, NVwZ 2013, 1614/1617; *Rixen*, NJW 2014, 1058/1059 f.

23) E 35, 79/111 f（大学判決Ⅰ・32）.

24) *E. Stein*, JA 2002, 253; *Glaser*, Staat 2008, 213/221.

25) E 54, 363/380 ff; 126, 1/19 ff 参照。

26) *Thieme*, Privathochschulen in Deutschland, 1988, S. 19 ff 参照。

27) *Rux*, Die pädagogische Freiheit des Lehrers, 2002参照。

28) *Thieme*, DÖV 1994, 150; *Stern*, StR Ⅳ/2, S. 752参照。

236 第2部 基本権各論

らである。その成立史からすると、5条3項2文は、憲法を講壇から軽蔑し、中傷し、誹謗する策略をたしかに禁じるが、批判的な意見表明の自由は認める[29]。その他の点では、学問の自由の場合にも、他人の権利を自分勝手に侵害する学問活動がそれでも保護領域に入るかどうかが問題となる[30]。もっとも、この場合、この問題は、芸術の自由の場合と同じ衝撃性をもつわけではない。というのは、学問は、ありとあらゆるものをその内容・対象とする芸術よりも、より特定化され、様式化され、明確化されているからである。しかしこの場合にも、他人の身体・生命・財産、他人の名誉・健康を自分勝手に侵害することは、考えられうる。

例　社会学者にとって、社会の状況を許されない技術器具を使うことによって盗み聞きし観察することは、有益なことであろう。医者の場合には、人体実験と遺伝子操作が考えられうる（*Sobota*, in: FS Kriele, 1997, S. 367参照）。 **698**

学問の自由の場合には、保護領域の射程を芸術の自由の場合と同じように画定することに賛成して語られることが多い。この射程も、**特有の学問活動を許す行為・態度である**。他方また、このことは、いずれにしてもすでに許されていることを、不必要に付加的に許可するということでは決してない。というのは、学問も批判的で真理を義務づける要求によって、特別の保護を必要とする不快なもの、挑発的なものの1つでありうるからである。 **699**

Ⅲ. 介　入

芸術の自由への介入は5条1項の基本権への介入と同様に、禁止、制裁、（保護領域を縮減する）事実上の措置によって生じる（**647**以下参照）。これらは、芸術の制作（創作領域）にも普及（作用領域）にも生じうる。 **700**

例　首相候補者 F. J. シュトラウスを時代錯誤の行列において侮辱することの処罰（E 67, 213/222 ff）、クラウス・マンの小説『メフィスト』が、グスタフ・グルンドゲンスの人格権を侵害したという理由により、それの販売禁止（E 30, 173/188 ff（メフィス **701**

---

29)　*Schlink*, Staat 1976, 335/352 f.
30)　肯定するものとして、*Britz*, DR, Art. 5 III（Wissenschaftsfreiheit）Rn 28; *Fehling*, BK, Art. 5 Abs. 3（Wissenschaftsfreiheit）Rn 147; 否定するものとして、*Lorenz*, in: FS Lerche, 1993, S. 267/274 f; 明白かどうかによって区別するものとして、*Löwer*, Hdb. GR IV, § 99 Rn 15.

ト決定Ⅰ・30)）。

702 　学問の自由においても、5条1項によって認められている形式での介入は生じうる。このことについての最高裁判所の、また連邦憲法裁判所の判例は実りが少ない。というのは、バイオテクノロジーおよび遺伝子技術とその潜在的危険ならびに商業的な利用の圧力および学問の自律性をめぐる紛争[31]が裁判所に到達することはまれであるからである。評価、批判は、それ自体が学問の標準を満たし、審査手続、評価手続、懲戒手続およびこれらと同様の手続の一部であるか、学問的論議の一部である限り、介入にはあたらない[32]。それを超えて、国家および大学の機関による研究および教授の評価は介入となる[33]。法律による教授目的・教授素材の基準設定は、素材の流布と提供、教授方法・教授手段の選択を学問の教授者にもはや委せない場合[34]、他の講義委嘱あるいは他の科目を委ねる場合にはじめて、学問の自由への介入となる[35]。

703 　大学での組織内部の紛争について、連邦憲法裁判所は、基本権の客観法的側面から、大学評議会の構成および判断形成に関し、介入に対する保護の予防的な義務づけを発展させたが、それは、個々の研究者の個人的自由の侵害をはじめから排除する構造を要求するものである[36]。

Ⅳ．憲法上の正当化

704 　5条3項には、法律の留保は挿入されていない。そのことから、一般的なルールどおりに、「芸術の自由の保障の限界は憲法自身によってのみ規定されうること[37]」、つまり、5条3項の基本権への介入は、少なくとも**衝突する憲法規定**によってのみ正当化されうることが出てくる。その際、当該芸術作品はどの程度現実の叙述として理解されることができ、かつ、それに応じて、人格権を侵害することになるかを問題とす

---

31) *Dähne*, S. 176 ff.
32) E 96, 205/214; BVerfG, NJW 2000, 3635; BVerwGE 102, 304/311参照。
33) *Schlink*, Evaluierte Freiheit?, 1999, S. 15 ff.
34) BVerwG, NVwZ-RR 2006, 36. E 93, 85/97も参照。
35) E 122, 89/107 ff（リューデマン決定Ⅳ・35）; 126, 1/27.
36) E 35, 79/112 ff, 120 ff（大学判決Ⅰ・32）; 111, 333/353 ff; 127, 87/114 ff; BVerwGE 135, 286/296 f; BVerwGE 144, 171/178 f.
37) E 30, 173/193（メフィスト決定Ⅰ・30）.

る、芸術に固有の審査が必要である。[38]連邦憲法裁判所も、「争われている行為が芸術の自由の核心に近く位置づけられればられるほど、また、それが創作領域（作用領域とは異なる）に起これば起こるほど、それだけ国家の介入は許されない」ことを要求している。[39]同様の、「…すればするほど…である」という定式は、生活現実をモデルとする文学の場合には、芸術の自由と人格権との衝突にも妥当し、模写と原像が強く一致すればするほど、および、原像が私的なことまで模写されていればいるほど、それだけ、芸術の自由に対して人格権がより保護されうる。[40]

例　①子ども・少年を道徳的にひどく危険にさらすことが明白である芸術家の文書の発表・販売・宣伝の制限を、一般的人格権（1条1項と結びついた2条1項）および親の教育権（6条2項1文）に根拠づけることはできる（E 83, 130/139（ムッツェンバッハ事件Ⅱ・29）; 91, 223/224 f; 批判として *Köhne*, KritV 2005, 244）。あるミュージカルの上演は、公共の平穏に関する危険を引き合いに出すことによっては禁止されることはできないが（BVerwG, NJW 1999, 304に反対するものとして *Bamberger*, Staat 2000, 355）、ワイマール憲法139条と結びついた140条による祝日の保護に基づく、いわゆる静穏な祝日に関する州法によって禁止されうる（BVerwG, DVBl. 1994, 1242/1243 f）。屋外の芸術作品に関する建築制限は、20a条による環境保護のための憲法委託で正当化される（BVerwG, NJW 1995, 2648; これについて *Koenig/Zeiss*, Jura 1997, 225）。

②宗教団体の自己決定権（140条と結びついたワイマール憲法137条3項）ゆえに、キリスト教の信仰との関係をたった神学教授から、神学生の教育を奪うことは許される（E 122, 89/114 ff（リューデマン決定Ⅳ・35））。身体を害されないという基本権（2条2項1文）および自然的な生活基盤の保護（20a条）に、遺伝子技術法による学問の自由の制限は、根拠づけられている（E 128, 1/40 ff（遺伝子工学法の合憲性Ⅳ・36））。

事例11（679）についての解答の概略

Ⅰ．実質的および形式的芸術概念によっても、開かれた芸術概念およびいわゆる第三者の承認の基準によっても、スプレー作品は芸術の自由の**保護領域**に含まれる。しかし、連邦憲法裁判所の時々の判例を通じて、他人の権利によってこの

---

38)　*Bülow*, S. 160 ff.
39)　E 77, 240/254. *Starck*, MKS, Art. 5 Rn 330 ffにおける「制限の段階理論」も参照。
40)　E 119, 1/29 ff（エスラ決定Ⅳ・34）; *Wittreck*, DR, Art. 5 III（Kunstfreiheit）Rn 65 f; 批判として、*Vosgerau*, Staat 2009, 107.

第14章　芸術および学問の自由　*239*

保護領域の射程が限定され、かくして特有の芸術家の活動として許される行為・態度と関係づけられれば、スプレー芸術家はもはや芸術の自由の保護領域において行動するものではない。このことで、この解決はすでに得られているだろう。つまり、芸術の自由の侵害は、問題にならない。以下では、保護領域についての広い理解を基礎にする場合に解決がどのように続けられるかを略述する。

Ⅱ．自由刑の有罪判決は、スプレー作品の制作に対する制裁であり、したがって保護領域への**介入**である。

Ⅲ．留保なく保障された5条3項への介入の**憲法上の正当化**は、衝突する憲法規定の中においてのみ見出しうる。「財産権という基本権は、同様に自由の保障を（含み）、基本法によってなされた評価によれば、それは原則として芸術の自由に劣るものとは限らない」(BVerfG, NJW 1984, 1293/1294)。芸術の自由と財産の自由との間の衝突の場合には、芸術の自由は、罰となる境界を超えればjenseits der Grenze der Strafbarkeit、財産の自由の背後に後退させられることが正当化されるようにみえる。したがって、芸術の自由の侵害が問題とならないという結論は変わらずそのままである。

参考文献　①芸術の自由について：*A. v. Arnauld*, Freiheit der Kunst, Hdb. StR³ VII, §167; *F. Hufen*, Kunstfreiheit, Hdb. GR IV, §101; *K. S. Bülow*, Persönlichkeitsrechtsverletzungen durch künstlerische Werke, 2013; *J. Isensee*, Kunstfreiheit im Streit mit Persönlichkeitsschutz, AfP 1993, 619; *H. Kobor*, Grundfälle zu Art. 5 III GG, JuS 2006, 593, 695; *P. Lerche*, Ausgewählte Fragen der Kunstfreiheit nach deutschem Verfassungsrecht, in: Kunst und Recht im In-und Ausland, 1994, S. 1; *F. Müller*, Freiheit der Kunst als Problem der Grundrechtsdogmatik, 1969.

②学問の自由について：*M. Blankenagel*, Wissenschaft zwischen Information und Geheimhaltung, 2001; *H. Dähne*, Forschung zwischen Wissenschaftsfreiheit und Wirtschaftsfreiheit, 2007; *M.-E. Geis*, Autonomie der Universitäten, Hdb. GR IV, §100; *A.-K. Kaufhold*, Die Lehrfreiheit-ein verlorenes Grundrecht?, 2006; *W. Löwer*, Freiheit wissenschaftlicher Forschung und Lehre, Hdb. GR IV, §99; *U. Mager*, Freiheit von Forschung und Lehre, Hdb. StR³ VII, §166; *M. Nettesheim*, Grund und Grenzen der Wissenschaftsfreiheit, DVBl. 2005, 1072; *H.H. Trute*, Die Forschung zwischen grundrechtlicher Freiheit und staatlicher Institutionalisierung, 1994.

第15章　婚姻・家族の保護（6条）

> **事例12　里子をめぐる争い**
> 　2歳の子どもが、放置されるおそれがあるという理由でドイツ民法典1666条3項に従って実の親から住所決定権が奪われたあとで、里親に預けられた。後に、実の親の生活状態が本質的に改善され、実の親は、その間に5歳になった子どもを再び育てることを希望した。実の親と里親との間の法律上の争いにおいて、家庭裁判所は、ドイツ民法典1632条4項に従って、実の親へ子どもを引き渡すことを命じた。里親は引き渡すことができなかった。里親の6条に基づく憲法訴願には理由があるか。→**746**

708

I．概　　観

　6条は、さまざまな観点から、婚姻と家族、親と子どもに関係する。1項は、原則的かつ一般的に国家秩序による婚姻と家族の保護を保障している。2項、3項は、特別法として、親と子どもの関係の、育成・教育機能に（2項）、同じ場所で一緒に暮らすという基盤に（3項）焦点を当てる。4項は、親のうち母をとくにとりあげ、妊娠、出産、授乳期の特別の負担に関して、保護と配慮を求める特別の請求権を認めている。婚外子の同等の地位を求める5項は、子どもの発達条件が家族の状況の欠損によって損なわれるべきではないという関心において2項・3項と一致する。

709

　6条において、さまざまな基本権の機能も合流する。1項と2項1文は、**防御権**を含み、国家の介入に対して婚姻・家族の共同生活の自由を保障する。2項2文は、限定された法律の留保を含み、3項は制限に対する制限を含む。1項、4項、5項は、差別禁止として、客観法的機能において作用する。1項と4項は、婚姻・家族の保護ないしは母の保護と配慮を求める請求権を保障することによって、**保護権**をも定式化している。これらは、基本権適合的解釈（**108**参照）とならんで、法律による転換を必要とし、したがって、**立法委託**であることが明らかになる。逆に5項は、立法委託であることを表すが、しかし、連邦憲法裁判所の判例において平等取扱いを求める直接的

710

請求権に転換されている（519参照）。最後に、1項は、**制度保障を含み**、それによって再度、婚姻・家族に関する法関係が規律される場合の立法者の形成権限を制限している。

711　　憲法規範として6条は、国家が婚姻と家族、親と子どもとどうかかわるかに関して、拘束的な基準を示すものである。しかし同時に、婚姻関係、家族の中の関係、親と子どもの関係は、常にすでに国家によって法的に規律された関係である。婚姻と家族の領域は、国家によって自由に処理できないものとして存在するのではなく、国家によってともに構成されるものであるにもかかわらず、この領域は、国家に対して保護されているべきである――ここに6条の解釈の基本問題が存在する。

II. 防御権

1. 保護領域

712　　a）6条1項における**婚姻**は、**社会的な形成物**であると同時に法的な形成物である。社会的形成物として、婚姻は、1人の男性と1人の女性を相互の意図と双方の約束に従って、広範囲にわたり――たしかに例外がないわけではないが原則として――一生拘束する共同体である。その限りで、婚姻概念は、なお、すべての法的形式を断念し、継続することを目標とするあらゆる共同生活を含み、非婚の共同生活、婚姻類似の共同生活をも含む[1]。もっとも、同性同士の生活共同体は含まない。しかし、これらの共同生活の形態は、すでに憲法制定者によって表明され、連邦憲法裁判所によって認められている一般的な見解によれば、婚姻の概念に入らない。婚姻は、同時に**法的形成物**である。つまり、憲法は、その限りで、法律で予定された形態で締結される「『世俗化された』民法上の婚姻モデル」を基礎としている[2]。

713　　この婚姻概念は、1つの理想像を表現している。問題は、法的側面においても、また社会的側面においても存在する**理想像との相違**が、どのように判断されるべきかである。

714　　**例**　ドイツ人女性とイギリス人男性が、ドイツでイギリス人の聖職者の前で結婚した。彼らは、まずイギリスで暮らし、のちにドイツで暮らし、常にその婚姻の法的有

1）　E 105, 313/345 f（生活パートナーシップ法合憲判決III・32）; *Ipsen*, Hdb. StR³ VII, § 154 Rn 9; *Robbers*, MKS, Art. 6 Rn 45.

2）　E 53, 224/245.

効性を前提としている。周囲の人も2人を夫婦とみなし、そのように扱い、子どもが
生まれたときには、ドイツの身分登録官は、しかるべき文書を発行している。妻が、
夫の死後、年金を請求したとき、管轄をもつ保険庁は、この婚姻締結はドイツ法によ
れば無効であるという理由で、この年金請求を退けた。このようないわゆる不完全な
婚姻、すなわちドイツ法によれば無効であるが、外国法によれば有効な婚姻も、6条
1項の保護領域に含まれるが、両国の法によって無効な婚姻は含まれない（E 62,
323/329 ff; BVerwGE 123, 18/20）。6条1項の保護領域には、たしかに法的にあらかじ
め考慮される形態ではあるが、一生涯の責任共同体であることを意図せず、名前を引
き渡すため、ないしは外国人の退去を防ぐためだけに締結される、いわゆる見せかけ
婚、名目婚、ないしは滞在許可婚も含まれる。もっとも、ドイツ民法典1310条1項2
文後半部と結びついた1314条2項5号は、身分登録官がこれらを完成させる必要はな
いこと、これらは廃棄されうることを規定し、外国人法において、滞在・追加的移
住・追放が問題となる場合には、事実上暮らしている見せかけ婚と、単なる見せかけ
婚とが区別される（E 76, 1/58 ff; BVerfG, DVBl. 2003, 1260参照）。複婚は、不完全な婚
姻と同様に、憲法上の婚姻保護および家族保護の分け前にあずかっている（BVerwGE
71, 228/231 f; *Coester-Waltjen*, MüK, Art. 6 Rn 8; *Robbers*, MKS, Art. 6 Rn 42）。

　不完全な婚姻も、**名目婚**ないしは**見せかけ婚**も、保護領域に含まれることは明らか　　**715**
である。というのは、憲法の婚姻概念が単純法律の婚姻概念をそのまま複写するもの
ならば、憲法はもはや単純法律の上位にあるものではなく、下位にあるものになるか
らである。憲法の婚姻概念が個人の動機に焦点を当てるものであれば、その場合に
は、それが探求され、評価されなければならず、自由権としてのこの基本権が損なわ
れることになるであろう。これらの相違は、決定的な視点として、パートナーがお互
いの関係について、**婚姻としての公的な承認**を追求し、見出していたことを際立たせ
うる。[3]

　婚姻ではない生活共同体は、憲法上2条1項の保護の下にある。[4] それは、人生の　　**716**
緊急事態・転変の場合に相互の保証が期待されうるならば（「責任および保証共同

3）　同旨 *v. Coelln*, SA, Art. 6 Rn 10; 見せかけ婚に関する別見解として、*Kloepfer*, VerfR II,
　　§ 67 Rn 7.
4）　E 82, 6/16; 115, 1/24; 128, 109/125; *Kingreen*, Die verfassungsrechtliche Stellung der
　　nichtehelichen Lebensgemeinschaft im Spannungsfeld zwischen Freiheits-und
　　Gleichheitsrechten, 1995, S. 65 ff 参照。

第15章　婚姻・家族の保護　*243*

体」)、単純法律上も、特定の場合には婚姻と平等に扱われることが許される。[5]同性のペアの場合、その生活共同体の単純法律による承認と正式の保護は、生活パートナーシップ法によって生じるが、この法律は、6条1項と衝突するものではない、というのは、これはお互いに婚姻することができない人に向けられているからである。[6]さらに、連邦憲法裁判所は、婚姻に比べて生活パートナーシップを不平等扱いすることに厳格な条件を設定している（**518**）。

717　婚姻の保護領域は、自分が選んだパートナーとの夫婦財産契約の締結から、[7]婚姻に基づく共同生活を経て、離婚にまで及ぶ。婚姻当事者は、同権の婚姻契約の締結および具体化の際、[8]共通の婚姻・家族姓を希望するかどうかの判断の際、その選択の際、[9]空間的な共同生活を定める際、[10]および婚姻共同体における仕事の分担の際、[11]自由である。離婚は、婚姻締結の自由の再獲得を意味するから、婚姻の保護領域に入る。[12]もっとも、離婚効果法において婚姻の保護は継続する。[13]最後に、結婚しないという判断も、消極的な婚姻の自由として保障される。[14]

718　b）**家族**は、親と子どもとの間の社会的なつながりの関係である。保護されているのは、お互いに結婚している人の共同体だけではなく、結婚していない人の生活パートナーシップや[15]子どもがいるが結婚していない人の生活共同体でもある。[16]子どもが

---

5) E 87, 234/265.

6) E 105, 313/350 f（生活パートナーシップ法合憲判決Ⅲ・32）; 124, 199/226（遺族扶助における生活パートナーの排除と一般的平等原則Ⅳ・23）; *Pieroth/Kingreen*, KritV 2002, 219/239; 批判として、*Steiner*, Hdb. GR Ⅳ, § 108 Rn 37 f; *Stern*, StR Ⅳ/1, S. 486 ff.

7) E 31, 58/67; 105, 313/342（生活パートナーシップ法合憲判決Ⅲ・32）; BVerfG, NJW 2004, 2008/2010.

8) E 103, 89/101（扶養請求権放棄契約事件Ⅲ・40）. *Steiner*, Hdb. GR Ⅳ, § 108 Rn 13 ff 参照。

9) 平等の論証とあわせては E 84, 9/21 ff 参照。

10) E 114, 316/335.

11) E 105, 1/11.

12) E 53, 224/245; 55, 134/142（期限つき過酷条項違憲決定Ⅰ・34）.

13) E 53, 257/296; 108, 351/364.

14) *Kingreen*, Jura 1997, 401/402; *Robbers*, MKS, Art. 6 Rn 57; それに対して、E 56, 363/384 は、その限りでは2条1項に焦点を当てている; 同意するものとして、*Ipsen*, Hdb. StR³ VII, § 154 Rn 59 ff; *Kloepfer*, VerfR II, § 67 Rn 28.

15) BVerfG, NJW 2013, 847/850.

16) E 112, 50/65.

配偶者間でできたか非配偶者間でできたか[17]、未成年か成年か[18]、単一の婚姻によるものか複数の婚姻によるものか[19]、養子、父または母が違う子ども、里子であるかどうかは関係ない[20]。養父母・里親関係を設定する際の形式的欠陥は、相当の社会的結びつきがあり、それに関して**公的承認**が追求され、見出された限り、家族としての性格を排除しない。ただ、自然的関係だけではまだ十分ではない。つまり、子どもと、その母親と結婚していない父親が６条１項の家族概念に含まれるのは、父であることが子どもによって承認されるか裁判によって確定される（法律上の父性）場合か、あるいは、その父親がたしかに法的には父親ではないが実の父親（生物学上の父性）として少なくとも一定期間実際にその子どもに責任を担っていた場合だけである[21]。しかし、生物学上の父は、そのとき自ずから親権の担い手であるわけではない。生物学上の父には、法律上の父性を得るための可能性が、手続き法上開かれうるだけである[22]。ただ法的な父性だけが、社会的な家族関係の設定にかかわりなく、基本法６条２項１文の保護を享受する[23]。

　家族というつながりの関係というためには、１つの世帯共同体で生活しているということは必要ではない。しかし、１つの世帯共同体で生活しているのであれば、家族概念は、お互いにそれによって結びついている**すべての人**を含む。基本法６条１項の保護をとくに祖父母も含む大家族に対して小家族に限定した、以前の、すでにいつも疑問の余地のあった判例を[24]、連邦憲法裁判所は、そうこうするうちに放棄した[25]。このことは、欧州人権裁判所の同様の判例に照らしても、筋の通ったものである[26]。

　家族の保護領域は、家族をつくることから家族の共同生活のすべての領域にまで及び、さらに、遺留分の権利によりそれを超える[27]。この保護領域は、とくに、何人の

719

720

---

17)　*Robbers*, MKS, Art. 6 Rn 79.

18)　E 57, 170/178; 92, 158/176 ff.

19)　BVerwGE 71, 228/231 f.

20)　E 68, 176/187; 80, 81/90（第１次成人養子縁組決定Ⅱ・33）.

21)　E 108, 82/112 ff.

22)　E 108, 82/103 ff.

23)　E 135, 48/83 f（JK 6/2014）、そこでは、滞在法上の規定をすり抜けたことを理由とする官庁による取消について検討されている。

24)　E 48, 327/339.

25)　BVerfG, NJW 2014, 2853/2854（JK 12/14）; *Herzmann*, Jura 2015, 248/250.

26)　EGMR, NJW 1979, 2449/2452.

27)　E 112, 332/352 f.

子どもをいつもつかについての親の自由な決定を含む。さらにこの保護領域は、たとえば、近い親戚の、後見人あるいは補充的世話人の選任についての決定の際に、優先的に考慮される権利を基礎づける。[28] もっとも連邦憲法裁判所は、生活共同体および援助共同体、ないし未成年の場合には教育共同体が問題となっているか、あるいは単なる応接共同体 Begegnungsgemeinschaft が問題となっているかどうかに応じて段階づけられた保護作用を6条1項に認めている。[29]

721 c) 親が子どもの身体的福祉 (**養育**) および心的・精神的発展、人間形成・職業教育 (**教育**) にどのように配慮するかは、6条2項1文の**親権**において、家族の保護領域に対して、固有の保護領域といえるまでに独立している。親権の保有者は、血統あるいは単純法律による帰属によって設定された子に対して親の関係にある人であり、したがって法律上子どもの親として承認されているのであれば、同性の2人もそうである。[30][31] この基本権は、第1次的には、親が子どもの成長にとって本質的な決定を行うことを保障する。親はたとえば、子どもをどのような名前にすべきか、子どもは、もっぱら一方の親だけか、両方の親によって交互に補いつつか、第三者によって世話されるべきかを決定する自由をもつ。[32][33] 学校制度の形成をめぐる議論は、この保護領域の内容を詳細に定めるきっかけを提供した。

722 **例** この場合、親と学校に「共通の教育任務」が存在する (E 34, 165/183; 98, 218/244 f) という出発点から、連邦憲法裁判所は、親に、さまざまな学校形態の間で選択権を認めているが、この選択権は、唯一の教育課程をもつ唯一の学校形態しか存在しないのでない限り、まだ侵害されてはいない (E 45, 400/416)。連邦憲法裁判所は、親に、オリエンテーション段階の設置 (E 34, 165/181 ff (進路指導学年制判決Ⅰ・38))、上級段階の再編成 (E 53, 185/195 ff)、教育プログラムの内容形成・教授法の具体化 (E 45, 400/415 ff; 47, 46/71 ff (性教育決定Ⅰ・39)) および正書法の改革の学校での転換 (E 98, 218/244 ff (ドイツ語正書法改革の合憲性(2)Ⅲ・6・86)) についての共同作用を否定している。ただ、連邦憲法裁判所は科目を超えた性科学教育の導入の際には、内容と方法についての情報を求める請求権を親権から導き出している (E 47, 46/76 (性教育決定

---

28) BVerfG, NJW 2014, 2853/2855 (JK 12/14).

29) E 80, 81/90 f (第1次成人養子縁組決定Ⅱ・33).

30) E 108, 82/100, 103.

31) BVerfG, NJW 2013, 847/849 f.

32) E 104, 373/385 (複合氏の排斥Ⅲ・19).

33) E 99, 216/231.

Ⅰ・39））。州法に規定されている親の聴聞・共同発言権が6条2項1文に含まれていると見るべきであると、学説において時折主張される（*Coester-Waltjen*, MüK, Art. 6 Rn 90）が、連邦憲法裁判所においては手がかりが与えられていない（E 59, 360/380 f）。

723 親権は同時に**親の義務**である。親は6条2項1文によって、自分の子どもに対して、養育と教育をすることを義務づけられ、連邦憲法裁判所はこの規定の中に、この義務に対応する**子どもの基本権**を見出している。この基本権は、1条1項と結びついた2条1項による子どもの一般的人格権に加えて、子どもの人格の発展にとって重要な家族とのつながりを、とくに別れた生きている親の一方との面会交流の際に保護し[34]、養育および教育の決定の際、とくに割礼のような身体的介入の際に[35]、親の決定の余地を限定する。

2．介　入

724 婚姻と家族は社会的形成物であると同時に法的形成物なので、婚姻・家族に関係する規律のすべてがおよそそれだけで介入にあたるわけではない。むしろ、そもそも婚姻・家族を法的形成物として定義する規律が問題となりうる（**233**以下参照）。**定義する規律**には、原則として、婚姻法・家族法の規定が属する。婚姻・家族について自由を制限するものとして作用するならば、他の法領域の規定も**介入する規律**に属しうる。

725 **例**　①定義する規律としては、婚姻を責任共同体と特徴づけるドイツ民法典1353条1項2文、および、すべての夫婦の一方は、他の一方に対しても、家族の生活の必要を適切にカバーするための仕事を行う権利があるとするドイツ民法典1357条1項（E 81, 1/7）がある。離婚法の規律も、婚姻を法的形成物と定義している（E 53, 224/245 ff）。それに対して、離婚をのぞんでいる官吏が、離婚した官吏は昇進が困難とされることによって、前婚を解消し新しい婚姻に入ることが妨げられるならば、介入が存在することになる。性転換の手術を受けた、結婚している性転換者は、婚姻がそれ以前に解消されている場合だけ、新しい性別を戸籍法上認められるならば、同様に介入が存在するだろう（E 121, 175/198 ff）。

②ドイツ民法典1631条2項における屈辱的な教育措置の禁止およびドイツ民法典

---

34)　E 121, 69/93; *Höfling*, Hdb. StR[3] VII, § 155 Rn 32; 別見解として、*Jestaedt*, BK, Art. 6 Abs. 2 und 3 Rn 134.

35)　*Hörnle/Huster*, JZ 2013, 328/332 ff; *Rixen*, NJW 2013, 257/258 f; *Windthorst*, StudK, Art. 6 Rn 52 ff.

1684条1項による一方の親の子どもとの面会交流の義務は、6条2項1文が、責任を意識した「養育および教育」によって何を意味しているかの定義にすぎない。それに対して、家庭裁判所が配慮権を一方の親に配分すれば、それは、他の一方の親の配慮権へ介入することになる。親の教育権への古典的介入は、就学義務である。

726　　しかし、単純法律の**定義する**規律は、常に憲法上の婚姻・家族概念によって**測られ**なければならない。つまり、この規律が憲法に適合しない場合には、この定義は、**介入に転化する。**そのとき問題となるのは、よく吟味すると、たしかに、努力されてはいるが、うまくいっていない定義である。ある定義が6条1項に照らして存続できるかどうかの審査を、連邦憲法裁判所は、依然として、ある基本権へのある介入がこの基本権に照らして存続できるかどうかの審査と全く同様に行っている。つまり、連邦憲法裁判所は、**正当化理由**を問題にしている。

727　　**例**　家系共同体の中でのかつての婚姻禁止に関しては、連邦憲法裁判所は、婚姻の伝統的形態ないし社会的機能にも、遺伝学的知見にも十分な理由を見出せないとして、基本法6条1項との適合性を否定している（E 36, 146/161）。伝統や機能を問題とする場合には、社会の変化、役割の変化、男性と女性の同権が基本権として保障されていること（3条2項）が意味をもつ（**468**以下参照）。連邦憲法裁判所は、その点で夫の最終決定権を挫折させ（E 10, 59/66 親権最終決定権判決 I・11）、妻の家事遂行義務を問題とし（E 48, 327/338）、婚氏の確定は不必要であると宣言している（E 84, 9/19；*Sacksofsky*, KritV 1995, 94参照）。それに対して、連邦憲法裁判所は、親の名前からつくられた子どもの二重姓の禁止に関して、名前がつらなることの回避の中に正当化理由を見出した（E 104, 373/390 f）。

728　　ドイツ連邦共和国で結婚し、および・または子どもがいる**外国人の国外退去命令**および外国人の配偶者および家族を呼び寄せることの禁止は、ドイツ連邦共和国での婚姻ないし家族の結びつきの維持を不可能にするからといって、介入にあたるわけではない[36]。というのは、外国人にとっては、ドイツ連邦共和国に滞在することそれ自体が、基本権として保障されているわけではないからである（**130**参照）。外国人と、外国人と結婚したドイツ人は、婚姻ないし家族という共同生活を常にドイツ連邦共和国で営むことができるというわけではないことを考慮に入れなければならない[37]。しかし、成年の配偶者・家族の国外退去命令ないし呼び寄せの拒否の中に、特別な状況か

---

36)　E 76, 1/47；別見解として*Zuleeg*, DÖV 1988, 587.

37)　*Renner*, NVwZ 2004, 792/795 ff 参照。

ら婚姻ないし家族共同体を外国で実現することが不可能ないしは期待できない場合には、婚姻・家族の基本権への介入が見出されるべきである。[38]

　未成年の子どもにとっては、未成年であることによって、原則として親の運命を分 **729**
かち合わされるということが問題となる。まさに、運命のこの分かち合いが6条1項によって保護されている。未成年の子どもは、原則として親の運命を分かち合うから、子どもの呼び寄せKindernachzug のための最高年齢を確定すること（滞在法32条参照）は、家族の結びつきと子どもの親への従属性が例外的に成年に達するまでに十分に解消される場合にのみありうる。他の場合には、それは、6条1項への許されない介入である。

3．憲法上の正当化

　a）婚姻と家族は、6条1項においては留保なく保護されているので、定義する規 **730**
律・措置と介入する規律・措置との区別は重要である。ただ、**親権**の場合には、2項2文が子どもの養育と教育についての親の義務を基礎づけ、この義務の履行についての監視を国家共同体に課していることによって、黙示的に介入を授権している。[39]この授権も、法治国家的理由から、法律によってあるいは法律に基づいてのみ利用される。[40]この国家の規律と措置は、親権へ介入する場合には、子どもの養育と教育に役立たなければならない。したがって、6条2項2文は、限定された法律の留保である。

　aa）国家は**婚姻と家族**についての留保のない保護領域に介入してはならず、国家 **731**
は、その保護領域を、婚姻・家族について**定義する規律**によって形成することだけが許される。定義する規律とはいえない場合には、婚姻ないし家族に不利な規律・措置は、場合によっては、その正当化を**衝突する憲法規定**の中に見出すことができる。

　例　他の緊急警察官すべてと同様に独身条項の下にある1人の緊急警察官に、結婚 **732**
許可が拒否された。連行判14巻21頁（該当箇所27頁以下）は、独身条項を原則として憲法に適合するとして認め、ただ子どもの誕生が迫っており、お互いに結婚していない親の子どもとして生まれることを避けさせるべきであるという理由からだけ、結婚許可の拒否は比例原則に適合せず、憲法違反であるとして否定した。しかし、結婚して

---

38)　BVerfG, NVwZ 2009, 387; BVerwGE 129, 367/373 ff 参照。

39)　*Erichsen*, S. 48; *Burgi*, FH, Art. 6 Rn 149 ff; 別見解として*Klein*, Fremdnützige Freiheitsgrundrechte, 2003, S. 79 f, 88 f; *Ossenbühl*, S. 59 f, 76, 84.

40)　E 107, 104/120; *Burgi*, Hdb. GR IV, § 109 Rn 43.

第15章　婚姻・家族の保護　*249*

いるかいないかにかかわらず自己の職務を遂行することよりもむしろ、なぜ警察の効率性が、場合によっては考慮される衝突する憲法上の法益として、緊急警察官に要求されるべきなのか理解できない（*Richter*, AK, Art. 6 Rn 19; *Robbers*, MKS, Art.6 Rn 52参照）。

733　　婚姻・家族の結びつきを裂く**外国人の国外退去命令**が、婚姻・家族の基本権への介入ではないとしても（**728**以下参照）、連邦憲法裁判所は、それを比例原則の下に置いている。連邦憲法裁判所は、この関連において、6条1項の防御権と制度保障が侵害されないこの場合においても、6条1項を婚姻・家族の結びつきに配慮することを要求する価値決定的な原則規範としている[41]。その際、婚姻という生活共同体が実際に存在し、見せかけ婚として装われているだけではないことが条件となる[42]。同様に、親と子どもも生活共同体として結びついていなければならない。連邦共和国において結婚し、子どもないしは親のいる外国人の国外退去命令は、婚姻および・または家族がドイツ連邦共和国に定着していればいるほどそれだけ重要な理由が必要となる。同様のことは、滞在許可の付与・延長および帰化[43]にあてはまる[44]。

734　　**例**　①配偶者がドイツ国籍をもっている外国人は、ささいな違法行為のために国外退去させられてはならず、子どもがドイツ国籍をもっている場合には、国外退去についていっそう強く異議が出される（E 51, 386/397 f）。

　　②ドイツ国籍保有者によって成人養子とされた外国人の国外退去を、養子縁組が応接共同体だけを基礎づける場合には、この養子縁組は妨げるものではないが、それが生活・援助共同体を基礎づける場合には異なる（E 80, 81/90 ff（第1次成年養子縁組決定Ⅱ・33）; BVerfG, BayVBl. 1996, 144）。

　　③離婚によってドイツ人の子どもについての配慮権をもたない外国人の父親についての滞在許可・滞在権の拒否は、この子どもと父親の関係は、もはや生活・教育共同体ではなく、単なる応接共同体であるから、6条1項と適合する（BVerfG, DVBl. 1989, 1246; BVerwGE 106, 13/19; **720**参照）。

735　　外国人の配偶者および家族の追加的移住についての当局の拒否決定に関しても、追加的移住を求めている配偶者ないし家族がドイツ連邦共和国に定着していればいるほ

41）　E 76, 1/41 ff; BVerfG, NVwZ 2011, 870 f.

42）　*Weichert*, NVwZ 1997, 1053参照。

43）　BVerwGE 71, 228/232 ff; 105, 35/39 f; 133, 72/82.

44）　BVerwGE 77, 164/171 ff; 84, 93/98 f.

ど、および、拒否決定が婚姻・家族共同体に酷に作用すればするほど、高度の要求が課されなければならない[45]。その際、すでに連邦共和国に暮らすドイツ人であるか外国人であるかどうかの区別もなされるが、それは、ドイツ人には基本法11条（**891**）の保護が及ぶからである[46]。さらに、その外国人はどのくらいの期間すでに連邦共和国に暮らしているのか、ドイツ国籍の子どもはそこにいるのかいないのか、子どもは未成年かそうでないのか、成人した子ども・親が家族共同体の中でもたらされる生活の援助に頼らざるをえないのかそうでないのかも重要である。

bb) **親権**への介入は、一方では6条2項2文（**730**）によって、それが**子どもの福祉**に役立つ場合にのみ正当化されている。親は子どもの増大する認識・責任能力に配慮しなければならないという配慮権の規定によって、国家は、親権と成長する子どものしだいに強くなる基本権との調整をする。子どもと親との間での利益衝突の場合には、原則として子どもの利益が優先される[47]。一方の親に配慮権を付与すると、もう一方の親の親権への介入が生じることになるが、これは、子どもの福祉によって正当化されうる。連邦憲法裁判所は、共同の配慮権を一般的に排除することを、2つの判決において、正当にも、憲法違反として退けた[48]。もっとも、誕生の際に婚外子を配慮権上まず母に帰属させることは、憲法に適合し、父は、その母親が同意していないという理由から、配慮の担い手から排除されることは許される[49]。

親権への介入は他方で、**衝突する憲法規定**によっても正当化されている。国家の学校高権（7条1項）においては、寛容と中立の原則が義務づけられ、イデオロギー的教化をしない国家の教育権力が基本となる[50]。この国家の教育権力は、子どもの就学義務のなかに存在する親権への介入を正当化するが、一般的な幼稚園〔への通園〕の義務を採用することを正当化しない[51]。少年刑法において、連邦憲法裁判所は、「刑法

736

737

---

45) E 76, 1/49 ff.

46) E 144, 141/150.

47) E 61, 358/378; 72, 122/137; 108, 82/102.

48) E 61, 358/375は離婚した親の共同の配慮権に関するもので、E 84, 168/181（婚外子に対する親の養育権Ⅱ・34）はお互いに結婚していない親の共同の配慮権に関するものであった。

49) E 127, 132/145 ff; 別見解として、なおE 107, 150/169 ff（扶養宣言判決Ⅲ・38）。

50) BVerfG, NVwZ 1990, 54; BVerwGE 79, 298/301参照。

51) BVerfG, DVBl. 2003, 999; *Hebeler/Schmidt*, NVwZ 2005, 1368.

52) *Hartman*, DVBl 2014, 478/480.

上の法益保護という憲法の要請」に基づいて親権への介入を正当化している[53]。これは、自由刑の下に位置づけられる少年刑に関し説得的である（**740**参照）。

738　b) 子どもを親から分離することは、親権に対する最も強い介入であり、**6条3項**によれば、保護しないことが差し迫っている場合だけ許される。これは、教育権者の故障の場合、あるいはその他の原因がある場合に理由となりうる。差し迫った放置は、子どもが害を被る危険が現存し相当であることを前提とする[54]。

739　6条3項の制限に対する制限は、親の意思に反する**子どもの養子縁組**にも妥当しなければならない[55]。強制的な養子縁組は、子どもを真の親に渡すために、子どもを偽りの親から引き離すという単純なものではない。引き離しまでは、生みの親が唯一の親である。したがって、強制的な養子縁組は、**放置されるおそれ**によって正当化されうるものでなければならない。それが承認される場合、比例原則が「厳格に」遵守されなければならない[56]。

740　教育権者の故障および子どもの放置のおそれとならんで、たとえば自由刑の執行といった**他の引き離し理由**があるという見解は、6条3項と**相容れない**[57]。6条3項は、成年に達する前は、教育権者の意思に反する召集Einberufungを禁止し、自由刑を科す場合には、6条3項は、教育権者の同意、その故障ないしは他の理由から放置するおそれを要求している。

741　c) 定義し、許されるやり方で介入する規律に関する制限に対する制限として、婚姻・家族の**制度保障**が作用する。これは、すべての制度保障と同様に、防御的内容を有する。**婚姻と家族**が制度として歴史的に獲得した、この社会的・法的形態は、たしかに、立法者を通じたあらゆる変化から免れているわけではないが、核心においては無傷のままでなければならない[58]。この原理は、この変化がある意味で社会の発展から増大し、国家によって異物として押しつけられない場合に、実現される。

742　例　単一婚としての婚姻形態、婚姻成立の際の同意の必要、婚姻が原則として生涯

---

53)　E 107, 104/119.

54)　BVerfG, NJW 2014, 2936/2936 f; NJW 2015, 223/224; *Britz*, JZ 2014, 1069/1071 ff.

55)　*Coester-Waltjen*, MüK, Art. 6 Rn 100; *v. Coelln*, SA, Art. 6 Rn 86; 別見解 E 24, 119/139 ff.

56)　E 60, 79/89; BVerfG, NJW 2006, 1723; 2010, 2333; 2011, 3355 f.

57)　*Erichsen*, S. 56 も参照。

58)　E 105, 313/348（生活パートナーシップ法合憲判決Ⅲ・32）; *Burgi*, Hdb. GR IV, § 109 Rn 31; *Ipsen*, Hdb. StR³ VII, § 154 Rn 47 ff.

継続すること（E 31, 58/69; 53, 224/245）は国家による介入にはあたらない。それに対して、婚姻法が責任原理から破綻原理に移行すること（E 53, 224/245 ff; 55, 134/141 ff（期限つき過酷条項違憲決定Ⅰ・34））、年金調整を導入すること（E 53, 257/299 ff; 71, 364/384 ff）が許された。婚姻法が婚氏の選択の自由を拡大し、婚姻共同体における任務分担を夫婦に委ね、夫婦に同権の決定権を認め（E 10, 59/66 ff（親権最終決定権判決Ⅰ・13）; 48, 327/337; 105, 1/11 ff）、家事労働と稼得労働とを同価値に位置づけたことによって、婚姻法は、社会の発展の後を追っているだけではなく、3条2項の同権の要請に従ってもいる（505以下参照）。

Ⅲ．差別禁止、保護請求権および配分請求権

6条は、1項・4項および5項において特別の**差別禁止**（518以下参照）を含んでいる。国家給付の付与の際の不利益扱いが問題になる限りは、この特別の平等原則は配分請求権になる（110以下参照）。**743**

その客観法的機能において、**6条1項**はさらに、婚姻と家族を社会的権力による不利益扱いから保護する要請と、それを超えて国家の措置によって婚姻と家族を援助する要請[59]を含み、たとえば、この措置として、子どもの世話および教育に必要な経費に税制上の配慮がある[60]。親の義務（6条2項1文）および国家の監視という任務（6条2項2文）から、2条1項によって子どもが基本権としてそれに対する請求権をもつ、子どもの福祉にふさわしい行為の義務づけが生じる[61]。しかし、6条1項から、特定の国家給付への参加を求める具体的な請求権が生じるわけではない[62]。**744**

同じことは、**6条4項**に基づく、母およびすでに妊婦も有する、共同社会の保護と配慮を求める請求権および**6条5項**から生じるお互いに結婚していない親をもつ子どもの肉体的・精神的成長のための条件と社会的地位の改善を求める請求権にもあてはまる。この請求権は、民法、労働法[63]、税法、社会法、官吏法、公務員法など[64]におい**745**

---

59) E 6, 55/76（夫婦合算課税違憲決定Ⅰ・33）; 87, 1/35; 105, 313/346（生活パートナーシップ法合憲判決Ⅲ・32）; BVerwGE 91, 130/133 f.

60) E 99, 216/233 f. これについては、*Birk/Wernsmann*, JZ 2001, 218参照。

61) E 99, 145/156（子ども返還Ⅲ・36）; 103, 89/107（扶養請求権放棄契約事件Ⅲ・40）.

62) E 39, 316/326; 87, 1/35 f; 110, 412/436, 445.

63) E 84, 133/156（待機旋回飛行判決Ⅱ・41）.

64) E 82, 60/85（非課税の生活最低限決定Ⅱ・31）; 109, 64/87; 115, 259/270 ff.

て、その都度、立法者により転換されることが必要である。ただ例外的に、この保護請求権および配分請求権によって、たとえば、未決拘禁者に配偶者および子どもが面会できるための面会の機会の設定[65]、あるいは、妊婦に対する刑事手続において公判の延期[66]といった個別の措置を要求することもできる。

事例12（708）についての解答の概略

Ⅰ．実の親と里親との間の法律上の争いは、非訟事件手続でなされた。これは、実の親と里親が当事者の地位を有するのではなく、ただ申立て・聴聞権者にすぎない、いわゆる客観訴訟手続objektive Verfahrenである。この場合、国家は、当事者に私権を認めるのではなく、命令自体を出すのである。基本権は、ただ間接的第三者効力理論の基準に従ってではなく、直接的に適用される。

Ⅱ．里親に子どもを実の親に引き渡すことを義務づけることは、里親の親権への介入でありうる。というのは「子どもと里親から成り立っている養育家族も6条1項によって保護（され）」、かくして、6条2項・3項は、子どもを里親から引き離す際には、里親にも有利にも働くからである（E 68, 176/187）。

この家族から子どもを引き離すときに存在しうる親権への介入は、6条3項によって、教育権者の故障の際とその他の子どもの放置のおそれがあるときに正当化される。本件の場合には、里親には故障がなく、里親にあってはその他の放置のおそれもない。

しかし、里親に子どもを実の親に引き渡すことを義務づけることは、本件では正当化される。子どもと実の親との関係は、永続的なもので、里親との関係は期限つきで設定されているものである。子どもが放置のおそれのために実の親から引き離され、里親に引き渡されたのであれば、子どもが里親のもとにずっととどまることではなく、実の親のもとへ慎重に返すことが求められる。放置のおそれがもはやないこの場合には、里親の親権は終了する。

したがって里親に子どもを実の親に引き渡すことを義務づけることは、本件の場合、全く里親の親権への介入ではない。たしかに、6条3項の保護は、第三者や国家に対しては里親に有利に働くが、子どもをもはや放置するおそれのない実の親には有利に働かない。実の親が子どもを里親から引き取るのが、他の里親に

---

65) E 42, 95/101 f; BVerfG, NJW 1995, 1478.
66) BVerfG, NJW 2005, 2382 f.

254 第2部 基本権各論

預けるためだけである場合（E 75, 201/220）には事情は異なり、また、里親からの引き離しが養子縁組およびそのためにさしあたり養子養育を可能にするためであれば、また異なる（E 79, 51/65（養育権訴訟Ⅱ・32））。

Ⅲ．しかし、里親の親権の終了の正しい時点は、決めるのが難しいこともある。子どもを実の親に引き渡す裁判官の命令がこの時期を誤って設定する危険は、実の親・里親の親権の危殆を意味する。実の親と里親の両方の申立権と聴聞（民法1632条1項ないし4項、家事事件手続法FamFG160条ないし161条）によって、両者の基本権は常に、**手続法上同等に**保護される。つまり、手続法上、子ども本人の聴聞（家事事件手続法159条）によって、子どもの福祉も保護される。さらに、それによって、裁判官の命令は、重要な視点を基礎とすることが保障される。疑わしい場合には、6条2項は、「子どもの福祉がいつも照準点」となることを要求する（E 68, 176/188）。

Ⅳ．連憲判68巻176頁は、少し異なった事例の場合に、異なった解決方法を追求している。つまり、連邦憲法裁判所は、まず、実の親の親権と里親の親権がお互いに衝突しているとみて、十分明確というわけでもないが、放置という決定的な視点に焦点を当てている。それから、連邦憲法裁判所は、この衝突を実の親の親権の永続性と里親の親権の暫定性から解決している。しかし、まさにそれゆえに、親権の衝突については、最終的には何も言わないままである。

参考文献　①6条1項について：*J. Benedict*, Die Ehe unter dem *besonderen* Schutz der Verfassung, JZ 2013, 477; *M. Böhm*, Dynamische Grundrechtsdogmatik von Ehe und Familie?, VVDStRL 73 (2013), 211; *D. Classen*, Dynamische Grundrechtsdogmatik von Ehe und Familie?, DVBl. 2013, 1086; *D. Coester-Waltjen*, Art. 6 I GG und der Schutz der Ehe, Jura 2008, 108; *dies.*, Art. 6 I GG und der Schutz der Familie, Jura 2008, 349; *E.B. Franz／T. Günther*, Grundfälle zu Art. 6 GG, JuS 2007, 626, 716; *M. Germann*, Dynamische Grundrechtsdogmatik von Ehe und Familie?, VVDStRL 73 (2013), 257; *C. Gröpl／Y. Georg*, Die Begriffe „Eltern" und „Familie" in der neueren Rechtsprechung des Bundesverfassungsgerichts aus methodischer und verfassungstheoretischer Sicht, AöR 2014, 125; *K. Herzmann*, Der Schutz von Ehe und Familie nach Art. 6 I GG, Jura 2015, 248; *J. Ipsen*, Ehe und Familie, Hdb. StR[3] VII, § 154; *T. Kingreen*, Das Grundrecht von Ehe und Familie（Art. 6 I GG）, Jura 1997, 401; *N. Koschmieder*, Aktuelle verfassungsrechtliche Probleme zum Schutz von Ehe und Familie, JA 2014, 566; *F.G. Nesselrode*, Das Spannungsverhältnis zwischen Ehe und Familie in Art. 6 des

Grundgesetzes, 2007; *S. Rixen*, Das Ende der Ehe?-Neukonturierung der Bereichsdogmatik von Art. 6 Abs. 1 GG: ein Signal des spanisches Verfassungsgerichts, JZ 2013, 864; *D. Schwab*, Familie und Staat, FamRZ 2007, 1; *U. Steiner*, Schutz von Ehe und Familie, Hdb. GR IV, § 108; *F. Wapler*, Familie und Familienschutz im Wandel-zur Entwicklung des Familienbegriffs im öffentlichen Recht, RW 2014, 57.

②6条2項について：*E.-W. Böckenförde*, Elternrecht-Recht des Kindes-Recht des Staates, in: Essener Gespräche, 1980, S. 54; *G. Britz*, Das Grundrecht des Kindes auf staatliche Gewährleistung elterlicher Pflege und Erziehung-jüngere Rechtsprechung des Bundesverfassungsgerichts, JZ 2014, 1069; *M. Burgi*, Elterliches Erziehungsrecht, Hdb. GR IV, § 109; *H.-U. Erichsen*, Elternrecht-Kindeswohl-Staatsgewalt, 1985; *W. Höfling*, Elternrecht, Hdb. StR[3] VII, § 155; *M. Jestaedt*, Staatliche Rollen in der Eltern-Kind-Beziehung, DVBl. 1997, 693.

第16章　学校に関する基本権および私立学校の自由
（7条2～5項）

事例13　私立ギムナジウムの認可　　　　　　　　　　　　　　　　748

Pは有名な教育者で、自分の理論を実践に移したいと望んでいる。彼は、設立に必要な資金を調達しS市において私立ギムナジウムが経営できるよう「Pギムナジウム後援会」をつくった。代用学校としてPギムナジウムの認可を求めるこの団体の申請を、管轄する学校監督官庁は、S市にはすでにあらゆる種類のギムナジウムが存在し、近年に生徒の減少が予想されるので、これ以上ギムナジウムは必要ないという理由で拒否した。この拒否は7条4項に違反するか。→**767**

Ⅰ. 概　　観

7条1項は、基本権ではなく、基本法の権限規定によれば州がもっている、国家の　　749
学校監督の任務を含む。この学校監督は、一方では、学校制度の組織、計画および管理を、他方では、学校領域における独自の人間形成および教育の任務の実現をも含む。このことで、1項は、同時にとくに4条（**606**）および6条2項（**737**）への介入も正当化する。──7条2項と3項は、宗教教育の文脈で基本権を含み、7条3項1文は、それを同時に制度的保障として保障する。7条4項と5項も、私立学校の制度的保障であり、同時に基本権を含んでいる。7条6項は、19世紀のはじめに普通であったような、上級学校への準備に役立つ、社会的に選抜する予備学校を禁止している。この領域に関する州の優越的な立法権限に対応して、──部分的には詳細な──州憲法上の基本権がここでは、特別に重要である。5条3項があるので、7条は大学については規定していない。

Ⅱ. 学校に関する基本権 (7条2項および3項)

1. 保護領域

a) 7条3項1文および2文

750 　宗教団体の基本権が問題となるが、親と生徒の基本権は問題とはならない。[1]この規定は、4条1項と2項を具体化するが、これを超えるものである。というのは、この規定は、宗教教育の形態での宗教活動を、国家の学校制度**内部**で、公権力行使の一部として保障するからである。同時に、この規定は、国家と教会の原則的分離を破る。つまり、7条3項は、140条と結びついたワイマール憲法137条1項に対する特別法である。

751 　宗教団体は、公法人の権利を獲得したものだけに限られるわけではない (ワイマール憲法137条5項と結びついた140条参照)。つまり民法上の権利能力を獲得していれば十分である (ワイマール憲法137条4項と結びついた140条参照)。この条件を満たせば、たとえば、公立学校においてイスラム教の宗教教育もなされることができる。[2]

752 　7条3項2文は——1文との関連において——、宗教団体が宗教教育を正規の授業科目として計画し、**実施する**ことを保障するが、それも次のような構成要件的諸前提の下においてである。つまり、**公立学校**は、私立学校と対照をなし、国家によって担われるすべての学校のことである。**無宗派学校** Bekenntnisfreie Schule は、世俗的で、伝統的な世界観学校を意味する。**地域的な**制限は、141条の特別規定から生じ、それらはベルリン、ブレーメンと新しい諸州に関わり、[3]それをベルリン、ブランデンブルクおよびブレーメンは、単に任意の宗教教育の実施とならんで、倫理学および宗教学の正規の授業科目を導入することで、利用もしてきた。

753 　**正規の授業科目**であるとは、宗教教育が7条2項・3項3文から生じる特殊性を損

---

1) *Brosius-Gersdorf*, DR, Art. 7 Rn. 89 f; *Korioth*, NVwZ 1997, 1041/1045 f; 別見解として *Badura*, MD, Art. 7 Rn 83; *Robbers*, MKS, Art. 7 Rn 123.

2) BVerwGE 123, 49/54 ff.

3) *Manssen*, Rn 471; *Schmitt-Kammler/Thiel*, SA, Art. 141 Rn 7 ff; *Pieroth/Kingreen*, GS Jeand'Heur, 1995, 265; *Schlink*, NJW 1992, 1008; ベルリンの東側部分について BVerwGE 110, 327; 別見解として *v. Campenhausen/ Unruh*, MKS, Art. 141 Rn 7 ff; *Germann*, EH, Art. 141 Rn 6.

なうことなく、選択科目ではなく必修科目であり、それ自体として採点され、平均点の計算に入れられ、進級に関係することを意味する[4]。したがって、宗教教育は、他の科目と原則として同等である。年次学年制 Jahrgangsklassen においては、宗教教育は、毎年、科目基準 Fächerkanon に含まれていなければならず、年次段階制 Jahrgangsstufen においては、宗教教育はたしかに義務的領域に含まれるが、特定の年次段階にまとめて行うこともできる。正規の授業科目としての性格のゆえに、州の立法は、宗教教育をする際の一定の最低生徒数を定めている。

この保障は、はじめから宗教教育の**内容**の問題だけに向けられ、全く国家次第である組織的問題には向けられていない。連邦憲法裁判所は、宗教教育は「宗派的な積極性および結びつき」においてなされなければならないということから出発している[5]。宗教教育を内容的に規定すべきなのは宗教団体であるから、宗派的な積極性および結びつきについての自己理解が決定的である。したがって、どちらかといえば告知ないし情報提供としての宗教教育も、宗派が共同で行う宗教教育、2つの宗派による宗教教育、教会合同ないしは宗派に開かれた宗教教育も可能である。他宗派の生徒を宗教教育に参加させることを許すかも、宗教団体の原則によって判断される[6]。

754

b）7条3項3文

宗教教育をすることを**断る**教師の権利は、教師の宗教・世界観の自由の具体化であり、とりわけ教師には宗教教育を断ったことから不利益が生じてはならないことが帰結される。この基本権は、教師が官吏としての特別の地位にあることから生じる可能性のある、4条1項・2項に基づく教師の基本権の制限が、これによって明文で排除される限りにおいて独自の意味をもつ[7]。

755

c）7条2項

教育権者が子どもを宗教教育に参加させるかを決める権利は、親の教育権（6条2項）と親の宗教・世界観の自由（4条1項、2項）の具体化である。教育権者は、家族法に従って身上監護権をもっているすべての人であり、通常は**両親**である。いわゆる

756

4）　BVerwGE 42, 346/349; 別見解として *Korioth/Augsberg*, ZG 2009, 223/224.

5）　E 74, 244/252.

6）　E 74, 244/253.

7）　*Badura*, MD, Art. 7 Rn 86.

宗教成年（147以下参照）に達した後、宗教教育への参加について自ら決める子どもの権利は、4条1項・2項から直接生じる。[8]

2．介入と憲法上の正当化

757　7条2項・3項は、法律の留保に服していない。7条1項は、宗教教育を組織にかかわって形成することを正当化するが、それを超える介入を正当化しない。宗教教育に参加しない子どもに、代わりに宗教・世界観に中立的で、宗教教育と同等な倫理教育に参加することを義務づけることは宗教教育に参加する自由への介入ではない。[9]

Ⅲ．私立学校の自由（7条4項および5項）

1．保護領域

758　7条4項1文は、個々人と団体に（19条3項）私立学校を設立する基本権を保障している。このことで、私立学校を経営する権利も保障されているが、そうでなければこの保障は空回りするからである。さらに、7条4項1文は、制度としての私立学校の制度的保障を含むが、個々の私立学校の制度的保障を含むものではない。[10]

759　7条4項1文は、私立学校に次の権利を保障している、つまり

①**対外的学校経営**（学校と授業の組織）の具体化

②**対内的学校経営**（教授計画の作成、教授目的・教授材料・教授方法の設定、教授・学習手段の選択）の具体化

③**自由な学生選抜**、および

④**自由な教師選択**。[11]

760　7条4項・5項に従って、概念上の区別がなされなければならない。つまり、「州に1つ存在しまたは原則としてそのように予定されている公立学校の代用として役立つ[12]」私立学校は、**代用学校**と呼ばれる。この資格を備えていない私立学校は、**補完学校**という。7条4項1文は、代用学校および補完学校に適用され、7条4項2ない

8）　*Badura*, MD, Art. 7 Rn 84; *Stern*, StR IV/2, S. 518 f 参照。

9）　BVerfG, NVwZ 2008, 72; BVerwGE 107, 75/80 ff.

10）　E 112, 74 (84); *Brosius-Gersdorf*, DR, Art. 7 Rn 107参照。

11）　E 27, 195/200 f 参照。

12）　E 27, 195/201 f; 90, 128/139; BVerfG, NVwZ 2011, 1384; BVerwGE 112, 263/266 f.

260　第2部　基本権各論

し4文および5項は、代用学校にのみ適用される。

代用学校の設立と経営の権利は、規範的具体化を必要とする基本権である（233参照）。代用学校は公立学校を代用するので、代用学校は、州法によって規律される「現存の学校構造との最低限の調和」を満たさなければならない[13]。このことの結果として、この権利は4項2文前半部に規定され、法律によって内容形成される**認可**の留保の下にある。この認可なしでは、この権利は利用されることはできない。もっとも、以下の条件（3文および4文）が存在し、継続する場合には、認可の付与ないしはその継続を求める請求権が存在する。

①代用学校が、その教授目的・設備ならびにその教員の学問的素養において公立学校に劣らない。その際、方法および形式の選択の自由は、私立学校の自由の本質的な構成部分であり、その理由から、男子または女子だけの代用学校もこの条件を満たすことができることが配慮されうる[14]。しかし、いわゆるホームスクーリングは、7条1項によってカバーされる就学義務を顧慮すればすでに、この条件を満たさない[15]。

②代用学校が、親の財産状態に応じて生徒の差別を助長しない。

③代用学校が、教員の経済的・法的地位を十分に確保する[16]。

私立の国民学校、すなわち少なくとも基礎学校の場合には、この条件は、5項によってさらに厳しくされている。同項第1句によって、この認可は、特別の教育上の利益を前提とする[17]。第2句によれば、教育権者の申請に基づき、公立学校がない場合に、宗派学校Bekenntnisschuleおよび世界観的学校Weltanschauungsschuleが認可されうる。

州法では、ノルトライン＝ヴェストファーレン州（ノルトライン＝ヴェストファーレン憲法8条4項2文）を例外として、代用学校が受託者として公法上の効力をもつ諸権限（証明、進級、大学進学）を行使する前提として、認可とならんでさらに**承認**の権限が州に認められている[18]。認可とは別に州の承認権が憲法上認められるかどうかについて、連邦憲法裁判所は、7条4項2文は伝統的な諸権限の行使を含まない代用学校概念を基礎としていること、権限制度の秩序は「国家の自然的任務」であり、これ

---

13) BVerwGE 104, 1/ 7 ; 112, 263/267 ff 参照。

14) BVerwG, NVwZ-RR 2013, 363/367 f.

15) 明らかに異なるものとして *Brosius-Gersdorf*, DR, Art. 7 Rn 112.

16) *Müller*, S. 127 ff; *Stern*, StR IV/2, S. 531 ff 参照。

17) E 88, 40/47 ff; BVerwG, DVBl. 2000, 706参照。

18) BVerwGE 68, 185/187 f; 112, 263/270 f 参照。

に反対の見解は「支持できない結果」に至るということを理由として、これを肯定している。[19] しかし、これは、疑問のある議論である。[20] というのは、本来の意味での私立学校が、公立学校の代用として機能しうるためには、今日の条件の下では、諸権限の行使は私立学校に属し、認可と別に承認権を与えることは、7条4項の規定の文言において根拠がないからである。

764　同様に、公費による**私立学校の助成**の問題は規定の文言を超えている。[21] 判例は、国家の保護義務と、それに対応する、公立学校制度とならんで私立の代用学校制度を援助し、その存続を保護する基本権としての保護請求権を肯定している。この保護義務は、そうしなければ代用学校制度の存続が明白に危機に陥る場合には、行為義務を生じさせることになる。現在、私立の代用学校の援助の一般的な必要性から出発し、公費によって私立学校を援助する憲法上の義務が承認されるべきであるとされている。[22]

2. 介入と憲法上の正当化

765　7条4項は、**法律の留保を含まない**。7条4項2文後半部（「州の法律に従う」）も、文言、体系、成立史からすると介入の授権とはいえない。この規定は、7条1項、4項2ないし4文および5項から生じる内容形成権限を前提とし、代用学校の場合にも、内容形成権限を利用するのは州の立法者であることだけを明らかにする。[23]

766　公立学校の場合と同様に、私立学校の場合にも、7条1項は、憲法じきじきの介入の授権として妥当する。したがって、州はその限りでも、**学校監督**を行い、それは組織的権限とならんで内容的な権限も含む（**726**）。したがって、国家の人間形成および教育の任務は、私立学校においても妥当する。[24] この学校監督によって、私立の代用学校の経営を公立学校の経営と同様に決定することは許されず、私立の代用学校が、7条4項2ないし4文と5項の前提を継続して満たしているかどうかだけを**監視**することが許される。学校監督には、認可の取消しや、代用学校の経営に関して、上述の

---

19) E 27, 195/204 ff.

20) *Brosius-Gersdorf*, DR, Art. 7 Rn 117。さらに*Müller*, S. 353 ff 参照。

21) E 75, 40, 62 ff; 90, 107/114; 112, 74/83 f; BVerwGE 79, 154/156 f.

22) さしあたり *F. Müller*, Die Positivität der Grundrechte, 2. Aufl. 1990, S. 120 ff; 批判として Gramlich, JuS 1985, 607.

23) *Badura*, MD, Art. 7 Rn 100.

24) BVerwG, NVwZ-RR 2013, 363/366.

前提の維持を保障するためのもので、比例原則に従い、個々の場合に適合的で、必要で適切なあらゆる措置をとる権限があることは、ふさわしいことである。もっとも、私立の代用学校の場合には、この監督権は、内容的に制限されている。

事例13 (748) についての解答の概略　　　　　　　　　　　　　　　　767

Ⅰ．この団体は、7条4項に基づく権利者である。ギムナジウムはすべての州において公立学校として予定されているので、Pギムナジウムは、代用学校である。したがって、Pギムナジウムが教授目的、設備、ならびに教員の学問的素養において、他のギムナジウムに劣っておらず、親の財産状態によって生徒の差別が助長されず、すなわち、差別的な学費がとられず、教員の経済的・法的地位も十分確保されているという前提のもとでは、認可を求める請求権が7条4項2ないし4文から生じる。これらの前提は、この場合満たされている。

Ⅱ．したがって、認可の拒否は、介入にあたる。

Ⅲ．認可の前提のカタログは、完結的なものであるから、この団体の申請の拒否は、その他の憲法上の介入の正当化理由によってのみ根拠づけられうる。しかし、7条4項は法律の留保に服さないし、7条1項による学校監督は、代用学校に対して上述の前提が満たされるかどうかを監視することに限定される。衝突する公立学校の生徒数に焦点を当てる必要性は、代用学校の設立ないし経営を許すための認可の前提ではない。さらに、このことは、7条5項によれば保護の程度が低い私立の国民学校にも適用される。したがって、この拒否は7条4項に違反する。

参考文献　①*M. Jestaedt*, Schule und außerschulische Erziehung, Hdb. StR³ VII, § 156;　768
U. Kramer, Grundfälle zu Art. 7 GG, JuS 2009, 1090; *W. Loschelder*, Schulische
Grundrechte und Privatschulfreiheit, Hdb. GR IV, § 110; *B. Pieroth*, Erziehungsauftrag
und Erziehungsmaßstab der Schule im freiheitlichen Verfassungsstaat, DVBl. 1994, 949; *C.
Rathke*, Öffentliches Schulwesen und religiöse Vielfalt, 2005; *M. Thiel*, Der
Erziehungsauftrag des Staates in der Schule, 2000.

②Ⅱについて：*U. Hildebrandt*, Das Grundrecht auf Religionsunterricht, 2000; *S.
Korioth／ I. Augsberg*, Ethik-oder Religionsunterricht?, ZG 2009, 222; *J. Oebbecke*,
Reichweite und Voraussetzungen der grundgesetzlichen Garantie des
Religionsunterrichts, DVBl. 1996, 336; *B. Pieroth*, Die verfassungsrechtliche Zulässigkeit

einer Öffnung des Religionsunterrichts, ZevKR 1993, 189.

③Ⅲについて：*F. Brosius-Gersdorf*, Privatschulen zwischen Autonomie und staatlicher Aufsicht, VerwArch 2012, 389; *F. Hufen/J.P. Vogel*, Keine Zukunftsperspektiven für Schulen in freier Trägerschaft?, 2006; *F. Müller*, Das Recht der Freien Schule nach dem Grundgesetz, 2. Aufl. 1982; *M. Ogorek*, Der Schutz anerkannter Ersatzschulen durch das Grundrecht der Privatschulfreiheit, DÖV 2010, 341.

第17章　集会の自由（8条）

> **事例14　有効な集会の解散**（E 87, 399 より）　　　　　　　　　769
>
> 　Tは、地方営舎の前での座り込みによる封鎖の参加者である。たしかに数日間の活動は、届出がなかったが、公表されていた。管轄をもつ郡庁は、公表されたことに応じて集会法15条1項による条件つきの命令を出していた。しかし、この座り込みによる封鎖は、警察により解散させられ、営舎に通じる道路は、あけられた。解散命令にもかかわらず、すぐに退去しなかったTに対して、郡庁は集会法29条1項2号、2項 に対する違反であるとして今度は過料の通知を発した。それに対して出された異議申立を、区裁判所は、解散命令の有効性を指摘して退け、Tには過料を科した。このことは、8条に違反するか。→798

I. 概　　観

　集会の自由という基本権は、自ら集会するという他者とのコミュニケーションの形　　770
態を保護する。したがって、5条、9条と同じようにコミュニケーション基本権と呼ばれ、デモンストレーションの基本権とも名づけられる。集会の自由は、公開および非公開の集会を保護する。この集会の自由は、屋外の集会に関してのみ、特別の法律の留保を含んでいるが、閉じられた空間における集会は留保なく保護する。

II. 保護領域

1. 集会の概念

　集会は、少なくとも2人の人物[1]が1つの場所に集まる[2]ことである。この集まり　　771
は、共同の目的追求で明らかになる**内的な結びつき**を示さなければならない。した

---

1 ）　VGH Mannheim, VBlBW 2008, 60; *Höfling*, SA, Art. 8 Rn 9; *Stern*, StR IV/1, S. 1197 f.
2 ）　E 69, 315/342 f（ブロックドルフ決定 I・40); 104, 92/104.

265

がって、交通事故のときの人だかりやコンサートの聴衆は、そこではたしかにみんな同じ目的を追求しているが、共同の目的を追求しておらず、集会ではなく、単なる群衆である。というのは、彼らは、お互いに目的追求をする必要がないからである。しかし、単なる群衆も、欠けている内的な結びつきが生じた場合には、集会になりうる。[3]

772 　争いがあるのは、**共同の目的**は、共同の意見形成および意見表明の中に存在しなければならないかどうかである。さらに争いがあるのは、この意見は公共的事項に関係していなければならない（最狭義の集会概念[4]）か、あるいは討論が何らかの事項についてであれば十分であるかどうかである。これらの見解は、意見表明の自由に対して集会の自由が果たす補足的機能を根拠としており、その際、最狭義の集会概念の主張者は、さらに、8条が被った歴史的経験からすると、とくに政治集会が国家による介入にさらされたということを指摘している。

773 　**例**　どの見解によっても、政治的な討論の実施やデモは、問題なく集会である。学会、事業所集会、会社の集会は、最狭義の集会概念によれば、保護領域には入らない。純粋の社交的な集まりは、集会に共同の意見形成および意見表明の目的が要求されない場合にのみ、8条によって保護される。

774 　集会概念を**公共的事項**の議論に限定することは**支持できない**。この限定は、8条の文言からも、体系的位置からも生じない。歴史的にみれば集会の自由をめぐるたたかいが、もっぱら政治的な集まりから生じたものであるという事実は、他の会合が同様に保護に値するとみなすことを排除するものではない。

775 　しかし、共同の意見形成および表明に限定することも、説得力をもつことができない。**5条と結びついた**8条は、この保護を、意見を形成し、表明する集会に、とくに保障するので[5]、**集会の目的**の一定の内容を、内的な結びつきの一定の内容とならんで、完全に**放棄**することができる[6]。8条を限定する解釈に対しては、さらに、人格の自由な発展（2条1項）との関係がマイナスの材料を提供する。つまり、集会の自由という基本権は、個人が孤立化する危険を防止し、（9条と共通して）集団の形態で

---

3)　*Kunig*, MüK, Art. 8 Rn 14.

4)　*v. Mangoldt/Klein*, GG 2. Aufl. 1957, Art. 8 Anm. III 2参照。

5)　E 69, 315/344 ff（ブロックドルフ決定 I・40）.

6)　同旨*Sachs*, VerfR II, S. 359; *Schulze-Fielitz*, DR, Art. 8 Rn 26.

266　第2部　基本権各論

の人格の発展を保障するべきものである。連邦憲法裁判所は、最近、この集会の概念を狭く把握し、その目的を公の意見形成への参加に限定しようとしている。以前は、連邦憲法裁判所は、広い集会概念をとる傾向があり、そのことでもっと説得力をもっていた。つまり、連邦憲法裁判所の見解では、「集会と行進は…連帯的な、コミュニケーションに基づく発展の表れとして保護される。この保護は、行事に限定されるものではなく、それを基準に議論され、争われるものではなく、共同の行為のさまざまな形態、それも言葉によらない表現形式までをも含むものである」。欧州人権条約11条も、広い集会概念に賛成している。同条は、集会の自由を、政治目的に限定しない結社の自由と一緒に保護しており、このことは、体系として、集会の自由を政治的な意見表明に限定することに反対するものである。

例　したがって、共同の演奏は、夜会と同様に集会である。文化、スポーツに関わる行事の出席の際には、他者との内的結びつきがあるかどうかが問題となる。たとえば、まさに他者と集まることが特別の意味をもつ映画上映、コンサート、スポーツ祭典がある（たとえば、礼拝映画、ロックコンサート、パブリックビューイング）。それに対して、出席者が、行為者としてではなく、単なる消費者として現れる場合には、彼らは集会を構成するものではない。連邦憲法裁判所の新しい立場によれば、これらすべての催しは集会の概念から落ちていく（ラブパレードに関して、BVerfG, NJW 2001, 2459; BVerwGE 129, 42/45 ff; インラインスケーターのデモについて、OVG Münster, NVwZ 2001, 1316; フラッシュモブについて、*Neumann*, NVwZ 2011, 1171/1174; *Levin/Schwarz*, DVBl. 2012, 10参照）。

776

学説でときどき主張される見解に反して、基本法８条の意味における集会は、参加者が身体で集まる集会を前提とする。その特別の保護に値することを基礎づけるのは、まさに参加者が身体でその場に居合わせていることである。一面では、集会は、さらに進行し制御することが困難な政治的行動に転化する潜在能力をいつももっているので、集会参加者が身体でその場に居合わせることは、まさに集会を特別に危険に

777

7）　*Gusy*, MKS, Art. 8 Rn 9.

8）　E 104, 92/104; BVerfG, NVwZ 2011, 422; 批判として*Michael/Morlok*, GR, Rn 272; *Möllers*, NJW 2005, 1973/1974 f; *Stern*, StR IV/1, S. 1206 ff.

9）　E 69, 315/343. これに対して*Hoffmann-Riem*, Hdb. GR IV, §106 Rn 46 Fn 167参照。

10）　ただしこの見解については争いがあり、それについては、*Marauhn*, in: Ehlers（Hrsg.）, Europäische Grundrechte und Grundfreiheiten, 4. Aufl. 2014, §4 Rn 61参照。

11）　*Pötters/Werkmeister*, Jura 2013, 5/9.

することである。したがって、集会はいつもすでに国家の抑圧の優先的な対象であった。他面、自分の体で集会に参加することは、しかも、国家の干渉に対して特別の保護を必要とする特別で直接的な傷つきやすさを根拠づける。まさに参加者が身体として居合わせることに根拠がある、この二重の特別な危険な状況は、チャット空間におけるバーチャルな「集会」ないしは、インターネットのフォーラムには存在しない。これらは、集会の自由の意味における集会ではない。

2. 平穏かつ武器を持たないこと

778 　事物的保護領域は、8条1項によって、武器を持たない平穏な集会に限定される。武器は、武器法1条の意味における武器（ピストル、短剣、拳つば）の他にも、使用するために携行される場合には、危険な道具（野球のバット、鉄鎖）も武器にあたる。[12] 純粋の防御用具（ガスマスク、保護眼鏡）は、武器ではない。これに関してしばしば用いられる「受動的武装」という表現は、誤解を招きやすい。[13]

779 　集会は、どうであれば平穏といえるかは、連邦通常裁判所[14]のように、「公民の平穏の攪乱」に焦点を当てるならば、全く不確定で無用にしか定義されない。たしかに、すべての法違反が平穏でないことになるという他の定義は、明確な限定ではあるが、8条2項にはじめて含まれている単純な法律の留保を、8条1項の中に読みこむものである。[15] さらに、たしかにすべての法違反ではないが、すべての刑法違反を平穏でないと評価する場合にも、単純な法律の留保が8条1項の中に読みこまれる。というのは、立法者は、どのような行為・態度に対して刑法で制裁を与えるかについて、自由であるからである。したがって、平穏でないことは、刑法違反と同一視することもできない。[16]

780 　伝統的に、平穏性は、集会法5条3号、13条1項2号に依拠して、集会が、「暴力的または暴動的な経過をとらないこと」というように定義される。連邦憲法裁判所も、平穏でない集会を基本権から排除することと、集会法による暴力的、暴動的集会

---

12) *Schulze-Fielitz*, DR, Art. 8 Rn 45; さらに（「それ自体としては危険のない対象」）*Kloepfer*, VerfR II, § 63 Rn 15.

13) *Depenheuer*, MD, Art. 8 Rn 91; *Hoffmann-Riem*, Hdb. GR IV, § 106 Rn 61参照。

14) BGH, DVBl. 1951, 736.

15) *Hoffmann-Riem*, Hdb. GR IV, § 106 Rn 56.

16) E 73, 206/248; *Höfling*, SA, Art. 8 Rn 30; *Kloepfer*, VerfR II, § 63 Rn 21.

268 第2部 基本権各論

の禁止との「一致」を確認している[17]。もっとも、暴力的、暴動的集会として平穏でない集会を規定することには、**厳密化**が必要である。

暴力的という概念は、昔から、行為者の人または物への積極的な身体的作用を必要 **781**
としている。主として要求されるのは、身体的作用が攻撃的で、かなりの重大性をもっていることである[18]。したがって、暴力的という概念は、犠牲者への身体的強制作用であれば十分であるとする、今日の暴力行使の概念よりも狭い。「**暴動的**」という概念は、前々から、一方では、集会の目的としての転覆に、他方では、合法的に行動している執行官に対する、積極的な暴力による抵抗手段に関連づけられている。どの程度、集会で転覆的な意見が表明され、宣伝されてよいかという問題は、今日では、5条の基準に従って答えられるべきであるので (*Müller*, S. 100 ff 参照)、8条の枠内では、暴力による抵抗というメルクマールだけが重要である。このメルクマールは、暴力的というメルクマールと同様に、積極的な身体的作用を要求するが、暴力的というメルクマールとは異なり、わずかな攻撃性を有するわずかな作用でも十分とされる[19]。

例 ①座り込みによる封鎖は、以前の判例 (E 73, 206/257 ff; BGHSt 35, 270参照) お **782**
よび最近の判例の傾向 (E 104, 92/101 f; NJW 2011, 3020; BGHSt 41, 231/241) とは異なり、暴力ではない (E 92, 1/16 ff; E 104, 124 ffの反対意見; *Rusterberg*, NJW 2011, 2999)。しかし、いずれにせよ、集会の自由という基本権は、刑法240条2項の意味における非難該当性を推定するにあたって高い要求を設定する (BVerfG, NJW 2011, 3020 ff)。

②いわゆるやわらかい物 (たとえば、トマト、卵) を投げる際には、上述の基準によれば、区別がなされなれなければならない。つまり、決定的なのは、だれに対して投げられているかとともに、それが単なるハプニングとしての性格をもつのか、あるいは負傷させることを意図し、負傷を生じさせるかどうかである。

別個に評価しなければならないのは、**個人**の平穏でない行為・態度である。法違反 **783**
が集団全体によってなされるのではなく、これを別とすれば平穏な集会の中で個人だけによって法違反がなされる場合、それによっては、集会の平穏性は全体としては侵害されない[20]。しかし、集会の責任者ないしは参加者の多数が個人の平穏でない行

---

17)　E 73, 206/249; より漠然としているのはE 104, 92/106.
18)　*Lenckner/Sternberg-Lieben*, in: Schönke/Schröder, StGB, 28. Aufl. 2010, § 125 Rn 5.
19)　*Rudolphi*, Systematischer Kommentar, § 125 Rn 5.
20)　E 69, 315/359 ff (ブロックドルフ決定 I・40).

為・態度に連帯した場合には、その集会は平穏ではないものになる。[21]

784 　暴力的、暴動的な推移が近づいている、つまりそのことが目前に差し迫っているならば、それだけでその集会は結局のところ平穏ではない。しかし、このためには、集会参加者が覆面をしていることだけでは、十分な徴候ではない。つまり、それ以上の根拠がなければならない。[22]

785 　**例**　もはや8条1項によってカバーされるとはみなされないものは、犯罪行為の呼びかけ（VG Köln, NJW 1971, 210/211）、新聞の供給に対する遮断行為（BGH, NJW 1972/1366/1367; NJW 1972, 1571/1573）、反対デモによる集会の妨害（OVG Saarlouis, JZ 1970, 283; *Rühl*, NVwZ 1988, 577 も参照）。

3．閉じられた空間での集会および屋外での集会

786 　屋外の集会と閉じられた空間での集会の間の隠喩的な区別は、建築学的な区別ではなく社会的な区別である。この区別は、一般の公衆の往来がある場所で行われる集会のもつ特別のリスクおよび危険性を基準としている。一般の公衆の往来と接触することによって、集会を特別に妨害されやすくかつ危険にする緊張と紛争が生じうる。屋外の場所——たとえば、公の道路と広場——は、通常は、構造上側面を限界づけることはできない。しかし、ショッピングセンターあるいは空港のフロアも、一般の公衆の往来に開かれている場合には、屋外の場所でありうる。[23]

787 　この空間に関連した区別は、集会法の適用に関して意味がある、どんな人でも参加できるか否かだけが基準となる**公開の集会**と**非公開の集会**との区別と混同されてはならない。[24] この区別に関しては、集会が一般の公衆の往来に対して保護されていることではなく、集会自体が公開されているかどうかが問題となる。屋外の公開の集会の場合には、集会の公開性と一般の公衆への公開性が遭遇し、まさにこのことから特別の緊張が生じる。

21）　*Gusy*, MKS, Art. 8 Rn 24.

22）　*Gusy*, MKS, Art. 8 Rn 25; *Hoffmann-Riem*, Hdb. GR IV, § 106 Rn 59; 別見解として *Depenheuer*, MD, Art. 8 Rn 86.

23）　E 128, 226/255（フランクフルト飛行場集会規制IV・38）; *Enders*, JZ 2011, 577 ff; *Kersten/ Meinel*, JZ 2007, 1127/1131.

24）　*Gusy*, MKS, Art. 8 Rn 60; *Kloepfer*, VerfR II, § 63 Rn 27.

270　第2部　基本権各論

4．保障の範囲

8条は、集会を、それが届け出られているかどうかには無関係に、保護する。[25] 保 **788**
護される行為様式Verhaltensweisenは、集会の組織・準備（招待状の発送、宣伝）、集
会の場所・時間・進行および構成の選択（たとえば、メガホンや拡声機の使用）であ
る。[26] 場所の選択の自由は、いずれにせよ一般的に利用されるすべての公の土地を対
象とし、たしかにその設置目的自体によれば集会のために設置されていない（たとえ
ば、墓）が、そこにおいて、具体的な場合には事実上一般的なコミュニケーションが
生じる（たとえば、記念式典の形態で）ような場所も含む。[27] さらに、連邦憲法裁判所
は、この保障を、公共体が私的な土地の所有権に多数派として参加し、一般的な公衆
の往来に開かれている公の空間の機能を引き受ける私的な土地にも及ぼした。[28] 集会
場所への往復、集会の主催ならびに参加も保護されるが、参加が集会の関心事を共
有するか、それに批判的に行動する参加かどうかは関係ない。集会への立入りと列席
が、集会に参加するつもりではなく、集会を妨害する意図でなされるのであれば、保
護されない。[30] 8条は、何人も集会へ参加することあるいは集会を形作ることを強制
されてはならないという消極的な集会の自由も含む。[31]

Ⅲ．介　入

8条1項において、2つの介入事例が挙げられている。**届出義務と許可〔を受ける〕** **789**
義務である。刑法上の制裁を伴えば、集会の禁止および解散、条件づけ、個々の参加
者の排除、到着および出発の際の妨害・制限も明白な介入である。[32] より困難なの
は、**国家の監視措置**の介入性を判断することである。国勢調査判決によれば、威嚇効
果次第となる。つまり、集会に参加する内心の決断の自由も保護されるので、国家に

25）　E 69, 315/351（ブロックドルフ決定Ⅰ・40）; NJW 2014, 2706/2707（JK 8/2015）.

26）　OVG Berlin-Brandenburg, NVwZ-RR 2009, 370; *Gusy*, MKS, Art. 8 Rn 30.

27）　BVerfG, NJW 2014, 2706/2707（JK 8/2015）.

28）　E 128, 226/250 ff（フラポート判決Ⅳ・38）.

29）　*Benda*, BK, Art. 8 Rn 35 f; *Geis*, FH, Art. 8 Rn 30 ff.

30）　E 84, 203/209 f.

31）　E 69, 315/343（ブロックドルフ決定Ⅰ・40）. 別見解として*Gusy*, MKS, Art. 8 Rn 33; *Hoffmann-Riem*, Hdb. GR Ⅳ, § 106 Rn 81.

32）　E 69, 315/349（ブロックドルフ決定Ⅰ・40）; 87, 399/409; BVerfG, NVwZ 2007, 1181, 1184.

第17章　集会の自由　*271*

よって監視される不安によって、基本権行使を断念する方がましだと考えるようにな
る場合には、介入が存在する。[33]したがって、連邦憲法裁判所は、「過度の観察、記
録」[34]の場合には、介入とみなしている。これによっては、本質はまだ十分には把握
されていない。というのは、どのような観察が「過度」であるのかが不明確なままで
あり、不安は「通常の」監視の場合にも存在しうるからである。むしろ、まさに集会
ないしはその参加者を、まさにそうであるから監視・記録することが問題となる場合
には、常に介入とみなされるべきである。[35]

790 　例　犯罪行為の容疑者を監視することは、その容疑者がある集会に参加することに
よって、集会の自由への介入になるものではない。憲法に反対する活動をする個人な
いしは集団の行動についての観察の場合には、事情は同様である。それに対して、観
察が、集会ないしそれへの参加自体が憲法に反対する活動であるかどうか、あるいは
その他の違法な活動であるかどうかの問題を目的としている場合には、8条への介入
が存在する (*Henninger*, DÖV 1998, 713/715)。警察による集会の写真撮影、個別およ
び全体状況の撮影、ならびに出動服・ヘルメットを着用し、警棒を持った警察官がデ
モ隊の両側を同行することも、介入になる (OVG Bremen, NVwZ 1990, 1188/1189)。

Ⅳ. 憲法上の正当化

1. 制　　限

791 　a) 8条2項の法律の留保は、集会に固有の介入だけにあてはまる。5条と結びつ
いた8条によって保護される (775参照) 集会における意見に固有の介入に関しては、
憲法上の正当化は5条2項に従って定まり、[36]集会に対する措置は、意見に中立的で
なければならず、右派および極右の集会に対してと、左派および極左ないしは主流派
の集会に対してとで、異なってなされてはならないという結果となる。[37]

---

33) E 65, 1/43 (国勢調査判決Ⅰ・7); 同旨*Hoffmann-Riem*, Hdb. GR Ⅳ, § 106 Rn 31;
　　Kloepfer, VerfR Ⅱ, § 63 Rn 46.

34) E 69, 315/349 (ブロックドルフ決定Ⅰ・40).

35) *Bäumler*, JZ 1986, 469/471. *Depenheuer*, MD, Art. 8 Rn 126も参照。

36) E 82, 236/258 ff も参照。

37) E 111, 147/154 f; BVerfG, NJW 2001, 2069, 2072, 2075, 2076; *Dörr*, VerwArch 2002, 485;
　　Kloepfer, VerfR Ⅱ, § 63 Rn 61; *Röger*, Versammlungsfreiheit für Neonazis?, 2004, S. 65 ff
　　参照; 別見解としてE 124, 300/327 ff (ヴンジーデル決定Ⅳ・29) (前出667以下参照); *Hufen*,

8条2項は、特定の状況（「屋外の」）に結びついているので、**特別の法律の留保を**
含む（274参照）[38]。とくに集会法は、これを使用したものであるが、集会法は、原則と
して公開の、すなわちだれでも参加できる集会にのみ適用される。これ以上の制限
は、警察・秩序法、集会禁止区域法ないしは平穏な区域についての法律[39]、日曜・祝
日法[40]、道路および通路法ならびに道路交通法に含まれている[41]。もっとも、集会の自
由の行使は、公共のための利用に属し、決して道路交通に劣後するわけではない
（108参照）。ドイツ民法典903条1文、1004条に基づく民法上の家屋管理権も制限とな
りうるが、この制限は国家が家屋管理権の所有者である場合には、集会法を超える介
入を正当化しない[42]。

　b）**17a条1項**は、兵役・代替役務関係に関して、**法律の留保**（673参照）を含んで
いる。8条2項とならんで存在するこの留保の特別の意味は、閉じられた空間におけ
る集会をも規制することができることにある。市民代替役務法は、この授権をこれま
でまだ使用していない。軍人の場合は事情が異なる。軍人は、たとえば軍人法15条3
項によれば、制服で政治的な催し、つまり閉じられた空間における政治集会にも参加
してはならない[43]。

　c）閉じられた空間における集会に関して集会法が予定している制限は、法律の留
保によってカバーされるものではない。それらは、一方では、平穏かつ武器を持たな
いという保護領域の限界を単純法律によって画することを目的としている。他方、そ
れらは、**衝突する憲法規定**の保護のために要請される限りにおいて、正当化される。

　例　警察は、屋内の公開の集会でもしかすると爆弾が爆発するかもしれないという
情報を得ている。パニックを引き起こさないために、警察は、集会を即座に解散す
る。この措置は、集会法13条1項2号第2句（「参加者の生命と健康への目前の危険」）
によってカバーされ、この規定は、その限りで8条1項と衝突する2条2項1文の具

　　　StR II, § 30 Rn 38.
38）　*Stern*, StR IV/1, S. 1261も参照；別見解として*Hufen*, StR II, § 30 Rn 22.
39）　*Werner*, NVwZ 2000, 369; *Dietrich*, DÖV 2010, 683参照。
40）　批判として、*Arndt/Droege*, NVwZ 2003, 906.
41）　*v. Mutius*, Jura 1988, 79/81 ff.
42）　E 128, 226/262 f（フランクフルト飛行場集会規制IV・38）参照；批判として、*Enders*, JZ
　　　2011, 579 f.
43）　*Kloepfer*, VerfR II, § 63 Rn 53; 別見解としてE 57, 29/35 fは、保護領域は関連しないと
　　　する。

第17章　集会の自由　*273*

体化とみなすことができる（*Gallwas*, JA 1986, 484/488; *Krüger*, DÖV 1997, 13 も参照）。この事件が非公開の集会において生じれば、相当に制限的に解釈されるべき警察法上の一般条項が、授権の基礎として役立つ（*v. Coelln*, NVwZ 2001, 1234）。

796   **責任者の選任義務**（集会法7条1項）の憲法適合性には疑問がある。大規模な集会の場合には、主催者なしではそのような集会は事実上組織されえないので、責任者の選任義務は集会の自由自体の現実化に役立つということによって、正当化されうる。しかし、このことは小規模の集まりにはあてはまらない。したがって、例外のない責任者の選任義務は、憲法違反である。[44]

2．届出義務および許可〔を得る〕義務の禁止

797   8条1項において届出および許可が明文で排除されていることは、検閲の禁止（**614**、**674**以下参照）と同じように、制限の制限を示している。[45] したがって、集会法は、届出を義務とすることは許されず、それを履行しないことに制裁を与えることは許されない。集会法はただ、その履行が、警察が集会の計画を適時に知り、そのスムーズで安全な進行の保護のため、および、そのことで公共の安全ないしは秩序の保護のために十分な措置をとることができることを保障する届出の義務づけを定めることが許される。この義務が履行されない場合、解散という自動的な制裁が生じるわけではない。ただ、この集会は、そうでなければ避けられる公共の安全ないしは秩序に関する危険が、警察に状況によっては解散を強いることになっても文句がいえないだけである。連邦憲法裁判所も、集会法15条3項に届出の不履行への制裁として予定されている解散を適用できないと宣言したとき、集会法をこの意味で解釈している。[46] いずれにしても、自然発生デモおよび緊急デモの場合には、連邦憲法裁判所は、（適時の）届出の必要を断念している。[47]

798   **事例14（769）についての解答の概略**
    Ⅰ．座り込みによる封鎖は集会の概念に含まれる。問題は、この集会が平穏か

---

44)　*Hoffmann-Riem*, Hdb. GR IV, § 106 Rn 74; 別見解として *Depenheuer*, MD, Art. 8 Rn 150.

45)　*Wege*, NVwZ 2005, 900.

46)　E 69, 315/350 f.

47)　E 69, 315/350 ff（ブロックドルフ決定Ⅰ・40）；85, 69/74 f（緊急の集会Ⅱ・36）.

274　第2部　基本権各論

どうかである。個々の集会参加者だけによるものではない、人や物に対する重大で攻撃的な身体的作用を有する行為・態度があってはじめて集会が平穏でなくなる。座り込みによる封鎖は、暴力的でも煽動的もなく、平穏である。

　Ⅱ．過料を科すことによって集会の自由への介入が存在する。というのは、この基本権の保護は、集会の解散で終わるのではなく、それに引き続く秩序違反手続においても効果を及ぼし続けるからである。

　Ⅲ．過料を科すことは、集会法15条2項と結びついた29条1項2号に依拠する、つまり8条2項の法律の留保を憲法適合的に充填する法律に依拠する。しかしまた、この法律は、憲法上異論の余地のない方法で適用されなければならず、その際、8条1項の根本的な意味に照らして解釈されなければならない。その限りで、この場合、区裁判所が、解散措置の適法性を審査することなく、Tに過料を科したことから疑問が生じる。むしろ、区裁判所は、集会法29条1項2号、2項の適用を可能とするために、この解散措置の有効性（これについては行政手続法43条）を十分であるとみなした。しかし、適法な集会の解散だけが過料で補強されているのかどうか、あるいは有効な解散措置を無視すればその適法性が顧慮されなくてもそれだけですでに制裁をうけるものかどうかについては、文言と成立史によれば、未決定である。8条1項の意義が正当に評価されれば、解散措置を行政法上貫徹することと、それに従わないことに対する事後的処罰とは区別されなければならない。国家によって保障されるべき他の法益の安全が無視されないことが求められるならば、解散措置を行政法上貫徹することは、判断の状況拘束性のゆえに、適法性に依存させることはできない。それに対して、集会法29条1項2号、2項に基づく、抵抗に対する処罰は、常に事件のあとにはじめて生じるので、適法性について拘束力をもって明確化することが可能である。したがって、集会法29条1項2号は、適法に解散された集会から離れない場合にのみ過料を科すことが許されるというように憲法適合的に解釈されなければならない。区裁判所は、このことを審査しなかったので、その判決は、8条の誤解に基づくものである。

参考文献　*W. Höfling/S. Augsberg*, Versammlungsfreiheit, Versammlungsrechtsprechung und Versammlungsgesetzgebung, ZG 2006, 151; *W. Hoffmann-Riem*, Versammlungsfreiheit, Hdb. GR IV, § 106; *M. Kloepfer*, Versammlungsfreiheit, Hdb. StR[3] VII, § 164; *M. Kötter/*

J. Nolte, Was bleibt von der „Polizeifestigkeit" des Versammlungsrechts?, DÖV 2009, 399; *S. Kraujuttis*, Versammlungsfreiheit zwischen liberaler Tradition und Funktionalisierung, 2005; *U. Lembke*, Grundfälle zu Art. 8 GG, JuS 2005, 984, 1081; *C. Trurnit*, Grundfälle zum Versammlungsrecht, Jura 2014, 486.

第18章 結社および団結の自由 (9条)

> **事例15** 学生団体における強制加入制 (ジークマリンゲン Sigmaringen 行政裁判　　**800**
> 所、DVB1. 1968, 717 より)
> 　Sは、ミュンスター大学に法学部の学生として在学中であり、在籍の再登録ご
> とに475ユーロの納入金を支払っている。学生を続ける中で、彼は、この納入金
> のうちの一定割合が、学生団体の機関である学生自治会 AStA のものとなってい
> ることを知る。彼は、会員登録に署名したことがないので自治会の会員ではない
> という。したがって、この金額の納入金を支払う義務はないという。そして、自
> 分が関与しないのに自治会の会員であるとされていることは、9条1項の一般的
> 結社の自由という自分の基本権に違反しているという。彼の言い分は正しいであ
> ろうか。→**845**

Ⅰ. 概　　観

　9条1項では、一般的結社の自由 Vereinigungsfreiheit が保障されている。9条3　　**801**
項は、一般的結社の自由の特別の場合として、労働・経済条件の維持と改善のために
結社を形成する権利 (団結の自由 Koalitionsfreiheit) を保障する。政党を結成する基本
権は、9条1項によって保障されており、そのことから、政党は憲法訴願の権限
(1261以下) をもっている[1]。政党の憲法上の地位は、その他の点では21条によって定
められている。単純法律ではさらに、政党法が結社法に対する特別法である (結社法
2条2項も参照)。宗教団体の結成は4条1項によって保障され、公法上の団体とし
ての宗教団体の結成は、9条1項によってではなく、やはりワイマール憲法137条5
項と結びついた基本法140条によって保障される (**587**参照)。

　一般的結社の自由と団結の自由は、通説によれば、結社の構成員の**個人的自由権**お　　**802**

---

1) *Strienz*, MKS, Art.21 Rn 32; 別見解として *Hesse*, VerfR, Rn 411; *Kunig*, Hdb. StR³ III,
§40 Rn 90.

よび結社それ自体の**集団的自由権**の両者を含む。9条3項は、判例によれば、そのほかに、労働協約制度の**制度保障**も含む。[2] 時折、9条1項から、団体および〔一般の〕組合の法制度についても同様の保障を読みとることが行われている。しかし、これらの結社の列挙は例示的な性格しかもたないので、このような見解は適当でない。ただし、立法者は、結成のための法形式を一般的に用意しなければならない。[3]

803 　9条3項は、国家の側からの介入から保護するだけでなく、私人による干渉に対しても直接的な**第三者効力**を有する。9条3項2文で、団結の自由を制限し、または妨害しようとする取決めは無効であり、これを目的とする措置は違法であるとの明文の指示は、労働協約を含むすべての私法上および労働法上の合意に関係する。とくに、団結自体もこれに拘束されている。

II. 保護領域

1. 一般的結社の自由

a）概　念

804 　9条1項は、団体Vereinと組合Gesellschaftについて規定している。団体の概念は、**結社法2条1項**において、「複数の自然人または法人が継続的に共同の目的の下に自由意思で結成した結社で、成員が組織化された意思形成に服しているもの」と、組合の概念も含む広い意味で記されている。9条2項も結社法2条1項の意味での団体と結社Vereinigungを同一視している。

805 　この広い定義は、9条1項の保護対象を**適切**にとらえていると認められている。団体と組合に対する民法の規定は、9条1項の保護対象の基準とはならない。そこで挙げられているものは、例示にすぎない。包括的な自由保護を与えようというのが法の趣旨である。それは、「緩やかな結びつきをもつ市民運動から高度の結束力をもつ前衛部隊まで、結社組織のすべての多様性」を含んでいる。[4]——個別的には、結社は以下の要素からなる。

---

　2) 　E4, 96/104; 44, 322/340.

　3) 　E 50, 290/355（共同決定判決 I・49）; 批判として、*Ziekow*, Hdb. GR IV, § 107 Rn 40, 42, 44; *Kemper*, MKS, Art. 9 Rn 10 f.

　4) 　*Rinken*, AK, Art. 9 Abs. 1 Rn 46.

278　第2部　基本権各論

団体結成 Zusammenschluss は**自由意思によって**行われる。強制的団体結成は、9 **806**
条1項の基本権保護の対象とはならない（強制的団体結成に対する各人の消極的な結社
の自由については、**812**以下参照）。公法上の団体結成も、9条1項の保護領域から外れ
る。[5)] 公法上の団体は、国家高権、すなわち国家に留保されている特権に基づいて設
立される。私人が自由意思で公法上の団体を結成することはできない。

団体結成は**共同の目的**に向けられている。この目的は自由に決めることができる。 **807**
スポーツ、芸術、政治、福祉、社交など何に関係するものであってもよい。この目的
は、成員間で主目的において合意があるにもかかわらず、副次的な目的に関して意見
の相違があることを理由に、脅かされてはならない。

団体結成は、2ないしそれ以上の自然人または法人を一定の**時間的および組織** **808**
的安定性をもって結合する。[6)] このことは、明文ないしは不文の規律に従う、[7)] 1つの
共同意思が形成されることによってつくり出される。

例 9条1項の意味の結社には、とくに商事会社、資本会社、コンツェルン、持株 **809**
会社が含まれる。1人の有限会社や財団は結社ではない。というのは、それは人的な
結合に基づいていないからである（BVerwGE 106, 177/181参照）。もっぱら市場戦略が
取り決められるカルテルは、いまだ結社ではない。組織的な結合ができてはじめて結
社となる。

b)個人的基本権としての9条1項

9条1項は、文言上、団体と組合の**形成**を保護している。それは、各人が他人と結 **810**
びつき団体を設立する権利であり、それは、結社の設立時期、目的、法形式、名称、
規約、所在地についての決定を含む（いわゆる団体自治）。

9条1項において自由な団体結成の可能性以外には何も保障されないとするなら **811**
ば、結社の自由の保護は、無に帰する危険が存在する。したがって、9条1項は、既
存の組織に**参加**すること、その団体内部で**活動**したり団体と協力したりすること、団
体に**とどまる**ことを保障する（いわゆる積極的結社の自由）とともに、少なくとも私法
上の結社に関する限り**加入しない権利**や**脱退**の権利[8)]（いわゆる消極的な結社の自由）を

5） E 10, 89/102（エルフト組合事件Ⅰ・41）：38, 281/297 f.

6） *Bauer*, DR, Art. 9 Rn 39; *Höfling*, SA, Art. 9 Rn 10, *Ziekow*, Hdb.GR Ⅳ, § 107 Rn 18.

7） *Michael/Morlok*, GR, Rn 294; *Ziekow*, Hdb.GR Ⅳ, § 107 Rn 25参照。

8） E 10, 89/102（エルフト組合事件Ⅰ・41）：50, 290/354（共同決定判決Ⅰ・49）; 123, 186/237.

第18章 結社および団結の自由 *279*

保障する。

812 　消極的な結社の自由が、**公法上の義務的な結社**、たとえば弁護士会、医師会、工業会議所、商業会議所、狩猟組合に加入しない権利を含むかどうかについては争いがある。連邦憲法裁判所と連邦行政裁判所は、9条1項の保護領域には関係しないとみなし、強制加入の許容性をもっぱら2条1項によって審査している。その際、連邦憲法裁判所と連邦行政裁判所は、各人は義務的成員ではあるが、少なくとも公法上の結社がその任務領域を逸脱しないように保護されると考えている。

813 　このことは、成立史とならんで、私法上の結社だけを保護する結社概念によって**根拠づけられる**。各人は、9条1項から、他人とともに公法上の結社を結成する権利を導くことができないので、逆に9条1項には、公法上の結社に加入しない権利も含まれないというのである。

814 　この逆の推論は間違っている。なるほど、私人が公法上の団体に対して積極的結社の自由の権利をもたないというのは正しい。しかし、加入しないことは、まさに私人にとっては公法上の組織への不可能な要求ではない。むしろ、この関係では、国家の強制からの防御という古典的な基本権機能が重要である。歴史的には、一般的な結社の自由は、たとえばツンフトのように高権的な強制的加入に対して向けられていた。この保護機能は、9条1項は少なくとも私法上の強制的加入に対して保護されるという通説でも認められている。しかし、9条1項が結社強制から保護するものであるならば、私人が、私法上の結社に対して防衛するか、公法上の結社に対して防衛するか、両者の間に区別はない。つまり、消極的な結社の自由は、国家が各人を公法上の結社に加入し離脱しないことを強制することからも保護する。

9） E 10, 89/102 (エルフト組合事件Ⅰ・41); 15, 235/239; 38, 281/297 f; BVerfG, NVwZ 2002, 335/336; 2007, 808/811.

10） E 78, 320/330 f; BVerwGE 112, 69/72; *Messerschmidt*, VerwArch 1990, 55/74 ff.

11） *Merten*, Hdb. StR³ VII, § 165 Rn 62 ff; *Kemper*, MKS, Art. 9 Rn 59; *Kloepfer*, VerfR II, § 64 Rn 19 ff; *Ziekow*, Hdb.GR IV, § 107 Rn 33 f.

12） *Bauer*, DR, Art. 9 Rn 42; *Höfling*, SA, Art. 9 Rn 22.

13） *F. Müller*, Korporation und Assoziation, 1965, S. 231 ff 参照。

14） BVerfG, NJW 2001, 2617; BGHZ 130, 243.

15） *Schöbener*, VerwArch 2000, 374/402 f; *Murswiek*, JuS 1992, 116/118 f.

c）集団的自由権としての9条1項

連邦憲法裁判所は、判例において結社の各成員に対する上述の保障だけでなく、結社自体もその成立と存続が9条1項によって保障されていると考えている。連邦憲法裁判所は、結社自体も取り込むことではじめて完全に保障されるという基本権保護の効果の視点に依拠している。しかし、結社が、どの程度基本権資格を有するかという問題は、19条3項で特別にかつ終極的に規律されており、個人的な結社の自由と集団的な結社の自由という「二重の基本権」の解釈学的構成は、19条3項と適合しない。

815

集団的な結社の自由は、結社の**存在**と**機能性**を含んでいる。それには、対内的に、「自らの組織、意思形成の手続、その事務の遂行についての自己決定」が含まれる。集団的な結社の自由が対外的にどこまで及ぶか、また、それがあらゆる団体の活動を保護しているかどうかについては、争いがある。連邦憲法裁判所は、「団体の存続と団体の活動の核心領域」のみを保護していると考え、それには、自己の呼称と活動上有効な自己表示が含まれる。したがって、核心領域においてのみ結社の存在と機能性が問題となる。しかし、結社があらゆる人のように法関係において活動する場合には、連邦憲法裁判所は、この活動を9条1項によってではなく、活動に固有の基本権によって保護されていると考えている。これは、団体の活動は、それぞれの活動に関する基本権と結びついた19条3項を基準としてのみ保護されるとする考え方と結論において対応している。

816

2．団結の自由

a）**団結の概念**についての9条3項1文の規定は、団結の目的すなわち労働・経済条件の維持および改善に限定されている。その他の点では、結社（804以下）にかかわる問題とならざるをえない。**労働条件**とは、労働関係それ自体に関する条件すなわち

817

---

16) E 13, 174/175; 80, 244/253; 124, 25/34.
17) *W. Schmidt*, in: FS Mallmann, 1978, S. 233; *Isensee*, Hdb. StR³ IX, § 199 Rn 107 f 参照。
18) E 50, 290/354（共同決定判決Ⅰ・49）。
19) *Kluth*, FH, Art. 9 Rn 74 ff 参照。
20) E 80, 244/253.
21) E 30, 227/241.
22) E 84, 372/378.
23) BVerfG, NJW 2000, 1251.

賃金、労働時間、労働保護、休暇の規則などである。**経済条件**とは、それを超える経済的社会的性格をもつ。失業の緩和措置、新しいテクノロジーの導入、景気の問題などである。両者の目的は、**共同**ですなわち二者択一的でなく、実現のための努力がなされなければならない。したがって、カルテルや協同購入組合、消費者団体など労働条件を考慮しない純粋の経済的結社には、9条3項の保護は及ばない。

818 　　しかし、一般的見解によれば、団結の概念は、目的規定のみによっては規定されない。結社が団結とみなされるためには、その結社は、**そのほかの特徴**も示さなければならない。一般的に承認されているのは、団結は、少なくとも**敵がいないこと**——構成員が労働者または使用者のいずれかのみで占められていること[24]——、**敵から独立していること**——すなわち対立する陣営に対して経済的に自立していること——、および**企業を超越していること**が前提である。[25] 結社は、これらの条件が満たされてはじめて、社会的な敵対者に対して実行力を獲得し、有効にかつ力強く9条3項に掲げられている労働・経済条件をつくり出すことが可能になり、労働協約の交渉と締結において自己の立場を主張することができるのである。もっとも、その場合、協約締結能力と闘争準備態勢は、必ずしも必要ではない。[26]

819 　　**例**　団結は、労働者と使用者の職能団体（労働組合と使用者団体）ならびにその中央組織であるドイツ労働組合総同盟およびドイツ使用者団体連盟である（労働協約法2条2項参照）。個々の団体は通常、産業別団体原理にしたがって組織される。すなわち特定の経済分野や営業分野の中でのみ活動する（金属産業労組、化学産業労組等）。しかし、ドイツ職員労働組合（DAG）のように職業グループによって形成される団体を組織することも許される。

820 　　b）9条3項は、個々の労働者や使用者に対して、団結する、すなわち他人と団結組織を結成する**個人的基本権**を与えている。これはすべての人およびすべての職業に対して、たとえば、官吏（官吏法大綱法57条）や裁判官（ドイツ裁判官法46条）、兵士（軍人法6条1文）に対しても妥当する。9条3項では、団体自治（**810**参照）に相当する団結の自治のほか、一般的な結社の自由の場合（**811**参照）と同じ、積極的および消極的観点における行動様式が保護される。団結の目的が掲げられているので、さらに一般

---

24)　批判として、*Kluth*, FH, Art. 9 Rn 162.

25)　E 50, 290/368（共同決定判決 I・49）; 58, 233/247; *Bauer*, DR, Art. 9, Rn 76 ff 参照。別見解として *Kemper*, MKS, Art. 9 Rn 102 ff は、敵から独立していることだけを挙げる。

26)　E 18, 18/32; 58, 233/249 f; BVerfG, NJW 1995, 3377.

的に、特殊団結的な活動の保護も承認される（822参照）。

c）9条1項の場合と同様に、通説では、ここでも、個人的自由とともに**集団的な** **821**
自由が登場する。それは、団結の存続の保護と特殊団結的な活動によって、9条3項
に掲げられている目的を追求する権利である[27]。9条1項の場合と同じように、9条3
項においても、独自の集団的自由の想定は、19条3項からの反対論とぶつかることに
なる（815参照）。ただし、9条3項3文では、労働争議という文言により、特殊団結
的な集団的自由の活動が明示的に規定されている。連邦憲法裁判所は9条1項の場合
と同じように9条3項においても長らく、活動の自由は「核心領域」においてのみ保
護されるとみなしてきたが、核心領域の境界を画定することは行っていない[28]。

集団的な団結の自由は、とりわけ、**労働協約**の交渉および締結を意味し、労働協約 **822**
の中で、とくに賃金および、たとえば労働の継続時間および休暇といった、その他の
実質的な労働条件が自律的に規律される[29]。それによって、協約の当事者は、「9条3
項において意図されている労働生活の自治的な秩序を実現することができる」（E 44,
322/341）。特殊団結的活動としては、そのほか、特に、団結のための宣伝[30]、構成員
についての相談および裁判の代理[31]、団体規律の保持[32]、経営の共同決定への参加およ[33]
び労働争議行為[34]などがある。ただし、通説・判例は、労働・経済条件の改善・維持
との関係性ということから、（直接、協約当事者に向けられていない）政治スト・連帯
スト・同情ストおよび（団結によって指導されていない）山猫ストは9条3項によって
保護されていないとみなしている[35]。

例　①労働者側の労働争議の手段はストライキ、すなわち、大多数の労働者による **823**
共同の計画的に実行される職務放棄（BAGE 1, 291/304）、ボイコット、事業所封鎖お
よび事業所占拠である。

---

27)　E 93, 352/357 ff.

28)　E 93, 352/358 ff.

29)　E 94, 268/283; 100, 271/282; 103, 293/304.

30)　E 57, 220/245 f; 93, 352/357 f.

31)　E 88, 5/15.

32)　E 100, 214/221.

33)　E 50, 290/372（共同決定判決Ⅰ・49）.

34)　E 84, 212/225; 92, 365/393 f.

35)　*Stern*, StR IV/1, S. 2059 ff. 原則として同旨のものとしてさらに*Bertke*, Zur Zulässigkeit
von Sympathiestreiks, 2014, S. 95 ff.

②使用者側の労働争議の手段は、とくにロックアウト Aussperrung である。すなわち、多数の労働者を計画的に仕事から排除することである。その場合、少なくとも、一時的で防御的なロックアウトは特殊団結的で憲法上保護されるとみなされている（E 84, 212/225; これについて *Coester*, Jura 1992, 84; *Richardi*, JZ 1992, 27; この争議手段の必要性がないゆえにロックアウト権を完全に拒否するものとして、*Wolter*, in: Däubler (Hrsg.), Arbeitskampfrecht, 2, Aufl. 1987, Rn 876 ff)。〔その他、〕賃金の支払いの停止、大量変更解約告知がある。

Ⅲ. 介 入

1. 一般的結社の自由への介入

824　結社の自由に対する国家の干渉は、設立の段階から解散の段階まで考えられる。しかし、結社のタイプ（合名会社、株式会社等）を確定する規範は介入にはならない。内容形成（235以下参照）として、それは、結社の設立を困難にするものではなく、単純法律による規定においては保護領域に含まれていない一定の法形態における結社の自由の行使をそもそもはじめて可能にするものである。[36]

825　**介入の例**　団体の設立の禁止。事前統制（BVerfG, NVwZ 2003, 855 f）、とくに、免許制度Konzessionssystemによるもの（*v.Münch*, BK, Art. 9 Rn 44参照）。団体の規約を官庁の承認によらしめること。結社への加入・在籍の国家による妨害。構成員獲得に対する妨害。団体の禁止。

　　内容形成の例　最低資本金規定ならびに社団登記簿および商業登記簿への登記義務。

2. 団結の自由への介入

826　団結の自由は、国家の干渉から保護されるだけでなく、9条3項2文は、第三者が団結の自由に介入することも明示的に禁止している。したがって、この規定は直接的第三者効力（**198**）を発揮する。法が団結の相互に対立する活動に対して枠組みや形式を用意しても、その中で労働生活の自治的な秩序が実現される限り、それは介入にはならない。

827　①個人的な団結の自由に対する介入の例としては、組合への加入や組合員でいることの使用者による妨害がある。そこから、組合への加入を理由に解雇することの禁止

---

36)　BVerfG, NJW 2001, 2617参照; 批判として、*Kluth*, FH, Art. 9 Rn 91 ff.

284　第2部　基本権各論

や組合からの脱退の約束の無効が導かれる。組合への所属・非所属を理由とする差別的な取扱いによって強制的に脱退させたり加入させたりすることも介入になる。使用者に対して、組織された労働者のみを採用し、あるいは引き続き雇うように義務づけたり（いわゆる組織条項ないし閉鎖条項）、給付の保障において組織された労働者と組織されない労働者を差別することを使用者に義務づける（いわゆる差別条項 BAGE 20, 175/218 ff; *Scholz*, MD, Art. 9 Rn 231参照）ような労働協約の条項は、許されない。企業は現行の賃金協約にしたがって労働者に賃金を支払った場合のみ、〔公共的な仕事を〕受注するという、いわゆる協約忠誠規定は、加入の強制を意味しない（E 116, 202/217 ff）。

②**集団的な**団結の自由に対する介入の例は、9条3項により団結に義務づけられている任務を強制加入を伴う公法上の団体に対して与えること（労働者の利益を経済的、社会的、文化的視点で実現するいわゆる労働者委員会；E 38, 281/302参照）。労働争議の国家による強制的調停（E 18, 18/30; BAGE 12, 184/190）。ロックアウトの制限（E 84, 212/223 f）。

Ⅳ．憲法上の正当化

1．一般的結社の自由

a）9条2項

9条1項の一般的結社の自由には、明文による法律の留保は付されていない。しかし、9条2項には、一定の結社の禁止が含まれている。「禁止される」という文言は、9条2項において挙げられている結社が、8条1項において平穏でなく、武器を持った集会は保護領域から除外されるのと同様に除外されることを推定させる。[37]

828

これに対して通説では、9条2項は、**介入に対する憲法上の正当化**であるとみなされている。[38]法治国家的理由から結社の禁止に対して一定の手続・権限規定が必要であり、この手続において権限ある機関によって宣告された禁止が創設的な効果を有するということについては一致がみられる。[39]憲法より下位の法規である結社法3条1

829

---

37)　E 80, 244/254 は、この問題を解決していない。

38)　*Höfling*, SA, Art. 9 Rn 38 f; *Ziekow*, Hdb.GR Ⅳ, § 107 Rn 57 ff.

39)　*Kluth*, FH, Art. 9 Rn 96; *v. Münch*, BK, Art. 9 Rn 77; *Scholz*, MD, Art. 9 Rn 132.

項1文も、これに合わせている。それによれば、禁止〔の権限を有する〕官庁 Verbotsbehörde が、団体の解散を命じる処分によって禁止を確認した場合にはじめて、団体が禁止されたものとして扱うことが許される。したがって、結果として、9条2項は、特別の法律の留保である。

830　　**禁止理由**は9条2項に、限定列挙されている。すなわち、その他の理由による禁止は認められない。

831　　aa) その目的や活動が**刑法**に違反する結社は、禁止される。刑法とは、一般的刑法、すなわち結社の自由に向けられた特別の刑法ではない刑罰規定だけを意味している[40]。一般的刑法へのこの限定を行わないならば、9条1項は立法者の裁量でどうにでもなることになる。

832　　しかし、刑法典には、単独であれば許される行為が処罰されるのは、それが複数の者によって共同で行われる場合、あるいは共同行為のために刑罰を加重するように考慮する必要がある場合のみであるという規定がある（たとえば刑法典121条、129条、129a条、250条1項2号、253条4項、284条2項）。これは、この刑法の規定が、結社がこの共同行為の後ろ盾になっているかどうかにかかわりなく、共同行為の特別の危険性に照準を当てている限りは、問題がない。刑法典129条と129a条には、9条2項の権利資格を否定する構成要件メルクマールと結びついた結社が処罰されることが該当する[41]。

833　　bb) **憲法的秩序**に違反する結社は禁止される。9条2項の「憲法的秩序」という概念は、18条1文および21条2項1文と実質的には同類であるので、2条1項において（**427**参照）と異なり、「自由で民主的な基本秩序」と同視されることができ、民主制と法治国家に関する基本的な規律だけを含む[42]。

834　　cc) **国際協調**の思想に反する結社は禁止され、とりわけ、その結社が特定の人種、民族、国民の劣等性を宣伝することによって禁止される。

835　　9条2項による団体禁止の前提に常にあるのは、結社が、掲げられている法益に敵対する形で「**反対している**」ことである。18条1文や21条2項の場合と同様に、ここ

---

40)　*Löwer*, MüK, Art. 9 Rn 48; *Stern*, StR IV/1, S. 1348; 別見解 *Merten*, Hdb. StR³ VII, § 165 Rn 77.

41)　*Löwer*, MüK, Art. 9 Rn 48.

42)　BVerwGE 134, 275/292 f; *Maurer*, StR, § 23 Rn 8, 批判として、*Kluth*, FH, Art. 9 Rn 105.

でも「攻撃的で闘争的な態度[43)]」が必要である。したがって、9条2項に掲げられている法益に対する単なる批判や拒否だけでは十分ではない。**幾人かの構成員**の攻撃的で闘争的な行為・態度に関しては、それが結社のものだと考えられるかどうか、たとえば、多数の構成員がこの行為・態度に賛成し、矛盾なくそれを受け入れているかどうかが重要である[44)]。

b) 衝突する憲法規定

衝突は、1つには9条1項自体において生じる。とくに、個人的結社の自由と集団的結社の自由は、相互に衝突しうる。他方、団体の活動も保護されるほど、結社の自由の保護領域を広くとると（**816**参照）、9条1項の外部で憲法規定との衝突が生じる。   **836**

例　文化、スポーツだけでなく脱獄の技術を磨き教え合うことによって活動している受刑者の結社も、9条1項の保護領域についての広い解釈によれば、とりあえずは保護される。この活動をやめさせる介入は、衝突する憲法規定によって正当化される。すなわち、刑の執行の憲法上の承認を導き出すことができる103条2項、3項、104条によって正当化される。その場合、重要なことは、刑の執行の存続と機能性にとって、この団体の活動の制限が必要であるということである（*Schneider*, in: FS Klug, 1983, S. 597参照）。   **837**

2．団結の自由

a) 9条2項の介入の権限が団結の自由にも適用されるかどうかについては争いがある。2項が結社の自由の**後**、団結の自由の**前**に位置しているという体系や5条との比較を考慮するならば否定される。5条においては、2項で定められている制限は、1項についてのみ適用され3項には妥当しないということが認められている（**704**参照）[45)]。しかし、通説によれば肯定されている。というのは、〔基本法の〕成立史ならびに9条と21条との体系的関係から、団結の自由が政党の自由よりも厚く保護されることはありえないということが導かれるからである。   **838**

結局は、その争いは**意味がない**。9条2項の目的をめざす団結は、9条3項1文の意味での団結ではないであろう。なぜならば、9条2項の目的と9条3項1文の目的   **839**

---

43)　E 85/141.

44)　BVerwGE 80, 299/306 ff.

45)　*Jarass*, JP, Art. 9 Rn 37; *W. Schmidt*, NJW 1965, 424/426.

は全く相違するからである。労働条件および経済条件の維持・改善は、目的において
も実際の活動においても刑法には何ら違反せず、憲法的秩序にも国際協調の思想にも
敵対するものではないからである。その限りで、9条2項の介入の権限は団結の自由
への適用可能性を否定される。というのは9条2項はそのための役には立たず、かつ
必要でもないからである。[46]

840　**b）衝突**は、個人の団結の自由と集団の団結の自由が対抗的に働いたり、ある団体
の団結の自由と他の団体の団結の自由が拮抗したりする場合、9条3項自体の中にお
いても生じうる。したがって、連邦憲法裁判所と連邦労働裁判所は、団結間の紛争
と、立法者ないしは裁判官法によるその内容形成が、比例原則によって制御されると
考えている。[47]

841　**例**　従業員代表委員会Betriebsratに選出されうる労働組合員の個人的団結の自由
は、その労働組合が内外に向けてのそのまとまりの保持のために、競合するリストで
立候補することを組合員に禁止する場合には、その労働組合の集団的団結の自由に
よって、比例的な方法で制限される（E 100, 214/223 f）。その過程で、煽動的なやり方
で他の団結を追い落とし、あるいは敵の殲滅をめざすような破壊的な労働争議は、認
められない（BAG, NJW 1967, 843/845）。

842　さらに、一般的原則により、憲法上のランクにあると認められている法益が9条3
項を制約することがある。[48]これに対して、そのほかに、団結の「公共の福祉による
拘束」があるという仮定は、いかなる憲法上の根拠をももたない。[49]

843　**例**　①教会の労働者の団結の自由への介入は、教会の自己決定権（140条と結びつい
たワイマール憲法137条3項）に基づいて正当化されうるとされている（**586**）。官吏も
団結の自由を享有しているが（9条3項は「何人に対しても、またいかなる職業に対して
も」適用される）、33条5項（「伝統的な職業官吏制度の諸原則」）に、介入の正当化が存
在する。そのことから、官吏はストライキ権も協約自治ももたない（E 44, 249/264;
Lindner, DÖV 2011, 305）ということが生じるかどうかは、欧州人権条約11条1項から
導かれる、トルコの地方自治体の官吏のストライキ権についての欧州人権裁判所の判

---

46)　類似する見解として *Höfling*, SA, Art. 9 Rn 127。

47)　E 84, 212/226 ff.

48)　E 94, 268/284; 100, 271/283; 103, 293/306.

49)　*Kemper*, MKS, Art. 9 Rn 84; 別見解として*v. Danwitz*, Hdb, GR V, § 116 Rn 11 ff;
　　Scholz, Hdb. StR³ VIII, § 175 Rn 33 ff.

288　第2部　基本権各論

例（NZA 2010, 1425）のゆえに、争われている。**連邦行政裁判所**は、33条5項の身分と関連した禁止と、ストライキ禁止は限られた高権的な活動にのみ許されるべきであるとする欧州人権条約11条の機能と関連した保障を相容れないとみなしている。連邦行政裁判所は、ストライキ禁止の制限は、立法者だけに権限があるとみなしている（BVerwGE 149/130 ff=JK 10/2014）。さらに、病院、消防、その他の生活に不可欠な事業の機能性を脅かすような労働争議は許されない（2条2項1文参照）。

②33条4項・5項だけではストライキの間に、ストライキをしている職場に官吏を投入することを正当化することはできない（さらに BVerwGE 69, 208/214 f; BAGE 49, 303）。このためには、法律による規律が必要である（E 88, 103/116（ストライキの際の官吏配置事件Ⅱ・37））。

③連邦憲法裁判所は、雇用を創出する措置のための期限つきの補助金を労働協約より低い賃金の合意と結びつける、法律上の賃金格差条項を、失業とたたかうための立法者の社会国家的な義務によって正当化し（E 100, 271/284）、勤務室での労働組合の署名活動の禁止を、法治国家として中立で客観的な職務遂行によって正当化した（BVerfG, EuGRZ 2007, 228/231）。

c）団結の自由への介入に関する**制限に対する制限**Schranken-Schrankeは、非常事　**844**
態立法の過程で挿入された9条3項3文である。非常事態において衝突する憲法上の利益が労働争議権の制限をどんなに要求しようとも、9条3項3文は、それを禁じているのである。

事例15（800）についての解答の概略　　　　　　　　　　　　　　　　　**845**

Ⅰ．結社の自由の**保護領域**には、積極的自由だけでなく、結社に加入しないあるいは脱退するという消極的自由も含まれる。Sが、学生自治会への加入に対して9条1項によって消極的な結社の自由を根拠とすることができるかどうかが問題である。学生自治会は、権利能力のある、大学の構成団体であり、その会員資格は、在籍登録によって得られる（ノルトライン＝ヴェストファーレン州大学法53条1項2文）。したがって、Sは、在籍登録を行った学生として申請なしに公法上の団体としての学生自治会の会員となった。義務的な公法上の団体に対しても消極的な団結の自由が保護されるかどうかについては争いがある。判例によれば、9条1項はこの場合には使えない。しかし、よりすぐれた議論がそれとは反対の意見を弁護している。

Ⅱ．在籍登録した学生の学生自治会への強制加入は、消極的な団結の自由への

第18章　結社および団結の自由　*289*

介入になる。

Ⅲ. この介入に対する**憲法上の正当化**が問題である。9条2項の禁止の要件事実は存在しない。せいぜい衝突する憲法規定による正当化が考慮される。たしかに、5条3項からは大学という自治的行政組織に対する学生の最小限度の協力義務が導かれる（これについて E 35, 79/125（大学判決Ⅰ・32））。しかし、このことは、必ずしも学生が公法上の団体を強制的に結成しなければならないということを必要としない。ノルトライン＝ヴェストファーレン州大学法53条2項の1号ないし8号に書かれている自治会の任務の大半のもの（たとえば、学生の経済的・社会的・文化的な事項、スポーツの振興、地域間・国際間の学生関係）は、学問の自由の保護領域には属さない。学生自治会のいくつかの任務が、5条3項の保護領域に該当する場合には（たとえば学生の専門領域の事項）、その目的のために強制加入が必要であるのか、私法的な加入で十分ではないかということが大きな問題となる（*Damkowski*, DVBl. 1978, 229; *Pieroth*, Störung, Streik und Aussperrung an der Hochschule, 1976, S. 192 f）。

したがって、Sは正当であるという十分な理由がある。これに対して、判例（BVerfG, DVBl. 2000, 1179; BVerwGE 59, 231/236 ff; 109, 97/100 f）は、学生自治会の強制加入は2条1項と適合すると判断した。

参考文献　①9条1項について：*T. Günther/E.B. Franz*, Grundfälle zu Art. 9 GG, JuS 2006, 788, 873; *D. Merten*, Vereinsfreiheit, Hdb. StR³ VII, § 165; *N. Nolte/M. Planker*, Vereinigungsfreiheit und Vereinsbetätigung, Jura 1993, 635; *M. Planker*, Das Vereinsverbot in der verwaltungsgerichtlichen Rechtsprechung, NVwZ 1998, 113; *T. Schmidt*, Die Freiheit verfassungswidriger Parteien und Vereinigungen, 1983.

②9条3項について：*W. Höfling/C. Burkiczak*, Die unmittelbare Drittwirkung gem. Art. 9 Abs. 3 S. 2 GG, RdA 2004, 263; *M. Kittner*, Die Rechtsprechung des Bundesverfassungsgerichts zu Tarifautonomie und Arbeitskampf, in: FS Jaeger, 2011, S. 483; *K.-H. Ladeur*, Methodische Überlegungen zur gesetzlichen „Ausgestaltung" der Koalitionsfreiheit, AöR 2006, 643; *B. Pieroth*, Koalitionsfreiheit, Tarifautonomie und Mitbestimmung, in: FS 50 Jahre BVerfG, 2001, Bd. II, S. 293; *R. Scholz*, Koalitionsfreiheit, Hdb. StR³ VIII, § 175; *T. v. Danwitz*, Koalitionsfreiheit, Hdb. GR V, § 116; *J. Ziekow*, Vereinigungsfreiheit, Hdb.GR IV, § 107.

第19章 信書・郵便・電気通信の秘密（10条）

> **事例16 郵便私書箱の内容の保全（BVerwGE 79, 110 より）** 847
> 　内務大臣の法的な処分により、「ドイツ国民社会主義運動」（V）が結社法3条1項により禁止され、その財産が差し押さえられ没収された。ドイツ国民社会主義運動は、その所在地の中央郵便局に私書箱をもっていた。内務大臣の処分の執行のために、結社法5条1項により指名された行政区長官 Regierungspräsident は、結社法10条2項により、保全命令を発したがそれによれば、ドイツ郵便株式会社は私書箱の内容を取り出さなければならないというものであった。この命令は、基本法10条に適合するか。→874

Ⅰ．概　　観

　10条は、一定のコミュニケーション媒体の秘密を保護する。空間的な距離と第三者 848 の把握可能性のゆえに、この場合とくにプライバシー Privatheit が危険にさらされている。信書・郵便・電気通信の秘密の間の区別は、情報伝達の歴史的な発展に基づいている。現代の発展は、その区別に新しい座標を生み出している。郵便ないし87f条2項1文および143b条によってつくられているドイツ連邦郵便の後継の民営企業とならんで、その他の民営のコミュニケーション事業体が登場しており、郵便を媒体とするコミュニケーションの秘密の必要とならんで、他の媒体によるコミュニケーションの秘密の必要が生じている。

　郵便を媒体とするコミュニケーションが特別の保護を受けていたのは、郵便の秘密 849 が、郵便が媒介するコミュニケーションを単に国家の介入一般に対してだけでなく、とくに国の郵便事業自体の介入に対しても保護するということによってであった。後継企業およびその他のコミュニケーション事業体の介入からの防御は基本法上存在しないか、少なくとも同程度の強さにおいては存在しない。したがって、10条から、今日、国家の保護義務ないし市民の保護請求権が導き出されている。それによれば、国家は、法律による規律により、後継企業やその他のコミュニケーション事業体がかつ

291

ての国の郵便事業と同様に10条1項の秘密を義務づけられることを保障しなければならない。この思想の中心にあるのは、国家は民営化によってもその基本法上の責任を免れることはできないということである。

850 　10条2項1文は、単純な法律の留保を含んでいる。10条2項2文は、法律による保護領域への介入への授権に関して付加的な条件が付されているという意味での特別の法律の留保ではない。それは、一定の場合に（憲法擁護・国家擁護）、10条1項の保護領域へのさらに進んだ介入を授権している。

II. 保護領域

1. 信書の秘密

851 　信書の秘密は、公権力に対して、信書や、**文書による個人的な伝達物**を運搬していると認められるその他の送信物の内容から、情報を入手することを禁じている。封書の場合は、たしかに、それが文書による個人的な伝達物を運搬しているのかどうか認識できないが、その可能性があり、かつ封緘によって人に知られることをまさに防ぐものであるから、それも信書の秘密の保護領域に属する。[1]

852 　例　10条1項の意味での信書には、手紙のほかに、電報、郵便はがき、小包、小荷物も含まれる。これに対して、開封された印刷物、新聞、書籍小包、商品、宣伝物は、文書による個人的な伝達物を運搬するものとは認められない（別見解 *Michael/ Morlok*, GR, Rn 322）。

853 　信書の秘密の範囲は、送信物の内容だけでなく、送信人、受信人、配達人の身元も含めて配達のすべての状況に及ぶ。信書の秘密は、国家が配達人から情報を得ることも禁じているので、信書の秘密の保護は、一部、基本権の資格保有者としての配達業者にも認められている。[2]これに対して、信書の秘密は、コミュニケーション参加者にあり、コミュニケーションの媒介者としての配達業者にはないという批判もある。[3]

854 　信書の秘密は、郵便制度の領域で87f条2項2文および3項の意味での主権的任務を遂行している公権力機関の**義務である**だけではない。公権力機関は、監督の任務を委託されているが、だからといって、介入の機会や動機が特別に多いわけではない。

---

1) *Durner*, MD, Art. 10 Rn 67, 95; *Hermes*, DR, Art. 10 Rn 31 ff.

2) *Badura*, BK, Art. 10 Rn 32.

3) *Gusy*, MKS, Art. 10 Rn 49; *Hermes*, DR, Art. 10 Rn 28; *Kloepfer*, VerfR II, § 65 Rn 17.

信書の秘密は、郵便制度とは無関係の機関、とくに公安機関などに対しても義務を課している。

2. 郵便の秘密

郵便の秘密の保護領域には、信書から新聞の配達および商品見本さらに郵便為替まで、郵便局での引き渡しから受取人への配達まで、あらゆる**郵便によって運搬される配達物**が含まれる。郵便による運送のうち、個人的な文書の伝達による場合は、郵便の秘密による保護と信書の秘密による保護とが重なり合う。　855

郵便の秘密が特別**重要**だったというのは、ドイツ連邦郵便が運搬を独占しており、国家の制度であったからである。ドイツ連邦郵便の後継企業が他の私企業と競合する度合いが増すほど、郵便の秘密は、信書の秘密とともにその重要性を失っていく。　856

個人的な文書による伝達物でないものを運搬したり運搬しているかもしれない配達にまで郵便の秘密が与えている保護が、郵便の秘密と信書の秘密との間の重要度の変化によって失われているということを、基本権上正当化することはできない。この保護が、信書の秘密に及ぼされるか、あるいは、郵便の秘密が、結局は組織的にではなく機能的に理解されて、郵便ないしは機能的にそれと同等な方法で、他のコミュニケーションの媒介者、いわゆる郵便業務提供者によって、配達されるすべての配達物の役に立つかのどちらかでなければならない[4]。　857

郵便の秘密の**範囲**に関して、郵便の秘密も、コミュニケーションの内容および状況に及ぶ。郵便の秘密も、ときに繰り返し、配達者すなわち、ドイツ連邦郵便の私法上の後継企業にまで及ぶかどうかが問題となる（**853**参照）。連邦憲法裁判所は、ドイツ連邦郵便を、相応に、基本権の権利資格をもち、かつ基本権に義務づけられる高権の担い手として認めた[5]。今日では、ドイツ連邦郵便の私法上の後継企業が基本権に拘束されるかどうかについては、個別の点で争いがある[6]。それは、原則として基本権の対国庫効力によって決定され、かくして、連邦から私人へと移行するにつれて減少し（**194**参照）[7]、刑法典202条以下、郵便法39条および遠距離通信法88条のような、郵便の保護に役立つ法律上の規定への拘束によって補完される。　858

4） *Durner*, MD, Art. 10 Rn 76; *Gusy*, MKS, Art. 10 Rn 35 ff.
5） E 67, 157/172.
6） *Wieland*, Verwaltung 1995, 315/318; *Hermes*, DR, Art. 10 Rn 44 ff 参照。
7） BVerwGE 113, 208/211; *v. Arnauld*, DÖV 1998, 437.

3．電気通信の秘密

859 　電気通信の秘密の対象は、ここでも内容と状況を含む無線あるいは有線の電磁波を媒介とする、すべての個人的コミュニケーション行為である。具体的な伝達の性質をもつかも、〔単なる〕表現形式かも問題ではない。[8] 伝統的な電話、電報、無線通信だけでなく、新しい媒体である携帯電話やインターネットによるコミュニケーションも保護される。[9] それについて国家が、それ自身で、あるいは補助者として私的なサービス提供者を通じて、認識したコミュニケーションは保護され、また、それは、情報およびデータ加工の過程において利用されている間じゅうも保護される。[10] 電気通信設備が公衆に向けられているか、それとも家の中や会社の中での電話やコンピューターの設備として、限られた範囲の参加者だけが利用しうるかということは問題ではない。また、コミュニケーション媒体が、個人的なコミュニケーションのためのものか、マスコミュニケーションのためのものかということも問題ではない。メディア、通信網、サービスの統合の増大により、個人的コミュニケーション形態とマスコミュニケーション形態の混在は不可避のものとなり、元通り電気通信の秘密によって（**851**参照）コミュニケーション行為を保護することについては、コミュニケーション行為が、個人的な伝達物を運搬する可能性があるというだけで十分でなければならない。[11]

860 　**保護されていないのは**、コミュニケーションのサービス給付の前提および準備の状況についての情報で、それらが、一定のコミュニケーション行為と同視することが許されない場合である。したがって、コミュニケーションに対する業務番号 Vorgangsnummern の割り当てと異なり、加入者に対する接続番号の割り当ては、10条1項によって保護されていないが、2条1項に基づく情報の自己決定権の保護の下にある。[12]

　これに対して、動的IPアドレスの割り当ては、保護される。といのうは、その確認のためには、具体的な接続データが引っ張り出されなければならないからである。[13]

8）　E 115, 166/182; 120, 274/306 f; BVerfG, 12.10.2011, Rn 205.
9）　E 120, 274/307; 124, 43/54（プロバイダのメールサーバ上にある電子メールの差押と通信の秘密Ⅳ・40）; *Grote*, KritV 1999, 27/39 f.
10）　E 125, 260/309 f（通信履歴保存義務と通信の秘密Ⅳ・41）. *Britz*, JA 2011, 81参照。
11）　*Gusy*, MKS, Art. 10 Rn 44; *Hermes*, DR, Art. 10 Rn 39; *Schoch*, Jura 2011, 194/195.
12）　E 130, 151/180 ff.
13）　E 130, 151/181（通信サービスの利用者データの保存義務と「アクセス・コード」の提供義務の合憲性Ⅳ・42）.

情報の保有者は、コミュニケーション行為の終了後は、介入に対して保護されていない。というのは、この情報は、まずもって到達したならば、もはや、コミュニケーション行為の傷つきやすさから生じ、10条によって保護されるべき危険にはさらされていないからである。到達後は、この情報はもはや他の情報と区別されない。[14]

これに対して、このことは、プロバイダーのもとになお保管されている情報にはあてはまらない。これは利用者の支配領域にはない。[15]

そのコミュニケーション機器の所在地の確定を通じた、ある人のコミュニケーション行為に無関係な現在地の確定も保護されない。[16]

電気通信の秘密の保護が**電気通信企業**にも及ぶということに関して、信書の秘密や郵便の秘密〔が郵便関係の私企業にも及ぶということ〕と同様に疑問視されている。電気通信の秘密も〔信書の秘密や郵便の秘密と同様に〕とりわけ公安機関に対して義務を課す。ドイツテレコム株式会社の義務は、ドイツ連邦郵便の他の私法上の後継企業と同様に基本権の対国庫効力および関連する保護法律によって決められる。　861

Ⅲ. 介　入

公権力が保護されているコミュニケーションの内容だけではなく、事実および状況を集め、あるいは各コミュニケーションの媒介者に集めてもらい、および、保管し、利用ないしさらに引き渡したときは、信書・郵便・電気通信の秘密への介入となる。[17]最後に、コミュニケーションの秘密の確立（暗号化）の妨害および禁止は介入である。[18]　862

---

14)　E 115, 166/183 ff（接続データの保護Ⅳ・3）; 120, 274/307 f; 124, 43/54（プロバイダのメールサーバ上にある電子メールの差押と通信の秘密Ⅳ・40）; 批判として、*Schoch*, Jura 2011, 194/198.

15)　E 124, 43/55 f（プロバイダのメールサーバ上にある電子メールの差押と通信の秘密Ⅳ・40）.

16)　BVerfG, NJW 2007, 351/353 f; 批判として、*Durner*, MD, Art. 10 Rn 89; *Schwabenbauer*, AöR 2012, 1/22 f.

17)　E 100, 313/359, 366 f（第1次遠隔通信監視判決Ⅲ・42）; 107, 299/313 f; 110, 33/53.

18)　*Bizer*, AK, Art. 10 Rn 41, 71, 76 f; *Durner*, MD, Art. 10 Rn 52 f, 91; *Gerhards*, (Grund-) Recht auf Verschlüsselung?, 2010, S. 139; 別見解として *Gusy*, MKS, Art. 10 Rn 46; *Hermes*, DR, Art. 10 Rn 82, 95.

863 **例** ①検事が私的な荷物運送業者の配送ステーションにおいて小包を押収すること。職務上の上司が、職務用の電話機を使って行われた職務上および私的な会話をすべて部下の了解なしに電気的に取得すること（別見解として、なおBVerwG, NVwZ 1990, 71/73; VGH Mannheim, VBIBW 1991, 347）。1872年の電信法が私的なコミュニケーションの暗号化を禁止していたこと。

②携帯電話が押収され、そこに保管されていた会話データが集められる場合には、10条への（しかし、1条1項と結びついた2条1項へは異なるだろうが）介入はない。この場合、コミュニケーション行為はすでに終わっている（E 115, 166/181 ff（接続データの保護Ⅳ・3））。

864 いわゆる**営業上必要な措置**、すなわち、コミュニケーションの仲介と営業上の障害の回避を目的として行われるコミュニケーション内容・データについての郵便物の閲覧が介入にあたるかどうかについては昔から争いがある。

865 **例** 送信物を分類したり、配達されない発信人不明の送信物を開いて発信人や受信人を調べること、匿名の電話発信者を特定するために逆探知装置を設置すること。

866 判例と学説の一部は、営業上必要な措置は総じて介入にはならず、単なる保護領域の限界の問題として考えている[19]。連邦憲法裁判所は、逆探知装置の設置について、たとえそれが濫用と障害の防止のためであっても、介入中立的な、営業上必要な保護領域の限界の問題としてはとらえないで、明確に介入に該当するととらえている[20]。ただし、送信物の分類のような、コミュニケーションの仲介のためにまさに不可欠であり、利用においてそのことも前提とされているような営業上必要な措置については、介入にはならない。

867 **私的なコミュニケーション媒介者**が高権的行為を行うドイツ連邦郵便にとって代わることの問題も重要である。なぜならば、高権的な郵便制度において、介入中立的で保護領域を限界づける措置と法律上の正当性を必要とする介入との間に画されるべきであった境界は、国家が私的なコミュニケーション媒介者に対して義務を負わせて通信の秘密を保護しなければならない境界をも画することになるからである（**849**参照）。高権的な郵便制度において、法律の授権を欠くために市民が禁止させることができた介入が始まったところで、私的なコミュニケーションの仲介に際しては、その

---

19) BVerwGE 76, 152/155.
20) E 85, 386/396 f（迷惑電話逆探知事件Ⅱ・38）. E 124, 43/58（プロバイダのメールサーバ上にある電子メールの差押と通信の秘密Ⅳ・40）も参照。

中で国家が秘密の保護のために規則を定めなければならず、遠距離通信法85条で実際に定めた、慎重な配慮を要する領域が始まる。[21]

　国家・憲法を擁護する目的ならびに重大な犯罪を取り締まる目的のために、**傍受が行われ**、傍受された事柄が、記録され、保管され、調整され、評価され、選択され、およびさらに引き渡されるときには、とくに介入が存在する。[22]とくに秘密機関が電話の会話を傍受できる回線は、通例、テレコムが仲立ちをする。しかし、秘密機関が自ら回線に入り込むことも考えられる。これらの介入と、電信設備にタップをつけず、小型盗聴器を設置したり指向性マイクを使用するいわゆる盗聴工作Lauschangriff とは区別しなければならない。住居での会話が盗聴される場合は、13条によって（**977**、**984**参照）審査される。電気通信の秘密への介入が一方のコミュニケーション当事者だけでなく両方のコミュニケーション当事者にかかわってくるということは、[23]たえず注意しなければならない。一方のコミュニケーション当事者が第三者に、他のコミュニケーション当事者としている電話の会話を一緒に聴かせた場合には、たしかに一般的人格権の部分としての自己の言葉に対する権利（**414**参照）への介入はあるが、電気通信の秘密への介入は存在しない。というのは、10条は、コミュニケーションの媒介の危険から保護するのであって、コミュニケーション当事者から保護するものではないからである。[24]

Ⅳ．憲法上の正当化

1．10条2項1文の法律の留保

　信書・郵便・電気通信の秘密は、単純な法律の留保の下にある。それは、数多くの郵便法その他の規定によって充填されているが、それらは部分的には構成要件としてたいへん広く把握され、その適用の際には、比例原則が意味を獲得する。このことから、連邦憲法裁判所は、情報の自己決定権（**428**参照）の場合と同様に、家宅捜索（**980**参照）と対比させて裁判官の留保を導いている。[25]

21）　E 106, 28/37（傍聴装置事件Ⅲ・7）.

22）　E 125, 260/310（通信履歴保存義務と通信の秘密Ⅳ・41）.

23）　E 85, 386/398 f（迷惑電話逆探知事件Ⅱ・38）; *Gusy*, JuS 1986, 89/94 ff 参照.

24）　E 106, 28/44 ff（傍聴装置事件Ⅲ・7）.

25）　E 125, 260/337 f（通信履歴保存義務と通信の秘密Ⅳ・41）; 批判として、*Roßnagel*, NVwZ 2010, 751/752.

870　　例　かつての電気通信施設法12条によれば、裁判官および危険が迫っているときには検事も、刑事裁判上の捜索において、遠距離通信企業に、自らは嫌疑がかけられていない単なる情報媒介者の遠距離通信についても、「その提供が捜索にとって意味があった」場合には、提供を要求することができた。連邦憲法裁判所は、制限的に、重大な意味を有する犯罪行為、具体的な行為の嫌疑、および、この関係者が情報の媒介者として活動しているという推定にとっての十分確実な事実の基礎を要求した（E 107, 299/321 ff; 現在は刑事訴訟法100条も同様）。かつての対外経済法39条１項および２項は、犯罪行為の予防のために、事実が、重大な意味をもつ一定の犯罪行為が計画されたという推定を正当化する場合には、この法律にしたがって信書および遠距離通信の監視を許していたが、広く把握されすぎ、明確性の原則に反した（E 110, 33/57 ff; 新規定については、*Huber*, NJW 2005, 2260参照）。

871　　問題があるのは、被疑者に関する10条の刑事訴訟上の制限である。連邦憲法裁判所と通説は、刑事訴訟法119条３項から**被疑者が受け取るおよび差し出す、あらゆる郵便物の留置、開封、閲読の正当性**を導く。この規定は、被疑者に対して、取り調べのための勾留または刑事施設内部の秩序維持の目的のために必要とされる制限を課すことを授権するものであるが、ことさら信書・郵便の秘密の制限を扱うものではない。ここに、十分に明確な法律上の根拠があるとするならば[26]、被疑者の郵便物の審査は、その郵便物に施設の秩序を乱すための具体的な手がかりが存在する場合にのみなしうる、といった比例原則が少なくとも要求される[27]。

２．10条２項２文による法律の留保の拡大

872　　10条２項２文は、当事者に監視・傍受措置 Abhörmaßnahme が**知らされない可能性**を認めており、信書・郵便・電気通信の秘密の制限に関する法律（10条法G10）は、この権限を行使した。それによって、対応する介入は特別厳しいものとなる。当事者は、介入を認識したり回避したり裁判所に訴えることもできない。いずれにせよ、10条２項２文によって（19条４項３文も参照）連邦議会の委員会による審査が**出訴手段を代替する可能性**も認められている。両者とも、介入が自由で民主的な基本秩序の擁護や、連邦または州の存立や確保に資する場合に適用される。しかし、措置の目的およ

---

26)　*Badura*, BK, Art. 10 Rn 74; 別見解としてE 57, 182/185の反対意見; *Gusy*, MKS, Art. 10 Rn 89; *Stern*, StR IV/1, S. 291.

27)　E 35, 5/9 f; 57, 170/177. BVerfG, NJW 1996, 983 も参照。

298　第２部　基本権各論

び列挙されている保護法益の危険が切迫したものでなくなればすぐに、通知がなされなければならない。通知の放棄は、入手されたデータが即座に重要でないとして破棄されている場合にのみ正当化されうる。[28]

　1968年の緊急事態立法によって挿入された10条2項2文ならびに10条法の**合憲性**については激しく争われた。〔10条2項〕2文は、人間の尊厳と法治国家原理ないし79条3項による保護に違反しているので憲法改正によっても挿入できないと主張された。盗聴判決において、10条2項2文およびそれに基づく法律が基本法に適合するという判断を示した連邦憲法裁判所も、強く批判された。[29]とくに、連邦憲法裁判所が、79条3項が「本質的な憲法原則を制度内在的に修正すること」を禁止していないというように79条3項を相対化したというのが批判された理由であった。[30]

873

事例16（847）についての解答の概略

　Ⅰ．関係するのは、郵便の秘密の**保護領域**である。というのは、Ｖの私書箱には、郵便局にまかされた配達物が入っているからである。これに反して、信書の秘密の保護領域は関係しない。信書の秘密は、郵便領域の外での信書のやりとりについて、公権力が信書の内容を知ることから保護するからである。

　Ⅱ．**介入**は、ここでは、公権力の機関によって行われている。それは、行政区長官が郵便の秘密のもとにある対象を入手しようとしている点に存する。

　Ⅲ．介入が、10条2項1文により、法律に基づいて命じられたのであれば、**憲法上正当化**される。ただし、結社法の10条2項を考慮する必要がある。保全命令が、1文第2項目Alt.の意味での特別の命令になるだろう。

　1．その点で**実体法的**には、私書箱の内容が第三者の保管するものであるかどうかということが問題となる。その答えは、結社法10条2項4文の特則およびそれと関連して刑事訴訟法99条にある。結社法10条2項1文による差押えは、ドイツ郵便株式会社に保管されている当該団体宛の郵便物も対象となり、特別の命令がなくても当該団体の私書箱の内容の保全を授権している。

　2．**形式法的**には、結社法10条2項4文により、刑事訴訟法100条も適用できる。その1項によれば、刑事訴訟法99条の意味での対象物を差し押さえる権限を

874

---

28)　E 100, 313/397 ff（第1次遠隔通信監視判決Ⅲ・42).

29)　E 30, 1/26 ff（盗聴判決Ⅰ・42).

30)　E 30, 33/38 ffの反対意見; *Hufen*, StR Ⅱ, §17 Rn 19参照。

第19章　信書・郵便・電気通信の秘密　*299*

もっているのは、裁判官のみであり、急を要するときには、検事にもこの権限が認められている。したがって、行政区長官の保全命令は、〔基本法〕10条に違反する。

875　**参考文献**　*A. Funke/J. Lüdemann*, Grundfälle zu Art. 10 GG, JuS 2008, 780; *T. Groß*, Die Schutzwirkung des Brief-, Post-und Fernmeldegemeimnisses nach der Privatisierung der Post, JZ 1999, 326; *R. Hadamek*, Art. 10 GG und die Privatisierung der Deutschen Bundespost, 2002; *H.H. Kaysers*, Die Unterrichtung Betroffener über Beschränkungen des Brief-, Post-und　Fernmeldegeheimnisses, AöR 2004, 121; *B. Schlink*, Das Abhörurteil des Bundesverfassungsgerichts, Staat 1973, 85; *F. Schoch*, Der verfassungsrechtliche Schutz des Fernmeldegeheimnisses（Art. 10 GG), Jura 2011, 194; *T. Schwabenbauer*, Kommunikationsschutz durch Art. 10 GG im digitalen Zeitalter, AöR 2012, 1.

第**20**章　移転の自由（11条）

事例17　滞在の禁止

ある公営の児童遊園には、いつもホームレスの薬物依存者Dが滞在している。管轄の警察ないし治安当局は、Dがしばしば放置している注射器で児童らが遊んでしまい怪我をしてしまうのではないかと危惧している。そこで、当局は、Dが児童遊園に滞在することを半年間にわたり禁止している。この措置は憲法に適合するか。→894

876

Ⅰ. 概　　観

連邦制の公共体において、移転の自由の保障は、根源的なものである。というのも、移転の自由は、州籍に関係なく各州に滞在しうる権利を成立させるものだからである。たとえば、フランクフルト憲法Paulskirchenverfassung 133条1項では、すべてのドイツ人の権利である「ライヒ領域内のあらゆる場所に滞在する」権利は、移転の自由と結びついたものとして規定されていた。この事実は重要である。というのも、単純法が滞在について規律するのは、通常、社会扶助給付請求権の保障を適法な滞在という条件付きで認めるような場合だからである。こうした場面では、州籍にかかわりなく平等取扱いを受ける権利を定める基本法33条1項（530以下参照）が、基本法11条を補充する役割を果たす。[1] EU法は、EU運営条約18条および21条において、これに相当する保障を与えている。EU法でこれらの規定が実際上の意義を有するのは、とりわけ他の加盟国出身のEU市民に関して社会法上の平等取扱いが問題となる場合である。だとすれば、移転の自由の保障とその制約は、連合内部の連帯を測るバロメーターでさえある。[2]──州籍というものがもはや存在しなくなったことで（旧基本法74条1項8号参照）、こんにちドイツ国内で移転の自由の保障が果たす役割は、も

877

---

1 ） *Kingreen*, Soziale Rechte und Migration, 2010, S. 21 ff.

2 ） EuGH, Rs. C-85/96, Slg. 2001, I-6193 (Grzelzyk); *Wollenschläger*, DR, Art. 11 Rn. 12 ff.

う副次的なものでしかなくなった。とはいえ、第2次世界大戦による分断後の［西］ドイツにおいて大量の難民が流入したこともあり、移転の自由の基本権カタログへの編入をめぐっては、活発な議論が再燃した。ヘレンキームゼー憲法草案は、「今日的状況の下で［編入を］貫徹すると、克服しえない困難がもたらされる」として、ワイマール憲法111条に相当する規定を置くことを断念した。その後の憲法制定会議では、移転の自由を憲法上でも保障することを多数の者が支持した。しかし、基本法11条2項には、詳細な法律の留保が規定された。これは、制限なき移転の自由というものに対する懸念を物語っている。とはいえ、1989年、すなわち、はじめて東ドイツからの大量の移民を受け入れた際には、移転の自由に対する諸制限についてもはや熱心に議論されることはなかった。

II. 保護領域

1. 滞在および居住

878　移転の自由とは、連邦領域内のすべての場所に滞在し、居住する自由を意味する。この定義は、すでに基本法制定会議において用いられていた。

879　居住とは、ドイツ民法典7条1項が謳うように、一定の場所に恒常的に居留することである。恒常的な居留とは、一時的にとどまるだけではなく、その場所を生活の中心にする意思を伴った居留である。基本法11条1項は、居住、またそれが複数の居住であったとしても、その開始、廃止、移動を保護している。単なる一時的な居留については、滞在という概念が用いられる。

880　滞在は、一時的な逗留 Verweilen を意味する。あらゆる移動は瞬間的な逗留の連続といえるので、ここでは次のような問題が提起される。すなわち、どのような逗留であれば、基本法11条1項により保護されるのか。また、どのような逗留であれば、基本法2条2項2文によって、すなわち運動および移動の自由をも内包する人身の自由（463参照）によって保護されるのか、である。ある立場によれば、基本法2条2項2文は刑法による自由剥奪と自由制限からの保護に絞られ、そして、その他の移動の自由、つまり、ほとんどの場合については、基本法11条1項の保護の下に置かれ

3）　JöR 1 (1951), S. 128.

4）　E 2, 266/273; 80, 137/150（森林での乗馬II・2）; 110, 177/190.

5）　JöR 1951, 130.

302　第2部　基本権各論

る。別の立場によれば、基本法11条1項によって保護される滞在には、一定の継続性が要求される。一定の継続性については、「つかの間flüchtig以上」でなければならないとする者もいれば、一泊以上でなければならないとする者もいる。さらに別の立場によれば、[滞在には] 一定の意味が備わっていることが要求される。ここでは、滞在は人格にとって重要な関連を有するものでなければならないとされたり、あるいは、「生活圏」に相当するものでなければならないとされる。

基本法11条1項の保護する滞在には、やはり一定の継続性ないし意味というメルクマールが必要不可欠である。ほとんどの場合の移動の自由を基本法11条1項の下に置き、基本法2条2項2文を刑法上のものに絞ることには、文言上、成立史上、体系上、何らの根拠も存在しない。両者の線引きにとって決定的なのは、そこで行われているのが移動のための滞在（この場合は基本法2条2項2文）ではなく、**滞在のための移動**（この場合は基本法11条1項）だということである。後者は、滞在の継続性だけでなく、滞在の意味からも説明されうる。 **881**

例 山歩きは、山小屋での休息を含むものであったとしても、基本法2条2項2文で保護され、他方、街頭散歩は、あちらこちらの店に立ち寄るものであったとしても、基本法2条2項2文で保護される。山荘で2日以上休暇をとることや、店員として店舗の応援に駆けつけるためにその街に日帰り旅行をすることは、基本法11条1項によって保護される。 **882**

2．住所変更のための移動

居住と滞在は、それらに関係する移動Fortbewegung、居所移動Ziehenの始点および終点でしかない。移転の自由は、居所移動の自由、すなわち、なかんずく居住ないし滞在を行うための移動の自由を保障する。移転の自由には、自由な転出、旧住所・新住所間の経路の移動可能性、自由な転入が含まれる。しかし特定の移動経路や特定の移動手段はこれに、含まれない。 **883**

---

6) *Hufen*, StR II, § 18 Rn 7.

7) *Rittstieg*, AK, Art. 11 Rn 33.

8) *Merten*, Hdb.GR IV, § 94 Rn 38.

9) *Kunig*, MüK, Art. 11 Rn 13.

10) *Randelzhofer*, BK, Art. 11 Rn 28 ff; *Ziekow*, FH, Art. 11 Rn 44 f.

11) 類似のものとして、*Durner*, MD, Art. 11 Rn 82; *Kloepfer*, VerfR II, § 69 Rn 4.

12) *Durner*, MD, Art. 11 Rn 74.

第20章　移転の自由　*303*

3．入国、国内移住、外国旅行、外国移住

884 　通説によれば、ドイツ連邦領域への**入国***Einreise* および**国内移住***Einwanderung*
もまた、基本法11条の保護領域の下にある。ここでは、滞在するための転入は入国
と解され、居住するための転入は国内移住と理解される。

885 　この通説に対しては、基本法11条1項の文言は全ドイツ領域「内」の移転の自由を
謳っている、との反論がある。しかし、決定的な意味を有しているのは、移動の始
点がドイツ連邦領域内にあることではなく、終点がドイツ連邦領域内にあるというこ
とである。移転の自由は、**選択した目的を達成するための自由**である。しかも基本法
制定会議は、移転の自由をすべてのドイツ人の自由とすることで、東ドイツのドイツ
人に対しても連邦領域内への入国を保障しようとしていた。ただし、基本法制定会
議は、基本法11条2項によって彼らの入国を禁ずる可能性も残そうとしていた。した
がって、成立史からすれば、やはり次の見解、すなわち、ドイツ人の連邦領域への入
国の権利は国籍保有に直接の根拠があり、移転の自由に先行するものであって、基本
法16条2項で規定されているドイツ人の外国への引渡し禁止が限局されてはならない
のと同様、入国の権利を基本法11条2項により制限することも許されない、との見解
には無理がある。

886 　判例によれば、**外国旅行***Ausreise* と**外国移住***Auswanderung* は基本法11条では保
護されないが、基本法2条1項によって保護される。学説では見解が割れている。
ここにいう外国旅行とは、外国での滞在を開始する目的で連邦領域を離脱することと
理解され、外国移住とは、居を構える目的で連邦領域を離脱することと理解される。

887 　歴史と［基本法の］成立史は、外国旅行と外国移住を［移転の自由に］含めることに
対して、否定的な材料を提供する。すでに19世紀の諸憲法において、外国移住の自
由は移転の自由から切り離されていたし、ワイマール憲法でも、両者は111条と112条
において相並び立つ形で保障されていた。基本法制定会議は、外国移住の自由を基本
権の中に取り込むことを明示的に拒絶した。おそらく、これは、戦後のドイツにおい

---

13) *Randelzhofer*, BK, Art. 11 Rn 72参照。

14) *Gusy*, MKS, Art. 11 Rn 38.

15) JöR 1951, 129 ff.

16) しかし、*Isensee*, VVDStRL 32 (1974), 49/62.

17) E 6, 32/35 f（エルフェス判決 I・4）; 72, 200/245; BVerwG NJW 1971, 820.

18) *Durner*, MD, Art. 11 Rn 100参照。

19) *Merten*, Hdb.GR IV, § 94 Rn 133参照。

304 第2部　基本権各論

て外国移住者の波が押し寄せることを危惧したためだと思われる。

4．個人の持ち物の携行

移転の自由は、財産の携行を含む。伝統的に、住所変更のための居所移動に際して　888
個人の持ち物や財物を携行することは移転の自由に含まれるが、営業上および経営上
の財産の携行はこれに含まれない、と理解されている。[20]

5．消極的移転の自由

基本法11条は、住所変更する自由だけではなく、住所変更しない自由をも保障する　889
（消極的移転の自由）。選択した場所に居所移動する権利は、選択した場所にとどまる権
利も同時に認められていなければ、決定的に価値が下がるであろう。それゆえ、ドイ
ツ人に対する退去命令や追放措置は、基本法11条による審査に服する。[21]引渡しにつ
いては、基本法16条2項が特別の制限に対する制限Schranke-Schrankeの形式での保
護を与えている。しかし、基本法11条は、一般的な故郷生活権を創り出しはしな
い。[22]この権利は、採鉱を理由とする転居強制の場合には重要である。欧州人権裁判
所は、たしかに採鉱を理由とする転居強制を、私生活および家族生活の尊重について
の権利（欧州人権条約8条）および欧州人権条約第4議定書で保障された移転の自由権
に対する（正当化しうる）介入だと認めている。[23]これとは反対に、連邦憲法裁判所
は、基本法11条は「連邦領域内の諸地域に滞在し、かつ、残留する」権利を保護する
ものではないと考え、「連邦領域内の諸地域についての土地整備または土地利用に関
する諸規定は永続的滞在と相容れるものではなく」、また、この諸規定が「特定の
人々または人的集団の移転の自由を念頭に置いて定められてよいはずがない」[24]との
見解に立つ。このように考えるならば、基本法11条1項は法的な内容形成を要する基
本権ということになる（233以下）。欧州人権裁判所の判例に対しては、とくに異論は
みられない。なぜならば、［ドイツと欧州という］2つの基本権秩序において「体系的
同調」が要求されているわけではないからである（68）。

20）　*Gusy*, MKS, Art. 11 Rn 31; 異説として、*Kloepfer*, VerfR II, §69 Rn 7; *Ziekow*, FH, Art.
　　11 Rn 55.
21）　異説として、*Kloepfer*, VerfR II, § 69 Rn 9.
22）　BVerG, NVwZ 2014, 211/225 (JK 5/2014); 他に、*Baer*, NVwZ 1997, 27/30 ff.
23）　EGMR, LKV 2011, 69/71 f.
24）　BVerfG, NVwZ 2014, 211/224 (JK 5/2014).

第20章　移転の自由　*305*

Ⅲ. 介 入

890 　移転の自由に対する介入には、自由な居所移動の妨害や干渉がある。ある見解は、移転の自由の場合は、直接的な介入が必要であるとし、間接的な妨害や干渉では不十分であるとする。[25] ここでは、883において保護領域の側から理解した内容が介入の側についても妥当する、と考えるのが適切である。すなわち、ここでは滞在ないし居住のために特別になされる移動が問題とされなければならない。このように考えるのであれば、やはり間接的な干渉であっても十分というべきである。[26]

891 　例　移転の自由に対して条件、認可、指示等々が付せられているときには、移転の自由に対する介入となるが（E2, 266/274; 8, 95/97 f）、しかし、これが課税と結びつけられる分には、介入とはならない（BVerfG, NVwZ 2010, 1022/1025）。職業によって住所が定められるいわゆる居住義務は介入となるが（*Durner*, MD, Art. 11 Rn 124; 異説として、*Manssen*, Rn 585: Art. 12 Abs. 1 または Art. 33）、しかし職業が課税と結びつけられる分には、介入とはならない（BVerwG, NVwZ 2010, 1022/1025）。居住義務は、いわゆる地域指定の要請とは区別されうる。地域指定の要請は、職業活動を特定の地域に制限するものである。たとえば、かつて存在した弁護士の義務、すなわち、民事訴訟では特定の地方裁判所でしか法廷に立つことができないとする弁護士の義務が、その1つである（E93, 362/369参照）。居住義務は、基本法12条1項によっても審査されうるのに対して（E65, 116/125; BVerfG, NJW 1992, 1093参照）、地域指定の要請は、もっぱら基本法12条1項によってのみ審査される（*Breuer*, Hdb. StR³ VIII, §170 Rn 94）。指定された地域とは異なる地域に恒常的に滞在している後期帰還移住者は社会扶助を受給できないとする規定は、介入となる（E 110, 177/191）。同様のことは、ドイツ国内への配偶者の移住を滞在法で禁止していることにもいえる（BVerwG, NVwZ 2013, 515/518）。

Ⅳ. 憲法上の正当化

1. 基本法11条2項の法律の留保

892 　2項の法律の留保は、さまざまなメルクマールによる条件づけがなされている。す

---

25)　*Kunig*, MüK, Art. 11 Rn 19; 異説として *Wollenschläger*, DR, Art. 11 Rn 43.
26)　E 110, 177/191.

306　第2部　基本権各論

なわち、移転の自由に対する介入が許されるのは、2項に掲げられている場面に即応しており、かつ、2項に掲げられている目的を追求する法律によってなされる場合だけである。これらのメルクマールに関しては、すべて狭義の解釈が求められる。社会国家原理からすれば、十分な生活の基盤がないことやそのために公衆に特別の負担が生ずることが許容されうるのは、もはや年齢や疾病が理由となる場合だけに限られない[27]、ということになる。後期帰還移住者が大量に国内移住する場合にも、これは許容されうるのである。[28] [11条2項でいうところの] 連邦もしくは州の存続もしくは自由で民主的な基本秩序に対する差し迫った危険については、警察法上承認され法治国家的制限に際して用いられている差し迫った危険概念が妥当する。[29] いわゆる犯罪留保（犯罪行為の防止）は、警察の一般的授権よりも高度の要請に服する。なぜならば、さもないと11条2項で構成要件が選別されていることの意味が無に帰するからである。[30]

2．その他の介入の正当化

その他の法律の留保については、17a条2項が「民間人の保護を含む防衛のための法律」について規定している。[31] 117条2項および119条の留保は、今日では死文化している。

893

　事例17（876）についての解答の概略　ほとんどの州では、警察法および違警罪法上の特別の授権の下で、滞在禁止の措置を実施する。問題となるのは、滞在禁止が11条と適合するかどうかである。

　Ⅰ．遊園での滞在は継続性を備えたものであり、またDに関する限り、その遊園での滞在は人身の自由の**保護領域**ではなく移転の自由の**保護領域**に含まれ、意味を備えてもいる。

　Ⅱ．**憲法上の正当化**は、権限問題と内容問題を提起する。すなわち、

　1．滞在禁止は、州の警察法および違警罪法において規定されている。これとは反対に、73条1項3号によれば、移転の自由に関する排他的**立法権限**は連邦に

894

---

27)　*Kunig*, MüK, Art. 11 Rn 22参照。

28)　E 110, 177/192 f.

29)　*Pieroth/Schlink/Kniesel*, Polizei-und Ordnungsrecht, 8. Aufl. 2014, § 8 Rn 40 ff.参照。

30)　*Kloepfer*, VerfR II, § 69 Rn 32; *Kunig*, MüK, Art. 11 Rn 27参照。

31)　BVerwGE 35, 146/149参照。

第20章　移転の自由　*307*

ある。しかし、11条2項の犯罪留保には一般的な危険防御権の側面が認められ、これは基本法の下では州の排他的立法権限に属しているため（*Pieroth*, JP, Art. 70 Rn 17以下参照）、移転の自由の規律に関して連邦が有する立法権限は、一般的な危険防御権とは関係ないものということになる（BayVerfGH, NVwZ 1991, 664/666; *Gusy*, MKS, Art. 11 Rn 52; *Kunig*, MüK, Art. 11 Rn 21）。

2．**内容面において**、滞在禁止に係る特別の授権が有効でありうるのは、その授権内容が憲法適合的に解釈される場合、すなわち、11条2項で正当な制限事由として掲げられた諸条件を満たしたときに限り11条1項への介入が許される、との解釈がなされる場合に限られる（*Pieroth／Schlink／Kniesel*, Polizei-und Ordnungsrecht, 8. Aufl. 2014, §16 Rn 23参照）。本事例では、犯罪行為、少なくとも不注意による傷害を防止することが問題となっているので、この措置は11条に違反しない。

895 **参考文献** *H.W. Alberts*, Freizügigkeit als polizeiliches Problem, NVwZ 1997, 45; *K. Hailbronner*, Freizügigkeit, Hdb. StR[3] VII, §152; *D. Merten*, Freizügigkeit, Hdb.GR IV, §94; *B. Pieroth*, Das Grundrecht der Freizügigkeit（Art. 11 GG）, JuS 1985, 81; *F. Schoch*, Das Grundrecht der Freizügigkeit, Jura 2005, 34.

第**21**章　職業の自由（12条）

> **事例18**　満55歳以降の嘱託医の免許（E 103, 172より）
>
> 　大学病院で医長を務める56歳のＡは、公私にわたる緊張状態に耐えかね、労働契約の継続に負担感を抱いており、その解約を申し入れるとともに、法定健康保険における嘱託医の免許を申請した。この免許は最長で満68歳まで付与される。嘱託医に関する免許令は正当な法律上の根拠に基づくものであったが、この免許令は満55歳を迎えた医師の免許を禁じていたため、Ａへの免許は認められなかった。これにより、Ａは12条１項［の権利］を侵害されているだろうか。**→964**

896

Ⅰ. 概　　観

1. 条文の文言

　素直に解するならば、12条は１項において、すでに**さまざまな保護領域**を認めている。１文は、**職業の選択、職場の選択**および**養成所の選択**についての自由を保護している。この保護領域は、職に就くまでの道のりの各段階に対応している。その道のりは、養成に始まり、習得した職業に就くことの決定へと引き続き、選択した職業に従事することで貫徹される。しかし、保護領域は相互に独立しているので、１文は、養成所の選択を、この養成に対応する職場の選択に至るかどうかにかかわりなく保護する。また、習得した職業と同様に、習得していない職業に就くことの決定も保護する。これに続いて２文は、**職業遂行に関する規律の留保**を定める。これは、上述の保護領域のほかにも、職業遂行という別の保護領域が保障されていることを示唆している。立法者の活動が規定されているのは、２文においてだけであり、しかも、ここでは介入概念の代わりに規律概念が選択されている。このことからは、立法者はとくに慎重に活動しなければならないということが理解されうる（**243**参照）。

897

　２項および３項は、特別の条件下しか制限が許されない**労働強制** *Arbeitszwang*（特定の個別的な労働役務の提供を強制）**からの自由**と**強制労働** *Zwangsarbeit*（何らかの形での全労働力の投入を強制）**からの自由**を保障している。これらは、職業選択の自由や

898

309

職場選択の自由の方が、どのような労働役務を提供しどういった場面で自己の労働力を投入するかを決定する自由よりも、広く認められることを示している。というのも、そうでなければ2項と3項は不要になってしまうからである。したがって、職業とは、単に労働役務の提供や労働力の投入をいうのではなく、生活基盤の創出および維持に資する一定期間継続して行われる活動をいうのである。また職場とは、単に労働が行われる場所をいうのではなく、職業が遂行される場所をいうのである。

2．統一的な保護領域

1項の前述の文言については、すでに早い段階から別々の読み方がなされてきた[1]。職業の選択と職業の遂行は、相互に関係している。すなわち、職業の選択によって職業遂行が開始され、職業遂行がなされる中で、職業選択の絶えざる更新が確認される。そうだとすれば、職業選択が保障されているのに伴って、職業遂行も保障され、また、職業遂行に規律の留保が付されていることに伴い、職業選択にも規律の留保が付されているのである。このようにして規律の留保は拡大され[2]、しかも、その拡大は職業の選択にとどまらず、すぐに養成所や職場の選択にまでに及ぶこととなった[3]。さらに、規律の留保は法律の留保として理解されるようになり、特別に慎重な立法者の活動の留保にとどまらず、あらゆる立法者の活動の留保として理解されるようになった（**243**以下参照）。こうした拡大を受け、連邦憲法裁判所は「法律の留保」の語も用いるようになっている[4]。それゆえ、12条1項は、今日では、統一的な基本権となっており、また統一的に法律の留保に服する基本権となっている。ただし、職業選択の局面における介入に対しては、職業遂行の局面における介入に対するよりも高度の憲法的正当化の要請が妥当する。

1） E 7, 377（薬局判決Ⅰ・44).

2） 批判的なものとして、*Lücke*, Die Berufsfreiheit, 1994, S. 26 ff; *Michael/Morlok*, GR, Rn 684.

3） E 33, 303/336（第1次入学定数制決定Ⅰ・46).

4） たとえば、E 54, 224/234; 54, 237/246.

310 第2部 基本権各論

Ⅱ．12条1項の防御権

1．保護領域

12条1項の統一的な基本権は、たしかに1つの統一的な保護領域を有する。しか **900**
し、その内容と範囲は、職業、養成所、職場といった概念と結びつけられることに
よって、合目的的に記述される。

a）職業概念

職業概念はできる限り広く理解される。職業概念には、伝統的に固定化された職業 **901**
像だけでなく、新たに生じた職業や自由に考え出された職業も含まれる[5]。しかし、
これは、市民が自己の職業の内容とする個々の行為が**禁止されておらず許容されてい**
る場合に限られる[6]。この解釈基準は、ときとして批判されることがある[7]。あるい
は、職業上の行為は社会や共同体に害を及ぼすものであってはならないという基準[8]
や、憲法自体によって禁止されているものであってはならないという基準[9]に、置き
換えられたりすることがある。この背後には、職業概念を立法者の恣意に委ねてはな
らないのではないか、禁止によってある職業を12条1項の保護領域から簡単に排除
し、これを12条1項の基準で測ることができないようにすることを立法者に許しては
ならないのではないか、という正当な問題関心がある。しかし、禁止の存在を解釈基
準とすることへの批難は、この基準が個々の行為に関するものであり、その行為が職
業従事におけるものであるかどうかとは無関係である点、つまり、この基準は行動そ
れ自体に関するものであるという点を、見誤っている。職業とは数多くの行為からな
る行為の束である。このような特殊な、すなわち職業に関する［行為の］束を禁止ま
たは制限することが許されるか否かは、常に12条1項によって審査されるのである。
これに対して、個々の行為は他の基本権によって保護されている。その禁止が許され
るか否かは、こうした他の基本権によって判断される[10]。

5） E 97, 12/25, 33 f; 119, 59/78（Ⅳ・44）.

6） E 7, 377/397（薬局判決Ⅰ・44）; 81, 70/85; 115, 276/300 f 参照。

7） *Breuer*, Hdb. StR³ Ⅷ, § 170 Rn 69; *Kloepfer*, VerfR Ⅱ, § 51 Rn 15.

8） BVerwGE 22, 286/289; *Kloepfer*, VerfR Ⅱ, § 70 Rn 30.

9） *Stern*, StR Ⅳ/1, S. 1793 ff.

10） 同様に、*Rusteberg*, Der grundrechtliche Gewährleistungsgehalt, 2009, S. 197 f; 類似のも

902 **例** スリや麻薬密売業者、人身売買業者は、それ自体12条1項の意味での職業では
ない。彼らの行為は、それが職業的かつ継続的に行われたか、それとも一回限りで素
人的に行われたかにはかかわりなく、直ちに罪となる。これと事情が異なるのが、不
正業者の場合である。たとえば、住宅の修繕や自動車修理といった許された仕事を行
いつつ、単に税法上および社会保険法上義務づけられた公租公課を支払わなかったと
いう場合である。この場合、12条1項の意味での職業は存在するが、その遂行が税
法・社会保障法において規律されているのである（*Scholz*, MD, Art. 12 Rn 39 f 参照）。
売春も職業である。というのも、有償での性交渉は、売春法1条により、法的に有効
な債権を基礎づけるからである。

903 さらに、ある活動が職業概念に該当するためには、**一定の継続性**を備えたものでな
ければならない[11]。この要件の意味も狭く解してはならない。臨時のアルバイトや休
暇中のアルバイト、有期の臨時的任用における雇用関係や試用契約による雇用関係
も、職業である。しかし、一回の所得行為に尽きる勤務は、職業ではない[12]。同様
に、その活動は**生活基盤の創出と維持**に資するものでなければならない[13]、との要件
の意味も、広義に解されなければならない。副次的な活動はこのような活動に含まれ
る。なぜなら、副次的な活動は、単なる趣味とは異なり、少なくとも生活基盤の創造
と維持に貢献するものだからである[14]。そして芸術家は、たとえ絵を描くことや詩を
つくること、作曲することが、自分の望むような形で彼の生活を支えていないとして
も、職業を有している[15]。職業概念は、結局のところ、**自営的な活動も自営的でない
活動も**カバーしているという意味では、開放的でさえある[16]。

904 12条1項で保護されている職業の自由は、一般にある職業に就くことを決定する時
点からすでに始まっているが、これは、無職のままでいる者や、たとえば自己の資産
で生活することを希望する者についても、その保護を及ぼす（**消極的職業の自由**[17]）。職

　　のとして、*Lerche*, in: FS Fikentscher, 1998, S. 541。批判的なものとして、*Suerbaum*, DVBl.
　　1999, 1690.

11)　E 32, 1/28 f.

12)　E 97, 228/253（短時間ニュース報道判決Ⅲ・29）.

13)　E 105, 252/265（グリコール決定Ⅲ・49）.

14)　E 110, 141/157（闘犬判決Ⅲ・50）参照。

15)　*Scholz*, MD, Art. 12 Rn 32.

16)　E 7, 377/398 f（薬局判決Ⅰ・44）; 54, 301/322.

17)　E 58, 358/364参照。

312　第2部　基本権各論

業の自由に、ある特定の職業の選択およびその遂行が含まれることは明らかである。職業の自由は適切な報酬の要求を含み[18]、また、それは活動領域の拡大や転職にとどまらず、職業の廃止にまで及ぶ。ここにいう職業の廃止は、特定の職業活動の任務終了であるか、すべての職業活動からの引退であるかを問わない。

職業の自由および財産の自由が基本権として市民に保障されている社会は、これらの基本権保障を通じて、そこでの経済が形作られる。これは、基本法が特定の経済体制を含んでいる、あるいは、特定の経済政策を要求している、ということではない。基本法は、連邦憲法裁判所が何度も強調してきたように、「**経済政策的に中立**」であり、経済政策は原則として立法者の裁量に委ねられている[19]。したがって、現在の経済秩序が12条1項の、または14条と結びついた12条1項の保護領域に含まれることなど、ありえない。とはいえ、職業の自由という前提があるために、現在の経済秩序の一定の側面は保護されている。職業を自由に選択し、自由に遂行する中で、個人は、企業家として、商売人・経営者として、自由業者として、そして労働者としても、必然的に競争関係に入る。競争における行為・態度は職業遂行に含まれ、職業の自由の保護領域に含まれる。人が競争の下に身を置きうるということが、この競争の機能条件として不可欠である[20]。**競争への自由**と、競争からの自由の観念が両立することはない。

例 国家が他の企業家に許可したために、最初に許可を受けた企業家との間で、企業および職業の任務に関する厳しい競争がもたらされることになったとしても、これは、国家が最初に許可した企業家の職業の自由を侵害するものではない（E 34, 252/256; 55, 261/269; BVerwG, DVBl. 1983, 1251; HessStGH, NVwZ 1983, 542)。同様に、国家が市場の透明性を促進し、市場に関する真実適合的で事実に即した情報の提供を行う場合、たとえば危険な製品に関する情報の提供を行う場合には、職業の自由を侵害していない（E 105, 252/267 ff（グリコール決定Ⅲ・49）; *Bäcker*, Wettbewerbsfreiheit als normgeprägtes Grundrecht, 2007, S. 124 ff; 批判的なものとして、*Bethge*, Jura 2003, 327/332 f; *Huber*, JZ 2003, 290/292 f)。しかし、国家の行った補助金支出が競争相手に競争上の優位をつくり出したり（E 46, 120/137 f; BVerwGE 71, 183/191 ff）、あるいは、独占によって競争を排除したために（BVerfG, NJW 2005, 273/274参照）、ある起業

---

18) E 101, 331/346 ff; 110, 226/251.
19) たとえば、E 50, 290/336 ff 参照（共同決定判決Ⅰ・49）。
20) E 105, 252/265（グリコール決定Ⅲ・49）; 110, 274/288（エコ税決Ⅲ・16）; 116, 135/151 f.

第21章　職業の自由　*313*

家が競争相手に負けた場合には、その企業家の職業の自由は侵害されている（*Pieroth/Hartmann*, NWVBl. 2003, 322参照; 批判的なものとして、*Stern*, StR IV/1, S. 1861 ff）。

907 　国家作用に関わる職業遂行については、次のように区別されうる。

　①国家作用に関わる職業遂行が、**自営的な職業**の内容として理解されることはない。たしかに、私人によってなされる業務の提供が規制的、裁決的、仲裁的、管理的なものとなることはありうる。しかし、これらの場合は、それに相当する国家行為に特有の拘束力が欠けている。

908 　②国家作用に関わる職業遂行が公務である場合、これは**非自営的な職業**の一内容といえる。しかし、その場合は、12条1項だけでなく、33条も関係してくる。33条は、12条1項を全面的に排除してはおらず、特別法として公務に関する特則を定めること[21]で、これを容認している。そして、33条2項は、国家組織権を念頭に置きつつ、職業選択に関する12条1項の保護領域を平等な公務就任を求める権利にまで縮減している[22]。

909 　③**公的任務**öffentliche Aufgabenが私人の手に委ねられた、いわゆる**国家的拘束を受ける職業**の場合も、国家組織権が重要性をもつことで、「33条に根拠を有する特別の諸規律が…12条1項から生ずる基本権の効力を弱めてしまう」ことがありうる[23]。この場合、職業が公務に近づけば近づくほど、特別の諸規律は33条5項に依拠する部分が大きくなる。これとは反対に、自由な職業としての性格が強くなれば強くなるほど、このような特別の諸規律とのかかわりは希薄となる。

910 　**例**　公証人の場合、公費では賄われておらず、経済的に自立して活動をしているという事情からして、公務との隔たりは大きいといえる。そうだとすれば、33条5項は職業の自由の審査に対して弱い影響力しかもたないのだから、たとえば公証人が自己の活動を組織化するにあたっては、他の自由業と比べて遜色ない形成余地が公証人には認められていなければならない。これに対して、公証人による公証、他人の財産的価値を有する物の保管や引渡しといった具体的な公的職務に関しては、33条5項はより強い効力を有する。ここでは、監督官庁が指示権限を行使することも許されるが、それがなされた場合、これらの公的職務に関して公証人はそもそも12条1項を援用することができないのか、それとも、33条5項は憲法上の正当化を審査する段階で効力

---

　21)　*Michael/Morlok*, GR, Rn 348; 異説として、*Wieland*, DR, Art. 12 Rn 58.
　22)　E 7, 377/397 f（薬局判決 I・44）; 16, 6/21; 39, 334/369（過激派決定 I・78）.
　23)　E 73, 280/292; 110, 304/321.

をもつものなのかといった問題について、連邦憲法裁判所は未解決のまま放置している（BVerfGE 131, 130/140 f）。

b）養成

12条1項は、養成Ausbildungの自由な選択については述べておらず、また、その自由な実行についても述べていない。養成所の自由な選択について述べているだけである。しかし、連邦憲法裁判所は、これによって「**養成制度における自由制限に対する防御権**」が一般的に保障されているとみなしている[24]。なるほど、ここからは次のように考えられる。すなわち、教師の下かマイスターの下かの別、グループかコースかの別、講読によるか旅行によるかの別を問わず、およそ個人で自己の養成を手配する者は、公立または私立の養成所を修了する者と同等の保護を受けられて当然である、と。それゆえ、このどちらであっても、特定の養成の選択に関する決定は自由であり、それが最初の養成であれ、2度目の追加的な養成であれ自由なのであって、また、養成の受講および修了に関する決定も自由である。いかなる養成も受けないと決定することさえ自由である。しかし、養成の自由は、養成の無償を求める権利、たとえば大学・総合大学での学業の無償を求める権利を意味してはいない。1970年にようやく廃止された学費徴収について、これを禁ずる意図は基本法制定者にはなかったのである[25]。

911

ここでは、養成は教育Bildungのことではない。およそ精神的に獲得されうるものは、すべて教育の内容となりうる。そして、教育の内容と同様に、教育の目的もまた開かれたものである。これに対して、養成は、**職業に関する資格取得**を目的としており、この目的が内容をも規定する。教育一般の場合に限らず、学校教育の場合であっても、職業関連性がない教育の場合には、この点が欠けている。

912

例　12条1項1文の意味での養成所には、教会のアカデミーや、民間のスポーツ施設・文化施設は含まれず、また小学校や基幹学校も含まれない。しかし、通説によれば、その後進学した学校（E 41, 251/262 f; 58, 257/273; 批判的なものとして、*Kloepfer*, VerfR II, § 70 Rn 37）、専門単科大学、大学・総合大学、国の実務修習（司法修習）、企業内養成課程および企業横断的養成課程、民間の［資格取得］教室、語学学校、セラピスト養成施設等々は、養成所に含まれる。市が営む市民大学については、そこでの

913

---

24) E 33, 303/329（第1次入学定数制決定 I・46）.
25) BVerwGE 115, 32/36; *Pieroth/Hartmann*, NWVBl. 2007, 81.

教育の提供が職業関連性を有するかどうかによって、区別されなければならない。

c）職　場

914　職場 Arbeitsplatz とは、職業活動が行われる場所である。その職業活動は、非自営的な活動であってもよく、それは国家行政での活動でも、企業の製造部門や管理部門での活動でもかまわない。また、その職業活動は、自営的な活動であってもよく、それが自己の実務や作業場でなされるものでも、事務所やアトリエにおいてなされるものでもかまわない。職場の選択や変更、継続、辞職についての決定は自由である。従属的な被用者にとっては、この基本権は労働市場への参入と労働契約の相手方の選択をも含んだものである[26]。

d）職業・養成に特有の行為

915　保護されているのは、**職業および養成に特有の行為**だけである（901参照）。判例は、この点について介入の側から理解している。判例が要求するところによれば、国家の規律や措置が職業活動に対して何らかの遠回りな帰結をもたらすというだけでは、介入とはいえない。むしろ、その国家の規律や措置が、主観面または客観面において**職業規律的傾向**を備えていることが必要とされる。すなわち、国家の規律や措置は、まさに職業の規律を目的とするものでなければならず、あるいは、そうではなく職業中立的な目的が設定されているとしても、直接的に職業活動に影響を及ぼしていたり、何らかの重みづけによって職業活動に間接的な影響力が及ぶ場合でなければならない[27]。

916　例　①職業上締結した契約に基づく責任、あるいは職業上行われた不法行為に基づく責任は、主観的にも客観的にも職業規律的傾向をもたない（E 96, 375/397（「損害としての子」決定Ⅲ・1）; BVerfG, NJW 2009, 2945）。後見人や保護者を引き受けることも、原則として職業特有のものではない。連憲判54巻251頁（該当箇所270頁）は、これに対応する義務について、「特段の職業規律的傾向をもたない一般的な国民の義務である」と判示している。しかし、弁護士が、まさにその職業上の資格を理由に、それもかなり広範に、後見および保護を委託されており、その後見および保護が、自己の

---

26)　E 84, 133/146（待機旋回飛行判決Ⅱ・41）; 128, 157/176.

27)　E 97, 228/253 f（短時間ニュース報道判決Ⅲ・29）; 批判的なものとして、*Manssen*, Rn 611 ff参照。

職業活動の範囲内でしか行うことができず、かつこの範囲内で無償で行うべきものとされている場合には、その弁護士にとっては、職業特有の行為が問題となっており、職業の自由への介入が存在する。

②立法者が、主観的には職業規律的意図をもたないで定めた租税であっても、それが一定の職業に対して直接または重大な影響を及ぼすのであれば、職業の自由への介入となる（E 13, 181/186; 47, 1/21 f）。すべての消費者に対して彼らの職業活動とは無関係に課される環境税の場合（E 110, 274/288（エコ税判決Ⅲ・16））や倒産保険のための公租公課の場合は、これとは異なる。後者は、特定の職業遂行と結びついたものではないからである（BVerfG, NVwZ 2012, 1535/1536）。

③テレビでの短時間ニュース報道に対する法律上の許可は、それが職業上組織され利用された行事に部分的にしかかかわらないものであったとしても、職業規律的傾向を有する。娯楽、スポーツ、文化に関する当該行事が、職業上の催しとして典型的なものである場合には、［職業規律的傾向という要件を］十分に満たす（E 97, 228/254（短時間ニュース報道判決Ⅲ・29））。

2. 介　　入

a）職業の自由に対する介入

職業の自由に対する介入は、職業遂行の側面（職業活動をどのように行うか）に重きが置かれる場合と、職業選択の側面（職業活動を行うか否か）に重きが置かれる場合がある。職業の自由に対する介入が職業選択の側面で問題となる場合、この介入は、主観的な許可要件と客観的な許可要件のどちらかと［職業の］選択を結びつけている。これらの異なる介入は、それぞれ区別されなければならない。なぜならば、これらの介入は、通常、その**強度が異なり**、それゆえ正当化のための要請の程度も異なるからである。

客観的な許可制限は、職業の選択に対して、客観的な、そして職業を営もうとする者にはどうすることもできない、本人の能力とは無関係な基準を満たすことを要求する。このような客観的な許可制限に該当するものとして、とりわけ**需要条項**を挙げることができる。たとえば、旅客輸送法は、この需要条項を、定期路線に関してはその13条2項2号で規定し、タクシー運送に関してはその13条4項で規定している。[28] 職

917

918

---

28)　E 11, 168; BVerwGE 79, 208; またE 126, 112/138も参照のこと。

業の自由の統一的理解の出発点となった薬局判決でも、薬局開設の要件として、既存の薬局では住民に対する医薬品の供給が不十分であり、かつ、新設によっても経済的に重大な害悪がもたらされないことを要求する需要条項が、審査対象とされていた。[29]

919 　客観的な許可制限としては、さらに、特定の職業に適用される**税法規定**を挙げることができる。税法規定は、間接的にのみ職業の自由に影響を与えるだけであるにもかかわらず、ある職業を経済的に「絞め殺し」、その職業に就く可能性を実際上排除するような重大な影響をもたらしうる。

920 　**例** ①もし、刻みたばこ、葉巻たばこ、紙巻たばこの販売に対して、ほとんど利益が得られないような形で課税されたならば、たしかにたばこ商品はなお販売され商取引の品目としても残ることになるのかもしれないが、しかし、自営的にたばこ商品を取り扱う個人事業主の職業は、事実上淘汰されることになるだろう。

　　②連邦憲法裁判所は、これまで、いかなる税法規定に対してもこのような絞殺的効果erdrosselnde Wirkungを認めたことはない。12条に照らすと絞殺的課税を維持することは困難かもしれない、と釘を刺したことがあるにとどまる（E 8, 222/228; さらに、E 13, 181/185 ffを参照のこと）。学説は、こんにち、職業の自由への介入にあたる課税の範囲を広く解している（*Hohmann*, DÖV 2000, 406参照）。

921 　**行政の独占**のために職業活動の遂行が国家に留保されているところでは、市民はもはやそれを自営的職業の内容とすることはできない。[30]たしかに行政の独占には、通常、例外が認められ、独占されている活動の一定の側面を、所定の要件の下で、ある職業の内容としてよい場合がある。その場合は、要件として、客観的な許可要件が課されることもあれば、主観的な許可要件が課されることもある。しかしながら、独占されている活動については、自営的な職業遂行がほとんど認められないでいるのが常である。[31]

922 　**例** バーデン＝ヴュルテンベルク州法に基づくカジノ独占は、たしかにカジノ経営者という職業の完全な排除までを許すものではない（E 102, 197/200 f（バーデン＝ヴュルテンベルク州・カジノ法決定Ⅲ・51）; *Brüning*, JZ 2009, 29/31 f）。しかし、例外はごく狭い範囲でしか認められていない。バイエルンの国営富くじ法は、ギャンブル中毒が実効的に克服される場合に限り、スポーツくじの実施を全面的に国営にしてよいとす

---

29)　E 7, 377（薬局判決Ⅰ・44）.

30)　E 21, 245; 108, 370/389参照。

31)　*Breuer*, Hdb. StR³ VIII, § 171 Rn 89 f 参照。

る（E 115, 276/300 ff; BVerfG, NVwZ 2008, 301）。バイエルン救命救急法は、救命救急
活動が非営利活動主体によって行われることを最優先し、民間の営利的救命救急活動
事業者によるものをこれに劣後させることができる旨を定めることを、許容していな
い（BayVerfGH, NVwZ-RR-2012, 665/668 ff）。

　官職や国家と結びつきのある特定の職業に就くこともまた、客観的な許可制限によ　**923**
り規制されている。国家は組織権によって職員の定員を定めることができるが、その
定員が充足されたときは、資格を有する教員や法律家であっても、官職に就くことは
できない（**908**以下参照）。

　主観的な許可要件は、職業選択に個人的な資質や能力、知識や経験、学歴や実績、　**924**
職業経歴や役務経験を係らしめるものである。

　例　年齢制限（助産師についてはE 9, 338. 公的に選任され宣誓就任する鑑定人について　**925**
はBVerwGE 139, 1/11. 嘱託医についてはE 103, 172/184. 公証人についてはBVerfG,
NJW 2008, 1212. パイロットについてはBVerfG, EuGRZ 2007, 231/233. 批判的なものとし
て、*Hufen*, StR II, § 35 Rn 57）。年齢制限とEU法との関連については、**498**）や信頼
性（個別商取引営業についてはBVerwGE 39, 247/251）、高潔性（弁護士についてはE 63,
266/287 f; BVerfG, NJW 1996, 709. 医師についてはBVerwGE 94, 352/357 ff）、行為能力
や訴訟能力（弁護士についてはE 37, 67）、試験での好成績や職業上得られた経験（E 13,
97; 19, 330; 34, 71）、弁護士の国家公務員への不登用（BVerfG, NJW 2007, 2317）。

　主観的許可要件を詳細に規範化することによって、立法者は一定の**職業像**を固定化　**926**
している。**901**において、12条1項の職業概念は固定化された職業像と結びついてい
ないと言及したが、これは、たとえば固定化された職業像が全く存在してはならない
とか、ありえないという意味ではない。このことが意味しているのは、12条1項の保
護領域は固定化された職業像を定義していないということ、職業像の固定はむしろ保
護領域への介入にあたるということである。

　職業遂行の規律は、職業活動を行うにあたっての客観的な条件設定としてなされる　**927**
場合もあれば、主観的な条件設定としてなされる場合もあり、また、その規律が職
業活動の態様に向けられることもある。これらは、明らかに職業の自由に対するその
他の介入である。

　例　閉店時間の設定（E 13, 237; 111, 10）。［風俗営業に関する］警察規制時間の設定　**928**
（BVerwGE 20, 321/323）。飲食店における喫煙禁止（E 121, 317/345 f）。休暇期間中の

32）　E 86, 28/39.

重量貨物運送の制限（E 26, 259）。弁護士の広告禁止（E 76, 196; 82, 18; BVerfG, NJW 2008, 839, 1298; *Kleine-Cosack*, NJW 2013, 272）、公証人の広告禁止（BVerfG, NJW1997, 2510）、税理士の広告禁止（E 85, 97; 111, 366）、医師の広告禁止（E 71, 162; 85, 248; BVerfG, NJW 2011, 2636, 3147; BVerwGE 105, 362/366 ff）、薬剤師の広告禁止（E 94, 372（薬局広告決定Ⅲ・44））、タクシー事業者の広告禁止（BVerwGE 124, 26）。弁護士の法廷での法服着用義務（E 28, 21）。弁護士に対する特定裁判所でのみの訴訟代理の許可（E 103, 1）。妊娠中絶における専門医への留保（E 98, 265/305, 308（バイエルン州妊婦援助補充法判決Ⅲ・47））。眼鏡制作者による眼内圧測定および視野検査の禁止（BVerfG, NJW2000, 2736）。薬局経営者が医師にワクチンを郵送で提供することの禁止（E 107, 186）。弁護士兼業公証人やその他の自由業の同業者組合結成の禁止（E 98, 49/59）。資本収益税の天引きおよび払込みのための銀行利用（E 22, 380）。職務上の成果に対する著作権法上の報酬を定める自由の制限（BVerfG, DÖV 2014, 391/392）。経営上および営業上の秘密についての開示義務（E 115, 205/229 ff）。退役軍人の職業活動の制限（BVerwGE 84, 194/198）。公租およびその他の公課に関する諸規定に含まれる職業規律的傾向が、職業を絞め殺すまでには至っていないものの、結果的に職業遂行を嚮導してしまっている場合には、公租およびその他の公課に関する諸規定であっても職業遂行を規律するものといえる（E 13, 181/187; 99, 202/211; 113, 128/145）。

929 　客観的職業選択規制と主観的職業選択規制との**区別**、職業選択規制と職業遂行規制との**区別**は、ときとして困難である。たとえば兼業禁止規定で、弁護士に対して厳しい条件の下でのみ副業を許容する兼業制限規定は、客観的要素と主観的要素の両方を含んでいる。[33] 職業像を固定することで、そのつど一定の活動が典型的なものとして堅持され、その他のものは非典型的なものとして排除される。これは、固定化された職業像に従って活動している者や活動しようと思っている者にとっては、単なる職業遂行規制として作用する。しかし、典型的なものとして堅持されている活動と非典型的として排斥されている活動とを併せて独自に職業をつくろうとしている者にとっては、職業選択規制として作用する。

930 　**例**　税理士法は、以前、当年中の賃金支払簿管理の事務処理を税理士職に留保していた。それなのに、ある商店の女性従業員が、当年中の賃金支払簿管理の事務処理を買って出た。彼女は税理士法違反で訴追された。憲法訴願訴訟において、連邦憲法裁判所は、税理士法の当該規定を職業遂行規制とみなしたが、しかし、それは同時に職

---

33)　E 87, 287/317（弁護士の兼業規制決定Ⅱ・42）.

320　第 2 部　基本権各論

業選択も制限しているので、職業選択の制限に対して適用される正当化要請を満足させる必要があると判示した。連邦憲法裁判所は、当該諸規定は正当化要請を満足させるものではないと判断した（E 59, 302）。

　職業の廃業を要求または禁止する規定の位置づけについても、判例はときに苦心している。連邦憲法裁判所は、複数の職業を統一的な職業として一体的に取り扱うことや、年齢制限を設けること（**925**参照）、医師の開業免許の撤回について即時執行を命ずることを、主観的な許可要件に分類することには、説得力がある。連邦行政裁判所は、職業軍人の辞職の申し出を禁止する軍人法の規定を［職業］遂行規制だと理解している。

931

b）養成の自由に対する介入

　養成の自由に対する介入においても、養成制度における客観的許可制限と主観的許可要件、およびその他の規律に区分することができる。連邦憲法裁判所が**客観的な許可制限**と認めたものに、いわゆる絶対的定員条項がある。これは、特定の大学の選択や修学課程を規制するだけにとどまらず、志願者が大学入学資格証明Abiturzeugnisによって実際には大学進学資格Hochschulreifeを得ているにもかかわらず、連邦全土において、しかも長期にわたって志願者の希望する大学教育を受けられなくさせるものである。たとえば国の実務修習は法律家や教員になるための養成課程を独占しているが、この実務修習への入口が長期にわたって閉ざされている場合でも、ここには客観的な許可制限が存在する。**主観的な許可要件**は、個人的な資質を基準として入学を規律したり、個人的な資質を基準として修了を規律するものをいう。したがって、入学拒否は介入になるが、転校の禁止は介入にはならない。これは、国立の養成所だけでなく、そこでの修了が国家公認されている私立の養成所にもあてはまる。つまるところ、労働時間、解雇制限、経営組織に関する**養成関連の諸規律**によっても、養成制度への介入は生じるのである。

932

---

34)　E 119, 59/79 f（Ⅳ・44）.
35)　BVerfG, DVBl. 1991, 482/483; また、BVerwGE 105, 214/217も参照。
36)　BVerwGE 65, 203/207.
37)　E 33, 303/337 f（第1次（大学）入学定数制判決Ⅰ・46）.
38)　E 58, 257/273 ff.
39)　BVerwG, DVBl. 1998, 969.

c）職場の自由な選択への介入

933 　職場の自由な選択への介入は、各人に対して、可能となっている職場への就業を国家が妨害したり、特定の職場への就業を国家が強制したり、職場の退職を国家が求める場合に存在する[40]。その限りでは、職場を得ることについても、客観的な許可要件と主観的な許可要件の違いに基づく区別がなされうる。

934 　例　任期満了前に公職を辞する場合に、拠出された養成費用の返還を公務員個人に義務づける協定（E 39, 128/141 ff; BVerwGE 30, 65/69; 40, 237/239）は、職場の自由な選択への介入となる。新しい職場を選択するための前提として公職を辞することが、養成による利益に相当する代替可能で提供可能な金銭給付にかからしめられるときは、その協定は主観的な許可制限となる。過度の金銭要求となる場合には、客観的な許可制限になると思われる。

935 　労働界は、とりわけ私経済的に組織されるものであるため、職場の自由な選択も、とりわけ私法によって条件づけられ、制限されている。この場合、使用者の決定は、間接的な第三者効力（203以下参照）という意味で、そして、その前提の下という限りで拘束されているにすぎないが、これに関しては、数多くの基本権の「進入口Einbruchstelle」が労働法には存在している。

936 　例　① 養成費用の返還に関する協定は、公務員同様、私経済においてもみられ、ここでも公務の場合と同じ基準に服する（BAG, NJW 1977, 973）。
　② 競争の禁止も、その重要性と効果からして、客観的な許可制限と同列に論じられるものであり、司法および立法に対して、国家の客観的な許可制限からの保護に相当する取扱いを要求しうる（E 84, 133/151（待機旋回飛行判決Ⅱ・41）; 96, 152/163）。

3．憲法上の正当化

a）法律の留保

937 　12条1項2文は、**単純な法律の留保を含んでいる**（243、281、899参照）。33条は、国家に関係する職業については特別の制限を正当化するものであるが、法律上の根拠を不要とするものではない[41]。行政規則は法律ではない[42]。身分法上の［職業倫理］指

40）　E 92, 140/151; 97, 169/175.

41）　E 80, 257/265; BVerwGE 75, 109/116.

42）　E 80, 257/265; BVerfG, NVwZ 2007, 804.

322　第2部　基本権各論

針も行政規則の1つである。身分法上の指針とは、当該職業階層にふさわしい職業遂行について、同一職業階層に属する者の諸見解を書き記したものである。この指針が、同一職業階層の職業上の義務に関する一般条項を解釈するための基準として用いられてはならない（たとえば連邦弁護士法43条参照）。また、法律類似の意味にまで高められることもあってはならない。[43]

12条1項においても、**本質性理論**に注意が払われなければならない（**282**以下参照）。本質性理論は、職業における競争上の地位を配分したり割り当てたりする国の官庁に対して、立法者がその選抜基準や選抜手続をあらかじめ定めておくことを要求する。[44]本質性理論が特別な意義をもってくるのは、公法上の職業団体に対して規則制定権を授権する場合であり、本質性理論は、職業選択それ自体に対するいわゆる地位設定的規律を立法者が行うことを要求する一方で、職業遂行の規律だけであればこれを職業団体に委任することを許容している。[45]もっとも、職業遂行に関する義務であっても、それが第三者の権利に対して強い影響を及ぼすものであるのなら、このような職業遂行上の義務についても立法者による規律が必要とされる。[46]

938

b）段階理論

薬局判決で展開された**段階理論**は、**職業遂行規制、主観的許可要件、客観的許可制限**の各段階を、次第に介入の強度が増していく3段階として区別するものである。[47]介入の強度が増すにつれて、立法者の形成の自由が減少する。立法者が、より強力に介入すればするほど、あるいは介入権限が与えられればられるほど、立法者にはそれだけ高度の正当化が要請される。正当化の要請としては、**比例原則**（**過剰制限の禁止**）が妥当する。「『段階理論』は、公共の福祉から要請される職業の自由に対する介入において、比例原則を厳格に適用した結果である」。[48]

939

---

43) E 76, 171/184 ff（弁護士身分指針決定Ⅱ・39）; 82, 18/26 f; これについては、*Pietzcker*, NJW 1988, 513.

44) E 73, 280/294 ff; VGH Mannheim, VBlBW 1999, 389.

45) E 33, 125/160（専門医決定Ⅰ・45）; 94, 372/390（薬局広告決定Ⅲ・44）.

46) E 101, 312/323.

47) E 7, 377（薬局判決Ⅰ・44）.

48) E 13, 97/104.

aa) 目的の正当性と手段の適合性

940 　したがって、段階理論ないし比例原則は、まず第1に、職業の自由への介入が正当な目的を追求するものであり、かつ目的達成のために**適合的**なものであることを要求する。

941 　**例**　①もし医師や弁護士が、競争の激化をおそれて、いわゆる医師過剰・法律家過剰に対応するために彼らの自由な職業［活動］に障碍を設けるよう立法者に働きかけたとすれば、職業の選択ないし遂行を競争の妨害によって制限しているこの障碍は、不当な目的を追求している（*Tettinger*, NJW 1987, 293; Rn 883f 参照）。

　②弁護士であると同時に建築家の職業も遂行し、仕事上の交流において2つの職業を名乗っているために競争相手らより魅力的となっている弁護士に対して、2つの職業を名乗ることを身分法によって禁止することは、許されない。競争相手らの保護は正当な目的ではない（E 82, 18/28）。

　③複数の専門医であることの表示を禁ずることは、住民への高い質の医療サービスを確保することにとって、適合的でない（E 106, 181/194 ff）。

942 　さらに、段階理論ないし比例原則は、介入が目的達成のために必要であること、および、目的の重要性との関係において相当であること（狭義の比例性）を要求する。必要性と相当性を確定するにあたり、3つの介入段階の区別が用いられる。

bb) 手段の必要性

943 　介入が目的達成のために**必要な**ものでなければならないということは、市民に対するより少ない負担の、当該目的を達成するのに同程度に適合的な他の介入が存在してはならない、ということを意味する。ここでは、ある介入により市民にもたらされる負担が大きいか小さいか、介入の程度が強いか弱いかは、とりわけ上述した介入段階によって測定される。原則として次のように考えられている。最も厳しいのが客観的許可制限であり、次にくるのが主観的許可要件、そして、最も負担の少ないのが単なる職業遂行規制である。より高次の段階にある介入が比例的といえるのは、当該介入の目的がより低次の段階にある介入によっては達成できない場合に限られる。1つの段階、同じ段階においてであっても、より厳しい介入やより緩やかな介入というものは存在しうる。これが段階理論の第1部である。

944 　**例**　薬局判決の対象はバイエルン州の薬局法であり、これは、新規薬局の開設を、公衆における相応の需要という客観的な許可制限にかからしめるものであった。開設制限の目的は、国民の健康維持であった。立法者は、数多くの薬局による自由な競争

324　第2部　基本権各論

が、法律上の義務の懈怠や軽率な医薬品販売、誘惑的な医薬品宣伝、有害な薬物依存を招いてしまうことを、危惧していた。連邦憲法裁判所が疑問視したのは、職業遂行の規制や医薬品製造の国家的統制、自由な宣伝や自由な販売を制限することによっても、この立法目的は達成されうるのではないか、ということであった。連邦憲法裁判所は、この疑問を肯定し、そして、これを根拠にバイエルン州の薬局法を無効とした。

ただ、連邦憲法裁判所における判例の以後の展開は、**段階相互の境界が曖昧になる**場合のあることを示してきた。**906**ですでに言及したように、ある介入をいずれの段階に分類するかが困難な場合があるだけでなく、より低次の段階の介入がより高次の段階の介入より厳しいということさえありうる。 **945**

例 ①職業遂行規制が、特定の商業部門に対して開店時間や取扱品目を厳しく制限したり、包装や保管における衛生面について高度かつコストのかかる要求を突きつけるものであるとすれば、それは、容易に充足されうる［職業選択の］主観的許可要件以上に、当該品目の取引に対するより厳しい打撃となろう。 **946**

②連邦憲法裁判所は、嘱託医として新たに活動することに対する規制（E 11, 30/42 f; 103, 172/184）や建設業経営の一環で労働者を貸し出すことの禁止（E 77, 84/106）を職業遂行規制だと判断したが、その効果ゆえ、これらを職業選択の自由に対する介入に近づけて理解した。

こうした事案では必要性審査において、同程度に目的を達成しうる同一段階の介入やより低い段階の介入が存在するかを、単純に問うことはできない。必要性審査においては、むしろ、その介入の強度ないしその介入に代替しうる手段の強度は、事件や事案に固有の事実関係に基づいて確定される必要がある。例えば14条の場合には（**1033**以下参照）、必要性審査に際して、個人的関連性や社会的関連性も考慮されうる。段階理論は、たしかに介入の必要性に関する問題への**突破口**を開くものであり、その解答を見つけ出させてくれることもよくある。しかし、段階理論はときとして十分なものではなく、この場合は、介入の必要性に関する問題を段階理論から解放することが必要となる。 **947**

cc) 狭義の比例性

連邦憲法裁判所と通説にとって、比例原則は、さらに**狭義の比例性**を意味するものである。すなわち、その介入が奉仕する目的は、介入が強度であればあるほど、より **948**

---

49) *Bryde*, NJW 1984, 2177/2181 f.

高い価値を有していなければならない、ということである。換言すれば、ここでは**利益衡量**がなされる必要があるということである。これが段階理論の第2部である。

①客観的な許可制限は、それが、「極めて重要な共同体利益にとって、証明可能なまたは高度の蓋然性がある重大な危険を防止する」ために必要なものである場合にのみ、正当化される。

②主観的な許可要件は、職業の遂行がその要件を満たさなければ「不可能または非現実的」である場合や、公共に対して危険または害悪をもたらす場合にしか、正当化されない。

③職業遂行規制は、「合目的性の観点」からこの規制が要請される場合には、正当化される。ここでは、公衆が危険または害悪に瀕していることの方が問題としてより重大なこともあれば、職能団体を維持したり支援すべきことの方がより重大なこともある。

949 　薬局判決で形作られ、それ以降お決まりのように繰り返されてきたこれらの定式は、淡くぼんやりとしたものであり、これを用いて作業を行うことは容易ではない。連邦憲法裁判所によってなされてきた個々の共同体利益や共同体目的の重要性の確定からは、相当な**恣意性**がみてとれる。

950 　　**例**　連邦憲法裁判所がとくに重要なものとして認めてきたものには、非常に種々様々な共同体利益や共同体目的があり、たとえば、住民の健康と生命の保護 (E 103, 172/184; 126, 112/140)、法的健康保険の財政的安定性 (BVerfG, DVBl.2002, 400)、司法の機能的健全性 (E 93, 213/236 (旧東独弁護士決定Ⅱ・43))、不適切な法律相談員からの保護 (E 75, 246/267) 公共交通の機能保全 (E 11, 168/184 f)、ドイツ連邦鉄道の経済性 (E 40, 196/218)、東独の新たな州における実効的行政の早急な確立 (E 84, 133/151 f (待機旋回飛行判決Ⅱ・41)) といったものがある。

951 　　しかし、連邦憲法裁判所の判例においては、必要性審査がそのつど真正面から行われるので、この恣意性は**有害なものとはならなかった**。追求されている目的達成のために介入が真に必要である場合にのみ、引き続いて、その目的も十分に価値あるものなのかが問題となる。ただ、連邦憲法裁判所は、近時、なぜか理由づけの重点を必要性から狭義の比例性へと移している。[50] 相当性や期待可能性の不存在によって必要性

---

50)　E 97, 228/259 ff (短時間ニュース報道判決Ⅲ・29); 104, 357/368 ff; 110, 226/264 ff; 115, 276/308 ff; 119, 59/86 ff (装蹄法による職業規制の合憲性Ⅳ・44); 121, 317/355 ff (禁煙法判決Ⅳ・45) 参照。

326　第2部　基本権各論

の欠如が埋伏してしまうという事案は、まだ良い方である。より悪質なものになると、連邦憲法裁判所は必要性の欠如と向き合うことを回避するのである。その一方で、介入が真に必要であった場合には、連邦憲法裁判所が目的の重要性に欠けるという理由でこれを無効にしたことは一度もなく、常に十分な重要性があると認めてきた。

この背後には、暗黙のうちに次のような認識、すなわち、共同体目的や共同体利益が実際に強度の基本権介入という高い犠牲を払ってしか達成できないのであれば、通常、これこそがその目的・利益に高い価値のあることを証明している、といった認識が、存在しているのかもしれない。当然、狭義の比例性の審査には**調和性審査**としての意義があると考えてよい（**312**参照）。

952

例　連邦憲法裁判所が職業の自由への介入を正当とみなした事例には、以下のようなものがある。

953

①客観的な許可制限に関しては、長距離貨物輸送におけるトラックの許可台数の上限設定（E 40, 196/218）、民間事業者の公営救急業務事業体への編入（E 126, 112/139 ff）、連邦雇用庁による労働仲介の独占（E 21, 245/250）、弁護士が副職を引き受ける際の制限（E 87, 287/321（弁護士の兼業規制決定Ⅱ・42））。

②主観的な許可要件に関しては、定年（**925**参照）、手工芸の能力の証明（E 13, 97/113 ff、しかし、BVerfG, EuGRZ 2005, 740を参照のこと）、弁護士や法律顧問の許可規制（E 41, 378/389 f; BVerfG, NJW 2009, 3710）、短答（多肢選択）式による医師試験（E 80, 1/23 ff）。

③職業遂行規制に関しては、閉店時間規制（E 111, 10/32 ff）、夜間のパン製造禁止（E 87, 363/382 ff）、不適当な土壌でのブドウ栽培の制限（E 21, 150/160）、賭博装置に対する娯楽税（E 14, 76/100 f; 31, 8/26 f）、自家用貨物の長距離輸送に対する特別課税（E 16, 147/162 ff）、賃金保証義務に関する規律（E 116, 202/221 ff）、レンタカーの返送要請（E 81, 70/84 ff）。

これに対して、連邦憲法裁判所は、以下の事例においては、12条1項違反を認めた。民間事業体による賭場事業への参入の絶対的禁止（E 102, 197/217 ff（バーデン＝ヴュルテンベルク州・カジノ法決定Ⅲ・51））。連邦通常裁判所の場合（E 106, 216/219 ff）とは対照的であるが、高等裁判所が弁護士に対して特定の裁判所に限定して訴訟代理を許可すること（E 103, 1/13 ff）。弁護士に対する成功報酬の全面禁止（E 117, 163/181 ff（弁護士の成功報酬の禁止Ⅳ・43））。公的機関による専門家の指定の際に行う需要調査（E 86, 28/41 ff）。例外的日曜営業への参入対象から薬局を除外すること（E 104, 357/368 ff）。代理商に対する競業禁止において競業制限期間内の補償を行わないこと

第21章　職業の自由　*327*

(E 81, 242/260 ff（代理商決定Ⅱ・40））。青少年補導目的での特別休暇についてその期間中の報酬の全額支払いを使用者に義務づけること（E 85, 226/234 ff）。職業上の活動に関するプレス記事に医師が協力することの禁止（E 85, 248/261 f）。

954 　上述の審査方法ないし正当化方法は、職業の自由の部分領域に対する介入の場合だけではなく、**養成の自由**や**職場選択の自由**の部分領域に対する介入の場合にもあてはまる。いずれの場合も、客観的な許可制限かその他の介入かで区別がなされ、介入強度に応じて段階づけがなされ、そして、比例性の審査の基礎に置かれることとなる。

955 　**問題解決のための技術的ヒント**　介入が存在するかという問題に接した場合、同時に、その介入がどの段階に属するものなのかを併せて審査し、決定することが推奨される。比例原則は、次のことを要求する。すなわち、正当な目的であるかを判別し、次に、介入がその目的にとって適合性と必要性を有するかを審査するとともに、その際、より低い段階の介入が同程度の適合性を有するということがないかを問い、それでもなお問題が残されている場合にはじめて、これに引き続き、そして最終的に、狭義の比例性を検討することを、要求する。換言すれば、目的の重要性や質を確定し、介入と目的の双方を相互に衡量することを、要求するのである。

Ⅲ．12条1項の保護請求権と配分請求権

956 　職業、職場、養成所の自由な選択の権利が、国家に対して、すなわち国家の職業や職場、養成所へのアクセスに向けられる場合、これらの権利は、［職業、職場、養成所が］不足している限りで、必然的に配分請求権Teilhaberechteとなる。希望者が公共財よりも多ければ、各希望者は不足している公共財の一部しか手に入れられない。公共財としての国家の職業、職場、養成所は分割することができないので、これらは全希望者間で同じ方法により、つまり同じ基準に基づいてしか配分することができない。配分請求権は**平等権**である。公務就任については、33条2項がこれを明文で規定してもいる。連邦憲法裁判所は、大学教育や高等教育を受ける権利に関して、この問題の論理から展開している。

957 　**例**　大学教育の収容能力の限界は、大学の機能を踏まえつつ、あらゆる物的および人的資源を利用し尽くした上で決定されなければならず、そして、およそ大学で学ぶ場合であれ、自分の志望する大学で学ぶ場合であれ、各志願者が等しく大学で学ぶ機会を得られるように、その限定された収容能力を配分しなければならない（E 33, 303/338（第1次（大学）入学定数制判決Ⅰ・46）；85, 36/54）。機会均等は正当な選抜基

328　第2部　基本権各論

準の平等な適用を要求する。連邦憲法裁判所は、成績（大学入学資格試験の評点と試験結果）、抽選、待機期間、社会的困窮度に基づく選抜を容認しており（E 43, 291/317 ff）、また、これらの基準を積み重ねる中で、改めて基準を定式化した（E 59, 1/21 ff）。こんにちの大学は高度の自律性が与えられる代わりに、競争を志向し、業績の差別化を図り、特色をつくることが同時に求められるようになっており、このようなこんにちの大学に入学許可の要求をする者は、大学教育課程に特化した能力を証明する志願者だけとなっている（*Steinberg/Müller*, NVwZ 2006, 1113/1117）。機会均等は、費用の自由を意味しない（BVerwGE 134, 1/8 ff; *Pieroth/Hartmann*, NWVBl 2007, 81）。

職業、職場、養成所の自由な選択の権利を、労働や養成を求める権利へと強化することは、一般に否定されている[51]。こういった権利は、包括的であるとともに、他方で自由を脅かすこととなる養成の統制や職業の統制なくしては、実現することさえできない。判例もその限りでは、常に慎重な態度をとってきた。判例は、教員定員や学生定員の創出を求める請求権や教材の無償を認めてはこなかったし[52]、いったん創出された教員定員や学生定員を立法者が削減することも妨げられないとしている[53]。 **958**

連邦憲法裁判所は、とくに司法試験のように職業への入り口の開閉を行う試験手続に関しては、12条1項を**保護請求権**として発展させてきた。判例は、次のことを要求している。すなわち、試験の実施を不必要に遅らせないこと、試験および採点に透明性があること、試験官は受験者に対して解答の幅を認め、別解答に対して誤答との評価を与えないこと、受験者が採点に対する異議を実効的に申し立てうること[54]、成績評価には理由を付すること[55]、である。短答式の試験方式で行う場合、出題ミスや採点ミスを回避するため、相当な手続上のコストを払うことが求められる[56]。他の国家による選考でも、職業活動の許可に関する場合は、同程度の要求がなされる[57]。――なお、12条1項は、私的な処分による職場の喪失に対しても、解雇制限法や民法の一般条項で保障されている程度の、職場に関する最低限の保護を保護請求権として与え **959**

51）　*Papier*, Hdb. GR II, § 30 Rn 18 f; *Stern*, StR IV/1, S. 1915 f.
52）　BVerwGE 102, 142/146 f 参照。
53）　OVG Berlin, NVwZ 1996, 1239参照。
54）　E 84, 34/45 ff（法曹資格試験の成績評価の司法審査II・49）; BVerfG, EuGRZ 1999, 359; BVerwGE 98, 324/330 ff; Rn 1137 fを参照のこと。
55）　BVerwGE 99, 185/189 ff.
56）　E 84, 59; BVerfG, NVwZ 1995, 469.
57）　E 82, 209/227; 116, 1/16 ff; BVerfG, NVwZ 2011, 113/114参照。

ている。[58]

IV. 労働強制と強制労働からの自由（12条2項および3項）

1. 保護領域

960 　特定のいくつかの役務の強制（労働強制）からの自由や特定のやり方での全労働力の投入の強制（強制労働）からの自由は、体系的には、12条1項というよりむしろ2条1項に含まれる。なぜならば、特定の職業や職場の選択・不選択や特定の職業活動の遂行・不遂行は、強制とは関係がないからである。たしかに、人は、労働強制や強制労働に服している間は自分の仕事をすることができない。しかし、その間は、同様にその他のあらゆる活動も妨げられており、また、強制されない時間においては、あらゆる職業的活動も非職業的活動も自由である[59]。加えて、両者の保障は職業の自由と異なり、人間の権利である。それゆえ12条2項および3項は、制限に対する制限として、特定の介入に対して**一般的行為自由**を保護するものである[60]。

2. 介入と憲法上の正当化

961 　**労働強制**（12条2項）を義務と性格づけることに、判例と学説は極めて**慎重**である。判例と学説は、強制される役務が一定の費用を要し、通常は所得をもたらすものであることを、要求する。また判例と学説は、ときに「個人的な役務によって履行され（う）ること」をも要求する[61]。［基本法の］成立史からは、「基本的に自治体の手仕事と畜耕、伝統的義務としての堤防作業の援助義務、消防義務だけ[62]」が許される趣旨だったことは、明らかである。ここからは、12条2項はあまり重要な意味をもたないということが分かる。いずれにせよ、これらの義務は、法律の留保（**279**以下、**427**参照）の意味で、法律上の根拠をもたなければならない[63]。

962 　**例**　労働強制というべきでないものとして、就学義務、届出義務、名誉職活動の義務（VGH München E 7, 77/80）、国勢調査員としての活動義務（VGH München, NJW

58）　E 97, 169/175 ff; 128, 157/176 f; *Otto*, JZ 1998, 852. も参照のこと。

59）　*Stern*, StR IV/1, S. 1017も参照。

60）　これに対して、固有の基本権とする見解として、*Kloepfer*, VerfR II, § 70 Rn 3, 107.

61）　BVerwGE 22, 26/29.

62）　E 22, 380/383; 92, 91/109（消防活動負担金決定II・10）.

63）　*Gusy*, JuS 1989, 710/713.

1987, 2538; 異説として、*Günther*, DVBl. 1988, 429）、道路沿いの居住者の歩道清掃義務
（BVerwGE 22, 26; VGH Kassel, DVBl. 1979, 83）、所得税や社会保険料に関する使用者
の徴収協力義務（E 22, 380）、がある。

12条3項も、これまであまり重要な意味をもってこなかった。労働収容所・教育収 **963**
容所・強制収容所での**強制労働**の導入は、そもそも自由な国家とは無縁である。自由
な国家では、裁判所によって命じられる自由剥奪における強制労働の命令のみが伝統
的なものである（行刑法41条1項参照）。裁判所によって命じられる自由剥奪について
だけは、強制労働の禁止から明文で除外されており、しかも、ここでは社会復帰の促
進が優先され、単に強制されるだけの労働から、適切に評価された補償を伴う労働へ
と変化している。[64] 連邦憲法裁判所は、［基本法の］成立史を援用することで、少年裁
判法10条1項3文4号で矯正教育として予定されている労役の指示ならびに刑法56b[65]
条2項3号で許されている保護観察中の公益的役務の義務づけに対しては、強制労[66]
働の禁止や労働強制の禁止が及ばないと判断した。これとは反対に、ときおり主張さ
れる見解に従えば、青年市民に対する一般的役務については、強制労働の禁止や労働
強制の禁止が及ぶというべきである。[67]

> **事例18（896）についての解答の概略** **964**
>
> Ⅰ．単に医師という**職業**が存在するのではなく、独立医という職業もあれば、
> 勤務医という職業もある。大学病院の医長として、Aは勤務医の職に就いていた
> が、これに対して、彼は、嘱託医として独立医の職を営みたいと考えている。
>
> Ⅱ．1．嘱託医の免許申請拒否が、独立医という職業をAが営むことをもし禁
> じているのであれば、それは職業選択の自由に対する**介入**である。しかし、独立
> 医という職業には、嘱託医としての活動だけではなく、私保険による患者を診療
> する医師としての活動も含まれる。後者の活動を、Aは嘱託医免許がなくても行
> うことができる。それゆえ、Aは独立医という職業を営むことが禁じられている
> のではなく、ただその遂行が制限されているにすぎない。ここにあるのは、職業
> 選択の自由への介入ではなく、職業遂行の自由への介入である。

---

64) E 98, 169/199 ff（労働義務判決Ⅲ・52）; BVerfG, NJW 2002, 2023.
65) E 74, 102/122; これについて *Gusy*, JuS 1989, 710.
66) E 83, 119/125 ff.
67) *Köhler*, ZRP 1995, 140.

第21章　職業の自由　*331*

2．しかし、私保険による患者だけを診察する医師として経済的にやっていくことが、全く不可能ではないとしても、結局のところ困難であることに鑑みれば、このような職業遂行規制は、職業選択規制に非常に近いものとなってくる。嘱託医として独立医の職を営むことに対する規制は、客観的ではなく、**主観的な許可要件**によるものである。なぜならば、年齢は個人的な属性だからである。したがって、Ａの職業遂行の自由に対する介入の程度は、主観的な許可制限の段階にある職業選択の自由に対する介入に類似したものとなる。

　Ⅲ．比例原則という制限に対する制限についても遵守されているのであれば、免許令は、実体法として、介入を**憲法上正当化**することができる。

　1．本件介入は、免許を取得した嘱託医の数に伴って増大することが経験上明らかである法定健康保険の費用抑制を目的としており、これは**正当な目的**に奉仕する。

　2．この目的にとって、若年の医師ではなくむしろ高齢の医師に対する免許を禁ずることは、次の理由により**適合的**である。すなわち、満55歳になってはじめて嘱託医の免許を付与されても、その仕事を満68歳で必ずまた辞めなければならない医師に、コスト意識をもって法定健康保険に協力してもらうことを期待するのは、極めて困難だからである。

　3．すでに56歳となっている医師らという人的集団に対しての、同程度に実効的なより制限的でない職業規制が何であるかは明らかではないため、免許の禁止は**必要的**でもある。

　4．主観的な許可制限に類する影響力をもった職業遂行規制は、主観的な許可制限の場合と同様に、**十分な重要性**のある目的による正当化が必要である。財政的安定性の確保やこれによる法定健康保険の機能性の確保は、最重要の公共の福祉利益である。Ａは、嘱託医免許の拒否によって12条1項の［基本権］を侵害されていない。

参考文献　*R. Breuer*, Freiheit des Berufs, Hdb. StR[3] VIII, § 170; *B.-O. Bryde*, Artikel 12 Grundgesetz—Freiheit des Berufs und Grundrecht der Arbeit, NJW 1984, 2177; *O. Depenheuer*, Freiheit des Berufs und Grundfreiheiten der Arbeit, in: FS 50 Jahre BVerfG, 2001, Bd. II, S. 241; *F. Hufen*, Berufsfreiheit—Erinnerung an ein Grundrecht, NJW 1994, 2913; *A.-B. Kaiser*, Das Apotheken-Urteil des BVerfG nach 50 Jahren, Jura 2008, 844; *S. Langer*, Strukturfragen der Berufsfreiheit, JuS 1993, 203; *R.A. Lorz*, Die Erhöhung der verfassungsrechtlichen Kontrolldichte gegenüber berufsrechtlichen Einschränkungen der Berufsfreiheit, NJW 2002, 169; *T. Mann/E.-M. Worthmann*, Berufsfreiheit (Art. 12 GG) — Strukturen und Problemkonstellationen, JuS 2013, 385; *J. Pietzcker*, Artikel 12 Grundgesetz—Freiheit des Berufs und Grundrecht der Arbeit, NVwZ 1984, 550; *R. Pitschas*, Berufsfreiheit und Berufslenkung, 1983; *H.P. Schneider*, Berufsfreiheit, Hdb. GR V, § 113; *R. Waltermann*, Freiheit der Arbeitsplatzwahl (Art. 12 Abs. 1 GG) —Grundrecht der Arbeitnehmer, DVBl. 1989, 699.

第22章　住居の不可侵（13条）

966
> **事例19　負担金拠出義務を監視するための立入り権限**
> 販売促進基金法は、農業の事業体に対して、農産品の販売および利用の促進を目的とした分担金拠出義務を根拠づけるものである。その11条1項は、分担金拠出義務者に対して、所轄庁の求めがあったときは、法律により与えられた任務の遂行に必要な情報を遅滞なく所轄庁に提供することを義務づけている。11条2項は、所轄庁により情報の取得を委託された者に対して、情報提供義務者の土地および事業空間への立入り、その土地および事業空間の検査、ならびに情報提供義務者の事務書類の閲覧を授権している。販売促進基金法11条2項は、13条に適合しているか。→991

Ⅰ．概　　観

967
　この基本権の保護領域は、1項において、住居の概念のみによって輪郭づけられている。2項～5項および7項は介入の授権を含んでおり、ここでは、2、4、5項は7項の特殊事例であり、3項は7項の範囲を超えるものである。6項は組織法的な規定である。13条は公権力に対する防御権である。したがって、13条は、家主に対する防御権を借家人に与えるものではなく、また、いくつかの州憲法でみられるような（バイエルン州憲法106条1項、ベルリン州憲法28条1項、ブレーメン州憲法14条1項参照）、住居の供給を公権力に対して求める給付請求権を含むものでもない。

Ⅱ．保護領域

968
　13条の歴史的展開をみれば、住居の不可侵の基本権は、人格の自由な発展と関係

1）　これについては、*Berkemann*, AK, Art. 13 Rn 1 ff; Herdegen, BK, Art. 13 Rn 4 ff.

334

がある。これは、個人に「基本的な生活空間」[2]とその中で「そっとしておいてもらう権利」[3]を保障する趣旨のものである。それゆえ、住居とは、「空間的な私的領域」[4]を意味する。13条は、技術的な侵入からの保護を明文で謳うことにより、一般的人格権に対するこのような介入に対しては13条が1条1項と結びついた2条1項の特別法となることを、明らかにしている[5]。

　問題となるのは、保護領域の**限界線**をどこに引くかである。1つの可能性は、憲法より下位の法規範における概念理解と結びつけて考えることであろう。たとえば、**刑法**では、狭義の住居、事業空間とならんで、柵で囲われた地表の一部分という意味での安堵された所有地も保護される（刑法123条1項）。しかし、囲われ安堵された耕作地は、農民の私的領域とは関係がない。**市民法上の手がかり**としては、所有権が考慮されないことはたしかに明らかである。そうでないと、すべての賃借人が13条の基本権の保護を受けないことになってしまうからである。しかし、直接占有（民法854条以下）[6]については考慮される。また場合によっては、占有補助（民法855条）についても考慮される。

　憲法より下位の法規定は、保護領域の最初の手かがりを提供することはできても、保護領域を最終的に定義づけることはできない。最終的な定義づけは、いつものように基本権の**保護目的**や憲法の**全体的連関**からなされるものでなければならない。空間的な私的領域にとって決定的なのは、1つは、空間や場所への単なる私的な出入りを可能にしたいという外部から認識可能な意思であり、もう1つは、このような個人により確定された空間的な私的領域に対する社会の承認である[7]。

　例　①それゆえ、憲法上の意味での住居だと問題なくいえるものには、狭義の居住空間のほか、次のようなものがある。地下室、ガレージ、中庭、前庭（BGH, NJW 1997, 2189）、キャンピングカー、テント、ヨット等である。解約通告を受け、立ち退きの期限が過ぎたにもかかわらずなお居住している借家人にも、13条の保護は認められる（E 89, 1/12（賃貸人所有権決定Ⅱ・46）; *Ziekow/Guckelberger*, FH, Art. 13 Rn 44）。このほか、冬の間住所不定者が共有林の中で住んでいる小屋や、一定の条件の下で不

---

2)　E 42, 212/219; 51, 97/110（第1次強制執行判決Ⅰ・48）.

3)　E 27, 1/6; 103, 142/150.

4)　E 65, 1/40（国勢調査法判決Ⅰ・7）.

5)　E 109, 279/325（「大盗聴」判決Ⅲ・53）.

6)　たとえば、*Gentz*, S. 46 f.

7)　*Berkemann*, AK, Art. 13 Rn 32 ff.

法占拠者によって占拠されている住居（*Kunig*, MüK, Art. 13 Rn 14; 異説として *Papier*, MD, Art. 13 Rn 12）が、13条の保護の下にある。

②インターネットにより拓かれた「ヴァーチャル空間」については、13条の類推適用が議論されている（*Rux*, JZ 2007, 285/293参照）。

972　営業空間や事業空間が住居の不可侵の保護領域に含まれるかについては、争いがある。13条とプライバシーとを関連づけた場合、営業空間や事業空間を除外し、住居を個人自身やその家族の保護に限定するという考えが、まずもって肯定されるかもしれない。しかし、12条と14条で表現されている意味、すなわち労働、職業および営業が人間の自己実現に対して有している意味から考えると、これとは反対の結論になる（**829**参照）。したがって、連邦憲法裁判所が営業空間や事業空間を13条の保護領域に含まれるとしているのは、正当である。[8]

973　ただし、これに関しては**区別**が必要である。営業空間・事業空間には、次のようなものがあるといえる。

①本来の住居に統合されており、そのため公衆の入場が住居自体と同じように禁止されているもの（たとえば、公邸、屋根裏のアトリエ、地下室の仕事部屋）

②住居からは切り離されているが、制限に服さない公衆の入場は禁止されているもの（たとえば、診療所、オフィスフロア、製造工場、レストランの厨房）

③公衆に広く出入りが許されており、入場を制限しないことこそが目的とされているもの（たとえば、アーケード、デパート、レジャーセンター）

公衆の入場を制限しないことを目的とした営業空間・事業空間は、この出入りが許された時間内は13条の保護を受けられない。[9]閉店後に限り、第2グループの営業空間・事業空間と同じく13条の保護領域に入る。これに対して、住居と統合されている営業空間・事業空間が13条の保護の下にあることには、争いがない。

Ⅲ. 介　入

974　国家権力が住居や住居内の在処に有形的に侵入する場合、あるいは、技術的な補助手段を用いて住居や住居内の在処に無形的に侵入する場合には、侵害行為が存在す

8）　E 32, 54/68 ff; 76, 83/88; 96, 44/51.

9）　BVerfG, NJW 2003, 2669; *Kloepfer*, VerfR II, § 66 Rn 6; 異説として、BVerwGE 121, 345/348参照。

る。技術的な補助手段を用いた無形的な侵入は、収集した情報の蓄積および利用または その情報の他所への提供に及ぶまで、絶え間なく継続している。これに対して、収集した情報の目的外利用は、独立した介入である。[10] 2項～7項は、介入に関して、住居の不可侵に対する危険状況類型に応じた区別を行っている。

1. 捜　索

連邦憲法裁判所は、**捜索**（13条2項）とは、「国家機関が、住居の所有者がみずから進んで明らかにしたり提出しようとはしないものを捜し出すために、目標的かつ目的的に行う、人もしくは物の探索または事実関係を調べるための探索」[11]である、と理解している。こういった探索には、営業監察局の職員によるホテル厨房の査察も含まれるであろう。すなわち、汚れやカビ、ゴキブリを捜すことによって、衛生状態が十分であるか、または、ホテル経営者はもちろん明らかにしたくはないだろうが、衛生状態が不十分であるか、を調べるために行われる査察である。しかし、このような査察や検査が捜索ではないことについては、以前より争いがない。だとすれば、連邦憲法裁判所の定義は明確化されるべきである。探索されようとするものが、単に住居の状況であったり、住居の機能にふさわしい利用の枠内のことがらである場合には、捜索は認められない。捜索とは、住居内に存在する人や物、あるいは、それにとどまらず、視界に入ったり手にとられたりすることのないよう住居内に隠されている人や物を、国家機関が探索することである。隠されたものを掘り起こそうとする行為である点に、その特徴がある。[12]

例　13条2項には、刑事手続による捜索だけでなく、行政的な捜索、たとえば民事訴訟法758条に基づく裁判所執行官による捜索（E 51, 97（第1次強制執行判決Ⅰ・48); 76, 83; これについては、*Behr*, NJW 1992, 2125参照）や非訟事件手続法33条2項に基づく裁判所執行官による捜索（BVerfG, NJW 2000, 943 f）が含まれるほか、国税通則法に基づく財務官庁による捜索（E 57, 346）、警察法に基づく警察官庁による捜索（BVerwGE 28, 285）が含まれる。捜し出された物の押収や確保は、もはや捜索には含まれない（E 113, 29/45）。

975

976

---

10)　E 109, 279/327, 374 f（「大盗聴」判決Ⅲ・53).

11)　E 76, 83/89.

12)　OVG Hamburg, DVBl. 1997, 665/666参照。

2．盗聴工作

977　3項～5項で扱われている技術的手段の投入は、通常、盗聴工作 Lauschangriff と呼ばれている。3項で扱っているのは、刑事訴追を目的とする大規模な盗聴工作であり、ここでの盗聴工作では、聴覚的監視のための技術的手段、すなわち指向性マイクや取り付け型マイク（盗聴器）しか用いられない。4項で扱っているのは、危険防止のための大規模な盗聴工作であり、ここでは、聴覚的な技術的手段だけではなく視覚的およびその他の技術的手段、すなわちビデオカメラや赤外線カメラ、無線発信器や人感センサーといったものも用いられる。5項の小規模な盗聴工作は、大規模なそれとは異なり、住居への侵入を目的とするものではなく、投入された人間の保護、たとえば現場に麻薬密売人として潜入した秘密工作員の保護を目的とするものである。

3．その他の介入

978　その他の**介入および制限**（13条7項）には、捜索目的とは異なる他の目的による立入り、査察、滞在が含まれる。技術的手段による無形的な侵入については2項～5項で別途規定されているので、ここでの規制が最終的なものとなる。したがって、2項～5項に該当しない聴覚的および視覚的な技術的手段の投入は、その他の介入および制限にも該当しない。

979　13条が**実質的介入**に対しても保護を及ぼすものであるかどうか、すなわち、私的空間領域の自由な処分や使用を全面的または部分的に不可能にする実質的介入に対しても13条の保護が及ぶどうかは、疑問である。保護が及ぶと考えた場合、火災や倒壊、伝染病の危険を理由とした退去指示や、押収、解体撤去さえもが居住の自由への介入となるだろう[13]。しかし、それでは居住の自由の特殊性を見誤り、その適用領域を不当に拡張させることになる[14]。実質的な介入については、14条に従って審査されるべきである。収用の制度は、居住空間の剥奪に関する特別法である[15]。したがって、解体撤去処分は13条を害するものではない。ただし、居住空間の経営管理的措置（7項「［住宅地等の］場所の不足解消」参照）に対しては、プライバシーを害する強制割当がなされる限りで、13条の保護が及ぶ[16]。

---

13)　たとえば、*Berkemann*, AK, Art. 13 Rn 64; E 89, 1/12（賃貸人所有権決定Ⅱ・46）も参照。

14)　*Gentz*, S. 96 ff 参照。

15)　異説として、E 49, 228/238の少数意見。

16)　*Kloepfer*, VerfR Ⅱ, § 66 Rn 17; E 8, 95/98 では未解決のままにされている。

338　第2部　基本権各論

Ⅳ. 憲法上の正当化

1. 捜　　索

　捜索は、13条２項の要件を満たす場合は、憲法上許容される。捜索は、13条７項で　**980**
扱われている介入および制限の特殊事例である[17]。原則として、捜索を命ずることが
許されているのは**裁判官**だけなので、裁判所は、裁判官への連絡可能性を組織的に保
証するものでなければならない[18]。捜索は、法律の定めた**形式**においてのみ執行する
ことができる。どのような**内容**の理由がある場合に裁判官が捜索を命ずることができ
るかは、ここには規定されていない。その理由は対応する法律により明らかにされる
ものであり、その法律は捜索の要件を定めるものでなければならない。

　例　刑事手続による捜索は、具体的な事実に基づく嫌疑のあることを前提とする。　**981**
漠然とした推定だけではその前提とはならない（BVerfG v. 13.3.2014, Rn 17）。しかも
刑事手続による捜索は、それが証拠方法を提出するものとして適合性を有し、犯罪行
為の捜査および訴追にとって必要性があり、かつ、犯罪行為の重大性や犯行容疑の強
さとの関係に適切性をもつことを、約束するものでなければならない。ここでは、た
とえば弁護士事務所の捜索における依頼人といった第三者の基本権についても、考慮
されなければならない（E 113, 29/46 ff; BVerfG, NJW 2009, 2518）。具体的処分の法的
根拠としての裁判官による捜索令状は、十分に明確化されたものでなければならな
い。すなわち捜索の範囲、限界、目的を明示するものでなければならない（E 42,
212/220; 103, 142/151 f; 115, 166/197; *Papier*, MD, Art. 13 Rn 26 ff）。また捜索令状は、
遅くとも半年を経過すると、その基本権介入を正当化する力を失う（E 96, 44/52 ff）。
証拠利用禁止については、87以下を参照のこと。

　例外的に、危険が差し迫っているときは、法律で定められた他の機関も、捜索を命　**982**
じる権限を有する。これは、とりわけ検察と警察に関係してくる。差し迫った危険
Gefahr im Verzugとは具体的な危険を意味し、単なる証拠方法が滅失する可能性で
は決してない[19]。「裁判官の令状を事前に求めていたのでは捜索の成功が危うくなるよ

17）　BVerwGE 28, 285/286 f; 47, 31/35 ff 参照。
18）　E 103, 142/156.
19）　E 103, 142/155.

うな場合」[20]にのみ、この具体的な危険は存在する。「差し迫った危険」概念は、裁判官による無制限の統制に服している。刑事訴追官庁は、裁判所に対して、なぜ捜索を命じたのかを文書で示し、理由を明らかにしなければならない。[21]

983 　捜索を授権している法律が、差し迫った危険のない場合についても裁判官の命令を予定していないときは、裁判官による命令の必要性は2項から直接もたらされる。つまり、法律上の規律が、憲法条文に含まれている手続規定によって**補充される**のである。[22]

2．盗聴工作

984 　3項は、**刑事訴追**を目的とする大規模な盗聴工作が法律によるものであり、一定の実体的および形式的要件を満している場合には、これを許容している。換言すれば、これが許容されるためには、①一定の事実によって、ある者が［法律上］個別に定められた特に重大な罪を犯した旨の嫌疑が基礎づけられていなければなりならず、②事件の追及が他の方法によっては過度に困難となり、または見込みがなくなるものでなければならないのであって、③裁判官による命令が発せられていなければならない。このほかに、連邦憲法裁判所は、1条1項および比例原則から、大規模盗聴工作を正当化するためのさらなる要件を導き出している。その結果、④情報が私的生活形成の核心領域から収集された場合には、大規模盗聴工作は中止されるか、少なくとも中断されなければならないのであって、⑤私的生活の核心領域に関する録音が行われた場合には、それを消去しなければならず、使用することは許されない。[23]

985 　**危険防止**のための大規模盗聴工作（4項）および小規模盗聴工作（5項）は、1998年の13条改正以前と比べて、より厳格な正当化要件に服している。これらの盗聴工作は、危険に対する防御のためにしか許されず、危険予防のためではもはや許されない。13条の改正および補充によって、当時の3号と現行の7号は、文言は同じままであるにもかかわらず、別の体系的位置づけを有するようになり、これにより別の意味をもつようになった。3項および4項に盗聴工作が個別に規定されるに至ってから

---

20) E 51, 97/111 (第1次強制執行判決 I・48).

21) E 103, 142/160; これに関しては、*Lepsius*, Jura 2002, 259.

22) E 51, 97/114 f (第1次強制執行判決 I・48).

23) E 109, 279/315 ff (「大盗聴」判決Ⅲ・53); BVerfG, NJW 2007, 2753; 批判的なものとして、*Lepsius*, Jura 2005, 433, 586.

340 第2部　基本権各論

は、7項で謳っている「公共の安全および秩序に対する差し迫った危険を予防するための…介入および制限」に、盗聴工作はもはや含まれない。それゆえ、犯罪行為の予防を目的とした盗聴工作を許容している警察法は、新しい13条とは相容れない[24]。危険防止目的の盗聴工作を正当化するための要件には裁判官留保が含まれ、裁判官の命令が要求されるのであり、危険が急迫している場合には事後的な裁判官の決定が要求される。やはりその意味では、13条の改正前よりも、危険防止目的の盗聴工作を正当化するための要件は、厳格になっているのである。

3．その他の介入

　その他の介入は、13条7項の要件の下、憲法上許容されている。文言の比較（2項：「法律において」、7項：「法律の根拠に基づいて」）から明らかなのは、7項の介入および制限は、2項の捜索よりも、法規命令や条例・内部規則において、広範に規律されうるということである。たしかに7項前段の介入の授権に対しては、7項後段のそれと異なり、法律上の根拠が明確には要請されていないが、ただその要請は、法治国家においては自明のものとして理解されている。法律上の根拠に関する明確性の要請については、後段の場合ほど前段では強く要請されないというだけである[25]。なお立法者は、ここでも、執行府による尊重を要する数多くの法律を制定した。後段の意味での法律は一般的授権規定である。しかし、それは、憲法適合的解釈を行い、差し迫った危険が警察出動権限の要件となるよう、より厳密なものにしなければならない[26]。

　例　公共の危険とは、不特定多数の人および物と関係するものであり、その意味では生命の危険に近い。考えられるのは洪水、雪崩災害、地震等である。個々の人々を生命の危険から防御するために行う介入としては、被災者を住居に（一時的に）収容することが挙げられる。7項に列挙されている事例から考えると、差し迫った危険というためには、とくに重要な法益が危険にさらされているのでなければならない（BVerwGE 47, 31/40参照；*Papier*, MD, Art. 13 Rn 129 ffは、害悪の発生する切迫性と蓋然性についても基準とすることを求める）。

　治安当局の**権限に基づく立入りおよび検査**に関しては、その介入としての性質や憲

---

24)　*Pieroth/Schlink/Kniesel*, Polizei- und Ordnungsrecht, 8. Aufl. 2014, § 14 Rn 125.

25)　*Jarass*, JP, Art. 13 Rn 35; 異説として、*Papier*, MD, Art. 13 Rn 121.

26)　BVerwGE 47, 31/40.

法上の正当化について争いがある。連邦憲法裁判所は、事業空間および営業空間は
保護の必要性が少ないとして7項の要請から除外し、2条1項における介入と同様に、
権限に基づく立入りおよび検査を比例原則のみに服させようとしている。すなわち、

①空間への立入りおよび検査は、特別な法律上の規定により授権されたものでなけ
ればならない。

②空間への立入りおよび検査は、許容される目的に資するものであり、かつ、目的
の達成に必要なものでなければならない。

③立入りの目的ならびに検査の対象および範囲は、法律により明確に識別しうるも
のとされていなければならない。

④空間への立入りおよび検査は、その空間が通常、事業上または経営上の利用に供
されている時間帯でのみ、行われる。

連邦行政裁判所は、これらに加え、さらに立入りや検査を行う官吏に対して、家屋
の管理権者への情報提供も義務づけた。

989 　　この判例は、首尾一貫していない。事業空間や営業空間が保護領域に該当するなら
ば、介入についても、2項および7項の基準に従ってのみ憲法上許容されるはずであ
る。保護領域に該当するのであれば、上述した権限に基づく立入りおよび検査につ
いても、2項および7項の要請が満たされなければならない。

４．その他の介入の正当化

990 　　17a条2項も、「民間人の保護を含む防衛のための法律」に関して、法律の留保を含
んでいる。

991 　　**事例19（966）についての解答の概略**
　　Ｉ．13条1項の**保護領域**が部分的にのみ関係する。すなわち、土地は住居では
ない。事業空間はたしかに原則として保護領域に該当する。しかし、公衆に広く
出入りの許された事業空間の場合、公衆の出入りが許された時間帯において、こ

---

27) *Herdegen*, BK, Art. 13 Rn 71 f 参照。
28) E 32, 54/75 ff; 97, 228/266（短時間ニュース報道判決Ⅲ・29）; BVerfG NJW 2008, 2426 f.
29) BVerwGE 78, 251/255 f; これに関して、*Kunig*, DVBl. 1988, 578.
30) 同じく批判的なものとして、*Hermes*, JZ 2005, 461; *Lübbe-Wolff*, DVBl. 1993, 762.
31) *Voßkuhle*, DVBl. 1994, 611/616 f; *Ennuschat*, AöR 2002, 252/287 f; *Schoch*, Jura 2010, 22/30.

342 第2部　基本権各論

れは妥当しない。

Ⅱ．国家権力による住居へのいかなる侵入も介入である。そこには、当局による権限に基づく立入りも含まれる。事業空間への権限に基づく立入りを13条7項の意味での介入とはみなさない連邦憲法裁判所の判例は、首尾一貫しないものとして否定されるべきである。

Ⅲ．**憲法上の正当化**は、13条2項に従ってなされるのではなく、13条7項に従ってなされる。なぜならば、権限に基づく立入りは捜索ではないからである。

権限に基づく立入りの目的は、販売促進基金法の秩序ある執行を確保することにある。これは、分担金拠出義務が履行されない、または完全には履行されないことによって、脅かされる。この不履行は法律違反であると同時に、ここには公共の安全に対する危険が存在する。しかし、その危険は、13条7項に挙げられている事例と同列に並べうるような差し迫った危険ではない。住居の不可侵の保護領域に対する介入は、販売促進基金法11条2項によって正当化することはできない。この規定により、公衆に広く出入りの許されていない事業空間までもが立入り検査等の対象とされてしまっているという意味で、この規定は違憲である。

Ⅳ．販売促進基金法11条2項の**憲法適合的解釈**について考えてみる必要がある。この規定には、合憲的な適用領域（公衆に広く出入りの許された土地および事業空間）と違憲的な適用領域（公衆の出入りが全く許されない事業空間または制限的にしか出入りが許されない事業空間）がある。合憲的な適用領域に限定することによってこの規定の効力を維持しても、規定の規範内容を根本的に新たに決定することにはならない（**109**参照）。したがって、「事業空間」概念は、憲法適合的に、「公衆に広く出入りの許された事業空間」と解釈することが可能であり、またそうしなければならない。

参考文献 *F. Braun*, Der so genannte „Lauschangriff" im präventivpolizeilichen Bereich, NVwZ 2000, 375; *J. Ennuschat*, Behördliche Nachschau in Geschäftsräume und die Unverletzlichkeit der Wohnung gem. Art. 13 GG, AöR 2002, 252; *M. Gentz*, Die Unverletzlichkeit der Wohnung, 1968; *C. Gusy*, Lauschangriff und Grundgesetz, JuS 2004, 457; *O. Lepsius*, Die Unverletzlichkeit der Wohnung bei Gefahr im Verzug, Jura 2002, 259; *J. Ruthig*, Die Unverletzlichkeit der Wohnung (Art. 13 GG nF), JuS 1998, 506; *F. Schoch*, Die Unverletzlichkeit der Wohnung nach Art. 13 GG, Jura 2010, 22; *A. Voßkuhle*, Behördliche Betretungs- und Nachschaurechte, DVBl. 1994, 611; *H. Wißmann*, Grundfälle zu Art. 13 GG, JuS 2007, 324, 426.

第23章　財産権保障（14条、15条）

993

> **事例20　天然記念物のセイヨウツゲの茂み**
>
> Eが所有する城のような別荘の入り口には、珍しく背が高くとてもきれいなセイヨウツゲの茂みがある。Eの先祖はそれを美的理由からのみならず、経済的理由からも植え付けていた。というのも、ゆっくりと成長するセイヨウツゲは、極めてしっかりとした木材となるため、多くの製品製造にとって常に不可欠であり、それゆえ高価だったからである。そうこうしているうちに、セイヨウツゲ材の価格はさらに高騰した。Eは財政的苦境にあり、しかもセイヨウツゲの茂みに飽きが来ていたため、木材を伐採してもらって売却しようと考えている。自然・景観保護を管轄する官庁がこの計画を聞きつけ、そのセイヨウツゲの茂みを天然記念物に指定したとする。天然記念物指定は伐採禁止と結びついている。（たとえばノルトライン＝ヴェストファーレン州法22条、34条3項参照）。官庁は補償の支払いを拒否している。14条によれば、この法的状況はどうなるだろうか。→1059

Ⅰ. 概　　観

994
　　14条と15条は財産権と相続権に適用される。経済的・社会政策的意義の観点から、15条は14条の後に置かれ、相続権は財産権の後に置かれている。判例も学説も財産権の保障に力点を置いている。財産権保障は「基本権主体に対して財産法領域における自由空間を確保し、これによって自己責任の負える生活形成を可能にするという課題[1]」をもっている。したがって、財産権は基本権主体の手にあって、「私的イニシャティブの基盤として、かつ自己責任の負える私的利益にとって『役に立つ』もので」なければならない[2]。それは個人の自由と密接な関連を有している[3]。

1）　E 102, 1/15（工場汚染跡地決定Ⅲ・57）.
2）　E 50, 290/339（共同決定判決Ⅰ・49）.
3）　E 24, 367/389（ハンブルク堤防整備法判決Ⅰ・50）.

344

14条の解釈学は次のような**難題**に直面している。1項は財産権を保障しているが、同時に、財産権の内容規定を立法者に委ねている。しかし、そもそも立法者によってはじめて内容が規定されるのならば、14条はどうやって立法者から財産権を保護すればよいのだろうか。この難題は、法以前の自然的・社会的与件に還元しても解決できない。というのも、規範的具体化を必要とする保護領域の中でも、14条の保護領域は特に**密度の濃い規範形成**で際だっているからである。たとえば婚姻はいずれにせよ社会的産物であるから規範に依拠せずとも記述されるのに対して（**712**参照）、財産は財と権利を人に対して規範的に位置づけなければ規定されない。

こうして14条は、一見するといくつかの**未知なるものを伴った基本権**であるように思われるのである。不明確なのは、まず第1に、14条1項がいかにして立法者の内容・制限規定権限に限界線を引くことができるのかである。次に問われるのは、立法者がかかわる内容・制限規定と14条2項が定める財産権の義務性がいかなる関係にあるべきかである。財産権の内容形成は、社会的拘束と私人の利用の双方を満足させなければならない。それは、内容規定と制限規定の比例性の要請に影響を与えている。欧州人権条約（第1議定書第1条）では、財産権の社会的拘束はそれほど強調されていないが、欧州人権裁判所による国内利益の優先権の容認にもかかわらず、財産権制限を比例原則に従ってさまざまに評価することが行われている[4]。最後に、内容・制限規定（14条1項2文）とともに収用（14条3項）が、いかなる意義・必要性・正当性をもつべきなのかもはっきりしない。これに対して14条の解釈にはいかなる課題が存在するかということは明確である。すなわち、

①14条1項2文は立法者に対して完全な規定権限を認めていない。というのも、1条3項が立法者を14条にも拘束しているからである。14条は単純法の財産権秩序に対して絶対的な尺度と基準をもたなければならず、その際、一定の憲法的な財産権概念の輪郭をもっていなければならない。その限りにおいて、財産権の**制度保障**（制度的保障）が問われることになる。

②基本権として、すなわち、個人の主観的権利として、14条はとりわけ個人に対して、国家の介入行為から財と権利の現状を保障しなければならない。**現状保障**（法的地位保障）の概念の下で、個別的に、この現状がいかなるものなのか、そして公権力からそれを保障するというのはいかなることなのかが問われることになる。

4）　一面でBVerfG, NVwZ 2007, 808; EGMR, NJW 2012, 3629; これについて*Michl*, JZ 2013, 504.

999 　③収用は補償される可能性があることによって、14条3項は、財産権の現状保障と同様、財産権の価値保障もあるということを認めている。すなわち、これによって個人には財産権の現状ではなく、その価値が保障される。確かに個人にはその財産は残らないが、補償がされるのである。その際、問われることになるのは、1つが収用の条件であり、もう1つが補償の範囲である。

Ⅱ．保護領域

1．財産権の概念

1000 　14条1項1文の意味での財産権とは、特定の**時点**で単純法が憲法上の要請に応えている法的地位のすべてを含んでいる[5]。単純法が財産権として内容形成したもののみが14条の意味での財産権であるが、それは特定の時点と結びついているので財産権概念と財産権保護は**変遷しうる**[6]。そこからはまた、財産権に関連する単純法の改正は同時に、内容と制約を規定するということが導かれる。すなわち、それは、保護領域を定義すると同時に介入をなす。改正時点の前に旧法によって根拠づけられた財産権に新法が介入するのである。改正時点以後は、財産権は新法によってのみ根拠づけられるのであり、最初からそれにしたがって定義されることになる。

1001 　規範的具体化を必要とする他の基本権の場合と違って（たとえば、6条の場合については、**724**以下参照、19条4項の場合については、**1139**以下参照）、連邦憲法裁判所は、単純法による保護領域の定義に対して、**高度の要請を行っていない**。その根拠は、立法者に対して明文で内容規定を委ねた14条の文言にある。しかしその定義権は、将来の財産権にとっての定義が同時に、旧法によって根拠づけられた財産権にとっての制限規定であるということから、間接的に比例原則によって限定されている。他に限定となるのは制度保障である。制度保障は同時にすべての介入にとって、制限に対する制限になり、とりわけそれ自体が意義を有している（**1053**以下参照）。

1002 　14条の保護領域に含まれるのは、まず第1に、**民法**の定める財産権である。民法典903条はそれを不動産および動産財産権であると定義し、物に対して好きなように対処する権能を認めている。これと対抗する法律や第三者の権利は、903条においては、いくぶん外在的な後からの制限であると思われている。しかし、14条1項1文の

5）　E 58, 300/336（砂利採取事件Ⅰ・51）参照。

6）　*Hesse*, VerfR, Rn 442 f 参照。

意味での財産権は単純法全体によって定義される。したがって、財産権者の意向に対する私法上の制限はもちろん、公法上の制限も、外在的な後からの制限ではなく、最初から財産権の定義の構成部分なのである。

例 財産権保障は、建築計画基準法によって後から制限される包括的な建築の自由 **1003**
を含むものではなく、最初から「法律の枠内で土地の上に建物を建てる権利」だけを保護している。(E 35, 263/276; *Dähne*, Jura 2003, 455も参照; *Lege*, Jura 2011, 507/510; これを批判するものとして*Hufen*, StR II, § 38 **9**).

14条1項1文の意味での財産権は、それゆえ、単純法が財産権と名づけているもの **1004**
より広い。14条の財産権概念の下に、あらゆる**私法上の財産的価値のある権利**が含まれる。これはつとにワイマール憲法153条についての議論の成果である[7]。そこでは変化した社会の枠組みの条件が考慮に入れられた。すなわち、19世紀においては、物的財産権の保護、とりわけ土地所有権の保護が経済的生存の保障の重要な経済的基盤であったが、今日では、金銭所有権や他の財産的権利にも同様の意義が認められているからである[8]。

例 地上権(E 79, 174/191)、固定利息有価証券(E 105, 17/30)、先買権(E 83, 201/209 **1005**
f 先買権廃止事件II・44)、株式(E 100, 289/301 f)、鉱業権(E 77, 130/136)、著作権(E 31, 229/240 f; 79, 29/40)、特許権(BVerfG, NJW 2001, 1784)、商標権(E 51, 193/217)、インターネットのドメイン(BVerfG, NJW 2005, 589)、私法上の債権(E 42, 263/293; 92, 262/271; 112, 93/107)、賃借人の住居占有権(E 89, 1/7 (賃借人占有権事件II・46); *v. Mutius*, in: Gedächtnisschrift Sonnenschein, 2003, S. 69/83 f; これを批判する*Kloepfer*, VerfR II, § 72 **40, 75**)。

営利企業を設立し経営する権利もまた、連邦通常裁判所、連邦行政裁判所および通 **1006**
説によって、財産権概念に含められている。しかも企業の経済的価値にかかわるものすべてが含められている[9]。ただし、連邦憲法裁判所は懐疑的である。「営利企業それ自体が憲法上の財産権概念の構成的メルクマールをもっているかどうかが問題である。財産法的観点からみると、企業というのは、それ自体、違憲の介入行為から保護

---

7) *M. Wolff*, in: Festgabe Kahl, 1923, Teil IV, S. 3.
8) E 97, 350/370 f(ユーロ決定III・65); 金銭所有権についての別見解として*Lepsius*, JZ 2002, 313.
9) BGHZ 111, 349/356参照; BVerwGE 81, 49/54; *Ossenbühl*, S. 159 ff; *Stern*, StR IV/1, S. 2191 ff; 別見解として*Berkemann*, UC, Art. 14 Rn 144 ff.

第23章 財産権保障 *347*

される、財産に属するとされる物や権利の事実上の（しかし法的ではない）まとまりである」[10]。いずれにせよ、営利企業の保護は「その経済的基礎が享受する保護を上回ってはならない[11]」。こうして事実上の与件や有利な環境条件というものは、営利企業の保護から外れることになる。その他、営利企業の場合、保護される現状と保護されない利益の区別（**1013**参照）がとくに重要である。

1007　**例**　事実上の与件とは「既存の取引関係、顧客、市場における地位」（E 77, 84/118）である。有利な環境条件としては、飲食店に客をもたらす兵舎の隣接（BGHZ 55, 261）、店舗の近くにある公道上の駐車スペース（BVerwG, NJW 1983, 770）、営業の拡大の可能性（BGHZ 98, 341）があるが、これらは財産権概念には含まれない。

1008　そもそも、**財産**Vermögen**そのもの**、すなわち１人の手に集められた金銭あるいは金銭的価値を有する財が財産権概念に含まれるかどうかが問題である。この問題は、国家による金銭給付義務の賦課、とりわけ租税の賦課が、14条に照らして判断されるかどうかにとって重要である。この問いに対して否定的なのは、文言——財産権Eigentumと財産Vermögenの区別は多くの法領域で周知のことである——および基本法制定史である[12]。連邦憲法裁判所は確立した判例において、財産それ自体を14条の保護下に置くことを拒否している[13]。しかし、税法が既存の財産権に対する「圧殺的効果」をもたないように要求している（いわゆる没収的課税）[14]。学説の圧倒的多数の見解も財産それ自体を財産権概念に含めていない[15]。もっとも通説は、租税はたしかに財産から支払われるが、課税要件は財産権の現状や使用と結びついているという限りにおいて、14条が租税法の基準になると考えている。しかし、連邦憲法裁判所はそれより進んで、14条を判断基準として所得税について憲法判断を行った[16]。

1009　連邦憲法裁判所が、**財産的価値のある主観的権利**を財産権概念に含めているのは、

---

10)　E 51, 193/221 f; BVerfG, NVwZ 2009, 1426/1428.

11)　E 58, 300/353（砂利採取事件Ⅰ・51）.

12)　Der Parlamentarische Rat 1948-1949. Akten und Protokolle, Bd. 5/I, S. 147 ff, 197 ff, Bd. 5/II, S. 724 ff; Zusammenfassung JöR 1951, 146参照。

13)　E 4, 7/17（投資助成判決Ⅰ・3）; 96, 375/397（「損害としての子」事件Ⅲ・1）; 123, 186/258 f.

14)　E 14, 221/241; 87, 153/169参照。

15)　*Bryde*, MüK, Art. 14 Rn 23; *Depenheuer*, MKS, Art. 14 Rn 160; *Papier*, MD, Art. 14 Rn 160 ff; *Wieland*, DR, Art. 14 Rn 56参照。

16)　E 115, 97/110 ff; さらに *F. Kirchhof*, Hdb. GR III, § 59 Rn 48 ff; これを批判するものとして *Wernsmann*, NJW 2006, 1169.

「財産的価値のある法的地位が問題になっていて、私的利用価値が排他的権利の性質をもって権利主体に帰属し、権利主体の些細とはいえない自己能力（業績）に裏づけられており、その生存保障に役立っている場合」である[17]。財産権としての保護を与えられないのは主として国家の保護に基づく請求権である[18]。連邦憲法裁判所は、学説を後追いしている[19]。学説では、ときおり自己能力とならんで自己犠牲も基準として挙げられる[20]。あるいは、そのような制限的基準はそもそも不要であるとされている[21]。

例　払いすぎた租税の返還請求権（E 70, 278/285）、兵士の〔給与〕請求権（E 16, 94/110 f; 71, 255/271）。しかし官吏法上の請求権はそうではない。というのも、その場合、33条5項が特別法になるからである（E 52, 303/344 f; 76, 256/294）。増幅された周波数利用権。自己能力に裏づけられていない社会扶助、児童手当（BSG, NJW 1987, 463）、補助金（E 72, 175/193 ff）、法律上の年金保険における遺族扶助（E 97, 271/284 f）。 **1010**

とくに**社会保険法上**の地位が財産権保障の下に置かれるのは、第1に、それが被保険者に対して、排他的かつ私的利用価値のあるものとして位置づけられていて、第2に、些細とはいえない被保険者の自己能力に裏づけられており、第3に、その生存保障に役立っている場合である[22]。これは、とくに年金保険法上の地位の承継の問題を明らかにする。というのも、経済的生存保障は、しばしば私的な固定資産ではなく労働収益やそれと結びついた老齢年金によってもたらされるからである[23]。地位の承継人は固定資産の場合と違い、財産権に固有の自由な処分権限を欠いている。なぜならば、承継人は能力との関係で法律上の要件を満たすこともあるが、それ以外のときは承継することができないからである[24]。 **1011**

---

17)　E 97, 271/284.

18)　E 53, 257/291 f; 116, 96/121 f（年金制度に編入されたドイツ系帰還民の年金額削減と年金期待権IV・48）; 128, 90/101.

19)　*Bryde*, MüK, Art. 14 Rn 25; *Ossenbühl*, S. 155 ff 参照。一部別見解 *Wieland*, DR, Art. 14 Rn 63.

20)　*Dürig*, in: FS Apelt, 1958, S. 13/24 ff.

21)　*Schmidt-De Caluwe*, JA 1992, 129.

22)　E 69, 272/300 ff; 72, 9/18 ff; これを批判するものとして *Schenke*, in: FS Lorenz, 2004, S. 715.

23)　E 100, 1/32.

24)　*Depenheuer*, Hdb. GR V, § 111 Rn 69.

第23章　財産権保障　*349*

1012　　**例**　社会保険年金およびその承継（E 75, 78/97; 117, 272/292 f; 128, 138/147）。それが旧東ドイツにおいて取得されたものも同様である（E 100, 1/33 ff; 126, 233/256 f; *Will*, NJ 1999, 337）。健康保険の保険料あるいは手当を求める年金保険法上の請求権。しかし年金事例において無拠出の健康保険保護を求める請求権はそうではない（E 69, 272/304 ff）。

2．財産権保護の範囲

a）状　態

1013　　保護されているのは財産権の既存の**状態** Bestand である。これに含まれないのは、単なる売り上げ・収益・利得の機会、希望、期待、見込みといったことである。[25] 大まかに定式化すれば次のようになる。すなわち、14条は獲得されたもの、活動の成果を保護する。これに対して、獲得すること、活動それ自体を保護するのは12条である。[26] 財産権というのは「信頼の凝固したもの」であるにもかかわらず、財産的価値のある地位が保護されるのは、財産権者が法的にその状態に対して信頼を置くことができる場合だけである。法的に可能かつ許容されるある国家行為が行われないだろうとの信頼は、他の基本権の場合と同様、ここでも保護されない。[27]

1014　　**例**　財産権保護に含まれないのは、農地が建築用地になるという期待（BGHZ 62, 96）や、基本法の施行前に外国の国家権力によって剥奪された財産的地位が再び認められるかもしれないという期待（E 102, 254/297）である。企業の所有者が抱く、撤回可能な許可・認可が撤回されないという信頼や、他では許される接続・利用強制が導入されないという信頼は保護されない（BVerwGE 62, 224; BGHZ 40, 355; 54, 293; ただしBGHZ 77, 179も参照）。道路工事による迷惑についても、付近住民同様、道路沿いにある営業所は受忍しなければならない。もちろん、その道路工事が違法に遅延された場合や、迷惑が全く予測できないほど非常に重大である場合は別である（BGHZ 57, 359/361 f）。

25）　E 78, 205/211 f; 105, 252/277（グリコール決定Ⅲ・49）; 128, 90/101.

26）　E 88, 366/377（種馬血統台帳事件Ⅱ・45）; 121, 317/345; 126, 112/135 f; 別見解*Kloepfer*, VerfR Ⅱ, § 72 Rn 61.

27）　*Bryde*, MüK, Art. 14 Rn 20参照。

b）利　用

財産権の利用も保護されている。財産権者は自己の財産を単に保持するだけでな　1015
く、それを使用し、消費し、譲渡する自由をもっている。不動産の場合、水路沿い住
人の権利として表れる外部への接触もまた利用に含まれる[28]。一般に禁じられた行為
のために財産を使用するという形の利用は、もちろん、財産権保護によって把握され
ない。積極的な財産権的自由とならんで、消極的な財産権的自由、すなわち、財産を
利用しない自由も存在する。

たしかに、ほとんどの人間の行為は対象に向けて、あるいは対象を通じて行われ、　1016
その限りにおいて、この対象の利用を意味している。しかしながら、それは14条の保
護領域ではなく、社会的機能からみて特定の性質を有する基本権の保護領域にあ
る[29]。その行為が社会的機能からみて財産的領域に位置づけられる場合にのみ、14条
の保護領域に該当する。

例　購入した新聞を閲読することは、財産権的自由の利用ではなくて、一般に利用　1017
できる情報源から妨げられることなく情報を得る自由の利用である（5条1項1文）。
自動車の運転は14条ではなく、2条1項の一般的行為の自由によって保護される。こ
れに対して、抵当権や土地債務によるローン保証のための土地利用や、企業に影響を
及ぼすための過半数株式の利用は、14条の保護領域に該当する。

c）手続保障

自己の利益を行政手続や裁判手続において実効的に主張し、他の私的主体に対して　1018
追行・執行できる財産権者の権利もまた保護されている。この効果は、しばしば14条
1項の**手続保障**という標語の下でまとめられ、ないしそこから導かれている[30]。

例　とりわけ賃借権（E 37, 132/143 ff; 53, 352/357 ff）および強制競売権（E 46, 325/333　1019
ff; 51, 150/156; BVerfG, NJW 2009, 1259）において、連邦憲法裁判所は財産権者が自己
の利益の追行・執行を求める権利を強調している。

3．相　続　権

自己の財産を自分が遺産相続させたいと思う人に相続させる被相続人の権利（遺言　1020

---

28)　BVerwG, BayVBl. 1999, 634; *Hobe*, DÖV 1997, 323 ff 参照。
29)　*Rittstieg*, AK, Art. 14/15 Rn 84 f 参照。
30)　*Stern*, StR IV/1, S. 2289 ff 参照。

の自由）は、もともと財産を形作る財産権の処分であり、相続財産に対する相続人の権利同様、財産権の保護の下にある。相続権が特別に言及されているのは単に**伝統**のためである。すでにワイマール憲法が、財産権とならべて相続権に言及している。しかも、独自の条文（151条とならべて154条）に規定している。財産権と同様、相続権もまた、単純法の内容・制限規定によって**定義される**。他方、内容・制限規定は、財産権と同様、相続権に対しても**介入する**。その場合、財産権よりも相続権のほうが立法者が介入する範囲が広い。なぜならば、相続権については財産の譲渡が結びついているからである。その点を除けば、以下の記述は、相続権にもあてはまる。

Ⅲ. 介　入

1. 内容・制限規定

1021　14条1項2文によれば、法律による内容・制限規定は財産権的自由を拡大することもあれば、縮減することもある。すなわち、それが財産権者の権能を大きくすることもあれば、小さくすることもあり、財産権の利用を新たに認めることもあれば、封じることもある。内容・制限規定が財産権的自由を**縮減**する場合、たとえそれによって将来のために財産権を定義する場合であっても、過去において根拠づけられた財産権にとっては、介入を意味することになる（**1000**参照）。それゆえ、内容規定はせいぜいその時間的な効果において制限規定と区別することができるにすぎない。しかし、内容規定と制限規定のこのような解釈論上の区別は、連邦憲法裁判所の判例においてはみられない。

1022　連邦憲法裁判所は内容・制限規定を今なお**形式的**に定義している。それは「財産権者の権利・義務を一般的・抽象的に確定するものである」。これに対して、法律による規定が財産権的自由を具体的・個別的に縮減する場合は、たしかに介入ではあるものの、内容・制限規定による介入ではないとされる。

---

31)　E 99, 341/352参照。

32)　E 93, 165/174.

33)　E 112, 332/348.

34)　*Sachs*, VerfR II, S. 440 f；*Stern*, StR IV/1, S. 2234 f；これを批判するものとして *Jasper*, DÖV 2014, 872/878.

35)　*Jasper*, DöV 2014, 872/873.

36)　E 58, 300/330（砂利採取事件Ⅰ・51）；72, 66/76.

2. 収　用

14条3項の収用もまた、とくに大胆に、財産権的自由を縮減する。それは、「14条 **1023**
1項1文によって保障されている具体的な主観的法的地位の全部または一部を特定の
公共的任務の履行のために剥奪することに向けられている[37]」。収用とは、「法律に
よって、特定の、あるいは特定可能な人的範囲から具体的な財産を剥奪すること」(**法
律的収用**) か、あるいは、法律に基づく行政の措置により「個々人の具体的な財産を
剥奪すること」(**行政的収用**) を意味する。[38]

こうして収用は、4つのメルクマールにより、内容・制限規定と区別される。すな **1024**
わち、収用は、抽象的ではなく**具体的**であり、一般的ではなく**個別的**に行われ、財産
を財産権者のところに置いておくのではなく、財産権者から**剥奪する**のであり、かつ
公共的任務に資するのである。ただし、連邦憲法裁判所は収用について、全部の剥奪
だけでなく、一部の剥奪も念頭に置いているが、一部の剥奪と、内容・制限規定によ
る財産権者の権能の広範な縮減の間に境界線を引くことは極めて難しい。そうとはい
え、方向づけの指標は示すことができる。すなわち、一面で、財産権者の権能の縮減
が財産権を空虚な法 nudum ius にするのであれば、それは収用である。他面で、法
的地位として独立する資格のあるもの (全部であれ、一部であれ) だけが剥奪でき、し
たがって収用できる。[39]この独立する資格がなければ、利益の剥奪および高権的な利
益獲得のあらゆる事象が前提としている対象を欠くことになる。

例　水管理法は土地所有権者から地下水を自由に取得する権能を剥奪したのではな **1025**
く、土地所有権と地下水の取得を異なる財産的権利として定義したのである (E 58,
300/332 ff (砂利採取事件 I・51))。同じことは、連邦鉱山法によって、土地所有権から
一定の鉱物資源を切り離すこと (いわゆる採掘の自由) にもあてはまる (BVerwGE 94,
23/27)。家庭農園法上の賃貸借契約の解約告知をほぼ完全に除外することは、財産権
者の収用ではなくて、内容・制限規定である (E 52, 1/26 ff)。賃借料30％以上の値上
げを法律によって禁止することは、賃貸人の財産権の一部剥奪ではなく、内容・制限
規定である (E 71, 230/247)。私益の調整を目的として建築用地を交換することは、剥
奪が付随するにもかかわらず収用ではなく内容・制限規定である (E 104, 1/9 ff;
Krappel, DÖV 2012, 640)。土地に物権を付けること (E 45, 297/323 ff; 339; 56, 249/259 f)

---

37)　E 104, 1/9 ; BVerwGE 132, 261/264.

38)　E 58, 300/330 f (砂利採取事件 I・51); *Schmidt-Aßmann*, JuS 1986, 833参照。

39)　*Wieland*, DR, Art. 14 Rn 79; *Burgi*, NVwZ 1994, 527参照。

第23章　財産権保障　*353*

は収用である。

　刑法による没収は、伝統的な、基本法によって黙示的に認められた14条1項の法律による制限規定であるとみなされる（BVerfG, NJW 1996, 246; E 110, 1/24 f）。

3．その他の介入

a）適用行為と執行行為

1026　その他の介入としては、収用とはいえない立法者の具体的・個別的介入が考えられるが、これはもちろん実際的意味はない。これに反して重要なのは、司法府および、とりわけ行政府の具体的・個別的行為である。その際、問題となるのは、1つには、法律による内容・制限規定が、裁判と行政によって具体化され、個別化されるときの**適用行為と執行行為**である。しかし、他の措置や事実行為も財産権の状態や利用を侵害しうる。

b）収用的介入と収用類似の介入

1027　これらの干渉Beeinträchtigungの中に**収用的介入と収用類似の介入**がある。問題となるのは、　直接性を有していて、特別の犠牲を要求し、十分な強度をもつ介入である。直接性というのは、財産権の侵害が高権に起因する直接的な効果であるか、高権によって創出された危険状態の典型的な現実化であるか、高権の責任連関に帰責されると評価できる結果であることを意味する。[40]特別の犠牲というのは、財産権への干渉が内容・制限規定によって画された一般的な犠牲の限界を超えて、個々の財産権者の負担になることをいう。十分な強度というのは、財産権が剥奪されないまでも、重大で耐え難く期待可能でないほど制限されることをいう。行政が適法に行為して、剥奪あるいは制限がこの適法な行為の意図せざる副次的効果である場合は、**収用的介入**があるという。行政が違法に行為し、あるいは法的義務に反して何もしなかった（いわゆる条件付きの不作為）場合は、**収用類似の介入**があるという。

1028　例　道路建設工事が付近の事業所に対して重大な干渉を引き起こすことがある。もしこの干渉が、役所が最大限の配慮をもって道路建設工事の告知を行い、準備をし、実行したことの結果ではないとすれば、（違法な）収用類似の介入が問題となる。これに対して、役所が事業所に配慮して考えられること全てを行ったにもかかわらず、侵

40）　BGHZ 92, 34/41 f 参照。

害が生じた場合は、(適法な)収用的介入の問題になる。収用的介入であると判例がみなしているのは、砲兵隊の射撃訓練によって引き起こされた森林火災(BGHZ 37, 44)、道路騒音による土地への干渉(BGHZ 97, 369)、航空機騒音による土地への干渉(BGHZ 122, 76; 129, 124)、市町村の水道管の破裂(BGHZ 55, 229)、市町村のごみ集積所に引き寄せられてきたカモメやカラスによる畑荒らし(BGH, NJW 1980, 770; これらについて、またその他の例について *Külpmann*, S. 27 ff)などである。収用類似の介入とみなされたのは、戦争によって損壊されたが、再建可能な倉庫を法律の根拠なく取り壊すこと(BGHZ 13, 88)、認可の資格があるのに、建築認可官庁の不当な変更の申し入れのために建築が遅延したこと(BGHZ 76, 375)、不利な結果を招く違法な建築管理計画の策定(BGHZ 92, 34)、土地についての分割認可の違法な拒絶(BGHZ 134, 316/320)などである。森林の死滅は、収用的介入としても、収用類似の介入としても、国家は責任を負わない(BGHZ 102, 350; これについて *Rüfner*, Jura 1989, 134)。

IV. 憲法上の正当化

1. 内容・制限規定

a) 法 律

内容・制限規定は「**法律によって**」行われる。14条の場合は他の基本権の場合と違って、法律の根拠に基づく制限は明記されていないにもかかわらず、ここでも立法者は内容と制限を自ら規定するだけでなく、それを行政に授権することができる。これについて、慣習法は根拠とならない。[41]

1029

b) 比例原則

内容・制限規定はさらに**比例原則**に即応しなければならない。比例性の原則は、14条2項のいわゆる財産権の社会的拘束のために、特別の構造をもつことになる。ここでは立法者は自由を比例性が要求する以上に縮減してはならないだけでなく、社会的拘束についても比例性が要求する以上におろそかにしてはならない。立法者は、「関

1030

---

41) 参照 *Jarass*, JP, Vorb. vorArt. 1 Rn 43; *Wieland*, DR, Art. 14 Rn 86; 別見解 *Papier*, MD, Art. 14 Rn 339.

係人の利害をを公正に調整し、均衡のとれた状態をつくり出さなければならない[42]」。連邦憲法裁判所は、立法者の形成の余地を以下の局面と以下の状況においては制限[43]している。それは比例原則の特別の具体化である。

c) 財産的価値のある財や権利

1031　立法者は**財産的価値のある財や権利の特質**に配慮しなければならない。この観点の下で、内容・制限規定は、社会的拘束のために不可欠であるとき正当化される。

1032　**例**　「土地は増やすことができず、しかし不可欠であるという事実は、土地の利用を、自由な諸勢力の見通しのない駆け引きや個人の恣意に完全に委ねることを禁じる。むしろ正当な法秩序と社会秩序は、土地の場合、その他の財物の場合よりもずっと強い程度において、公共の利益を重視する」(E 21, 73/82 f; 52, 1/32 f) ことを義務づける。連邦通常裁判所は、一定の財産利用の補償なき禁止の許容性を評価する際に、財産権の状況拘束性の理論を用いて同様の観点を充実させ、理性的で分別のある財産権者ならば自発的に、自然状況を考慮して、禁止される利用をそもそも念頭に置くだろうかということを問うている (BGHZ 23, 30/35; 80, 111/116; 90, 4/15; *Ossenbühl*, S. 171 ff 参照)。

d) 財産権者のための意義

1033　立法者は**財産権者のために財産的価値のある財や権利の意義**に配慮しなければならない。この観点の下では、財産権の個人的機能と社会的機能がともに重要で、内容・制限規定の適合性と必要性は、両方の方向において問われることになる。

1034　**例**　「個人の人格的自由保障の要素としての財産権の社会的機能が問題となる場合、個人は特別に具体化された保護を享受することになる」(E 101, 54/75)。ここから連邦憲法裁判所は、立法者が財産権的自由の基本的構成部分である財産権の処分を禁止する際、および、自己の労働と能力によって獲得された財産的価値のある財や権利に介入する際は、より制限された形成の余地しかないという結論を引き出している (*v. Brünneck*, JZ 1991, 992/994参照)。「これに対して、財産権の対象が社会的関連性が強くなるほど、立法者の形成の自由が大きくなる」(E 101, 54/76)。このことはとりわけ、第三者に力を授ける生産手段に対する財産権についてあてはまる (*Jarass*, JP, Art.

---

42)　E 101, 239/259; 112, 93/109.

43)　E 8, 71/80; 53, 257/293.

14 Rn 42）。1976年共同決定法による労働者の共同決定は、「基本法が14条1項2文において立法者による形成に委ねた」領域に該当する（E 50, 290/347（共同決定判決Ⅰ・49））。立法者は、物的財産権と知的財産権、著作権者の処分権と管理権について異なる取扱いをすることも義務づけられている（E 79, 29/41）。危険の防止が自然や一般公衆あるいは第三者に帰すべき事象に関係し、かつその除去が義務を負う者の財産の本質的部分を消尽するような場合には、警察・秩序法上の成立責任について期待可能性がない（E 102, 1/20 ff（工場汚染跡地決定Ⅲ・57）; vgl. *Lepsius*, JZ 2001, 22）。

e）財政的な補償

1035
　立法者は介入に対して、場合によっては、**財政的な補償**を通じて調整しなければならない（いわゆる財産権の犠牲補償）[44]。そこでは現状の補償が価値の補償へと転換される。すなわち、いわゆる調整義務のある内容規定の場合は収用の場合と異なって、たしかにまだ剥奪されていないが、とくに強く干渉されることはありうるので、その場合は、現状をその価値において調整しなければならないとされる。強度の限界について、連邦憲法裁判所は、一方で、自己の労働と能力の成果に介入する場合であるとし、他方で、平等原則が侵害される場合であるとしている。これが、収用による介入および収用類似の介入の場合の特別の犠牲と強度の境界と近いことは明らかである。そして、長らく収用的介入と判断されてきた多く事例案が調整義務のある内容規定としても理解されることになる[45]。

1036
　例　出版法は9条において、あらゆる印刷物の出版元は、無差別に対価なしで、図書館に対して見本を提供しなければならないと定めていた。対価なしの献本義務は、費用が大きく発行部数の少ない高価な印刷物にも課せられていた。連邦憲法裁判所は、この義務が「私的なイニシャティブとリスク準備を通じて、…芸術・科学・文学上の限定された作品を公刊しようとしている」出版元に対してとくに厳しい打撃となるとみて当該規定を一部違憲であると宣告した（E 58, 137/150）。さらに連邦憲法裁判所は、この規律を「基本法14条1項2文の枠内で尊重されなければならない平等原則」に違反すると考えた。というのも、無差別・無対価の献本義務は「著しく差別的な強度をもつ負担」を課すことになるからである（E 58, 137/150）。ここに収用がある

44）　*Bryde*, MüK, Art. 14 Rn 64参照。これを批判するものとして *Ossenbühl*, in: FS Friauf, 1996, S. 391.

45）　*Bryde*, MüK, Art. 14 Rn 98参照。

のではないか、という点を問うこともできよう。連邦憲法裁判所はこれについては否定した。なぜなら、当該規定は「一般的・抽象的な仕方で、提供の形の現物給付義務」を根拠づけており、しかも「印刷物の財産権は、発行の時点で既に、見本提供の義務づけの負担を伴っている」からだという（E 58, 137/144）。自然または文化遺産の維持が不可能な場合の自然保護・文化遺産保護法の補償規定についても、比例性を創出するための調整的給付であるとみなされている（E 100, 226/244 ff; *Papier*, DVBl. 2000, 1398参照）。

f）苛酷条項および経過規律

1037　立法者は介入に対して、場合によっては、**苛酷条項**Härteklausel および**経過規律**を通じてある程度緩和しなければならない。[46]これに加えて、狭義の比例性、すなわち財産権者の期待可能性を参照するのみならず、「財産基本権における財産的価値のある財にとっては、独自の具体化および憲法的秩序づけを経ている」法治国家的信頼保護をも参照しなければならない。[47]連邦憲法裁判所は、とくに法領域全体を新しく秩序づける際[48]、および、「旧法によれば可能であった利用権限をすでに使用していて、それが剥奪される場合[49]」に、経過規律が必要であるとしている。

1038　**例**　原子力法が改正され、原子力の発電事業のための利用が規律され、安全に終了することがめざされることになった。営業の認可は今後なされない。営業している既存の原子力施設は残余の運転期間が決められる。それによって、一面では原子力施設に対する財産権の内容と制限が将来に向かって新たに規定され、他面では既得の財産権の現状への信頼が維持される（*Koch*, NJW2000, 1529; これに対して収用に賛成するものとして*Schmidt-Preuß*, NJW 2000, 1524）。保護されている文化遺産について、意味のある利用可能性が全くなく、かつ例外規定や調整規定をもたないにもかかわらず、その除去を禁止する文化遺産保護法は、正当化されない（E 100, 226/243）。

46）　参照*Bryde*, MüK, Art. 14 Rn 62; *Papier*, MD, Art. 14 Rn 327.

47）　E 76, 220/244; 95, 64/82（「壁の射手」決定III・82）.

48）　E 70, 191/201 f; 83, 201/211 ff.

49）　E 58, 300/338（砂利採取事件I・51）; BVerfG, NJW 1998, 367; これを批判するものとして *Kube*, Jura 1999, 465.

2. 収　用

a) 法　律

収用は、14条3項2文により、**法律**によるか（法律的収用）、法律の根拠に基づいて （行政的収用）行われなければならない。その際、本質性理論（**282**参照）から次のこと が導かれる。すなわち、「収用を正当化する公共の福祉の任務を規定することは、議 会制的・民主的立法者にのみ留保されている」[50]。そして、立法者だけが「いかなる計 画のために、いかなる条件の下で、いかなる目的のために、収用を許すべきかを確定 しなければならない」[51]。

1039

b) 付帯条項

14条3項2文のいわゆる**付帯条項**は、法律が補償の規定を置き、その種類と範囲を 規律することを求めている。補償の規律なき収用法律は違憲である[52]。14条3項4文 により訴えを受理した裁判所は、補償の規律が欠如しているとき、類推によって補完 することもできないし、14条から直接導くこともできない。そうではなく、100条1 項に従って違憲の収用法律を連邦憲法裁判所に移送しなければならない[53]。それに よって、立法者の財政高権と連邦憲法裁判所の破棄独占の双方が保持される。すなわ ち、財政が法律の軽率な財政的効果によって負担を負わせられたり——付帯条項は警 告機能をもっている[54]——、連邦憲法裁判所による法律の破棄が、裁判所による法律 の修正によって無意味にされることはないのである。

1040

被収用者に対する**効果**は極めて大きい。すなわち、被収用者は「受忍せよ。そして 補償を求めよ（Dulde und liquidiere）」という古い原則に従って、補償の規律が収用法 律にない場合に、14条により収用を受忍して補償を得ようと期待することはできない のである。被収用者が通常裁判所において補償請求の訴えを起こせるのは、それが法 律上で規律されている場合だけである。それが欠けている場合は、行政裁判所に対し て、収用そのものを訴えなければならないし、訴えることは可能である。「介入行為

1041

---

50) E 56, 249/261.

51) E 74, 264/285.

52) E 24, 367/418（ハンブルク堤防整備法判決Ⅰ・50）.

53) E 58, 300/323（砂利採取事件Ⅰ・51）.

54) E 46, 268/287.

第23章　財産権保障　*359*

の取消しを求めて訴えなければ、補償の訴えは却下される。基本法によって認められた、憲法適合的な状態の創出を求める権利を保持する機会を利用しない者は、自ら招いたのかもしれない権利喪失のために、引き続いて公の手による金銭賠償を求めることはできない[55]」。

1042　付帯条項は**憲法制定前の法律には適用されない**[56]。それは、立法者が収用手続の実施と収用補償の規律のために、一般的な収用法律の参照を指示することを容認している[57]。法律が収用的効果をもつ可能性のある保留事例に対して補償を定める、いわゆる救済的補償条項 salvatorische Entschädigungsklausel が付帯条項と合致するかどうかについても、連邦憲法裁判所は未解決のままにした[58]。付帯条項の目的に適合するのは、法律が救済条項に満足せず、補償の法的効果を発生させる構成要件をも規律している場合だけである[59]。しかし、救助的補償条項は、場合によっては、調整義務のある内容規定（**1035**以下参照）として憲法適合的に解釈されることもある[60]。

c) 公共の福祉

1043　収用は14条3項1文によれば**公共の福祉**のためにのみ許される。法律による収用、および行政による収用は、立法者が公共の福祉を正しく定義しているか、あるいは間違って定義しているか、ないし行政が定義された公共の福祉の任務を正しく具体化したか、あるいは間違って具体化したか、という点から審査されなければならない。単に国庫上の理由からの収用[61]や、単に私的な利益を促進するための収用[62]は、公共の福祉によってカバーされるものではない。

1044　**例**　収用が私的な利益を促進するものではない場合とは、行政が私法上の組織形式でその目的を実現したり、私人が公共の任務を遂行したりする場合である。（E 66, 248/257; BVerfG, BayVBl. 1999, 756）。収用が私的な利益獲得の潜在能力や技術革新の

55）　E 58, 300/324（砂利採取事件 I・51）.

56）　E 4, 229/237; 46, 268/288.

57）　E 56, 249/263 f; 参照 *Bryde*, MüK, Art. 14 Rn 88.

58）　E 58, 300/346（砂利採取事件 I・51）.

59）　BVerwGE 84, 361/365; 参照 *Detterbeck*, DÖV 1994, 273; *Pietzcker*, JuS 1991, 369; 別見解 BGHZ 99, 24/28; 105, 15/16 f.

60）　BVerwGE 94, 1/5; BGHZ 126, 379/381 ff; これを批判するものとして *Rozek*, S. 105 ff.

61）　E 38, 175/180; BVerfG, NJW 1999, 1176.

62）　E 56, 266/284 ff の少数意見。

360　第2部　基本権各論

潜在能力を向上させ、それによって経済構造の維持や改善を促し、失業の撲滅に役立つ場合は、その収用は単に私的な利益だけを促進しているとはいえない。その場合、連邦憲法裁判所は立法者に対して、相応の構造政策的な公共の福祉面を明文で区別を明らかにして、収用目的として示すよう求めている（E 74, 264/287 ff; BVerfG, NVwZ2014, 211/214）。私人の利益になるような収用が行われるときは、公共の福祉が継続的に促進されることが法律の条件によって確保されなければならない（BVerfG, NVwZ 2014, 211/216, JK 5/2014）。任意買収が期待できる場合や計画が公共用地上でも実現可能な場合、あるいは全部剥奪でなくても、たとえば物権の設定のような一部剥奪でも十分な場合は、収用は必要ではない。行政による収用の方が法律による収用よりも権利保護の機会を多く提供するため、より緩やかな手段である。それゆえ、法律による収用が許されるのは、行政による収用が「公共の福祉に対する著しい不利益と結びついていて、それへの対処が法律による規律しかない場合」だけである（E 95, 1/22（シュテンダール南回り決定Ⅲ・58））。収用目的が事後的になくなった場合、旧財産権者は再譲渡を求める権利を有する（E 38, 175/179 ff; BVerwG, NVwZ 1987, 49）。

d）収用の必要性

収用は、公共の福祉の促進のために適合的かつ必要でなければならない。その場合、公共の福祉の促進のための計画の適合性および必要性と、計画のための収用の適合性および必要性の違いを区別しなければならない。後者については、個別性は生じないのに対して、計画の必要性は厳格な意味では要求されない。というのは公共の福祉は、通例、多数の異なる計画によっても促進されうるからであり、必ずそのうちの１つでなければならないということはないからである。ほとんどの場合、公共の福祉がここでは道路か鉄道かいずれかによってのみ促進されうるということは証明されないだろう。しかし、連邦憲法裁判所は、計画の適合性を超えて、「公共の福祉目的の達成のための実質的貢献をなす」という意味で理性的に必要であるということを要求している。[63]

例　任意買収が期待できる場合、計画が公共の土地においても実現できる場合、全面的な剥奪でなく部分的な剥奪によっても実現できる場合、たとえば、物権の設定でも十分である場合には、収用は必要でない。行政的収用は、法的収用よりも大きな権利保護の可能性を提供するので、より緩やかな手段である。法的収用は、行政的収用

63）　BVerfG, NVwZ 2014, 211/215 f（JK 5/2014）.

が「公共の福祉に対する著しい不利益と結びついていて、それへの対処が法律による規律しかない場合」(E 95, 1/22) にのみ許容される。収用目的が事後的になくなった場合、旧財産権者は再譲渡を求める権利を有する (E 38, 175/179 ff; BVerwG, NVwZ 1987, 49)。

e) 公正な衡量

1047　最後に、収用補償の規定は、14条3項3文に従って、公共の利益と当事者の利益を**公正に衡量**して確定されなければならない。この衡量要請も、立法と行政に向けられる。すなわち、法律は少なくとも衡量要請を満たすような補償の枠組みを設定しなければならない。そして行政はそれを衡量要請に沿う形で実現しなければならない。衡量要請は、それと並んで、14条3項4文に従い、争いのある事例で決定を行う通常裁判所にも向けられる。衡量要請は単なる名目的な補償を許すものではないが、他方で、完全な交換価値に達する補償を要求しているわけでもない。[64] その中間にあって、補償を決定づけるものは、収用される財産がどの程度、自己の労働と能力に基づいているのか、国家の予防措置や単なる偶然に、どの程度依拠しているのかといったことである。[65]

1048　公共の福祉の拘束に**違反**すると、付帯条項違反の場合同様、収用は憲法違反になる。被収用者は補償を受け取ることができるのではなくて、収用自体に対して防御しなければならない。法律的収用を執行したり、行政的収用を授権する法律が衡量要請に違反する場合も、結果的に同様のことが妥当する。しかし、行政による違反が争われている事件では、通常裁判所が是正することによって、比較的高額の補償が認められることもある。

3. その他の介入

a) 適用・執行行為

1049　その他の介入が内容・制限規定の**適用・執行行為**である場合、その正当化は、常にそうだが、規定の憲法適合性と、立法者の既存の判断・裁量の余地が14条1項および2項を遵守しているかどうかで決まる。比較的強度の小さい事実行為は、財産権の社

---

64)　E 24, 367/421 (ハンブルク堤防整備法判決 I・50); 46, 268/285; BGHZ 67, 190/192.

65)　*Papier*, MD, Art. 14 Rn 607 ff 参照。

362　第2部　基本権各論

会的拘束によって正当化される。それが収用的介入や収用類似の介入の強度に達する場合は、補償の問題が提起される。法律による授権が欠けているために正当化できない措置の場合でも、補償の問題が生じる。

b) 収用的介入と収用類似の介入

　もちろん、収用類似の介入を補償によって事後的に正当化することはできないし、収用的介入があったときには補償によってそれを適法なものとすることはできない。憲法上の正当化の問題から、裁判官法によるこの補償制度の権能に対して、根本的な疑いをかけることもできる。というのも、違法な収用の場合、個人が単に受忍して補償を求めることはできないというのなら、なぜ個人は（違法な）収用類似の介入の場合にそれができるというのだろうか。なぜ（適法な）収用的介入の場合に、そもそも補償を求めることができるのだろうか。この問題は連邦憲法裁判所の一連の判例上にある。すなわち、「市民が自己に向けられた措置を収用であるとみなすのなら、補償を求めて訴えることができる。ただし、それは補償請求の法律上の根拠がある場合に限られる。法律の根拠がない場合は、行政裁判所に対して、介入行為の取消しを求めて訴えなければならない。しかし、抗告訴訟を放棄して、法律が認めていない補償を請求することはできない」[66]。この判例に鑑みて、一部の学説においては、収用類似の介入および収用的介入の法制度は時代遅れになったと宣言された。[67]

1050

　これに対して通説は、この法制度を**救出**しようと試みている。通説が示すことのできるのは、収用類似の介入および収用的介入について、連邦憲法裁判所は明示的には何も述べていないということである。[68] 通説はこの２つの補償制度を、14条３項と並立し、かつて一般ラント法序論の74条、75条に実定化されていて、裁判官法によって展開され、今日では慣習法として承認されている犠牲補償 Aufopferung の思想の具体化として理解している。[69] それによって、財産的基本権とは全く異なる、たとえば、他の基本権への介入をも包括する国家の不法行為に対する責任の視角が開かれる

1051

---

66)　E 58, 300/324.

67)　*Sendler*, DVBl. 1982, 812/816; *Weber*, JuS 1982, 855. ただし、収用的介入に賛成するものとして *Külpmann*, S. 238 ff; Rn 1035参照。

68)　Exemplarisch *Papier*, MD, Art. 14 Rn 714 ff.

69)　BGHZ 91, 20/27 f; 102, 350/357; *Bryde*, MüK, Art. 14 Rn 98 f; *Hendler*, DVBl. 1983, 873/881; *Ossenbühl*, NJW 1983, 1参照。

のである（**87**参照）[70]。

1052 しかしながら、失うものなしに、14条の前で、収用類似の介入や収用的介入の補償制度の**現状を維持する**ことはできない。立法者が法律による収用と考え、行政が行政による収用と考えた措置でも、収用であれば違法とされて挫折させられるのに、収用類似の介入であれば、国家にとって成功を導き、当事者にとっては、憲法上、収用の場合しか得られないはずの補償を導くということはありえない。したがって、ここでは原則として、当事者はその措置に対して防御するか、あるいは補償なしに受忍するかでなければならない[71]。財産権に対する介入が法律上、明示的に規律されている場合においても、法律に定められていない介入、あるいは違法な介入を、収用類似とみなし（補償の効果とともに）救出することで、この規律システムを破壊することはできないのである。それは行政裁判所において防御されなければならない。これに対して、連邦通常裁判所の判例は、このような事例においても、収用類似の介入の制度に固執している。もちろん、連邦通常裁判所の判例も、原則として、行政裁判所における第1次的権利保護の優位を認めており、収用措置の取消しが行われないことを双方の過失（ドイツ民法典254条の類推）とみなし、結局、当事者が取消しをすれば避けられたであろう不利益に対する補償請求を退けている[72]。

1053 しかしながら、適法な行政行動の意図されない副次的効果として、立法者に予測できず、それゆえ規律もできなかった事実行為による財産権への干渉は依然として残っている。また、**直ちに執行された**違法な介入も残っている。両者に対しては、個人はもはや防御できない。これらの事例に対して連邦憲法裁判所が持ち出す行政法上の結果除去請求権は、原状の回復にしか向けられていない。しかし、それはそもそも不可能かもしれないし、いずれにせよ、その間に被った不利益に対しては補償が受けられない。この場面では少なくとも、収用的介入と収用類似の介入がその意義を有していなければならない[73]。これに対する法的根拠づけとしては、連邦憲法裁判所の判例を引き合いに出すことができるだろう。それによると、財政的な補償の場合のみであるが、内容・制限規定が憲法上の正当化とみなされるという（**1035**以下）。すなわち、

---

70) BVerfG, NJW 2000, 1402; *Schoch*, Jura 1989, 529/534 f 参照。

71) *Hendler*, DVBl. 1983, 873/881 f 参照。

72) BGHZ 90, 17/31 ff; 110, 12/15 f; *Papier*, JuS 1985, 184参照; 伝統的な解釈学に依然として固執するものとしてBGHZ 105, 15/16 f; これについてこれを批判する *Ossenbühl*, JZ 1989, 190.

73) *Ossenbühl*, S. 223 f, 270参照。

364 第2部 基本権各論

法的秩序づけが、その種の収用的介入および、収用類似の介入を妨げることのできない場合でも、それは内容・制限規定であるとされる。しかし、その限りで、財政的な補償請求を許容する場合に憲法上正当化される[74]。その限りにおいて、収用的介入および収用類似の介入の際の補償が、憲法上の正当化の前提条件になるのである。

　総じて、法的状況は、不明確、不満足で、**立法的改革が必要である**と考えられる。　1054
しかしながら、1981年の国家責任法による改革は、基本法の権限規定と合致せず、挫折させられた[75]。1994年の終わり以降、連邦は74条１項25号によって、国家責任に対する競合的立法権限を有しているが、連邦がそれを行使したことはまだない。

V. 制限に対する制限としての制度保障

　制限に対する制限として、14条１項１文の制度保障は、それ以外の点では憲法上正　1055
当化された内容・制限規定や収用に対して、**最後の限界**を設定する。この限界について、財産権の定義も無視してはならない。しかし、連邦憲法裁判所の判例では、憲法上の正当化の他の要請が手厚く保護されているので、その重要性は小さくなっている。

　制度保障は、財産権の名に値する法制度を形成する「規範の根本的状態」を保障す　1056
るものである[76]。**財産権の名**に値するため、法制度は「私的有用性」を保障しなければならない。すなわち、同時に受益者でもある法主体に財産権が帰属することと、財産権の対象について、原則的な自由な処分権を保障しなければならない[77]。その限りにおいて、14条１項１文は「私有財産に対する基本法の基本的価値決定[78]」を含んでいる。しかし、禁じられているのは、「財産法の領域で、基本権によって保護された活動の根本的状態に属する私法秩序の事項的領域が剥奪されること[79]」だけである。経済政策的に中立な基本法の下で、14条が立法者に対して、それ以上の絶対的な拘束を課すことは許されない。

---

74)　同様の見解を採る *Maurer*, DVBl. 1991, 781は、収用的介入を調整義務のある内容規定 に解消する。

75)　E 61, 149.

76)　E 24, 367/389（ハンブルク堤防整備法判決 I・50）.

77)　E 91, 294/308.

78)　E 21, 150/155.

79)　E 24, 367/389（ハンブルク堤防整備法判決 I・50）.

第23章　財産権保障　*365*

VI. 社 会 化

1057　15条の社会化は、内容・制限規定とも収用とも区別される財産権に対する介入である。内容・制限規定と違って、社会化は財産権を財産権者に残すことなく、そこから剥奪する。また、収用と違って、社会化は具体的・個別的ではなく、抽象的・一般的である。それは構造的収用なのである。

1058　15条は、土地、天然資源、生産手段についてのみ社会化を認めている。生産手段とは一般的に企業を意味する。15条は、財を生産する企業、サービスをもたらす企業ならびに銀行、保険会社を対象とする。[80] 他の財産的価値のある財や権利については、社会化という構造的収用ではなく、具体的・個別的な収用しか許されていない。補償の規律は14条3項3文および4文のそれである。それは「国有化のブレーキ」[81] として作用するが、国有化の排除として作用することは意図されていない。ここからはまた、14条3項3文の衡量要請は交換価値にしたがった補償を求めることはできないという議論も導かれる。社会化されるかどうかは、立法者の決定に委ねられる。この場面では立法者は比例原則に拘束されない。[82] すなわち、立法者は14条の財産権者の利益を比例的に配慮するという義務から免れているのである。というのも、15条は独自の基本法規定を有していて、14条から独立しているからである。このように解してはじめて、この規定の成立史にかなう。なぜなら、社会民主党は、15条があれば、議会で相応の多数をとって、経済秩序の根本的転換を行う可能性が開けると考えたのであり、まさにそのゆえに、基本法の制定に同意したからである。[83]

1059

> **事例20 (993) についての解答の概略**
>
> 　Ⅰ. セイヨウツゲの茂みはEの民法上の財産権に含まれ（ドイツ民法典94条）、その限りにおいて、14条1項1文の**財産権概念**に該当する。しかし、セイヨウツゲの茂みを伐採してもらい、売却することが、その利用として、財産権の保護領

---

80)　*Jarass*, J/P, Art. 15 Rn 3; *Peters*, DÖV 2012, 64/66; 別見解 *Durner*, MD, Art. 15 Rn 39; *Gröpl*, StudK, Art. 15 Rn 11; *Manssen*, Rn 723.

81)　*Bryde*, MüK, Art. 15 Rn 22.

82)　*Bryde*, MüK, Art. 15 Rn 10; *Rittstieg*, AK, Art. 14/15 Rn 250; 別見解 *Schliesky*, BK, Art. 15 Rn 55; *Sieckmann*, FH, Art. 15 Rn 28 ff; diff. *Durner*, MD, Art. 15 Rn 85.

83)　*Bryde*, MüK, Art. 15 Rn 1参照。

366　第2部　基本権各論

域に含まれるかどうかは問題である。天然記念物に対する財産権を、自然保護・景観法上の除去・変更禁止によって定義されたものとみれば、問題となる利用は14条1項1文の保護領域から外れることになろう。しかしながら、自然保護・景観法によってもたらされる除去・変更禁止は比較的最近のものであり、ここには既存の現状が存在している。したがって、セイヨウツゲの茂みに対する財産権は、上記の法律によってまだ定義されていない。

Ⅱ．伐採の禁止と結びついた、管轄官庁によるセイヨウツゲの茂みの天然記念物指定は、介入である。問題はその介入がいかなる種類ものかである。1．剥奪は問題にならない。Eは、セイヨウツゲの茂みが本質的な構成要素である土地も、セイヨウツゲの茂みそれ自体も保持することが許されているし、それどころか保持しなければならない。それゆえ、全部剥奪の線は外れる。一部剥奪もまた問題にならない。というのも、財産それ自体をEは完全に維持し続けているのであって、ただ、財産権者としての勝手気ままさ、財産権者としての権限が縮減されるというだけのことだからである（BGH, DVBl. 1957, 861も参照）。2．セイヨウツゲの茂みを伐採してもらい、売却することを禁止する場合は、それゆえ、財産権の制限が問題になるのである。

Ⅲ．この制限が**憲法上正当化**されるのは、それが憲法適合的な内容・制限規定の適用・執行において行われた場合である。1．自然保護・景観法の除去・変更禁止については、財産的価値のある財の特質のために、本来的に要請されているのだと主張される。なぜなら、自然の危殆化に対して敏感な時代が認めるところによれば、極めてわずかしか存在せず、ほとんど増やすことのできない自然の景観を無しですますことなどできないからである。自然の景観を諸勢力の自由な取り引きや個人の勝手気ままに完全に委ねてはならない。確かに、譲渡を禁止する際は、特別の慎重さを要求しうる。というのも、譲渡は財産権的自由の根本的構成要素だからである。しかしながら、大いに楽しませてくれる自然の美観として、この財産権の対象は、社会的関連性を有しており、かつ社会的機能をもっている。自然保護・景観法は、財政的補償を通じて介入の調整も定めているので、全体として憲法上正当化される。2．当該法律の**執行**においても、法的過誤は認められない。財政的補償がある場合しか、ここで介入を認めないとする理由はない。というのも、セイヨウツゲの茂みは、確かに経済的理由からも植え付けられたのであろうが、その価値は労働と能力によって獲得されたものではなかった（別見解*Lege*, Jura 2011, 826/839）。それを維持することは、Eに対して経済的に期

待不可能なくらい負担をかけるものでもない。

1060 **参考文献** ①14条一般について：*A. v. Brünneck*, Die Eigentumsgarantie des Grundgesetzes, 1984; *O. Depenheuer*, Eigentum, Hdb. GR V, § 111; *D. Ehlers*, Eigentumsschutz, Sozialbindung und Enteignung bei der Nutzung von Boden und Umwelt, VVDStRL 51 (1992), 211; *R. Hendler*, Zur Inhalts-und Schrankenbestimmung des Eigentums, in: FS Maurer, 2000, S. 127; *H.D. Jarass*, Inhalts-und Schrankenbestimmung oder Enteignung?, NJW 2000, 2841; *C. Jasper*, Von Inhalten, Schranken und wichtigen Weichenstellungen: Die Eigentumsgarantie des Art. 14 GG in der allgemeinen Grundrechte-Eingriffs-Dogmatik, DöV 2014, 872; *H. Jochum/ W. Durner*, Grundfälle zu Art. 14 GG, JuS 2005, 220, 320, 412; *J. Lege*, Das Eigentumsgrundrecht aus Art. 14 GG, Jura 2011, 507, 826; *H.-J. Papier*, Der Stand des verfassungsrechtlichen Eigentumsschutzes, in: Depenheuer (Hrsg.), Eigentum, 2005, S. 93; *F. Shirvani*, Eigentumsschutz und Grundrechtskollision, DöV 2014, 173; *D. Waschull*, Das Unternehmen im engeren Sinne als verfassungsrechtliches Eigentum, 1999.

②とくに収用、収用的介入、収用類似の介入について：*A. v. Arnauld*, Enteignender und enteignungsgleicher Eingriff heute, VerwArch 2002, 394; *M. Baldus/B. Grzeszick/S. Wienhues*, Staatshaftungsrecht, 4. Aufl. 2013; *C. Külpmann*, Enteignende Eingriffe, 2000; *F. Ossenbühl/ M. Cornils*, Staatshaftungsrecht, 6. Aufl. 2013; *J. Rozek*, Die Unterscheidung von Eigentumsbindung und Enteignung, 1998.

付説　構造図式

1061 財産権保障も原則として自由権に対して推奨される審査の図式により審査することができる（**368**以下）。ただし、財産権は、既存の状態の保障として機能するだけでなく、価値の保障をも含む（**998**以下）ということと関係して、介入の正当化に関して特別の要請を含むという点が他の自由権と異なっている。

1062 **■構造図式Ⅴ：財産権、14条**
Ⅰ．保護領域
Ⅱ．介　入
①収用、すなわち特定の公的課題の実現のために具体的で主観的な財産的地位をそれにねらいを定めた法的行為によって全部あるいは一部を剥奪すること。
②内容・制限規定、すなわち財産権を縮減する、収用にあたらないすべての措置。

Ⅲ．憲法上の正当化

審査基準は、介入が収用かそれとも内容・制限規定かによって異なる。

1．収用

　a）介入の授権（14条3項）

　b）介入法律の合憲性

　aa）形式的合憲性

　bb）実質的合憲性

　　　特別の要請

　　　　⑴公共の福祉による拘束（14条3項1文）

　　　　　　①事業のための収用の必要性

　　　　　　②事業の公共の福祉のための実質的寄与

　　　　⑵付帯条項（14条3項2文）

　　　　⑶制度保障

　c）個別行為の合憲性（＝行政による収用）

2．内容・制限規定

　a）介入の授権（14条2項）

　b）介入法律の合憲性

　aa）形式的合憲性

　bb）実質的合憲性

　　　具体的には、適切性の枠内での特別の要請を伴う比例原則の審査、すなわち財産権者の利益（14条1項）と公共の利益（14条2項）との利益衡量である。その際、考慮すべきことは

　　　　①財産的価値のある権利の特性

　　　　②財産的価値の地位の重要性（財産の個人的機能と社会的機能のうちどちらが優位か）

　　　　③経過規律・過酷条項

　　　　④ときに厳しい干渉（＝自己の能力・労働の負担や平等に反する特別の犠牲の賦課にもかかわらず補償が保障されていないときの介入）における財政的保障

　c）個別行為の合憲性

第24章　国籍剥奪および外国への引渡しに対する保護、庇護権（16条、16a条）

1063

> **事例21　ボスニアのイスラム教徒**
>
> Bはイスラム教を信仰するボスニア人女性である。1991年11月に彼女はフランスを経て〔ドイツ〕連邦の領域に入国した。1992年になると、当時のユーゴスラビアでの内戦がボスニア・ヘルツェゴヴィナにも広がってくる。ボスニアのセルビア人が国土の半分以上を自己の支配下に治めることに成功した。セルビア人によって支配された領域では、捕虜収容所が建てられ、そこで組織的な虐待・拷問・強姦・裁判によらない死刑執行が、特に収監されたイスラム教徒に対して行われた。ボスニア・ヘルツェゴヴィナにおける行政・経済システムは完全に崩壊した。このような状況において、Bが庇護申請を行ったとする。彼女には政治的庇護を求める権利があるのだろうか。→1105

Ⅰ．概　　観

1064
16条と16a条は3つの保障を含んでいる。

①国籍剥奪に対するドイツ人の保護

②外国への引渡しに対するドイツ人の保護

③政治的庇護を求めるすべての人の権利

　この3つの保障の実質的関連性は次の点にある。すなわち、そこではドイツ連邦共和国と個人の間にある身分法的・領域法的絆への結びつきが共通しているということである。個人は、一面では、ドイツ人あるいはドイツ国籍者として、他面では、政治的に迫害された外国人として、権利を主張することができる。しかも、身分法上地位を求める権利（16条1項）やドイツ領域への入国と滞在を求める権利（16条2項および16a条）を主張することができるのである。その際、国籍剥奪に対する保護と政治的庇護を求める権利は基本権であるが、外国への引渡しに対する保護は、基本権解釈学的には11条の制限に対する制限になる（**889**参照）。

1065
　ドイツ人およびドイツ国籍者の概念を外国人の概念と区別することは、異なる種類

370

の法的関係の特徴を示すことである。それは、人的高権と領域高権という現代国家の2つの対立する原理に基づいている。第1の原理の内容は、人を国家に位置づけ、それに保護を提供し、かつその服従を要求する。人が国家の領域を離れるときにも、その両方を要求する。領域高権は、原則として、地表のある部分において、そこにいるすべての人と物に対して他の国家を排除する唯一の支配権を行使することを意味する。どちらの原理も国家主権の表現である。国籍保有者は国家の人的高権に服する者であり、これに対して、他国人・外国人は確かに滞在国の領域高権に服する者であるが、その人的高権に服する者ではなく、いかなる人的高権にも服さないか（いわゆる無国籍者）、あるいは人的結びつきのある他国である母国に服するかのどちらかである。

16条および16a条の保障は、歴史的にも互いに関連している。16条1項1文の国籍 **1066**
剥奪の禁止は、ナチス・ドイツの人種差別主義に強く動機づけられた国籍剥奪が実際に行われたこと対する反省である。基本法の庇護権もまた、もともと第三帝国での経験および、第三帝国に伴う経験に起源をもっている。というのも、当時、人種的・政治的に迫害されたドイツ人がいた場合、そのドイツ人は外国で保護を受けることが極めて難しかったからであり、また留保なき庇護基本権を制定することによって、他国で同様の政治状況下にいる人々を助けるべきであるとされたためである。外国への引渡しの禁止は、今日、16条2項に規定されているが、それだけがすでに19世紀末にはライヒ市民権の本質的な構成要素とされ、最初はライヒ憲法の一部とされていた。[1]しかし、1871年以降は、単に単純法に規定されるだけとなり、1919年になってようやく憲法に受容されたのである（ワイマール憲法112条3項）。

II．国籍剥奪からの保護（16条1項）

1．保護領域

16条1項1文はドイツ国籍の剥奪に対する保護である。16条1項2文は、ドイツ国 **1067**
籍の喪失を許容する際の法律によって定めるべき要件を挙げている。ここから権利主体となるのは、ドイツ国籍を有する者（**129**参照）だけであるとされ、ドイツ国籍をもたない身分的ドイツ人は権利主体ではないとされる。[2]

1）　*Laband*, Das Staatsrecht des Deutschen Reiches, 5. Aufl. 1911, 1. Bd., S. 155参照。

2）　BVerwGE 8, 340/343; *Wittreck*, DR, Art. 16 Rn 42; 別見解*Becker*, MKS, Art. 16 Rn 57.

2. 介 入

1068 16条1項は1文によって国籍剥奪を定めており、2文によって国籍喪失を定めている。2文はさらに当事者の意思による国籍喪失と当事者の意思に反する国籍喪失を定めている。1文の国籍剥奪と2文の当事者の意思に反する国籍喪失の関係については、説明を要する。というのも、国籍剥奪の概念は、国籍喪失の効果のみならず、自発性の欠如のメルクマールとも結びつくからである。しかし、異なる法的効果をもつがゆえに、1文の国籍剥奪と2文の当事者の意思に反する国籍喪失は、異なる構成要件を打ち立てていなければならない。実際、憲法制定権者は次の3つの構成要件群[3]を視野に入れている。すなわち、

①当事者の意思による国籍喪失、とりわけ、申請に基づく国籍からの離脱、および宣言を通じての国籍の放棄(ライヒ・国籍法17条1号および3号参照)。

②当事者の意思に反する国籍喪失の伝統的構成要件、とりわけ婚姻を通じての外国籍の取得の場合(旧ライヒ・国籍法17条6号参照)および今日の申請または養子縁組に基づく外国籍の取得の場合(ライヒ・国籍法17条2号および4号)。

③国籍の恣意的な剥奪、とりわけ、政治的理由による国籍の剥奪および否認。

1069 文言にはこの3種類の区別が必ずしも明瞭に反映されていない。それゆえ、学説の中には、2文の当事者の意思に反する国籍喪失と1文の国籍剥奪を構成要件においてより明確に区別するために、もう1つのメルクマールとして、国籍剥奪に対して回避不可能性の要件を付け加えるものもある[4]。それによると、意思に反して行われる国籍喪失は、外国籍の取得であれば、回避可能なのに対して、国籍剥奪および否認による国籍の剥奪は、「当事者の意思や行為・態度を全く考慮することなく」[5]行われるため、回避不可能であるというのである。この場合であっても、問題はまだ解決されていない。というのも、政治的理由に基づく国籍の剥奪は、当然、当事者の政治的見解や政治的行為・態度を考慮して行われるものだからである。連邦憲法裁判所は、回避可能性の概念に代えて影響力行使の期待可能性という概念を立てる。政治的見解や政治的行為態度を変更することにより国籍喪失に影響を与えることの期待可能性がない場合は、剥奪に該当する[6]。

---

3) JöR 1951, 159 ff 参照。

4) *Schmalenbach*, Hdb. GR V, § 122 Rn 26 ff.

5) *Randelzhofer*, MD, Art. 16 Abs. 1 Rn 49.

6) E 116, 24/44 f; 135, 48/62 (JK 6/2014).

372 第2部 基本権各論

瑕疵ある帰化の取消しが、定義された意味での国籍剥奪であり、それゆえ許されな　**1070**
いのかどうかについては争いがある。単なる瑕疵で無効とはいえない国籍剥奪は行政
手続法43条により拘束力を有するということができ、剥奪することができる法的地位
を根拠づけている[7]。しかし、取消しは、「行政行為が意図的な欺罔、脅迫、買収また
は故意の不正もしくは不十分な陳述によってなされた場合は恣意的な剥奪とみなすこ
とはできない。このような場合は取り消すことが許される[8]。子どものドイツ国籍が
父性の否認の訴訟により否定されたときは、許されない国籍剥奪にはならない[9]。

3．憲法上の正当化

　16条1項1文は、留保なく、国籍の剥奪を禁止している。したがって、国籍の剥奪　**1071**
は常に違憲である。

　例　権限ある官庁は、民法典1600条1項5号により、ドイツ国籍を有する者による　**1072**
父性の認知を、当該認知によって当事者の滞在許可の条件が創出される場合（民法典
1600条3項）、取り消すことができる。取消しによって子はドイツ国籍を失う。ここ
には16条1項1文による違憲の国籍剥奪が存在する。なぜならば、子は剥奪に自ら影
響を与えることも、第三者による影響の可能性も期待できないからである（E 135,
48/62 ff, JK 6/2014）。

　これに対して、国籍の喪失は法律の留保の下にある。当事者の意思に反して国籍喪　**1073**
失が行われる場合、法律の留保により、その国籍喪失が当事者の無国籍を招来しては
ならないという特別の条件がつけられている。

　例　ライヒ・国籍法17条1号の国籍喪失（申請による国籍離脱）は、意思に応じて行　**1074**
われるものなので許される。ライヒ・国籍法17条2号、25号の国籍喪失（外国籍の取
得）は、たしかに当事者の意思に反して行われるが、無国籍を招来するものではない
ので許される。というのも、国籍喪失は外国籍の法実効的な取得があってはじめて発
生するものだからである（BVerfG, NVwZ 2007, 441）。

7）　*Lübbe-Wolff*, Jura 1996, 57/62.

8）　E 116, 24/36 ff; *Kämmerer*, BK, Art. 16 Rn 57 ff; *Zimmermann／Tams*, FH, Art. 16 Rn
　48 f も参照；これを批判するものとして *Wittreck*, DR, Art. 16 Rn 54.

9）　BVerfG, NJW 2007, 425.

Ⅲ．外国への引渡しの禁止 (16条2項)

1．保護領域

1075 16条2項は、市民を本人の意思に反して、「親しんでいる法秩序から引き離されないように」保護する。16条1項の場合 (**1067**参照) と異なり、すべてのドイツ人 (**127**以下参照) に権利が認められる。

2．介　入

1076 **外国への引渡し** Auslieferung というのは、ドイツ人をドイツ連邦共和国の高権領域から引き離すこと、緊急の場合は強制的に引き離すことを意味し、それは、ある権力の求めに応じて、その領域に移送することと結びついている。このような権力には、16条2項2文から明らかなように、国際的な裁判所も含まれる。外国への引渡しには、ドイツ人がある国家からドイツ連邦共和国を通過して他の国家に引き渡される場合の、いわゆる**通過引渡し** Durchlieferung も含まれる。すなわち、特定の国家へのさらなる引渡しも、送り出した国家への逆送も許されない。

1077 外国への引渡しと区別しなければならないのが、ドイツ人の**国外退去処分**Ausweisungである。国外退去処分とは、ドイツ人に対して、他の国家の求めなく、連邦共和国を出てどこへでも行くよう命じることである。しかし、国外退去処分とその執行、すなわち、いわゆる**国外追放** Abschiebung に対しては、11条が保護を提供する (**889**参照)。

1078 いわゆる**戻し引渡し***Rücklieferung*の場合は判断が難しい。ここで想定されているのは、逆送の約束に基づき、ドイツ人を最初一時的に外国からドイツ連邦共和国に送致した後、外国に引き渡すことである。連邦憲法裁判所は、これを禁じられた外国への引渡しとはみていない。というのも、戻し引渡しは、連邦領域への一時的な送致の前にすでに成立している状態を再び創出するだけで、当事者の置かれた状況を悪化させるわけではないからである。しかしながら、この考え方は、ドイツ人が自己の意思に反して他の権力に引き渡されるようなことは決してあってはならないとする16条

---

10)　E 113, 273/293.

11)　E 10, 136/139.

12)　E 29, 183/193 f.

374　第2部　基本権各論

２項の厳格な要求の前では、成り立たない。この厳格な要求によれば、戻し引渡しを請け合うことはそもそも禁止されている。そのような声明が出されたとしても、それを実行することは許されない（それによって、たとえドイツ連邦共和国が、場合によっては、国際法の諸原則に従うと賠償責任を負うことになるとしても）。

３．憲法上の正当化

外国への引き渡し禁止は、16条２項２文の**特別の法律の留保**の下にある。法律は、ヨーロッパ連合の構成国または国際刑事裁判所（IStGH）のような国際的裁判所への引渡しで、かつそこで、引き渡された者に対して裁判官の独立や法的聴聞、公正な手続、無罪推定の原則などの法治国家原則が保障されている場合にのみ認めることができる。連邦憲法裁判所によれば、国内法関連の基準による刑事犯であっても外国へ引き渡しは認められない。

1079

Ⅳ．庇護権（16a条）

１．保護領域

連邦行政裁判所は、1951年６月28日のジュネーヴ難民条約を前提として、16a条１項にいう**政治的に迫害された者の概念**を定義している。政治的に迫害された者とは、「人種、宗教、国籍、ある社会集団に属していることを理由にして、あるいはその人の政治的見解を理由にして、生命・身体に対する危険や個人の自由の制限を伴う迫害措置にさらされている者や、そのような迫害措置を受けることを恐れる理由のある者」のことである。さらに、たとえば「不可逆的で生まれつきの同性愛的特性」といった基準も付加される。決定的なのは、ある人が、「変更不可能な個人的メルクマールに基づき、迫害者の観点からみれば、そうあるべきだとされるものとは異なっているという理由で、迫害措置を恐れなければならない」ということである。

1080

---

13) *Kämmerer*, BK, Art. 16 Rn 87; *Wittreck*, DR, Art. 16 Rn 66参照。別見解*Zimmermann/ Tams*, FH, Art. 16 Rn 89.

14) E 113, 273/302 f, 331, 342 f.

15) BGBl. 1953 II, 559; E 94, 115/134 fも参照。

16) BVerwGE 67, 184/186; これを批判するものとして *Selk*, NVwZ 1990, 1133/1135.

17) BVerwGE 79, 143/146.

a）迫　害

1081　迫害というのは、当事者を逃げ道のない状態に追い込むような法益への干渉をいう[18]。それは、宗教・文化・経済領域をも含むすべての生活領域を侵害しうるものである[19]。その干渉が生命、身体、個人の自由を意図的に侵害したり、危険にさらすようなものでなく、他の法益にかかわるものである場合でも、人間の尊厳を侵害する強度をもっている場合だけは、16a条1項の意味での迫害にあたる[20]。飢饉や自然災害のような、「自己の本国における一般的な状態において被らざるを得ない不利益」の場合はもちろん、暴動、革命、戦争の一般的な影響がある場合も、迫害があるとはいえない[21]。

1082　例　職業活動に対する干渉は、最低限度の生存がもはや保障されない場合だけが迫害を根拠づける（BVerwGE 88, 367/374）。宗教的自由への干渉は、「宗教的最低限度の生存」、すなわち、家庭の私的な領域での宗教活動がもはや保障されない場合だけが迫害である（E 76, 143/158 ff; 81, 58/66; BVerwGE 120, 17/20 f）。

1083　迫害への恐怖は迫害の危険を前提にしている。迫害の危険があるのは、庇護を求める者に対して政治的迫害が高度の蓋然性をもって迫っており、そのために、その者が本国にとどまることを期待することができないときである[22]。故国を離脱する前に迫害が行われたり、直接的に迫っている前期被迫害者の場合は、蓋然性の基準は緩和される。帰還においては元の迫害の再開や同様の迫害が十分な蓋然性をもって排除される場合でなければ迫害の危険がある[23]。自ら本国の保護下に身を置いた者の場合は、そこでは（もはや）迫害のおそれはないと考えることができる[24]。

1084　当事者が他の避難手段をもっている場合は、（もはや）逃げ道のない状態にあるとはいえない。本国のどこに行っても保護が受けられないというのではなく、自国の迫害のない地域に待避できるという場合であれば、いわゆる国内での他の避難手段 inländische Fluchtalternative があるとされる。この関連で、連邦憲法裁判所は、異なる国土領域において、多様な政治目的を追求し、多様な文化・法秩序を許容する

18）　E 74, 51/64.

19）　*Kimminich*, BK, Art. 16 Rn 181.

20）　E 54, 341/357; 76, 143/158; BVerwGE 80, 321/324.

21）　E 80, 315/335（タミル人決定 I・52）.

22）　E 76, 143/167; BVerwGE 89, 162/169.

23）　E 54, 341/356 ff; BVerwGE 104, 97/99 ff.

24）　BVerwGE 89, 231/233 ff 参照。

「多面的国家」について語っている。これに従うと、本国への帰還や本国の特定の地域への帰還が、その間の政治的状況の変化によって期待することができるときは、もはや迫害されていないといえる。そこに国家による平和秩序がもはや存在しない場合であっても、このことは妥当するというべきである。しかし、当事者にとって、経済的最低水準の生活が長く続くことが予測され、生存が危殆に瀕している場合は、期待可能な他の避難手段はない。

いわゆる**国外での他の避難手段** ausländischen Fluchtalternative がある場合も、当　**1085**
事者の状況に（もはや）逃げ道はないとはいえない。当事者が他の国家に受け入れられて、迫害に対する保護を得られた場合がそうである。逃亡が第三国で終了したという事情がある場合はとくに、迫害に対する客観的な安全があったといえる。国内での他の避難手段の場合と同様、当事者は第三国において、ホームレス、無資力、病気、飢餓による生存の危険からも安全でなければならない。

b）現在の迫害

迫害は**現に**行われているか、現にそのおそれがあるものでなければならない。ある　**1086**
人が、迫害は被ったものの、それがなくなって数年後にようやく本国を離れた場合、あるいは本国に支配された第三国を離れた場合、あるいは時間が経って迫害のなくなった本国に再び戻ることができる場合は、迫害が現にあるとはいえない。しかし、迫害あるいは迫害のおそれが、いわゆる避難後の理由をきっかけにしていることもある。すなわち、本国を去った後に生じた行動、出来事、事件、たとえば、本国におけるクーデターや革命、亡命組織への加入、庇護申請者による庇護申請の地位な

25）　E 80, 315/342 f（タミル人決定Ⅰ・52）; E 81, 58/65 f も参照。

26）　BVerwGE 124, 276/281 ff.

27）　BVerwGE 85, 139/146; 112, 345/347 f.

28）　BVerwGE 108, 84/90.

29）　E 80, 315/344（タミル人決定Ⅰ・52）; 81, 58/65 f; BVerwGE 105, 211 f; 131, 186/190.

30）　BVerwGE 79, 347/351; 84, 115/121; § 27 Abs. 3 AsylVfG も参照。

31）　BVerwGE 77, 150/152.

32）　BVerwGE 78, 332/345 f; 88, 226/232.

33）　BVerwGE 87, 52/53 f.

34）　BVerwGE 89, 171/175 f.

35）　E 54, 341/360.

どが、それにあたる。

1087　この場合の判例は制限的である。というのも、庇護権は、原則として、迫害と避難の間に因果的連関を求めているとされるからである。それによると、本国を単に違法に立ち去るだけでは庇護請求の理由にはなり得ないという[36]。避難後に始まった迫害や迫害のおそれも、それがいわゆる**客観的な避難後の事情**によって引き起こされた場合、すなわち、「本国での出来事や事件」あるいは、その他、当事者自らが惹起したのではない事情によって引き起こされた場合であれば、庇護権を根拠づけることもあるとされる[37]。これに対して、いわゆる**主観的・自己創出的な避難後の事情**は、原則として考慮されない。やや違ったことが妥当するとされるのは、それが「本国にいる間にすでに存在し、はっきりと実証される確固たる信念の表現と継続であることが明らかな」場合[38]、あるいは、避難後の行為・態度を強く迫る、少なくとも潜在的に危険な本国での状況の結果である場合[39]、あるいは人間の尊厳を侵害するような迫害のおそれがある場合[40]だけである。ただし、重要でない主観的事後的避難理由も外国人滞在法60条1項による国外追放からの保護は考慮される[41]。

c）自己に対する迫害

1088　迫害は自己のことでなければならない。ある人が迫害措置にさらされている集団に属する場合、そのことが自己に対する政治的迫害になるといえるためには、すべての集団構成員が同じ程度の庇護メルクマールを共有していて、場所と時間からみて同じような状況にあり、相当数の迫害（いわゆる迫害密度）や国家の迫害プログラムに鑑みると、何時でも自分が迫害措置の犠牲者になるおそれがあるといえる場合でなければならない[42]。被迫害者と家族的な結びつきがあること自体は、自己に対する迫害を根拠づけるものではない[43]。もちろん、配偶者や年少の子どもの場合は、他の親類の場

36）　BVerwGE 81, 41/46.

37）　E 74, 51/64 f; BVerwGE 88, 92/94 f.

38）　E 74, 51/64 ff; BVerwGE 77, 258/261; zust. *Wittreck*, DR, Art. 16a Rn 80; § 28 AsylVfG も参照.

39）　BVerwGE 81, 170/172 f; DVBl. 1992, 1543.

40）　BVerwGE 90, 127/132 f.

41）　E 74, 51/66 f; *Hailbronner*, Ausländerrecht, Stand: Juni 2005, § 28 AsylVfG Rn 26.

42）　E 83, 216/231（ヤジード教徒II・48）; BVerwGE 125, 243/249.

43）　BVerwGE 65, 244/245.

合と違って、いわば身代わりとして政治的に迫害される可能性があると認められている。そこから自己に対する政治的迫害の推定が帰結される[44]。それゆえ、庇護審査手続法26条は、庇護権者の配偶者と年少の子どもについて、一定の条件の下に、庇護権者の法的地位があることを認めている。

例　トルコのヤジード教徒のような小マイノリティは、このマイノリティの構成員はすべて常に、身体、生命、個人の自由の危険にさらされているとみなされるほど、苛酷、無慈悲、無情な迫害を受けている（E 83, 216/232; BVerwGE 88, 367/371 ff）。 **1089**

d）政治的迫害

庇護を与えること自体は、政治的理由ではなく、人道的理由から行われるにものであっても、迫害は**政治的**なものでなければならない。政治的迫害は客観的に規定されなければならない[45]。それは「人間と人間集団の共同生活を一般的に秩序づける際の形成と特色をめぐる対立」と関連し、極めて優位に立つ権力主体、通常は高権を有する権力主体」を前提にする[46]。 **1090**

難しいのは、特に**刑法的訴追**を政治的迫害との関係で位置づけることである。いわゆる政治的刑法（たとえば、内乱罪や怠業）に妥当するのは、政治的確信から行われる行為を国家が訴追することは、原則として、政治的迫害にあたるということである。国家が自己の領域と秩序の統合性への暴力的攻撃を防御するだけの場合でも、そうなのである。ただし、判例によると、国家が政治的テロと立ち向かい、その際、本来の行為や行為者、支援者に限定して、かつ通常程度の強度の抑止だけにとどめている場合は、そうではないという[47]。政治的刑法には属さない構成要件を理由にした訴追でも、政治的迫害とされる場合がある。その場合、問題となるのは、通常程度の犯罪行為の内容が処罰されることになるのか、それとも制裁が庇護と関連する特徴、とりわけ行為者の政治的確信と結びついていて、それを念頭に置いて行われるのか、あるいは、その訴追国家において、他の同様の非政治的犯罪行為に科される制裁よりも苛酷であるのか（いわゆる政治的な悪意Politmalus）[49]といった点である。 **1091**

44）　BVerwGE 75, 304/312 f; 79, 244/246.

45）　E 80, 315/333 f（タミル人決定I・52）; BVerfG, NVwZ 2000, 1165/1166.

46）　E 80, 315/339 f（タミル人決定I・52）; 81, 142/149 ff; BVerwGE 111, 334/339.

47）　E 54, 341/357.

48）　BVerwGE 80, 136/140; *Wittreck*, DR, Art. 16a Rn 65; *Davy*, AK, Art. 16a Rn 27参照。

49）　E 80, 315/338（タミル人決定I・52）; 81, 142/150.

1092 16a条1項は政治的迫害を要求しているので、政治的迫害とは関係のない**拷問**や**死刑**に対する保護を直ちに提供するものではない。しかし、拷問が上述の**1055**に挙げたメルクマールゆえに行われたり、より苛酷な形で行われる場合は、政治的迫害にあたる[50]。さらに、拷問を受けるおそれのある国家に庇護申請者を追放することは、ドイツの国家機関が1条1項に拘束されているという理由からして考えられない[51]。死刑が迫っている場合の追放も、2条2項1文および102条により通常は許されない[52]。

e) 国家による迫害

1093 政治的迫害は、原則として**国家**によって、すなわち国家に奉仕している者によって行われるが[53]、公務員の個別の過激な行為が国家による政治的迫害となるわけではない[54]。そのほか、第三者による迫害行為であっても、その責任が国家にあるときには政治的迫害となりうる（いわゆる間接国家的迫害）。第三者の迫害行為に対して国家が責任を負う場合とは、国家が個人あるいは集団に対して、迫害措置をとるようにけしかけたり、その種の行為を支援したり、あるいは、無為に甘受したりして、国家にその意思がないとか個々の事例においてその状況にないという理由で当事者に対して必要な保護を与えることを拒絶する場合である[55]。

1094 しかし、保護を与えることが**国家の力量を上回る**場合は[56]、第三者の迫害行為を国家に帰責することはもはやできない。すなわち、第三者による迫害の国家責任の基礎は、圧倒的な高権的実力という意味での国家の権力独占にあり、それに対応した守護者の地位を根拠づける保護の独占にある。国家は、守護者としての地位を引き受け、安全保障・秩序維持の力を行使して、何人に対しても（政治的動機をもった）攻撃から保護しなければならない[57]。たとえば内戦のために国家が他の勢力に対する行為規律を失っていて、国家の安全保障・秩序維持観念を貫くことができず、そのために、原

---

50) E 81, 142/151; BVerwG, DVBl. 1993, 325/326.

51) BVerwGE 67, 184/194; *Frowein/Kühner*, ZaöRV 1983, 537/560 ff; § 60 Abs. 2 AufenthG も参照。

52) *Jarass*, JP, Art. 102 Rn 3; § 60 Abs. 3 AufenthG 参照。

53) E 54, 341/356 ff; 80, 315/334 (タミル人決定 I・52); BVerwGE 95, 42/44 ff.

54) E 80, 315/352 (タミル人決定 I・52); BVerfG, DVBl. 2003, 1261 f.

55) E 54, 341/358; 80, 315/336 (I・52); BVerwGE 67, 317/319.

56) E 80, 315/336 (I・52).

57) *Rothkegel*, UC, Art. 16a Rn 72 ff.

理的かつ長期的に、単に個別的かつ一時的ではなく、国家がそのような攻撃を防止する状況にない場合は、この守護者としての地位と責任はないとされる。しかしその場合は、国家をその圧倒的な地位から追い落とし、少なくともある程度安定した支配構造をある中心地域に構築した集団や内戦の当事者が考察の対象になってくる（いわゆる準国家的迫害）。この責任主体の転換は、圧倒的な国家権力によって競争相手が国際法上承認されていることを要しないし、内戦が終了していることも必要でない。

内戦の１または複数当事者が、ある程度の支配構造を構築できなかったときの内戦においても政治的迫害が存在しうる。たしかに、庇護権は、戦争、内戦、その他の争乱から生じる一般的な惨事に対して保護を提供するという課題を担うものではない。しかしだからといって、内戦状態が庇護請求権の成立を全く排斥するわけではない。政治的迫害の可能性は、むしろ内戦での敵に対する措置が、すべての当事者に均一にとられるのではなく、庇護権に関わる観点から見て、いくつかの特定の集団に対して、より過酷にとられる場合にも存在する。このことは、内戦における国家側の勢力が、敵側の、または敵側に数えられる、庇護相当なメルクマールに従って規定される人々が、もはや抵抗の意思・能力をもたず、軍務に従事せず、あるいはもはや従事しようとしないにもかかわらず、その人々を根絶しようとしている場合に、特にあてはまる。国家側の勢力の行為が、内戦に加わったすべての人々の民族的・文化的・宗教的アイデンティティを意図的に根絶したり、破壊しようとする場合は、なおさらそうである（いわゆる反動テロ）。内戦における国家側の勢力に妥当するこの基準は、準国家的迫害の場合、内戦での敵に対しても妥当する。

f) 保護領域の限定

16a条２項１文は**保護領域の限定**として作用する。すなわち、欧州共同体加盟国、今日のEU加盟国から入国した者は、憲法上、16a条１項を引き合いに出すことが禁じられる。これに対して、16a条２項２文の場合は、法律の留保が問題となる。こ

---

58) BVerwGE 70, 232/236 f; 72, 269/271 f.

59) BVerwGE 101, 328/333; 104, 254/258.

60) BVerfG, NVwZ 2000, 1165; BVerwGE 114, 16/21 ff.

61) E 80, 315/335 (タミル人決定Ⅰ・52).

62) BVerwGE 72, 269/277.

63) E 80, 315/340 (Ⅰ・52); 81, 142/152; BVerwG, NVwZ 1993, 191 f.

64) E 94, 49/85 (「安全な第三国」庇護権Ⅲ・59).

こで立法者には、1文に定められた要件が存在する他の国家を指定する権限が授けられる。[65]欧州共同体加盟国および他の国家は、いわゆる安全な第三国という概念の下に包摂される。ドイツと隣接するすべての国は安全な第三国に属するので陸上経由の入国における16a条の承認は原則として排除される。[66]入国経路が証明できないために安全な第三国が受け入れる用意がないときも、政治的難民に対して外国人滞在法60条1項による追放禁止の保護が及ぶ。[67]

2．介　入

1097　　庇護権により保護される政治的被迫害者に対してなされるすべての滞在拒絶措置および滞在打切り措置が庇護権への介入となる。それゆえ、国境で庇護希望者を拒否したり、[68]場合によっては入国に必要なビザをドイツの在外公館が拒絶したりすることやビザのない庇護希望者を空路でドイツ連邦共和国に運送するのを禁止することも、介入になる。[69]外国人はドイツ連邦共和国の国家領域に到着してはじめて16a条1項の権利をもつという連邦行政裁判所によって表明される見解は1条3項に違反する（211以下参照）。[70]援助、宿泊所、物資を提供しないことは、庇護基本権への介入ではない。[71]というのも、16a条1項は消極的地位の権利であって、積極的地位の権利を含むものではないからである。[72]しかし、それを提供しないことが、国際人権、あるいはその他の単純法上の地位を侵害する可能性はある。[73]

65）　E 94, 49/89（「安全な第三国」庇護権Ⅲ・59）.

66）　§ 26a AsylVfG iVm Anlage I参照。

67）　*Marx*, Kommentar zum Asylverfahrensgesetz, 6. Aufl. 2005, § 26a Rn 189 f.

68）　BVerfG, NVwZ 1992, 973; BVerwGE 105, 28/32.

69）　*Becker*, MKS, Art. 16a Rn 125; *Kloepfer*, VerfR II, § 73 Rn 115; *Wittreck*, DR, Art. 16a Rn 92; BVerwG, NVwZ 2000, 448も参照。

70）　BVerwGE 69, 323/325 ff.

71）　BVerwGE 71, 139/141.

72）　*Rottmann*, Staat 1984, 337/346 ff; *Zimmermann/Tams*, FH, Art. 16 Rn 41 ff 参照。別見解*Wittreck*, DR, Art. 16a Rn 122 ff; *Randelzhofer*, MD, Art. 16a Abs. 1 Rn 28.

73）　BVerwGE 111, 200参照。

3．憲法上の正当化

a）法律の留保

16a条2項2文および3項1文は特別の**法律の留保**を含んでいる。16a条2項2文 **1098**
は、欧州共同体および、今日のEUに加盟していないが、いわゆる安全な第三国とさ
れる国家から入国する者について、その者が16a条を引き合いに出すことを禁じてい
る。この安全な第三国については、連邦参議院の同意を要する法律が、ジュネーヴ難
民条約（**1080**参照）や欧州人権条約の適用を受ける国であることを確認することに
なっている。16a条3項1文は、一瞥する限り、法律に定められたいわゆる安全な出
身国には、政治的迫害がないことの推定が働くと規定しているため、2項2文と同じ
法的効果をもつようにみえる。しかし、3項2文のこの推定は、個人の政治的迫害に
関する事実の摘示によって覆される。[74] 3項の本来の意義は、4項の手続上の法的効果
にある。

b）裁判所における権利保護の制限

16a条2項3文および4項は、庇護提供の際の**裁判所における権利保護の制限**を含 **1099**
んでおり、それゆえ19条4項1文の特別規定になっている。いわゆる**安全な第三国**か
らの入国の場合は、16a条2項3文によって、滞在打切り措置および、入国防止措
置に対する暫定的権利保護が排除される。[75] このことは、規定の文言、意義、体系か
ら考えると、個人が庇護基本権を引き合いに出さず、人間の尊厳侵害のおそれを主張
する場合にも妥当する。[76]

いわゆる**安全な本国**からの入国、およびその他、庇護申請が明らかに理由がないと **1100**
される事例の場合も、滞在打切り措置や入国防止措置が問題になる。[77] 暫定的な権利
保護獲得に対する要請は、確かに、これまでと同じく、連邦官庁が外国人の難民を承
認する際、庇護申請を明らかに理由がないとして正しく拒否したかどうかの問題だと
する限り、16a条4項があるからといって、とくに厳しくなるわけではない。しか

---

74) E 94, 115/145 ff.

75) E 94, 49/101（「安全な第三国」庇護権III・59）.

76) おそらく連憲判94巻49頁もそのように理解している。ただし、そこでは、人間の尊厳に
　　対する憲法訴願の訴えについては立ち入った検討がなされていない。

77) E 94, 166/192; diff. *Randelzhofer*, MD, Art. 16a Abs. 4, Rn 149 f.

し、厳しさが窺えるのは、行政裁判所がもはや明白性の判決の正当性を問うのではなく、その正当性に重大な疑義があるかどうかという点しか問わないとされるところである。その他、法律の留保はまた、行政裁判所の審査範囲を制限し、時機を逸した申立てを考慮に値しないと宣言する権限を与えている。しかし、ここから憲法裁判所の仮命令による権利保護の制限が導かれるわけではない。理由の送達前の至急の決定による執行は違憲である。

c) 国際法上の条約の留保

1101 　16a条5項の**国際法上の条約の留保**は、今まで叙述してきた保護領域の限定や介入の正当化によっては許されないとされる場合であっても、庇護決定の相互承認を含む庇護請願審査の管轄規律に関して、ドイツ連邦共和国を一定の国際法上の拘束に服させるとしている。また、AEUV（欧州連合労働関係条約）78条による庇護権のEU法による調整は行われていない。このような国際法上の拘束は、59条2項による同意法律によってのみ有効になるので、ここでは特別の法律の留保が問題となる。

d) 18 条

1102 　さらに、この基本権は18条によってのみ喪失させられる。庇護審査手続法18条2項3号や外国人滞在法56条1項および60条8項に従い、承認を受けた庇護権者の入国を妨げたり、国外に追放したり、国外に退去させたりすることは、16a条2項ないし5項によってはカバーされないし、権利喪失として整備されていないものの、結局は権利喪失となるものであるから、憲法違反である。この憲法条文の存在を衝突する憲法規定の想定によってないがしろにすることはできない。たとえば連邦行政裁判所は、正当化のために、国家・公共の安全の利益や26条1項を引き合いに出している。学説においては、時折この安全の利益から「収容能力の限界」すら引き出される

---

78) E 94, 166/190.
79) E 94, 223/233の少数意見; *Rozek*, DVBl. 1997, 517/526; 別見解E 94, 166/218 f; *Tomuschat*, EuGRZ 1996, 381/385.
80) *Zimmermann/Tams*, FH, Art. 16a, Rn 227 f.
81) *Wittreck*, DR, Art. 16a Rn 118; *Zimmermann/Tams*, FH, Art. 16a Rn 237.
82) *Becker*, MKS, Art. 16a Rn 230.
83) *Renner*, ZAR 2003, 52/55 f; 別見解*Zimmermann/Tams*, FH, Art. 16a Rn 130 f.
84) BVerfG, DVBl. 2001, 66; BVerwGE 139, 272/293.

ことがある。[85]しかしながら、基本権は既存の収容能力による運営に服するものではない。

e）16a条の合憲性

　16a条が全面的に合憲であるかどうかは争われたが、連邦憲法裁判所はこれを肯定した。[86]16a条が問題とされる１つの理由は、人間の尊厳の保護が庇護申請者を拷問されるおそれのある国家に追放すること（**1092**参照）や拷問のおそれのある他の国家に追放すること（いわゆる連鎖追放）を禁じているのに、欧州連合のすべての加盟国でも、16a条２項１文の意味での他の第三国でも、連鎖追放がそもそも排除されていないことである。これについて、連邦憲法裁判所は「規範的信頼 normative Vergewisserung の構想」に言及している。これによると、憲法を改正した立法者は、問題とされる国家において連鎖追放は法的に排除されているということを信頼したし、またそこに信頼を置いたことは許されるという。もちろん、問題とされる国家において、難民条約や人権条約の適用の確保が、規範的信頼の構想においては考慮できなかったような事情によって危うくされる場合は、ドイツ連邦共和国は、依然として保護の提供を義務づけられるというのである。[88]

1103

　もう１つ問題なのは、16a条が20条２項および３項を遵守しているかどうかである。たしかに、19条４項の権利保護保障は憲法改正法律による制限を免れるものではない。[89]しかし、権力分立と執行権の法律および法への拘束は実効的な権利保護の基本水準を要求している。たしかに、この実効的な権利保護は、連邦憲法裁判所の盗聴判決によれば、必ずしも裁判所による権利保護である必要はないとされたが、しかし何らかの「独立した統制」でなければならないとされている。[90]16a条２項３文における問題は、ドイツの裁判所、あるいは他の独立した機関による相応の統制が禁じられていることである。問題とされる国家において、難民条約や人権条約の適用が保障されるかどうかに関して、連邦憲法裁判所は再び規範的信頼でもって十分であるとして

1104

---

85)　*Randelzhofer*, Hdb. StR³ VII, § 153 Rn 62.

86)　一方で*Brenner*, Staat 1993, 493; *Schoch*, DVBl. 1993, 1161参照。　他方で*Pieroth／Schlink*, in: FS Mahrenholz, 1994, S. 669; *Voßkuhle*, DÖV 1994, 53も参照。

87)　E 94, 49（「安全な第三国」庇護権Ⅲ・59）.

88)　E 94, 49/99 f（「安全な第三国」庇護権Ⅲ・59）.

89)　E 30, 1/25（盗聴判決１・42）; 94, 49/103.

90)　E 30, 1/27 ff（盗聴判決１・42）; *Schlink*, Staat 1973, 85/98 ff 参照。

いる。しかし、もしも当事者の危惧があたっていて、たとえば、第三国が安全ではなく、その当事者を迫害国家に追放することが判明した場合、政治的迫害は取り返しがつかなくなる。憲法改正は庇護権を「2級の基本権」にしてしまった。[91]

1105

事例21（1063）についての解答の概略

　I．16a条1項の保護領域は、Bが政治的に迫害されていることを前提にしている。Bが自己の宗教および所属民族ゆえに、身体・生命への干渉をおそれていることには理由がある。彼女には国内での他の避難手段もない。というのも、彼女はボスニア・ヘルツェゴヴィナでの惨憺たる生活状況において、彼女の生命は最低限度の生存の危機に瀕しているからである。また、彼女には国外での他の避難手段もない。というのも、彼女は他の国家に受入れられたわけでも、迫害からの保護が与えられたわけでもないからである。迫害の危険性は現在のものである。というのも、ボスニア・ヘルツェゴヴィナの状態は変わってしまっており、そのため、相当の客観的な事後的な避難の事情が存在するからである。Bには自己に対する迫害が迫っている。このことは、総じて、ボスニア・ヘルツェゴヴィナのイスラム教徒の状況から明らかである（いわゆる集団構成員であるがゆえの個別的迫害）。Bは、場所、時間、反復状況から考えて、ボスニア・セルビア人の収容所に捕らえられているイスラム教徒と同じような状況にある。イスラム教徒の住民集団の一員に対して行われた、おびただしい数の激しい人権侵害に鑑みると、Bにとって、自らが極めて苛酷な虐待行為の犠牲者になるという可能性は、理論的なものにとどまらず、現実的なものである。Bは政治的迫害をもおそれている。たしかに、イスラム教徒に対する迫害は、ボスニア国家が積極的に行っているわけでもなければ（いわゆる国家による直接的迫害）、ボスニア国家が近い将来に、市民に対して攻撃からの保護を提供できる状況にあるわけでもない。それゆえ、いわゆる国家による間接的迫害にもあたらない。しかし、ボスニア・ヘルツェゴヴィナの国家権力を事実上有しているボスニア・セルビア人による準国家的迫害は存在する。というのも、ボスニア・セルビア人は、ボスニア・ヘルツェゴヴィナの国家領域に独自の支配秩序を樹立しており、国家類似の支配権力を行使することができるからである。迫害行為が内戦の枠内で行われたということは、ここでは何の妨げにもならない。というのも、準国家的勢力の行為が、特定

91）　E 94, 49/104（「安全な第三国」庇護権Ⅲ・59）.

386　第2部　基本権各論

> の住民集団の民族的・宗教的アイデンティティを意図的に根絶したり、破壊しよ
> うとする場合は、いずれにせよ、内戦状態が庇護請願の成立を排除することはな
> いからである。このことは、ボスニア・ヘルツェゴヴィナにおける、いわゆる民
> 族浄化に鑑みると、十分に推測できることである。
>
> 　Ⅱ．Bの庇護請求を拒絶することは、憲法上正当化できない介入であると思わ
> れる。とくに16a条2項は関係してこない。というのも、この規律は、当事者が
> 1993年6月30日以後に入国した場合にだけあてはまるものだからである（BVerfG,
> NVwZ-Beilage 2/1993, 12）。

参考文献　①総論として *A. Meßmann/T. Kornblum*, Grundfälle zu Art. 16, 16a GG, 　**1106**
JuS 2009, 688, 810.

　②ⅡおよびⅢについて*R. Grawert*, Staatsvolk und Staatsangehörigkeit, Hdb. StR³ II, §
16; *U. Häde*, Die Auslieferung-Rechtsinstitut zwischen Völkerrecht und Grundrechten,
Staat 1997, 1; *K. Hailbronner/G. Renner/H.-G. Maaßen*, Staatsangehörigkeitsrecht, 5.
Aufl. 2010; *A. Leupold*, Einführung in das Staatsangehörigkeitsrecht, JuS 2006, 126; *K.
Lubenow*, Verfassungsrechtliche Schranken der Auslieferung in der Rechtsprechung des
BVerfG, in: FS Graßhof, 1998, S. 325; *G. Lübbe-Wolff*, Entziehung und Verlust der
deutschen Staatsangehörigkeit.

　③16条1項について Jura 1996, 57; *K. Schmalenbach*, Verbot der Auslieferung und des
Entzugs der Staatsangehörigkeit Hdb. GR V, § 122; *F.E. Schnapp/M. Neupert*,
Grundfragen des Staatsangehörigkeitsrechts, Jura 2004, 167; *A. Uhle*, Auslieferung und
Grundgesetz, NJW 2001, 1889; *A. Zimmermann*, Die Auslieferung Deutscher an Staaten
der Europäischen Union und internationale Strafgerichtshöfe, JZ 2001, 233.

　④Ⅳについて*K. Hailbronner*, Asylrecht, Hdb. GR V, § 123; *M. Hong*, Asylgrundrecht
und Refoulementverbot, 2008; *G. Lübbe-Wolff*, Das Asylgrundrecht nach den
Entscheidungen des BVerfG vom 14. Mai 1996, DVBl. 1996, 825; *F. Moll*, Das
Asylgrundrecht bei staatlicher und frauenspezifischer Verfolgung, 2007; *A. Randelzhofer*,
Asylrecht, Hdb. StR³ VII, § 153; *T. Roeser*, Die Rechtsprechung des BVerfG zum
Grundrecht auf Asyl und zum Ausländerrecht（einschließlich Auslieferungsrecht）in den
Jahren 2009 und 2010, EuGRZ 2011, 445; *F. Schoch*, Das neue Asylrecht gem. Art. 16a GG,
DVBl. 1993, 1161.

第24章　国籍剥奪および外国への引渡しに対する保護、庇護権　*387*

第**25**章　請願権（17条）

1107

> **事例22　退けられた小学校の教員試補**（E 2, 225より）
>
> 　Lが手紙で州の文化大臣Bに問い合わせをしている。その手紙の中でBは、教職に就くことを求める申請が文化省の所轄部門によって却下されたことを違法であるとし、訴訟を起こすことを考慮していると述べている。しかしながら、その前に、Lは文化大臣に対して、大臣自らの権利を主張する機会を与えたいという。その後、Bは文化省の役人から次のような返事を受け取った。「大臣は、あなたの…請願書を承っておりますが、あなたのお考えに対して、応対する必要はないと考えております」。この回答によって、17条は侵害されたのだろうか。
> →1118

Ⅰ．概　　観

1108　　請願権は昔からの権利である。これにより、個人には単独で、あるいは「他者と連携して」（いわゆる集団請願）、無形式の法的救済の申し立てが保障される。17条は単なる防御権ではない。それは実質的な請願回答を求める請求権を内容としており、その限りで配分請求権を意味している（110参照）。請願権の実務的意義は大きい。たとえば、2009年に約19000件の請願書が、ドイツ連邦議会に届けられている[1]。ドイツ連邦議会の請願委員会の権限は、45c条に基づいて制定された法律において特別に規律されている。

Ⅱ．保護領域

1．請願の概念

1109　　17条の意味での請願は「陳情および訴願」と規定される。陳情が将来の行為・態度

1）　BT-Drucks. 17/2100, S. 6参照。

388

に対するもので、訴願が過去の行為・態度に対するものである。基本権によって保護されているのは、文書による請願だけである（ヘッセン州憲法16条などとこの点で異なる）。文言および体系から以下の境界画定が行われる。すなわち、意見の表明はもっぱら5条1項1文前半部によって保護される。公文書や市町村の官報へのアクセスの陳情に対しては、とくに5条1項1文後半部があてはまる。正式の法的救済の申立てや法的出訴手段は19条4項に該当する。最後に、17条の意義および目的から、匿名の請願書は請願ではない[2]ということが導かれる。

例　請願とされるのは、伝統的に区別されてきた無形式の法的救済の申し立ての3類型だけではない。3類型とは、異議の申立て（処分官庁に対して、異議のある措置を審査し、場合によっては、訂正することの陳情）、監督訴願（上級官庁に対する相応の陳情）、職務監督訴願（公務員の行為・態度について、職務上の上司に対する訴願）をいう。3類型だけでなく、公権力の行使に関するすべての陳情および訴願が請願にあたる。　　　　　　　　　　　　　　　　　　　　　　　　　　　　　　　　　　1110

2．請願の名宛人

請願は所轄機関あるいは国民代表に向けて提出されなければならない。**国民代表**には、ドイツ連邦議会、州議会ないし市議会だけでなく、市町村議会も含まれる（28条1項2文参照）[3]。機関の**管轄権限**は、一般的な見解によると、必ずしも厳密な組織法上のものとは理解されていない。したがって、審級を守らなければならない必然性はない[4]。実質的に管轄権限のない機関に対して請願がなされた場合は、17条は管轄権限のある機関に転送するよう要求している[5]。　　　　　　　　　　　　　　　1111

3．内容に関する許容条件

連邦憲法裁判所の判例によると、請願によって、「法律上禁止されていることを要求する」場合やそれが「侮辱的、挑発的、恐喝的な内容をもつ[6]」ものである場合は、　1112

2）　*Brenner*, MKS, Art. 17 Rn 31; *Jarass*, JP, Art. 17 Rn 4; *Kloepfer*, VerfR II, § 76 Rn 19; 別見解*Krings*, FH, Art. 17 Rn 41; *Stern*, StR IV/2, S. 305.

3）　OVG Münster, DVBl. 1978, 895; OLG Düsseldorf, NVwZ 1983, 502; 別見解OVG Lüneburg, OVGE 23, 403/407.

4）　E 2, 225/229.

5）　BVerwG, DÖV 1976, 315; 別見解*Krings*, FH, Art. 17 Rn 57.

6）　E 2, 225/229.

その請願は許されないという。この場合、請願者の行為・態度の法的評価が、請願者が文書を送った機関に求めた行為・態度の法的評価と混同されている。[7] つまり一方において、**法的に禁止された行為・態度**が、それを請願と称したからといって許されるわけではない。それゆえ、刑法に違反する請願は17条によって保護されない。もちろん、刑法の解釈は17条の客観法的意義を考慮しなければならない。

1113 **例** 侮辱的表明は、正当な利益を主張することによって（刑法典193条）正当化されることがある。請願は個人の利益主張に限定されるわけではなく、一般の関心事を追求することも許されるから、刑法典193条に従い、公共の利益を主張することも正当化されなければならない（OLG Düsseldorf, NJW 1972, 650も参照）。

1114 他方において、**法的に禁止されていること**を**要求する**請願は許されないわけではない。法改正を呼びかけることは、まさに意義ある内容の請願となりうる。その種の請願の許容される理由としては、請願よりはるかに厳格な許容条件に服する裁判所への出訴が、法的に禁止されていることに向けられているというだけの理由で、許されないとされるわけではないということも挙げられる。[8]

4．実質的な回答を求める請求権

1115 17条は、文言からすると、上述の機関に対して、**問い合わせをする権利**だけを認めている。ここから、請願を**受領する**当該機関の義務を導き出すならば、請願権は実効性のない道具にとどまる。個人の願いが取り上げられ、それについての内容上の検討が義務づけられてはじめて、請願権は本来の意味での法的救済の申し立てになるのである。そのため、17条は請願の**審査**と**回答**を求める請求権を認めたものであると考えられている。回答からは、「少なくとも、請願の内容の了知と解決の種類が明らかで」なければならないが、「特別の理由づけ」は必要ではないといわれる。[9] これに対して、大多数の学説においては、少なくとも簡単な理由づけを求める請求権があることを肯定している。[10]

---

7) *Stein*, AK, Art. 17 Rn 23参照。

8) *Klein*, MD, Art. 17 Rn 55; *Kloepfer*, VerfR II, § 76 Rn 30.

9) E 2, 225/230; BVerfG, NJW 1992, 3033; BVerwG, BayVBl. 1991, 152参照。別見解OVG Bremen, JZ 1990, 965/966 f; zust. *Stern*, StR IV/2, S. 315.

10) *Klein*, MD, Art. 17 Rn 90 f; *Kloepfer*, VerfR II, § 76 Rn 16; *Stettner*, BK, Art. 17 Rn 92 ff 参照。

Ⅲ．介入および憲法上の正当化

すでに述べた要求を満たさないすべてのことが介入にあたる。17条は法律の留保を含んでいない。単に兵役・代役従事者の集団請願に対して17a条1項が制限可能性を定めているだけである。しかも、その制限可能性を実際に具体化しているのは、これまでのところ、国防訴願法1条4項および、良心的兵役拒否者代役法41条3項による訴願に対してだけである。陳情については具体化されていない。連邦憲法裁判所が承認したのは、衝突する憲法規定による介入正当化だけである。

例　いわゆる接見禁止法は1977年に裁判所組織法施行法の31条ないし38条によって導入された。それによると、あらゆる刑事施設被収容者相互の連絡および被収容者と外界との連絡を厳格に規定された条件の下で、限定された期間、断ち切ることができる。そこでの特に17条に対する介入を、連憲判49巻24頁（64頁以下）は、「極めて重要な共同体の価値の利益」によって、すなわち、テロリストの暴力行使者から生命を保護するという利益によって正当化した。

事例22（1107）についての解答の概略

Ⅰ．Lの手紙について、17条の保護領域がかかわってくるのは、許された請願があって、それに対して実質的な回答がないことが問題とされる場合である。1．大臣はこの事例に配慮し、従来の官庁の決定を取り消して欲しいという陳情は、そのまま請願の概念にあたる。Lは所轄機関に対しても問い合わせをしたに違いない。大臣は官庁の行政行動の適法性に対して責任を負っているので、この条件を満たしていることも肯定できる。連邦憲法裁判所の判例によると、請願が許されないのは、それが「侮辱的、挑発的、恐喝的な内容をもっている」場合である（E2, 225/229）。より一般的にいうと、請願は（それ自体憲法適合的な）刑法に違反してはならない。Lが、場合によっては法的手段に訴えると脅したことは、許されない強制手段とみなすべきではないから、請願書は決して許されないものではない。2．そこから明らかになるのは、Lには、受領請求権だけでなく、それを超えて、関係機関による審査と回答を求める請求権があるということである。判例によると、返答には確かに理由づけが含まれている必要はないが、それでも、請願書が名宛人に了知され、名宛人が解決のために手立てをとったということが、請願者に認識してもらえなければならないだろう。これに対して、学説

1116

1117

1118

第25章　請願権　*391*

の大多数においては、たとえ短いものであっても、理由づけが必要であるとされている。ここでLに対して出された返答から、大臣は請願書を手にとったが、何の処置も講じていないことがみてとれる。これでも判例の要求は満たせるが、学説の広範な要求を満たすものではない。

　II．判例によると、17条に対する**介入**はまだ存在していない。反対の見解によると、17条に対する介入があることは肯定されるだろう。これに対する憲法上の正当化も明らかでないので、17条違反も存在することになろう。

参考文献　*H. Bauer*, Das Petitionsrecht: Eine Petitesse?, in FS Stern, 2012, S. 1211; *A. Guckelberger*, Neue Erscheinungen des Petitionsrechts—E-Petitionen und öffentliche Petitionen, DÖV 2008, 85; *W. Hoffmann-Riem*, Zum Gewährleistungsgehalt der Petitionsfreiheit, in: FS Selmer, 2004, S. 93; *M. Hornig*, Die Petitionsfreiheit als Element der Staatskommunikation, 2001; *C. Langenfeld*, Das Petitionsrecht, Hdb. StR[3] III, § 39; *U.F.H. Rühl*, Der Umfang der Begründungspflicht von Petitionsbescheiden, DVBl. 1993, 14; *W. Vitzthum/W. März*, Das Grundrecht der Petitionsfreiheit, JZ 1985, 809.

第**26**章　権利保護保障（19条4項）

> **事例23**　行刑における訴願手続（E 40, 237 より）　　　　　　　　　　1120
> Aは刑務所において自由刑に服している。刑務所規則に違反したという理由
> で、刑務所長は彼に禁足を命じた。これに対してAは、2週間後、訴願を提起し
> たが、刑務官庁の長官によって訴えは退けられた。彼は、裁判所組織法施行法23
> 条に従い、裁判所の決定を求める提起を行ったが、それは州上級裁判所によっ
> て、期間徒過のため不適法であるとして却下された。裁判所が根拠としたのは、
> 前置された訴願手続を済ませた後でしか許されないと定める裁判所組織法施行法
> 24条2項および、刑務官庁の長官への訴願手続に関して、訴願の提出は1週間以
> 内と定めている行政規則であった。州上級裁判所の決定は19条4項に違反するだ
> ろうか。→1142

Ⅰ．概　　観

19条4項は形式的ないし**手続的基本権**である。すなわち、それは実体的な基本権お　　1121
よび単純法上の権利を前提として、その法的効力を裁判所の手続において実効性のあ
るものにすることを保障する。その形式法的意義は、2条1項の実体法的意義に対応
する。すなわち、2条1項が自由保護を実体的に間隙なく保障しているのに対して、
19条4項は間隙のない裁判所による権利保護を保障している。19条4項は法治国家と
関連しており、その頂点に位置するもの、丸天井の要石と呼ばれている。[1]19条4項
の内容ではない民事法上の争訟における出訴手段が認められることについては、連邦
憲法裁判所は、法治国家原理から派生する一般的な司法的保障請求権から帰結される
とした。[2]

1）　*Dürig*, Gesammelte Schriften 1952-1983, 1984, S. 137 ff 参照。
2）　E 93, 99/107; 97, 169/185; 107, 395/401（上訴制限Ⅲ・81）; 108, 341/347; 117, 71/122.

393

1122 19条4項は規範的具体化を必要とする保護領域をもつ基本権である。出訴手段を用いて権利保護を求めることが可能になるには、裁判所が創設され、管轄権が定められ、手続が整備されなければならない。すなわち、19条4項は裁判所組織法と裁判所手続法を前提にしている。それゆえ、これを裁判権の制度的保障といってもいいだろう[3]。しかし、同時に19条4項は憲法規定であるため、出訴手段をどの程度広く認めるか、あるいは認めないか、それによってどの程度の権利保護を実現するかを、単純法に委ねることは許されない。単純法からのある程度の独立性が窺えるのは、他の裁判管轄権が欠けている場合、すなわち、立法者が公法上の争訟に対して、専門裁判所の管轄権を根拠づけていない場合に、19条4項2文が通常裁判所の管轄権を定めている点である。その他、連邦憲法裁判所は「実効的な権利保護」を求めており、これによって、立法者に出訴手段の提供と権利保護の実現についての基準を示している。

II. 保護領域

1. 公権力

1123 公権力または国家権力の概念は、基本法上、通例、立法、執行権、司法を表す（1条1項および3項、20条2項、93条1項4a号参照）。しかし、19条4項ではこれと異なっている。

1124 連邦憲法裁判所の判例[4]によると、ここに司法は含まれない。19条4項は裁判官を通じての保護を保障するのであって、裁判官に対する保護を保障するものではないというのである。このことは、法治国家原理の要素である法的安定性の原則との体系的関連性からも明らかである。というのも、裁判官による決定は、法的安定性を得るために、既判力をもたなければならないからである。もし裁判官の判決に対して、何度も何度も出訴手段をとることができるとすると、この企ては挫折するだろう[5]。ある裁判官が103条1項の法的審問請求に違反したときには、一般的な法治国家の司法保

---

3) *Ibler*, FH, Art. 19 IV Rn 19 ff; これを批判するものとして *Schenke*, BK, Art. 19 Abs. 4 Rn 39 f.

4) E 49, 329/340 f; 107, 395/404 ff（上訴制限III・81）.

5) Ebenso *Jarass*, JP, Art. 19 Rn 45; *Ramsauer*, AK, Art. 19 Abs. 4 Rn 55 f; *Schenke*, BK, Art. 19 Abs. 4 Rn 371 ff; 別見解 *Huber*, MKS, Art. 19 Rn 435 ff; *Ibler*, FH, Art. 19 IV Rn 91 ff; *Uhle*, Hdb. GR V, § 129Rn 14.

障請求権に基づいて、少なくとも１回の専門裁判所による権利保護を導いている[6]。

連邦憲法裁判所の判例[7]によると、ここには**立法も含まれない**。少なくとも形式的 **1125**
立法は含まれないという。これに対してはたしかに疑義がないわけではない。しか
し、理解可能な体系的論拠でもって根拠づけることは可能である。すなわち、裁判所
による法律の審査、つまり規範統制が、基本法上、いくつかの箇所で明文規定によっ
て規律されているからである（93条１項２号、93条１項４a号、100条１項）。これらの
規定に特徴的なのは、形式的法律に対して規範統制を作動させる権限が、通常（93条
１項４a号を例外として）、個人にはないということ、および、その他、それを執行す
る権限が、19条４項に挙げられた通常裁判所や専門裁判所にはないということであ
る。このことが19条４項によって掘り崩されてはならない。それゆえ、（議会の）立法
は、19条４項の場合、公権力の概念から排除されなければならないのである[8]。

その後に残った執行権が裁判所の統制に服する。しかし、それは**包括的**である。執 **1126**
行権は、１条３項によって基本権に包括的に拘束される（**188**以下参照）のと同様に、
19条４項によって基本権の遵守が包括的に統制されるのである。司法と隣接して活動
するが司法には属しない司法行政補佐官[9]や検察官[10]にも統制が及ぶ。41条による選挙
審査手続を通じて、連邦議会の無効宣告を訴えることができる限りにおいて、裁判所
による特別の権利保護が規定されている。すなわち選挙手続における官庁の処分に対
して出訴手段が認められている[11]。基本法が施行される以前の時代から、とくに、い
わゆる特別権力関係および、いわゆる司法から自由な高権的行為（統治行為、恩赦）を
制限しようとする試みがなされてきた。しかし、19条４項の前ではどちらも成立しな
い[12]。ただし、連邦憲法裁判所は、確立した判例において、恩赦の決定が司法審査で

6）　E 107, 395/407, 411（上訴制限Ⅲ・81）; これについて *Voßkuhle*, NJW 2003, 2193; *Dörr*, Jura
　　2004, 334.

7）　E 24, 33/49 ff; 24, 367/401（ハンブルク堤防整備法判決Ⅰ・50）.

8）　*Hesse*, VerfR, Rn 337; *Jarass*, JP, Art. 19 Rn 43 f; 別見解 *Ibler*, FH, Art. 19 Ⅳ Rn 82 ff;
　　Schenke, BK, Art. 19 Abs. 4 Rn 338 ff; *Schmidt-Aßmann*, MD, Art. 19 Abs. 4 Rn 93 ff;
　　Uhle, Hdb. GR Ⅴ, § 129 Rn 14.

9）　E 101, 397/407.

10）　E 103, 142/156.

11）　*Pieroth*, JP, Art. 41 Rn 4.

12）　*Kloepfer*, VerfR Ⅱ, § 74 Rn 8; *Schenke*, BK, Art. 19 Abs. 4 Rn 306 ff, 316参照.

きないと判断している。[13]最後に、法規命令および条例・内部規則の形式をとった執行権による法定立もまた、19条4項の意味での公権力に属する。州が行政裁判所法47条による規範統制を規定している場合、確認訴訟を通じて、行政裁判所による権利保護が行われる。[14]

2. 権利侵害

1127 　ここでの権利には、同じ章に掲げられているような基本権だけではなく公法上[15]および私法上のすべての**主観的権利**が含まれる。19条4項は権利を前提にしているのであって、権利を創出するものではない。したがって、他の法では、主観的権利を根拠づけることができるかどうかが問題となる。[16]

1128 　**例**　基本法の基本権、単純法として適用される欧州人権条約の基本権、建築許可を求める権利、路上営業許可証を求める権利、奨学金を求める権利、社会扶助を求める権利、公法上の結果除去請求権、私法上の財産権、債権、社員権、有価証券権などがある。

1129 　権利侵害とは、**違法な介入**のことであると理解される。それが現実になされなければ、出訴手段が提供されないというものではない。それが現実になされたか否かの確認は、まさに19条4項によって裁判所に課せられた任務である。ただし、権利侵害を**主張する必要はある**。すなわち、少なくとも筋の通った、説得力のある弁明はしなければならない。

1130 　**例**　行政裁判所法42条2項によると、行政裁判所における取消訴訟や義務づけ訴訟が許されるのは、原告が、行政行為によって自己の権利を侵害されたと主張する場合に限られる。ここで要求されているのは、まさに19条4項が前提にしていることでもある。したがって、行政裁判所法42条2項は、19条4項の保護領域に介入していない。

1131 　秘密裏の監視措置は、構造的な権利保護問題を投げかける。秘密性のために、潜在的当事者が実際の当事者であることを証明することがほとんどできない。連邦憲法裁判所は、19条4項に該当しない、法律に対する憲法訴願において、訴願提起者の原告

---

13) E 25, 352/358; BVerfG, NJW 2001, 3771; しかし、恩赦の撤回については審査に服するとする E 30, 108/ 111.

14) E 115, 81/92 ff（栽培植物調整支払金事件IV・50）.

15) たとえば*Pestalozza*, NVwZ 1999, 140.

16) E 15, 275/281; 83, 184/194 f.

適格は「ある程度の真実性」から出発することで要件を満たすとした。[17]これに対して連邦行政裁判所は、戦略的な電気通信の監視に対する訴えの権限を、原告が当事者であることの証拠を提出しない限り認められないとした。裁判所は、監視データの官庁による抹消は当事者の利益にも資するということを理由として、立証責任の転換を認めなかった。[18]いずれにしても、裁判所の判断が、監視はせいぜい些細な介入に関するものであり、しかも議会の審査委員会の措置による統制が行われているということを根拠としている限りにおいて、基本法の権利保護の保障を見誤るものである。基本法の権利保護の保障は、些細かどうかでの境界を設けていないし、10条2項2文の問題とは別に、議会の手続をもって代替することはできないからである。[19]

基本権の享有主体は**自己の権利**が侵害されなければならない、という要件から明らかとなるのは、**民衆訴訟**（任意の市民による任意の権利侵害を訴える訴訟）および、**団体訴訟**（構成員の権利の侵害を主張したり、団体の関係事項により、その他の法規範違反を主張する団体の訴訟）は、19条4項によって保護されるものではないということである。[20]しかし、だからといってこれらの訴訟が出訴手段の保障によって禁止されているわけでもない。立法者がこれらの訴訟を一般的に、あるいは特定の領域に関して導入するのは自由である。

例　バイエルン州憲法裁判所法53条1項1文は次のように規定する。「基本権の不法な制限ゆえの法律や法規命令の憲法違反（バイエルン憲法98条4文）に対しては、誰でも、訴願を通じて、憲法裁判所で違憲の主張をすることができる」（民衆訴訟）。ヘッセン州自然保護法36条によると、連邦自然保護法29条2項によって承認された団体は、自然保護事項について独自の出訴権が認められる（実体法的団体訴訟。*Calliess*, NJW 2003, 97 ff 参照）。これに対して、連邦自然保護法58条、60条に基づいて承認された自然保護団体の出訴権は、行政訴訟手続への参加に限定されている（行政手続における団体訴訟BVerwGE87, 62/69 f）。

3．出訴手段の提供

出訴手段の提供により、裁判所への**アクセス**、裁判所での**手続**、裁判所による**決定**

---

17)　E 122, 63/81 f; 125, 260/305（通信履歴保存義務と通信の秘密Ⅳ・41）; 133, 277/311 ff.

18)　BVerwG, JZ 2014, 994/996.

19)　*Gärditz*, JZ 2014, 998/1000 f.

20)　BVerfG, NVwZ 2001, 1149; *Michael*, Verwaltung 2004, 35参照。

が保障される。その際、念頭に置かれているのは、組織上の地位と人的配置において、92条および97条の要求を満たした国家の裁判所である。[21]基本法はさまざまな裁判権（95条と96条）を認めており、通常裁判権については、いくつかの管轄権を根拠づけている（14条3項4文、34条3文、補助的に19条4項2文）。その他、裁判所の組織・手続の内容形成を立法者に委ねており、しかも**立法者にしか**委ねていない。裁判官は法律にのみ服するため、出訴手段はまた立法者によってしか提供・閉鎖されず、決して行政によって提供・閉鎖されることはない。多段階の審級を定めることも、1段階のみの裁判手続を定めることも立法者の自由である。19条4項は第2審あるいは第3審への出訴手段を要求していない。[22]

1135 　もし裁判所が権利保護要求を内容的観点から審査する必要がなく、決定に対して好きなように時間をかけることができるとすれば、権利保護保障は明らかに効果のないものになるだろう。それゆえ、連邦憲法裁判所は、19条4項が**実効的な権利保護**を保障すると強調してきた。「空疎」[23]なものになってはならない。

1136 　**例**　権利保護を求める者に対しては、裁判所へのアクセスがほかの方法で用立てることができないときは、訴訟費用扶助によって可能にしなければならない（BVerfG, DVBl. 2001, 1748）。権利保護を求める者に対しては、不適切な手続法上の障害を設けてはならない（E 60, 253/266 ff）。とりわけ、過度な緊張を強いる意見陳述を課してはならない（BVerfG, NVwZ 2001, 552）。裁判官または検察官（BVerfG, NJW 2007, 1345 f）の捜索命令（E 96, 27/40）および逮捕命令（E 104, 220/ 233 ff）の審査ならびに電気通信の監視（BVerfG, NJW 2005, 1637, 1855）および仮命令手続の決定（E 110, 77/86 ff）の審査は、それが単にすでに執行済みだからとか解決済みだからという理由だけで拒絶されてはならない。裁判所は完全な法的・事実的審査を行わなければならず（E 64, 261/279; 78, 88/99; 103, 142/156）、そのために行政の重要な行為が何かの洞察をしなければならない（E 101, 106/125 ff）。多段階の行政手続において、後の是正が事実上期待できないようなことが確定されるならば、たとい、後の基本権介入の事前の法的確定と関係がないとしても、早い段階の手続に対して権利保護が向けられなければならない（BVerfG, NVwZ 2014, 211/221, 14条3項については、それに加えて*Beier*, DÖV 2015,

---

21）　E 11, 232/233; 49, 329/340.

22）　E 4, 74/94 f（投資助成判決 I・34）; 104, 220/231 f; 107, 395/401 ff（上訴制限 III・81）; BVerwGE 120, 87/93.

23）　BVerfG, NJW 2010, 2864.

309/311 ff）。裁判所は、連邦憲法裁判所も含めて（EGMR, NJW 2001, 213参照）適切な期限内に決定しなければならない（E 93, 1/13（十字架決定Ⅱ・16）; BVerfG, NVwZ 2011, 486/492）。裁判所組織法198条は、不当に長期に及ぶ訴訟における独自の補償手続を導入したが、終了した訴訟における憲法訴願のための権利保護の必要性は含まれない（BVerfG JZ 2013, 145、**1288**を参照）。もし仮の権利保護がなければ、期待不可能で、他に回避することのできない不利益が生じる場合は、仮の権利保護が保障されなければならない（E 65, 1/70 f（国勢調査判決Ⅰ・7）; BVerfG, NVwZ 2004, 95）。実効的な権利保護は、裁判手続の前哨戦の場としての行政に対して、十分な理由なく完結した事実をつくり出す措置を行わないことを要求し（E 37, 150/153; 69, 200/227 ff）、そのほかにも大規模な盗聴のように認識できない介入における情報提供（E 109, 279/363 f）、法を知らない個人に対する法的教示（E 53, 69/74 fの反対意見も参照）、職業資格試験における評価の根拠づけ（**959**参照）を要求する。市民は、判例が自己の権利と権利保護の見込みをいかに考えているのかについて、信頼できる形で知らされなければならないから、該当の裁判にアクセスする請求権を有するのであり、ここから重要な裁判を公表する義務が導かれる（BVerwGE 104, 105参照）。裁判所の裁判の執行は実効的でなければならない（BVerfG, BayVBl. 2000, 47）。

　権利保護の保障ないし裁判官による審査の**限界**は、公権力の行為が**規範化されていない**ところにある。裁判所は国家行為の適法性を統制するのであって、合目的性を統制するのではない。立法者が行政に決定の余地（裁量・評価の余地）を認める場合、裁判所はこの決定の余地が踰越されていないかどうかのみを審査できる。立法者が行政に決定の余地を認め、それによって行政に最終的決定権を認めることは、立法者が市民の主観的権利の範囲と内容を定義する限りにおいて19条4項に合致している。連邦憲法裁判所は、評価裁量とそれに伴う司法審査の縮減が承認されるのは、不確定法律概念によって特徴づけられる構成要件が存在するかどうかについて、それを最終的に決定する権限が、行政に与えられているということが、その時々の法規定から少なくとも推断できる場合だけであるといい（いわゆる規範的授権理論）、そしてこの授

1137

---

24)　これについて*Maurer*, Allg.VwR, § 7参照。

25)　E 129, 1/20 ff.

26)　E 88, 40/56 ff; BVerwGE 94, 307/309 ff; 100, 221/225; *Pieroth/Kemm*, JuS 1995, 780も参照。

権は権利保護の19条4項における機能的限界として正当化される。[27]

1138 　　例　試験の決定は試験の状況から下されなければならず、後の行政争訟手続において事実上繰り返されることはない。その繰り返し可能性に対しては、機会の平等は、すべての受験者の審査と評価の比較の枠組みにおいて受験者の審査と評価を行うように求めるということからも法的限界が画される。試験の状況を再現することは手続的に限界があり、それゆえ長い間、試験法上、評価余地が認められてきたのである。裁判所による統制は、事実が正しく究明されているか、手続その他の法的瑕疵が存在するかどうか、普遍的に妥当する評価基準が遵守されているかどうかだけに限定されてきたのである。連邦憲法裁判所は、さまざまな専門的見解が主張可能である場合は、試験官に評価余地を認めるとともに、受験者にも解答余地を認めた。(E 84, 34/54 f (法曹資格試験と司法審査Ⅱ・49); BVerwGE 104, 203/206; *Müller-Franken*, VerwArch 2001, 507参照)。

Ⅲ. 介　　入

1139 　　介入になりうるのは、**出訴手段の内容形成のための要素でない国家的措置**だけである。19条4項の保護領域は規範的具体化を必要とするため、内容形成が不可欠であって、何らかの自然的な権利保護なるものは存在しない。だから、当事者能力・訴訟能力、弁護士強制、出訴期間・除斥期間、他の裁判所の決定への拘束、既判力などに関する訴訟法上の規定によっては、権利保護への介入が行われているとはいえない。介入とされるのは、裁判所へのアクセスの禁止、ならびに、司法と法的安定性を機能させるための条件として必要でないにもかかわらず、権利保護を求める者にとって、裁判所へのアクセスや手続を法律によって期待不可能で困難ならしめるような不適切なことだけである。そのほかにも、行政あるいは司法自身が、その法律上の内容形成に対する出訴手段を難しくしたり妨げたりする場合は、介入が存在する。

1140 　　実体的かつ行政手続法上の**除斥規定**は、しばしば議論になる問題である。[28]連邦憲法裁判所は、これを実体的主観的権利の制度化であるとみなし、19条4項が創設したのではなく、前提にしているものと考えた。それにもかかわらず、除斥規定は19条4項の基本権に照らして審査されなければならないという。というのも、そこからはま

---

27)　*Poscher*, in: FS Wahl, 2011, 527.

28)　*Schenke*, BK, Art. 19 Abs. 4 Rn 758 ff 参照。

た、「裁判所の権利保護手続の前に置かれた行政手続の内容形成に対して事前的効果」(E 61, 82/110) が生じるからであるというのである。[29]

Ⅳ. 憲法上の正当化

19条4項は法律の留保を含んでいない。それゆえ、介入の憲法上の正当化を行えるものがあるとすれば、それは衝突する憲法規定だけである。しかしながら、内容形成と区別される介入というのは、司法と法的安定性を機能させるための条件として必要でない出訴手段の規律だけである。それゆえ、法的保護と法的安定性という衝突する憲法利益から、介入に対する正当化を導くことはできない。その他の憲法利益に基づくその他の正当化も想定できない。したがって、あらゆる介入が、憲法上、正当化できない侵害となる。

1141

事例23 (1120) についての解答の概略

Ⅰ. 事例は19条4項の保護領域に含まれる。Aは、禁足を科した行政の措置に対して、裁判所に訴えようと考えており、人身の自由の基本権という主観的権利の侵害を主張することができるからである。出訴手段の提供が意味しているのは、法的・事実的観点から、裁判所が行政の措置を完全に事後審査することである。

Ⅱ. これは行われていない。というのも、州上級裁判所は、裁判所の決定を求める申請を、期間徒過のため不適法であるとして却下したからである。その際、行政規則にある訴願手続の規律が拠り所にされている。介入になるのは出訴手段が内容形成されていない場合だけではない。裁判所へのアクセスや法律や裁判決定による手続へのアクセスが不適切で期待不可能なほど困難であるときは、19条4項の内容形成があるとはいえない。訴願の期間が単に1週間であるということは、行刑においては、適切かつ期待可能性があるといってよいかもしれない (E 40, 237/ 258)。しかしながら、疑問視されるのは、連邦憲法裁判所が出発点において、法律による出訴手段の内容形成が十分であるとしていることである。すなわち、立法者は裁判所組織法施行法24条2項で根本的決定を行っており、行政規則は「下位の規律」にすぎないというのである (E 40, 237/251)。しかし、期間の問

1142

---

29)　E 61, 82/110 (ザスバッハ決定Ⅰ・56).

> 題は重要であり、その他のところでは例外なく法律によって規律されている問題
> である。そのため、連邦憲法裁判所の見解は、一般に広く、否定されている（E
> 40, 260の反対意見、*Schenke*, DÖV 1977, 27; *Schwabe*, JuS 1977, 661）。

1143　　**参考文献**　*C. Bickenbach*, Grundfälle zu Art. 19 IV GG, JuS 2007, 813, 910; *R. Herzog*, Verfassung und Verwaltungsgerichte-Zurück zu mehr Kontrolldichte?, NJW 1992, 2601; *H.-J. Papier*, Rechtsschutzgarantie gegen die öffentliche Gewalt, Hdb. StR[3] VIII, § 177; *B. Remmert*, Die Rechtsschutzgarantie des Art. 19 IV 1 GG, Jura 2014, 906; *W.-R. Schenke*, Die Rechtsschutzgarantie des Art. 19 IV GG im Spiegel der Rechtsprechung des Bundesverfassungsgerichts, in: Wolter/Riedel/Taupitz (Hrsg.), Einwirkungen der Grundrechte auf das Zivilrecht, Öffentliche Recht und Strafrecht, 1999, S. 153; *E. Schmidt-Aßmann*, Art. 19 IV als Teil des Rechtsstaatsprinzips, NVwZ 1983, 1; *A. Uhle*, Rechtsstaatliche Prozessgrundrechte und-grundsätze, Hdb. GR V, § 129.

第**27**章　抵抗権（20条4項）

> **事例24　地下施設の建設**　　　　　　　　　　　　　　　　　　　　　1144
>
> 　連邦警察が数週間前から巨額を投じてボン近郊に用地を確保し、そこに大規模な地下施設ができあがっている。公衆は、この用地に何ができあがるのかについては知らされていない。選挙が行われたばかりの連邦議会は、小党分裂化や多数派基盤の脆弱性といった問題を抱え、危難多き立法・政権期となることが確実視されている。こうした中で議会が招集されようとしているそのとき、連邦警察隊の動きが頻繁になり活発化しているとの印象を複数の市民が抱いている。これらの市民が集まってできあがった一方のグループは、連邦警察隊が連邦議会と連邦政府を無力化するためにその用地に集結していると確信しており、他方のグループは、新型かつ大型の、それもとりわけ危険な方式の化学工場の建設を準備しており、その安全確保を行っていると思い込んでいる。市民らは、抵抗の証として、夜間、この用地へ通ずる2箇所の進入路に有刺鉄板を設置する。これにより、連邦警察のトラック2台が立ち往生してしまう。一方の進入路では、大きな事故が発生し、甚大な物的および人的被害が生じている。市民らは、裁判所において20条4項を援用している。これは正当だろうか。→**1149**

　抵抗権は、緊急事態立法との関係で基本法に挿入されたものである。その背景に　　1145
は、二重の意図が存在する。1つは、憲法秩序の擁護を、緊急事態法律により国家の
任務とするだけではなく、抵抗権とすることで**市民の権利**にもしようとすることである。もう1つは、緊急事態ないし非常事態が、執政の時期、憲法縮減の時期、自由圧
殺の時期だとして、憲法秩序を排除する方向で**執行府によって濫用されること**がない
ようにすることである。

　この善意が良い結果をもたらしたかは、はなはだ疑問である。20条4項は、**法的な**　　1146
規律が機能不全に陥っている状況を法的に規律しようとするものである。20条4項が
いうところの他の救済手段とは、法的に規律された憲法秩序や法秩序の下での救済手
段であって、そして、まさにそれが不可能であることこそが、抵抗権発動の条件なの
である。抵抗権の条件が整っている場面で、市民が、すでに機能していない法秩序・

403

憲法秩序の下で、自らの抵抗権について法的な承認が得られることなどあるはずもない。反対に、市民がまだ機能している法秩序・憲法秩序の下で自己の抵抗権の法的な承認が得られたとすれば、その場面では抵抗権の条件が欠けているのである[1]。換言のうえ、思い切った表現をすれば、クーデターが失敗すれば、抵抗した人々は、［抵抗権を援用しようとしまいと］いずれにせよ祝福される。クーデターが成功すれば、抵抗した人々は、旧国家秩序に依拠して新国家秩序に対抗することなど、いずれにせよできるはずもない。20条4項は、結局のところ法的に規律することが不可能で個人の良心に委ねざるをえない事柄を、法的に規律しようとするものなのである[2]。

1147　20条4項は、市民が憲法秩序の防衛のために行った、法的な命令や禁止に違反する抵抗行為であったとしても、これが**合法**とされることを保証しようとするものである。これは、基本法と単純法が定める緊急事態では、国家も憲法秩序の防衛のためにその他の法から解放されるのと同様である。それにもかかわらず、市民の抵抗行為が公権力によって違法として扱われたとすれば、そこには20条4項の保護領域に対する介入が存在するだろう。この介入に対する憲法上の正当化は存在しないように思われる。

1148　抵抗権は、79条3項に基づく**憲法改正**の手続によってもこれ以上変更または廃止することが許されない20条の諸要素には、該当しない。79条3項は、20条の中で当初から存在していた最初の3項だけに関係する。そうでなければ、憲法改正権者は、79条3項においてまさに不動のものとして画されていた憲法改正の限界を動かすことができることになってしまうだろう[3]。

1149
> **事例24（1144）についての解答の概略**　化学工場や原子力発電所の建設に反対しようとしていた者について考えられる正当化と、連邦警察のクーデターに反対しようとしていた者におけるそれとは、区別しなければならない。
>
> Ⅰ．原子力発電所の建設、ミサイルの設置、化学兵器や生物兵器の貯蔵等々に反対する活動は、もとより20条4項の保護領域の範囲外である。すなわち、それらの建設や設置、貯蔵は、基本権に介入したり、それどころか侵害することさえあるが、しかし、憲法秩序の排除とはいまだ無関係である。非暴力あるいは暴力

1）　E 123, 267/333（リスボン条約判決Ⅳ・61）参照。
2）　*Kloepfer*, VerfR II, § 77 Rn 28 f.
3）　*Hesse*, VerfR, Rn 761; *Pieroth*, JP, Art. 79 Rn 12参照。

404　第2部　基本権各論

性に乏しい形態の市民的不服従、とくに一定のエネルギー政策や軍事政策に関連する企業に対して行われる封鎖が正当化されるか否かといった問題も、20条4項の問題ではなく、強要の構成要件（刑法240条）や暴力概念の解釈、非難可能性基準の解釈の問題である（782参照）。こんにち、市民の抵抗と忠誠について議論される場合には、とりわけこの問題のことが念頭に置かれている。

Ⅱ．これに対して、連邦議会と連邦政府の無力化は、20条4項の意味での憲法秩序に向けられたものでしかなく、また、これらは憲法秩序を害するにとどまらず、憲法秩序を排除するものとさえなろう。というのも、それらを無力化すれば、国家権力はもはや国民から発することにならなくなってしまうからである。クーデターを計画している連邦警察の部隊が集結したからといって、すでに予備の段階から着手の段階に移行したといえるかどうかは、疑問である。さらに、抵抗の成功をなんら約束するものでない抵抗の証の設置が、抵抗行為として正当化されるかどうかも、疑わしい。しかし、いずれにせよ、クーデターを計画している連邦警察の部隊が最初に集結しただけであれば、まだ他の救済手段が可能である。したがって、市民による状況判断が適切であったとしても、市民の行動は20条4項によって正当化されないだろう（20条4項を誤って援用した場合の問題について、*Herzog*, MD, Art. 20 Abschn. IX Rn 44）。

参考文献　*R. Dreier*, Widerstandsrecht im Rechtsstaat?, in: FS Scupin, 1983, S. 573; *C.* **1150**
Enders, Bürgerrecht auf Ungehorsam?, Staat 1986, 351; *J. Isensee*, Das legalisierte Widerstandsrecht, 1969; *H.H. Klein*, Ziviler Ungehorsam im demokratischen Rechtsstaat, in: FS Gesellschaft für Rechtspolitik, 1984, S. 177; *U.K. Preuß*, Politische Verantwortung und Bürgerloyalität, 1984; *S. Schmahl*, Rechtsstaat und Widerstandsrecht, JöR 2007, 99.

第**28**章　職業官吏制の伝統的諸原則への配慮（33条5項）

1151

> **事例25**　官吏への給付金（E 58, 68より）
>
> 　Pは退職した警部補であり、給与グループA8の年金を受け取っている。彼が加入している民間の健康保険は、外来診療の場合、支払いの30％を補助するものである。憲法より下位の法規定によれば、彼にはさらに65％の給付金が保障されている。Pは、現役時代と比べて不利益にならないようにするため、33条5項により、70％の金額まで給付金を請求する権利があるという。彼の主張は正しいか。
> →1157

Ⅰ．概　　観

1152　　文言に従うならば、33条5項は、基本権ないし基本権同様の権利を含むものではなく、立法者に対する規律の委託や制度的保障を定めるものである。しかし、連邦憲法裁判所は確立した判例において、通説に追従し、33条5項は憲法訴願で主張可能な官吏の主観的権利をも含むものである、との見解をとっている。個々の官吏は、9条3項により労働者に保障された労働争議や協約形成の機会を有していないため、33条5項に基づく、自己の法関係を形成するための主観的権利を必要とするというのである。

Ⅱ．保護領域

1153　　保護領域は、**職業官吏制度**_Berufsbeamtentum_ の概念によって特徴づけられる。しかし、その保障は独特の形で**弱められている**。すなわち、第1に、そこで問題とされているのは、伝統的な官吏法のあらゆる個別の法規ではなく、「諸原則」についてだ

1）　E 8, 1/17; 107, 218/236 f; 117, 330/344; 130, 263/294 ff（ヘッセン州教授給与違憲判決事件Ⅳ・69）.

_406_

けである。第2に、この諸原則は尊重されるのではなく「考慮される」にすぎず、そして、これは基本法制定会議が熟慮のうえこのように規定したものであって、立法者に対して「幅広い政治的裁量の余地」を開くものである。第3に、この諸原則は「継続的に発展」させることが許されている。第4に、33条5項の「移行規範」——これは旧法を現行法に継受させるものである——たる性質から、伝統的諸原則のうち、その他の点で基本法と適合するものだけが拘束力を有する、と帰結される。

1154

連邦憲法裁判所は、職業官吏制度の伝統的諸原則を、「一般的に、あるいは、そうでなくとも全くもって圧倒的に、かつ、伝統を形成するほど長期間にわたって、少なくともワイマール憲法の下において拘束力あるものとして承認され保持されてきた…その構造原理の核心部分」だと**定義する**。連邦憲法裁判所は、**最重要の事柄**として、以下のものを挙げる。すなわち、「上司に対する忠誠従順義務、不偏不党の公務遂行、専門的素養、職務への専念、終身雇用、給与・年金・寡婦年金・遺児年金に対する請求権」である。したがって、職業官吏制度の伝統的諸原則は、官吏法に対する客観法的要請と並んで、官吏個人の権利義務を含んでいる。基本権同様の権利としての33条5項の内容としては、とくに**官吏の諸権利**が問題となる。

1155

例 ①職務にふさわしい扶養、すなわち俸給および生活保障を求める請求権（確立した判例：E 71, 39/60）。ここにいう俸給および生活保障とは、「快適な生活を送る上での最低限度」を保障するものでなければならないが（E 99, 300/315）、地域手当を含むものでなければならないわけではない（E 117, 330/348 ff）。最後に就いていた官職の俸給基準に従った生活保障を求める請求権（E 117, 372/381 ff（待機期間延長による官吏恩給の減額Ⅳ・67））。職務にふさわしい職名を求める請求権（E 38, 1/12）。配慮を求める請求権。これにより上司は次のことが義務づけられる。すなわち、「官吏を不当な非難から保護すること、官吏の適性と業績に応じて昇進させること、そして、その決定に際して、プラス評価される官吏の利益にしかるべく配慮すること」（E 43, 154/165）である。忠誠義務に関しては、**534**を参照のこと。

②これに対して、認められないものとしては、既得権の保護を求める請求権（E 3,

2） JöR 1951, 322 f 参照。

3） E 76, 256/295.

4） E 3, 58/137; 123条1項も参照。

5） E 8, 332/343; 107, 218/237; 117, 330/348 f.

6） E 9, 268/286（ブレーメン職員代表法判決Ⅰ・72）; *Masing*, DR, Art. 33 Rn 82 ff も参照のこと。

58/137)、「継承されてきた職務の活動が変更されたり縮減されない」(E 43, 242/282)ことを求める権利という意味での職務上の権利、法律で定められた年齢制限を超えての雇用請求権(E 71, 255/270)、「一度達成した収入に関して財産状態の保持を求める」請求権(E 44, 249/263)がある。

Ⅲ．介入と憲法上の正当化

1156 　この諸原則がもはや考慮されないとき、すなわち構造原理を時代に適合するよう継続的に発展させるだけに収まらず、これが破棄されるに至った場合には、そこには介入が存在する。このような介入に対しては、原則として、いかなる憲法上の正当化も認められない。ただし扶養原則に関しては、連邦憲法裁判所は109条3項1文の新規債務負担の禁止の観点から、債務負担の限定に係る全体構想が官吏に特別な負担を課すものではなく、扶養原則の制限がこの構想の一部分にとどまる場合に限り、対抗する憲法規定が存在することを理由とする正当化の可能性を認めた。[7]

1157 　　**事例25(1125)についての解答の概略**　Pの給付金請求権が職業官吏制度の伝統的諸原則に含まれるかどうかが問題となる。給付金の支給は、官吏の家族の病気、出生、死亡といったケースでの、上司が官吏に対して有する官吏法上の配慮義務の適用事例である。配慮を求める権利は、たしかにそれ自体1つの職業官吏制度の伝統的原則である(E 43, 154/165)が、それは1949年当時すでに存在していた範囲内にとどまる(E 58, 68/76 f 参照)。しかし、当時は今日のような給付金制度は存在していなかった。給付金制度は後になって成立したものであり、それゆえ伝統的ではない。ただし、職業官吏制度の伝統的原則の1つである職務にふさわしい扶養を求める権利は、官吏が適切な健康保険を利用できるよう算定された生活保障を要求する(E 83, 89/101 f)。しかし、いずれにせよ、生活保障の調整を要求することはできたとしても、33条5項から給付金の引き上げを要求することはできないだろう。

---

7)　BVerfG, 2 BvL 17/09, 5.5.2015, Rn 131 ff.

参考文献 *W. Höfling/C. Burkiczak*, Die Garantie der hergebrachten Grundsätze des 1158
Berufsbeamtentums unter Fortentwicklungsvorbehalt, DÖV 2007, 321; *H. Lecheler*, Der
öffentliche Dienst, Hdb. StR³ V, § 110; *F. Rottmann*, Der Beamte als Staatsbürger, 1981;
B. Schlink, Zwischen Identifikation und Distanz. Zur Stellung des Beamten im Staat und
zur Gestaltung des Beamtenrechts durch das Staatsrecht, Staat 1976, 335.

第29章　選挙権（38条）

1159
> **事例26　地区議会の選挙（E 47, 253より）**
>
> ［州の］市町村法の改正により、郡に属さない独立市に地区議会が置かれ、その行政区域においては、地区議会に自主的な決定権限が委譲されることとなっている。地区議会の議員は、市町村議会の議員と同時に選挙で選出される。地区議会の議席は、政党や選挙母体が作成した名簿に基づき、市町村議会選挙での政党や選挙母体への得票に応じて、またその際には、それぞれの市区の政党や選挙母体に割り当てられる有効投票を考慮して、ドント式の最高平均方式で配分される。さらに、地区議会の議員は、選挙管理委員長によって任命されるが、その任命にあたり、選挙管理委員長は名簿から明らかになる候補者の順位を遵守しなければならない。辞職した地区議会の議員の後任については、政党ないし選挙母体の担当役職者が議席割り当ての順序を決定する。候補者の擁立は議員集会や代議員集会での秘密選挙によらなければならないとする自治体選挙法の規定は、地区議会の候補者名簿作成には適用されない。このような市町村法の規律は、38条に違反しているか。→1181

Ⅰ．概　観

1160　38条1項1文は、ドイツ連邦議会選挙に対する能動的選挙権と受動的選挙権を保障するとともに、普通、直接、自由、平等、秘密という、いわゆる選挙権の諸原則により規定されるところの諸要請を、ドイツ連邦議会選挙に対して行うものである。この保障は、民主制原理（20条1項、2項）と密接に関係している。38条1項2文は、ドイツ連邦議会の議員の法的地位とともに、議員の機関上の資格を規定しているが、これは基本権同様の権利ではない。38条2項では選挙資格の始期が定められている。これは、体系的にみると、普通選挙（520以下参照）に関する例外規定である。38条3項によれば、詳細は、連邦法律が規定する。それゆえ、まずは連邦選挙法が参照されることになる。現行の選挙制度（「小選挙区比例代表併用制」）は、連邦選挙法が創設したも

410

のである。38条3項は法律の留保規定ではない。同項は、38条1項の権利に対する介入を授権するものではなく、選挙原則を形式と手続に適合した形で運用できるようにすることを授権しているだけである。

Ⅱ．直接選挙、自由選挙、秘密選挙の権利

普通選挙権の原則と平等選挙権の原則については、不平等取扱いの正当化の際に求められる特別の要請として、平等原則との関係ですでに扱った（520以下参照）。ここでは、直接、自由、秘密という選挙権原則に立ち入ることとする。　　　　1161

1．保護領域

a）能動的選挙権と受動的選挙権

38条1項1文は、**能動的選挙権**（選挙資格Wahlberechtigung）にも**受動的選挙権**（被選挙権Wählbarkeit、被選挙資格Eligibilität）にも妥当する。その保護領域は、選挙の全過程、すなわち候補者の擁立から議席の配分にまで及ぶ。[1]　　　1162

この基本権同様の権利は、直接には、**ドイツ連邦議会の選挙**にのみ関係する。しかし、28条1項2文により、州、郡、市町村の選挙についても、同じ選挙権の諸原則が決定的役割を果たす。選挙権の諸原則は、一般的な見解によれば、不文憲法として、国民の代表者を選ぶすべての選挙に加え、たとえばいくつかの州憲法で規定されている国民表決のような政治的投票についても適用される。[2]自治組織内部の選挙の場合はこれと異なる取扱いがされることもあるが、それは、公権力行使の一般的な民主的正統性に代わり、任務の特殊専門性が重要性をもっているときに限られる。　1163

例　①大学に所属する大学教員には、「資格、役割、責任、関係」からみて重要な地位が与えられてしかるべきであるので、大学の会議体に関する選挙法は、大学教員の票に特別の重み付けを与えることを通じて、この重要な地位を正当に評価するものでなければならない。（E 39, 247/254 ff）。　　　1164

②連邦および州の裁判官法は、一般的案件、社会的案件、人事案件に裁判官が代表

1）　*Pieroth*, JP, Art. 38 Rn 1; *Stern*, StR I, S. 304 f 参照。

2）　E 13, 54/91 f; 47, 253/276; 60, 162/167; BVerwGE 118, 345/347 f; 限定的に解するものとして、*Hartmann*, Volksgesetzgebung und Grundrechte, 2005, 140 ff.

第29章　選挙権　*411*

機関として参加するための場として、裁判官会議と裁判官人事委員会について規定している。独立で公平な裁判官による実効的な司法という特殊な専門的任務を考えれば、38条1項1文の選挙権原則から離反すること、たとえば裁判官人事委員会の議長選挙の候補者提案に少なくとも1名の裁判所長が含まれていなければならないとすることは、許される（E 41, 1/12 f）。

③これに対して、社会保険（E 30, 227/246）や職員代表会議（E 60, 162/169 ff）、労働者委員会（E 71, 81/94 f）の領域では、普通および平等の選挙権原則が適用される。

b）直接選挙

1165 　選挙の直接性は、あらゆる投票が特定の選挙候補者ないし特定可能な選挙候補者に正しく算入されること、投票後に中間的部局が自らの裁量で代議員を選出することがないことを、要求する。「選挙人が最終的な発言権をもつ場合にのみ、同時に、選挙人は決定的な発言権をもっている。選挙人が直接選挙を行っているのは、このような場合だけである[3]」。これは、名簿式選挙（連邦選挙法1条2項参照）の場合であっても保障されている。なぜならば、「直接選挙の原則は、候補者の選出がその他の候補者との共同選出にかからしめられることを、妨げるものではない[4]」からである。さらに直接性は、どのような人物が議席を求めて立候補しているのか、そして、自己の投票がどのように選挙候補者の当選ないし落選に影響を与えることができたのかについて、選挙人が認識可能であることを要求する。[5][6]

c）選挙の自由

1166 　選挙の自由とは、第1に「投票行為が強制や不当な圧力から自由である[7]」ことを意味する。強制や不当な圧力から自由であるために、**選挙の秘密**も保障されている。選挙の自由と選挙の秘密は、相互に関係しているのである。選挙の実効的な保護は、それが投票のみに限定されていては不可能であり、その保護は、事前の意思形成を含み、また、事後的な制裁を排除するものでなければならない。したがって、選挙の自

3） E 7, 63/68.

4） E 7, 63/69.

5） E 47, 253/280 f; 95, 335/350（第2次超過議席判決Ⅲ・69）; 97, 317/326.

6） BVerfGE 121, 266/307.

7） E 44, 125/139（広報活動判決Ⅰ・65）; 103, 111/133（ヘッセン州選挙審査判決Ⅲ・68）.

由と秘密は、投票前、投票時、投票後のそれぞれに妥当する。投票の自由が意味している内容とは、投票をするかしないか、どのような投票をするかについて、自由に決断すること、そして、さまざまな候補者や名簿の中から十分選択することが可能であること、である。選挙の秘密がその内容上意味しているのは、何人も、どのような投票を行ったのか、どのような投票を行うのかについて、本人の意思によらずして、他者に知られることは許されない、ということである。

一般に、選挙の自由と選挙の秘密の原則に対しては、**直接的な第三者効力**が認められている。すなわち、これらの原則は、公権力に対してだけではなく、非国家的な組織や諸個人に対しても適用されることになる。[8] 38条1項1文の客観法的機能の発露として保護義務があるという見解に立つならば、このように理解されるだろう。 **1167**

例 ①特定の投票行為を理由に民間の使用者が労働者を解雇したり、投票行為に応じて他の労働者を優遇したりすることは、民法134条、138条により無効である（*Trute, MüK*, Art. 38 Rn 43参照）。 **1168**

②他面で、非国家的な機関が大々的な選挙宣伝を行ったとしても、それが一般的に許される手段を用いて行われる限り、5条1項および2項により保護される。これは、教会による特定政党への投票の呼びかけにもあてはまる（司教教書；BVerwGE 18, 14; OVG Münster, JZ 1962, 767参照）。

③刑法108条（選挙人に対する強要）や108a条（選挙人の欺罔）、108b条（選挙人の買収）によって、選挙の自由は、何人に対しても刑法上保護されている。選挙人に対する強要が存在しないところでは、選挙の自由は、私人によって侵害されてはいない（E 66, 369/380）。

連邦憲法裁判所は、選挙の自由の中に、——これまで述べてきたことを超えて——「すべての有権者に認められる原則として自由に選挙候補者を推薦する権利」[9] と「政党や選挙母体の構成員が参加して行う自由な候補者擁立」[10] を含める。連邦憲法裁判所は、その際、選挙の自由を、受動的な選挙の平等から帰結される候補者の**機会の平等**と結びつける（521参照）。 **1169**

選挙に関するその他の要請を、判例は、民主制原理と結びついた38条1項から導き **1170**

8）*Achterberg/Schulte*, MKS, Art. 38 Rn 125; *Stern*, StR IV/2, S. 229; *Trute*, MüK, Art. 38 Rn 42.

9）E 41, 399/417.

10）E 47, 253/282.

第29章　選挙権　*413*

出す。[その要請とは、]すなわち、**選挙手続の公開**——投票の秘密を別とすれば——[11]
と、選挙と新たに選挙された議会の会議との間を３箇月以上空けてはならないという
ルールである[12]。これらに基づいて憲法訴願を行うことも可能である。

d）民主的自己決定を求める権利

1171　欧州統合プロセスとの関連で、連邦憲法裁判所は、38条１項のさらなる側面を引き
出した。それによれば、38条１項１文は、「ドイツ国内で行使される国家権力への自
由かつ平等な配分参加、ならびに、国民という憲法制定権力の尊重を内包する民主制
命令の遵守に基づき、**民主的自己決定を求める権利**を根拠づけるものであり、それ
ゆえ同条は、任務や権能が民主制原理に反する方法で欧州レベルに移譲されることに
よって国家権力の民主的正統性や国家権力行使に対する影響力行使が空疎化してしま
うことから有権者を保護するものだとされる[14]。このような「民主制を求める権利」が
活躍することになるのは、79条３項が憲法改正立法者に改正を許していない諸原則へ
の抵触がみられる場合である。また、欧州連合の機関が必ずしもこれらの諸原則に抵
触いない場合でも、その権限を逸脱しているときは、同様である[15]。連邦憲法裁判所
がとりわけ強調しているのは、連邦議会がもつ財政政策に関する裁量の余地を議会が
国民の意思を代表することを法的または実際上不可能にしてしまうほど超国家的に縮
減することは選挙権を侵害しうる、という点である[16]。それゆえ、「政府間または超国
家的に締結されてはいるものの厳格な基準で縛られておらずその影響力が制限されて
いないEU市民任せないし業績任せの枠組みに、連邦議会が同意することは許されな
い［…］。この枠組みでは、——それが一度動き出してしまうと——連邦議会のコン
トロールや影響力が及ばなくなってしまうのである[17]」。連邦憲法裁判所は、38条１項

---

11)　E 121, 266/291; 123, 39/68（連邦議会選挙におけるコンピューター制御の投票機導入の違
　　　憲性Ⅳ・72）.

12)　VerfGH NRW, NWVBl. 2009, 98.

13)　E 123, 267/340（リスボン条約判決Ⅳ・61）; 129, 124/177; 131, 195/239; 類似のものとし
　　　て、すでに E 89, 155/171 f（マーストリヒト判決Ⅰ・71・Ⅱ・62）; 批判的なものとして、
　　　Tomuschat, EuGRZ 1993, 491; *Trute*, MüK, Art 38 Rn 17 ff.

14)　E 134, 366/396（JK 7/2014）; E 135, 317/386（JK 7/2014）.

15)　E 134, 366/397（JK 7/2014）; E 135, 317/386（JK 7/2014）.

16)　E 129, 124/169 ff.

17)　E 135, 317/399（JK 7/2014）.

を媒介とする国民主権を、議会が何に取り組むかについてみずから決定してしまう議会主権よりも、高く評価している。[18]

2. 介　入

a) 間接選挙

候補者自身の意思決定は除くとして、他者の意思決定が投票行動と選挙結果との間に介在する場合には、**間接選挙**が問題となる。 1172

例　名簿式選挙の場合（連邦選挙法1条2項）、名簿が事後的に補充されたり（E 3, 45/51）、書き換えられたりしてはならない（E 47, 253/279 ff）。ただし、当選者自身の自由意思、たとえば、受諾しなかったり、後に辞退したり（E 3, 45/50）、あるいは政党から自発的に離脱したり（E 7, 63/72）することによって、［名簿に］変更が生じた場合は別である。これに対して、連邦選挙法48条1項2文は、政党の州名簿で次点の候補者を、政党から除名された場合についてまで後任から排除しているが、これは選挙の直接性に対する介入である（*Erichsen*, Jura 1983, 635/640; 異説として、*Maurer*, StR, § 13 Rn 11）。 1173

b) 不自由な選挙

公権力の担い手の側から市民の選挙決定に不当な圧力をかけられたことによる**不自由な選挙**は、**権限踰越的な**行為・態度があった場合に生じうる。 1174

例　国家は、法律上規定された国家による選挙戦費用交付の枠内であれば格別、それ以外では、政党に対して選挙戦資金のために税金を投入してはならない。選挙宣伝を行うことで、政府の広報活動による情報提供権限を踰越することは、許されない。（E 44, 125/147 ff（広報活動判決Ⅰ・65）; 63, 230/243 f 参照）。 1175

このほか、圧力の不当性は、選挙人に対する実質的な影響力の行使が存在するか否かで決せられる。圧力の不当性の有無は、投票を**行うかどうか**との関連で、またこれとともに、投票の義務づけが憲法上許されるかどうかという問題との関連で、議論されている。一部の者は、投票の決定の自由と選挙への参加の自由とを区別して、後者 1176

---

18)　批判的なものとして、例えば、*Jestaedt*, Der Staat 2009, 489/503 f.; *Schönberger*, JZ 2010, 1160 ff.

は、38条1項1文によって保護されてはいないという[19]。しかし、選挙に行かないことの中にも、選挙民の政治的意思の表明は存在しうる。したがって、投票義務の導入は、選挙の自由に対する介入と評価されるべきである[20]。投票をどのようにするかとの関連では、ある政党や候補者を他よりも優遇することは、実質的な影響力行使を意味する。さまざまな候補者や名簿の中に備わっているべき十分な**選択可能性**さえもが、国家措置によって害されるかもしれないのである。

1177　　例　①市長が、ある政党への投票奨励を市長の発行する「市広報誌」に印刷させたり (BVerwG, DVBl. 1993, 207)、職務上の立場で郡長の再選を呼びかけること (BVerwGE 104, 323/327)。

　　②投票所にいくつかの政党のポスターが掲示されること。たとえすべての政党のポスターが掲示されている場合であっても、あるポスターに有利な場所が与えられることは事実上避けられない。したがって、連邦選挙法32条1項は、投票所のある建物においては言葉、音声、文字、画像による選挙人へのいかなる影響力の行使も禁止される、と規定している。

1178　　**秘密でない選挙**とは、どのように投票するつもりなのか、投票したか否かについて表明する義務がある場合の、それである。ある国家の規律において秘密でなく行われることを許容しているのが、投票行為［の有無］自体だけであるとしても、これはやはり選挙の秘密を害している。

1179　　例　①裁判所が、ある個人の投票内容が調べられるように、証拠提出命令を発すること (BVerwGE 49, 75/76; BGHSt 29, 380/385 f も参照)。

　　②郵便投票（連邦選挙法36条参照）は、選挙の秘密を保持するのに適合的かつ必要的なあらゆる予防措置が講じられている限りで、問題ない (E 21, 200/204 ff; 59, 119/127 f)。

　　③選挙候補者を推薦するための署名定足数（連邦選挙法20条2項、3項、27条1項）は、選挙の秘密を害するものではない。というのも、この署名は必ずしも投票の決定を導かないからである。これに対して、判例は、署名定足数を秘密選挙の原則を空洞化させるものだとしているが、ただ同時に、選挙の秩序ある執行のために署名定足数は絶対に必要であるとして、これを正当化している (E 12, 135/137)。

---

19)　*Merten*, in: FS Broermann, 1982, S. 301/308 ff; *Volkmann*, FH, Art. 20 Rn 30も参照。

20)　*Butzer*, EH, Art. 38 Rn 50; *Grzeszick*, Jura 2014, 1110/1115; *Morlok*, DR, Art. 38 Rn 83; Stern, StR IV/2, S. 201 f.

3．憲法上の正当化

38条3項は、介入を授権してはいない（**1160**参照）。普通および平等［原則］への確 1180
たる抵触がある事例については、すでに説明している（**524**以下参照）。連邦憲法裁判
所は、ある選挙権原則の実現が他の選挙権原則のより良い貫徹のために脅かされうる
ことを甘受すべきかどうかの決定について、立法者の裁量の余地を認めた。あらゆる
選挙権原則が「完全な純粋さをもって」実現されることなどありえないとしている。[21]
介入に対するその他の憲法上の正当化については明らかとなっていない。

　事例26（1159）についての解答の概略　この事例では、38条1項2文が基準と 1181
して考慮されないことは明らかである。というのも、ここでは、国民代表の選挙
が問題なのであって、代表者に委任された議席の行使が問題となっているわけで
はないからである。しかも、38条1項2文はドイツ連邦議会の議員のみに関する
ものである。この点は、たしかに38条1項1文の選挙権の諸原則にもあてはま
る。しかし、選挙権の諸原則は、連邦議会の議員を超えて適用することも承認さ
れている（28条1項2文。国民代表を選ぶための選挙および政治的投票を行うための
選挙のすべてに関する不文憲法）。本事例においては、自治体における国民代表を
選ぶための選挙が問題となっており、これに対しては、選挙権の諸原則が適用さ
れるのである。

　Ⅰ．**選挙の直接性**：　この原則は、投票行為後に選挙人と候補者との間に自ら
の裁量によって代表者を選出する機関を介在させることを禁止する。地区議会の
議員が辞職した後の後任を選考するにあたり、政党ないし選挙母体の役職者が議
席配分の順序を決定するのであれば、まさにこうした事態が生じてしまってい
る。これは、選挙の直接性とは相容れない（E 47, 253/280）。

　Ⅱ．**選挙の自由**：　1．たしかに名簿式選挙自体は憲法適合的である。しか
し、さまざまな名簿から選択する可能性を害するような国家措置は許されない。
市町村法の定めにより市町村議会と地区議会の代表者や名簿について行われる統
一的な投票は、「選挙人が有する決定の自由の狭隘化」につながり正当化しえな
い。「選挙人が市町村議会の候補者の選択について決定をしてしまえば、もはや
選挙人は、地区議会議員の候補者に関して、どの拘束名簿に自らの票を投じたい

21）　E 59, 119/124; BVerwG, DVBl. 1986, 240: Allgemeinheit contra Geheimheit bei der
　　Briefwahl; 批判的なものとして、*Meyer*, Hdb. StR³ III, § 46 Rn 31.

第29章　選挙権　*417*

かを自由に決めることができないのである」(E 47, 253/283 f)。

2．連邦憲法裁判所の判例によれば、自由な候補者擁立も選挙の自由の要請である。それゆえ、「立法者は、政党の規約や現実の運用に基づいてさえいれば何の裏付けがなくとも民主制の諸原則に従った候補者擁立がいつも通りなされる、などという想定に甘んじることがあってはならないのである」(E 47, 253/283；異説として、OVG Münster, OVGE 22, 66/70 ff)。だとすれば、自治体選挙法上のこれに相当する規定の適用を排除することは、選挙の自由に違反する。

参考文献 *H.H. v. Arnim*, Wahlgesetze: Entscheidungen des Parlaments in eigener Sache, JZ2009, 813; *C. Burkiczak*, Die verfassungsrechtlichen Grundlagen der Wahl des Deutschen Bundestags, JuS 2009, 805; *B.J. Hartmann*, Eigeninteresse und Gemeinwohl bei Wahlen und Abstimmungen, AöR 2009, 1; *A. Voßkuhle／A.K. Kaufhold*, Die Wahlrechtsgrundsätze, JuS 2013, 1078; *H. Meyer*, Wahlgrundsätze, Wahlverfahren, Wahlprüfung, Hdb. StR³ III, § 46; *W. Pauly*, Das Wahlrecht in der neueren Rechtsprechung des Bundesverfassungsgerichts, AöR 1998, 660; *W. Schreiber*, Bundeswahlgesetz. Kommentar, 8. Aufl. 2009; *M. Wild*, Die Gleichheit der Wahl, 2003.

第**30**章　法律の定める裁判官の裁判を受ける権利
（101条1項2文）

事例27　ルクセンブルクの裁判官（E 82, 159（販売促進基金決定Ⅱ・66）より）　　1183
　農業経営者Lは、販売促進基金法に基づいて販売促進基金の分担金の拠出に関
して呼び出しを受けた。Lは、販売促進基金法が共同の農業市場をめざすEU運
営条約に違反すると考えているため、共同体法に違反する公課は彼の諸権利を侵
害するとの主張とともに、訴えを提起している。しかし、行政裁判所は、訴えを
斥けている。その際、行政裁判所は、EU運営条約は、――文献で主張されてい
るある見解とは異なり――販売基金促進法と矛盾しないと解釈している。終審の
管轄権を有する連邦行政裁判所は、同じ理由により、EU運営条約267条3項に基
づく欧州司法裁判所への移送義務はないとして、上告を棄却している。Lは、憲
法訴願を提起し、101条1項2文違反だとして非難している。この主張は正当か。
→1200

Ⅰ. 概　　観

　101条1項2文は主観的権利であり、そして93条1項4a号に従えば、基本権同様　　1184
の権利である。これは、個人に対して法を語るのは法律によって定められた裁判官で
あって、他の方法で定められた裁判官ではないことを、個人に保障するものである。
それゆえ、101条1項2文は、権限を有する裁判官に関する規定を、法律の留保に服
させている。同時に、19条4項の場合と同様に、法律での具体化を強く必要とする保
護領域となっている。つまり、裁判官の諸権限を内容形成する諸法律が必要とされて
いる。101条1項1文は、例外裁判所、すなわち法律上の根拠がない裁判所や、法律
上の根拠があってもその権限が抽象的・一般的に定められていない裁判所を、禁じて
いる。[1] 101条2項は、特別の専門分野に関する裁判所、たとえば名誉裁判所や職業裁

---

1)　E 3, 213/223.

419

判所などに関する法律の留保を含んでいる。[2] 101条 2 項が、もし特別の専門分野に関する裁判所の設置について形式的法律を要求しないとすれば、101条 1 項 2 文の法律の留保と並べてこの法律の留保を規定する必要はないであろう。101条は、そのすべてが基本法の法治国家原理の重要な構成要素なのである。

Ⅱ. 保護領域

1. 裁判官の法律上の権限

1185 　保障されるものとして伝統的に争いなく理解されているのは、①具体的な事件に関する裁判官の権限は、あらかじめ抽象的・一般的に定められていなければならないこと、②事件は、「盲目的に」、一般的なメルクマールに基づいて、裁定を行う裁判官のもとに送られなければならないこと、である。[3]

1186 　101条 1 項 2 文の意味での**裁判官**とは、最も低い審級から連邦憲法裁判所に至るまでの国の裁判官および欧州共同体の裁判所の裁判官である。[4] 欧州共同体の裁判所は、国際刑事裁判所とは異なり、[5] その作用においてドイツの裁判権と重なり合っている。[6] 国の裁判官には、名誉裁判官や副業的裁判官（たとえば参審員）も含まれる。任期制の裁判官か終身の裁判官かといった身分の違いも関係ない。基本法の意味における裁判官の概念には、たとえば民事訴訟法1025条以下による仲裁裁判所や政党法14条による政党仲裁裁判所のような私的な裁判所やその裁判官は含まれない。

1187 　具体的事件における裁判官の**権限**は、裁判所構成法と種々の訴訟法の全体から明らかになる。まず第 1 は、裁判権の問題（たとえば通常裁判所か行政裁判所か等々）である。次に、同一裁判権における異なる裁判所の問題（たとえば区裁判所か地方裁判所か——実体的管轄と審級管轄——、あるいはＡ区裁判所かＢ区裁判所か——管轄区域等々）である。さらには、同一裁判所における各合議体や単独裁判官ごとの違いといった問題（部会か法廷か、あるいは第 1 法廷か第 2 法廷か、第 1 部会か第 2 部会か等々）である。最後に、同一合議体における裁判官の違いの問題（第 1 部会のＡ裁判官

---

2) E 26, 186/193; 71, 162/178.

3) E 95, 322/329（裁判所合議体決定Ⅲ・79）.

4) Höfling/Roth, DÖV 1997, 67参照。

5) BVerfG, NJW 2011, 2569 f.

6) E 73, 339/366 ff; 82, 159/192（販売促進基金決定Ⅱ・66）; 129, 78/105 ff（ル・コルビュジェ決定Ⅳ・49）.

420 第 2 部　基本権各論

かB裁判官か、それともC裁判官か等々）である。

本質性理論（**272**以下参照）によれば、本質的な規律は、議会法律の中に含まれていなければならない（**279**以下参照）。本質的な規律とは、ここでは「基本的管轄準則」のことである。なお、担当裁判官に関する定めについては、法規命令、内部規則で規定することができる[8]。裁判所の事務分担計画は内部規則にあたる[9]。

1188

2．裁判官の独立

連邦憲法裁判所の確立した判例によれば、101条1項2文は、単に法律上の権限を有した裁判官を求める権利であるだけでなく、あらゆる点において基本法の要請に適合する裁判官および裁判所を求める権利でもあるとされる[10]。裁判官に対する基本法の本質的な要請は、97条に基づく裁判官の独立、ならびに、92条および法治国家原理に基づく裁判官の公平性である（「訴訟当事者に対する裁判官の中立性および距離」[11]）。実際上、これらは基本法上規定されていないにもかかわらず、憲法訴願することが可能となっている。

1189

例　相続裁判所としての区裁判所での相続証書の交付に関する訴訟で、遺言執行者が、偏頗のおそれを理由に裁判官の忌避を申し立てた。区裁判所およびその抗告審たる上級地方裁判所は、非訟事件手続において裁判官の忌避を認めていない非訟事件手続法の規定を根拠に、この忌避の申立てを却下した。これに対する憲法訴願では、基本法上の法治国家的要請からして裁判官には公平性も備わっていなければならないとして、申立てが認容された。「それゆえ、法律の定める裁判官を規範上前提とする制度の中にあっては、個々の事件で、公平性が保証されない裁判官の職権による排除や裁判官忌避を行いうるよう、配慮されなければならない」（E 21, 139/146）。

1190

Ⅲ．介　　入

ここでの介入とは、法律の定める裁判官の「剥奪」のこととされる。これは、法律

1191

---

7)　E 19, 52/60; 95, 322/328（裁判所合議体決定Ⅲ・79）.

8)　E 17, 294/298 ff; 27, 18/34 f 参照。

9)　*Degenhart*, SA, Art. 101 Rn 7; *Pieroth*, JP, Art. 101 Rn 14参照。

10)　E 60, 175/214; 82, 286/298参照。

11)　E 21, 139/146.

の定める裁判官による事件の審理および裁判に対する妨害または干渉を意味する。公権力の部門ごとで特有の問題が生じる。

1. 立法府による剥奪

1192 　立法者によりあらゆる管轄権について規律がなされているというだけでは、101条1項2文の要請を満たしたことにはならない。このことは、すでに101条1項1文が示すところである。すなわち、例外裁判所は、法律により設置されたものであったとしても、許されないのである。決定的に重要なのは、唯一的な管轄が事前に抽象的・一般的に定められているということである。1つの事件について複数の管轄を規定したり、管轄を定める際に非司法的な機関の裁量を法律で認めたりする場合には、この要請を十分に満たしてはいない——それゆえ、立法者による101条1項2文違反となる——。

1193 　**例** 刑事訴訟法7条ないし11条および13条1項によれば、検察は、管轄区域を有する複数の裁判所のうち、どの裁判所に公訴を提起するかを選択することができる（犯行現場、[被告人の] 居住地または現在地、逮捕地に基づく裁判管轄地の根拠付け）。これまで述べてきたことからすれば、これは違憲である。（*Roth*, S. 126; *Classen*, MKS, Art. 101 Rn 37 f; *Kunig*, MüK, Art. 101 Rn 28）。もし連邦憲法裁判所の判例が、裁判官の管轄を「できる限り一義的に」立法者が規定することしか要求していないのだとしたら、この判例はあまりにも弱腰である（E 6, 45/50 f; 63, 77/79; 95, 322/329 f（裁判所合議体決定III・79）参照）。

2. 執行府による剥奪

1194 　法律の定める裁判官による裁判を求める権利の歴史的ルーツは、たしかにここに存在するが、しかし、今日的問題は存在しない。執行府が司法権限を行使すること（「内閣司法」）は、現在では懸念の必要のないことがらである。裁判官を執行府が任命することは、基本法の権力分立構造において意図されていたものであり、これを剥奪とみなすことはできない。しかし、裁判官の任命を「当該事案ごとや当該人物ごとに」行うことは、剥奪となろう。裁判所の事務分担計画の作成についても、裁判所

---

12) *Kern*, Der gesetzliche Richter, 1927参照。
13) *Kunig*, MüK, Art. 101 Rn 29 f; *Pieroth*, JP, Art. 101 Rn 10参照。
14) E 82, 159/194（販売促進基金決定II・66）。

構成法に従ってなされるならば、執行府の影響力行使から十分に守られている。この点、執行府による101条１項２文への介入の事例として、連邦憲法裁判所の判例から取り上げるに値する唯一のものは、税務署による刑事裁判権の行使に関するものであるが、これも法律に基づくものであった。[15]

3．司法府による剥奪

a）司法手続

司法の側で、裁判官席の構成や評決における多数、他の裁判所への移送義務等々といったことに関する手続法上の諸規定が誤って適用される事態に陥ることがあれば、裁判所自身が個々の事件を担当する裁判官を剥奪するということもありうるだろう。しかし、この種の訴訟法上の規定違反がすべて101条１項２文違反ということになると、連邦憲法裁判所に超上告審の任務が与えられることになってしまい、通常裁判所および専門裁判所の管轄が過剰に制限されることとなろう。したがって、違反事案を仕分けることが求められる。連邦憲法裁判所の確立した判例は、手続上の過失と手続規定の「恣意的で不公正な」適用とが区別されるよう、仕分けをしている。[16] しかし、たとえば偏頗のゆえに排除された裁判官の参加や、[17] 101条１項２文の意義と射程を根本的に見誤った裁判は、違憲である。[18] 憲法適合的解釈の限界を超えた解釈がなされた場合は、その解釈により100条１項１文の移送義務への違反が生じ、これによって同時に101条１項２文違反が存在する。[19]

例 ある民事裁判所は、民事訴訟法の基準となる規定に従い、ある訴えに関する裁判管轄が自らにあると考えている。連邦憲法裁判所は、この裁判に対する憲法訴願の枠内で、民事裁判所は管轄を有しない（手続上の過失）との見解をとっている。しかし同時に、民事裁判所の恣意を非難することはできないとしている。この場合、法律の定める裁判官の剥奪は存在しない。

1195

1196

---

15) E 22, 49/73 ff.

16) E 75, 223/234; 87, 282/284 f; *Schulze-Fielitz*, DR, Art. 101 Rn 59参照。恣意定式に対して批判的なものとして、*Classen*, MKS, Art. 101 Rn 29 ff.

17) E 30, 165/167; 63, 77/79 f.

18) E 82, 286/299; Rn 1314以下参照。

19) BVerfG, DVBl 2015, 429/431 ff.

b）裁判所組織

1197 　裁判所長および合議体の長による**裁判所組織**上の措置、とくに彼らが作成すること
のできる事務分担計画や協力計画は、管轄配分を文書であらかじめ――つまり、その
期間に係る事業年度の始まる前に――、客観的な基準に従って――つまり、人物や個
別事案を考慮することなく――十分明確に規律するものでなければならない。[20]もし
他の者が憲法上の［手続］迅速化要請Beschleunigungsgebot（**122**参照）に反したので
あれば、例外的に、事後的な変更も考慮されてよい（BVerfG, NJW 2009, 1734）。人為
的操作の可能性がある場合には、それだけで101条1項2文違反を基礎づける。[21]

1198 　**例**　3人の裁判官配置の下で裁判しなければならない合議体、たとえば民事裁判部
や民事法廷において、合議体に5人以上の正規の裁判官がいる場合、これは101条1
項2文に反する。なぜならば、その場合、2つの人的に異なる会議グループで審理し
裁判することが可能となってしまうからである。ここには人為的操作の可能性が潜在
している（E 17, 294/301）。これに対して、退職、病気、障害、休暇、裁判官の交代と
いった理由で1人ないし2人の裁判官の配属が変更になることは、不可避のこととし
て甘受される。しかし、その場合でも、あらかじめ抽象的・一般的なメルクマールに
よって、どの裁判官がどの事件に協力するかを決めておかなければならない（E 95,
322/331 f（裁判所合議体決定Ⅲ・79））。

Ⅳ．憲法上の正当化

1199 　101条1項2文は、法律の留保に服さない。上に挙げた介入は、違憲である。

1200
> **事例27（1183）についての解答の概略**
> 　Ⅰ．欧州司法裁判所は、EUの諸条約に関する同意法律により、そこに含まれ
> ている裁判任務が欧州司法裁判所に委託されている場合に限り、101条1項2文
> でいうところの法律の定める裁判官である。とりわけEU運営条約267条による事
> 前決定に関する裁判所の管轄は、欧州司法裁判所にある。その3項によれば、加
> 盟国の終審裁判所は、端緒となった法的争訟にとって極めて重要なEU法上の諸
> 規定の効力および解釈に関する問題については、欧州司法裁判所にその判断を仰

---

20)　*Roth*, S. 193.
21)　E 95, 322/327（裁判所合議体決定Ⅲ・79）参照。

424　第2部　基本権各論

がなければならない。この義務は、当該規範が、理性的に考えて一義的な解釈しかとりえないほど明白な場合にのみ、免除される。

Ⅱ．本事例では、連邦行政裁判所が、争点となっている裁判上極めて重要な当該EU法規定の解釈に関する問題を、事前判断を仰ぐために欧州司法裁判所へ移送しなかったがゆえに、EU運営条約267条3項の移送義務に違反することとなった。しかし、101条1項2文にいう法律の定める裁判官による裁判を受ける権利に対する介入は、違反が恣意に基づくものであり、それゆえEU運営条約267条3項の管轄準則が明らかに支持しえないやり方で運用されていた場合にのみ、存在する。連邦憲法裁判所は、恣意の限界を次のように具体化している。すなわち、EU運営条約267条3項に基づく移送手続を不開始とすることが101条1項2文に違反するのは、「本案の終審裁判所が、EU法に関する裁判上重大な問題が存在しており——自らの見解に従ってもその存在が認められる——、しかも本案裁判所自身がこの問題に対する正答について疑義を抱いているにもかかわらず、[欧州司法裁判所への]移送を全く考慮ない場合（移送義務に関する基本的誤認）である。同様に101条1項2文違反といえるのは、本案の終審裁判所が自らの判断の下、この裁判上重大な問題に関する欧州司法裁判所の判例からの逸脱を意識的に行うにもかかわらず、移送をしない、または、再移送しない場合（移送用意のない意識的逸脱）である。EU法に関する裁判上重大な問題について、欧州司法裁判所の関連判例がまだ存在しない場合や、既存の判例が裁判上重大な問題について行った回答では、なお検討を尽くすことができていない場合、あるいは、欧州司法裁判所の判例のさらなる発展が、ただの遠い可能性とは考えられない場合には、本案の終審裁判所がこれらの場合において自らに必然的に与えられる評価の枠を容認できない方法で越えてしまったときに限り、101条1項2文に違反する（判例の不完全性）」（BVerfGE 126, 286/316 f（Honeywell事件Ⅳ・62）；2つの法廷の審査基準は同一である：BVerfG v. 29.4.2014, Rn 24; *Schütter*, in: Becker/Lange, Linien der Rechtsprechung des Bundesverfassungsgerichts, Bd. 3, 2014, S. 365; 他に以前のものとして、*Calliess*, NJW 2013, 1905/1907 ff.）。

参考文献　*G. Britz*, Das Grundrecht auf den gesetzlichen Richter in der Rspr des BVerfG, JA 2001, 573; *C. Degenhart*, Gerichtsorganisation, Hdb. StR^3 V, § 114; *H.-D. Horn*, Ausnahmegerichte—Anspruch auf gesetzlichen Richter, Hdb. GR V, § 132; *M.*

Pechstein, Der gesetzliche Richter, Jura 1998, 197; *C. Sowada*, Der gesetzliche Richter im Strafverfahren, 2002; *T. Roth*, Das Grundrecht auf den gesetzlichen Richter, 2000.

第**31**章　法的審問を請求する権利（103条1項）

> 事例28　盗品の押収　　　　　　　　　　　　　　　　　　　　　　　1202
> 　検察庁は電器商Hに盗品等関与罪の嫌疑をかけている。検察庁は、Hが自己の営む事業所の地下室に盗品を保管していることについて、手がかりを有している。検察庁の請求に基づき、管轄の裁判官は、Hに対して事前に態度表明の機会を与えることなく、地下室に保管されているすべての物件の押収を命じている。この命令は103条1項に違反するか。→1211

Ⅰ．概　　観

　103条1項は、基本権同様の権利を含んでおり、93条1項4a号の憲法訴願によって、その権利を主張することが可能である。裁判所において法的審問を請求する権利は、法治国家原理の1つの具体的形態であり、また、「訴訟においてよくみられるような重大な事態において、事実および法に関する論拠を主張する機会が人間には与えられなければならないという意味で、人間の尊厳の尊重にも資するものである[2]」。103条1項は、これと似た内容をもつ19条4項と同様に、規範的具体化を強く必要とする。　1203

Ⅱ．保護領域

1．法的審問

　法的審問は、原則として判決の宣告に先だって、事件に関して事実および法の観点から発言することができることに、その意義を有する。暫定措置や緊急措置の場合で、そうしなければ法的保護や裁判自体が誤ったものとなりかねないため法的審問が　1204

1）　E 107, 395/409（第1次裁判官からの権利保護決定Ⅲ・81）.

2）　E 55, 1/6.

427

できないときは、事後すみやかに法的審問が補完されなければならない[3]。法的審問は、当事者が訴訟の資料について完全に情報が与えられており、かつ、裁判所が裁判するにあたり何が肝心となっているかを認識できることが、前提となる。他面、単に発言できるということだけでは、法的審問が行われたことにはならない。すなわち裁判所には、主張内容を了知し、それを考慮することも必要なのである。

1205　　ここから法的審問に関する**3つの発展段階ないし実現階梯**がもたらされる[4]。

　①**情報提供を求める権利**として、103条1項は、裁判所に、次のことに関する知識が実際に当事者へともたらされることを義務づける。すなわち、相手方のすべての発言や、職権により入手された事実および証拠[5]。なお、この中には法廷での鑑定人の意見も含まれる[6]。さらに、当事者は依拠する必要がないが、裁判所自身が判決の根拠にしようと考えている法的見解[7]、である。

　②**発言の権利**として、103条1項は、事実に関する問題や法的な問題について、少なくとも書面で発言するための十分な機会を求める[8]。

　③**考慮を求める権利**として、103条1項は、裁判に関与する全裁判官の出席、聴取能力、積極的聴取態度を要求するとともに、原則として、当事者の主張内容の本質にも踏み込んだ、裁判所による判決の理由づけを要求する[9]。

1206　　103条1項が**弁護士の選任**を保障しているかどうかについては、争いがある。法が複雑であることに鑑みれば、各市民は法律に明るい者の援助なしでは自己の権利を法的審問の場で全く主張できない危険があるので、103条1項は弁護士の選任を保障していると考えられる。そうだとすると、弁護士の援助を要求できることは、103条1項の権利に含まれる[10]。しかし、連邦憲法裁判所は、単に刑事訴訟において弁護人に

---

3 ）　E 18, 399/404; 65, 227/233.

4 ）　*Höfling/Burkiczak*, FH, Art. 103, Rn 41 ff; *Rüping*, BK, Art. 103 Abs. 1 Rn 44 ff; *Schmidt-Aßmann*, MD, Art. 103 Abs. 1 Rn 66 ff参照。

5 ）　E 55, 95/99; BVerfG, NJW 2006, 2248.

6 ）　E 15, 214/218; 101, 106/129.

7 ）　BVerfG, NJW 1998, 2273.

8 ）　E 84, 188/190; 98, 218/263（ドイツ語正書法改正決定Ⅲ・6・Ⅲ・86）。

9 ）　E 86, 133/144 f; 101, 106/129.

10）　E 63, 80/85 ff; 115, 166/180参照。

11）　また、たとえば*Schmidt-Aßmann*, MD, Art. 103 Abs. 1 Rn 103 ff; *Nolte*, MKS, Art. 103 Rn 67.

弁護してもらう権利を法治国家原理から導出するだけで[12]、その他については、103条
1項から保障を引き出すことを拒否している[13]。問題となるのは、期限の徒過が弁護
士の責任による場合に、どの程度当事者にその責任を負わせて、その当事者の法的審
問請求権を奪うことが許されるのか、である。判例は、法的安定性の重要性を指摘し
たうえで、当事者の責任とすることが広く許されるとしている[14]。

　裁判形式での法的な意思形成の特質により、103条1項の射程範囲は、その条文文　1207
言の割に、**限定的**に解されることになる。ここから帰結されるのは、とりわけ、法的
に重要でない事柄については個人は法的審問を請求する権利を有しないということで
ある。再審手続の下でなされる法的問題の審査、ならびに、有責的に期日を徒過した
裁判所への申立ては一切考慮しなくてよいとする排除（除斥）規定の下でなされる法
的問題の審査については、これを制限したとしても、法的審問を請求する権利の侵害
とはならない[15]。これとは反対に、除斥規定の明白な過誤ある適用あるいはその濫用
は、103条1項違反の根拠となる[16]。

2．裁判所において

　法的審問を請求する権利は、あらゆる国レベルの裁判所において認められる（92条　1208
参照）。103条1項は、すべての審級のすべての裁判権に適用され、かつ、すべての裁判
手続に対して適用される。これとは反対に、行政手続や司法補助官による手続には適
用されない。ただし、これらの手続においては、原則的な聴聞の権利が、法治国家原
理や一般的人格権から、あるいは人間の尊厳からも、導き出されている[17]。なお、「裁
判所において」というメルクマールは、19条4項と103条1項の間の構成要件の境界
を画している。すなわち、前者は裁判所への出訴に関係し、後者は訴訟手続の適切な
進行に関係している[18]。

---

12)　E 110, 226/254.

13)　E 9, 124/132; 39, 156/168.

14)　E 60, 253/266（トルコ人決定Ⅰ・58）; BVerwG, NJW 1988, 577 f 参照。

15)　E 60, 305/310; 75, 183/190 f.

16)　E 75, 302/316 f; 81, 97/105 f.

17)　E 101, 397/404 f; *Martensen*, DÖV 1995, 538; *Schmidt-Aßmann*, MD, Art. 103 Abs. 1 Rn
　　62 ff 参照。

18)　E 107, 395/409（第1次裁判官からの権利保護決定Ⅲ・81）; 119, 292/296; *Nolte*, MKS, Art.
　　103 Rn 89 f.

第31章　法的審問を請求する権利　*429*

Ⅲ. 介　入

1209　原則として、上述した要請に応じないでいることは、介入となる。ただし、権利保護制度の機能と組織からして、以下の場合は**介入とならない**。

　①法的審問の欠如が、裁判所の行う裁判にとって**軽微である場合**、あるいは、裁判所の行う裁判が法的審問の欠如に**依拠していない場合**。これらは、法的審問を保障することで当事者により有利な別の判決が導かれたかもしれない、ということがないといえる場合である[19]。

　②当初行われなかった法的審問が、同一審級の裁判所または上訴裁判所において[20]、――しかし、新たな裁判手続においてではなく――[21]**事後的に補完される場合**（その限りで、連邦憲法裁判所はこれを**治癒**と称している）。

Ⅳ. 憲法上の正当化

1210　103条1項は、法律の留保を含むものではない。したがって、介入が正当化されるのは、対抗する憲法［原理］が存在する場合に限られるだろう。対抗する憲法［原理］は、たとえば法的安定性や司法の機能性維持の中に見出される。しかし、103条1項は規範による具体化を必要とするので、これらの点は、保護領域と介入の確定の際にすでに考慮しておく必要がある（**1141**参照）。それゆえ、あらゆる介入がこの基本権同様の権利の侵害となる[22]。

1211　　**事例28（1202）についての解答の概略**　103条1項は、次のことを要請している。すなわち、「裁判所の行う裁判は、当事者に態度表明する機会がすでに与えられている事実と証拠のみ基づくものでなければならない」（E 18, 399/404）ということである。この要請は、原則として事前の聴聞によって満たさなければならない。憲法適合的な司法のためには、本事例の押収のような、仮の証拠保全といっ

---

19)　確立した判例として、E 89, 381/392 f.

20)　E 5, 9/10; 73, 322/326参照。

21)　E 42, 172/175参照。

22)　*Höfling/Burkiczak*, FH, Art. 103 Rn 25.

た措置も必要である（13条2項、104条3項参照）。しかし、仮の証拠保全措置の特質は、まさに、それが事前の聴聞なしに行われる点にこそある。そうしなければ、当事者が保全すべき証拠を隠滅する機会を得ることになり、証拠保全措置の目的が失われてしまうおそれがあるからである。このような場合、103条1項は、仮の証拠保全を実施した後すみやかに法的審問が行われることを要求する（E 18, 399/404）。Hは、自身の有する法的審問を請求する権利を侵害されてはいない。

参考文献　*F.-L. Knemeyer*, Rechtliches Gehör im Gerichtsverfahren, Hdb. StR[3] VIII, § 178; *J. Mauder*, Der Anspruch auf rechtliches Gehör, 1986; *M. R. Otto*, Grundfälle zu den Justizgrundrechten: Art. 103 I GG, JuS 2012, 412; *E. Schmidt-Aßmann*, Verfahrensfehler als Verletzungen des Art. 103 Abs. 1 GG, DÖV 1987, 1029; *W. Waldner*, Der Anspruch auf rechtliches Gehör, 2. Aufl. 2000.

第32章　罪刑法定主義（103条2項）

1213

> **事例29　同業者に友好的でない建築士**（E 45, 346より）
> ある州の建築士法では、建築士がその職業上の義務に違反した場合は職業裁判所の手続において処罰される、と規定されていた。職業上の義務は、これに関する州建築士法上の授権に基づき建築士会が公布した職業規則に定められていた。なかでも同業者に友好的な態度をとることが、職業上の義務として要請されていた。建築士Aは、自分への仕事の注文を得るため、同業者を著しく貶めたという理由で、この規定に基づき罰金処分を受けた。ここに103条2項違反は存在したであろうか。→1229

I. 概　　観

1214

刑事法規の明確性および不遡及を求める権利（「法律なければ犯罪なく刑罰なし」）には、長い伝統がある。[1] 同じ文言を有する刑法1条は、103条2項を通じ、憲法的効力を得ている。103条2項の基本権同様の権利は、法治国家原則および民主制原則と密接な実質的連関を有している。103条2項は、国家が刑罰を科す場面を制限してはいるが、しかし刑罰は、それ自体として基本権に対する介入であり、たとえば、自由刑の場合であれば、2条2項に対する介入となる。そのため、体系的にみれば、103条2項で問題となっているのは、制限に対する制限ということになる。[2] 103条2項については、憲法訴願における独立した基準的規範として、保護領域を狭く解した上で、まさしく伝統的な三段階審査が行われているのである。[3]

---

1) *Schreiber*, Gesetz und Richter, 1976参照。
2) 上記**326**を見よ。
3) E 109, 133/168（終身の保安拘禁判決III・3）参照。

432

Ⅱ．保護領域

1．可罰性の概念

103条2項の意味での可罰性に関係するのは、違法で有罪の行為・態度に対する高権的対応であって、その行為・態度を理由に贖罪のための害悪を課すことを内容とする国家的措置である[4]。それゆえ、刑罰法規と並んで、秩序罰法規[5]や懲戒・身分法規[6]も、103条2項の問題となる。

可罰性に欠かせないものとして、犯罪構成要件と刑罰による威嚇がある[7]。刑法上の矯正保安処分（刑法61条以下）や保安監置は、刑法典によれば、刑罰とは異なり、予防的な目的を追求するものであって、贖罪のためのものではない。このような理由で、連邦憲法裁判所は、これらを103条2項［の適用対象］から除外する[8]。欧州人権裁判所は、たしかに欧州人権条約7条に該当する刑罰と同条により把握されない刑罰とを区別しているが、しかし、保安監置（刑法66条1項）は刑罰に分類し、さらに連邦憲法裁判所とは反対に、保安監置を絶対的な遡及効禁止に服させている[9]。連邦憲法裁判所は、「絶対的な信頼保護に接近してきている[10]」一般的な信頼保護の要請（20条3項、334を見よ）を用いることで、結果的にこれに匹敵する保護を確実に実施することが可能だと考えている[11]。

しかしながら、可罰性に関する実体的ルールとは異なり、**刑事訴追**の形式的規律は、もはや103条2項の意味での可罰性概念の問題とはならない。つまり、この規定

4） E 109, 133/167（終身の保安拘禁判決Ⅲ・3）; 110, 1/13; 117, 71/110（終身自由刑の仮釈放と人間の尊厳・人身の自由Ⅳ・1）.

5） E 87, 399/411; *Wolff*, Hdb. GR V, § 134 Rn 31.

6） E 60, 215/233 f; 116, 69/82 f（少年行刑の特殊性に即した法律の根拠の必要性Ⅳ・39）; *Schulze-Fielitz*, DR, Art. 103 Ⅱ Rn 19; 異説として、BK, Art. 103 Abs. 2, Rn 78; *Wolff*, Hdb. GR V, § 134 Rn 32.

7） E 86, 288/311; 105, 135/153.

8） E 109, 133/167 ff（終身の保安拘禁判決Ⅲ・3）; 128, 326/392 f（保安拘禁に関する規定の遡及適用Ⅳ・18）; *Wolff*, Hdb. GR V, § 134 Rn 33.

9） EGMR, NJW 2010, 2495/2497 f.

10） BVerfG, EuGRZ 2013, 233/238.

11） E 128, 326/392 f（保安拘禁に関する規定の遡及適用Ⅳ・18）.

は、可罰性の「期間 wie lange」については何も語っていないのである[12]。

1218 　**例**　①1960年代、ナチスの犯罪行為の捜査になお長時間を要することが明らかになった際、まず1965年に、1945年から1949年の間の時効の停止が法律で定められ、それから1969年には、殺人に関してそれまで妥当していた20年の時効期間が30年に延長され、そして1979年になると、その時効は完全に撤廃された。こうしたことは、学説の一部で異論のある連邦憲法裁判所の見解によれば、103項2項に違反するものではなかった。なぜならば、殺人の可罰性は、行為開始以前に法律上明確にされていた上、行為時に妥当していた時効規定は可罰性と無関係だからである。すなわち、可罰性を特徴づける無価値判断は、犯罪構成要件と刑罰による威嚇から明らかにされるものであって、刑事訴追という形式的規律から明らかにされるものではないのである（E 25, 269/284 ff；ドイツ社会主義統一党の不法行為に対する時効期間の延長をめぐる同様の争いについては、BVerfG, NJW 2004, 214；*Pieroth/Kingreen*, NJ 1993, 385参照）。

　②たとえば犯罪の告訴のように、その性格が実体的か形式的かについて争いがある刑法上の規律の場合に、103条2項を適用しうるかは定かではない（*Pieroth*, JuS 1977, 394参照）。

2．行為主義

1219 　法治国家的な刑法は、**行為**すなわち行動と関連し、心情とは関連しない。

3．法律主義

1220 　法治国家的な刑法は、法律を必要とする。103条2項は刑法に関する法律の留保を規定している。可罰性は議会法律からすでに明らかでなければならない[13]。とはいえ、法律上の刑罰規範は、たとえば法規命令[14]や条例・内部規則[15]のような行政立法に、その具体化を指示することが可能である。しかし、それらに許されているのは犯罪構成要件の「詳細を定めること」だけである[16]。行政行為への具体化委託の指示についても、そもそも許されないとされるべきではない[17]。

---

12) E 81, 132/135; 112, 304/315（GPS監視判決Ⅲ・62）.

13) E 75, 329/342; 95, 96/131（「壁の射手」決定Ⅲ・82）; 126, 170/194.

14) E 14, 174/185; 78, 374/382.

15) E 32, 346/362.

16) E 22, 21/25; 75, 329/342.

17) いわゆる行政従属性については、*Degenhart*, SA, Art.103 Rn 66; *Schmidt-Aßmann*, MD,

4．明確性原則

法治国家的な刑法は**明確な法律**を要求する。個人は、何が刑法上禁止され、それに 1221
対しどのような刑罰による制裁を予定しているのかについて、事前に知ることができ
なければならない。さもなければ、個人は自己の行為・態度をそれに合わせることが
できない。103条2項は、特別法規範として、一般的な法治国家的明確性原則（332以
下参照）よりも広汎に及ぶが、裁判官の解釈を要する不確定法概念を構成要件や刑罰
による威嚇の際に用いることを、最初から排除するものではない。しかしながら、刑
罰規定は、威嚇として用いられる刑罰が重ければ重いほど、よりいっそう明確でなけ
ればならない[18]。刑罰の幅は、量刑規定に沿ったものでなければならない[19]。厳格な明
確性要請は、刑罰構成要件がとりわけ他の法律上の規定や行政の法行為によって補充
される場合には、問題を抱えることとなる（いわゆる白地刑罰構成要件）[20]。

例　①許可を義務づけられた電気通信施設の開設、変更、運用が郵政当局の許可要 1222
件に反して行われた場合には刑罰に服する旨を規定する電気通信法15条2項a号は、
103条2項に違反するとされた（E 78, 374/383 ff.）。というのも、その可罰性が、法律
上、十分明確にされておらず、行政の裁量的決定によってはじめて明らかになるもの
だったからである。

②これに対して、刑法266条1項の背任の構成要件は、広範で曖昧な定式化にとど
まってはいるが、厳格かつ明確に解釈することが可能であるため、なお十分に明確で
ある（E 126, 170/200 f; NJW 2013, 365/366 f.）。

判例によれば、法律の明確性の要請から、行為者の不利益となるような**慣習法**およ 1223
び**類推**の禁止が導かれる[21]。刑罰の不備を埋めることは、立法者の案件であって、裁
判官の案件ではない[22]。通説によれば、許されない類推と許される拡張解釈は区別さ
れる。その際、解釈の境界線は規範の文言によって引かれる[23]。

例　①刑法240条（強要罪）について、行為者の側に身体的な力の行使を要求せず、 1224
かつ被害者の側に身体的な力による作用も要求しないで、精神的な強制があれば十分

Art. 103 Abs. 2 Rn 216 ff.

18) E 75, 329/342 f; 126, 170/196 f.

19) E 105, 135/156 f.

20) *Wolff*, Hdb. GR V, § 134 Rn 63 ff.

21) E 71, 108/114 ff（反原発バッジ決定Ⅱ・71）; 92, 1/12（第2次座り込みデモ決定Ⅱ・72）.

22) E 92, 1/13（第2次座り込みデモ決定Ⅱ・72）; 126, 170/197.

23) E 71, 108/115（反原発バッジ決定Ⅱ・71）; 87, 209/224（「悪魔の舞踏」決定Ⅱ・23）.

第32章　罪刑法定主義　*435*

であるとする、判例が展開してきたいわゆる精神化された暴力概念は、その後、連邦憲法裁判所により類推禁止違反とみなされた（E 92, 1/14 ff（第2次座り込みデモ決定Ⅱ・72）; 104, 92/ 101 f; これに関しては、*Amelung*, NJW 1995, 2584; *Jeand'Heur*, NJ 1995, 465; さらに異説として、E 73, 206/ 239 ff）。

②以下のことが承認されてしまう場合、そこには類推禁止違反が存在する。すなわち、刑法131条の「人」の概念に「人に類似の存在」を含めて理解すること（E 87, 209/225（「悪魔の舞踏」決定Ⅱ・23））や、こんにち新たに創作された標語「武装親衛隊の名声および名誉」は、当時のヒトラー青少年団の標語「血と名誉」と混同するほど似ているとすること（BVerfG, NJW 2006, 3050）、あるいは、乗用車が刑法113条2項2文1号の意味での凶器にあたるとすること（BVerfG, NJW 2008, 3627 ff）、である。連邦通常裁判所の第2刑事部は、いまや刑法上の択一的認定についてさえ、類推禁止違反とみなしている（BGH, NStZ 2014, 392 ff; これに関しては、*Freund/Rostalski*, JZ 2015, 164）。

5. 遡及効の禁止

1225　法治国家的な刑法は、**遡及的処罰の禁止**を含んでいる。すなわち、103条2項は、何人に対するものであっても、行為時にまだ効力を有しなかった法律に基づいて処罰し、または行為時に法定されていた以上に厳しく処罰することを禁止する。

1226　**例**　1938年6月22日の路上障害物を用いた自動車運転手に対する路上強盗に関する法律（RGBl., 651）は、「1936年1月1日より発効する」とされた（ナチス期における遡及効禁止の撤廃については、*E. Schmidt*, Einführung in die Geschichte der deutschen Strafrechtspflege, 3. Aufl. 1965, S. 435 f 参照）。——ある法律がそれ自体としては遡及効を付加していないのに、裁判所が、この法律発効前の犯行であり、かつ、当時は全く処罰を科すことができなかった、または、より軽い処罰しか科すことができなかった行為に対して、この法律を適用する場合には、遡及効禁止違反となりうる。

Ⅲ. 介　入

1227　上述の要請が満たされない場合、それは103条2項に対する介入を意味する。この介入は、立法府だけではなく司法府によっても行われる。[24] 判例変更が遡及効禁止に

---

24)　E 105, 135/153.

436　第2部　基本権各論

対する介入にあたるとして憲法違反を宣言されたことは、これまでのところない。もっとも、連邦憲法裁判所は、連綿と続いてきた判例の方針によって信頼の構成要件がすでに根拠づけられている場合や、判例変更が刑法上の無価値判断とかかわるものであって、単なる事実認識の変更にとどまらない場合[26]に、これを遡及効禁止として把握すべきかについては、検討したことがある。

Ⅳ. 憲法上の正当化

103条2項は、留保が付されることなく保障されており、「衡量の入り込む余地はない[27]」。103条2項の保護領域に対する介入は、常に同項違反となる。103条2項と衝突する政策的な処罰要求は、憲法改正を通じてでなければ、これを押し通すことができない[28]。連邦憲法裁判所は、[ベルリンの] 壁の射手に対する刑法上の有罪宣告を、他の方法で正当化することを試みた。すなわち、103条2項の遡及効の禁止と実質的正義という法治国家的要請が衝突している場合であり、「極度の国家的不法」というべき正当化理由により殺人や故殺の違法性が排除されている「このような全く特殊な状況」の中にあっては、103条2項による厳格な信頼保護は後退せざるをえない、としている[29]。しかし、憲法は、特殊な状況のための不文の例外を想定するものではない。

事例29（1213）についての解答の概略
Ⅰ. 職業裁判所による制裁は、103条2項の意味での可罰性を有するといえる。ここで問題となっているのは、事前に存在した規定に従って処罰された行為である。それゆえ、行為主義違反と遡及効禁止違反は考慮しなくてもよい。問題となるのは法律主義と明確性原則のみである。
1. 州の建築士法は、構成要件として、「職業上の義務に違反」と定めるだけ

---

25) BVerfGK 18, 430/434 f.
26) BVerfG, NJW 1990, 3140 f ――絶対的な運転不能状態を表す血中アルコール濃度の限界値の切り下げ。
27) E 109, 133/172（終身の保安拘禁判決Ⅲ・3）; *Höfling/Burkiczak*, FH, Art. 103 Rn 132.
28) *Pieroth*, VVDStRL 51, 1992, S. 91/104; *Schlink*, NJ 1994, 433/437.
29) E 95, 96/133（「壁の射手」決定Ⅲ・82）; 同意するものとして、*Alexy*, Der Beschluss des BVerfG zu den Tötungen an der innerdeutschen Grenze vom 24. Oktober 1996, 1997, S. 25 f; 批判的なものとして、*Nolte*, MKS, Art. 103 Rn 124 ff; Schwill, KritV 2002, 79.

第32章 罪刑法定主義 *437*

だった。この職業上の義務は職業規則によってはじめて具体化されていた。ここからすでに、**議会留保に反していないかどうか**が疑われるところである。この点、連憲判45巻346頁（353頁）は、建築士の職業像は法律に規定されているとし、この職業像とそこから導かれる職業任務から、建築士の職業上の義務も明らかになると考え、議会留保違反を否定した。

2．**明確性原則**は、不確定法概念によっているというだけで、これに違反したことになるわけではない。個別の職業上の義務を余すところなく列挙することなどできないため、一般的な表現による定めでも足りる（E 66, 337/355 f; 94, 372/394（薬局広告決定III・44）参照）。しかし、本事例では一般的な表現による定めすらもなかった。その結果、103条2項違反が存在していた。（同様に解するものとして、*Kunig*, MüK, Art. 103, Rn 34）。連憲判45巻346頁（352頁）は、次のような理由付けとともに、これとは異なる判断を下している。それによると、州建築士法の規範が「職業上の義務」に言及していることからすれば、この規範により、これに対応する義務の不文律が「前提とされ、制裁に服することになる」、という。

II．103条2項違反の規範は違憲無効となる。Aが同業者に友好的でない態度をとったか否かの問題にかかわりなく、Aは罰金刑を科されてはならなかった。

参考文献 *R. Herzberg*, Wann ist die Strafbarkeit „gesetzlich bestimmt" (Art. 103 Abs. 2GG)?, in: Symposium Schünemann, 2005, S. 31; *V. Krey*, Keine Strafe ohne Gesetz, 1983; *L. Kuhlen*, Zum Verhältnis von Bestimmtheitsgrundsatz und Analogieverbot, in: FS Otto, 2007, S. 89; *B. Pieroth*, Der rückwirkende Wegfall des Strafantragserfordernisses, JuS 1977, 394; *H.-A. Wolff*, Nullum crimen, nulla poena sine lege, Hdb. GR V, § 134.

第**33**章　二重処罰の禁止（103条3項）

> **事例30　再審理由の拡張**
> 　連邦議会の中道派から刑事訴訟法の改正法が提出されている。この改正法は、刑事訴訟法362条に対して、被告人が過去に変更しまたは差し控えた証拠方法が後に提出された場合であっても、被告人に不利となる再審が許されるとする旨を追加しようとするものである。この追加は103条3項と合致するだろうか。→**1247**

1231

I．概　　観

　103条3項は、基本権同様の権利として、二重処罰の禁止 Verbot der Doppelbestrafung（「二重処罰禁止 ne bis in dem」）の原則を含んでいる。この原則は古くから存在していたものの、異端審問からナチズムに至るまで、何度も否定され、打ち破られてきた。**ナチズムによって打ち破られた**経験が、［この原則の］基本法への編入をもたらしたのである。

1232

　二重処罰禁止の原則は、刑事判決の既判力を保障し、**法的安定性**を現実化するものである。ここでは、法的安定性の背後に実質的正義が退く。たしかに、法治国家は法的安定性と実質的正義の両者を要求するが、この両者は緊張関係にあり、ときとして、いずれか一方によらなければ解決しえないこともありうる。103条3項は、法的安定性の側に立った解決を通じて、個人の自由を保護するものである。すなわち、個人は、既判力を有する刑事裁判所の裁判が下された後、新たに責任を問われてしまうことのないよう、守られている。

1233

　103条3項は、刑罰法規と既判力の制度を前提としており、その限りで**規範的具体化を必要とする**。制憲者は、「二重処罰禁止」の原則を基本法に編入するにあたり、刑事手続法においてこの原則が形成、承認されてきたような形で編入しようと考えていた。[1] しかし、このことは、この原則に対する伝統的な制約のすべてが憲法適合的

1234

1）　*Rüping*, BK, Art. 103 Abs. 3 Rn 16 ff.

だということを意味してはいない。すなわち、基本法への編入は、「二重処罰禁止」原則の核心内容にしかかかわっていないのである[2]。周辺領域においては、伝統的な制約は、それが実質的正義のために必要不可欠なものかどうかという観点から、審査されなければならない。——103条２項と同様、体系的にみれば、103条３項は、伝統的に三段階審査がなされる制限に対する制限である（**1214**参照）。

Ⅱ. 保護領域

1. 同一の行為

1235 　同一の行為という概念が意味しているのは、「起訴および公判開始決定において摘示され、かつ、そこにおいて被告人が行為者ないし共犯者として犯罪構成要件を現実化したとされる過去の事実[3]」である。判例によると、このことは、日常的な観察方法で**統一的な生活事実**が認識されうるかどうかによって決まるという。このような、いわゆる訴訟的行為概念は、いわゆる実体的行為概念と同一ではない[4]。刑法52条１項にいう「同一の行為」は、103条３項の意味では２つの行為となりうる。なぜならば、これらの規範が別々の目的を追求しているからである。すなわち、前者では、有責や有罪を宣告するかどうかが問題となり、後者では、実体的確定力の限界が問題となっているのである[5]。

1236 　**例**　ある者が、刑法129条でいう犯罪団体の構成員であることを理由に、既判力をもつ判決によって自由刑を宣告された。その後、彼が、犯罪団体の構成員として、それまで考慮されていなかった刑法129条より重い別の犯罪行為を犯していたことが判明する。異なる過去の事実が理由となっているため、103条３項に違反することなく彼を処罰することが可能である（E 56, 22/28 ff）。これに対して、毅然と行った一度の良心的決定を理由に、代替役務招集への不服従が繰り返されるといった場合には、同一の行為が存在する（E 23, 191/203; 78, 391/396）。

1237 　既判力をもつ判決の後に生じた**新たな事情**は、もはや「同一の行為」の承認を妨げるものではない。

2）E 56, 22/34 f.

3）E 23, 191/202; 56, 22/28.

4）*Roxin*, Strafverfahrensrecht, 25. Aufl. 1998, § 20 Rn 8 ff.

5）E 56, 22/28 ff; BVerfG, NJW 2004, 279.

例　ある者が交通事故で他者に怪我を負わせ、刑法230条の過失傷害を理由に、既 **1238**
判力をもつ判決によって罰金刑を下された。その後、事故の被害者が、彼による傷害
が原因で死亡するに至っている。新たな刑事手続が開始されれば、それだけで103条
3項違反である。過失傷害を理由に有罪判決が下されれば、なおのこと103条3項違
反である（E 56, 22/31; 65, 377/381参照）。

2．一般的刑法

　「一般的刑法の根拠に基づいて」というメルクマールは、［基本法の］成立史が示す **1239**
ように、103条3項の適用領域をドイツの**刑罰法規**に限定しようとするものである。
74条1項1号にいう刑法には秩序罰法規も含まれるので、秩序罰法規の規範を一般
的刑法に数えることも、体系的な理由から肯定される（**1215**参照）。「二重処罰禁止」
原則は、懲戒・職務刑法に関しては、法治国家の要請と比例原則からしか導くことが
できない。

　103条3項は、刑罰法規を一方に置き、懲戒・職務刑法を他方に置く関係にも、適 **1240**
用されない。重複処罰は、法的根拠の相違および規律目的の相違を理由として正当
化される。ただし、刑罰法規と懲戒・職務刑法の重複適用に対しては、**比例原則**か
ら限界が設定される。すなわち、個別事例において、懲戒・職務刑法が刑罰法規に対
して独自の役割を演じない場合、これを適用することは必要的でない基本権介入とな
る。同様の理由から、後続する制裁を科す際は、そのつど先行する制裁が考慮されな
ければならない。

　例　ある兵士が服従拒否を理由に、懲戒法規に基づき大隊長から自由刑（禁固）を **1241**
科され、かつ、刑事法により参審裁判所から自由刑を科されている。後続する自由刑
は、そのつど先行する自由刑を斟酌しなければならない（E 21, 378/388; 27, 180/192 ff
参照）。

　さらに、二重処罰の禁止は、一方で刑事罰を科し、もう一方で秩序・強制措置や行 **1242**
政制裁・租税制裁を課す関係にも、適用されない。

---

　6 ）　JöR 1951, 744.

　7 ）　E 12, 62/66; 75, 1/15 f; BVerfG, NJW 2012, 1202/1203.

　8 ）　E 31, 142/144.

　9 ）　異説として、*Kloepfer*, VerfR II, § 75 Rn 105.

　10）　E 66, 337/356 f.

　11）　E 32, 40/48.

第33章　二重処罰の禁止　*441*

1243 　例　運転免許の取消しは、刑法69条では刑事裁判所の措置として、道路交通法４条では行政庁の措置として、許されている。刑事裁判所の運転免許取消しの際に定められた免許再取得禁止期間満了後に、行政庁が新たな運転免許の交付を拒否したとしても、それが、この時点で運転適性のないことが確認されたことを理由とするものである場合には、103条３項に違反しない（E 20, 365/372）。

3．一度限りの刑事訴追

1244 　この文言が明示的に禁じているのは、同一の行為を理由に重複して刑罰を科すことである。しかし、歴史的展開に従えば、「二重処罰禁止」の原則は無罪判決の既判力をも保護している。すなわち、無罪判決の後でも、有罪判決の後でも、さらなる刑事手続をとることはできない。その他の刑事訴訟上の裁断の場合は、それが判決の既判力でもって事件を完全に把握し、かつ終局的に判断するものかどうか次第となる。[12]

1245 　例　検察および裁判所によって手続が中断された場合は、既判力は存在しない、または限定的にしか存在しない。決定による上告の棄却は、原則として完全な既判力を有する。適時に異議申立されなかった略式命令は、刑事訴訟法410条３項により、既判力をもつ判決と同等の地位を有する。それにもかかわらず、刑事裁判所の確立した判例は、略式命令では評価されなかった法的観点について、高度の可罰性を根拠づけることが事後的に明らかとなっている場合には、略式手続の即決的性格を理由に限定的にしか略式命令の既判力を認めてこず、新たな訴追を容認してきた。連憲判65巻377頁（382頁以下）は、たしかにこのような判例を拒絶することはしなかったが、しかし、３条１項に依拠した論理を展開することで、判例の射程を著しく限定した。この判決によれば、略式手続の既判力により新たな訴追が妨げられるのは、比較的重い犯罪行為を理由とした実行犯の処罰を根拠づけうる事情が、既判力をもつ略式手続の終了後にはじめて明るみに出た場合だという。その後、略式命令に関しては、刑事訴訟法373a条に再審の手続が定められ、新たな事情が重罪の有罪判決を根拠づけうる場合であれば再審が許されている。

12）　*Rüping*, BK, Art. 103 Abs. 3 Rn 61 ff; 異説として、*Höfling/Burkiczak*, FH, Art. 103 Rn 171.

Ⅲ．介入と憲法上の正当化

同一行為を理由とする再度の訴追や**被告人に不利となる再審**（刑事訴訟法362条）　**1246**
は、既判力をもつ有罪判決および無罪判決の保護に対する介入だと理解されうる。こ
の介入を憲法上正当化するためにここでできることは、法的安定性と実質的正義の衝
突を指摘した上で、刑事訴訟法362条の再審理由がある場合にまで既判力に固執する
と実質的正義を著しく損ねることになるだろう、と主張することだけである[13]。これ
とは反対に、**被告人に有利となる再審**は、103条３項の保護領域に対する介入とはな
らない。

事例30（1231）についての解答の概略　　　　　　　　　　　　　　　　**1247**
　Ⅰ．改正法は、被告人に不利となる再審の範囲をこれまでよりも広くしようと
している。「二重処罰禁止」の原則が適用される範囲は、これにより制約されるで
あろう。
　Ⅱ．このような制約が、判例・通説がいうような103条３項の保護領域を限定
する**内在的制約**の一部であるとなお理解されうるかは、疑問である。こうした理
解は、連邦憲法裁判所が内在的制約を導く際の手本としている「基本法施行時に
通用していた訴訟法の状況や支配的判例による訴訟法解釈の状況」に、合致して
いない（E 3, 248/252）。しかしながら、学説は、当時の訴訟法の状況に固定して
しまうことにはおおむね否定的であり、刑事訴訟法362条の拡張は、ときに厳格
な、ときに緩やかな条件の下で許容されると解している（*Rüping*, BK, Art. 103
Abs. 3 22）。これに対して、**グリュンヴァルト Grünwald** は、以下のような説得的
な論証を行っている。すなわち、「新たな事実または新たな証拠方法が明らかと
なったことを理由に、被告人に不利となる再審を開始することは、…憲法によっ
て排除されている。というのも、このような再審は刑事訴訟法の伝統にそぐわな
いものであり、また、このことは同時に、誤りを看過できないとの主張を法治国
家的観点から根拠づけることはできない、という意味をもつからである」(Beiheft
ZStW 1974, 94/103)。

---

13)　*Kloepfer*, VerfR II, § 75 Rn 111 f 参照。批判的なものとして、*Nolte*, MKS, Art. 103 Rn
　　221 ff.

1248　**参考文献**　*O. Fliedner*, Die verfassungsrechtlichen Grenzen mehrfacher staatlicher Bestrafungen auf Grund desselben Verhaltens, AöR 1974, 242; *G. Grünwald*, Die materielle Rechtskraft im Strafverfahren der Bundesrepublik Deutschland, Beiheft ZStW 1974, 94; G. *Nolte*, Ne bis in idem, Hdb. GR V, § 135; *D. Schroeder*, Die Justizgrundrechte des GG, JA 2010, 167; *H. Thomas*, Das Recht auf Einmaligkeit der Strafverfolgung, 2002.

第3部　憲法訴願

第**34**章　憲法訴願についての一般論

　基本法では、93条1項4a号が憲法訴願について規定している。それは、連邦憲 **1249**
法裁判所の権限を根拠づけ、憲法訴願認容の本質的条件について定めている。手続と認
容の詳細については、連邦憲法裁判所法90条〜95条が規律している。

　基本法は、**強力な憲法裁判権**を設けた。それによって憲法一般の優位を実現するこ **1250**
とができる。¹⁾基本法は、憲法訴願によって市民に対してとりわけ基本権の優位を実
現する可能性を開いた。これはドイツの憲法史において新しいことである。ワイマー
ル憲法19条の憲法訴訟は、市民の国家に対する訴えを含んでいなかった。憲法訴願
は、個人が連邦憲法裁判所の訴訟手続を開始することができる唯一の手段である。そ
れは、19条4項によって保障されている個人的な権利保護（1121以下参照）によって
補完されている。

　憲法訴願は、連邦憲法裁判所において数量的に**最も重要な**権限である。それは、全 **1251**
係争事件の約96％を占めている。現在では年間約6000件の憲法訴願が提起される。勝
訴率は、約2％である。

　大部分の憲法訴願は、連邦憲法裁判所法93a条以下の**受理手続**に付される。それ **1252**
は、裁判所の負担を軽減するための手続である。同様の目的で、連邦憲法裁判所の裁
判所規則で事務局会議による予備審査が定められているが、これについては争いがあ
る。²⁾受理手続は次のように行われる。両法廷から任命された小委員会Kammerの1
つが、その憲法訴願が原則的な憲法的意義を有するという理由または基本権の実現の
ために適切であるという理由で受理する義務があるかどうか（93a条2項）を審査す
る。小委員会は、全員一致の決定により、受理を拒否することができる。93d条1項
1文によればその際、理由を示さなくても良いことになっている。小委員会は、明ら
かに理由がある場合には、憲法訴願を認容することもできる（93b条1文およびそれと
関連する93c条1項1文）。小委員会が受理を拒否せず、かつ憲法訴願を認容もしな
かったときは、法廷が受理について決定する。法廷は、3人以上の裁判官が同意した

---

1) *Wahl*, Staat 1981, 485参照。
2) *Schlink*, NJW 1984, 89参照。

ときは、憲法訴願を受理する（93d条3項2文）。したがって、憲法訴願は、理由があるにもかかわらず、受理手続において受理されなかったために、勝訴できないということもありうる。たとえば軽微な事件において生じうる。[3] 連邦憲法裁判所の司法が軽微な事件の受理に実存的関係性まで要求する[4]のは疑問がある。

1253 　　**問題解決のための技術的ヒント**　演習問題においては、通常、受理手続にまでは立ち入らない。というのは、そこでは適法性Zulässigkeitの問題も理由の存否Begründetheitの問題も問題とならないからである。むしろ、憲法訴願が受理手続であらかじめどのような扱いを受けるかは、適法性と理由の存否についての専門的審査にかかっている。しかし、最終的に小委員会による憲法訴願の扱いについて予測をのべることは、演習問題の課題ではない。

　　参考文献　36章参照

3） *Hömig*, in: FS Jaeger, 2011, S. 767/778; *Schlaich/Korioth*, BVerfG, Rn 258 ff 参照。

4） E 90, 22/25; BVerfG, EuGRZ 2000, 242/246; これを批判するものとして *Hartmann*, in: Pieroth/Silberkuhl, § 90 Rn 266.

448　第3部　憲法訴願

第**35**章　憲法訴願の適法性（訴訟要件）

　問題解決のための技術的ヒント　以下の適法性の要件はたしかに法的にすべて重要　1254
である。どの１つでも欠ければ憲法訴願は不適法となる。これに対して演習問題にお
いては、それは異なった意味をもつ。Ⅰ．１、Ⅱ、ⅢおよびⅣの要件だけは常に審査し
なければならない。Ⅰ．２、ⅤおよびⅥの要件は、事態がそれに見合った契機を与え
ている場合のみ審査を必要とする。たとえば、訴願提起者が外国法人であるとか16歳
になったばかりであるとか、憲法訴願がＥメールで提出されたとか、憲法訴願で訴え
ようとしている公権力の行為が１箇月以上経過しているとか等々の指摘を含む場合で
ある。

Ⅰ．訴願提起者 (Beschwerdeführer)

１．訴願能力 (Beschwerdefähigkeit)

　連邦憲法裁判所法90条１項によれば、「何人も」憲法訴願を提起することができ　1255
る。憲法訴願は、基本権または基本権同様の権利の侵害に対する訴えを含んでいるの
で、訴願能力は、訴願提起者が、基本権または基本権同様の権利を侵害されうること
だけを要件としている。したがって、訴願能力は、基本権資格ないし基本権能力に
よって決定される（127以下、163以下参照）。ただし、部分的基本権無能力の場合（ド
イツ人の基本権に関する外国人、本質上適用されない基本権に関する集団・組織）は、通
常、訴願の当事者適格（1265参照）においてはじめて問題になる[1]。

２．訴訟能力 (Prozeßfähigkeit)

　連邦憲法裁判所法は、訴訟能力については規定せず、当事者が訴訟代理人を追加す　1256
る権利および義務についてのみ扱っている（連邦憲法裁判所法22条）。他の訴訟手続で
は、訴訟能力は、訴訟行為を自ら行う能力あるいは自らが選んだ訴訟代理人によって
訴訟行為を行わせる能力を意味する。未成年者や禁治産者については、通常、法定代

---

1 ）　*Pestalozza,* S. 171, 178参照。

449

理人が、代理人と被代理人との間に利害対立があるときは、補佐人[2]が訴訟を追行しまたは訴訟代理人[3]を指名する。未成年の訴願提起者も成熟しているとみなされ、とくに、法秩序において、基本権によって保護されている自由領域において自己責任において行動することについて成熟しているとみなされるならば（**144**以下参照）、彼は、自ら訴訟を追行し、訴訟代理人を指名することができる。同じことは、自らの問題を処理できない病人や障害者が自らの看護についての判決を求める訴訟においてもあてはまる（非訟事件手続法（FGG）66条参照）。

1257   **例**　4条1項および2項を根拠として訴えている15歳の少年は、法定代理人の協力から独立して、子どもの宗教教育に関する法律（RelKErzG）5条の観点での訴訟能力がある（E 1, 87/89）。

Ⅱ．訴願の対象

1258   憲法訴願の対象は、**あらゆる公権力の行為**、すなわち、執行権、司法（連邦憲法裁判所法94条3項、95条2項参照）、立法者の行為（連邦憲法裁判所法93条3項、94条4項、95条3項参照）である。したがって、可能な訴願対象の範囲は、1条3項による基本権の拘束（**188**以下参照）の範囲と重なる。19条4項の意味での公権力の概念は、執行権に限定されているので、ここでの概念より狭い（**1123**以下参照）。

1259   公権力の行為は作為だけでなく**不作為**をも含む（連邦憲法裁判所法92条、95条1項1文「作為または不作為[4]」）。したがって、基本権の保護義務（**106**以下参照）は、憲法裁判所によって実現される[5]。さらに、行為は、必ずしも法効果の設定に向けられている必要はない。弁護士委員会の役員の訴えのように**事実上の効果**に向けられている行為も含まれる[6]。

1260   同一の事件で、**複数の公権力の行為**が、たとえば行政行為、異議申立に対する決定、行政裁判所の判決、上級行政裁判所の判決、連邦行政裁判所の判決のように、存在するときには、連邦憲法裁判所は、訴願提起者が、憲法訴願によって最終審の判決

---

2)　E 72, 122/135.
3)　E 99, 145/157.
4)　*Stern*, StR Ⅲ/1, S. 1283 ff.
5)　E 77, 170/215; 79, 174/201 f; BVerfG, NVwZ 2010, 702/704; 参照 *Möstl*, DÖV 1998, 1029.
6)　E 18, 203/213.

だけを攻撃しようとするか、それともそれに加えて、前審の判決ないしその基礎になっている執行権の行為まで含めて攻撃しようとするのか、訴願提起者の選択に任せている。[7] いずれにしても、憲法訴願は 1 つだけ存在する。[8]

Ⅲ．訴願の当事者適格 (Beschwerdebefugnis)

連邦憲法裁判所法90条 1 項によれば、憲法訴願は、訴願提起者が自己の基本権または基本権と同様の権利 (**68**以下参照) を侵害されたと主張するときにのみ許される。そこから、訴願の当事者適格という概念でくくられるいくつかの適法性の要件が生じる。

1261

1．基本権侵害の可能性

基本権侵害を主張しうるためには、一面で基本権が侵害されたという主観的感情だけでは十分ではない。他面で、現実に侵害が存在するかどうかは、理由づけの審査対象であって適法性の審査対象ではない。したがって、連邦憲法裁判所法90条 1 項ならびに行政裁判所法42条 2 項における〔原告の〕主張は、基本権侵害または権利侵害の**可能性**がそこから生じるような提起を行うことを要求している。別の言い方をすれば、侵害〔の可能性〕をあらかじめ排除してはならない。[9]

1262

基本権侵害の可能性は、あらゆる段階の内容上の基本権審査によってうち消される。たとえば、はじめから人的あるいは物的保護領域に該当しないという理由でうち消されたり、介入にあたらないという理由あるいは、憲法上の正当性が明白であるという理由でうち消される。

1263

問題解決のための技術的ヒント　演習問題においては、どのような観点を適法性において審査し、どのような観点を理由づけにおいて審査すべきかが問題となりうる。通常のやり方としては次のことが推奨される。基本権の保護領域の否定あるいは基本権の保護領域への介入の否定が明白かつ容易即座に根拠づけられるときは、憲法訴願の当事者適格を否定する。基本権の保護領域の否定あるいは基本権の保護領域への介

1264

---

7)　参照zB E 19, 377/389; 54, 53/64 ff.

8)　別見解として*Stelkens*, DVBl. 2004, 403.

9)　E 6, 445/447; 52, 303/327; 125, 39/73 (ベルリン・アドヴェント日曜日判決Ⅳ・84) 参照。; *Hartmann*, JuS 2003, 897.

第35章　憲法訴願の適法性　*451*

入の否定が、詳しい理由づけを必要とするときは、この論述は、判決理由の中で行われる。保護領域への介入の肯定は、ほとんど常に、当事者適格の肯定を導く。憲法上の正当化が明白である場合は、実際の演習問題においては、ほとんどない。

1265　　**例**　①ドイツ人にのみ認められる基本権侵害を主張する外国人は、訴願の当事者適格を欠いている（**130**以下参照。別見解 *Felix/Jonas*, JA 1994, 343）。武装して集会することが認められていないと主張する訴願提起者、連邦議会における自己の地位に対する侵害（市民としての地位ではなくて）を主張する連邦議会議員（E 64, 301/312 ff 参照）、有罪の判決を受け、103条1項侵害を主張するが、しかし結果的に判決に影響を及ぼしうるような事実も議論も提示しない者（**1209**ならびにE 58, 1/25 以下も参照）も訴願の当事者適格を欠く。

　　　②市民法における基本権の意味（**196**以下参照）も訴願の当事者適格の問題となる。直接的だけでなく間接的にもいかなる第三者効力も否定されるような基本権については、民事事件の判決による基本権侵害はあらかじめ否定されるであろう（*Augsberg/Viellechner*, JuS 2008, 406/407）。

1266　　訴願の当事者適格ないし苦痛は、公権力の行為・態度が**いかなる規律内容ももたず、いかなる対外的効果**（いわゆる法的意義Rechtsrelevanz）**ももたない**場合は否定される。この場合、基本権介入の可能性はなく、したがって基本権侵害の可能性についてもはじめから存在しない。

1267　　**例**　法的状態についての意見の表明（E 37, 57/61）や物事の現状についての報告（E 33, 18/21 f）はいかなる規律内容ももたない。行政規則（E 41, 88/105）、官庁内部の申告（E 20, 162/172）、公布される前の法律（施行される前の法律についてはE 86, 390/396; 108, 370/385; 117, 126/141参照）、裁判所の単なる判決の原案、および裁判所の全裁判官が署名する前の判決（BVerfG, NJW 1985, 788）は対外的効果をもたない。

1268　　そのほか、**介入の可能性**については、さまざまな面で問題となりうる。そもそも介入が存在するのか。その介入は、訴願提起者に関するものか。それとも他人に関するものか。訴願提起者のいま現在に関するものか。過ぎ去ったものか。今も続いているものか。以前までのものか。訴願提起者に対して、なによりも介入として現象している措置か、それとも別の措置か。これらの問題を連邦憲法裁判所は、訴願提起者が「自ら、現在、直接」の苦痛を訴えているか、ないしかかわっているかどうかという定式に照らして審査する[10]。たしかに、連邦憲法裁判所は、この定式を法律に対する

---

10)　E 1, 97/101 f以来の確立した判例。

452　第3部　憲法訴願

憲法訴願として展開してきたが、しかし、性質上すべての公権力の行為に適用でき
る。ただし、行政行為や判決のような個別行為においてはそれが自己の、現在の、[11]
直接の苦痛の訴えであるということについては、通例、問題がない。判例に従い、こ
れらの要件を訴願の当事者適格の独自の観点として以下に説明する。

　　問題解決のための技術的ヒント　演習問題においては訴願の当事者適格は、たしか　　**1269**
に常に審査に付される。しかし、その個々の要素、すなわち基本権侵害の可能性、自
己の、現在の、直接の苦痛は、そのつど特別の問題を提起している場合、さまざまな
視点から各段階において審査しなければならない。たとえば行政行為に対する憲法訴
願の適法性の審査は、訴願提起者に対する自己の権利侵害があらかじめ否定されない
かどうかという、当事者適格の１つの要素の観点から容易に答えることができる。

２．自己の苦痛 (Eigene Beschwer)

　　訴願提起者は、**自己の基本権**を侵害された者でなければならない。他の訴訟法にお　　**1270**
いては、他人の権利を自己の名で主張することを認めているのに対して、憲法訴願に
おいては、他人の基本権を自己の名において主張すること、いわゆる民衆訴願
Popularbeschwerde は排除されている。[12]これに反してそうしなければその実効性を
実現できないときに他人の基本権を主張できる、訴訟の代理 Prozeßstandschaft につ
いては認められる。

　　例　団体は構成員の権利を主張することは許されない。協会は会員の権利を主張す　　**1271**
ることは許されず、再利用会社は、受託されたメンバーの著作権を、再利用会社に
よってしか著作権が主張できないのでもない限り、主張できない (E 77, 263/269;
Cornils, AöR 2000, 45参照)。これに反して、基本権が、両親や子どもあるいはそれに
類する近縁者によって主張されるときにのみ効力をその後も持続する死者や効力を事
前に発揮する胎児 (**140**以下参照) にとって有効になる状況が存在する。両親による子
どもの基本権の主張については E 74, 244/251、誘拐された父の基本権の息子による
主張については E 46, 160を参照。

　　訴願提起者は、公権力の行為の**名宛人**である場合にのみ、自己関係性があるわけで　　**1272**
はない。しかし、行為が第三者に向けられている場合には、自己の苦痛というために
は、訴願提起者の基本権の地位と、その行為との間に十分密接な関係が存在しなけれ

---

11)　たとえば*Pestalozza*, S. 181 f; *Schlaich/Korioth*, BVerfG, Rn 231.
12)　E 79, 1/14参照。

第35章　憲法訴願の適法性　*453*

ばならない。単に「間接的」あるいは「経済的」な関係だけでは十分とはいえない。

1273 　例　開店時間や閉店時間の規律の名宛人は、店舗の所有者だけである。しかし、その消費者（E 13, 230/232 f）や宗教団体（E 125, 39/75（ベルリン・アドヴェント日曜日判決Ⅳ・84））も自己関係性がある。2人の競争者のうちの一方を優遇する税法規範は、もう1人の、職業の自由という権利を侵害した可能性がある（E 18, 1/12 f; 43, 58/68 f）。未成年者の刑事裁判による有罪判決は同時に6条2項1文によって権利を有する両親にも苦痛をもたらしている（E 107, 104/115 f）。

1274 　いわゆる自己関係性Selbstbetroffenseinは、訴願提起者の主観的権利としての基本権を侵害していることを前提としており、単なる**客観法的機能**への侵害は前提としていない（**97**以下参照）。連邦憲法裁判所が、理由づけの審査において、基本権の客観法的機能の侵害に照準を合わせている場合は、訴願の適法性審査において、公権力の担い手が、基本権の客観法的内容を尊重しないときは同時に当事者各人の主観的権利も侵害しているという理由によって訴願の当事者適格を肯定している。[13]これは、とくに基本権の客観法的機能が間接的に第三者効力として尊重されるような、民事判決に対する憲法訴願の場合に問題となる（**202**以下参照）。

1275 　例　離婚判決において、ドイツ人と外国人との結婚が保護に値しないということを論じようとして、ある裁判官が6条1項の客観法的機能を誤解したとしても、その誤解は、離婚しようとしていたあるいは離婚してしまった夫婦の主観的権利の侵害にはならないだろう。

3. 現在の苦痛（Gegenwärtige Beschwer）

1276 　訴願提起者は、すでにあるいは**現在も**権利を侵害されていなければならない。現在の訴願としての要件に欠けるのは、第1に、訴願提起者が「訴えている法律によって、いつか将来のあるときに（仮想的にvirtuell）権利を侵害されうる[14]」ということである。訴願提起者が、将来になって現実化する法状態について今のうちから確認しておくために行政を告発するのは十分でない。[15]しかし、「ある法律が規範の名宛人に対して、後になってからでは是正できないような決定をすでに現在強制する場合、あるいは、後に法律を執行した後では回復できないような措置をとることをすでに現在認

---

13)　E 7, 198/206 f; 35, 202/218 f 参照。
14)　E 60, 360/371.
15)　E 72, 1/5 f.

454　第3部　憲法訴願

めている場合」は、十分である。法律の内容が確定的であり、公布が直接先行し、異議を申し立てられている規定が公布後施行されるまでの時間が接近しており、公布と施行との間に効果的な基本権保護が不可能なときには、施行（82条1項1文）前であっても例外的に仮命令を提起することができる。[17]

現在性のメルクマールは、第2に、過去の侵害との区別を与えている。[18] ただし、すべての過去の侵害が、現在の苦痛の要件を満たさないわけではない。連邦憲法裁判所は、過去の措置で廃止された措置であってもその後も侵害的作用をもたらしている場合、[19] あるいは繰り返される心配がある場合には、[20] 当事者適格を肯定している。したがって、連邦憲法裁判所は、苦痛の現在性の認定に関しては、非常に寛大である。憲法訴願に主観的機能だけでなく、客観法的機能があることを理由に、一般的意義が認められる場合には、死者の憲法訴願についてさえ口頭弁論の後で裁判している。[21]

1277

例　①特定の教育課程の卒業生に対して「技師」を名乗ることを禁じる技師法は、職業教育のあり方に関して苦痛の現在性がある（E 26, 246/251）。

1278

②基本権違反のために破棄された行政行為は、訴願提起者にとってもはや苦痛の現在性がない（E 11, 336/338）。

4．直接の苦痛 (Unmittelbare Beschwer)

攻撃されている行為自体は基本権に介入しないが、随伴する不可欠の執行行為あるいは行政実務で通例行われる執行行為が訴願提起者の基本権に介入するときには直接の苦痛の要件を欠く。[22] 刑法や秩序罰による制裁は、このような〔直接性のない〕執行行為には含まれない。なぜならば、それをまつことを当事者に期待することはできないからである。[23] 法規範を対象とする場合は、しばしば苦痛の直接性を欠く。というのは、それは、官庁や裁判所による執行に依拠しており、執行自体が裁判所において

1279

---

16)　E 65, 1/37; 75, 78/95.

17)　E 131, 47/53.

18)　*Pestalozza*, S. 184 f.

19)　E 99, 129/138.

20)　E 103, 44/58 f; 116, 69/79（少年行刑の特殊性と法律の根拠の必要性Ⅳ・39）.

21)　E 124, 300/318 f（ヴンジーデル決定Ⅳ・29）.

22)　E 53, 366/389; 70, 35/50 f.

23)　E 81, 70/82 f.

訴えられる可能性があるからである。[24] この訴えは権利保護の必要性の観点から要請されるものなので、連邦憲法裁判所においては、直接性の観点は、しばしば権利保護の必要性の観点の背後に隠れる。

1280　　例　①法律によって行われる官職名の変更（E 38, 1/8）、将来、一定の職業について許可なくして行使することを法律で禁止すること（E 1, 264/270）、病院の医師が私的な請求書を発行することを法律で制限すること（E 70, 35/52 f）、建物を建てられなくする、あるいは公道を敷設する土地利用計画（E 79, 174/187 ff）は、直接性がある。

　　②他方、通常、直接性を欠くのは、59条2項1文による条約法、手数料や負担金の決定によって執行される公共料金徴収法（ただし、税法は直接的に作用する可能性がある）、法規命令や条例・内部規則に対する法律の委任の場合（E 53, 366/388 ff; 53, 37/52 f; またE 93, 85/93も参照）、第2次EU法の成立に関するドイツの機関の協力（BVerfG, NJW 1990, 974）である。

Ⅳ. 権利保護の必要性

1281　　権利保護の必要性という訴訟法上の制度は、憲法訴願訴訟においては、2つの形で具体化されている。出訴手段の完遂と補充性の原則である。それと併せて、一般的な権利保護の必要性について述べることは必要でない。そこでときに扱われる問題は、出訴手段の完遂や補充性の問題として取り扱うことも難しくないからである。

1. 出訴手段の完遂

1282　　連邦憲法裁判所法90条2項1文は、基本法94条2項2文を受けて、出訴を認める場合、事前に出訴手段を尽くすことを要求している。これは、形式的意味の法律には当てはまらないので、その限りで出訴手段の完遂の要請は、原則として意味がない。

1283　　a）**出訴手段**とは、基本権侵害を審査し、除去することを主張して訴えている個人をドイツの裁判所に導く手段である。それは、裁判手続の前に異議申立て手続が置かれているときは、ときに行政からはじまる。それは、通常、それ以上とりうる出訴手段がない専門裁判所の終審の裁判をもって終わる（ただし、さらに州憲法裁判所や欧州人権裁判所が控えていることもある）。

1284　　例　行政裁判所法47条による規範統制、行政裁判所法80条5項、123条などによる

---

24)　E 67, 157/170; 100, 313/354; 109, 279/306 f.

456　第3部　憲法訴願

暫定的な権利保護手続、移送効果をもたない権利救済、すなわち、再審査が高次の機関によってではなく同一の機関によって行われるもの、たとえば、刑事訴訟法409条以下の略式命令や民事訴訟法338条による懈怠判決に対する異議申立ては、出訴手段に含まれる。また、前段階でのやり直しを求める提起（E 42, 252/257; BVerfG, EuGRZ）、再審の申立て（E 11, 61/63; BVerfG, NJW 1992, 1030 f 2005, 632）、聴聞の申立て（§321a ZPO, § 356a StPO und § 152a VwGO）も出訴手段に含まれる。

b）出訴手段の**完遂**とは、訴願提起者が、主張している基本権侵害の除去のためにあらゆる訴訟上の可能性を事前に請求していなければならないということを意味する。分けて論じると次のようになる。 **1285**

①訴願提起者は、訴訟上の可能性を怠慢により見逃してはならない。それは、たとえば、適法な出訴手段を提起せず[25]、あるいは撤回し、あるいは適法な訴えを提起し[26]なかった[27]ことによって起きる。 **1286**

②暫定的権利保護手続はとられたが、しかし本案の訴訟手続がとられていない場合、出訴手段は、尽くされていることがある。すなわち、略式手続（Eilverfahren）の出訴手段である。訴願提起者が、暫定的権利保護の拒否に対して訴える場合は、暫定的権利保護の終審の拒否をもって、出訴手段を尽くしているので、憲法訴願を提起することができる[28]。基本権侵害が本案の訴訟手続においてなお除去することが可能な場合[29]は異なる。 **1287**

２．補 充 性

連邦憲法裁判所は、補充性の原則によって、出訴手段の完遂の要請だけでなくさらなる条件を満たすことを求めている。連邦憲法裁判所の負担を軽減し、連邦憲法裁判所が事実上・法律上の観点から選別された事例に対処することを保障しようとする[30]ので、裁判所の権利保護だけでなく間接的な裁判外の権利保護を受ける可能性をも尽くさなければならない[31]。それによれば、次の場合でも、憲法訴願は、不適法となる **1288**

25）　E 1, 12/13.

26）　E 83, 216/228 ff; 84, 203/208; 110, 1/12.

27）　BVerfG, NJW 2005, 3769 f; *Zuck*, NVwZ 2006, 1119.

28）　E 80, 40/45.

29）　E 77, 381/400 f; 104, 65/70 f.

30）　E 79, 1/20; 88, 384/400.

31）　E 112, 50/60; これを批判するものとして *Hartmann*, in: Pieroth/Silberkuhl, § 90 Rn 236 ff.

場合がある。

①主張されている基本権侵害に対する出訴手段が直接にではなく間接的にのみ存在するとき。それは訴願提起者が基本権を侵害する法律の執行を待ったり、あるいは執行に持ち込んで裁判所に訴えることができるためだったり[32]、基本権を侵害する規律が例外を認めていて例外規定に訴えることができるためだったりする[33]。

②裁判所以外の機関が基本権を保障しているとき。たとえば10条2項2文の信書、郵便、電気通信の秘密の制限の審査におけるG10委員会[34]や41条1項による選挙審査における連邦議会。その場合、41条2項は憲法訴願を排除している[35]。

3．出訴手段の完遂および補充性原則の例外

1289 　憲法訴願が一般的な意味を有するようなとき、あるいは、仮に訴願提起者が事前に他の出訴手段をとることを命じられるならば訴願提起者に重大で回復不可能な不利益が発生するようなときは、いわゆる**事前決定**Vorabentscheidungが下されることがある。この事前決定の意義は、訴願提起者に対して先行する出訴手段を節約させることである。これは、出訴手段が事実上まだ開かれている、ないし、すでにとられたことを前提としている。

1290 　**例**　①東側の新州および東ベルリンでの拘束家賃の継続が14条と適合するかどうかは、家主と借家人に広範な影響をもち、それゆえ一般的意味をもつ（E 91, 294/306）。

②ある政党が、選挙直前の選挙宣伝のためにラジオ放送の時間を使うことが拒否されたとする。この場合、行政訴訟の手段とその枠内での暫定的権利保護の可能性が与えられている。しかし、この方法をとっても場合によっては遅すぎて、選挙の前に他の政党と同様にラジオ放送の時間を要求できない（政党法5条参照）という、重大かつ回復不可能な不利益が政党に生じるかもしれない（E 7, 99/105; 14, 121/130 f）。

③本案訴訟を命じるならば、たしかに、重大かつ回復不可能な不利益が発生するおそれがあっても、暫定的権利保護訴訟の出訴手段があるならば、それもとるべきである（E 86, 382/388 f）。

1291 　連邦憲法裁判所は、さらに、出訴手段の完遂および補充性原則の例外として、訴願

32）　E 97, 157/166; BVerfG, NVwZ 2005, 79.

33）　E 78, 58/69; BVerfG, DVBl. 2000, 622.

34）　BVerfG, NVwZ 1994, 367.

35）　E 74, 96/101.

458　第3部　憲法訴願

提起者に対して、出訴手段の完遂ないしその他の救済手段のための努力を期待できない場合にも認めている。しかし、期待不可能性については「厳格な要求」を立てている[36]（E 79, 1/24）。

例 ①訴願提起者の訴えに対して最高の裁判所の確立した判例が対峙しているとき（E 84, 59/72）、裁判所が出訴手段が存在しないと誤って教示した場合（E 19, 253/256 f）、あるいは、法的救済が個々的にのみ許されるとみなされる場合（E 85, 80/86）、出訴手段の完遂は期待可能性がない。これに反して、訴えの適法性が争われている出訴手段を利用することについては、訴願提起者に対してこれを要求することができる（E 70, 180/185; *Hartmann*, JuS 2007, 657）。 **1292**

②連邦憲法裁判所は、繰り返し、現在の収容能力を活用していないことを暫定的権利保護訴訟でのみ訴えた、入学できなかった大学志願者に対して、「そうしなければ、現在の収容能力が長期にわたって著しく利用されないままになったであろう」こと、また、このことは客観的に主張することができず、主観的にも期待可能性がないという議論で憲法訴願の適法性を認めている（E 51, 130/143）。

V. 既判力による訴願阻止

連邦憲法裁判所の判決も、他の裁判所におけると同様、既判力を有する。この訴訟法上の一般的原則は、連邦憲法裁判所法96条、41条の規定の根拠にもなっている。**既判力**とは、同じ法状態・事実状態において同一の訴願提起者の同一の訴えについて、改めて裁判が行われてはならないということを意味する。既判力は、判決主文のみに関係し、判決理由には関係しない。ただし、判決理由を判決主文の解釈に参照することができる。これは小委員会の裁判や小法廷の裁判にも妥当する。[37] **1293**

例 判決に対する憲法訴願は、勝訴の十分な見込みがないという理由で、連邦憲法裁判所の小委員会に受理されない。Aが同一の判決に対して「管轄権を有する法廷が事案の裁判を行うように」と改めて憲法訴願を提起しても、それは、既判力による訴願阻止のために、不適法となる。 **1294**

---

36) BVerfG, NVwZ 1994, 367.

37) *Rixen*, NVwZ 2000, 1364参照。

第35章　憲法訴願の適法性　*459*

Ⅵ. 訴願の形式的適法性

1. 形　式

1295　連邦憲法裁判所法23条1項1文によれば、憲法訴願は書面で提起しなければならない。これについて、電報、テレファックス[38]、Eメール[39]での提起も認められる[40]。さらに、憲法訴願には理由を付さなければならない（連邦憲法裁判所法23条1項2文）。連邦憲法裁判所法92条によれば、訴願の理由において、侵害されていると主張するところの権利、ならびに、それによって自らの権利を侵害されたと訴願提起者が感じるところの機関または官庁の行為または不作為を挙示しなければならない。しかし、これについて、侵害されたと主張する権利を挙示しなければならない。基本法の条項文の数字を示すことは必要でないが内容によっては本質的内容の提示[41]または告知[42]により行為または不作為を示さなければならない。

2. 出訴期間

1296　連邦憲法裁判所法93条1項1文によれば、憲法訴願は、1箇月以内に提起しなければならない。この期間規定が適用されるのは、通常の場合、終審の判決である。というのは、はじめに、出訴手段を尽くさなければならないからである。対抗する出訴手段が存在しない高権行為については、それは第1に、行政裁判所法47条において規範統制を受けない形式的法律および実質的法律であるが、連邦憲法裁判所法93条3項により、1年以内に憲法訴願を提起することができる。期間は、法律においては施行とともに始まる。ただし、文言を有意義に発展させる遡及的法律においては、公布とともに始まる[43]。変更なしに改めて公布された法律規定においては、他の法律規定によって新たに負担を課す作用が生じるときに限り公布とともに始まる[44]。公権力の不

---

38)　E 32, 365/368.

39)　BVerfG, NJW 2007, 2838.

40)　*Hartmann*, NJW 2006, 1390; 別見解 *Klein/Sennekamp*, NJW 2007, 954.

41)　E 59, 98/101.

42)　E 93, 266/288.

43)　E 1, 415/416 f.

44)　BVerfG, DVBl. 2002, 548.

作為に対する憲法訴願は、原則として不作為が継続する限り認められる。本人の責に帰せられない期間の徒過については、連邦憲法裁判所法93条2項により、元の状態での再提起が可能である。その場合、弁護士に対しては高度の注意義務が求められる。[46]

3．撤　　回

　憲法訴願は、提起した後に撤回することができる。ただし、それにもかかわらず訴願に対する裁判が下されて撤回が無効となることもある。連邦憲法裁判所は、訴願が一般的意義を有しており、口頭弁論が行われたときは、その憲法訴願の客観的機能のために、撤回はできないと考えている。[47]

1297

参考文献　36章参照

---

45)　E 6, 257/266; 58, 208/218.

46)　BVerfG, NJW 2001, 3534 f.

47)　E 98, 218/242 f; *Menzel*, JuS 1999, 339参照。

第35章　憲法訴願の適法性　*461*

第36章　憲法訴願の認容理由

Ⅰ. 基　　準

1298　93条1項4a号によれば、基本権あるいは基本権同様の権利が侵害されたときは、憲法訴願には理由が付されなければならない。その場合の基準は第1に、本書第2部で扱った**基本権および基本権同様の権利**である。

1299　**問題解決のための技術的ヒント**　憲法訴願の理由の判定においては、第1部で叙述した構造、それは、第2部の叙述の基礎にもなっているが、その構造による基本権侵害の審査が行われる（構造図式について**367**以下、**562**および**1059**以下も参照）。

1300　基本権侵害は、連邦の**その他の憲法規定**との関係でも生じうる。このことは、何よりも連邦憲法裁判所の2条1項に関する判例によって展開されてきた。それによれば、一般的行為自由への介入は、それが総体としての憲法と一致する場合にのみ、すなわち権限規定や手続規定を含むその他の憲法規定に違反しないときにのみ、憲法的秩序と適合するものとみなされる。同じことは、他のすべての基本権についてもあてはまる。基本権への介入の憲法的許容性が、**法律の留保**に依拠しているとき、その法律は、形式的にも実質的にもその他の憲法規定と一致しなければならない。

1301　**例**　12条1項の侵害は、法治国家の要請（E 9, 83/87 f）、権限規則（E 13, 181/190）、あるいは72条2項（E 13, 237/239）に違反したということのうちにも存在しうる。

1302　基本権あるいは基本権同様の権利の保護領域への介入の憲法的許容性が、**衝突する憲法規定**によって正当化される場合にも、同じことがいえる。基本権あるいは基本権同様の権利においてだけでなく、法治国家の要請や社会国家の要請においても存在しうる、衝突する憲法規定を正しく解釈適用しなければならない。立法者が行う衝突の解決は、ひるがえって基本法の権限・手続規定にも考慮を払うものでなければならない。

1303　憲法訴願がいったん適法と認められれば、連邦憲法裁判所は、これまで述べたことのほかに、**包括的な審査権**を行使する。審査は、侵害されたと訴えられている基本権だけでなく、もしも、憲法訴願がそれだけを根拠に提起されたのであれば不適法とし

て認められなかったであろうような第三者の基本権を含むその他の基本権やその他の憲法規定にまで及ぶ[2]。それは、立法者が介入を正当化するために考慮した視点だけでなく、介入を正当化しうるその他の視点にも関係する[3]。それは、憲法訴願を主観的権利保護の手段から客観的な法的保護の手段——ただし主観的なイニシアチブに基づくものであるが——へと拡大する。それは、連邦憲法裁判所の憲法訴願についての二重機能の理解に合致している。「憲法訴願は、基本法で保障された個人の法的地位を確保・実現するための権利救済であるだけでなく、同様に『客観的憲法規定の特殊な法的保護手段』である[4]。」

Ⅱ．特別な憲法侵害への審査範囲の制限

1．問　題

したがって、何らかの憲法規定の侵害が基本権侵害を意味し、憲法訴願の認容の理由となるならば、そのことは、執行権や司法権の行為は立法権の行為に矛盾してはいけないという**法律の優位**に対しても妥当しなければならないだろう。法律に違反する行政行為や裁判は、それによって常に、法律の優位という憲法原則（20条3項）を侵害する。このことは、ひるがえって、基本権侵害として評価しなければならないだろう。

1304

例　自由刑の有罪判決は、人格の自由への介入であり、正式の法律によってのみ正当化することができる（2条2項2文、104条1項）。判決が刑法の誤った解釈・適用に基づくものであれば、法律の優位に対する違反が存在し、もともと基本権侵害があると考えなければならない。同様に、民法典の誤った適用により、ある人に財産の譲渡を命じる民事判決は、その人の財産権という基本権を侵害する。同様に、関係する私

1305

1）E 42, 312/325 f; E 70, 138/162も参照。これを批判するものとして *Kube*, DVBl. 2005, 721.

2）*Müller-Franken*, DÖV 1999, 590参照。

3）*Cremer*, NVwZ 2004, 668; これを批判するものとして *Wernsmann*, NVwZ 2000, 1360; *Möllers*, NJW 2005, 1973/1977.

4）45, 63/74; 類似するものにE 124, 235/242; 126, 1/17。二重機能と包括的な審査権については、*Görisch/Hartmann*, NVwZ 2007, 1010; *Schlaich/Korioth*, BVerfG, Rn 272 ffも参照。二重機能を批判するものとして *Schlink*, NJW 1984, 89/92 f; *Wagner*, NJW 1998, 2638; 包括的な審査権を批判するものとして *Rinken*, AK, Art. 93 Rn 63 f.

法規範と一致しない離婚判決は、結婚の基本権を侵害する。瑕疵のある集会の禁止ないしそれを承認する裁判、最終的に出訴手段を尽くした上級行政裁判所または連邦行政裁判所は、それぞれ集会の自由を侵害している。

1306 　その結果、憲法訴願によって単純法律の規定違反が憲法裁判所に持ち込まれる可能性がある。そうなると連邦憲法裁判所は、すべての裁判所の上に立つ「超上告審」になる。単純法のすべての解釈・適用を審査することを余儀なくされるであろう。しかし、これは**連邦憲法裁判所の任務ではない**。93条1項4a号も、基本権あるいは基本権同様の権利に対する違反の審査に限定しようとしている。特別の憲法上の審査を除いて、権限を有する法領域における終審である、その他の最高の連邦裁判所の任務をないがしろにすることになる。そうでなくても、実際上、連邦憲法裁判所に対する過剰な要求になるだろう。

2. 解　　決

1307 　連邦憲法裁判所は、判決の審査を**限定**しなければならない。連邦憲法裁判所と学説はそれに関してさまざまな定式と概念を展開してきた。

1308 　初期の連邦憲法裁判所の判例では、特別の実定憲法という概念を導入したヘックの定式がある。それによれば、手続の形成、事実の確認と評価、単純法の解釈・適用は他の裁判所の管轄事項であり、連邦憲法裁判所の審査を受けない。「連邦憲法裁判所は、裁判所による特別の実定憲法違反があるときにのみ憲法訴願によって介入することができる[5]」。その他の裁判所では古典的な任務が委ねられる。連邦憲法裁判所はその仕事を代替するのではなく、補完するのである。

1309 　さて問題は、他の裁判所が担当する単純法と、連邦憲法裁判所がその番人である憲法との境界が規定されていないということである。特別の実定憲法概念における特別性を規定されていない境界をある程度の信頼性をもって画することが試みられてきた。だれもその試みにおいて完全に他人を説得することはできない。審査の範囲と制限の問題は困難であり、明快な解決策は得られない。なぜならば、展開されてきた定式と概念は並列的に用いられているからである。一方の定式でとらえられないものが、別の定式では、審査が必要だということが示されることがある。結局、**連邦憲法裁判所が審査しようと思うものは審査し、審査しようと思わないものは審査しない**ということがいえる。

5）E 18, 85/92（特許決定 I・90）.

464　第3部　憲法訴願

a）いわゆる**シューマンの定式**によれば、特別の憲法侵害は、「訴えられている判決が、単純法の立法者が規範として制定することが許されないような法的結果をもたらすような場合に存在する[6]」これにより、立法者に課せられている実質的な実定憲法上の限界は裁判官によっても踰越してはならないということがわかる。しかし、シューマンの定式は、裁判官を拘束する実定憲法の、もちろん重要ではあるがある側面しかとらえていない。なぜならば、裁判官は憲法上立法者よりも狭く行為が制限されているからである。裁判官は憲法を逸脱してはならないことはもとより、20条3項により法律をも逸脱してはならない。裁判官は立法者に許されることが許されない。

例 ①官吏が自由時間に宗派の宣伝をしたという理由で懲戒裁判所で処分を受けた（BVerwGE 30, 29）。官吏による宗派の宣伝を禁止するような法律は、4条1項および2項に違反するので、特別の憲法侵害が存在する。

②官吏が職務中に宗教的シンボルの着用することを禁止する法律は4条1項および2項に適合する。ただし、法律が実際に制定されたときにのみ、着用を理由に懲戒裁判所によって官吏を処分することができる（E 108, 282/309 ff（スカーフ判決Ⅲ・21））。

b）特別の実定憲法概念における特別性に関するもう1つの定義は、裁判官にとって許される法発見・持続的形成と、許されない法の持続的形成の境界を設定することにより、裁判官が法律に拘束されるということを重視する。しかし、判例と文献において、裁判官に許される法の持続的形成と**裁判官に許されない法の持続的形成**との間の明白で一般的に承認される境界は存在しない。関連する連邦憲法裁判所の判決はほとんど首尾一貫しておらず、方法論はあまり感じられず、むしろそれぞれの問題の個別性が目立つ。

例 ①精神的損害について旧民法253条の文言の意味を超えて金銭による賠償を認める民事裁判所の判例は、「民事裁判上少なくとも議論の余地はあるが、しかし、民法解釈の諸原則に明らかに矛盾する方法」によったとはいえないとされた（E 34, 269/291（ソラヤ決定Ⅰ・63））。

②別の事件で、連邦憲法裁判所は「法律の文言について考えられる意味が、裁判官の許される解釈の限界」を画しているを強調する（E 71, 108/115（反核バッジ事件Ⅱ・71））。ここでは、刑罰・過料規定の解釈が問題となった。

③また別の事件では、判決が「認められているどの解釈方法によっても根拠づけることができない」（E 113, 88/104）か、「適用すべき規範と著しく矛盾」している（E 128,

---

6）*Schumann*, S. 207; 同じく*Korioth*, in: FS 50 Jahre BVerfG, 2001, Bd. I, S. 55/81.

第36章 憲法訴願の認容理由　*465*

193/209）ときには、裁判官は法律への拘束に違反している。

　④刑事裁判所の記録の報告の拡大については連邦憲法裁判所の意見が分かれて一致することができなかった（E 122, 248/257 ff（責問制限禁止原則の放棄と裁判官による法発見の限界Ⅳ・55）; *Möllers*, JZ 2009, 668参照）。

1314　　c）特別の実定憲法概念の特別性を画定するために確立された定式から連邦憲法裁判所は、「単純法の解釈・適用において基本権の影響を基本的に誤認していないかどうか[7]」の審査を行う。**基本権の影響についての基本的な誤認**あるいは実定憲法一般の影響についてのそれが存在するのは、関係する憲法規範が看過されているか、基本的な過誤のある適用があり、かつ裁判がそれに基づいているときである。

1315　　**基本的な過誤のある適用**は、以下のような場合に生じる。①基本権の保護領域の範囲、②介入の存在の前提条件、③正当化とくに介入の比例性の要請または、④基本権の保護目的を基本的に見誤った[8]ときである。

1316　　裁判に過誤のある適用ないし視点が認められるかどうかの決め手は、**丁寧な審査**にかかっている。ここでも、明白な、判例・学説上一般的に認められているような指針は存在しない。連邦憲法裁判所は、「基本権干渉の強度」を目安とすることを方針としている。裁判が基本権の自由と行使をより深く制限するほど、「憲法裁判所の審査も立ち入ったものにならざるをえない[9]」しかし、基本権干渉が多少とも強いかどうかは種々の対立する評価が分かれていて決定できない。少なくとも、連邦憲法裁判所は、刑事裁判[10]やコミュニケーションに関する基本権への介入に関してはとくに立ち入った審査をするということはいえる。コミュニケーションに関する基本権の保護領域において連邦憲法裁判所は、介入を重大視する。この場合、自由権の行使がとくに紛争を生じやすく、一般にも知覚されやすい。

1317　　**例**　①連邦憲法裁判所は、意見表明の自由に介入する刑事裁判の統制において、「個々の事件においても」「事実の確認・評価ならびに単純法の解釈・適用」について審査する任務があることをはっきりと表明する（E 43, 130/136; 82, 43/50 f）。それとほとんど同様に、意見表明の自由（E 82, 272/280 f; 85, 1/13（バイヤー社株主事件Ⅱ・19））、芸術の自由（E 119, 1/22（エスラ決定Ⅳ・34））に介入する民事裁判について広範

---

7)　E 89, 276/285.

8)　E 85, 248/258; 89, 276/286; 95, 96/128.

9)　E 61, 1/ 6 ; 75, 302/314.

10)　E 126, 170/199 f 参照。

466　第 3 部　憲法訴願

な審査権を有すると述べている。

②しかし、また、子どもを親の意思に反して親から分離することは、「親権への考えられる最も強い介入」であるから、「そこにはいくつかの解釈の誤りがあることも考慮せざるをえない」（E 60, 79/91）。

d）ときに、裁判は、すべての裁判官に同様に要求される専門性にドラスチックに違反するので、連邦憲法裁判所は恣意についても明らかにする。訴訟の形成における恣意、事実の確認と評価における恣意、さらにはいうまでもなく単純法の解釈・適用における恣意、がそれである。恣意も特別の実定憲法侵害の根拠となる[11]。 **1318**

例 ①101条1項2文の侵害、すなわち法律の定める裁判官の剥奪は、当該訴訟規範の「恣意的適用」となる（**1195**参照）。 **1319**

②訴訟当事者の言い分に対する評価が 「もはや理解できない」、「全く支持できない」、「明らかに事実に反する」場合、法的状態が「著しく誤認されている」場合は、3条1項に対する特別の侵害となる（E 57, 39/42; BVerfG, EuGRZ 1999, 494; NJW 2001, 1125）。

③刑事判決が「適用すべき刑法規範に関して、全く支持できない客観的に恣意的な解釈」に基づいている場合は、103条2項の特別の侵害の理由となる（E 64, 389/396 f）。

問題解決のための技術的ヒント 特別の憲法侵害の問題は、憲法統制の範囲に関係し、連邦憲法裁判所によって、たいてい、憲法訴願の認容理由のはじめに審査される。特別の憲法侵害が明らかに存在しなければ、この問題は適法性の審査において考慮される。その場合、基本権侵害の可能性はない（**1262**以下参照）。さらに、演習問題においては、審査範囲を厳密に考えない連邦憲法裁判所の理解に従うことが求められる。とくに、特別の憲法侵害が存在しえず、いずれにせよ単純法の侵害に関係するということを持ち出して、それを根拠に、その事件で問われているないし示唆されている基本法の問題を回避すべきではない。事件の成り立ちや課題の設定から対応する手がかりが得られるときにのみ、審査範囲を特別の憲法侵害に制限するという問題に立ち入って、上述の4つの基準を合目的に駆使しながら論じればよい。 **1320**

参考文献 *E. Benda/E. Klein/O. Klein*, Verfassungsprozessrecht, 3. Aufl. 2012; *C. Gusy*, Die Verfassungsbeschwerde, in: FS 50 Jahre BVerfG, 2001, Bd. I, S. 641; *P. Häberle*, **1321**

---

11) 批判的見解として*v. Lindeiner*, Willkür im Rechtsstaat?, 2002; *N. Weiß*, Objektive Willkür, 2000.

第36章 憲法訴願の認容理由　*467*

Die Verfassungsbeschwerde im System der bundesdeutschen Verfassungsgerichtsbarkeit, JöR 1997, 89; *C. Hillgruber/C. Goos*, Verfassungsprozessrecht, 3. Aufl. 2011; *W. Löwer*, Zuständigkeit und Verfahren des Bundesverfassungsgerichts, Hdb. StR[3] III, § 70; *G. Lübbe-Wolff*, Substantiierung und Subsidiarität der Verfassungsbeschwerde, EuGRZ 2004, 669; *C. Pestalozza*, Verfassungsprozessrecht. Die Verfassungsgerichtsbarkeit des Bundes und der Länder, 3. Aufl. 1991; *B. Pieroth/P. Silberkuhl* (Hrsg.), Die Verfassungsbeschwerde, 2008; *G. Robbers*, Verfassungsprozessuale Probleme in der öffentlich-rechtlichen Arbeit, 2. Aufl. 2005; *M. Sachs*, Verfassungsprozessrecht, 3. Aufl. 2010; *A. Scherzberg/M. Mayer*, Die Zulässigkeit der Verfassungsbeschwerde, Jura 2004, 373, 513; *dies.*, Die Begründetheit der Verfassungsbeschwerde bei der Rüge von Freiheitsverletzungen, Jura 2004, 663; *T.M. Spranger*, Die Verfassungsbeschwerde im Korsett des Prozessrechts, AöR 2002, 27; *R. Zuck*, Das Recht der Verfassungsbeschwerde, 3. Aufl. 2006.

連邦憲法裁判所法のコンメンタールについては*H. Lechner/R. Zuck*, 6. Aufl. 2011; *T. Maunz/B. Schmidt-Bleibtreu/F. Klein/H. Bethge* (Loseblatt), Stand: September 2011; *D.C. Umbach/T. Clemens/F.-W. Dollinger*, 2. Aufl. 2005.

特別の憲法違反については*R. Alexy/P. Kunig/W. Heun/G. Hermes*, Verfassungsrecht und einfaches Recht-Verfassungsgerichtsbarkeit und Fachgerichtsbarkeit, VVDStRL 61, 2002, S. 7, 34, 80, 119; *R. Alleweldt*, Bundesverfassungsgericht und Fachgerichtsbarkeit, 2006; *M. Düwel*, Kontrollbefugnisse des Bundesverfassungsgerichts bei Verfassungsbeschwerden gegen gerichtliche Entscheidungen, 2000; *H.-J. Papier*, Verhältnis des Bundesverfassungsgerichts zu den Fachgerichtsbarkeiten, DVBl. 2009, 473; *B. Pieroth/T. Aubel*, Die Rechtsprechung des Bundesverfassungsgerichts zu den Grenzen richterlicher Entscheidungsfindung, JZ 2003, 504; *E. Schumann*, Verfassungs-und Menschenrechtsbeschwerde gegen richterliche Entscheidungen, 1963; *F. Weyreuther*, Bundesverfassungsgericht und Verfassungsbeschwerde, DVBl. 1997, 925.

ドイツ連邦共和国基本法（抄）

（1949年5月23日制定、最終改正2017年7月13日）

前　文

　ドイツ国民は、神と人間に対する責任を自覚し、国民的および国家的統一を保持し、かつ、統合されたヨーロッパにおいて平等の権利を有する一員として世界平和に貢献しようとする決意に満ちて、その憲法制定権力によって、この基本法を制定した。バーデン＝ヴュルテンベルク、バイエルン、ベルリン、ブランデンブルク、ブレーメン、ハンブルク、ヘッセン、メクレンブルク＝フォアポンメルン、ニーダーザクセン、ノルトライン＝ヴェストファーレン、ラインラント＝プファルツ、ザールラント、ザクセン、ザクセン＝アンハルト、シュレスヴィヒ＝ホルシュタインおよびテューリンゲンの各州のドイツ国民は、自由な自己決定によってドイツの統一と自由を完成した。これによって、この基本法は全ドイツ国民に適用される。

第1章　基本権

第1条〔人間の尊厳〕
⑴　人間の尊厳は不可侵である。これを尊重し、および保護することは、すべての国家権力の義務である。
⑵　ドイツ国民は、それゆえに、侵すことのできない、かつ譲り渡すことのできない人権を、世界のあらゆる人間社会、平和および正義の基礎として認める。
⑶　以下の基本権は、直接に妥当する法として、立法、執行権および司法を拘束する。

第2条〔人格の自由、人身の自由〕
⑴　何人も、他人の権利を侵害せず、かつ憲法的秩序または道徳律に違反しない限り、自らの人格の自由な発展を求める権利を有する。
⑵　何人も、生命に対する権利および身体を害されない権利を有する。人身の自由は不可侵である。これらの権利は、ただ法律の根拠に基づいてのみ、介入することができる。

第3条〔法律の前の平等〕
⑴　すべての人は、法律の前に平等である。
⑵　男女は、平等の権利を有する。国家は、男女の平等が実際に実現するように促進し、現在ある不平等の除去に向けて努力する。
⑶　何人も、その性別、血統、人種、言語、出身地および門地、信仰または宗教的もしくは政治的意見のために、差別され、または優遇されてはならない。何人も、障害を理由として差別されてはならない。

469

第4条〔宗教および良心の自由〕

(1) 信仰および良心の自由ならびに信仰告白および世界観の告白の自由は、不可侵である。

(2) 妨害されることのない宗教的活動の自由は、保障される。

(3) 何人もその良心に反して、武器をもってする戦争の役務を強制されない。詳細は、連邦法律で定める。

第5条〔表現の自由、芸術・学問の自由〕

(1) 何人も、言語、文書および図画をもって、その意見を自由に発表し、および流布し、ならびに一般に入手できる情報源から妨げられることなく知る権利を有する。出版の自由ならびに放送および上映の自由は、保障する。検閲は、行わない。

(2) これらの権利は、一般法律の規定、少年保護のための法律上の規定および個人的名誉権によって、制限される。

(3) 芸術および学問ならびに研究および教授は、自由である。教授の自由は、憲法に対する忠誠を免除しない。

第6条〔婚姻、家族、婚外子〕

(1) 婚姻および家族は、国家秩序の特別の保護を受ける。

(2) 子の監護および教育は、両親の自然的権利であり、かつ何よりも先に両親に課せられた義務である。その実行については、国家共同社会がこれを監視する。

(3) 子は、親権者に故障があるとき、またはその他の理由で放置されるおそれのあるとき、法律の根拠に基づいてのみ、親権者の意思に反して家族から分離することができる。

(4) すべての母は、共同社会の保護と扶助を求める権利を有する。

(5) 婚外子に対しては、その肉体的および精神的発達ならびに社会におけるその地位について、立法により婚内子と同じ条件が与えられる。

第7条〔学校制度〕

(1) すべての学校制度は、国家の監督の下に置かれる。

(2) 親権者は、子に宗教教育を受けさせるかどうかを決定する権利を有する。

(3) 宗教教育は、公立学校においては、非宗教的学校を除き、正規の教科目とする。宗教教育は、宗教団体の教義に従って行うが、国の監督権を妨げてはならない。いかなる教員も、その意思に反して宗教教育を行う義務を負わされてはならない。

(4) 私立学校を設置する権利は、これを保障する。

公立学校の代用たる私立学校は、国の認可を要し、かつ州の法律に従うことを要する。この認可は、その私立学校の目的および設備ならびにその教員の学問的教養が公立学校に劣ることなく、かつ生徒を両親の資産によって差別するものでないときに、与えられる。教員の経済上、法律上の地位が十分に保障されないときは、この認可は

与えられない。

(5) 私立の国民学校は、教育行政庁が特別の教育上の利益を認める場合、または、親権者が申請に基づいて、宗派混合学校または宗教的もしくは世界観的学校としてそれを設立しようとする場合で、かつ、当該市町村内にこの種の公立国民学校が設けられていない場合に限って、設置することができる。

(6) 予備学校は、引き続き廃止されたままとする。

第8条〔集会の自由〕

(1) すべてのドイツ人は、届出または許可なしに、平穏かつ武器を持たないで集会する権利を有する。

(2) 屋外の集会については、法律によって、または法律の根拠に基づいて、これを制限することができる。

第9条〔結社の自由〕

(1) すべてのドイツ人は、団体および組合を結成する権利を有する。

(2) 目的または活動において刑法律に違反している結社、または憲法的秩序もしくは国際協調の思想に反する結社は、禁止される。

(3) 労働条件および経済条件の維持および改善のために団体を結成する権利は、何人に対しても、またいかなる職業に対しても、保障する。この権利を制限し、または妨害しようとする取決めは、無効であり、これを目的とする措置は、違法である。第1文の意味における団体が、労働条件および経済条件を維持し改善するために行う労働争議に対しては、第12a条、第35条第2項および第3項、第87a条第4項および第91条による措置をとることは許されない。

第10条〔通信の秘密〕

(1) 信書の秘密ならびに郵便および電気通信の秘密は、不可侵である。

(2) 制限は、法律に基づいてのみ行うことができる。その制限が、自由で民主的な基本秩序の擁護、または連邦および州の存立もしくは安全の擁護のためのものであるときは、法律により、その制限が当事者に通知されないこと、および裁判上の方法に代えて、議会の選任した機関および補助機関によって事後審査を行うことを定めることができる。

第11条〔移転の自由〕

(1) すべてのドイツ人は、連邦の全領域において移転の自由を有する。

(2) この権利は、法律によってまたは法律の根拠に基づいてのみ、かつ、十分な生活の基礎がなく、そのために公衆に特別の負担が生ずる場合、連邦および州の存立もしくは自由で民主的な基本秩序に対する差し迫った危険を防止するために必要な場合、伝染病の危険、自然災害もしくは重大な災害事故に対処するために必要な場合、または、青少年を非行化から守り、もしくは犯罪行為を防止するために必要な場合にの

ドイツ連邦共和国基本法（抄）　*471*

み、これを制限することができる。

第12条〔職業の自由〕

(1) すべてのドイツ人は、職業、職場および養成所を自由に選択する権利を有する。職業の行使は、法律により、または法律の根拠に基づいて規律することができる。

(2) 何人も、伝統的、一般的で、すべての者に平等に課せられる公共の役務の範囲内にある場合を除き、一定の労働を強制されてはならない。

(3) 強制労働は、裁判所で命ぜられる自由剥奪の場合に限り許される。

第12a条〔兵役およびその他の役務〕

(1) 男性に対しては、満18歳から軍隊、連邦国境警備隊または民間防衛団における役務を義務として課すことができる。

(2) 良心上の理由から武器をもってする兵役を拒否する者には、代替役務を義務づけることができる。代替役務の期間は、兵役の期間を超えてはならない。詳細は、法律でこれを規律するが、その法律は、良心の決定の自由を侵害してはならず、かつ、軍隊および連邦国境警備隊の諸部隊と無関係の代替役務の可能性をも規定しなければならない。

(3) 第1項または第2項による役務を課されていない国防義務者に対しては、防衛事態において、法律によってまたは法律の根拠に基づいて、一般住民の保護を含む防衛の目的のための非軍事的役務の義務を労働関係において課すことができるが、公法上の勤務関係における義務づけは、警察的任務の遂行、または公法上の勤務関係においてのみ履行しうるような、公行政の権力的任務の遂行に関するものに限って許される。第1文による労働関係は、軍隊、軍隊への供給の分野および公行政において設定することができるが、一般住民への供給の分野において労働関係上の義務を課すことは、一般住民の生活に必須の需要を充足し、または一般住民の保護を確保するためにのみ許される。

(4) 防衛事態において、非軍事的衛生施設および治療施設ならびに場所を固定した衛戍病院における非軍事的役務給付の需要を志願に基づいて満たすことができないときは、満18歳から満55歳までの女性を、法律によってまたは法律の根拠に基づいて、この種の役務給付のために徴用することができる。女性は、いかなる場合にも武器をもってする役務に従事してはならない。

(5) 防衛事態の発生前においては、第3項の義務は、第80a条第1項によってのみ課すことができる。第3項の役務で特別の知識または熟練を必要とするものの準備のために、法律によってまたは法律の根拠に基づいて、養成訓練行事への参加を義務づけることができる。その限りで第1文は適用されない。

(6) 防衛事態において、第3項第2文に掲げた分野における労働力の需要が志願に基づいては充足されないときは、この需要の充足のために、職業活動または職場を放棄す

472

るドイツ人の自由は、法律によってまたは法律の根拠に基づいて、制限することができる。防衛事態の発生前においては、第5項第1文を準用する。

第13条〔住居の不可侵〕

(1) 住居は不可侵である。

(2) 捜索は、裁判官のみが、緊急の危険のときは法律の定める他の機関も、命ずることができ、かつ法律の定める形式によってのみ行うことができる。

(3) 誰かが、法律で個別に特定されている重大犯罪に着手した疑いを理由づける一定の事実があるときは、事態の究明が他の方法によっては著しく困難であるか、または成功する見込みがない場合、犯罪の訴追のために、裁判官の命令に基づいて、被疑者が滞在していると思われる住居を、聴覚的に監視するための技術的手段を投入することができる。措置には期限を付さなければならない。命令は、3人の裁判官からなる合議体によって発せられなければならない。緊急の危険のときは、単独の裁判官によって命令を発することができる。

(4) 公共の安全に対する差し迫った危険、とりわけ共同の危険または生命の危険の防止のために必要な場合、住居を監視する技術的手段を、裁判官の命令に基づいてのみ投入することができる。緊急の危険のときは、裁判官の決定は遅滞なく求めなければならない。

(5) 技術的手段が、住居で活動している人物の保護のためにのみ投入することが予定される場合は、その措置は、法律で定める機関によっても命じることができる。これによって得られた認識の他事利用は、刑事訴追または危険の防止を目的としてのみ、かつ、事前に措置の合法性が裁判官によって確認されている場合にのみ許され、緊急の危険のときは裁判官の決定を遅滞なく求めなければならない。

(6) 連邦政府は、毎年、連邦議会に対して、第3項により、および連邦の権限領域に属するものについて第4項により、ならびに裁判官の審査を必要とするものについて第5項により行われた技術的手段の投入について報告しなければならない。連邦議会によって選出された合議制の機関がこの報告を基礎として議会統制を行う。州も同様の議会統制を保障する。

(7) 干渉および制限は、そのほか、共同の危険または個人の生命の危険の防止のために、または、法律の根拠に基づいて公共の安全と秩序に対する差し迫った危険を防止するために、とくに住宅の不足を解消し、伝染病の危険を除去し、もしくは要保護少年を保護するためにのみ、行うことができる。

第14条〔財産権、相続権、公用収用〕

(1) 財産権および相続権は、これを保障する。内容および制限は、法律で定める。

(2) 財産権は、義務を伴う。その行使は、同時に公共の福祉に役立つべきものでなければならない。

ドイツ連邦共和国基本法（抄）　473

(3) 公用収用は、公共の福祉のためにのみ許される。公用収用は、補償の方法と程度を規律する法律によって、または法律の根拠に基づいてのみ行うことが許される。補償は公共の利益と当事者の利益とを公正に衡量して決定しなければならない。補償の額に関して争いがあるときは、通常の裁判所への出訴が認められる。

第15条〔社会化〕

土地、天然資源および生産手段は、社会化の目的のために、補償の種類および程度を規律する法律によって、公有財産または他の形態の公共経済に移すことができる。補償については、第14条第3項第3文および第4文を準用する。

第16条〔国籍、外国への引渡し〕

(1) ドイツ国籍は、剥奪してはならない。国籍の喪失は、法律の根拠に基づいてのみ、かつ、当事者の意思に反するときは、その者が無国籍とならない場合に限って認められる。

(2) いかなるドイツ人も、外国に引き渡されてはならない。ただし、ヨーロッパ連合構成国または国際的な裁判所への引き渡しについては、法治国家原則が維持される限り、法律により、別段の規律を定めることができる。

第16a条〔庇護権〕

(1) 政治的に迫害されている者は、庇護権を有する。

(2) ヨーロッパ共同体の構成国から入国する者、または難民の法的地位に関する協定の適用もしくは人権および基本的自由の保護に関する規約の適用が保障されている、その他の第三国から入国する者は、第1項を援用することはできない。ヨーロッパ共同体の構成国以外の国で、第1文の要件に該当する国は、連邦参議院の同意を必要とする法律によって規定される。第1文に該当する場合、対抗措置としての法的救済とは関係なく、滞在終了措置をとることができる。

(3) 連邦参議院の同意を必要とする法律は、その国の法状況、法の運用、一般的な政治状況に基づいて、政治的迫害も、非人間的もしくは人間の尊厳を損なうような科刑や取扱いも行われていないと思われる国家を決定することができる。その決定を受けた国から入国する外国人は、迫害されていないとの推定を受ける。ただし、その外国人が、このような推定に反して、政治的に迫害されているということを理由づける事実を提示する場合は、この限りではない。

(4) 滞在終了措置の執行は、第3項の場合、および明らかに理由がないもしくは明らかに理由がないとみなされるその他の場合、措置の合法性について重大な疑いが存在する場合にのみ、裁判所は、停止することができる。すなわち、審査の範囲は限定することができ、また、申立てが遅延した場合は考慮しなくてよい。詳細は法律で定める。

(5) 第1項から第4項までの規定は、ヨーロッパ共同体の構成国相互間の条約を妨げるものではなく、また、その適用が条約当事国において確保されなければならないとこ

ろの難民の法的地位に関する協定上の義務ならびに人権および基本的自由の保護に関する規約上の義務を尊重して、庇護決定の相互承認を含む庇護申請の審査に関する権限の規則を定める第三国との間の条約を妨げるものではない。

第17条〔請願権〕

何人も、個人で、または他人と共同して、書面で、管轄の機関および国民代表機関に対して、請願または訴願の申立てを行う権利を有する。

第17a条〔軍人の基本権の制限〕

(1) 兵役および代替役務に関する法律は、軍隊または代替役務の所属員に対して、兵役または代替役務の期間中、言語、文書および図画によって意見を自由に表明・流布する基本権（第5条第1項第1文前半）、集会の自由の基本権（第8条）、ならびに他人と共同して請願や訴願を申し立てる権利を認める場合の請願権（第17条）を制限する旨を定めることができる。

(2) 一般住民の保護を含む国防のための法律は、移転の自由（第11条）および住居の不可侵（第13条）に関する基本権を制限する旨を定めることができる。

第18条〔基本権の喪失〕

意見表明の自由、とくに出版の自由（第5条第1項）、教授の自由（第5条第3項）、集会の自由（第8条）、結社の自由（第9条）、信書、郵便および電気通信の秘密（第10条）、財産権（第14条）または庇護権（第16a条）を、自由で民主的な基本秩序を攻撃するために濫用する者は、これらの基本権を喪失する。喪失とその程度は、連邦憲法裁判所によって宣告される。

第19条〔基本権の制限〕

(1) この基本法が法律によって、または法律の根拠に基づいて基本権を制限することを認めている場合、その法律は、一般的に適用されるものでなければならず、個々の場合にのみ適用されるものであってはならない。さらに、その法律は、条文を挙示して基本権の名称を示さなければならない。

(2) いかなる場合にも、基本権は、その本質的内容を侵害されてはならない。

(3) 基本権は、内国法人に対しても、本質上適用可能な場合には、その限りでこれを適用する。

(4) 何人も、公権力によってその権利を侵害されたときは、出訴することができる。他の機関に管轄権がない限り、通常裁判所への出訴が認められる。第10条第2項第2文は、影響を受けない。

ドイツ連邦共和国基本法（抄）　475

第2章　連邦および州

第20条〔国家秩序の基礎、抵抗権〕

(1)　ドイツ連邦共和国は、民主的かつ社会的連邦国家である。

(2)　すべての国家権力は、国民より発する。国家権力は、国民により、選挙および投票によって、ならびに立法、執行権および司法の特別の機関を通じて行使される。

(3)　立法は、憲法の秩序に拘束され、執行権および司法は、法律および法に拘束される。

(4)　すべてのドイツ人は、この秩序を除去しようと企てる何人に対しても、他の救済手段が存在しないときは、抵抗権を有する。

第20a条〔自然的な生活基盤〕

国は、将来の世代に対する責任からも憲法的秩序の枠内で、立法により、ならびに法律および法に基づく執行権および司法により、自然的な生活基盤および動物を保護する。

第21条〔政党〕

(1)　政党は、国民の政治的意思形成に協力する。その設立は自由である。政党の内部秩序は、民主主義の諸原則に適合していなければならない。政党は、その資金の出所および使途について、ならびにその財産について、公的に報告しなければならない。

(2)　政党で、その目的または党員の行動が自由で民主的な基本秩序を侵害もしくは除去し、または、ドイツ連邦共和国の存立を危くすることをめざすものは、違憲である。違憲の問題については、連邦憲法裁判所が決定する。

(3)　政党で、その目的または党員の行動が自由で民主的な基本秩序を侵害もしくは除去し、または、ドイツ連邦共和国の存立を危うくすることをめざすものは、国庫助成が排除される。排除が確認されたときは、当該政党の租税上の優遇および当該政党への支援金も廃止される。

(4)　第2項による違憲性の問題について、ならびに第3項による国庫助成の排除については、連邦憲法裁判所が決定する。

第22条〔連邦の首都・国旗〕

(1)　ドイツ連邦共和国の首都は、ベルリンとする。首都において国家全体を代表させることは連邦の任務である。詳細は連邦法律で定める。

(2)　連邦国旗は、黒・赤・金色とする。

第23条〔ヨーロッパ連合〕

(1)　ドイツ連邦共和国は、統一ヨーロッパを実現するために、民主主義的、法治国家的、社会的、連邦制的原則および補充性の原則に従う義務を負い、この基本法と本質的に同様の基本権保護を保障するヨーロッパ連合の発展に協力する。連邦は、そのために、連邦参議院の同意を必要とする法律によって、主権的権利を委譲することがで

きる。ヨーロッパ連合の設立、ならびにその条約の基礎の変更およびそれに応じてこの基本法の内容を変更補充し、あるいは変更補充を可能にする規則の改正については、第79条第2項および第3項が適用される。

(2) ヨーロッパ連合の事務については、連邦議会および連邦参議院を通じて州が協力する。連邦政府は、連邦議会と連邦参議院に対して包括的かつ迅速に情報を提供しなければならない。

(3) 連邦政府は、ヨーロッパ連合の立法行為に協力する前に、連邦議会が態度表明をする機会を与える。連邦政府は、審議の際に連邦議会の態度を考慮する。詳細は法律で定める。

(4) 連邦参議院は、連邦参議院が国内措置に協力しなければならないような場合、または州が国内的に権限を有する場合に限り、連邦の意思形成に参加する。

(5) 連邦の専属的な権限領域において、州の利害が関係する場合、または連邦が専属的でない権限領域において立法権をもつ場合は、連邦政府は、連邦参議院の態度を考慮する。州の立法権限、州の官庁の設立またはその行政手続が中心的な問題となっているときは、連邦の意思形成において、連邦参議院の見解がもっとも重視されなければならない。ただし、その場合、連邦の全国家的責任は維持される。連邦の支出の増加または収入の減少をもたらす事項については、連邦政府の同意が必要である。

(6) 州の学校教育、文化、放送分野の専属的な立法権限が中心的な問題となっているときには、ヨーロッパ連合の構成国としてのドイツ連邦共和国に属する諸権利の行使を、連邦から、連邦参議院の指名する州の代表者に移譲する。諸権利の行使は、連邦政府の参加および同一歩調の下に行われる。ただし、その場合、連邦の全国家的責任は維持される。

(7) 第4項から第6項までの詳細は、連邦参議院の同意を必要とする法律で定める。

第24条〔国際機関〕

(1) 連邦は、法律によって主権的権利を国際機関に委譲することができる。

(1a) 州が国家的権限の行使および国家的任務の遂行の権限を有するときには、州は連邦政府の同意を得て、国境近隣関係の制度に関する主権的権利を委譲することができる。

(2) 連邦は、平和を維持するために、相互集団安全保障制度に加入することができる。その場合、連邦は、ヨーロッパおよび世界諸国民間に平和的で永続的な秩序をもたらし、かつ確保するような主権的権利の制限に同意する。

(3) 国際紛争を規律するために、連邦は、一般的、包括的、義務的、国際仲裁裁判に関する協定に加入する。

第25条〔国際法と連邦法〕

国際法の一般原則は、連邦法の構成部分である。それは、法律に優先し、連邦領域の

住民に対して直接、権利および義務を生じさせる。

第26条〔侵略戦争の準備の禁止〕

(1) 諸国民の平和的共存を阻害するおそれがあり、かつこのような意図でなされた行為、とくに侵略戦争の遂行を準備する行為は、違憲である。これらの行為は処罰される。

(2) 戦争遂行のための武器は、連邦政府の許可があるときにのみ、製造し、運搬し、および取引することができる。詳細は、連邦法律で定める。

第28条〔州の憲法、市町村の自治〕

(1) 州の憲法的秩序は、この基本法の意味における共和制的、民主的および社会的法治国家に適合しなければならない。州、郡および市町村においては、国民は、普通、直接、自由、平等、秘密の選挙に基づく代表機関を有しなければならない。郡および市町村の選挙においては、ヨーロッパ共同体の構成国の国籍を有する者も、ヨーロッパ共同体法に基づいて選挙権および被選挙権を有する。市町村においては、市町村集会が、選挙された団体に代わることができる。

(2) 市町村は、地域的共同体のすべての事項について、法律の範囲内で自らの責任において規律する権利を保障されなければならない。市町村連合も、法律の定める権限の範囲で、法律に基づいて自治を行う権利を有する。自治の保障には、財政の自己責任の基礎も含まれ、その基礎には税率決定権をもつ市町村に属する、経済力と関係する税源も含まれる。

(3) 連邦は、州の憲法的秩序が基本権ならびに第1項および第2項の規定に適合するように保障する。

第30条〔連邦と州の権限配分〕

国家の権限の行使および国家の任務の遂行は、この基本法が別段の定めをせず、または認めない限り、州の事務である。

第31条〔連邦法の優位〕

連邦法は、州法に優越する。

第32条〔対外関係〕

(1) 外交関係の処理は、連邦の事務である。

(2) ある州の特別の事情に関係する条約を締結するときは、あらかじめ適当な時期に、当該州の意見を聴かなければならない。

(3) 州は、その立法の権限の範囲内において、連邦政府の同意を得て、外国と条約を締結することができる。

第33条〔公民権、公務員〕

(1) すべてのドイツ人は、各州において、公民として平等の権利および義務を有する。

(2) すべてのドイツ人は、適性、能力および専門的技量に応じて、等しく、すべての公

務に就くことができる。

(3) 市民および公民としての権利の享有、公務就任ならびに公務上取得した権利は、宗教上の信仰によって影響されない。何人も、ある宗派または世界観に属し、または属さないことによって、不利益を受けない。

(4) 公権力の行使は、原則として、公法上の勤務関係および忠誠関係にある公務員に、恒常的任務として委ねられる。

(5) 公務に関する法は、伝統的な職業官吏制度の諸原則を考慮して定め、かつ継続発展させなければならない。

第34条〔公務に関する損害賠償〕

ある者が、自己に委託された公務の執行に際して、第三者に対して負う職務上の義務に違反したときは、原則として、この者を使用する国または団体がその責任を負う。故意または重大な過失があった場合は、求償を妨げない。損害賠償および求償の請求については、通常裁判所への出訴を禁止してはならない。

第3章 連邦議会

第38条〔選挙〕

(1) ドイツ連邦議会の議員は、普通、直接、自由、平等、秘密の選挙により選出される。議員は、国民全体の代表者であって、委任および指示に拘束されず、かつ自己の良心にのみ従う。

(2) 満18歳に達した者は、選挙権を有し、成年に達した者は、被選挙権を有する。

(3) 詳細は、連邦法律で定める。

第7章 連邦の立法

第79条〔基本法の改正〕

(1) 基本法は、基本法の文言を明文で改正または補充する法律によってのみ改正することができる。講和の規律、講和の規律の準備もしくは占領法秩序の解除を対象とする国際条約、または連邦共和国の国防に役立つことが確実な国際条約の場合には、基本法の規定が条約の締結および発効に反しないことを明らかにするには、そのことを明らかにするだけの基本法の文言の補充で足りる。

(2) このような法律は、連邦議会議員の3分の2および連邦参議院の表決数の3分の2の賛成を必要とする。

(3) 連邦制による州の編成、立法における州の原則的協力、または第1条および第20条に定められている諸原則に抵触するような、この基本法の改正は、許されない。

ドイツ連邦共和国基本法（抄） *479*

第80条〔法規命令の制定〕

(1) 連邦政府、連邦大臣または州政府に対して、法律によって、法規命令を制定する権限を与えることができる。その場合、授権の内容、目的および限度は、法律において規定されなければならない。法的根拠が法規命令において挙示されなければならない。法律において、再授権することができると規定されている場合、再授権のためには法規命令が必要である。

(2) 郵便および電気通信の施設の利用に関する原則および料金に関する連邦政府または連邦大臣の法規命令、連邦鉄道の施設の利用料金の徴収、鉄道の建設および営業に関する法規命令ならびに、連邦参議院の同意を必要とする連邦法律、または、連邦の委任により、もしくは州固有の事務として州によって執行される連邦法律に基づく法規命令は、連邦法律に別段の定めがある場合を除き、連邦参議院の同意を必要とする。

(3) 連邦参議院は、連邦政府に対して、連邦参議院の同意を必要とする法規命令の制定についての提案を通知することができる。

(4) 連邦法律により、または連邦法律の根拠に基づいて、州政府に法規命令を制定することが授権されている場合には、州は、法律によっても規律を定める権限を有する。

第80a条〔緊急事態における法令の適用〕

(1) この基本法において、または一般住民の保護を含む国防に関する法律において、本条の基準にしたがってのみ法令を適用することができると規定されているときは、その適用は、防衛事態の場合を除いては、連邦議会が緊急事態の発生を確認した場合、または、連邦議会がその適用に特別の同意を与えた場合にのみ、許される。緊迫事態の確認および第12a条第5項第1文および第6項第2文の場合における特別の同意に関しては、表決数の3分の2の多数を必要とする。

(2) 第1項による法令に基づく措置は、連邦議会の要求があれば、廃止しなければならない。

(3) 第1項の規定にかかわらず、このような法令の適用は、同盟条約の範囲内で国際機関が連邦政府の同意を得て行った決議に基づいて、かつこれを基準として行うことも許される。本項の措置は、連邦議会が議員の過半数をもってその廃止を要求したときは、廃止しなければならない。

第9章　司　法

第92条〔裁判所の組織〕

司法権は、裁判官に委ねられる。司法権は、連邦憲法裁判所、この基本法に定める連邦裁判所および州の裁判所によって行使される。

第93条〔連邦憲法裁判所の権限〕

⑴ 連邦憲法裁判所は、次の事項について裁判する。

　一　連邦最高機関、またはこの基本法もしくは連邦最高機関の規則によって固有の権利を認められたその他の関係機関の権利および義務の範囲に関する争訟を契機とするこの基本法の解釈。

　二　連邦法もしくは州法がこの基本法に形式的および実質的に適合するかどうか、または、州法がその他の連邦法と適合するかどうかについての意見の相違または疑義で、連邦政府、州政府または、連邦議会議員の4分の1の提起によるもの。

　二a　法律が第72条第2項の条件に適合しているかどうかについての意見の相違で、連邦参議院、州政府または州議会の提起によるもの

　三　連邦および州の権利義務、とくに州による連邦法の執行および連邦監督の遂行の場合の権利義務に関する意見の相違。

　四　他に出訴手段が存在しないときの、連邦と州との間、州と州との間、または1州内部におけるその他の公法上の争訟。

　四a　何人も、公権力によって自己の基本権または第20条第4項、第33条、第38条、第101条、第103条および第104条に含まれる自己の権利を侵害されたとの主張によって提起することができる憲法訴願。

　四b　法律による第28条の自治権侵害を理由とする、市町村および市町村連合の憲法訴願。ただし、州の法律に関しては、州の憲法裁判所に訴願を提起することができない場合に限る。

　四c　連邦議会の選挙に参加する政党としての不承認に対する団体の訴願。

　五　この基本法に規定するその他の場合。

⑵ 連邦憲法裁判所は、その他、連邦参議院、州政府または州の議会の提起により、第72条第4項の場合に、第72条第2項による連邦法律による規律の必要性がもはや存在しないかどうか、あるいは、第125a条第2項第1文の場合に連邦法をもはや制定することができないかどうかについて裁判する。必要性が失われている、もしくは連邦法はもはや制定することはできないという確認は、第72条第4項による連邦法律もしくは第125a条第2項第2文による連邦法律を代替する。第1文による提起は、第72条第4項もしくは第125a条2項第2文による法律案が連邦議会で否決されたとき、1年以内に審議・議決が行われないとき、または、法律案が連邦参議院で否決されたときは、認められない。

⑶ 連邦憲法裁判所は、その他、連邦法律によって権限を与えられた場合に活動する。

第94条〔連邦憲法裁判所の構成〕

⑴ 連邦憲法裁判所は、連邦裁判官およびその他の構成員をもって組織する。連邦憲法裁判所の構成員は、連邦議会および連邦参議院によって、それぞれ半数ずつ選挙され

る。これらの構成員は、連邦議会、連邦参議院、連邦政府またはこれらに相当する州の機関に所属してはならない。

(2)　連邦法律は、連邦憲法裁判所の構成および手続を規律し、ならびに、いかなる場合にその裁判が法律的効力を有するかを規定する。連邦法律は、憲法訴願については、事前に出訴手段を尽くすことを条件とし、かつ、特別の受理手続を規定することができる。

第95条〔連邦の最高裁判所、合同部〕

(1)　連邦は、通常裁判権、行政裁判権、財政裁判権、労働裁判権および社会裁判権の分野において、最高裁判所として、連邦通常裁判所、連邦行政裁判所、連邦財政裁判所、連邦労働裁判所、および連邦社会裁判所を設置する。

(2)　これらの裁判所の裁判官の任命については、各分野を所管する連邦大臣が、州の所管大臣および連邦議会で選出されるそれと同数の議員で構成される裁判官選出委員会と共同して決定する。

(3)　司法の統一を維持するために、第1項に掲げた裁判所の合同部が設置される。詳細は、連邦法律で定める。

第96条〔その他の連邦裁判所、州の裁判所による連邦裁判権の行使〕

(1)　連邦は、産業上の権利保護に関する事項について権限を有する連邦裁判所を設置することができる。

(2)　連邦は、軍隊に関する軍刑事裁判所を連邦裁判所として設置することができる。軍刑事裁判所は、防衛事態において、または、外国に派遣された、もしくは軍艦に乗船している軍隊の所属員に対してのみ刑事裁判権を行使することができる。詳細は、連邦法律で定める。これらの裁判所は、連邦司法大臣の所管に属する。その専任の裁判官は、裁判官資格を有しなければならない。

(3)　第1項および第2項に掲げた裁判所に関する最高の裁判所は、連邦通常裁判所とする。

(4)　連邦は、公法上の勤務関係に服する者に対して、懲戒手続および不服申立て手続において裁判するための連邦裁判所を設置することができる。

(5)　次に掲げる分野における刑事手続について、連邦法律は、連邦参議院の同意を得て、州の裁判所が連邦の裁判権を行使することを定めることができる。

　　一　ジェノサイド

　　二　人道に反する国際的犯罪

　　三　戦争犯罪

　　四　諸国民の平和的共存を阻害するおそれがあり、かつこのような意図をもって企てられたその他の行為（第26条第1項）

　　五　国事犯

第97条〔裁判官の独立〕

(1) 裁判官は独立し、法律にのみ従う。

(2) 専任としてかつ定員において最終的身分として任命された裁判官は、裁判官による裁判によらなければ、かつ法律の定める理由および形式によらなければ、その意に反して、任期満了前に罷免し、長期もしくは一時的に停職し、または転任もしくは退職させることができない。立法により、終身をもって任命されている裁判官を退職させる定年を定めることができる。裁判所の組織またはその管轄区域の変更の場合は、裁判官を他の裁判所に転所させ、または退職させることができるが、その際、俸給の全額を支給しなければならない。

第98条〔連邦および州における裁判官の法的地位〕

(1) 連邦裁判官の法的地位は、特別の連邦法律によって規律する。

(2) 連邦裁判官が、その職務の内外において、基本法の原則または州の憲法的秩序に違反したときは、連邦憲法裁判所は、連邦議会の提起に基づき、3分の2の多数をもって、裁判官の転任または退職を命じることができる。故意の違反の場合には罷免を宣告することができる。

(3) 州における裁判官の法的地位は、第74条第1項第27号が別段の定めをしている場合を除き、特別の州法律で規律する。

(4) 州は、州の裁判官の任命について、州司法大臣が裁判官選出委員会と共同して決定することを規定することができる。

(5) 州は、州の裁判官に対して、第2項に相当する定めを置くことができる。ただし、現行の州憲法は、影響を受けない。裁判官の訴追に関する弾劾裁判は、連邦憲法裁判所の権限とする。

第99条〔連邦憲法裁判所および連邦の最高裁判所による州法上の争訟の裁判〕

州の法律は、州の内部の憲法争訟の裁判について連邦憲法裁判所の権限とし、また、州法の適用が問題となる事件の裁判の終審としての権限を、第95条第1項に掲げた最高裁判所に与えることができる。

第100条〔具体的規範統制〕

(1) 裁判所が、裁判において、その効力が問題となる法律が違憲であると考えるときは、手続を中止し、州憲法違反に関しては、州の憲法争訟についての権限を有する裁判所の裁判を求め、この基本法違反に関しては、連邦憲法裁判所の裁判を求めなければならない。州法によるこの基本法に対する違反および州法律の連邦法律との不一致が問題となるときも、同様とする。

(2) 法律上の争訟において、国際法の規則が連邦法の構成部分であるかどうか、ならびにそれが個人に対して直接権利および義務を生じさせる（第25条）かどうかについて疑義があるときは、裁判所は、連邦憲法裁判所の裁判を求めなければならない。

(3) 州の憲法裁判所が、基本法の解釈について、連邦憲法裁判所または他州の憲法裁判所の裁判と異なる裁判をしようとするときは、当該憲法裁判所は、連邦憲法裁判所の裁判を求めなければならない。

第101条〔例外裁判所の禁止〕

(1) 例外裁判所は、認められない。何人も、法律の定める裁判官の裁判を受ける権利を奪われない。

(2) 特別の専門分野に関する裁判所は、法律によってのみ設置することができる。

第102条〔死刑の廃止〕

死刑は、廃止する。

第103条〔法的審問、刑法の遡及および二重処罰の禁止〕

(1) 何人も、裁判所において、法的審問を請求する権利を有する。

(2) いかなる行為も、行為が行われる前に、法律で処罰できると規定されているのでなければ、処罰することができない。

(3) 何人も、同一の行為について、一般刑法の根拠に基づいて、重ねて処罰されることはない。

第104条〔自由剥奪における法的保障〕

(1) 人身の自由は、正規の法律の根拠に基づき、かつそこで規定された形式によってのみ、制限することができる。拘禁された者は、精神的にも肉体的にも、虐待されてはならない。

(2) 自由剥奪の許否および継続については、裁判官のみが決定するものとする。裁判官の命令に基づかない自由剥奪は、すべて遅滞なく裁判官の決定を求めなければならない。警察は、その固有の権限に基づいては、何人をも、逮捕の翌日の終わりまでより長く自己のところに留置することはできない。詳細は、法律で定める。

(3) 何人も、犯罪行為の嫌疑のために、一時逮捕された者は、遅くとも逮捕の翌日に裁判官のもとに引致されなければならず、裁判官は、この者に逮捕の理由を告げ、事情を聴取し、かつ異議申立ての機会を与えなければならない。裁判官は、遅滞なく、理由を付した書面による勾留命令を発するか、または釈放を命じるかしなければならない。

(4) 自由剥奪の命令または継続についての裁判官の決定はすべて、遅滞なく、被拘禁者の親族または被拘禁者の信頼している者に知らせなければならない。

第11章 経過規定および終末規定

第116条〔ドイツ人の概念、国籍の再取得〕

(1) この基本法の意味におけるドイツ人とは、法律に別段の定めがある場合を除き、ド

イツ国籍を有する者、または1937年12月31日現在のドイツ国の領域内に、ドイツ民族に属する亡命者もしくは難民またはその配偶者もしくは子孫として受け入れられている者をいう。

(2) 1933年1月30日と1945年5月8日との間において、政治的、人種的、または宗教的理由によって国籍を剥奪された旧ドイツ国民およびその子孫は、申請に基づいて国籍を回復することができる。1945年5月8日の翌日以後、ドイツ国内に住所を有し、かつ反対の意思を表明していない者は、国籍を喪失しなかった者とみなされる。

第117条〔第3条第2項および第11条の経過規定〕

(1) 第3条第2項に反する法は、基本法のこの規定に適合するまでの間、効力を継続する。ただし、遅くとも1953年3月31日までとする。

(2) 現在の住宅不足を考慮して移転の自由を制限している法律は、連邦法律によるその廃止までの間、効力を継続する。

第119条〔亡命者および難民事項についての法律に代わる命令〕

ドイツ人亡命者および難民に関する事項、とくに各州への配属に関しては、連邦法律が規律するまでの間、連邦政府は、連邦参議院の同意を得て、法律的効力を有する命令を制定することができる。この場合、連邦政府に対して、特別の場合に個別の指示を与えることを授権することができる。指示は緊急な場合を除き、州最高官庁に対して与えなければならない。

第137条〔公務員の被選挙権〕

(1) 連邦、州および市町村における官吏、公務に従事する事務職員、職業軍人、任期のある志願兵および裁判官の被選挙権は、法律で制限することができる。

(2) 連邦共和国の最初の連邦会議および最初の連邦大統領の選挙に関しては、基本法制定会議の議決する選挙法が適用される。

(3) 第41条第2項によって連邦憲法裁判所に属する権限は、それが設置されるまでは、統合経済地域のドイツ高等裁判所が行使し、自らの手続規則に従って裁判する。

第140条〔宗教団体の権利〕

1919年8月11日のドイツ国憲法（ワイマール憲法）第136条、第137条、第138条、第139条および第141条の規定は、この基本法の構成部分とする。

ドイツ国憲法（ワイマール憲法）

第136条〔宗教、公民の地位〕

(1) 市民および公民の権利および義務は、宗教の自由の行使によって制約または制限を受けない。

(2) 市民および公民の権利の享有、ならびに公職の付与は、当人の信仰とは関係なく認められる。

(3) 何人も、宗教的な確信を告白することを義務づけられない。官庁は、宗教団体の所属について、権利および義務がそれに基づくものであるとき、または法律で指示されている統計調査に必要なときに限り、質問する権利を有する。

(4) 何人も、教会の儀式もしくは祝典または、宗教的行事への参加もしくは宗教的誓約形式の使用を強制されない。

第137条〔宗教団体〕

(1) 国教会は、存在しない。

(2) 宗教団体の結成の自由は保障される。ライヒ領域内の宗教団体の結合は、いかなる制約にも服さない。

(3) すべての宗教団体は、すべての人に適用される法律の制限内で、自立的に、自らの事項を決定し管理する。

(4) すべての宗教団体は、国家または市町村の協力なしに聖職者を叙任する。宗教団体は、民法の一般的規定により、権利能力を取得する。

(5) 宗教団体は、それが従前、公法上の法人であったならば、今後もその地位を保持する。その他の宗教団体は、組織および構成員数により団体の持続性が保障されるならば、申請に基づいて、同様の権利を認められる。複数の公法上の宗教団体が結合する場合は、結合によってできた団体も公法人となる。

(6) 公法人の宗教団体は、住民税台帳に基づき、州法の規定に従って、税を徴収する権能が与えられる。

(7) 世界観を共同で保護育成することを課題としている結社は、宗教団体と同等の地位を与えられる。

(8) 本条の規定の執行のために、詳細な規律が必要なときは、州の立法による。

第138条〔国家の給付、財産〕

(1) 法律、契約または特別の法的権原に基づく宗教団体への国家の給付は、州の立法によって支払われる。これに関する原則は、ライヒが策定する。

(2) 宗教団体および宗教的結社に対しては、文化、教育、福祉目的のための営造物、財団およびその他の財産に対する財産権、ならびにその他の権利が、保障される。

第139条〔日曜日、祝日〕

日曜日および国家的に承認された祝日は、休息および精神の高揚の日として、法律で保障される。

第141条〔軍隊および施設における司牧〕

軍隊、病院、刑事施設、その他の公の営造物において、礼拝式または司牧の需要があるときは、宗教団体は、宗教的儀式を執り行うことを認められる。ただし、その場

合、いかなる強制も伴ってはならない。

第141条〔ブレーメン条項〕

第7条第3項第1文は、1949年1月1日時点で、州法に別段の定めを置いている州には、適用しない。

第142条〔州憲法の基本権〕

第31条の規定にかかわらず、州の憲法規定は、この基本法の第1条から第18条までの規定に適合して基本権を保障する限り、効力を有する。

第146条〔基本法の有効期限〕

ドイツの統一と自由の完成によって、全ドイツ国民に適用されるこの基本法は、ドイツ国民が自由な決定によって決議する憲法が施行される日に、その効力を失う。

連邦憲法裁判所法

（1993年8月11日公布、最終改正2017年10月8日）

第1部　連邦憲法裁判所の構成と権限

第1条〔連邦憲法裁判所の地位および所在地〕

⑴　連邦憲法裁判所は、他のすべての憲法機関に対して自立し、かつ独立した連邦の裁判所である。

⑵　連邦憲法裁判所の所在地は、カールスルーエとする。

⑶　連邦憲法裁判所は、合同部によって決定される裁判所規則を制定する。

第2条〔法廷〕

⑴　連邦憲法裁判所は、2つの法廷によって構成する。

⑵　各法廷について、8人の裁判官が選挙される。

⑶　各法廷の3人の裁判官は、連邦の最高裁判所の中から選挙する。ただし、連邦の最高裁判所において少なくとも3年間勤務した裁判官のみが選挙されるものとする。

第3条〔裁判官職の資格〕

⑴　裁判官は、満40歳以上で、連邦議会の被選挙権を有し、かつ書面で事前に、連邦憲法裁判所の裁判官になる決意を表明しなければならない。

⑵　裁判官は、ドイツ裁判官法による裁判官資格を有しているか、または、1990年10月3日までに統一条約第3条に定める地域において法律修士の資格を獲得し、統一条約の基準によって、法律で定められた法律職に就任することが認められる者でなければならない。

⑶　裁判官は、連邦議会、連邦参議院、連邦政府または州の相当する機関に所属することはできない。裁判官は、任命によって、これらの機関を離れる。

⑷　裁判官の活動は、ドイツの大学の法学教官の活動を除き、他の職業活動と両立しない。連邦憲法裁判所の裁判官としての活動は、大学教官としての活動に優先する。

第4条〔任期〕

⑴　裁判官の任期は、12年とし、遅くとも定年までとする。

⑵　裁判官の、連続する再選または期間をおいた再選は、禁止される。

⑶　定年は、裁判官が満68歳に達した月の末日とする。

⑷　裁判官は、任期が満了した後も、後任者が任命されるまで、その職務を遂行する。

第5条〔選挙機関〕

⑴　各法廷の裁判官は、それぞれ半数ずつ、連邦議会および連邦参議院によって選挙される。連邦の最高裁判所の裁判官の中から選任される裁判官については、各法廷とも、1人を一方の選挙機関、2人を他方の選挙機関が選挙し、その他の裁判官につい

ては、3人を一方の選挙機関、2人を他方の選挙機関が選挙する。

⑵　裁判官は、早くとも前任者の任期満了の3箇月前に選挙し、この時に連邦議会が解散されている場合は、連邦議会の最初の集会後1箇月以内に選挙する。

⑶　裁判官が任期満了前に離職したときは、後任者は、離職した裁判官を選挙したのと同一の連邦機関によって、1箇月以内に選挙される。

第6条〔連邦議会における選挙手続〕

⑴　連邦議会によって選任される裁判官は、第2項による選出委員会の提案に基づいて、無言・無記名の投票用紙によって選挙される。投ぜられた票の3分の2以上の多数でかつ、連邦議会議員の過半数を獲得した者が、裁判官に選挙される。

⑵　連邦議会は、比例代表選挙の原則に従って、連邦憲法裁判所裁判官選出委員会の構成員となる12人の委員を選挙する。各会派は、それぞれ候補者名簿を提出することができる。各名簿に投ぜられた票の総数から、最大数方式（ドント式）によって、名簿ごとに選出される構成員数を算出する。名簿に登載されている氏名の順序に従って委員が選挙される。選挙人が離職したり、故障があるときには、同一名簿の次点の候補者によって補充する。

⑶　選出委員会の最年長者は、1週間の招集期間を確保しつつ、遅滞なく選出委員会の構成員を招集し、選出すべきすべての裁判官についての提案が決定されるまで続けられる議事の議長をつとめる。

⑷　選出委員会の委員は、選出委員会において職務上知った候補者の個人的事情に関して、ならびに選出委員会でとりかわされたそれについての議論および表決に関して黙秘する義務を負う。

⑸　選挙の提案は、選出委員会の構成員の8票以上の賛成によって議決する。

第7条〔連邦参議院における選挙手続〕

連邦参議院によって選任される裁判官は、連邦参議院の投票の3分の2をもって選挙される。

第7a条〔特別の場合の選挙手続〕

⑴　ある裁判官の任期満了後2箇月以内に、または満了前の離職後2箇月以内に、後任者の選挙が第6条の規定に基づいても成立しないときは、選出委員会の最年長者は、遅滞なく、連邦憲法裁判所に対して、選挙の候補者を推薦するように要請しなければならない。

⑵　連邦憲法裁判所の合同部は、単純多数決によって、誰を裁判官として選挙に推薦するかを決定する。裁判官を1人だけ選挙するときは、連邦憲法裁判所は、3人を推薦しなければならず、同時に複数の裁判官を選挙するときは、連邦憲法裁判所は、選出される裁判官の倍数の者を推薦しなければならない。その際、第16条第2項を準用する。

連邦憲法裁判所法　*489*

(3) 裁判官が連邦参議院によって選挙されるときは、第1項および第2項は、選出委員会の最年長者を、連邦参議院の議長または副議長と読み替えて適用する。

(4) 連邦憲法裁判所の推薦しなかった者を1名選挙する選挙機関の権利は、影響を受けない。

第8条〔候補者名簿〕

(1) 連邦司法大臣は、第3条第1項および第2項の条件を満たす連邦裁判官全員の名簿を作成する。

(2) 連邦司法大臣は、連邦議会の会派、連邦政府または州政府によって、連邦憲法裁判所の裁判官職に推薦され、かつ第3条第1項および第2項の条件を満たす者全員を登載した別の名簿を作成する。

(3) 名簿は、たえず新たに補充し、遅くとも選挙の1週間前に、連邦議会および連邦参議院の議長に送付しなければならない。

第9条〔長官および副長官の選挙〕

(1) 連邦議会および連邦参議院は、交互に連邦憲法裁判所の長官および副長官を選挙する。副長官は、長官の属さない法廷から選出する。

(2) 第1回の選挙においては、長官は連邦議会が、副長官は連邦参議院が選挙する。

(3) 第6条および第7条の規定は、これを準用する。

第10条〔選挙された者の任命〕

連邦大統領は、選挙された者を任命する。

第11条〔裁判官の宣誓〕

(1) 連邦憲法裁判所の裁判官は、その就任に際して、連邦大統領の前で次のように宣誓する。

「私は、公正な裁判官としていかなるときにも連邦共和国の基本法を忠実に守り、裁判官としての義務を何人に対しても良心的に履行することを誓う。神にかけて誓う。」

(2) 裁判官が、ある宗教団体に属していることを告白し、その戒律が信徒に対して別の誓言を認めているときは、当該裁判官は、その誓言を使用することができる。

(3) 宣誓は、宗教的な誓言を用いないで行うこともできる。

第12条〔常時辞職する権利〕

連邦憲法裁判所の裁判官は、いつでも、辞職を申し出ることができる。連邦大統領は、免職を言い渡さなければならない。

第13条〔連邦憲法裁判所の権限〕

連邦憲法裁判所は、基本法で定められている場合、すなわち次に掲げる場合に裁判する。

1. 基本権の喪失について（基本法第18条）

2. 政党の違憲性について（基本法第21条第2項）

2a. 政党の国庫補助からの排除について（基本法第21条第3項）

3．連邦議会の選挙または議員の資格の獲得もしくは喪失の効力に関する連邦議会の決定に対する訴願について（基本法第41条第2項）

3ａ．連邦議会の選挙に参加する政党としての不承認に対する団体の訴願について（基本法第93条第1項4ｃ号）

4．連邦議会または連邦参議院による連邦大統領に対する訴追について（基本法第61条）

5．連邦最高国家機関の権利義務または基本法もしくは連邦最高国家機関の規則で固有の権利を認められたその他の関係機関の権利・義務の範囲に関する争訟を契機とする基本法の解釈について（基本法第93条第1項第1号）

6．連邦法もしくは州法の基本法との形式的もしくは実質的適合性または州法のその他の連邦法との適合性に関する意見の相違もしくは疑いについて、連邦政府、州政府または連邦議会議員の4分の1の提起によるもの（基本法第93条第1項第2号）

6ａ．法律が第72条第2項の条件に適合しているかどうかについての意見の相違について、連邦参議院、州政府、または州議会の提起によるもの（基本法第93条第1項第2ａ号）

6ｂ．第72条第4項の場合に第72条第2項による連邦法律の規律の要請がもはや存在しないかどうか、または第125ａ条第2項第1文の場合にもはや連邦法が制定することができないかどうかについて、連邦参議院、州政府、または州議会の提起によるもの（基本法第93条第2項）

7．とくに州による連邦法の執行および連邦監督の行使に際しての、連邦および州の権利・義務に関する意見の相違について（基本法第93条第1項第3号および第84条第4項第2文）

8．他に出訴手段が存在しないときの、連邦と州との間、州と州との間または1州内部におけるその他の公法上の争訟（基本法第93条第1項第4号）

8ａ．憲法訴願について（基本法第93条第1項第4ａ号および第4ｂ号）

9．連邦裁判官および州裁判官に対する裁判官訴追について（基本法第98条第2項および第5項）

10．州法律によって裁判権が連邦憲法裁判所に与えられているときの、1州内部の憲法争訟について（基本法第99条）

11．連邦法律もしくは州法律の基本法との適合性または州法律その他の州法の連邦法律との適合性について、裁判所の提起に基づくもの（基本法第100条第1項）

11ａ．調査委員会の設置に関する連邦議会の議決の基本法適合性について、調査委員会法36条2項に基づく移送によるもの

12．国際法の規則が連邦法の構成部分となるかどうか、および、それが個人に対して直接に権利・義務を生じさせるかどうかに関する疑義について、裁判所の提起に基づくもの（基本法第100条第2項）

13. 州の憲法裁判所が基本法の解釈において連邦憲法裁判所または他州の憲法裁判所の裁判と相違しようとする場合で、当該憲法裁判所の提起に基づくもの（基本法第100条第3項）

14. 法の連邦法としての効力継続に関する意見の相違について（基本法第126条）

15. その他連邦法律によって、連邦憲法裁判所の権限とされている場合（基本法第93条第2項）

第14条〔法廷の管轄〕

(1) 連邦憲法裁判所の第1法廷は、主として、ある規定の、基本権または基本法第33条、第101条、第103条および第104条の権利との不適合が主張される規範統制訴訟（第13条第6号および第11号）について、ならびに、第91条による憲法訴願および選挙法分野の憲法訴願を除く憲法訴願についての管轄権を有する。

(2) 連邦憲法裁判所の第2法廷は、第13条第1号ないし第5号、第6a号ないし第9号、第12号および第14号の場合、さらに第1法廷の管轄に属さない規範統制訴訟および憲法訴願についての管轄権を有する。

(3) 第13条第10号および第13号の場合には、法廷の管轄権は、第1項および第2項の規則に従って決定する。

(4) 連邦憲法裁判所の合同部は、法廷の管轄について、ある法廷に単に一時的でない負担過重が生じたために、必要やむをえないときには、第1項ないし第3項と異なる規律を定めることができ、それは翌年度の初めから効力を発する。新たな規律は、裁判の口頭弁論または評議が行われていない係属中の訴訟にも適用する。合同部の決定は、連邦法律官報において公布される。

(5) 訴訟において、どの法廷の管轄とすべきか疑義のあるときは、長官、副長官および当該年度の間任命される各法廷2人ずつ計4人の裁判官をもって組織する委員会がそれについて決定する。可否同数のときは、議長の決するところによる。

第15条〔裁判長、定足数〕

(1) 連邦憲法裁判所の長官および副長官は、所属する法廷の裁判長をつとめる。その代理は、勤続年数において最長の者、同じ勤続年数の場合は、出席している最年長の裁判官がつとめる。

(2) 各法廷は、少なくとも6人の裁判官が出席しているときに評決することができる。ある法廷が特別の緊急性を有する訴訟において、評決できる状況にないときは、裁判長は抽選手続を命じ、定足数に達するまで、他法廷の裁判官を代理として指名する。法廷の裁判長を代理として指名することはできない。詳細は、裁判所規則で定める。

(3) 事件の評議を開始した後に、その他の裁判官が参加することはできない。定足数に達しないために法廷での評決ができないときは、裁判官を補充した後に改めて評議を行わなければならない。

⑷　第13条第１号、第２号、第２a号、第４号および第９号による手続においては、訴えの相手方の不利益になる裁判のためには、いかなる場合でも、法廷の裁判官の３分の２の多数を必要とする。その他の場合は、法律に別段の定めがない限り、裁判に加わった法廷の裁判官の過半数をもって決定する。可否同数のときは、基本法違反または連邦法違反の確認はできない。

第15a条〔小委員会〕

⑴　法廷は、年度ごとに複数の小委員会を設置する。各小委員会は、３人の裁判官をもって組織する。小委員会の人的構成は、３年以内に変更すべきものとする。

⑵　法廷は、年度の始まる前に、その年度について第80条による申立てならびに第90条および第91条による憲法訴願の報告者の割当、小委員会の数および委員の配置ならびに委員の代理を決定する。

第16条〔合同部の決定〕

⑴　法廷がある法的問題において、他の法廷の裁判に含まれている法的見解と相違しようとする場合は、連邦憲法裁判所の合同部がこれについて決定する。

⑵　合同部は、各法廷とも３分の２の裁判官が出席している場合に評決することができる。

第２部　憲法裁判の訴訟手続

第１章　一般的手続規定

第17条〔裁判所構成法の準用〕

この法律に別段の定めがない限り、公開、法廷警察、裁判所の用語、評議および評決に関しては、裁判所構成法第14章から第16章までの規定を準用する。

第17a条〔録音、撮影〕

⑴　連邦憲法裁判所の審理は、裁判の言渡しも含めて、公開で行う。公共の発表またはその内容の公開を目的とするテレビ放送の録音、撮影、映画の録音、撮影は以下の場合にのみ許可する。

１．口頭弁論においては、裁判所が当事者の出席を確認するまでの間

２．裁判の言渡し

プレス、ラジオ、テレビその他のメディアに対して報道する者のための作業室における音声による中継は、裁判長の指示によって許可することができる。

⑵　連邦憲法裁判所は、当事者または第三者の保護に値する利益ならびに秩序ある訴訟の進行を維持するために、裁判長は、第１項第２文による撮影もしくは中継、または

連邦憲法裁判所法　*493*

第1項第3文による中継の全部または一部を拒否し、または附帯条件の遵守にかからしめることができる。

(3) 裁判の言渡しを含めて、連邦憲法裁判所の審理の録音は、学問的および歴史的意義を目的とする場合は、ドイツ連邦共和国にとって、傑出した時代史的意義を有する訴訟に関するものであるときには、法廷の決議により、許可することができる。当事者または第三者の保護に値する利益ならびに秩序ある訴訟の進行を維持するために、裁判長は、一部の撮影を拒否することができる。撮影記録は、裁判記録とすることはできず、かつ、引き渡すことはできず、また、撮影された者の目的のために、または、他の訴訟のために利用し、もしくは使用することは許されない。撮影記録は、訴訟の終了後に、裁判所によって、連邦公文書館への移管が命じられ、公文書館は、連邦公文書館法によって、撮影記録が保存する価値があるかどうかを確認しする。連邦公文書館が、撮影記録を受理しないときは、撮影記録は裁判所のよって廃棄される。第25a条第2項は影響を受けない。

(4) 裁判長の指示に対しては、法廷への抗告が認められる。

第18条〔裁判官の除斥〕

(1) 連邦憲法裁判所の裁判官は、次の場合に職務の行使から除斥する。
  1. 事件の当事者である場合、現在もしくは過去に当事者の配偶者であった場合、現在もしくは過去に生活上のパートナーであった場合、または、当事者の直系の血族もしくは姻族または傍系の3親等までの血族もしくは2親等までの姻族である場合
  2. 同一事件において職務上または職業上の活動をしていた場合

(2) 家族内の地位、職業、門地、政党所属に基づいて、または類似の一般的観点から、訴訟の結果に利害関係を有する者は、事件の当事者とはみなさない。

(3) 次の行為は、第1項第2号の意味における活動とはみなさない。
  1. 立法手続における参加協力
  2. 訴訟にとって重要な意味をもちうる法的問題についての学問的見解の表明

第19条〔不公正を理由とする忌避、代理の指名〕

(1) ある裁判官が不公正のおそれがあるために忌避されたときは、裁判所は、忌避された裁判官を除いて裁判する。可否同数のときは、裁判長の決するところによる。

(2) 忌避は、理由を必要とする。忌避された裁判官は、それについて意見を述べなければならない。忌避は、遅くとも口頭弁論の始まるまでに申立てがない場合は、認められない。

(3) 忌避を申立てられていない裁判官が、自ら公正でないことを表明したときは、第1項を準用する。

(4) 連邦憲法裁判所が、ある裁判官の忌避または回避について理由があると宣告したときは、他法廷の裁判官を抽選で代理として指名する。法廷の裁判長を代理に指名する

ことはできない。詳細は、裁判所規則で定める。

第20条〔訴訟記録の閲覧〕

当事者は、訴訟記録閲覧の権利を有する。

第21条〔集団訴訟における受人者による出廷〕

訴訟が集団により、または集団に対して提起されているときは、連邦憲法裁判所は、集団が自らの権利とくに期日での出廷の権利を1または2以上の受任者に行使させるように命じることができる。

第22条〔代理〕

(1) 当事者は、訴訟のどの段階においても、EU構成国、その他の欧州経済圏の協定国もしくはスイスの弁護士または国立大学もしくは国家的に認められた大学の法学教官でありかつ、裁判官資格を有する者に代理させることができる。連邦憲法裁判所での口頭弁論においては、当事者は、これらの者に代理させなければならない。立法機関および憲法または議事規則で固有の権利を認められたその1部は、その構成員に代理させることができる。さらに、連邦、州およびそれらの憲法機関は、裁判官資格を有する官吏または所定の国家試験に基づいて上級行政職の資格を有している官吏に代理させることができる。連邦憲法裁判所は、その他の者を、当事者の補佐人として認めることもできる。

(2) 授権は、書面で行わなければならない。授権は、当該訴訟について明示されなければならない。

(3) 代理人が指名されたときは、裁判所の通知は、すべて代理人に対して行われる。

第23条〔訴訟手続の開始〕

(1) 訴訟手続を開始する提起は、訴状を連邦憲法裁判所に提出することによって行うものとする。訴状には、理由を付さなければならず、必要な証拠方法を挙示しなければならない。

(2) 裁判長または第93c条の裁判の場合には主任裁判官が、訴えの相手方、その他の当事者ならびに第27a条により態度表明の機会を与えられた第三者に対して、遅滞なく訴状を送達し、一定の期間内にこれについて意見を述べるよう求める。

(3) 裁判長または主任裁判官は、すべての当事者に対して、一定の期間内に、必要な数の書面の写しを裁判所およびその他の当事者に追加送達するように命じることができる。

第24条〔訴えの却下〕

不適法な提起または明らかに理由のない提起は、裁判所の全員一致の決定によって、却下することができる。決定は、訴訟提起者に対して、事前に、訴えの適法性または理由に対する疑念を指摘しているときは、それ以上の理由づけを必要としない。

連邦憲法裁判所法　*495*

第25条〔口頭弁論、判決、決定〕

(1) 連邦憲法裁判所は、別段の定めがない限り、全当事者が明示の意思により、口頭弁論を放棄する場合を除き、口頭弁論に基づいて裁判する。

(2) 口頭弁論に基づく裁判は、判決とし、口頭弁論に基づかない裁判は、決定とする。

(3) 部分裁判および中間裁判は、認められる。

(4) 連邦憲法裁判所の裁判は、「国民の名において」行われる。

第25a条〔口頭弁論の文書記録と録音〕

口頭弁論については、文書記録が作成される。口頭弁論は、それに加えて録音も行う。詳細は裁判所規則で定める。

第26条〔証拠調べ〕

(1) 連邦憲法裁判所は、真実の究明のために、必要な証拠を調べる。連邦憲法裁判所は、口頭弁論のほかに、1人の裁判官に証拠調べを委任し、または、事物と人物を特定した上で、他の裁判所に証拠調べを委嘱することができる。

(2) 裁判所の3分の2の多数決に基づき、ある証拠書類の援用について、その使用が国家の安全と一致しない場合、これを行わないことができる。

第27条〔司法共助および職務共助〕

すべての裁判所および行政官庁は、連邦憲法裁判所に対して司法共助および職務共助を行う。連邦憲法裁判所が原審の訴訟記録を求めるときは、記録は、直接、連邦憲法裁判所に提出される。

第27a条〔第三者の鑑定人〕

連邦憲法裁判所は、第三者の鑑定人に対して態度表明の機会を与えることができる。

第28条〔証人および鑑定人〕

(1) 証人および鑑定人の尋問については、第13条第1号、第2号、第4号および第9号の場合には、刑事訴訟法の規定を準用し、その他の場合には、民事訴訟法の規定を準用する。

(2) 証人または鑑定人の尋問について上級の機関の承認を必要とする場合、上級の機関は、連邦または州の福祉のために必要であるときに限り、この承認を拒否することができる。連邦憲法裁判所が3分の2の多数をもって、発言の承認拒否を理由がないと判断した場合は、証人または鑑定人は、黙秘義務を援用することはできない。

第29条〔証拠調べの期日〕

当事者は、すべての証拠調べの期日を通知され、かつ証拠調べに参加することができる。当事者は、証人および鑑定人に対して質問することができる。質問に対して異議が提出されたときは、その許否について裁判所が決定する。

第30条〔言渡しの形式と裁判〕

(1) 連邦憲法裁判所は、秘密の評議において、弁論の内容および証拠調べの結果をすべ

て斟酌して得られる自由な確信に基づいて、裁判する。裁判は、書面をもって作成し、理由を付し、および裁判に加わったすべての裁判官によって署名されなければならない。口頭弁論が行われたときは、裁判は、重要な裁判理由を明らかにして、言い渡さなければならない。裁判の言渡しの期日は、口頭弁論において告知し、または評議の終了後に確定することができるが、後者の場合は、言渡しの期日が遅滞なく、当事者に通知されなければならない。口頭弁論の終結と裁判の言渡しとのあいだの期間は3箇月を超えないものとする。言渡しの期日は、連邦憲法裁判所の決定によって延期することができる。

(2) 裁判官は、裁判または理由について、評議で主張した異なる意見を少数意見に記すことができ、少数意見は、裁判に付記される。法廷は、その裁判において賛否の状況を公表することができる。詳細は、裁判所規則で定める。

(3) すべての裁判は、当事者に送達しなければならない。

第31条〔裁判の拘束力〕

(1) 連邦憲法裁判所の裁判は、連邦および州の憲法機関ならびにすべての裁判所および官庁を拘束する。

(2) 第13条第6号、第6a号、第11号、第12号および第14号の場合、連邦憲法裁判所の裁判は、法律的効力を有する。これは、第13条第8a号の場合にも、連邦憲法裁判所がある法律を基本法と適合するまたは適合しないもしくは無効であると宣告する場合に適用する。法律が基本法またはその他の連邦法と適合するまたは適合しないもしくは無効であると宣告されたときは、判決主文が連邦法務大臣によって、連邦法律官報において公告される。これは、第13条第12号および第14号の場合の主文についても準用する。

第32条〔仮命令〕

(1) 連邦憲法裁判所は争訟事件において、重大な不利益の回避のために、差し迫った権力の行使の防止のために、またはその他の重大な理由により、共同の福祉のために緊急に必要である場合、命令によって、事態を暫定的に規律することができる。

(2) 仮命令は、口頭弁論なくして発出することができる。特に緊急を要する場合、連邦憲法裁判所は、本案訴訟における当事者、訴訟参加の資格を有する者または発言資格を有する者に態度の表明を行う機会を与えることを省略することができる。

(3) 仮命令が決定によって発出され、または拒否されたときは、異議を申立てることができる。これは、憲法訴願の提起者には適用されない。異議については、連邦憲法裁判所が、口頭弁論を経た後に裁判する。この裁判は、異議の理由を受けとった後2週間以内に行わなければならない。

(4) 仮命令に対する異議は、執行停止効力をもたない。連邦憲法裁判所は、仮命令の執行を停止することができる。

連邦憲法裁判所法　*497*

(5) 連邦憲法裁判所は、仮命令または異議についての裁判を理由を付さないで言い渡すことができる。この場合、理由は当事者ごとに通知することができる。

(6) 仮命令は、6箇月後に効力を失う。仮命令は、3分の2の多数をもって更新することができる。

(7) 法廷が評決できないにもかかわらず、とくに緊急を要するとき、少なくとも3人の裁判官が出席し、かつ決定が全員一致によるものであるときは、仮命令を発出することができる。この仮命令は、1箇月後に効力を失う。それが法廷によって追認されたときは、発令から6箇月後に失効する。

第33条〔訴訟手続の中断〕

(1) 連邦憲法裁判所は、他の裁判所の確認や裁判が自らの裁判にとって重要な意味をもちうるときは、他の裁判所に係属中の訴訟が終了するまで、自らの訴訟手続を中断することができる。

(2) 連邦憲法裁判所は、真実が職権で探知された訴訟において下された確定判決の事実認定を、自らの裁判の基礎とすることができる。

第34条〔裁判費用、手数料の賦課〕

(1) 連邦憲法裁判所の訴訟手続は、無償とする。

(2) 連邦憲法裁判所は、憲法訴願または基本法第41条第2項による訴願の提起が濫用をなすとき、または、仮命令（第32条）の発出を求める申立てが濫用をなすときは、2,600ユーロまで手数料を課すことができる。

(3) 手数料の徴収については、連邦財政法第59条第1項を準用する。

第34a条〔必要経費の補償〕

(1) 基本権の喪失の提起（第13条第1号）または連邦大統領に対する訴追（第13条第4号）もしくは裁判官に対する訴追（第13条第9号）について、理由がないことが明らかになったときは、訴えの相手方または被告に対して弁護費用を含む必要経費が補償される。

(2) 憲法訴願について理由があることが明らかになったときは、訴願提起者に対して必要経費の全部または1部が補償される。

(3) その他の場合においても、連邦憲法裁判所は、費用の全部または1部の補償を命じることができる。

第35条〔執行に関する規則〕

連邦憲法裁判所は裁判において、裁判を執行する者を指定することができ、また、事件ごとに、執行の種別と方法を定めることもできる。

第2章　外部からの記録の閲覧

第35a条〔原則〕

　訴訟の外部から提起された、連邦憲法裁判所の記録の情報開示や閲覧を求める申請が、個人の情報に関するものであるときは、以下の規定に別段の定めがない限り、連邦情報保護法の規定を適用する。

第35b条〔資格を有する者〕

(1)　連邦憲法裁判所の記録の情報開示や閲覧は、次の場合に認めることができる。

　　1.　公的機関に対して、司法目的のために必要である場合、または連邦情報保護法第14条第2項第4号、第6号ないし第9号に挙げられている条件が存在する場合

　　2.　私人およびその他の非公的機関に対して、正当な利害関係を有する場合、ただし、当事者が拒否するための保護利益を有する場合は、情報開示と閲覧は拒否される。連邦情報保護法第16条第3項は適用されず、提供された情報と記録閲覧は、メモに書き留めなければならない。

　　当事者が同意した場合にも、情報開示と記録の閲覧を認めることができる。

(2)　記録の閲覧は、理由の申立てにおいて、情報の提供だけでは、記録の閲覧を要望している公的機関（第1項第1号）の任務遂行にとって、または、記録の閲覧を熱望している私人およびその他の非公的機関（第1項第2号）の正当な利益の実現にとって、不十分であること、または情報の提供が法外に費用がかさむことが明らかである場合にのみ認めることができる。

(3)　記録の構成部分ではない関連記録の情報の開示は、申請者が、その記録が関係する機関の同意を得ていることを示すときにのみ認められる。記録の閲覧もについても同様とする。

(4)　連邦憲法裁判所の記録は、転送されない。公的機関に転送されるのは、第2項により当該機関に記録の閲覧が認められる場合、または、特別の事情に基づいて私人に対して記録の閲覧が当該機関において認められる場合のみである。

(5)　連邦公文書館または連邦公文書館によって中間的収納庫として保管されている、連邦憲法裁判所の記録の閲覧については、訴訟の終結30年後に公文書館法の規律が適用される。判決、決定および処分の原案、準備作業、評決に関する資料については60年後に適用される。連邦憲法裁判所は、連邦公文書館に保管すべく預けた文書資料に対して、裁判所の内部的および手続的目的のために、いつでも優先的に取り戻す権利を保持する。この目的のために、要請があるときは、直ちに連邦憲法裁判所に回送されなければならない。

(6)　公開を目的としていない、小委員会の裁判の記録は、決定および処分の原案、準備

作業、評決に関する資料も含めて、連邦公文書館の了解を得て、30年後に廃棄することができる。

(7) 一般的な記録として記載される文書の記録で、訴訟記録に移管されない記録は、連邦公文書館の了解を得て、事件に関する最後の処分があったときから5年後に廃棄される。

第35c条〔連邦憲法裁判所による他の事件への情報利用〕

連邦憲法裁判所は、憲法訴訟において記録に記載されている個人関係情報を他の憲法訴訟に利用してはならない。

第3部　個別的手続規定

第1章　第13条第1号の場合の手続〔基本権の喪失〕

第36条〔提訴資格〕

基本法第18条第2項による裁判を求める訴えは、連邦議会、連邦政府または州政府が提起することができる。

第37条〔予備手続〕

連邦憲法裁判所は、訴えの相手方に対して一定の期間内に発言の機会を与え、その後、訴えを不適法もしくは理由不十分で却下するか、または口頭弁論を行うべきかについて決定する。

第38条〔押収、捜索〕

(1) 連邦憲法裁判所は、訴えを受理した後、刑事訴訟法の規定に従って、押収または捜索を命じることができる。

(2) 連邦憲法裁判所は、口頭弁論の準備のために、予審を命じることができる。予審の実施は、本案の裁判権を有しない法廷の裁判官に委嘱される。

第39条〔基本権喪失の裁判〕

(1) 訴えの提起に理由があることが証明されたときは、連邦憲法裁判所は、訴えの相手方がどの基本権を喪失するかを確認する。連邦憲法裁判所は、基本権の喪失について、一定の期間、少なくとも1年の期限を付けることができる。連邦憲法裁判所は、訴えの相手方に対して、喪失する基本権以外の基本権を侵害しない限り、方法と期限を厳格に明示したうえで諸制限を課すこともできる。その限りで行政官庁は、訴えの相手方に対してとる措置について、他の法律上の根拠を必要としない。

(2) 連邦憲法裁判所は、訴えの相手方に対して、基本権喪失の期間中、選挙権、被選挙権、公務就任権を否認し、また法人については、その解散を命じることができる。

第40条〔喪失の取消し〕

　喪失に期限が付されず、または1年を超える長期の喪失が宣告されたときは、連邦憲法裁判所は、喪失の宣告後2年を経過したときに、元の提訴者または訴えの相手方の申立てに基づいて、喪失の全部もしくは1部を廃止し、または喪失の期間を短縮することができる。申立ては、連邦憲法裁判所の最後の裁判があった後1年を経過したときは、再び行うことができる。

第41条〔再提訴〕

　連邦憲法裁判所が、ある提訴について実体法上の裁判を行ったときは、提訴が新たな事実に基づく場合にのみ、同一の相手方に対して再び、訴えを提起することができる。

第42条（削除）

第2章　第13条第2号および第2a号の場合の手続〔政党禁止および助成排除〕

第43条〔提訴資格〕

(1)　ある政党が違憲であるかどうかの裁判（基本法第21条第2項）を求める訴えは、連邦議会、連邦参議院または連邦政府が提起することができる。

(2)　州政府は、州領域に組織が限定されている政党に対してのみ、訴えを提起することができる。

第44条〔政党の代表〕

　政党の代表は、法律の規定にしたがい、その規約を参考にして決定する。代表者が確認できないとき、もしくは存在しないとき、または連邦憲法裁判所が訴えを受理した後交代したときは、提訴の原因となった活動の間、政党の事務を最終的に事実上遂行した者を代表者とみなす。

第45条〔発言の期限〕

　連邦憲法裁判所は、代表者（第44条）に一定の期限内に発言する機会を与え、その後、訴えを不適法もしくは理由不十分で却下するか、または口頭弁論を行うべきかについて決定する。

第46条〔政党の違憲性に関する裁判〕

(1)　訴えの提起に理由があると証明されたときは、連邦憲法裁判所は、政党が違憲であることを確認する。

(2)　確認は、法的または組織的に自立した政党の1部に限定することもできる。

(3)　違憲の確認には、政党または政党の自立した1部の解散および代替組織の設立の禁止を結合することができる。この場合には、連邦憲法裁判所は、さらに、連邦または州の公益目的のために、政党または政党の自立した1部の財産の剥奪を宣告することができる。

連邦憲法裁判所法　*501*

第47条〔押収、捜索等〕

第38条および第41条の規定は、これを準用する。

第3章　第13条第3号の場合の手続〔選挙審査〕

第48条〔提訴資格、口頭弁論〕

(1)　基本法41条の選挙審査に服する、選挙の効力、選挙の準備・執行における選挙権侵害に関する連邦議会の決定に対する訴願または連邦議会の議員の資格の喪失に関する連邦議会の決定に対する訴願は、資格が争われている議員、連邦議会によって異議を却下された1人の有権者もしくは有権者の集団、または会派もしくは連邦議会の少数派で議員定数の10分の1以上のものが、連邦議会の決定後2箇月以内に連邦憲法裁判所に提起することができ、訴願はこの期間内に理由を付さなければならない。

(2)　連邦憲法裁判所は、訴訟がそれによって促進されることが期待されないときは、口頭弁論を省略することができる。

(3)　1人の有権者または有権者の集団の訴願の審査において、その権利が侵害されたことが証明されるときは、連邦憲法裁判所は、選挙の無効を宣告しないときであっても、権利侵害を確認する。

第4章　第13条第4号の場合の手続〔大統領弾劾〕

第49条〔訴追状〕

(1)　連邦大統領に対する訴追は、基本法またはその他の連邦法に対する故意の違反を理由として、連邦憲法裁判所に訴追状を提出することによって行う。

(2)　各議院の議長は、議院の決定に基づいて（基本法第61条第1項）、1箇月以内に訴追状を認証し、連邦憲法裁判所に送付する。

(3)　訴追状には、訴追される原因となった行為または不作為、証拠方法および侵害されたと主張する憲法または法律が記載されなければならない。訴追状は、訴追の決定が連邦議会議員定数の3分の2の多数または連邦参議院の投票の3分の2をもって行われたという確認を含まなければならない。

第50条〔訴追できる期間〕

訴追は、その基礎となる事実を提訴権を有する議院が知ってから3箇月以内でなければ行うことができない。

第51条〔訴訟手続の遂行〕

手続の開始と遂行は、連邦大統領の退職もしくは辞職または連邦議会の解散もしくは議員の任期満了によって、影響を受けない。

第52条〔訴追の撤回〕

⑴　訴追は、判決の言渡しまでに、訴追を行った議院の決定に基づいて撤回することができる。この決定は、連邦議会議員定数の過半数または連邦参議院の投票の過半数の同意を必要とする。

⑵　訴追は、訴追を行った議院の議長が認証した決定を連邦憲法裁判所に送付することによって撤回される。

⑶　訴追の撤回は、連邦大統領が１箇月以内にそれに反対したときは、無効である。

第53条〔仮命令〕

　　連邦憲法裁判所は、訴追後、仮命令によって、連邦大統領が職務の行使を停止するよう命じることができる。

第54条〔予審〕

⑴　連邦憲法裁判所は、口頭弁論の準備のために、予審を命じることができ、連邦憲法裁判所は、訴追の代理人または連邦大統領が予審を申請するときは、予審を命じなければならない。

⑵　予審の実施は、本案の裁判権を有しない法廷の１人の裁判官に委嘱する。

第55条〔口頭弁論〕

⑴　連邦憲法裁判所は、口頭弁論に基づいて裁判する。

⑵　審理には、連邦大統領が召喚される。その場合、無断で欠席し、または十分な理由なく中途退席したときは、連邦大統領欠席のまま審理することを、連邦大統領に指示しなければならない。

⑶　審理においては、訴追を行った議院の受任者が、はじめに陳述する。

⑷　次に、連邦大統領に対して、訴追について弁明する機会が与えられる。

⑸　その後に証拠調べが行われる。

⑹　最後に、訴追代理人が論告し、連邦大統領が弁論する。連邦大統領が最終発言を行う。

第56条〔判決〕

⑴　連邦憲法裁判所は、連邦大統領が、基本法または厳格に挙示された連邦法律に故意に違反して有罪であるかどうかについて、判決で確認する。

⑵　有罪の場合は、連邦憲法裁判所は、連邦大統領の失職を宣告する。連邦大統領は、判決の言渡しのときから職を失う。

第57条〔判決正本〕

　　判決の正本は、理由を付して、連邦議会、連邦参議院および連邦政府に送達する。

連邦憲法裁判所法　*503*

第5章　第13条第9号の場合の手続〔裁判官弾劾〕

第58条〔裁判官に対する訴追〕

⑴　連邦議会が基本法98条第2項によって連邦裁判官に対して訴追を行うときは、第49条から第55条までの規定を、第49条第3項第2文、第50条および第52条第1項第2文を除いて、準用する。

⑵　連邦裁判官が職務違反について非難された場合、連邦議会は、裁判手続の確定的終了前に決定は行わず、またそれ以前に、同一の違反で正式の懲戒手続がとられているときは、この懲戒手続の開始前には決定を行わない。連邦裁判官が違反について責任があると主張されている裁判手続の確定的な終了後6箇月を経過したときは、訴追を行うことは許されない。

⑶　第2項の場合を除くほか第1項による訴追は、違反後2年を経過したときは許されない。

⑷　訴追は、連邦議会の受任者が代理人となって連邦憲法裁判所に対して行う。

第59条〔判決〕

⑴　連邦憲法裁判所は、基本法第98条第2項において規定されている措置を命じるか、または無罪を宣告する。

⑵　連邦憲法裁判所が、罷免を宣告するときは、連邦裁判官は、判決の言渡しの時から職を失う。

⑶　転任または退職を命じられたときは、連邦裁判官を罷免する権限を有する機関がその転行の義務を負う。

⑷　判決の正本は、理由を付して、連邦大統領、連邦議会および連邦政府に送達する。

第60条〔懲戒訴訟の中断〕

連邦憲法裁判所に訴訟が係属する限り、同一事実を理由として懲戒裁判所に係属している訴訟は、中断する。連邦憲法裁判所が罷免を宣告したとき、または転任もしくは退職を命じたときは、懲戒訴訟手続は終了し、その他の場合は、続行する。

第61条〔再審〕

⑴　再審は、有罪の言渡しを受けた者の利益のためにのみ、かつ本人の請求または本人の死後においては配偶者、生活上のパートナーもしくは卑属の請求に基づいてのみ、刑事訴訟法第359条および第364条の要件の下で行われる。請求には、再審の法律上の根拠および証拠方法が記載されなければならない。再審の請求によって、判決の効力は妨げられない。

⑵　請求の許否について、連邦憲法裁判所は、口頭弁論を行わないで裁判する。刑事訴訟法第368条、第369条第1項、第2項および第4項、第370条ならびに第371条第1項

ないし第3項の規定は、これを準用する。

(3) 新たな公判において、旧判決を維持するか、より緩かな措置を命じるか、無罪を言い渡すかしなければならない。

第62条〔州裁判官に対する手続〕

基本法第98条第5項第2文によって効力を継続する州憲法に別段の定めがない限り、本章の規定は、州法律が州裁判所について、基本法第98条第2項に相当する定めを置いている場合にも適用する。

第6章　第13条第5号の場合の手続〔機関争訟〕

第63条〔訴えの提起者および相手方〕

訴えの提起者および相手方は、連邦大統領、連邦参議院、連邦政府、ならびに基本法でまたは連邦議会および連邦参議院の議事規則で固有の権利を認められたこれらの機関の1部に限られる。

第64条〔提訴要件〕

(1) 訴えは、提起者が、自己または自己の属する機関が相手方の措置または不作為によって、基本法上与えられている権利および義務を侵害されたもしくは直接脅かされていると主張する場合にのみ、提起することができる。

(2) 訴えには、訴えようとする相手方の措置または不作為が違反している基本法の規定が挙示されなければならない。

(3) 訴えは、訴えている措置または不作為を提起者が知ってから、6箇月以内に提起しなければならない。

(4) この法律の施行の際に、期間を徒過している場合は、施行後3箇月以内に、訴えを提起することができる。

第65条〔訴訟参加の資格〕

(1) 訴えの提起者および訴えの相手方のほかに、訴訟のどの段階においても、裁判がその権限の確定にとって重要なときは、第63条に掲げるその他の提訴権者を訴訟に参加させることができる。

(2) 連邦憲法裁判所は、訴訟手続の開始について、連邦大統領、連邦議会、連邦参議院および連邦政府に通知する。

第66条〔訴訟手続の併合分離〕

連邦憲法裁判所は、係属中の訴訟手続を併合し、および分離することができる。

第67条〔裁判〕

連邦憲法裁判所は、裁判において訴えられている相手方の措置または不作為が、基本法の規定に違反しているかどうかについて確認する。その際、規定を示さなければなら

ない。連邦憲法裁判所は、第1文の確認の成否にかかる、基本法の規定の解釈にとって
重要な法的問題を主文で裁判することができる。

第7章　第13条第7号の場合の手続〔連邦・州間争訟〕

第68条〔訴えの提起者と相手方〕
　　訴えの提起者および相手方は、連邦に関しては連邦政府、州に関しては州政府に限ら
れる。

第69条〔手続〕
　　第64条から第67条までの規定は、これを準用する。

第70条〔出訴期間〕
　　基本法第84条第4項第1文による連邦参議院の決定に対しては、決定が行われてから
1箇月以内においてのみ、出訴することができる。

第8章　第13条第8号の場合の手続〔その他の連邦・州間等の公法上の争訟〕

第71条〔訴えの提起者と相手方〕
⑴　訴えの提起者および相手方は、次の者に限られる。
　　1．基本法第93条第1項第4号による連邦と州との間の公法上の争訟については、連
　　　　邦政府および州政府
　　2．基本法第93条第1項第4号による州と州との間の公法上の争訟については、州政
　　　　府
　　3．基本法第93条第1項第4号による1州内部の公法上の争訟については、州最高機
　　　　関および州憲法または州最高機関の規則において固有の権利を認められている州最
　　　　高機関の1部。ただし後者については、訴訟物によって自己の権利または権限が直
　　　　接侵害されている場合に限る。
⑵　第64条第3項の規定は、これを準用する。

第72条〔裁判〕
⑴　連邦憲法裁判所は、次のことを判示することができる。
　　1．措置の可否
　　2．相手方がある措置を行わず、取り消し、執行し、または受忍する義務
　　3．給付を行う義務
⑵　第71条第1項第3号による手続においては、連邦憲法裁判所は、訴えられている相
　　手方の措置または不作為が、州憲法の規定に違反しているかどうかを確認する。第67
　　条第2文および第3文の規定は、これを準用する。

第9章　第13条第10号の場合の手続〔州の憲法争訟〕

第73条〔当事者〕

(1)　1州内部の憲法訴訟は、州の最高機関または州の最高機関の規則において固有の権
　　利を認められているこれらの機関の1部のみが、当事者となることができる。

(2)　第64条第3項の規定は、州法に別段の定めがない限り、これを準用する。

第74条〔裁判〕

　　連邦憲法裁判所の裁判が、どのような効力を有しうるかについて、州法に定めがない
　ときは、第72条第2項を準用する。

第75条〔手続〕

　　手続については、この法律の第2部の一般的手続規定を準用する。

第10章　第13条第6号、第6a号の場合の手続〔抽象的規範統制〕

第76条〔提訴要件〕

(1)　基本法第93条第1項第2号による連邦政府、州政府または連邦議会の4分の1の議
　　員の提訴は、提訴権者が、連邦法または州法について、次のように判断するときにの
　　み行うことができる。

　　1．基本法またはその他の連邦法と形式的または実質的に適合しないために無効であ
　　　ると判断するとき。

　　2．裁判所、行政官庁または連邦もしくは州の機関が、当該法を基本法またはその他
　　　の連邦法と適合しないとして適用しなかった後に、有効であると判断するとき。

(2)　基本法第93条第1項第2a号に基づく連邦参議院、州政府、州議会の提訴は、提訴
　　者が、ある連邦法律が、基本法第72条第2項の条件を満たさないために無効である
　　と考えるときにのみ許される。提訴者が、その法律は、基本法第75条第2項の条件を満
　　たさないために無効であると考えるときも提訴することができる。

第77条〔連邦機関・州機関の発言の権利〕

　　連邦憲法裁判所は、次の場合において以下の者に一定の期間内に発言する機会を与え
　なければならない。

　　1．第76条第1項の場合には、連邦議会、連邦参議院、連邦政府に対して、連邦法の
　　　効力について意見の相違があるときは州政府に対しても、また州の法規範の効力に
　　　ついて意見の相違があるときは、当該法規範が公布された州の議会および政府に対
　　　しても。

　　2．第76条第2項の場合には、連邦議会、連邦参議院、連邦政府ならびに州の議会お

連邦憲法裁判所法　*507*

よび州の政府に対して。

第78条〔法律の無効宣告〕

連邦憲法裁判所は、連邦法が基本法と適合しないまたは州法が基本法もしくはその他の連邦法と適合しないと確信するときは、その法律の無効を宣告する。同じ法律のその他の規定が同じ理由で基本法またはその他の連邦法と適合しないときも同様に、連邦憲法裁判所は、その無効を宣告することができる。

第79条〔判決の効力〕

(1) 基本法と適合しないと宣告された規範もしくは第78条によって無効と宣告された規範に基づく、または連邦憲法裁判所が基本法と適合しないと宣告した規範の解釈に基づく確定刑事判決に対しては、刑事訴訟法の規定にしたがって、再審の手続が認められる。

(2) その他の場合には、第95条第2項の規定の場合および法律に特段の定めがある場合を除き、第78条によって無効と宣告された規範に基づく確定裁判は、影響を受けない。このような裁判の執行は許されない。民事訴訟法の規定による強制執行が行われる場合は、民事訴訟法第767条の規定を準用する。不当利得の返還請求は認められない。

第11章　第13条第11号および第11a号の場合の手続〔具体的規範統制〕

第80条〔裁判の請求〕

(1) 基本法第100条第1項の条件が存在するときは、裁判所は、直接、連邦憲法裁判所の裁判を求める。

(2) 裁判所の裁判が、どの程度法規の有効性に依存しているか、またどのような上位の法規範と適合しないのかについての理由が述べられなければならない。訴訟記録を添付しなければならない。

(3) 裁判所による提起は、訴訟当事者による法規の無効の主張に拘束されない。

第81条〔裁判〕

連邦憲法裁判所は、法的問題についてのみ裁判する。

第81a条〔不適法な訴え〕

小委員会は、全員一致の決定によって、第80条による訴えの提起が不適法であることを確認することができる。訴えが州の憲法裁判所または連邦の最高裁判所から提起されているときは、その決定は、法廷に留保される。

第82条〔手続規則〕

(1) 第77条から第79条までの規定は、これを準用する。

(2) 第77条に掲げる憲法機関は、手続のどの段階でも訴訟に参加することができる。

508

(3)　連邦憲法裁判所は、提起を行った原裁判所の訴訟当事者に対しても、発言の機会を
与える。すなわち連邦憲法裁判所は、当事者を口頭弁論に召喚し、出席した訴訟代理
人に発言させる。

(4)　連邦憲法裁判所は、連邦の最高裁判所または州の最高裁判所に対して、争点となっ
ている問題において基本法をこれまでどのように、またどのような考察に基づいて解
釈してきたか、効力が争われている法令を自らの司法において適用してきたかどう
か、またどのように適用してきたか、ならびにそれと関連して解決すべき法的問題に
どのようなものがあるかについての報告を求めることができる。連邦憲法裁判所は、
さらに当該裁判にとって重要な法的問題について、その裁判所の見解を提出するよう
求めることができる。連邦憲法裁判所は、発言資格を有する者に態度の表明を行わせ
る。

第82 a 条〔調査委員会〕

(1)　調査委員会設置の基本法適合性に関するドイツ連邦議会の議決の審査で、調査委員
会法第36条第2項による移送にかかる審査については、第2項および第3項の定めを
別として、第80条から第82条までを準用する。

(2)　連邦議会ならびに基本法第44条第1項によって設置の議決の申立て資格を有する議
会の少数派は発言資格を有する。連邦憲法裁判所は、その他、連邦政府、連邦参議
院、州政府、調査委員会法第18条第3項によって資格を有する議会の少数派および設
置の議決に利害関係を有する人物に発言の機会を与えることができる。

(3)　連邦憲法裁判所は、口頭弁論なしに裁判することができる。

第12章　第13条第12号の場合の手続〔国際法の審査〕

第83条〔裁判、訴訟参加〕

(1)　連邦憲法裁判所は、基本法第100条第2項の場合、その裁判において、国際法の規
則が連邦法の構成部分であるかどうか、ならびにそれが個人に対して直接、権利およ
び義務を生じさせるかどうかについて確認する。

(2)　連邦憲法裁判所は、事前に、連邦議会、連邦参議院および連邦政府に対して、一定
の期間内に発言の機会を与えなければならない。これらの機関は、手続のどの段階に
おいても訴訟に参加することができる。

第84条〔手続〕

第80条および第82条第3項の規定はこれを準用する。

連邦憲法裁判所法　*509*

第13章　第13条第13号の場合の手続〔州憲法裁判所の提起に基づく基本法の解釈〕

第85条〔手続、裁判〕

(1) 基本法第100条第3項第1文によって、連邦憲法裁判所の裁判を求める場合は、州の憲法裁判所は、その法的見解を提示し、あわせて訴訟記録を提出する。

(2) 連邦憲法裁判所は、連邦参議院および連邦政府に対して、ならびに、連邦憲法裁判所が州の憲法裁判所の裁判と相違しようとする場合には、当該裁判所に対しても、一定期間内に発言の機会を与える。

(3) 連邦憲法裁判所は、法的問題についてのみ裁判する。

第14章　13条第14号の場合の手続〔旧法の効力継続〕

第86条〔提訴資格〕

(1) 提訴権者は、連邦議会、連邦参議院、連邦政府および州政府とする。

(2) 訴訟手続において、ある法律が連邦法として効力を継続するかどうかが争われ、かつ重要であるときは、当該裁判所は、第80条に準じて、連邦憲法裁判所の裁判を求めなければならない。

第87条〔提訴要件〕

(1) 連邦参議院、連邦政府または州政府は、すでにとられたまたはまさにとられようとしている連邦機関、連邦官庁または州の機関もしくは官庁の措置の許否が、その裁判にかかっている場合にのみ、訴えを提起することができる。

(2) 提起の理由において、第1項に挙げた要件を明らかにしなければならない。

第88条〔手続〕

第82条の規定は、これを準用する。

第89条〔裁判〕

連邦憲法裁判所は、法律の全部または1部が連邦領域の全体または特定の部分において、連邦法として効力を継続するかどうかについて宣告する。

第15章　第13条第8a号の場合の手続〔憲法訴願〕

第90条〔当事者適格〕

(1) 何人も、公権力によって自己の基本権または基本法第20条第4項、第33条、第38条、第101条、第103条および第104条に含まれる権利を侵害されたとの主張をもって、連邦憲法裁判所に憲法訴願を提起することができる。

(2) 権利侵害に対して出訴が認められる憲法訴願は、出訴手段を尽くしたのちにはじめて提起することができる。ただし、連邦憲法裁判所は、出訴手段を尽くす前に提起された憲法訴願について、それが一般的な意味をもつ場合、または、訴願提起者が、事前に他の出訴手段をとることを命じられるならば、重大かつ不可避の不利益を受けるであろう場合、ただちに裁判することができる。

(3) 州憲法の権利に基づいて州憲法裁判所に憲法訴願を提起する権利は、影響を受けない。

第91条〔自治体による憲法訴願〕

市町村および市町村連合は、連邦または州の法律が基本法第28条の規定に違反するとの主張をもって、憲法訴願を提起することができる。訴願が、自治権侵害を理由として州法によって州憲法裁判所に提起することが可能である場合に限り、連邦憲法裁判所への憲法訴願は、許されない。

第91a条（削除）

第92条〔訴願の理由〕

訴願の理由において、侵害されていると主張するところの権利、ならびにそれによって自らの権利を侵害されたと訴願提起者が感じるところの機関または官庁の行為または不作為を挙示しなければならない。

第93条〔訴願の提起、元の状態での再提起〕

(1) 憲法訴願は、1箇月以内に提起し、理由を付さなければならない。その期間は、裁判・行政決定が所定の手続法上の規定にしたがって職権的に行われる場合、完全な形に整えられた裁判・行政決定の送達または何らかの通知のときから始まる。その他の場合の期間は、裁判・行政決定の告示の時から始まり、告示されない場合は、訴願提起者がその他の方法でこれを知ったときから始まるが、訴願提起者に、完全な形での裁判・行政決定の写しが交付されないときは、訴願提起者が、書面でまたは記録文書で、完全な形の裁判・行政決定の交付を事務機関に要求することによって、第1文の期間は中断する。中断は、裁判所によって完全な形の決定が訴願提起者に交付され、または職権でもしくは訴訟手続の当事者の1人から決定が送付されるまで続く。

(2) 訴願提起者が、本人の責任によらず、期間を守ることが障碍のためにできなかったときは、申請により元の状態での再提起が認められる。訴えは、障碍の消失後2週間以内に提起しなければならない。提訴の理由に関する事実は、提起においてまたは提起に関する手続において信憑性のあるものでなければならない。出訴期間内においては、行わなかった法的行為を埋め合わせることができ、この場合には、申請なしに再提起を行うことが認められる。出訴期間の経過1年後の提起は認められない。代理人の自己責任は、訴願提起者の自己責任と同一である。

(3) 憲法訴願が法律または出訴手段が認められていない他の高権的行為に向けられる場

連邦憲法裁判所法　*511*

合は、法律の施行後または高権的行為の発出から 1 年以内にのみ憲法訴願を提起することができる。

(4) 法律が1951年 4 月 1 日前から施行されているときは、1952年 4 月 1 日までに、憲法訴願を提起することができる。

第93a条〔憲法訴願の受理〕

(1) 憲法訴願は、裁判のために受理を必要とする。

(2) 憲法訴願が裁判のために受理されるのは次の場合である。

　a) 憲法訴願に原則的な憲法上の意味があるとき。

　b) 第90条第 1 項に掲げられている権利の実現のために適切であるときで、本案についての裁判を拒否すれば訴願提起者にとくに重大な不利益が生じる場合も含む。

第93b条〔小委員会の権限〕

　小委員会は、憲法訴願の受理を拒否するか、または第93c条の場合に裁判のために受理することができる。その他の場合には、法廷が受理についての決定を行う。

第93c条〔小委員会による訴願の認容〕

(1) 小委員会は、第93a条第 2 項 b 号の条件が存在し、その憲法訴願の判断のために基準となる憲法問題が連邦憲法裁判所によってすでに決定されているときは、明らかに理由がある場合、その憲法訴願を認容することができる。その決定は、法廷の裁判に匹敵する。ただし、第31条第 2 項の効力をもって、法律が基本法その他の連邦法と適合しない、または無効であると宣告する裁判は、法廷に留保される。

(2) 手続については、第94条第 2 項および第 3 項ならびに第95条第 1 項および第 2 項を適用する。

第93d条〔小委員会での手続〕

(1) 第93b条および第93c条による裁判は、口頭弁論なしに下される。裁判は、確定力を有する。憲法訴願の受理の拒否については、理由づけを必要としない。

(2) 法廷が憲法訴願の受理について決定を行わなかった場合は、小委員会は、憲法訴願に関するあらゆる決定を下すことができる。ただし、それによって法律の適用が全部または 1 部中止される仮命令は、法廷のみが発出することができる。第32条第 7 項は、影響を受けない。法廷は、第32条第 3 項の場合にも決定する。

(3) 小委員会の決定は、全員一致の決定によって下される。法廷による受理は、少なくとも 3 人の裁判官がそれに賛成するときに決定される。

第94条〔第三者からの意見聴取〕

(1) 連邦憲法裁判所は、憲法訴願において、その行為または不作為を訴えられている連邦または州の憲法機関に対して、一定の期間内に発言する機会を与える。

(2) 行為または不作為が連邦または州の大臣または官庁によるものであるときは、所管の大臣に対して発言の機会が与えられる。

(3) 憲法訴願が裁判に対して向けられているときは、連邦憲法裁判所は、当該裁判によって利益を受ける者に対しても、発言の機会を与える。

(4) 憲法訴願が直接または間接に、法律に対して向けられているときは、第77条を準用する。

(5) 第1項、第2項および第4項に掲げられている憲法機関は、訴訟に参加することができる。連邦憲法裁判所は、口頭弁論によっても訴訟手続のそれ以上の促進が期待できず、かつ、発言資格を有し、訴訟に参加している憲法機関が口頭弁論を放棄するときは、これを行わないことができる。

第95条〔裁判〕

(1) 憲法訴願を認容するときは、裁判において、基本法のどの規定がどのような作為または不作為によって侵害されたのかを確認しなければならない。連邦憲法裁判所は、同時に訴えられた措置の将来の反復も基本法に反することを宣告することができる。

(2) 裁判・行政決定に対する憲法訴願が認容されたときは、連邦憲法裁判所、裁判・行政決定を取り消し、第90条第2項第1文の場合には、事件の管轄権を有する裁判所に差し戻す。

(3) 法律に対する憲法訴願が認容されたときは、法律の無効が宣告される。第2項による憲法訴願が認容されたときも、取り消された裁判・行政決定が違憲の法律に基づくという理由である場合は、同様とする。第79条の規定は、これを準用する。

第95a条（削除）

第16章　第13条第6b号の場合の手続〔競合的立法〕

第96条〔競合的立法〕

(1) 基本法第93条第2項第1文による訴え提起の理由づけにおいて、基本法第93条第2項第3文に掲げる要件が存在することが示されなければならない。

(2) 連邦憲法裁判所は、他の提訴権者ならびに連邦議会および連邦政府に対して、一定期間内に発言の機会を与える。

(3) 第2項による発言資格者は、訴訟のどの段階でも訴訟参加できる。

第17章　第13条第3a号の場合の手続〔政党の選挙参加不承認〕

第96a条〔提訴資格〕

(1) 訴願提起者は、連邦選挙法第18条第4項により、選挙の推薦資格を有する政党としての承認を拒否された団体および政党である。

(2) 訴願は、連邦選挙法第18条第4項第2文による連邦選挙委員会の会議での決定の告

連邦憲法裁判所法　*513*

知後4日以内に提起し、理由を付さなければならない。

(3) 第32条は適用されない。

第96b条〔発言の機会〕

連邦選挙委員会は、発言の機会を与えられる。

第96c条〔口頭弁論〕

連邦憲法裁判所は、口頭弁論を行わないで裁判することができる。

第96d条〔理由〕

連邦憲法裁判所は、理由を付さずに裁判を言い渡すことができる。この場合、訴願提起者および連邦選挙委員会に対して個別に理由を通知することができる。

第4部 遅延訴願

第97条（削除）

第97a条〔遅延訴願の要件と補償金額〕

(1) 訴訟当事者として、または連邦憲法裁判所の裁判を実現するために中断した訴訟の当事者として、連邦憲法裁判所の訴訟手続が、不当に長期に及んだために不利益を被った者は、適正な補償を受ける。適正な訴訟期間は、連邦憲法裁判所の任務と地位を考慮して、個別事件の事情に応じて決められる。

(2) 財産的不利益でない不利益が推定されるのは、連邦憲法裁判所の訴訟手続が不当に長期に及んだときである。この場合、個別事件の事情により、他の方法、とりわけ訴訟期間の不当性の確認による損失の回復をもってしても十分でないときに、補償の請求を申し立てることができる。第2文による補償は、遅延1年について1,200ユーロとする。第3文による金額が、個別事件の事情により、公正でないときは、連邦憲法裁判所は、金額を増減することによって確定することができる。

第97b条〔遅延の申立て〕

(1) 補償および損失の回復については、連邦憲法裁判所への訴願に基づいて裁判される（遅延訴願）。遅延訴願は、訴願提起者が訴訟の遅延を申し立てるときにのみ許される（遅延の申立て）。遅延の申立ては、書面で、かつ訴訟期間の長期不当性を理由付ける事情を記載して、提出しなければならない。それは、連邦憲法裁判所の手続開始後早くとも12箇月を経過していなければ、許されない。遅延の申立てに対する回答は、不要である。

(2) 遅延訴願は、遅延の申立て後早くとも6箇月を経過しなければ、提起することができない。連邦憲法裁判所の裁判が下され、または訴訟が別の形で解決されたときは、遅延訴願は、3箇月以内に提起されなければならない。それは、書面で提出され、かつ同時に理由を付さなければならない。請求は、遅延訴願の確定裁判まで変更できな

い。

第97c条〔訴願小委員会〕

(1) 遅延訴願については、合同部が各法廷2人の裁判官を任命する訴願小委員会が裁判する。通常の任期は2年とする。

(2) 異議を申し立てられている訴訟の主任裁判官が、訴願小委員会の構成員である事件においては、当該裁判官は、訴願手続の協力をすることができない。

(3) 詳細は、とりわけ議長に関する規定および小委員会で欠員が生じたときの継続的補充の保障、小委員会における代理については、裁判所規則で定める。

第97d条〔裁判〕

(1) 異議を申し立てられている訴訟手続の主任裁判官は、遅延訴願の理由提出後1箇月以内に態度を提示する。

(2) 訴願小委員会は、多数で裁判する。可否同数のときは、遅延訴願は却下される。訴願小委員会は、口頭弁論なしに裁判する。遅延訴願の決定は、理由づけを必要としない。

(3) 裁判に対する抗告は、認められない。

第97e条〔経過規定〕

第97a条から第97d条までの規定は、2011年12月3日の時点で係属していた訴訟ならびに長期間のために、2011年12月3日に欧州人権裁判所において、遅延訴願の対象であるか、または対象となりうる、終了した訴訟に適用される。第1文による終了した訴訟に対しては、第97b条第1項第2文ないし第3文は適用されない。第97b条第2項は、遅延訴願が直ちに提起することができ、かつ遅くとも2012年3月3日に提起しなければならないという意味で適用される。

第5部　終末規定

第98条〔退職〕

(1) 連邦憲法裁判所の裁判官は、任期の満了（第4条第1項、第3項および第4項）により退職する。

(2) 連邦憲法裁判所の裁判官が長期間職務を執ることができないときは、退職させなければならない。

(3) 連邦憲法裁判所の裁判官は、少なくとも6年間、連邦憲法裁判所の裁判官としての職務を行い、かつ次の場合には、執務不能の証明がなくても申し出に基づいて、退職させなければならない。

　1．満65歳に達した場合

　2．新社会法典第2条の意味での重度障害者であり、かつ満60歳に達した場合

連邦憲法裁判所法　515

(4) 第3項の場合には、第4条第4項を準用する。

(5) 退職した裁判官は、退職年金を受けとる。退職年金は、連邦憲法裁判所の構成員の給与に関する法律にしたがって裁判官に支給される最終俸給額に基づいて算定される。遺族年金も、これに準じる。

(6) 官吏年金法第70条は、これを準用する。

第99条〔削除〕

第100条〔暫定手当〕

(1) 連邦憲法裁判所の裁判官が、第12条によって職務を終了したとき、2年以上勤務した場合は、年間当たり、連邦憲法裁判所の構成員の給与に関する法律に基づく金額の暫定手当を受けとる。これは、第98条による退職の場合には適用しない。

(2) 死亡したときに暫定手当を支給されていた連邦憲法裁判所の裁判官であった者の遺族は、死亡手当ならびに、暫定手当の残余の期間、寡婦・遺児手当を受けとる。死亡手当および寡婦・遺児手当は、暫定手当から算定する。

第101条〔以前の職務からの離脱〕

(1) 連邦憲法裁判所の裁判官に選出された官吏または裁判官は、ドイツ裁判官法の第70条の規定の場合を除き、任命によって前職を離れる。連邦憲法裁判所の裁判官としての任期中は、官吏または裁判官としての勤務関係として設定される権利および義務は、停止する。事故によって負傷した官吏または裁判官の治療手続の請求権は、影響を受けない。

(2) 裁判官または官吏が連邦憲法裁判所の裁判官としての職務を終えたときに、他の職務が与えられない場合、官吏または裁判官としての勤務関係を離れる形で退職し、連邦憲法裁判所の裁判官としての任期を加算した上、従前の職務を続けることによって受けとったであろう退職年金を受けとる。官吏や裁判官が連邦官吏や連邦裁判官でない場合は、連邦は、所属の長に対して、退職年金ならびに遺族年金を補償する。

(3) 第1項および第2項は、ドイツの大学の法学教官には適用しない。連邦憲法裁判所の裁判官としての任期中は、原則として大学教官としての勤務関係は停止する。大学教官としての勤務関係から生じる俸給のうち3分の2は、連邦憲法裁判所の裁判官として支給される俸給の中に算入する。連邦は、大学教官の所属の長に対して、大学教官の代行によって生じる事実上の費用について、算入額を限度として補償する。

第102条〔複数の手当の関係〕

(1) 連邦憲法裁判所の裁判官であった者が、第101条に基づいて退職年金の請求権を有するときは、第98条または第100条による退職年金または暫定手当が支払われる期間、その金額まで、第101条に基づく請求権は、停止する。

(2) 連邦憲法裁判所の裁判官であった者で第100条に基づく暫定手当を受けている者が、公務に復帰したときは、この公務による収入は、暫定手当の中に算入する。

(3)　連邦憲法裁判所の裁判官であった者が、連邦憲法裁判官として勤務する以前もしく
　　は任期中に設定された大学教官としての勤務関係から生じる俸給、名誉教授手当、退
　　職年金を支給されるときは、俸給のほかに裁判官職からの退職年金または暫定手当に
　　ついても、その合計が、第101条第3項第3文によって算入されない金額の分だけ増
　　額された給与を上回る限りで停止する。大学教官としての勤務関係から生じる名誉教
　　授手当または退職年金ならびに裁判官職からの退職年金または暫定手当は、退職年金
　　を受給できる全勤務期間と、第101条第3項第3文により算入されなかった金額を含
　　む給与を基礎として算定される退職年金に達するまで保障される。
(4)　第1項ないし第3項は、遺族にもこれを準用する。官吏共済法第54条第3項および
　　第4項第2文は、その趣旨に沿う形でこれを準用する。

第103条〔連邦裁判官に対する規定の準用〕

　　第98条ないし第102条が特段の定めをしていない限り、連邦憲法裁判所の裁判官に
　は、連邦裁判官に適用される共済法上の規定が適用される。連邦憲法裁判所の裁判官の
　職務遂行のための有益な活動期間とは、官吏共済法第11条第1項第3号aの意味での期
　間とする。共済法上の決定は、連邦憲法裁判所の長官が行う。

第104条〔連邦憲法裁判所の裁判官たる弁護士および公証人〕

(1)　弁護士が連邦憲法裁判所の裁判官に任命されたときは、免許上の権利は、任期中停
　　止する。
(2)　公証人が連邦憲法裁判所の裁判官に任命されたときは、第101条第1項第2文が準
　　用される。

第105条〔退職、罷免〕

(1)　連邦憲法裁判所は、連邦大統領に次のことを授権することができる。
　　1．長期の執務不能を理由として、連邦憲法裁判所の裁判官を退職させること
　　2．破廉恥行為を理由とする、または6箇月以上の自由刑に関する確定有罪判決を言
　　　い渡されたとき、または職務にとどまることができないほど重大な義務違反の責任
　　　を問われたとき、連邦憲法裁判所の裁判官を罷免すること
(2)　第1項による手続の開始については、連邦憲法裁判所の合同部が決定する。
(3)　一般的手続規定ならびに第54条第1項および第55条第1項、第2項、第4項ないし
　　第6項の規定は、これを準用する。
(4)　第1項による授権は、裁判所の構成員の3分の2の同意を必要とする。
(5)　第2項による手続の開始後、連邦憲法裁判所の合同部は、当該裁判官の職務を一時
　　的に剥奪することができる。裁判官に対して、犯罪行為を理由とする本案訴訟の手続
　　が開始されている場合も、同様とする。職務の一時剥奪は、裁判所の構成員の3分の
　　2の同意を必要とする。
(6)　第1項第2号による罷免によって、裁判官は、すべての職務上の請求権を失う。

連邦憲法裁判所法　*517*

第106条（施行）
第107条（削除）

訳者あとがき

本書は、ドイツの代表的な憲法の教科書Grunderechte. Staaatsrecht II の第31版の翻訳である。Grunderechte. Staaatsrecht II の初版は、ピエロート教授とシュリンク教授の共著として1985年の秋にミュラー社から出版された。発売当初から人気を博し、版を毎年重ね、やがて憲法教科書として不動の地位を得るに至った。ピエロート教授の回顧録によると、最も読者の多かった1990年代の半ばには、1年で1万4千部を売り、2012年までに計26万部を売り上げたという。専門書としてはまさに異例のロングベストセラーである。一方で、約30年の間に2倍以上にふくらんだ連邦憲法裁判所の新判例を取り入れたり新しい文献に目配りしたりしながらも、他方で教科書であることにこだわり、古くなった部分は思い切って圧縮して教科書の頁数が増えないようにすることに特別の苦労があったとピエロート教授は述懐している（*Bodo Pieroth, Bernhard Schlink als Verfasser jurisitischer Lehrbücher, Insideinformation einer Ko-Autors, in: J. Nolte/R. Poscher/H. Wolter (Hrsg.) Die Verfassung als Aufgabe von Wissenschaft, Praxis und `Öffentlichkeit, Freundesgabe für Bernhard Schlink zum 70. Geburtstag (2014)*)。

29版から、ピエロート教授とシュリンク教授のそれぞれ門下生であるキングレーン教授とポッシャー教授が執筆に加わり、4人の著者名で刊行されていたが、ピエロート、シュリンクの両氏が引退を表明し、現在はキングレーン教授とポッシャー教授の共著として出版が継続されている。この間、日本だけでなくブラジルやポルトガルでも訳書が刊行されている。日本語版・新版のもとになった31版は、ピエロート、シュリンクの名前の残る最後の版である。ドイツでの出版は2015年である。本来、もっと早い出版をめざしていたが、訳者側の多忙その他の都合で予定より大幅に遅れてしまい、ドイツと日本双方の出版社にご迷惑を掛けることになってしまったことをこの場を借りてお詫びしたい。それにもかかわらず、ピエロート、シュリンク両教授からは日本語版の新版刊行に際して温かい言葉を頂戴した。心から感謝申し上げる。

日本語版の初版（ドイツ語版の15版）は法科大学院制度がスタートする3年前の2001年に刊行された。当時は、いわゆる3段階審査論は、ドイツ憲法の研究者を除いてあまり知られていなかった。今では研究者だけでなく、学生にとっても人権論や違憲審査論を学ぶ上での必須知識となった。本書のように3段階審査論で記述を一貫させた

本格的な日本の憲法教科書（渡辺康行・宍戸常寿・松本和彦・工藤達朗『憲法Ⅰ　基本権』(日本評論社、2016年))が登場するに至ったのを見るにつけ、訳者の1人として隔世の感を覚える。法科大学院の憲法教育において、事案の正確な分析が重視されるようになったことと併せて、条文重視の憲法解釈論が求められるようになったことが背景にあると思われる。

　アメリカの判例理論をベースにした2重の基準論一辺倒であった日本の違憲審査基準論に、新しい審査方法であるドイツの3段階審査論が加わり、日本の解釈学が新しい展開を見せつつあることは訳者の1人として嬉しく思う。しかし、3段階審査とはすなわち比例原則のことだといったような3段階審査論の単純化が受験界に生まれつつあることは憂慮している。ドイツでは法律の留保を伴う基本権規定が多く存在する。本書を読めばわかるように法律の留保のある場合とそうでない場合の違いや、介入・制限の正当化を許さない「人間の尊厳」の2段階審査、保護領域がないことを前提とする平等権に関する2段階審査など、個別の人権の性質によって審査方法は異なっており、どのような人権でも比例原則によって制約が正当化されるわけではない。3段階審査論を日本の解釈論に取り入れる際に注意点すべきことを『講義・憲法学』(法律文化社、2018年) 291頁以下に述べたので参考にされたい。

　日本語版旧版との違いで注目されるのは、第1部総論の第3章である。章題が「基本法の基本権」から「基本権保護の多元的制度」へと全面的に書き改められている。人権の国際化に伴って、欧州人権条約の基本権と基本法の基本権との競合関係、EU法の国内効力とそれについての違憲審査など、複雑な効力関係が豊富な最近の事例を使って論じられ、コンパクトながら充実した章となっている。第7章「人間の尊厳」では、ハルツⅣ判決（2010年）を受けて、判例でも「最低限度の生存」が「人間の尊厳」に包摂されたことにより、審査の構造図式での変化がみられる。この構造図式の持つ意味と社会権一般への拡大可能性については、「ドイツにおける生存権保障とハルツⅣ判決」(関西学院大学法政学会『法と政治』69巻1号129頁以下) で紹介しておいたので、そちらも参照されたい。第8章では、高度情報化社会の中で形成されてきた情報の自己決定権に関する多くの新判例が紹介・整理されている。近時、政治的焦点となっている難民の受け入れ問題を扱った第26章は、16 a 条自体の合憲性にまで踏み込んで論じており、高度な解釈技術と熱のこもった詳細な解説が目を引く。第2部基本権各論は、旧版との間に16年の隔たりがあるにもかかわらず、章の数と章題の変更はない。扉の事例問題についても同じ問題が使われている場合が多いが、学説、判例の進展を反映して、解説には変更が加えられているものが少なからずある。

翻訳の分担は、一応次の通りである。全体を見渡しての訳語の統一などの最終の調整は永田が行った。資料の「基本法」、「連邦憲法裁判所法」の翻訳、事項索引の作成も永田が担当した。邦語の事項索引は、原著の索引をそのまま使用するのではなく、プライバシー、プログラム規定など、独自に用語を検索して必要なものを加え、日本人が利用しやすいものとなるように配慮した。かなり慎重に仕事を進めたつもりであるが、思わぬ誤訳や不正確な記述も含まれているかと思われる。読者からの忌憚のない批判やご指摘をいただければ幸いである。最後に翻訳作業の大幅な遅れにもかかわらず、その都度、適切な助言と励ましの言葉をいただいた法律文化社の小西英央氏に心から感謝申し上げる。

　　第 1 章～第10章　　永田秀樹
　　第11章～第19章　　倉田原志
　　第20章～第22章　　丸山敦裕
　　第23章～第26章　　永田秀樹
　　第27章～第33章　　丸山敦裕
　　第34章～第36章　　永田秀樹

　　　　　　　　　　　　　　　　　　　　訳者代表　　永田秀樹

邦語事項索引

あ 行

暗号化	862 f	Verschlüsselung
安楽死	438, 440	Euthanasie
EU機関の基本権拘束	213 ff	Grundrechtsbindung von Organen der EU
EUの基本権憲章	49, 70 f	Grundrechtecharta der EU
Eメール	1295	E-Mail
異議申立ての前置	1283	Widerspruchsverfahren
意見の中立性	659	Meinungsneutralität
意見表明の自由	242, 611 ff	Meinungsfreiheit
意見表明の真実性	620	Wahrheit von Meinungsäußerungen
医師、医者	394, 812, 928, 931, 941, 946, 953	Arzt
移送義務（100条1項による）	1040	Vorlagepflicht gem. Art. 100 Abs. 1
一事不再理	1232 ff	Ne bis in idem
逸脱、抵触	1291 f	Durchbrechung
一般条項	4, 107, 202 ff, 403 ff	Generalklausel
一般的行為自由	134 ff, 228, 362 f, 402 ff	Handlungsfreiheit, allgemeine
——の補充性	404 ff	Subsidiarität der allgemeinen Handlungsfreiheit
一般的な平等の要請	84, 329, 482, 484	allgemeines Gleichheitsgebot
一般的な明確性の原則	286, 332 f, 870, 1223	allgemeiner Bestimmtheitsgrundsatz
一般的な法律	652 ff	allgemeines Gesetz
遺伝子技術	394, 412, 428, 698, 702, 705	Gentechnologie
移転の自由	877 ff	Freizügigkeit
意図的でない介入	261 ff	unbeabsichtigter Eingriff
飲酒	405	Alkoholgenuss
インターネット	417, 639, 859, 971	Internet
引致	468	Vorführung
営業許可	86	Gewerbeerlaubnis
営業の自由	32, 86	Gewerbefreiheit
営利企業	1006 f, 1028	Gewerbebetrieb
営利的活動	193 ff	erwerbswirtschaftliche Betätigung
エルフェス判決	402, 427, 886	Elfes-Urteil

欧州議会	524	Europäisches Parlament
欧州基本権憲章	49, 70 f	Charta der Grundrechte der Europäischen Union
欧州共同体	70	EG, Europäische Gemeinschaft
欧州司法裁判所	48, 70, 498, 1183, 1200	EuGH, Europäischer Gerichtshof
欧州審議会	47	Europarat
欧州人権裁判所	47, 51, 66, 68, 418, 477, 843, 1283	EGMR, Europäischer Gerichtshof für Menschenrechte
欧州人権条約	45 f, 48, 66, 70, 76, 131, 399, 410	EMRK, Europäische Menschenrechtskonvention
欧州連合	48 f, 70 f, 77, 128, 137, 169, 213 ff, 1079, 1096, 1098, 1101, 1103, 1171, 1186, 1200, 1280	EU, Europäische Union
屋外の集会	770, 786, 791 ff	Versammlung unter freiem Himmel
恩赦	1126	Gnadenakte

か　行

解雇からの保護	959	Kündigungsschutz
外国移住	886 f	Auswanderung
外国人	128, 129, 131, 137, 212, 448, 728, 734, 1064, 1065, 1255	Ausländer
——の基本権と2条1項の適用可能性	134 f	Ausländer, Geltung von Art. 2 Abs. 1
——への適用可能性	135	Geltung für Ausländer
外国法人	169 f	ausländische juristische Person
外国旅行	886 f	Ausreise
解釈	4, 8, 1223, 1312 f	Auslegung
外的多元主義	645	Außenpluralismus
介入に対する憲法上の正当化	9 f, 249 f, 256, 271 ff, 493	verfassungsrechtliche Rechtfertigung von Eingriffen
介入の程度、強度	284 f, 313, 321, 945 ff, 1035 f, 1316 f	Eingriffsintensität
介入の適合性	291, 297, 300 ff, 306, 315, 500, 512, 523, 659, 940 ff, 955, 1033	Geeignetheit des Eingriffs
介入の必要性	291, 297, 303 ff, 312 f, 316, 332, 495, 512, 523, 659, 942 ff, 948 ff, 955, 996, 1033, 1037	Erforderlichkeit des Eingriffs
介入の不可欠性	351, 352, 570	Notwendigkeit des Eingriffs
回復不可能な基本権侵害	120, 454	irreparable Grundrechtsverletzung
外部法	184	Außenrecht
家屋管理権	792	Hausrecht
核心領域の保護	413, 984	Kernbereichsschutz
学生自治会	185, 845	Studierendenschaft

学問	680	Wissenschaft
——の自由	680 f, 693 ff	Wissenschaftsfreiheit
過酷条項	1037 f	Härteklausel
カジノ	922, 953	Spielbanken
過剰制約の禁止	297, 428, 433, 939	Übermaßverbot
過少保護の禁止	315 ff	Untermaßverbot
家事労働日	548	Hausarbeitstag
家族	718 f	Familie
——の追加的移住	714, 735	Familiennachzug
——の保護	709 ff	Schutz der Familie
価値秩序、価値決定としての基本権	100, 105, 203	Grundrechte als Wertordnung, Wertentscheidung
価値判断	615 f	Werturteil
学校	146, 467, 538, 597, 606, 696, 752, 755, 932	Schule
——の基本権	749 ff, 757, 912 f	schulische Grundrechte
学校祈祷判決	606	Schulgebet-Entscheidung
学校高権 (州の)	146, 605 f, 696, 721 f, 737, 757	Schulhoheit, staatliche
学校新聞	633	Schülerzeitung
割礼	597, 723	Beschneidung
壁の射手	1228	Mauerschützen
環境保護	705	Umweltschutz
監視	266, 428, 789 f, 870	Observation, Überwachung
慣習法	470, 1223	Gewohnheitsrecht
官職、職務、公務	1155	Amt
間接的な差別	505	mittelbare Diskriminierung
間接的な介入	261 ff	mittelbarer Eingriff
間接的な第三者効力	203 ff, 636, 935 f, 1265	mittelbare Drittwirkung
完全拒否者	592	Totalverweigerer
官吏	95, 262, 495, 534, 546, 666, 1151	Beamte
議員の法的地位	1160, 1265	Abgeordnete des Deutschen Bundestages, Rechtsstellung
帰化	129, 733	Einbürgerung
機会均等	110, 205, 484, 526 ff, 956 f, 1138, 1169	Chancengleichheit
議会の留保	288 ff, 296	Parlamentsvorbehalt
期間、期限	547, 1136, 1218	Frist
危険からの保護	116 ff	Schutz vor Gefahren
期待可能性	307, 1037, 1291	Zumutbarkeit
喫煙	405, 502, 928	Rauchen

規範化を必要とする基本権	6, 238, 995	normgeprägtes Grundrecht
規範化を必要とする保護領域	233 ff, 241 f	normgeprägter Schutzbereich
規範統制、規範審査	1126, 1284	Normenkontrolle
規範の階層性	12, 14	Normenhierarchie
規範領域→「保護領域」		Normbereich *s. Schutzbereich*
基本議席	524	Grundmandat
基本義務	217 f	Grundpflichten
基本権拘束	124 ff, 188, 190, 192 ff, 288	Grundrechtsbindung
——の範囲	189 ff, 194, 1126	Umfang der Grundrechtsbindung
基本権資格	124 ff, 165, 177, 185, 189, 1255	Grundrechtsberechtigung
基本権侵害の可能性	1262 ff	Möglichkeit einer Grundrechtsverletzung
基本権上の成年	143 ff	Grundrechtsmündigkeit
基本権適合性	200, 202	Vereinbarkeit mit Grundrechten
基本権適合的解釈		grundrechtskonforme Auslegung
基本権と同様の権利	170, 371	grundrechtsgleiche Rechte
基本権と政治	7, 18, 30 ff	Grundrechte und Politik
基本権に対して義務を負う者	124	Grundrechtsverpflichtete
基本権に対する危険	116 ff	Grundrechtsgefährdung
基本権の概念	43 ff	Begriff der Grundrechte
基本権の核心	321	Grundrechtskern
基本権の機能	80 ff, 93, 97 ff	Grundrechtsfunktionen
基本権の客観法的意味	97 ff, 156, 226	objektiv-rechtliche Bedeutung der Grundrechte
基本権の結合	229	Grundrechtskombination
基本権の行使	224, 230, 278, 578, 691 f	Grundrechtsausübung
基本権の侵害	120, 187, 245 f, 454, 1262, 1283 ff	Grundrechtsverletzung
基本権の侵害（1条1項 I 文、19条2項）	244, 320, 386	Antastung
基本権の縮減	231, 484	Grundrechtsverkürzung
基本権の制限	44, 75, 81, 230 ff, 314	Grundrechtsbegrenzung, Grundrechtsbeschränkung
基本権の制約	468, 476, 616, 650, 837, 963	Grundrechtseinschränkungen
基本権の喪失	1102	Verwirkung von Grundrechten
基本権の対国庫効力	189, 192 ff, 1126	Fiskalgeltung der Grundrechte
基本権の内容形成	230, 233 ff	Ausgestaltung von Grundrechten
基本権の付加的機能	100 ff	zusätzliche Grundrechtswirkungen
基本権の放棄	152 ff, 868	Grundrechtsverzicht
基本権の放射効果	196 ff, 203	Ausstrahlungswirkung der Grundrechte

基本権の法律の留保への拘束	279, 288	Bindung an grundrechtliche Gesetzesvorbehalte
基本権の保護機能	83, 106 ff, 315 ff	Schutzfunktion der Grundrechte
基本権の保障	227, 229	Grundrechtsgarantie, Grundrechtsgewährleistung
基本権の歴史	18 ff	Geschichte der Grundrechte
基本権への干渉	231, 1316	Grundrechtsbeeinträchtigung
基本権への介入→「介入」		Grundrechtseingriff s. Eingriff
基本権保護義務	117, 122, 454 ff	Schutzpflicht des Staates
基本権保護の拡大	132 ff	Ausdehnung des Grundrechtsschutzes
基本権保障との関係	227	Verhältnis zur Grundrechtsgewährleistung
基本権理論	103 f	Grundrechtstheorien
基本権を典型的に脅かす状態	184	grundrechtstypische Gefährdungslagen
基本法制定会議	374, 462, 885	Parlamentarische Rat
基本法制定前の法	331, 1042	vorkonstitutionelles Recht
基本法の意味でのドイツ人	129, 1065	Deutsche iSd GG
基本法の基本権	122 ff	Grundrechte des Grundgesetzes
基本法における場所	371	Ort im Grundgesetz
逆差別	510	reversed discrimination
虐待	399, 445 f	Misshandlung
客体定式	389 ff	Objektformel
客観的許可制限	918, 932, 939 ff	objektive Zulassungsschranken
9条2項の刑法律	831 f	Strafgesetz gem. Art. 9 Abs. 2
給付金	1157	Beihilfe
給付請求権	710, 743	Leistungsrecht
給付請求権→「配分請求権」も	83 ff, 100, 114	Leistungsrechte s. auch Teilhaberechte
教育権→「親権」も	145, 147 ff, 200, 605, 725, 756	Erziehungsrecht s. auch Elternrecht
教育の自由	696	pädagogische Freiheit
教授の自由→「学問の自由」		Lehrfreiheit s. Wissenschaftsfreiheit
教会→「宗教団体」		Kirchen s. Religionsgemeinschaften
行刑、刑の執行	468, 477, 513, 665, 837, 1120, 1142	Strafvollzug
競合	355 ff, 1013	Konkurrenzen
強制加入	812, 827, 845	Zwangszusammenschluss
行政規則	554, 937, 1120, 1142, 1267	Verwaltungsvorschrift
行政裁量	13, 107, 248	Verwaltungsspielraum
行政私法	193 f	Verwaltungsprivatrecht
行政上の制裁	1242 f	Verwaltungssanktionen
強制接種	442	Impfzwang
強制措置	1242	Beugemaßnahmen

邦語事項索引　*527*

強制的医療行為	438, 450	Zwangsbehandlung
強制的教育	740	Zwangserziehung
行政の自己拘束	554 ff	Selbstbindung der Verwaltung
行政の独占	921	Verwaltungsmonopol
強制労働、強制労働からの自由	898, 960 ff	Zwangsarbeit, Freiheit von
競争の自由	905 f	Wettbewerbsfreiheit
共同利用	792	Gemeingebrauch
協力計画	1188 f, 1197 f	Mitwirkungsplan
挙示義務	330 f	Zitiergebot
居住義務	891	Residenzpflicht
居住空間の経営管理	979	Wohnraumbewirtschaftung
居住の不可侵	41, 253, 417, 428, 967 ff	Wohnung, Unverletzlichkeit der
居留の自由	879, 888	Niederlassungsfreiheit
規律	230, 243	Regelung
規律内容	1266 f	Regelungsgehalt
規律領域	222 f, 232, 362 f	Regelungsbereich
緊急事態立法	41, 1145	Notstandsgesetzgebung
緊急デモ	797	Eilversammlung
近親相姦	410	Inzest
金銭所有権	1004	Geldeigentum
金銭の賦課	467	Geldauflage
禁治産	1256	Entmündigung
勤務医	946, 964	Vertragsarzt
クォータ制（割当制）	510 f, 941	Quotenregelung
具体化	230, 233 ff, 241	Konkretisierung
苦痛	1270, 1276, 1279	Beschwer
組合	167, 821 f	Gewerkschaften
クローン	394	Klonen
群衆	771	Ansammlung
軍隊	673, 793, 1116	Streitkräfte
経過規定	543, 1037 f	Übergangsregelung
警告	266 f, 593, 634	Warnungen
経済条件	817	Wirtschaftsbedingungen
経済政策的中立性	905, 1056	wirtschaftspolitische Neutralität
警察による射殺	323, 440	Todesschuss, polizeilicher
形式的法律	281, 443, 470, 479, 1184	förmliches Gesetz
刑事判決	1232 ff	Strafurteil
芸術概念	682 ff	Kunstbegriff
芸術の自由	248, 680 ff	Kunstfreiheit
芸術の奨励	113, 115, 122	Kunstförderung

形成の余地（立法者の）	523, 1030, 1034	Gestaltungsspielraum des Gesetzgebers
刑法上の明確性の原則	1214, 1221 ff, 1229	strafrechtlicher Bestimmtheitsgrundsatz
契約の自由	236, 405	Vertragsfreiheit
ケーブルテレビ・ラジオ	639	Kabelfernsehen und- hörfunk
結果除去	665, 1053	Folgenbeseitigung
結婚	712 ff	Ehe
——の保護	709 ff	Schutz der Ehe
結社	804 ff, 831 ff	Vereinigung
——の禁止	671	Vereinigungsverbot
——の自由	131, 801 ff, 583	Vereinigungsfreiheit, Freiheit zur Vereinigung
決定の余地	97, 723, 1137	Entscheidungsspielraum
血統	410, 503	Abstammung
検閲	299, 675	Zensur
——の禁止	614, 674 ff	Zensurverbot
研究の自由→「学問の自由」		Forschungsfreiheit *s. Wissenschaftsfreiheit*
権限外の審査	215	Ultra-vires-Kontrolle
健康→「身体の不可侵」		Gesundheit *s. körperliche Unversehrtheit*
健康の危険	423, 441	Gesundheitsgefährdung
現在の苦痛	1276 ff	gegenwärtige Schwer
検察官	1126, 1136	Staatsanwalt
原子力発電所	386, 616, 1149,	Kernkraftwerke
建築の自由	1003	Baufreiheit
限定的危険	119	Restrisiken
憲法改正からの保護	377, 397, 873, 1103 f	Schutz vor Verfassungsänderung
憲法裁判権	1250	Verfassungsgerichtsbarkeit
憲法上の正当化	43 f, 146, 245 f, 249 ff, 271 ff, 347 ff	verfassungsrechtliche Rechtfertigung
憲法訴願	69, 407, 421, 585, 1170, 1249 ff	Verfassungsbeschwerde
——の補充性	1282 ff	Subsidiarität der Verfassungsbeschwerde
——の認容理由	1298	Begründetheit der Verfassungsbeschwerde
憲法忠誠	217, 534	Verfassungstreue
憲法適合的解釈	107 ff, 202, 661 f, 664, 710	verfassungskonforme Auslegung
憲法敵対性	534	Verfassungsfeindlichkeit
憲法的秩序	402, 426 f, 833	verfassungsmäßige Ordnung
憲法の優位	5, 22, 187, 1250	Vorrang der Verfassung

憲法擁護	648, 868	Verfassungsschutz
権利保護	502, 1126, 1142, 1282 ff	Rechtsschutz
行為主義	1219	Tatprinzip
公益的労働	963	gemeinnützige Arbeit
公開の集会	770	öffentliche Versammlung
航空騒音	117, 1028	Fluglärm
高潔性条項	925	Würdigkeitsklausel
高権的行為（司法から自由な）	1126	Hoheitsakte, justizfreie
公権力	130, 188, 196, 462, 1123	öffentliche Gewalt
公権力、19条4項の意味での	1123 ff, 1258	öffentliche Gewalt iSd Art. 19 Abs. 4
公権力、1条3項および93条 　1項4a号の意味の	188, 190, 196, 1258	öffentliche Gewalt iSd Art. 1 Abs. 3 und Art. 93 Abs. 1 Nr. 4a
公権力の基本権拘束	188 ff, 196, 209, 1258	Grundrechtsbindung der öffentlichen Gewalt
公証人	111, 909, 925, 928	Notar
公正な手続	110, 121 f	faires Verfahren
構造図式	367 ff, 562, 1062	Aufbauschema
公的行事の期日規定	502	Stichtagsregelung
公判拘留	478	Hauptverhandlungshaft
公法人	165, 176 ff, 587, 641, 695	Körperschaft des öffentlichen Rechts
——の特別の地位	181, 587, 801	Sonderstellung unter den Körperschaften des öffentlichen Rechts
候補者擁立の自由	1169	freie Kandidatenaufstellung
公務就任の平等	533 ff, 908	Gleichheit des Zugangs zu öffentlichen Ämtern
公務担当者	186	Amtswalter
拷問	386, 393 f, 399, 439, 1092	Folter
衡量	307 ff, 428, 657 ff	Abwägung
故郷	503, 889	Heimat
国外退去処分	1077	Ausweisung
国外追放	448, 1077	Abschiebung
国際的な裁判所	1079, 1186	Internationaler Gerichtshof
国際的な制度	213	zwischenstaatliche Einrichtung
国際法	41, 169, 1101	Völkerrecht
——における保護義務	60	Schutzpflichten
——の一般原則	56	allgemeine Grundsätze
——の実施義務	60	Erfüllungspflichten
——の適用可能性	63	unmittelbare Anwendbarkeit
国際法友好的解釈	65	völkerrechtsfreundliche Auslegung
国際理解	834 f	Völkerverständigung

国勢調査判決	333, 416, 426, 602, 619, 789, 1136, 1276 ff	Volkszählungsurteil
国籍	129, 169, 503, 1065	Staatsangehörigkeit
国籍剥奪からの保護	1067 ff	Ausbürgerung, Schutz vor
国内移住	884 f	Einwanderung
国防義務	144, 466, 517	Wehrpflicht
国民代表	1111, 1163	Volksvertretungen
国民の権利および義務	89 ff, 530 ff	staatsbürgerliche Rechte und Pflichten
国連	46, 59, 62	Vereinten Nationen
——の自由権規約	57	Bürgerrechtspakt der Vereinten Nationen
——の社会権規約	57	Sozialrechtspakt der Vereinten Nationen
個人の権利→「主観的権利」も	43, 45, 112	Individualrecht *s. auch subjektive Rechte*
個人の自由	18, 93	individuelle Freiheit
個人の集合	163 ff, 168, 1255	Personenmehrheiten
国家安全保障局	420	NSA
国家権力	188, 209 ff, 376, 397, 974, 991, 1094	staatliche Gewalt
国家社会主義、ナチズム	667, 1218	Nationalsozialismus
国家による制裁	266 f	staatliche Sanktion
国家の裁判所へアクセス	1134, 1139 f	Zugang zu staatlichen Gerichten
国家の自己拘束	43	Selbstbindung es Staates
国庫補助事務	193 ff	fiskalische Hilfsgeschäfte
国庫理論	192	Fiskustheorie
古典的・市民的・自由権	37	klassische bürgerlich-liberale Rechte
古典的介入概念	259 f	klassischer Begriff Eingriffsbegriff
子どもの福祉	147, 736 ff, 744	Kindeswohl
子どもの放置	738 f	Verwahrlosung
5％阻止条項	509, 524	Fünf-Prozent-Sperrklausel
個別的基本権	339, 360 ff, 404	spezielle Grundrechte
個別事件的法律	328 ff	Einzelfallgesetz
個別のあるいは一般的な介入	231 f	individueller oder genereller Eingriff
個別の侵害	1316 f	spezifische Verletzung
コミュニケーションの基本権	612, 770	Kommunikationsgrundrechte
婚姻契約	405, 717	Ehevertrag
婚外子の平等取扱い	519, 737, 743, 745	Gleichstellung von Kindern nicht miteinander verheirateter Eltern
婚氏	517, 727, 742	Ehename
混然一体論	176, 182	Konfusionsargument

コンピューター	416 f, 428, 848	Computer

さ　行

採掘権の自由	1025	Bergfreiheit
再軍備	41	Wiederbewaffnung
最高度の個人性	126	Höchstpersönlichkeit
財産	1008	Vermögen
財産権	1000 ff	Eigentum
——の犠牲の補償	1035	Eigentumsopferentschädigung
——の構造図式	1062	Aufbauschema des Eigentums
——の社会化	1057 ff	Vergesellschaftung des Eigentums
——の内容・制限規定	995 f, 1021 f	Inhalts-und Schrankenbestimmung des Eigentums
——の保障	994 ff	Eigentumsgarantie
財産的価値のある権利	1004 f, 1009 f	vermögenswerte Rechte
再審	1246 f	Wiederaufnahme des Strafverfahrens
生存配慮	193	Daseinsvorsorge
財団	165, 175	Stiftungen
最低限度の生存	384, 393 f	Existenzminimum
裁判官の公平性	1189	richterliche Unparteilichkeit
裁判官の独立	1189 f	richterliche Unabhängigkeit
裁判官の法	4, 840, 1312 f	Richterrecht
裁判官への留保	428, 471, 869, 980, 984	Richtervorbehalt
裁判所の管轄権	1185 ff, 1193	richterliche Zuständigkeit
裁量の余地	553, 1137	Ermessensspielraum
里親	746	Pflegeeltern
差別禁止	137, 208, 482, 743	Diskriminierungsverbot
差別条項	827	Differenzierungsklauseln
参審員	1186	Schöffen
３段階審査	9, 11	Drei-Schritt-Prüfung
恣意	1195 f, 1318 f	Willkür
——の禁止	493	Willkürverbot
司教教書	1168	Hirtenbriefe
事業空間	972 f, 988 f	Geschäftsräume
事業所占拠	823	Betriebsbesetzung
死刑	440, 447, 1092	Todesstrafe
死刑が差し迫っているとき	448	bei drohender Todesstrafe
試験に関する裁判	959, 1137 f	Prüfungsentscheidung
自己決定権	585 f, 705	Selbstbestimmungsrecht
事後検閲	675	Nachzensur

自己拘束	554 ff	Selbstbindung
自己のイメージの権利	415	Bild, Recht am eigenen
自己の苦痛	1270 ff	eigene Beshwer
自己の言葉に対する権利	415, 868	Recht am eigenen Wort
死後の人間の尊厳	140	Menschenwürde auch nach dem Tod
自己負罪拒否の原則	415	Nemo tenetur-Grundsatz
自己負罪の強制の禁止	415	Selbstbezichtigung, Verbot des Zwangs zur
自己理解	574, 603	Selbstverständnis
自殺	438	Selbsttötung
自殺幇助→「安楽死」		Sterbehilfe s. Euthanasie
事実上の介入	261 f	faktischer Eingriff
事実上の対称性	205	Symmetrie, faktische
事実上の平等	510	faktische Gleichheit
事実の申立て	617	Tatsachenbehauptungen
私人〔間効力〕→「受託者」「第三者効力」		Private s. Beliehener, Drittwirkung
事前決定	1289 f	Vorabentscheidung
事前検閲	675	Vorzensur
事前統制	825	Präventivkontrolle
自然発生的集会	797 f	Spontanversammlung
自然保護	1036, 1059	Naturschutz
「時代錯誤の行列」裁判	683 f, 688 ff	Anachronistischer Zug-Entscheidung
市町村	165, 185, 333, 485, 586, 906, 1159	Gemeinde
実験芸術、ハプニング	248, 685, 692	Happening
実際的調和	343 ff	praktische Konkordanz
実質的法律	281, 443, 1126	materielles Gesetz
私的自治→「契約の自由」		Privatautonomie s. Vertragsfreiheit
私的領域	408 ff, 968 ff	Privatsphäre
事物的保護領域	125	sachlicher Schutzbereich
私法	40, 94, 105, 116, 144, 165, 182, 584	Privatrecht
司法（判例）	38, 40, 67, 97, 107, 176	Rechtsprechung
司法試験	13, 959	juristische Staatsprüfung
私法人	165, 176 f	Juristische Personen des Privatrechts
司法審査権	22, 38	richterliches Prüfungsrecht
司法的保障請求権	1121, 1124	Justizgewährungsanspruch
司法の自己拘束	558 f	Selbstbindung der Rechtsprechung
司法補佐官	1126, 1208	Rechtspfleger
市民	19, 23, 25, 182, 624	Bürger

邦語事項索引　*533*

市民社会	23, 25, 29, 34, 38	bürgerliche Gesellschaft
市民的不服従	1149	ziviler Ungehorsam
市民の権利→「ドイツ人の権利」		Bürgerrechte *s. Deutschenrechte*
市民法的社会	805	bürgerlich-rechtliche Gesellschaft
事務分担計画	1188, 1197 f	Geschäftsverteilungsplan
氏名、自己の呼称に対する権利	415	Namen, Recht am eigenen
社会化	1057 ff	Vergesellschaftung
社会権	25, 37 ff	soziale Rechte
社会権規約	57, 61, 62	IPwskR
社会国家原理	102, 197, 536, 705	Sozialstaatsprinzip
社会的統合	410, 963	soziale Integration
社会扶助	393 f, 891, 1010	Sozialhilfe
収益	1013	Erwerb
集会	770, 786, 794 ff	Versammlung
——の自由	131, 240, 242, 365, 770 ff	Versammlungsfreiheit
集会禁止区域法	792	Bannmeilengesetze
就学義務	217, 466, 725, 737	Schulpflicht
従業員代表委員会	167, 598, 841	Betriebsrat
宗教・世界観の自由	566 ff	Religions-und Weltanschauungsfreiheit
宗教教育	750 ff	Religionsunterricht
宗教団体	181, 575ff, 750, 801, 1273	Religionsgemeinschaften
宗教における成年	143, 147, 756, 1257	Religionsmündigkeit
住居の占拠	971	Hausbesetzung
住居の捜索	88, 975, 980 ff, 991, 1136	Durchsuchung der Wohnung
自由刑	476	Freiheitsstrafe
自由権	11, 32, 38, 81, 100, 134, 309, 367 ff	Freiheitsrechte
自由権規約	57, 420	IPbpR
自由権の構造図式	367 f	Aufbauschema der Freiheitsrechte
州憲法の基本権	73 ff	Grundrechte der Landesverfassungen
十字架像	597, 606	Kruzifix
自由時間の形成	405	Freizeitgestaltung
自由選挙	1160 f, 1166 ff, 1174 ff	Freiheit der Wahl
自由で民主的な基本秩序	671, 833, 872	freiheitliche demokratische Grundordnung
重度の障害者→「障害者」		Schwerbehinderte *s. Behinderte*
自由と平等の関係	357 f, 484, 526	Verhältnis von Freiheit und Gleichheit
自由な人格の発展を求める権利	402 ff	Persönlichkeitsentfaltung, Recht auf freie
自由の制限	464 ff	Freiheitsbeschränkung

州のメディア施設	641	Landesmedienanstalt
自由剥奪	468, 471 ff	Freiheitsentziehung
収用	999, 1023 ff	Enteignung
——に関する画定	1023 ff, 1037	Abgrenzung zur Enteignung
——の必要性	1045	Erfoderlichkeit der Enteignung
収用的介入	1027 f, 1035, 1049 ff, 1059	enteignender Eingriff
収用類似の介入	1027 f, 1035, 1049 ff, 1059	enteignungsgleicher Eingriff
主観的許可要件	924 f, 932, 939 ff	Zulassungsvoraussetzungen, subjektive
主観的権利としての基本権	45, 94 ff, 124, 226 f, 372	Grundrechte als subjektive Rechte
主観法的な効果	207	subjektiv-rechtliche Wirkungen
授業料	911	Studiengebühren
——の平等	560	Gebührengleichheit
祝祭日の保護	705, 792	Feiertagsschutz
授権理論、規範的	1137	Ermächtigungslehre, normative
受託者	189 f, 196, 763	Beliehener
出身国	1098	Herkunftstaat
出生時の氏名	410	Geburtsname
出訴手段、19条4項の意味での	1134, 1139, 1141	Rechtsmittel iSd Art. 19 Abs. 4
出訴手段の完遂	1282 ff	Erschöpfung des Rechtswegs
出訴手段の放棄	154, 161	Rechtsmittelverzicht
受動的武装	778	passive Bewaffnung,
需要条項	918	Bedürfnisklauseln
需要の充足	193	Bedarfsdeckung
受理手続	1252 f	Annahmeverfahren
小委員会	1252	Kammer
障害者	64, 503, 506 f, 536	Behinderte
障害者権利条約	57, 64 f	BRK
状況拘束性	1032	Situationsgebundenheit
消極的権限規範	97 ff	negative Kompetenznorm
消極的地位	80 ff	status negativus
消極的な自由	224, 405, 582, 593, 631, 845	negative Freiheit
証拠の使用禁止	87 f, 981	Beweisverwertungsverbot
衝突	336 ff, 397, 399, 606, 840, 1246	Kollisionen
衝突する憲法規定	250, 256, 343, 347 ff, 1299	kollidierendes Verfassungsrecht
情報技術システム→「コンピューター」		informationstechnisches System s. *Computer*
情報源	627 ff, 1109	Informationsquelle
情報自己決定権	40, 122, 173, 416, 424, 428, 860	informationelle Selbstbestimmung, Recht auf

邦語事項索引　*535*

情報自由法	630	Informationsfreiheitsgesetze
情報〔取得〕の自由	611 ff, 627 ff	Informationsfreiheit
情報の加工	416, 974	Informationsverarbeitung
条例	189, 481, 485, 560	Satzung
職業	901 ff, 907 ff	Beruf
職業官吏、伝統的原則	1152 ff	Berufsbeamtentum, hergebrachte Grundsätze
職業裁判所	1229	Berufsgerichte
職業像	901, 926, 929 f	Berufsbild
職業の自由	897 ff	Berufsfreiheit
職場の自由な選択	914, 933 ff	freie Wahl des Arbeitsplatzes
職務刑法	1239	Berufsstrafrecht
除斥規定	1140, 1207	Präklusionsvorschriften
署名定足数	1179	Unterschriftenquoren
私立学校	189, 191, 749, 752, 758 ff	Privatschulen
——の自由	758 ff	Privatschulfreiheit
侵害	51, 62, 81, 120, 244, 320	Verletzung, Antastung
人格権、一般的な	122, 402, 408 ff, 704 f, 723, 868, 968	Persönlichkeitsrecht, allgemeines
人格の核心理論	402	Persönlichkeitskerntheorie
親権	108, 147 f, 217, 705, 709, 721 ff, 1317	Elternrecht
人権	20 ff, 43 ff, 68, 127	Menschenrechte
人権委員会（国連の）	62	Menschenrechtsausschuss, Vereinte Nationen
信仰の自由	365, 573, 605	Glaubensfreiheit
審査権限	1303 f	Prüfungsbefugnis
人種	503	Rasse
人種差別	56	Rassendiskriminierung
信書の秘密	626, 845, 847	Briefgeheimnis
人身の自由	461 ff	Freiheit der Person
迅速性の要請	122, 1197	Beschleunigungsgebot
人体実験	442	Menschenversuche
身体の不可侵を求める権利	122, 436 ff, 705	körperliche Unversehrtheit, Recht auf
人的高権	1065	Personalhoheit
人的な基盤	174 ff	personales Substrat
人的保護領域	125	persönlicher Schutzbereich
新聞広告	638	Zeitungsanzeigen
親密領域	413	Intimsphäre
信頼保護	135 f, 334, 1037	Vertrauensschutz
森林の死滅	305, 1028	Waldsterben

水路沿い住人の権利	1015	Anliegerrecht
スカーフ	597, 606	Kopftuch
ストライキ	823, 843	Streik
スプレー芸術	685, 706	Spray-Kunst
スポーツくじ	922	Sportwetten
座り込み	782, 798	Sitzblockade
性科学教育	722	Sexualkundeunterricht
生活パートナーシップ	716, 718	Lebenspartnerschaft
生活保障	1155, 1157	Versorgung
生活領域、基本権で保護された	220 ff	Lebensbereiche, grundrechtlich geschützte
請願権	1108 ff	Petitionsrecht
政教条約	538, 603	Konkordat
制限	230 ff, 278	Schranke
制限3項目	338, 402	Schrankentrias
制限に対する制限	293 ff, 368, 428, 445 ff, 476, 478, 604, 614, 674 ff, 710, 738 ff, 797, 843, 889, 960, 1001, 1055 f, 1064, 1214, 1234	Schranken-Schranken
制限の移植	337 ff	Schrankenübertragung
政治的意思形成	158 f, 526 ff	politische Willensbildung
政治的刑法	666, 671	politisches Strafrecht
政治的な投票	1163	politische Abstimmungen
政治的迫害	1080 ff	politische Verfolgung
青少年の保護	648, 669 f	Jugendschutz
正書法	405, 722	Rechtschreibung
精神病患者の収容	475	Unterbringung von psychisch Kranken
性的指向	503	sexuelle Orientierung
政党	167, 526 ff, 801, 1175	politische Parteien
政党の禁止	671	Parteiverbot
政党の参加	526 ff	Zugang politischer Parteien
制度的保障	80, 94, 123, 237, 295, 749	Einrichtungsgarantien
（公法上の）制度的保障	94 ff, 295, 1122, 1152	institutionelle Garantien
（私法上の）制度保障	95, 997, 1055	Institutsgarantie
制服の禁止	793	Uniformverbot
生物学的父	718	biologische Vaterschaft
生命への権利	116 f, 120, 122, 142, 325, 436 ff	Leben, Recht auf
成立責任	1034	Zustandsverantwortlichkeit
世界観学校	752	Weltanschauungsschulen

邦語事項索引　*537*

世界人権宣言	46, 57	Allgemeine Erklärung der Menschenrechte（AEMR）
責任原則	410, 1215 f	Schuldprinzip
積極的地位	80, 83 ff, 100	status positivus
選挙	128, 520, 1162 ff	Wahl
選挙権	520 ff, 1160 ff	Wahlrecht
選挙権の原則	1160 ff, 1180 ff	Wahlrechtsgrundsätze
選挙審査手続	521, 1126, 1288	Wahlprüfungsverfahren
選挙宣伝	528, 1168	Wahlwerbung
選挙人、不正な影響力の行使	1168, 1180	Wähler, unzulässige Beeinflussung
選挙の平等	520 ff, 1164, 1180	Gleichheit der Wahl
前国家的基本権	44	Vorstaatliche Grundrechten
宣伝、広告	616, 822, 928	Werbung
臓器移植、臓器摘出	141, 442	Transplantation, Organentnahme
相互作用理論	661 f, 664	Wechselwirkungslehre
捜索	88, 153, 281, 428, 548, 975 ff	Durchsuchung
相続権	95, 405, 994, 1020	Erbrecht
訴願提起者	69, 1254	Beschwerdeführer
訴願能力	1255	Beschwerdefähigkeit
訴願の当事者適格	1261, 1266	Beschwerdebefugnis
遡及効の禁止	334, 1214, 1225 ff	Rückwirkungsverbot
組織条項	827	Organisationsklauseln
組織の基本権資格	163 ff, 1255	Grundrechtsberechtigung von Organisationen
訴訟能力	150 f, 1256 f	Prozessfähigkeit
訴訟の代理	1270	Prozessstandschaft
訴訟費用扶助	502, 1136	Prozesskostenhilfe
訴訟法上の権利	1281, 1293	Prozessrecht
租税	518, 577, 919 f, 1008, 1242	Steuern

た　行

対外的効果	1266 f	Außenwirkung
大学	61, 81, 435, 695, 703	Hochschule, Universität
大学組織の形成	165, 167, 703, 766	organisatorische Gestaltung der staatlichen Universitäten
大学の基本権保護	181 ff, 695, 703	Grundrechtsschutz der staallichen Universitäten
大学の自治機関の選挙	1164	Wahl der Selbstverwaltungsorgane der staatlichen Universitäten
大気汚染	117	Luftverseuchung
体系的解釈	73, 254 ff, 340 ff	systematische Interpretation

対抗的表現を求める権利	415	Gegendarstellung, Recht auf
滞在	130, 878, 880	Aufenthalt
──の禁止	894	Aufenthaltsverbot
──の権利	136, 714, 733 f, 1064, 1097	Aufenthaltsrecht
滞在国	1065	Aufenthaltsstaat
第三者効力	196 ff, 204, 206	Drittwirkung
第三者的当事者	264 f, 422 f	Drittbetroffene
胎児	142	nasciturus
代替役務	41, 592, 604, 793, 1236	Ersatzdienst
体罰	444	Züchtigung, körperliche
代表民主制	1160	repräsentative Demokratie
逮捕	479, 1136	Festnahme
戦う民主制	534	streitbare Demokratie
他の避難手段	1105	Fluchtalternative
段階理論（職業選択の自由）	939 ff	Stufenlehre, Stufentheorie
団結の自由	781, 801 ff, 817 ff	Koalitionsfreiheit
短時間報道	648, 916	Kurzberichterstattung
単純な法律の留保	271 ff, 426	einfacher Gesetzesvorbehalt
男女同権	503, 505 f, 514	Gleichberechtigung von Mann und Frau
団体、社団	165, 167, 173, 804 f	Verein
団体規律	822	Verbandsdisziplin
団体自治（結社）	810	Vereinsautonomie
団体訴訟	1132 f	Verbandsklage
団体の自治（労働組合）	820	Koalitionsautonomie
地域指定の要請	891	Lokalisationsgebot
畜殺	581, 597	Schächten
秩序措置	1242	Ordnungsmaßnahmen
秩序罰法規	1215, 1279	Ordnungswidrigkeitenrecht
着床前診断	394	Präimplantationsdiagnostik
忠誠関係	534	Treueverhältnis
懲戒刑法	648, 1215, 1239	Disziplinarstrafrecht
超過議席	524	Überhangmandat
超国家的基本権	46 ff	überstaatliche Grundrechte
超上告審	559, 1195, 1306	Superrevisionsinstanz
調停裁判所	1186	Schiedsgerichte
聴聞	122, 475, 1208	Anhörung
直接強制	464, 466 f	unmittelbarer Zwang
直接選挙	1160 f, 1165, 1172 f	Unmittelbarkeit der Wahl
直接的第三者効力	197 ff, 803, 826, 1167, 1265	unmittelbare Drittwirkung
直接の苦痛	1268, 1279 f	unmittelbare Beschwer

治療	161, 439, 441	Heilbehandlung
賃借人	205, 969, 1005	Mieter
通過引渡し	1076	Durchlieferung
通常の裁判権	201	ordentliche Gerichtsbarkeit
通知義務	153, 473, 1136	Benachrichtigungspflicht
通訳	471	Dolmetscher
定員条項	112, 114, 122, 932, 957	Numerus clausus
抵抗権	1145 ff	Widerstandsrecht
定年	498, 533	Altersgrenze
データ取得と加工	416, 424 f	Datenerhebung und verarbeitung
データのストレージ保存	72, 419	Vorratsdatenspeicherung
データ保護	122, 416, 862 f	Datenschutz
適法性、許容性	125, 613, 812, 1253	Zulässigkeit
手続、裁判所の	1134 ff, 1141	Verfahren, gerichtliches
手続的基本権	121, 170, 178 f	Prozessgrundrechte
手続的権利	84, 122, 1018 f	Verfahrensrechte
手続の形成	121 f, 456	Verfahrensgestaltung
手続の迅速化	122, 478, 1136	Verfahrensbeschleunigung
デモ行進	240, 242, 770	Demonstration
テレビ	639	Fernsehen
テロリズム	117, 386, 456	Terrorismus
電気通信の秘密	626, 848 ff	Fernmeldegeheimnis
電報	859, 1295	Telegramm
電話	626, 859, 863, 1136	Telefon
ドイツ人の権利	128, 132, 1255	Deutschenrechte
ドイツ民主共和国	129, 1012	DDR
統治行為	1126	Regierungsakte
盗聴、傍受	41, 394, 868, 872, 977, 984 f, 1136	Abhören, Lauschangriff
盗聴判決	390 f, 873	Abhörurteil
道徳律	426, 430 ff	Sittengesetz
投票の秘密	1160 f, 1170, 1178 f	Geheimheit der Wahl
動物実験	595	Tierversuche
道路騒音	1028	Straßenlärm
独身条項	732	Zölibatsklausel
特別権力関係	755, 1126	besonderes Gewaltverhältnis
特別の法律の留保	271, 274 f, 281, 289 ff, 294 f	qualifizierter Gesetzesvorbehalt
特別の実定憲法違反	1307 ff	spezifische Verfassungsrechtsverletzung
特別法理論	654 f	Sonderrechtslehre
届出義務	624	Meldepflicht

奴隷制度	56	Sklaverei

な　行

内国	169	Inland
内的多元主義	645	Binnenpluralismus
内部規則、条例、学則、規約	5, 12, 14, 189, 231, 281, 435, 470, 560, 810, 825, 930, 986, 1126, 1181	Satzung
内部的法	184	Innenrecht
内密領域→「私的領域」		Geheimsphäre *s. Privatsphäre*
二重処罰の禁止	1232 ff	Verbot der Doppelbestrafung,
日曜日の安息	574	Sonntagsruhe
日記	412, 590	Tagebuch
入国	130, 884 f, 1064	Einreise
ニューメディア	859 f	neue Medien
認可	122, 767, 953, 1038, 1128	Genehmigung
認可義務	761 ff, 825	Genehmigungspflicht
人間の尊厳の内容	133, 158, 327, 413, 451	Menschenwürdegehalt
人間の尊厳の保護	374 ff, 667	Schutz der Menschenwürde
妊娠中絶	117, 121, 142, 410, 457	Schwangerschaftsabbruch
妊婦	318, 457, 745, 928	Schwangere
任務分担の権利	742	Pflichtteilsrecht
年齢制限	143 ff, 925, 931, 953, 1155	Altersgrenzen
能動的地位	80, 89 ff	status activus

は　行

バーチャルな集会	777	virtuelle Versammlung
胚子、胎児	142	Embryo
排出物の限界値	270 f, 423	Grenzwerte bei Emissionen
売春	902	Prostitution
配分請求権	83 ff, 105, 110 ff, 743, 956 f, 1108	Teilhaberechte
破棄独占	1040	Verwerfungsmonopol
迫害国家	1081	Verfolgerstaat
80条1項2文による規定	938, 1188	Bestimmtheit gem. Art. 80 Abs. 1 S. 2
母、保護および扶助を求める　請求権	84, 518, 709 f, 745	Mutter, Anspruch auf Schutz und　Fürsorge
犯罪留保	892, 894	Kriminalvorbehalt
判断余地	1137	Beurteilungsspielraum
引渡しの禁止	41, 448, 885, 1076 ff	Auslieferungsverbot

邦語事項索引　*541*

庇護権	41, 492, 1080 ff	Asylrecht
非婚の生活共同体	712, 716, 742	nicht eheliche Lebensgemeinschaft
ビデオによる監視	415	Videoüberwachung
避難後の理由	1086 f, 1105	Nachfluchtgründe
評価	702	Evaluation
平等違反	502, 539 ff, 553 ff	Gleichheitsverstoß
平等権	10, 93, 228, 357 f, 367, 482, 484, 562 f	Gleichheitsrechte
——としての配分請求権	743, 956	Teilhaberechte als Gleichheitsrechte
——の構造図式	562	Aufbauschema der Gleichheitsrechte
平等原則	37, 132, 361, 482, 522	Gleichheitssatz
平等な入学	111 f, 956 f	gleicher Zugang
平等の要請、特別の	482, 503, 505 f	Gleichheitsgebote, spezielle
平等の要請の適用可能性	503	Geltung des Gleichheitsgebots
ビラ配布	108	Flugblattverteilen
比例原則の基礎としての法治国家原理	292	Rechtsstaatsprinzip als Grundlage des Verhältnismäßigkeitsgrundsatzes
比例原則	733 ff, 739, 939 ff, 1037, 1203	Verhältnismäßigkeitsgrundsatz
比例原則への拘束	298 ff, 311	Bindung an den Verhältnismäßigkeitsgrundsatz
比例性、狭義の比例原則	297 ff, 307 ff, 313 f, 495, 942, 951	Verhältnismäßigkeit ieS
ファックス	639, 859, 1295	Telefax
フィルムの自由	611 ff	Filmfreiheit
不確定な法概念	4, 107, 202 ff, 332, 553, 1137, 1221	unbestimmter Rechtsbegriff
付加的介入	307	additiver Eingriff
武器	778	Waffen
覆面	784	Vermummung
侮辱	615, 617	Beleidigung
付帯条項	1040 ff, 1048	Junktimklausel
普通選挙	520 ff, 1160, 1164, 1180	Allgemeinheit der Wahl
不妊手術	410	Sterilisation
不平等取扱い	485 ff, 493	Ungleichbehandlung
部分的な権利能力	166 ff	Teilrechtsfähigkeit
扶養	1155, 1157	Alimentation
プライバシー	420, 434, 848, 972, 979	Privatheit
フラッシュモブ	776	Flashmob
フランクフルト憲法	26, 31, 877	Paulskirchenverfassung
ブランコ理論→「相互作用理論」		Schaukeltheorie *s. Wechselwirkungslehre*
ブルカ	607	Burka

542

プレスの	648	der Presse
プレスの援助	613	Presseförderung
プレスの自由	96, 267, 611 ff, 632 ff	Pressefreiheit
プログラム規定	38, 102, 187	Programmsatz
文化遺産保護	1036, 1038	Denkmalschutz
文書の閲覧	630, 1109, 1136	Akteneinsicht
兵役拒否	41, 344, 566, 592, 793	Kriegsdienstverweigerung
平穏でない集会	778 ff	unfriedliche Versammlung
兵士→「軍隊」「兵役」		Soldaten *s. Streitkräfte, Wehrdienst*
ヘイビアス・コーパス	462	Habeas corpus
弁護士	812, 891, 927 f, 937, 941, 953, 1206, 1296	Rechtsanwalt
編集室の捜索	648	Durchsuchung von Redaktionsräumen
保安拘禁	477 f, 1216	Sicherungsverwahrung
ボイコット	204, 616, 823	Boykott
放棄	156, 159	Verzicht
俸給	1155	Besoldung
防御権	81, 85 ff, 103	Abwehrrechte
報告	617 f	Berichterstattung
報告義務		Auskunftspflicht
市民の――	624	―der Bürger
プレスの――	648	―der Presse
公的機関の――	113, 122, 637, 1108	―öffentlicher Stellen
法人	163, 165, 171 ff, 587, 641, 695	juristische Person
――による憲法訴願	173	Verfassungsbeschwerde juristischer Personen
――の基本権資格	163 ff, 170, 178	Grundrechtsberechtigung juristischer Personen
放送	639, 642 f	Rundfunk
――の自由	611 ff	Rundfunkfreiheit
放送事業者	631, 648	Rundfunkteilnehmer
放送施設、放送局	165, 181, 641	Rundfunkanstalten
法治国家	25, 36, 101 ff, 260, 286, 292, 334, 1233	Rechtsstaat
法治国家、手続的権利の基礎としての	829, 1189, 1203, 1206, 1208, 1214, 1233	Rechtsstaat als Grundlage von Verfahrensrechten
法廷	394, 1200, 1252	Senate
法定主義原則	1214, 1220, 1227	Gesetzlichkeitsprinzip
法定立の平等	482	Rechtsetzungsgleichheit
法的安定性	829, 1233	Rechtssicherheit
法的教示	1136	Rechtsbelehrung

邦語事項索引　*543*

法的審問	1124, 1203 ff	rechtliches Gehör
法適用の平等	482	Rechtsanwendungsgleichheit
法律	12, 271	Gesetz
法律概念	281	Begriff des Gesetzes
法律なければ犯罪なし	1214 ff	Nulla poena sine lege
法律の定める裁判官	1184 ff, 1200	gesetzlicher Richter, Recht auf den
法律の優位	557, 1304 ff	Vorrang des Gesetzes
法律の留保	34, 134, 147, 271, 279, 288, 937	Gesetzesvorbehalt, Vorbehalt des Gesetzes
母国、本国	1065, 1081	Heimatstaat
保護検束	161	Schutzhaft
保護請求権	11, 83, 105 f, 116 ff, 142, 205, 1259	Schutzrechte
保護領域	9, 222 ff, 252 ff	Schutzbereich
——と介入	247 ff, 257 f	Schutzbereich und Eingriff
——の確定	228 f, 251 ff	Bestimmung des Schutzbereichs
——の強化	229	Verstärkung des Schutzbereichs
——の限定	232	Begrenzung des Schutzbereichs
——の明確性	346	Bestimmtheit des Schutzbereichs
補佐人	1256	Ergänzungspfleger
補充的基本権	360 ff, 404 ff	Auffanggrundrecht
補償	1040 f, 1047 f, 1058	Entschädigung
補償義務	1035 f	Entschädigungspflicht
保障内容	227	Gewährleistungsgehalt
保障の法技術	484	Rechtstechnik der Gewährleistung
補助金支出	193, 906, 1010	Subventionen
没収	1025	Einziehung
ホームスクーリング	761	Homeschooling
本質性理論	282 ff, 443 f	Wesentlichkeitslehre
本質的核心、本質的内容	94, 132, 244, 319 ff, 452	Wesenskern, Wesensgehalt
本質的な平等	485 ff	wesentliche Gleichheit

ま 行

マスメディア	630	Massenmedien
未決勾留	478, 871	Untersuchungshaft
未成年	144 ff, 410, 736 f, 1256 f, 1273	Minderjährige
身分的ドイツ人	129	Status-Deutsche
身分法上の地位	1064	Status, personenrechtlicher
民衆扇動	667	Volksverhetzung
民衆訴訟	1132, 1270	Popularklage

民主制、民主主義	103, 374, 526, 534, 833, 1160, 1170 f, 1214	Demokratie
民族的少数者	509	nationale Minderheit
無効	547 ff	Nichtigkeit
無国籍	1065, 1071, 1074	Staatenlosigkeit
無罪の推定	478	Unschuldsvermutung
明確性の原則	870, 1221, 1229	Bestimmtheitsgrundsatz
明白性の審査	493	Evidenzkontrolle
名簿式選挙	1173, 1181	Listenwahl
名誉の保護	415, 670 f	Ehrenschutz
迷惑	260 ff, 265, 270, 421 ff	Belästigung
メディアの基本権	612	Mediengrundrechte
メディアの収束	639	Medienkonvergenz
メフィスト決定	140, 683, 700, 704	Mephisto-Beschluss
目的拘束性（具体的な）	333	Zweckbindung, konkrete
目的と手段との関連性	291, 297	Zweck-Mittel-Verhältnis
戻し引渡し	1078	Rücklieferung
門地	503	Herkunft

や 行

薬局判決	243, 310, 899, 918, 944, 949, 955	Apothekenurteil
優先的適用	14 f, 71, 214 ff	Anwendungsvorrang
優先的評価権	300, 305	Einschätzungsprärogative
郵便業務提供者	857	Postdienstleister
郵便投票	1179	Briefwahl
郵便の独占	848 f	Postmonopol
郵便の秘密	626, 848 ff	Postgeheimnis
養育権	725, 736	Sorgerecht
養成	911 f	Ausbildung
養成所の自由な選択	911, 932, 954, 956	Ausbildungsstätte, freie Wahl

ら 行

離婚	717, 725, 742	Ehescheidung
立法者	6, 61, 63, 94, 147, 451	Gesetzgeber
——の基本権拘束	188, 190, 288 ff, 482, 1030, 1192 f	Grundrechtsbindung des Gesetzgebers
——の形成の自由（立法裁量）	496, 512 f, 939, 1030	Gestaltungsfreiheit des Gesetzgebers
——の決定の余地	119, 455 f	Entscheidungsspielraum des Gesetzgebers

——の責任	282 ff	Verantwortung des Gesetzgebers
——の優先的評価権	300, 305	Einschätzungsprärogative des Gesetzgebers
略式命令	1245	Strafbefehl
留保なき基本権	271, 276 ff, 336 ff, 350 ff	vorbehaltlose Grundrechte
リュート判決	105, 204, 310, 616, 658	Lüth-Urteil
領域高権	1065	Gebietshoheit
領域理論	413	Sphärentheorie
良心	250, 588 f	Gewissen
——の自由	341, 566 ff	Gewissensfreiheit
倫理教育	752, 757, 766	Ethikunterricht
類推禁止	1223 f	Analogieverbot
例外裁判所の禁止	1184	Ausnahmegerichte, Verbot
レントゲン検査	458	röntgenologische Untersuchung
連邦議会の議員、地位	1160, 1265	Abgeordnete des Deutschen Bundestages, Rechtsstellung
連邦憲法裁判所	7, 8, 40, 68, 104, 959, 1249, 1293, 1309,	Bundesverfassungsgericht
連邦国防［軍］	212, 513	Bundeswehr
労働強制からの自由	960 ff	Freiheit von Arbeitszwang
労働協約	802, 822, 827	Tarifvertrag
労働条件	817	Arbeitsbedingungen
労働争議	822 f, 827, 840 f	Arbeitskampf
6条による保護	714, 728 f, 733	Schutz durch Art. 6
ロックアウト	823	Aussperrung

わ　行

忘れられる権利	410	Recht auf Vergessenwerden

独語事項索引

原著書の索引に掲載されている用語についてはすべて採用したが、それにとどまらず、EGMR, IPwskR, Verwaltungsvorschrift, Zulässigkeit など作成者の判断で必要な単語を補充した。

A

Abgeordnete des Deutschen Bundestages, Rechtsstellung	1160, 1265	連邦議会の議員の法的地位
Abhören	41, 394, 868, 872, 977, 984 f, 1136	盗聴、傍受
Abhörurteil	390 f, 873	盗聴判決
Abschiebung	448, 1077	国外追放
s. auch Aufenthaltsrecht, Ausweisung		→「滞在の権利」「国外退去」
Abstammung	410, 503	血統
Abstimmungen, politische	1163	政治的な投票
Abwägung	307 ff, 428, 657 ff	衡量
Abwehrrechte	81, 85 ff, 103	防御権
AEUV	52, 137, 483, 505, 1101	EU 運営条約
Akteneinsicht	630, 1109, 1136	文書の閲覧
Alimentation	1155, 1157	扶養
Alkoholgenuss	405	飲酒
Allgemeine Erklärung der Menschenrechte AEMR	46, 57	世界人権宣言
Allgemeinheit der Wahl	520 ff, 1160, 1164, 1180	普通選挙
Altersgrenze	533	定年
Altersgrenzen	143 ff, 925, 931, 953, 1155	年齢制限
Amt	1155	官職、職務、公務
Amtswalter		公務担当者
—Grundrechtsschutz	186	—基本権保護
Anachronistischer Zug – Entscheidung	683 f, 688 ff	時代錯誤の行列－裁判
Analogieverbot	1223 f	類推禁止
Angemessenheit		適切性、相当性
s. Verhältnismäßigkeit ieS		→「狭義の比例性」
Anhörung	122, 475, 1208	聴聞
Anliegerrecht	1015	水路沿い住人の権利
Ansammlung	771	群衆

547

Anspruchsrechte *s. Leistungsrechte*		請求権→「給付請求権」
Antastung	244, 320	侵害
Anwendbarkeit, unmittelbare Völkerrecht	63	適用可能性、国際法
Anwendungsvorrang	14 f, 71, 214 ff	優先的適用
Apothekenurteil	243, 310, 899, 918, 944, 949, 955	薬局判決
Arbeit, gemeinnützige	963	労働、公益的
Arbeitsbedingungen	817	労働条件
Arbeitskampf	822 f, 827, 840 f	労働争議
Arbeitsplatz, freie Wahl	914, 933 ff	職場の自由な選択
s. auch Berufsfreiheit, Stufenlehre		→「職業の自由」「段階理論」も
Arbeitszwang, Freiheit von	960 ff	労働強制、からの自由
Arzt	394, 812, 928, 931, 941, 946, 953	医師、医者
s. auch Heilbehandlung		→「治療」も
Asylrecht	41, 492, 1080 ff	庇護権
s. auch Aufenthaltsrecht; Verfolgung, politische		→「滞在の権利」「迫害、政治的な」
atomare Anlagen		原子力施設
—Genehmigung	122, 1038	—認可
—Schutzpflicht des Staates für das Leben	117, 122, 454 ff	—生命に対する国家の保護義務
—Widerstand	1149	—抵抗
Aufbauschema	367 ff, 562	構造図式
—Eigentum	1061 f	—財産権の構造図式
—Freiheitsrechte	367 ff	—自由権の構造図式
—Gleichheitsrechte	562 f	—平等権の構造図式
Aufenthalt	130, 878, 880	滞在
Aufenthaltsrecht	136, 714, 733 f, 1064, 1097	滞在の権利
s. auch Abschiebung; Auslieferung; Ausweisung		→「国外追放」「国外引渡し」「国外退去」も
Aufenthaltsstaat	1065	滞在国
Aufenthaltsverbot	894	滞在の禁止
Auffanggrundrecht	360 ff, 404 ff	補充的基本権
Ausbildung	911 f	養成
Ausbildungsstätte, freie Wahl	911, 932, 954, 956	養成所の自由な選択
s. auch Berufsfreiheit, Stufenlehre		→「職業の自由」「段階理論」も
Ausbürgerung, Schutz vor	1067 ff	国籍剥奪からの保護
s. auch Staatsangehörigkeit		→「国籍」も
Ausgestaltung von Grundrechten	230, 233 ff, 241	基本権の内容形成
Ausgewogenheit im Rundfunk		放送における衡平性

s. Außenpluralismus; Binnenpluralismus		→「外的多元主義」「内的多元主義」
Auskunftspflicht		報告義務
—der Bürger	624	—市民の
—der Presse	648	—プレスの
—öffentlicher Stellen	113, 122, 637, 1108	—公的機関の
Ausländer	129, 448, 1065	外国人
—Ausdehnung des Grundrechtsschutzes	132 ff	—基本権保護の拡大
—Familiennachzug	714, 735	—家族の追加的移住
—Geltung des Gleichheitsgebots	503	—平等の要請の適用可能性
—Geltung von Art. 2 Abs. 1	134 f	—2条1項の適用可能性
—keine Bürgerrechte	128, 130 ff	—市民権の否定
—Vereinigungs-und Versammlungsfreiheit	131	—結社・集会の自由
—Verfassungsbeschwerde	134, 1255, 1265	—憲法訴願
s. auch Aufenthaltsrecht, Asylrecht		→「滞在の権利」「庇護権」も
Auslegung	4, 8, 1223, 1312 f	解釈
s. auch Interpretation, systematische; verfassungskonforme Auslegung		→「解釈、体系的」「憲法適合的解釈」も
Auslegung, völkerrechtsfreundliche	65	解釈、国際法友好的
Auslieferungsverbot	41, 448, 885, 1076 ff	外国への引渡しの禁止
Ausnahmegerichte, Verbot	1184	例外裁判所、禁止
Ausreise	886 f	外国旅行
Außenpluralismus	645	外的多元主義
Außenrecht	184	外部法
Außenwirkung	1266 f	対外的効果
Aussperrung	823	ロックアウト
Ausstrahlungswirkung der Grundrechte	203	基本権の放射効果
s. auch Drittwirkung, mittelbare		→「第三者効力、間接的な」も
Auswanderung	886 f	外国移住
Ausweisung	1077	国外退去処分
—bei drohender Folter	1092	—拷問が差し迫っているとき
—bei drohender Todesstrafe	448	—死刑が差し迫っているとき
—Schutz durch Art. 6	714, 728 f, 733	—6条による保護
—Verhältnismäßigkeit	733 ff	—比例性

B

Bannmeilengesetze	792	集会禁止区域法
Baufreiheit	1003	建築の自由
Beamte		官吏

独語事項索引　*549*

—Beihilfe	1157	—給付金
—Besoldung	1155	—俸給
—Individualrecht aus Art. 33 Abs. 5	1152	—33条5項による個人の権利
—Koalitionsfreiheit	781	—団結の自由
—Meinungsfreiheit	666, 677	—意見表明の自由
—politische	536	—政治的
—Treueverhältnis	534	—忠誠関係
—Versorgung	1155, 1157	—生活保障
s. auch Berufsbeamtentum, hergebrachte Grundsätze		→「職業官吏、伝統的原則」も
Bedarfsdeckung	193	需要の充足
Bedürfnisklauseln	918	需要条項
Behinderte	64, 503, 506 f, 536	障害者
Belästigung	265 ff	迷惑
Beleidigung	615, 617	侮辱
Beliehener	189 f, 196, 763	受託者
Benachrichtigungspflicht	153, 473, 1136	通知義務
Bergfreiheit	1025	採掘権
Berichterstattung	617 f	報告
Beruf	901 ff, 907 ff	職業
Berufsbeamtentum, hergebrachte Grundsätze	1152 ff	職業官吏、伝統的原則
Berufsbild	901, 926, 929 f	職業像
Berufsfreiheit	897 ff	職業の自由
—Konkurrenzen	1013	—競合
—Verzicht	156, 159	—放棄
s. auch Arbeitsplatz, freie Wahl; Arbeitszwang, freie Wahl; Stufenlehre; Zwangsarbeit, Freiheit von; Ausbildungsstätte		→「職場の自由な選択」「労働強制からの自由」「自由な選択」「段階理論」「強制労働からの自由」「養成所」も
Berufsgerichte	1229	職業裁判所
Berufsstrafrecht	1239	職務刑法
Beschleunigungsgebot	122, 1197	迅速性の要請
Beschneidung	597, 723	割礼
Beschwer		苦痛
—eigene	1270 ff	—自己の苦痛
—gegenwärtige	1276 ff	—現在の苦痛
—unmittelbare	1268, 1279 f	—直接の苦痛
Beschwerdefähigkeit	1255, 1261 ff, 1269	訴願能力
Beschwerdefuhrer	69, 1254	訴願提起者

besonderes Gewaltverhältnis	755, 1126	特別権力関係
Bestimmtheit gem. Art. 80 Abs. 1 S. 2	938, 1188	80条1項2文による規定
Bestimmtheitsgrundsatz		明確性の原則
—allgemeiner	286, 332 f, 870, 1223	——一般的な明確性の原則
—strafrechtlicher	1214, 1221 ff, 1229	——刑法上の明確性の原則
Beteiligtenfähigkeit	164	当事者能力
Betriebsbesetzung	823	事業所占拠
Betriebsrat	598, 841	従業員代表委員会
Betriebsräume	972 f, 988 f	営業空間
Beugemaßnahmen	1242	強制措置
Beurteilungsspielraum		判断余地
s. Verwaltung		→「行政」
Bewaffnung, passive	778	受動的武装
Beweisverwertungsverbot	87, 88	証拠の使用禁止
Bild, Recht am eigenen	415	自己のイメージの権利
Binnenpluralismus	645	内的多元主義
biologische Vaterschaft	718	生物学的父
Boykott	204, 616, 823	ボイコット
Briefgeheimnis	626, 845, 847	信書の秘密
Briefwahl	1179	郵便投票
BRK	57, 64 65	障害者権利条約
Bundesverfassungsgericht		連邦憲法裁判所
—Annahmeverfahren	1252 f	——受理手続
—Entscheidungsmonopol gem. Art. 21Abs. 2 S. 2	534	——21条2項2文による裁判の独占
—keine Superrevisionsinstanz	1195, 1306	——非超上告審
—Prüfungsbefugnis	1303 f	——審査権限
—Verwerfungsmonopol	1040	——破棄独占
Bundeswehr	212, 513	連邦国防［軍］
bürgerliche Gesellschaft	23, 25, 29, 34, 38	市民社会
Bürgerrechte *s. Deutschenrechte*		市民の権利→「ドイツ人の権利」
Bürgerrechtspakt der Vereinten Nationen	57	国連の市民的・政治的権利に関する規約
Burka	607	ブルカ

C

Chancengleichheit	110, 205, 484, 526 ff, 956 f, 1138, 1169	機会均等
Charta der Grundrechte der Europäischen Union	49, 70 f	欧州基本権憲章
Computer	416 f, 428, 848	コンピューター

独語事項索引 *551*

D

Daseinsvorsorge	193	生存配慮
Datenerhebung und -verarbeitung	416, 424 f	データ取得と加工
Datenschutz	122, 416, 862 f	データ保護
DDR	129, 1012	旧東ドイツ、ドイツ民主共和国
Demokratie		民主制、民主主義
—repräsentative	1160	—代表民主制
—streitbare	534	—戦う民主制、戦闘的民主主義
—und Wahlen	1170, 1172	—民主制と選挙
Demonstration	240, 242, 770	デモ行進
s. auch Versammlung		→「集会」も
Denkmalschutz	1036, 1038	文化遺産保護
Deutsche iSd GG	129, 1065	基本法の意味でのドイツ人
s. auch Staatsangehörigkeit, Status-Deutsche		→「国籍」「身分的ドイツ人」も
Deutschenrechte	128, 132, 1255	ドイツ人の権利
Differenzierungsklauseln	827	差別条項
Diskriminierung, mittelbare	505	差別、間接的
Diskriminierungsverbot		差別禁止
s. Gleichheitsgebote, spezielle		→「平等の要請、特別の」
Disziplinarstrafrecht	648, 1215, 1239	懲戒刑法
Dolmetscher	471	通訳
Doppelbestrafung, Verbot der	1232 ff	二重処罰の禁止
Drei-Schritt-Prüfung → Aufbauschemata	9, 11	3段階審査→「構造図式」
Drittbetroffene	264 f, 422 f	第三者的当事者
Drittwirkung	196 ff	第三者効力
—Bedeutung im Rahmen der Beschwerdebefugnis	1265	—訴願権限の枠内での意味
—Begründung	207	—第三者効力の根拠
—mittelbare	203 ff, 636, 935 f, 1265	—間接的な第三者効力
—subjektiv-rechtliche Wirkungen	207	—主観法的な効果
—unmittelbare	197 ff, 803, 826, 1167, 1265	—直接的な第三者効力
Durchlieferung	1076	通過引渡し
Durchsuchung		捜索
—der Wohnung	88, 975, 980 ff, 991, 1136	—住居の捜索
—von Redaktionsräumen	648	—編集室の捜索

E

EGMR	47, 51, 66, 68, 418, 477, 843, 1283	欧州人権裁判所
E-Mail	1295	Eメール
Ehe	712 ff	結婚
Ehe, Schutz der	709 ff	結婚の保護
—Institutsgarantie	95, 710, 741	—制度保障
—Leistungsrecht	710, 743	—給付請求権
—normgeprägtes Grundrecht	234, 238, 711	—規範的具体化を必要とする基本権
s. auch Familie, Schutz der; Familiennachzug		→「家族の保護」「家族の追加的移住」も
eheähnliche Lebensgemeinschaft		結婚類似の生活共同体
s. nicht eheliche Lebensgemeinschaft		→「非婚の生活共同体」
Ehename	517, 727, 742	婚氏
Ehescheidung	717, 725, 742	離婚
Ehevertrag	405, 717	婚姻契約
Ehrenschutz	415, 670 f	名誉の保護
Eigentum	1000 ff	財産権
Eigentumsgarantie	994 ff	財産権の保障
—Aufbauschemata	1061	—構造図式
—Institutsgarantie	95, 997, 1055	—制度保障
—normgeprägtes Grundrecht	6, 238, 995	—規範化を必要とする基本権
—Verfahrensrechte	122, 1018 f	—手続的権利
—Verzicht	156, 159	—放棄
s. auch enteignender Eingriff; Enteignung; enteignungsgleicher Eingriff;		→「収用的の介入」「収用」も 収用類似の介入
Inhalts-und Schrankenbestimmung des Eigentums; Vergesellschaftung		内容・制限規定 財産権の、社会化
Eigentumsopferentschädigung	1035	財産権の犠牲の保障
Eilversammlung	797	緊急デモ
Einbürgerung	129, 733	帰化
Eingriff	9	介入
—Abgrenzung zur Belästigung	260 ff, 265, 270, 421 ff	—迷惑との限界
—additiver	307	—付加的介入
—faktischer	261 f	—事実上介入
—individueller oder genereller	231 f	—個別のあるいは一般的な介入
—klassischer Begriff	259 f	—古典的概念
—mittelbarer	261 ff	—間接的な介入

—unbeabsichtigter	261 ff	—意図的でない介入
—verfassungsrechtliche Rechtfertigung	43 f, 146, 245 f, 249 ff, 271 ff, 347 ff	—憲法上の正当化
—Verhältnis zum Schutzbereich	241 f, 247 ff	—保護領域との関係
Eingriffsintensität	284 f, 313, 321, 945 ff, 1035 f, 1316 f	介入の程度、介入強度
Einreise	130, 884 f, 1064	入国
Einrichtungen, staatliche		制度、国家の
—Gestaltungsmaßstäbe	83, 110 ff	—形成の規準
—Zugang politischer Parteien	526 ff	—政党の参加
Einrichtungsgarantien		制度的保障
s. institutionelle Garantien; Institutsgarantien		→「制度的保障（公法上）」「制度保障（私法上）」
Einschätzungsprärogative		優先的評価権
s. Gesetzgeber		→「立法者」
Einwanderung	884 f	国内移住
Einzelfallgesetz	328 ff	個別事件的法律
Einziehung	1025	没収
Elfes-Urteil	402, 427, 886	エルフェス判決
Elternrecht	108, 147 f, 217, 705, 709, 721 ff, 1317	親権
Embryo	142	胚子、胎児
EMRK	48, 66, 70, 76, 131, 399, 410	欧州人権条約
enteignender Eingriff	1027 f, 1035, 1049 ff, 1059	収用的介入
Enteignung	999, 1023 ff	収用
s. auch Eigentumsgarantie; Vergesellschaftung		→「財産権の保障」「社会化」
enteignungsgleicher Eingriff	1027 f, 1035, 1049 ff, 1059	収用類似の介入
Entmündigung	1256	禁治産
Entschädigung	1040 f, 1047 f, 1058	補償
Entscheidungsspielraum		決定の余地
s. Gesetzgeber, Verwaltung		→「立法者」「行政」
Erbrecht	95, 405, 994, 1020	相続権
Erfoderlichkeit der Enteignung	1045	収用の必要性
Erforderlichkeit des Eingriffs	291, 297, 303 ff, 312 f, 316, 332, 495, 512, 523, 659, 942 ff, 948 ff, 955, 996, 1033, 1037	介入の必要性
Erfüllungspflichten, Völkerrecht	60	国際法の実施義務
Ergänzungspfleger	1256	補佐人
Ergänzungsschule s. Privatschulfreiheit		代替学校→「私立学校の自由」

Ermächtigung, gesetzliche, zum Eingriff	15, 279 ff	授権、法律の、介入の授権
Ermächtigungslehre, normative	1137	授権理論、規範的
Ermessensspielraum *s. Verwaltung*		裁量の余地→「行政」
Ersatzdienst	41, 592, 604, 793, 1236	代替役務
Ersatzschule *s. Privatschulfreiheit*		代替学校→「私立学校の自由」
Erwerb	1013	収益
Erwerbswirtschaft	193	営利経済
Erziehungsberechtigte, Versagen	740	教育する資格のある、拒否
Erziehungsrecht *s. Elternrecht*		教育権→「親権」
Ethikunterricht	752, 757, 766	倫理教育
EuGH	48, 70, 498, 1183, 1200	欧州司法裁判所
Europäische Menschenrechtskonvention	45 f, 68	欧州人権条約
Europäisches Parlament	524	欧州議会
Europäische Union	48 f, 70 f, 77, 128, 137, 169, 213 ff, 1079, 1096, 1098, 1101, 1103, 1171, 1186, 1200, 1280	欧州連合
Europarat	47	欧州審議会
Euthanasie	438, 440	安楽死
Evaluation	702	評価
Evidenzkontrolle	493	明白性の審査
Existenzminimum	384, 393 f	最低限度の生存

F

faires Verfahren	110, 121 f	公正な手続
Familie	718 f	家族
Familie, Schutz der	709 ff	家族の保護
—Institutsgarantie	95, 710, 741 f	—制度保障
—Leistungsrecht *s. auch Elternrecht*	710, 743	—給付請求権→「親権」も
—Privatsphäre	408	—私的領域
Familiennachzug	728 f, 735	家族の追加移住
Feiertagsschutz	705, 792	祝祭日の保護
Fernmeldegeheimnis	626, 848 ff	電気通信の秘密
Fernsehen	639	テレビ
Festnahme	479, 1136	逮捕
Filmfreiheit	611 ff	フィルムの自由
Fiskalgeltung der Grundrechte	189, 192 ff, 1126	基本権の対国庫効力
fiskalische Hilfsgeschäfte	193 ff	国庫補助事務
Fiskustheorie	192	国庫理論
Flashmob	776	フラッシュモブ

独語事項索引 *555*

Fluchtalternative	1105	他の避難手段
Flugblattverteilen	108	ビラ配布
Fluglärm	117, 1028	航空騒音
Folgenbeseitigung	665, 1053	結果除去
Folter	386, 393 f, 399, 439, 1092	拷問
Forschungsfreiheit s. Wissenschaftsfreiheit		研究の自由→学問の自由
Freiheit		自由
—individuelle	18, 93	—個人の自由
—negative	224, 405	—消極的な自由
s. auch Freiheitsrechte		→「自由権」も
Freiheit der Person	461 ff	人身の自由
Freiheit der Wahl	1160 f, 1166 ff, 1174 ff	自由選挙
freiheitliche demokratische Grundordnung	671, 833, 872	自由で民主的な基本秩序
Freiheitsbeschränkung	464 ff	自由の制限
Freiheitsentziehung	468, 471 ff	自由剥奪
Freiheitsrechte		自由権
—Aufbauschemata	367 ff	—構造図式
—klassische bürgerlich-liberale	37	—古典的・市民的・自由主義的自由権
—Rechtstechnik der Gewährleistung	484	—保障の法的技術
—Verhältnis von Freiheit und Gleichheit	357 f, 484, 526	—自由と平等の関係
—Zusammenhang mit der Menschenwürde	384, 393	—人間の尊厳との関係
Freiheitsstrafe	476	自由刑
Freizeitgestaltung	405	自由時間の形成
Freizügigkeit	877 ff	移転の自由
Fremder s. Ausländer		異国人→外国人（Ausländer）
Frist	547, 1136, 1218	期間、期限
Fünf-Prozent-Sperrklausel	509, 524	5％阻止条項

G

Gebietshoheit	1065	領域高権
Gebührengleichheit	560	授業料の平等
Geburtsname	410	出生時の氏名
Geeignetheit des Eingriffs	291, 297, 300 ff, 306, 315, 500, 512, 523, 659, 940 ff, 955, 1033	介入の適合性
Gegendarstellung, Recht auf	415	対抗的表現を求める権利
Geheimheit der Wahl	1160 f, 1170, 1178 f	投票の秘密
Geheimsphäre s. Privatsphäre		内密領域→私的領域
Geldauflage	467	金銭の賦課

Geldeigentum	1004	金銭所有権
Gemeinde		市町村
—Grundrechtsberechtigung	165, 177, 185, 189	—基本権資格
—Grundrechtsbindung	192 ff	—基本権拘束
Gemeingebrauch	792	共同利用
Genehmigung	86, 122	認可
Genehmigungspflicht	761 ff, 825	認可義務
Generalklausel	4, 107, 202 ff, 403 ff	一般条項
Gentechnologie	394, 412, 428, 698, 702, 705	遺伝子技術
Geschäftsräume	972 f, 988 f	事業空間
Geschäftsverteilungsplan	1188, 1197 f	事務分担計画
Gesellschaften, bürgerlich-rechtliche	805	社会、市民法的
Gesetz	12, 271	法律
—allgemeines	652 ff	——一般的法律
—Begriff	281	—法律概念
—besonderes	654 f	—特別法
—förmliches	281, 443, 470	—形式的法律
—materielles	281, 443, 1126	—実質的法律
—vorkonstitutionelles	331, 1042	基本法制定前の法律
Gesetzesvorbehalt		法律の留保
—einfacher	271 ff, 426	—単純な法律の留保
—historische Funktion	34, 44, 279 f	—歴史的機能
—qualifizierter	271, 274 f, 281, 289 ff, 294 f	特別（多数）の法律の留保
—Typologie	271 ff	タイプ別法律の留保
s. auch Parlamentsvorbehalt; vorbehaltlose		→「議会の法律の留保」
Grundrechte; Wesentlichkeitslehre		「基本権」「本質性理論」も
—und kollidierendes Verfassungsrecht	349 ff	—法律の留保と衝突する憲法規定
Gesetzgeber		立法者
—Einschätzungsprärogative	300, 305	—立法者の優先的評価権
—Entscheidungsspielraum	119, 455 f	—立法者の決定の余地
—Gestaltungsfreiheit	496, 512 f, 939, 1030	—立法者の形成の自由
—Grundrechtsbindung	188, 190, 288 ff, 482, 1030, 1192 f	—立法者の基本権拘束
—Verantwortung	282 ff	—立法者の責任
s. auch Gesetzesvorbehalt;		→「法律の留保」「議会の留保」
Parlamentsvorbehalt;		も
Schranken-Schranke; Stufenlehre;		「制限に対する制限」「段階理論」

独語事項索引 *557*

Verhältnismäßigkeitsgrundsatz;		「比例原則」「本質的内容」も
Wesensgehalt		
gesetzlicher Richter, Recht auf den	1184 ff	法律の定める裁判官を求める
		権利
—Grundrechtsberechtigung juristischer	170, 178	—法人の基本権資格
Personen		
—Verfahrensrecht	84	—手続的権利
Gesetzlichkeitsprinzip	1214, 1220, 1227	法定主義原則
Gestaltungsfreiheit		形成の自由
s. Gesetzgeber, Verwaltung		→「立法者」「行政」
Gesundheit *s. körperliche Unversehrtheit*		健康→「身体の不可侵」
Gesundheitsgefährdung	423, 441	健康の危険
Gewährleistungsgehalt	227	保障内容
Gewalt, öffentliche		公権力
—inländische	209 ff	—国内的公権力
—iSd Art. 1 Abs. 3 und Art. 93 Abs. 1	188, 190, 196, 1258	—1条3項および93条1項
Nr. 4a		4 a 号の意味の公権力
—iSd Art. 19 Abs. 4	1123 ff, 1258	—19条4項の意味の公権力
Gewerbebetrieb, eingerichteter und	1006 f, 1028	営利企業、設立、経営
ausgeübter		
Gewerbeerlaubnis	86	営業許可
Gewerkschaften	167, 821 f	組合
Gewissen	250, 588 f	良心
Gewissensfreiheit	341, 566 ff	良心の自由
s. auch Kriegsdienstverweigerung		→「兵役拒否」も
Gewohnheitsrecht	470, 1223	慣習法
Glaubensfreiheit *s. Religionsfreiheit*		信仰の自由→「宗教の自由」
Gleichbehandlung *s. Ungleichbehandlung*		平等取扱い→「不平等取扱い」
Gleichberechtigung von Mann und Frau	503, 505 f, 514	男女同権
Gleichheit		平等
—der Wahl	520 ff, 1164, 1180	—選挙の平等
—des Zugangs zu öffentlichen Ämtern	533 ff, 908	—公務就任の平等
—faktische	510	—事実上の平等
—wesentliche	485 ff	—本質的な平等
Gleichheitsgebot, allgemeines	84, 329, 482, 484	一般的な平等の要請
s. auch Chancengleichheit;		→「機会均等」「不平等取扱
Ungleichbehandlung; Willkürverbot		い」「恣意の禁止」も
Gleichheitsgebote, spezielle	482, 503, 505 f	平等の要請、特別の
Gleichheitsrechte	10, 93, 228, 357 f, 367, 482,	平等権
	484	
—Rechtstechnik der Gewährleistung	484	—保障の法技術

—Teilhaberechte als Gleichheitsrechte	743, 956	—平等権としての配分請求権
—Zusammenhang mit der Menschenwürde	384, 393	—人間の尊厳との関係
Gleichheitsverstoß	502, 539 ff, 553 ff	平等違反
Gleichstellung von Kindern nicht miteinander verheirateter Eltern	519, 737, 743, 745	両親が結婚していない子どもの平等
Gnadenakte	1126	恩赦
Grenzwerte bei Emissionen	270 f, 423	排出物の限界値
Grund, sachlicher *s. Ungleichbehandlung*		理由、実質的な、事物に即した →「不平等取扱い」
Grundmandat	524	基本議席
Grundpflichten	217 f	基本義務
Grundrechte, Begriff	43 ff	基本権、概念
Grundrechte, Beseitigungs-und Kompensationsansprüche	87	基本権、妨害排除請求権、補償請求権
Grundrechte der Landesverfassungen	73 ff	州憲法の基本権
Grundrechte des Grundgesetzes	122 ff	基本法の基本権
—Anerkennung als vorstaatlich	44	—前国家的基本権としての承認
—Ort im Grundgesetz	371	—基本法のおける場所
—Systematik	75	—体系
Grundrechte, Geschichte	18 ff	基本権の歴史
Grundrechte, rechts-oder normgeprägte		立法ないし規範化を必要とする基本権
s. Schutzbereich, normgeprägter		→「規範化を必要とする保護領域」
Grundrechte, soziale Rechte	25, 37 ff	基本権、社会権
Grundrechte, spezielle	339, 360 ff, 404	基本権、個別的基本権
s. auch Gleichheitsgebote, spezielle; Spezialität		→「特別の平等の要請」「特殊性」も
Grundrechte, überstaatliche	46 ff	基本権、超国家的基本権
Grundrechte und Politik	7, 18, 30 ff	基本権と政治
Grundrechtecharta der EU	49, 70 f	EUの基本権憲章
Grundrechtsausübung	224, 230, 278, 578, 691 f	基本権の行使
Grundrechtsbeeinträchtigung	230 f	基本権への介入
Grundrechtsbegrenzung	230 ff	基本権の制限
Grundrechtsberechtigung	124 ff, 1255	基本権資格
s. auch juristische Personen		→「法人」も
Grundrechtsbeschränkung	44, 75, 81, 230 ff, 314	基本権の制限
s. auch Eingriff, Schranke		→「介入」「制約」も
Grundrechtsbindung	124 ff	基本権拘束
—Art	187	—基本権拘束の種類

独語事項索引　*559*

—der öffentlichen Gewalt	188 ff, 196, 209, 1258	—公権力の基本権拘束
—Umfang	189 ff, 194, 1126	—基本権拘束の範囲
—von Organen der EU	213 ff	—EU機関の基本権拘束
Grundrechtseingriff s. Eingriff		基本権への介入→「介入」
Grundrechtseinschränkung		基本権の制約
s. Grundrechtsbeschränkung		→「基本権の制限」
Grundrechtsfähigkeit s. Grundrechtsberechtigung		基本権能力→「基本権資格」
Grundrechtsfunktionen	80 ff, 93, 97 ff	基本権の機能
Grundrechtsgarantie	227, 229	基本権の保障
Grundrechtsgebrauch s. Grundrechtsausübung		基本権の利用→「基本権の行使」
Grundrechtsgefährdung	116 ff	基本権に対する危険
Grundrechtsgewährleistung	227	基本権の保障
grundrechtsgleiche Rechte	170, 371	基本権同様の権利
Grundrechtskern s. Wesensgehalt, absoluter		基本権の核心→「絶対的本質的内容」
Grundrechtskombination	229	基本権の結合
grundrechtskonforme Auslegung		基本権適合的解釈
s. verfassungskonforme Auslegung		→「憲法適合的解釈」
Grundrechtsmündigkeit	143 ff	基本権上の成年
Grundrechtstheorien	103 f	基本権理論
Grundrechtsträgerschaft		基本権の担い手
s. Grundrechtsberechtigung		→「基本権資格」
grundrechtstypische Gefährdungslagen	184	基本権を典型的に脅かす状態
Grundrechtsverbürgung	227, 229	基本権の保障
Grundrechtsverkürzung		基本権の縮減
s. Grundrechtsbeschränkung		→「基本権の制限」
Grundrechtsverletzung	9 f, 245 f	基本権侵害
—als Voraussetzung der Begründetheit der Verfassungsbeschwerde	1298	—憲法訴願の理由の要件としての基本権侵害
—irreparable	120, 454	—回復不可能な基本権侵害
—Möglichkeit	1262 ff	—基本権侵害の可能性
Grundrechtsverpflichtete	124	基本権に対して義務を負う者
s. auch Grundrechtsbindung		→「基本権拘束」も
Grundrechtsverstoß s. Grundrechtsverletzung		基本権違反→「基本権侵害」
Grundrechtsverzicht	152 ff, 868	基本権の放棄
Grundrechtswirkungen, zusätzliche	100 ff	基本権の機能、付加的

H

Habeas corpus	462	ヘイビアス・コーパス
Handlungsfreiheit, allgemeine	134 ff, 228, 362 f, 402 ff	一般的行為自由
s. auch Persönlichkeitsentfaltung, Recht auf freie		→「人格の自由な発展の権利」
Happening	248, 685, 692	ハプニング、実験芸術
Härteklausel	1037 f	過酷条項
Hauptverhandlungshaft	478	公判拘留
Hausarbeitstag	548	家事労働日
Hausbesetzung	971	住居の占拠
Hausrecht	792	家屋管理権
Heilbehandlung	161, 439, 441	治療
Heimat	503, 889	故郷、出身地
Heimatstaat	1065, 1081	母国、本国
Herkunft	503	門地
Herkunftstaat	1098	出身国
Hirtenbriefe	1168	司教教書
Hochschule		大学
—gleicher Zugang	111 f, 956 f	—平等な入学
—Grundrechtsschutz	181 ff, 695, 703	—大学の基本権保護
—organisatorische Gestaltung	165, 167, 703, 766	—大学組織の形成
—Wahl der Selbstverwaltungsorgane	1164	—大学の自治機関の選挙
Höchstpersönlichkeit	126	最高度の個人性
Hoheitsakte, justizfreie	1126	高権的行為、司法から自由な
Homeschooling	761	ホームスクーリング

I

Impfzwang	442	強制接種
Individualbeschwerde	51	個人訴願
Individualgesetz *s. Einzelfallgesetz*		個別法律→「個別事例法律」
Individualrecht *s. auch subjektive Rechte*	43, 45, 112	個人の権利→「主観的権利」も
informationelle Selbstbestimmung, Recht auf	40, 122, 173, 416, 424, 428, 860	情報自己決定権
Informationsfreiheit	611 ff, 627 ff	情報〔取得〕の自由
Informationsfreiheitsgesetze	630	情報自由法
Informationsquelle	627 ff, 1109	情報源
informationstechnisches System *s. Computer*		情報技術システム→「コンピューター」
Informationsverarbeitung	416, 974	情報の加工

独語事項索引　*561*

Inhalts-und Schrankenbestimmung des Eigentums	995 f, 1021 f	財産権の内容・制限規定
—Abgrenzung von Definition und Eingriff	238, 1000, 1059	—定義と介入の画定
—Abgrenzung zur Enteignung	1023 ff, 1037	—収用に関する画定
—Entschädigungspflicht	1035 f	—補償義務
—Übergangsregelung	1037	—経過規律
—verfassungsrechtliche Rechtfertigung von Eingriffen	1029 f	—介入の憲法上の正当化
—Verhältnismäßigkeit	1030 ff	—比例性
Inland	169	内国
Innenrecht	184	内部的法
institutionelle Garantien	94 ff, 295, 1122, 1152	（公法上の）制度的保障
Institutsgarantien	94 ff, 295, 710, 741, 749, 758, 802, 997, 1001, 1055 f	（私法上の）制度保障
Intensität des Eingriffs s. *Eingriffsintensität*		介入の強度→「介入強度」
Internationaler Gerichtshof	1079, 1186	国際的裁判所
Internationaler Pakt für bürgerliche und politische Rechte	420	市民的・政治的国際人権規約
Internet	417, 639, 859, 971	インターネット
Interpretation, systematische	73, 254 ff, 340 ff	解釈、体系的
Intimsphäre s. *auch Sphärentheorie*	413	親密領域→「領域理論」も
Inzest	410	近親相姦
IPbpR	57	自由権規約
IPwskR	57, 61, 62	社会権規約

J

jedermann gem. § 90 Abs. 1 BVerfGG	1255	連邦憲法裁判所法90条1項の何人も
Jedermannsrechte s. *Menschenrechte*		すべての人の権利→「人権」
Jugendschutz	648, 669 f	青少年の保護
Junktimklausel	1040 ff, 1048	付帯条項
juristische Personen		法人
—ausländische	169 f	—外国法人
—des öffentlichen Rechts	165, 176 ff, 587, 641, 695	—公法人
—des Privatrechts	165, 176 f	—私法人
—Grundrechtsberechtigung	163 ff	—法人の基本権資格
—Sitz	169	—法人の所在地
—Verfassungsbeschwerde	173	—法人による憲法訴願
Justizgewährungsanspruch	1121, 1124	司法的保障請求権

K

Kabelfernsehen und-hörfunk	639	ケーブルテレビ・ラジオ
Kammer	1252	小委員会
Kandidatenaufstellung, freie	1169	候補者擁立の自由
Kernbereichsschutz	413, 984	核心領域の保護
Kernkraftwerke s. atomare Anlagen		原子力発電所→「原子力施設」
Kindeswohl	147, 736 ff, 744	子どもの福祉
Kirchen s. Religionsgemeinschaften		教会→「宗教団体」
Klonen	394	クローン
Koalitionsautonomie	820	団体の自治
Koalitionsfreiheit	801 ff, 817 ff	団結の自由
kollidierendes Verfassungsrecht	250, 256, 343, 347 ff, 1299	衝突する憲法規定
Kollisionen	336 ff, 397, 399, 606, 840, 1246	衝突
Kommunikationsgrundrechte	612, 770	コミュニケーションの基本権
Kompetenznorm, negative	97 ff	権限規範、消極的
Konfusionsargument	176, 182	混然一体論
Konkordanz, praktische	343 ff	調和、実際的
Konkordat	538, 603	政教条約
Konkretisierung	230, 233 ff, 241	具体化
Konkurrenzen	355 ff	競合
konstitutionelle Monarchie	28	立憲君主制
Konstitutionalismus	26, 33, 50	立憲主義
Konzessionssystem s. Genehmigungpflicht		免許制度→「認可義務」
Kopftuch	597, 606	スカーフ
körperliche Unversehrtheit, Recht auf	122, 436 ff, 705	身体の不可侵を求める権利
Körperschaft des öffentlichen Rechts	176 ff, 587	公法人
Kriegsdienstverweigerung	344, 566, 592	兵役の拒否
Kriminalvorbehalt	892, 894	犯罪留保
Kriterie	261, 300, 483,	標識、基準
Kruzifix	597, 606	十字架像
Kündigungsschutz	959	解雇からの保護
Kunstbegriff	682 ff	芸術概念
Kunstförderung	113, 115, 122	芸術の奨励
Kunstfreiheit	248, 680 ff	芸術の自由
Kurzberichterstattung	648, 916	短時間報道

L

Landesmedienanstalt	641	州のメディア施設

独語事項索引　*563*

Lauschangriff s. *Abhören*	868	盗聴工作→「盗聴」
Leben, Recht auf	116 f, 120, 122, 142, 325, 436 ff	生命への権利
Lebensbereiche, grundrechtlich geschützte	220 ff	生活領域、基本権で保護された
Lebenspartnerschaft	716, 718	共同生活、生活パートナーシップ
Lehrer, Ablehnungsrecht gem. Art. 7 Abs. 3 S. 2	755	教師、7 条 3 項 2 文による拒否権
Lehrfreiheit s. *Wissenschaftsfreiheit*		教育の自由→「学問の自由」
Leistungsrechte s. *auch Teilhaberechte*	83 ff, 100, 114	給付請求権→「配分請求権」も
Listenwahl	1173, 1181	名簿式選挙
Lokalisationsgebot	891	地域指定の要請
Luftverseuchung	117	大気汚染
Lüth-Urteil	105, 204, 310, 616, 658	リュート判決

M

Massenmedien	630	マスメディア
Mauerschützen	1228	壁の射手
Medien, neue	859 f	メディア、ニュー
Mediengrundrechte	612	メディアの基本権
Medienkonvergenz	639	メディアの収束
Meinungsfreiheit	242, 611 ff	意見表明の自由
—Drittwirkung	204, 206	—第三者効力
—juristischer Personen des öffentlichen Rechts	185	—公法人の意見表明の自由
—spezifische Verletzung	1316 f	—個別的侵害
Meinungsneutralität	659	意見（表明）の中立性、見解の中立性
Meldepflicht	624	届出義務
Menschenrechte	20 ff, 43 ff, 68, 127	人権
Menschenrechte, kulturelle	58	人権、文化的
Menschenrechte, soziale	58	人権、社会的
Menschenrechtsausschuss, Vereinte Nationen	62	人権委員会、国連
Menschenversuche	442	人体実験
Menschenwürde, Schutz der	374 ff, 667	人間の尊厳の保護
—auch nach dem Tod	140	—死後の人間の尊厳
—Schutz vor Verfassungsänderung	377, 397, 873, 1103 f	—憲法改正からの保護
Menschenwürdegehalt	133, 158, 327, 413, 451	人間の尊厳の内容
Mephisto-Beschluss	140, 683, 700, 704	メフィスト決定
Mieter	205, 969, 1005	賃借人

Minderheit, nationale	509	少数者、民族的
Minderjährige	144 ff, 410, 736 f, 1256 f, 1273	未成年
Mindestinhalt, Mindestposition		最小限内容、最小限の地位
s. *Wesensgehalt, absoluter*		→「本質的内容、絶対的」
Misshandlung	399, 445 f	虐待
Mitwirkungsplan	1188 f, 1197 f	協力計画
Mutter, Anspruch auf Schutz und Fürsorge	84, 518, 709 f, 745	母、保護と扶助を求める請求権

N

Nachfluchtgründe	1086 f, 1105	避難後の理由
Nachzensur	675	事後検閲
Namen, Recht am eigenen	415	名称、自己の名称に対する権利
nasciturus	142	胎児
Nationalsozialismus	667, 1218	国家社会主義、ナチズム
Naturschutz	1036, 1059	自然保護
Ne bis in idem	1232 ff	一事不再理
Nemo tenetur-Grundsatz	415	自己負罪拒否の原則
nicht eheliche Lebensgemeinschaft	712, 716, 742	非婚の生活共同体
Nichtigkeit	547 ff	無効
Niederlassungsfreiheit	879, 888	居留の自由
Normbereich s. *Schutzbereich*		規範領域→「保護領域」
Normenhierarchie	12, 14	規範の階層性
Normenkontrolle	1126, 1284	規範統制、規範審査
Notar	909, 925, 928	公証人
Notstandsgesetzgebung	41, 1145	緊急事態立法
Notwendigkeit des Eingriffs		介入の不可欠性、必要性
s. *Erforderlichkeit des Eingriffs*		→「介入の必要性」
NSA	420	国家安全保障局
Nulla poena sine lege	1214 ff	法律なければ犯罪なし
Numerus clausus	112, 114, 122, 932, 957	定員条項

O

Objektformel	389 ff	客体定式
objektiv-rechtliche Bedeutung der Grundrechte	97 ff, 156, 226	基本権の客観法的意味
Observation	428, 789 f	監視
ordentliche Gerichtsbarkeit	201	通常の裁判権
Ordnungsmaßnahmen	1242	秩序措置
Ordnungswidrigkeitenrecht	1215, 1279	秩序罰法規

Organentnahme	141, 442	臓器摘出
Organisationen, Grundrechtsberechtigung	163 ff, 1255	組織、基本権上の正当化
Organisationsklauseln	827	組織条項
organisatorische, nicht grundrechtliche Regelungen	76, 372, 749	組織法的、非基本権規律

P

pädagogische Freiheit	696	教育の自由
Parlamentarische Rat	374, 462, 885	基本法制定会議、議会評議会
Parlamentsvorbehalt	288 ff, 296	議会の留保
Parteien, politische	167, 526 ff, 801, 1175	政党
Parteifähigkeit	164	当事者能力
Parteiverbot	671	政党の禁止
Paulskirchenverfassung	26, 31, 877	フランクフルト憲法
personales Substrat	174 ff	人的な基盤
Personalhoheit	1065	人的高権
Personenmehrheiten	163 ff, 168, 1255	個人の集合
Persönlichkeitsentfaltung, Recht auf freie	402 ff	自由な人格の発展を求める権利
s. auch Handlungsfreiheit, allgemeine		→「一般的な行為自由」も
Persönlichkeitskerntheorie	402	人格の核心理論
Persönlichkeitsrecht, allgemeines	122, 402, 408 ff, 704 f, 723, 868, 968	人格権、一般的な
Petitionsrecht	1108 ff	請願権
Pflegeeltern	746	里親
Pflichtteilsrecht	742	任務分担の権利
politische Willensbildung	158 f, 526 ff	政治的意思形成
Popularklage	1132, 1270	民衆訴訟
Postdienstleister	857	郵便業務提供者
Postgeheimnis	626, 848 ff	郵便の秘密
Postmonopol	848 f	郵便の独占
Präimplantationsdiagnostik	394	着床前診断
Präklusionsvorschriften	1140, 1207	除斥規定
Präventivkontrolle	825	事前統制
Presse	632, 638	プレス
Presseförderung	613	プレスの援助
Pressefreiheit	96, 267, 611 ff, 632 ff	プレスの自由
Privatautonomie s. Vertragsfreiheit		私的自治→「契約の自由」
Private s. Beliehener, Drittwirkung		私人→「受託者」「第三者効力」
Privatrecht		私法

—Ausstrahlungswirkung der Grundrechte	196 ff	—基本権の放射効果
—Vereinbarkeit mit Grundrechten	200, 202	—基本権適合性
s. auch Drittwirkung, mittelbare; Fiskalgeltung		→「間接的第三者効力」「対国庫効力」も
Privatschulen	189, 191, 749, 752, 758 ff	私立学校
Privatschulfreiheit	758 ff	私立学校の自由
Privatsphäre	408 ff, 968 ff	私的領域
Proportionalität *s. Verhältnismäßigkeit ieS*	307	比例性→「狭義の比例性」
Prostitution	902	売春
Prozessfähigkeit	150 f, 1256 f	訴訟能力
Prozessgrundrechte *s. auch Verfahrensrechte*	121, 170, 178 f	手続的基本権→「手続的権利」も
Prozesskostenhilfe	502, 1136	訴訟費用扶助
Prozessrecht *s. Rechtsschutzgarantie*		訴訟法上の権利→「権利保護の保障」
Prozessstandschaft	1270	訴訟の代理
Prüfungsentscheidung	959, 1137 f	試験に関する裁判

Q

Quotenregelung	510 f, 941	割当制

R

Rasse	503	人種
Rassendiskriminierung	56	人種差別
Rauchen	405, 502, 928	喫煙
Recht auf Vergessenwerden	410	忘れられる権利
Rechtfertigung, verfassungsrechtliche		正当化、憲法上の
s. verfassungsrechtliche Rechtfertigung von Eingriffen		→「介入の憲法上の正当化」
Rechtfertigungs-und Begründungsverbote		正当化・理由の禁止
s. Ungleichbehandlung		→「不平等取扱い」
rechtliches Gehör, Anspruch auf	1124, 1203 ff	法的審問、請求権
Rechtsanwalt	812, 891, 927 f, 937, 941, 953, 1206, 1296	弁護士
Rechtsanwendungsgleichheit	482	法適用の平等
Rechtsbelehrung	1136	法的教示
Rechtschreibung	405, 722	正書法
Rechtsetzungsgleichheit	482	法定立の平等
Rechtskraft des Strafurteils	1233	刑事判決の既判力
Rechtsmittelverzicht	154, 161	出訴手段の放棄

独語事項索引　*567*

Rechtspfleger	1126, 1208	司法補佐官
Rechtsprechung		司法、判例
—Grundrechtsbindung	188, 199, 201	—基本権による拘束
—Selbstbindung	558 f	—自己拘束
—Verhältnis zur Gesetzgebung	558	—立法との関係
s. auch Richterrecht		→「裁判官の法」も
Rechtsschutzbedürfnis	1282 ff	権利保護の必要
Rechtsschutzgarantie s. auch Gewalt, öffentliche	83, 1121 ff	権利保護保障→「公権力」も
Rechtsschutzgleichheit	502	権利保護の平等
Rechtssicherheit	829, 1233	法的安定性
Rechtsstaat	101 ff, 260, 1233	法治国家
Rechtsstaatsprinzip		法治国家原則
—als Grundlage des Verhältnismäßigkeitsgrundsatzes	292	—比例原則の基礎としての
—als Grundlage für die Verstärkung grundrechtlichen Schutzes	730, 873	—基本権保護を強化する基礎としての
—als Grundlage von Verfahrensrechten	829, 1189, 1203, 1206, 1208, 1214, 1233	—手続的権利の基礎としての
—Geltung für Ausländer	135	—外国人への適用可能性
Rechtsweg		出訴手段
—Erschöpfung	1282 ff	—出訴手段の完遂
—iSd Art. 19 Abs. 4	1134, 1139, 1141	—19条4項の意味での出訴手段
—iSd § 90 Abs. 2 BVerfGG	1283 ff	—連邦憲法裁判所法90条2項の意味での出訴手段
Rechtfertigung s. Eingriffen	43 f, 146, 245 f	正当化→「介入の憲法上の正当化」も
Regelung	230, 243	規律
Regelungsbereich	222 f, 232, 362 f	規律領域
Regelungsgehalt	1266 f	規律内容
Regierungsakte	1126	統治行為
Religions-und Weltanschauungsfreiheit	566 ff	宗教・世界観の自由
Religionsgemeinschaften		宗教団体
—Freiheit zur Vereinigung	583	—結社の自由
—Gleichstellung im Schutzbereich der Glaubensfreiheit	575	—信仰の自由保護領域における同置
—Religionsunterricht	751	—宗教教育
—Selbstbestimmungsrecht	585 f, 705	—自己決定権
—Selbstverständnis	574, 603	—自己理解
—Sonderstellung unter den Körperschaften des öffentlichen Rechts	181, 587, 801	—公法人の特別の地位

—Verbot	122	—禁止
—Verfassungsbeschwerde	1273	—憲法訴願
Religionsgesellschaften *s.* *Religionsgemeinschaften*		宗教団体→「宗教団体」
Religionsmündigkeit	143, 147, 756, 1257	宗教における成年
Religionsunterricht	750 ff	宗教教育
Residenzpflicht	891	居住義務
Resozialisierung *s. soziale Integration*		社会復帰→「社会的統合」
Respektierungspflichten, Völkerrecht	60	尊重義務、国際的
Restrisiken	119	限定的危険
reversed discrimination	510	逆差別
Richter, gesetzlicher	1200	法律の定める裁判官
Richterrecht	4, 840, 1312 f	裁判官の法
Richtervorbehalt	428, 471, 869, 980, 984	裁判官への留保
röntgenologische Untersuchung	458	レントゲン検査
Rücklieferung	1078	戻し引渡し
Rückwirkungsverbot	334, 1214, 1225 ff	遡及効の禁止
Rundfunk	639, 642 f	放送
Rundfunkanstalten	165, 181, 641	放送施設、放送局
Rundfunkfreiheit	611 ff	放送の自由
Rundfunkteilnehmer	631, 648	放送事業者

S

Satzung	5, 12, 14, 189, 231, 281, 435, 470, 560, 810, 825, 930, 986, 1126, 1181	内部規則、条例、学則、規約
sachlicher Grund *s. Ungleichbehandlung*		実質的な理由→「不平等取扱い」
Sanktion, staatliche	266 f	制裁、国家による
Schächten	581, 597	畜殺
„Schaukeltheorie" *s. Wechselwirkungslehre*		ブランコ理論→「相互作用理論」
Schiedsgerichte	1186	調停裁判所
Schöffen	1186	参審員
Schranke	230 ff, 278	制限
Schranken-Schranken	293 ff, 368, 428, 445 ff, 476, 478, 604, 614, 674 ff, 710, 738 ff, 797, 843, 889, 960, 1001, 1055 f, 1064, 1214, 1234	制限に対する制限
Schrankentrias	338, 402	制限 3 項目
Schrankenübertragung	337 ff	制限の移植

独語事項索引　*569*

Schulaufsicht *s. Schulhoheit, staatliche*		学校監督→「学校高権、州の」
Schuldprinzip	410, 1215 f	責任原則
Schule	146, 467, 538, 597, 606, 696, 752, 755, 932	学校
s. auch Privatschulen, Weltanschauungsschulen		→「私立学校」「世界観学校」も
Schülerzeitung	633	学校新聞
Schulgebet-Entscheidung	606	学校祈祷判決
Schulhoheit, staatliche	146, 605 f, 696, 721 f, 737, 757	学校高権、州の
schulische Grundrechte	749 ff, 757, 912 f	学校の基本権
s. auch Privatschulfreiheit, Religionsunterricht		→「私立学校の自由」「宗教教育」も
Schulpflicht	217, 466, 725, 737	就学義務
Schutzbereich	9, 222 ff, 252 ff	保護領域
—Begrenzung	231 f	—の限界
—Bestimmtheit	346	—の明確性
—Bestimmung	228 f, 251 ff	—の確定
—normgeprägter	233 ff, 241 f	—規範化を必要とする保護領域
—persönlicher	125	—人的保護領域
—sachlicher	125	—事物的保護領域
—Verhältnis zum Eingriff	247 ff, 257 f	—介入との関係
—Verhältnis zum Regelungsbereich	222 f, 232, 362 f	—規律領域との関係
s. auch Spezialität		→「特殊性」も
—Verhältnis zur Grundrechtsgewährleistung	227	基本権保障との関係
—Verstärkung	229	—の強化
Schutzfunktion der Grundrechte	83, 106 ff, 315 ff	—基本権の保護機能
—Schutz durch Teilhabe *s. auch Teilhaberechte*	110 ff	配分による保護→「配分請求権」も
—Schutz vor Gefahren	116 ff	—危険からの保護
Schutzhaft	161	保護検束
Schutzpflichten *s. Schutzfunktion der Grundrechte*		保護義務→「基本権の保護機能」
Schutzpflichten, Völkerrecht	60	保護義務、国際法における
Schutzrechte	11, 83, 105 f, 116 ff, 142, 205, 1259	保護請求権
s. auch körperliche Unversehrtheit, Recht auf; Leben, Recht auf		→「身体の不可侵に対する権利」「生命に対する権利」も
Schwangere *s. Mutter*		妊婦→「母」
Schwangerschaftsabbruch	117, 121, 142, 410, 457	妊娠中絶

Schwerbehinderte *s. Behinderte*		重度の障害者→「障害者」
Selbstbezichtigung, Verbot des Zwangs zur	415	自己負罪の強制の禁止
Selbstbindung		自己拘束
—der Rechtsprechung	558 f	—司法の自己拘束
—der Verwaltung	554 ff	—行政の自己拘束
—des Staates	43	—国家の自己拘束
Selbsttötung	438	自殺
Senate	394, 1200, 1252	法廷
Sexualkundeunterricht	722	性科学教育
sexuelle Orientierung	503	性的指向
Sicherungsverwahrung	477 f, 1216	保安拘禁
Sittengesetz	426, 430 ff	道徳律
Situationsgebundenheit	1032	状況拘束性
Sitzblockade	782, 798	座り込み
Sklaverei	56	奴隷制度
Soldaten *s. Streitkräfte, Wehrdienst*		兵士→「軍隊」「国防役務」
Sonderrecht *s. Gesetz, allgemeines*		特別法→「一般的法律」
Sonderrechtsverhältnis		特別の法関係
s. besonderes Gewaltverhältnis		→「特別権力関係」
Sonntagsruhe	574	日曜日の安息
Sorgerecht *s. Elternrecht*		養育権→「親権」
soziale Integration	410, 963	社会的統合
Sozialhilfe	393 f, 891, 1010	社会扶助
Sozialrechtspakt der Vereinten Nationen	57	国連の社会権規約
Sozialsphäre *s. Sphärentheorie*		社会的領域→「領域理論」
Sozialstaatsprinzip	102, 197, 536, 705	社会国家原理
Spezialität	339, 360 ff	特別性
s. auch Gleichheitsgebote, spezielle; Grundrechte, spezielle		→「特別の平等の要請」「個別的基本権」も
Sphärentheorie	413	領域理論
Spielbanken	922, 953	カジノ
Spontanversammlung	797 f	自然発生的集会
Sportwetten	922	スポーツくじ
Spray-Kunst	685, 706	スプレー芸術
Staatenlosigkeit	1065, 1071, 1074	無国籍
Staatsangehörigkeit	129, 169, 503, 1065	国籍
s. auch Ausbürgerung, Schutz vor		→「国籍剥奪からの保護」も
Staatsanwalt	1126, 1136	検察官
staatsbürgerliche Rechte und Pflichten	89 ff, 530 ff	国民の権利および義務、公民の権利および義務

独語事項索引 *571*

status activus	80, 89 ff	能動的地位
status negativus	80 ff	消極的地位
Status, personenrechtlicher	1064	身分法上の地位
status positivus	80, 83 ff, 100	積極的地位
Status-Deutsche	129	身分的ドイツ人
Stellenausschreibung	111	公証人の公募
Sterbehilfe s. Euthanasie		自殺幇助→「安楽死」
Sterilisation	410	不妊手術
Steuern	518, 577, 919 f, 1008, 1242	租税
Stichtagsregelung	502	公的行事の期日規定
Stiftungen	165, 175	財団
Stimmigkeitskontrolle	312, 660, 952	調和性審査
Strafbarkeit gem. Art. 103 Abs. 2	1215 ff	103条2項による処罰可能性
Strafbefehl	1245	略式命令
Strafgesetz		刑法
—gem. Art. 9 Abs. 2	831 f	—9条2項の刑法律
—gem. Art. 103 Abs. 3	1239 f	—103条3項の刑法
Strafrecht, politisches	666, 671	政治的刑法
Strafurteil	1232 ff	刑事判決
Strafvollzug		行刑、刑の執行
—Grundrechtseinschränkungen	468, 476, 616, 650, 837, 963	—基本権の制約
—Grundrechtsverzicht	158, 161	—基本権の放棄
—Rechtsschutzgarantie	1126, 1142	—権利保護の保障
Straßenlärm	1028	道路騒音
Streik	823, 843	ストライキ
Streitkräfte	673, 793, 1116	軍隊
Studiengebühren	911	授業料
Studierendenschaft	185, 845	学生自治会
Stufenlehre	313 f, 939 ff	段階理論
subjektive Rechte, Grundrechte als	45, 94 ff, 124, 226 f, 372	基本権としての主観的権利
Subsidiarität		補充性
—der allgemeinen Handlungsfreiheit	404 ff	——般的行為自由の補充性
—der Verfassungsbeschwerde	1282 ff	—憲法訴願の補充性
—Durchbrechung	1291 f	—逸脱、抵触
Subventionen	193, 906, 1010	補助金支出
Superrevisionsinstanz	559, 1195, 1306	超上告審
Symmetrie, faktische	205	事実上の対称性

T

Tagebuch	412, 590	日記

Tarifvertrag	802, 822, 827	労働協約
Tatprinzip	1219	行為主義
Tatsachenbehauptungen	617	事実の申立て
Teilhaberechte	83 ff, 105, 110 ff, 743, 956 f, 1108	配分請求権
s. auch Gleichheitsgebot, allgemeines; status positivus		→「一般的な平等の要請」「積極的地位」も
Teilrechtsfähigkeit	166 ff	部分的な権利能力
Telefax	639, 859, 1295	ファックス
Telefon	626, 859, 863, 1136	電話
Telegramm	859, 1295	電報
Terrorismus	117, 386, 456	テロリズム
Tierversuche	595	動物実験
Todesschuss, polizeilicher	323, 440	警察による射殺
Todesstrafe	440, 447, 1092	死刑
Totalverweigerer	592	完全拒否者
Transplantation	141, 442	臓器移植

U

Übergangsregelung	543, 1037 f	経過規定
Überhangmandat	524	超過議席
Übermaßverbot *s. Verhältnismäßigkeitsgrundsatz*		過剰制約の禁止→「比例原則」
Überwachung	266, 789 f, 870	監視
Ultra-vires-Kontrolle	215	権限外の審査
Umweltschutz	705	環境保護
Unabhängigkeit, richterliche	1189 f	裁判官の独立
unbestimmter Rechtsbegriff	4, 107, 202 ff, 332, 553, 1137, 1221	不確定な法概念
Ungehorsam, ziviler	1149	市民的不服従
Ungleichbehandlung	485 ff, 493	不平等取扱い
Uniformverbot	793	制服の禁止
Unionsrecht	214, 504, 1101, 1200	EU法
Universität *s. Hochschule*		総合大学→「大学」
Unmittelbarkeit der Wahl	1160 f, 1165, 1172 f	直接選挙
Unparteilichkeit, richterliche	1189	公平性、裁判官の
Unschuldsvermutung	478	無罪の推定
Unterbringung von psychisch Kranken	475	精神病患者の収容
Untermaßverbot	315 ff	過少保護の禁止
Unterrichtung, ungehinderte *s. Informationsfreiheit*		情報取得、妨げられない→「情報の自由」

独語事項索引　*573*

Unterschriftenquoren	1179	署名定足数
Untersuchungshaft	478, 871	未決勾留

V

Verbandsdisziplin	822	団体規律
Verbandsklage	1132 f	団体訴訟
Verein	165, 167, 173, 804 f	団体、社団
Vereinigung	804 ff, 831 ff	結社
Vereinigungsfreiheit	131, 801 ff	結社の自由
Vereinigungsverbot	671	結社の禁止
Vereinsautonomie	810	団体自治
Vereinten Nationen	46, 59, 62	国連
Verfahren, gerichtliches	1134 ff, 1141	手続、裁判所の
Verfahrensbeschleunigung	122, 478, 1136	手続の迅速化
Verfahrensgestaltung	121 f, 456	手続の形成
Verfahrensrechte *s. auch status positivus*	4, 83 f, 110 f, 121 f, 959, 1018 f, 1135	手続の権利→「積極的地位」も
Verfall	1025	没収
Verfassungsbeschwerde	69, 407, 421, 585, 1170, 1249 ff	憲法訴願
Verfassungsfeindlichkeit	534	憲法敵対性
Verfassungsgerichtsbarkeit	1250	憲法裁判権
verfassungskonforme Auslegung	107 ff, 202, 661 f, 664, 710	憲法適合的解釈
verfassungsmäßige Ordnung	402, 426 f, 833	憲法的秩序
verfassungsrechtliche Rechtfertigung von Eingriffen	9 f, 249 f, 256, 271 ff, 493	介入に対する憲法上の正当化
Verfassungsrechtsverletzung, spezifische	1307 ff	特別の実定憲法違反
Verfassungsschutz	648, 868	憲法擁護
Verfassungsstaat	7, 19, 630	憲法国家、立憲主義国家
Verfolgerstaat	1081	迫害国家
Verfolgung, politische	1080 ff	政治的迫害
Vergesellschaftung	1057 ff	社会化
Verhalten	11, 184, 220, 261, 285, 314, 355, 403	行為・態度
Verhältnismäßigkeit ieS	307 ff, 317 f, 495, 942, 951, 1037 297 ff	比例性、狭義の比例原則
Verhältnismäßigkeitsgrundsatz	313 f, 739, 939 ff, 1203	比例原則
s. auch Geeignetheit des Eingriffs, Erforderlichkeit des Eingriffs		「介入の適合性」「介入の必要性」も
Vermögen	1008	財産
vermögenswerte Rechte	1004 f, 1009 f	財産的価値のある権利

Vermummung	784	覆面
Versammlung	771 ff	集会
—in geschlossenen Räumen	770, 786, 794 ff	—閉じられた空間における集会
—öffentliche	787	—公開の集会
—unfriedliche	778 ff	—平穏でない集会
—unter freiem Himmel	770, 786, 791 ff	—屋外の集会
—Zurechenbarkeit des Verhaltens einzelner Teilnehmer	783	—平穏な集会と個別の参加者の態度
Versammlung, virtuelle	777	バーチャルな集会
Versammlungsfreiheit	131, 240, 242, 365, 770 ff	集会の自由
Verschlüsselung	862 f	暗号化
Vertragsarzt	946, 964	勤務医
Vertragsfreiheit	236, 405	契約の自由
Vertrauensschutz	135 f, 334, 1037	信頼保護
Verwahrlosung, drohende	738 f	放置、差し迫った
Verwaltung		行政
—Beurteilungsspielraum	1137	—の判断余地
—Bindung an den Verhältnismäßigkeitsgrundsatz	298 ff, 311	—の比例原則への拘束
—Bindung an grundrechtliche Gesetzesvorbehalte	279, 288	—の基本権の法律の留保への拘束
—Ermessensspielraum	553, 1137	—裁量の余地
—erwerbswirtschaftliche Betätigung	193 ff	—の営利的活動
—Gestaltungsspielraum	1137	—の形成の余地
—Grundrechtsbindung	188, 190, 288	—の基本権拘束
—Selbstbindung	554 ff	—の自己拘束
—Widerspruchsverfahren	1283	—の異議申立て手続
s. auch Fiskalgeltung der Grundrechte		→「基本権の対国庫効力」も
Verwaltungsmonopol	921	行政の独占
Verwaltungsprivatrecht	193 f	行政私法
Verwaltungssanktionen	1242 f	行政上の制裁
Verwertungsverbot	87, 981	証拠使用禁止
Verwaltungsvorschrift	554, 937, 1120, 1142, 1267	行政規則
Verwirkung von Grundrechten	1102	基本権の喪失
Videoüberwachung	415	ビデオによる監視
Völkerrecht	41, 169, 1101	国際法
Völkerrecht, allgemeine Grundsätze	56	国際法の一般原則
Völkerverständigung	834 f	国際理解
Volksverhetzung	667	民衆扇動
Volksvertretungen	1111, 1163	国民代表

独語事項索引　*575*

Volkszählungsurteil	333, 416, 426, 602, 619, 789, 1136, 1276 ff	国勢調査判決
Vorabentscheidung	1289 f	事前決定
Vorbehalt des Gesetzes *s. Gesetzesvorbehalt*		法律の留保→「法律の留保」
vorbehaltlose Grundrechte	271, 276 ff, 336 ff, 350 ff	留保なき基本権
Vorführung	468	引致
vorkonstitutionelles Recht	331, 1042	基本法制定前の法
Vorlagepflicht gem. Art. 100 Abs. 1	1040	100条1項による移送義務
Vorrang der Verfassung	5, 22, 187, 1250	憲法の優位
Vorrang des Gesetzes	557, 1304 ff	法律の優位
Vorratsdatenspeicherung	72, 419	データのストレージ保存
Vorzensur	675	事前検閲

W

Waffen	778	武器
Wahl	128, 520, 1162 ff	選挙
Wähler, unzulässige Beeinflussung	1168	選挙人、不正な影響力の行使
Wahlfreiheit, staatliche, der Rechtsform	193, 814	選択の自由、行政、法形式
Wahlprüfungsverfahren	521, 1126, 1288	選挙審査手続
Wahlrecht	520 ff, 1160 ff	選挙権
Wahlrechtsgrundsätze		選挙権の原則
s. Allgemeinheit, Freiheit, Geheimheit, Gleichheit und Unmittelbarkeit der Wahl		→「普通選挙」「自由選挙」「秘密選挙」「平等選挙」「直接選挙」
Wahlwerbung	528, 1168	選挙宣伝
Wahrheit von Meinungsäußerungen	620	意見表明の真実性
Waldsterben	305, 1028	森林の死滅
Warnungen	266 f, 593, 634	警告
Wechselwirkungslehre	661 f, 664	相互作用理論
Wehrdienst *s. auch Kriegsdienstverweigerung*	41, 592, 616, 793	国防役務→「兵役拒否」も
Wehrpflicht	144, 217, 466, 517	国防義務
Weltanschauungsfreiheit *s. Religions-und Weltanschauungsfreiheit*		世界観の自由→「宗教および世界観の自由」も
Weltanschauungsschulen	752	世界観学校
Werbung	616, 822, 928	宣伝、広告
Wertordnung, Wertentscheidung, Grundrechte als	100, 105, 203	価値秩序、価値決定、基本権としての
Werturteil	615 f	価値判断
Wesensgehalt	94, 132, 244, 319 ff, 452	本質的内容
Wesenskern *s. Wesensgehalt*		本質的核心→「本質的内容」
Wesentlichkeitslehre	282 ff, 443 f	本質性理論

Wettbewerbsfreiheit	905 f	競争の自由
Widerstandsrecht	1145 ff	抵抗権
Wiederaufnahme des Strafverfahrens	1246 f	再審
Wiederbewaffnung	41	再軍備
Willkür	1195 f, 1318 f	恣意
Willkürverbot	493	恣意の禁止
Wirtschaftsbedingungen	817	経済条件
wirtschaftspolitische Neutralität	905, 1056	経済政策的中立性
Wissenschaft	680	学問
Wissenschaftsfreiheit	680 f, 693 ff	学問の自由
Wohnraumbewirtschaftung	979	居住空間の経営管理
Wohnung, Unverletzlichkeit der	41, 253, 417, 428, 967 ff	居住の不可侵
Wort, Recht am eigenen	415, 868	言語、自己の言語に対する権利
Würdigkeitsklausel	925	高潔性

Z

Zeitungsanzeigen	638	新聞広告
Zensur	299, 675	検閲
Zensurverbot	614, 674 ff	検閲の禁止
Zitiergebot	330 f	挙示義務
Zivildienst *s. Ersatzdienst*		民事的役務→「代替役務」
Zölibatsklausel	732	独身条項
Züchtigung, körperliche	444	体罰
Zugang, gleicher *s. gleicher Zugang zu öffentlichen Ämtern*		就任、平等な→「平等な公務就任」
Zugang zu staatlichen Gerichten	1134, 1139 f	国家の裁判所へアクセス
Zulässigkeit	125, 613, 812, 1253	適法性、許容性
Zulassungsschranken, objektive	918, 932, 939 ff	客観的許可制限
Zulassungsvoraussetzungen, subjektive	924 f, 932, 939 ff	主観的許可要件
Zumutbarkeit *s. Verhältnismäßigkeit ieS*		期待可能性→「狭義の比例性」
Zuständigkeit, richterliche	1185 ff, 1193	権限、裁判所の管轄権
Zustandsverantwortlichkeit	1034	成立責任
Zwang, unmittelbarer	464, 466 f	直接強制
Zwangsarbeit, Freiheit von	898, 960 ff	強制労働、強制労働からの自由
Zwangsbehandlung	438, 450	強制的医療行為
Zwangserziehung	740	強制的教育
Zwangszusammenschluss	812, 827, 845	強制加入
Zweck-Mittel-Verhältnis	291, 297	目的と手段との関連性
Zweckbindung, konkrete	333	目的拘束性、具体的な
zwischenstaatliche Einrichtung	213	国際的な制度

◆著者紹介

ボード・ピエロート（Bodo Pieroth）
ミュンスター大学教授

ベルンハルト・シュリンク（Bernhard Schlink）
ベルリン・フンボルト大学教授

トルステン・キングレーン（Thorsten Kingreen）
レーゲンスブルク大学教授

ラルフ・ポッシャー（Ralf Poscher）
フライブルク大学教授

◆訳者紹介

永田秀樹（ながた　ひでき）
関西学院大学大学院司法研究科教授

倉田原志（くらた　もとゆき）
立命館大学法学部教授

丸山敦裕（まるやま　あつひろ）
関西学院大学大学院司法研究科教授

Horitsu Bunka Sha

現代ドイツ基本権〔第2版〕

2019年3月31日 初版第1刷発行

著 者　ボード・ピエロート／ベルンハルト・シュリンク
　　　　トルステン・キングレーン／ラルフ・ポッシャー

訳 者　永田秀樹・倉田原志・丸山敦裕

発行者　田　靡　純　子

発行所　株式会社 法律文化社
　　　　〒603-8053
　　　　京都市北区上賀茂岩ヶ垣内町71
　　　　電話 075(791)7131　FAX 075(721)8400
　　　　http://www.hou-bun.com/

印刷：中村印刷㈱／製本：㈱藤沢製本
装幀：前田俊平
ISBN 978-4-589-03985-9

© 2019 H. Nagata, M. Kurata, A. Maruyama Printed in Japan

乱丁など不良本がありましたら、ご連絡下さい。送料小社負担にて
お取り替えいたします。
本書についてのご意見・ご感想は、小社ウェブサイト、トップページの
「読者カード」にてお聞かせ下さい。

JCOPY 〈出版者著作権管理機構 委託出版物〉

本書の無断複写は著作権法上での例外を除き禁じられています。複写される
場合は、そのつど事前に、出版者著作権管理機構（電話 03-5244-5088、
FAX 03-5244-5089、e-mail: info@jcopy.or.jp）の許諾を得て下さい。

永田秀樹・松井幸夫著

基礎から学ぶ憲法訴訟〔第2版〕

A5判・324頁・3100円

好評を博した憲法指南書の改訂版。問題集を全問差し替えるとともに、「憲法判断の方法」などの新項目も追加してさらに充実化を図る。憲法訴訟という実践の場を想定し、そこでの問題解決策を考える形で憲法を論じる。

永田秀樹・倉持孝司・長岡　徹・村田尚紀・
倉田原志著

講　義　・　憲　法　学

A5判・376頁・3400円

総論で日本国憲法を理論的・歴史的に位置づけ、人権分野では表現の自由、生存権・労働権の展開を詳細に論じ、統治分野ではドイツの憲法訴訟・理論を踏まえて解説。歴史的視点を保ちつつ、最新の議論動向を踏まえた憲法学の本格的体系書。

高橋雅人著

多元的行政の憲法理論
—ドイツにおける行政の民主的正当化論—

A5判・276頁・6000円

多元化する行政組織と作用について、ドイツの「民主的正当化論」を整理のうえ、多元的行政に対応する民主主義モデルを検討する。民主的正当化による憲法理論の可能性と限界の考察を踏まえ、その再編成を試みる。

C.フォン・バール, E.クライブ, H.シュルテ=ネルケほか編
窪田充見・潮見佳男・中田邦博ほか監訳

ヨーロッパ私法の原則・定義・モデル準則
—共通参照枠草案（DCFR）—

A5判・540頁・8500円

ヨーロッパ民法典を構想するバール教授が中心となって編集した「ヨーロッパ私法に関するモデル準則（DCFR）の概要版」の翻訳。「ヨーロッパ契約法原則（PECL）」を引き継ぎ、民法全体にわたる〈規定〉を提案する注目の文献。

君塚正臣著

司法権・憲法訴訟論
〈上巻〉〈下巻〉

A5判・626頁・10000円／A5判・772頁・11000円

戦後日本の司法権・憲法訴訟論における法理、法解釈の主要論点のすべてを考察。日本国憲法の下で裁判所が法的および憲法判断を行う際のルールを解明し、司法の在り方への理論的・実務的な要請に応える。

———— 法律文化社 ————

表示価格は本体（税別）価格です